U0802181

新时代法学教育丛书

莫纪宏 总主编

知识产权法学教程

管育鹰 主编

当代中国出版社
Contemporary China Publishing House

图书在版编目(CIP)数据

知识产权法学教程 / 管育鹰主编 . -- 北京 : 当代中国出版社 , 2024. 8. -- (新时代法学教育丛书 / 莫纪宏总主编). -- ISBN 978-7-5154-1421-8

Ⅰ . D923.4

中国国家版本馆 CIP 数据核字第 2024Y4T411 号

出 版 人　王　茵
责任编辑　邓颖君
责任校对　贾云华　康　莹
印刷监制　刘艳平
封面设计　乔智炜　李默涵
出版发行　当代中国出版社
地　　址　北京市地安门西大街旌勇里 8 号
网　　址　http://www.ddzg.net
邮政编码　100009
编 辑 部　(010) 66572156
市 场 部　(010) 66572281　66572157
印　　刷　中国电影出版社印刷厂
开　　本　787 毫米 × 1092 毫米　1/16
印　　张　26 印张　1 插页　578 千字
版　　次　2024 年 8 月第 1 版
印　　次　2024 年 8 月第 1 次印刷
定　　价　68.00 元

新时代法学教育丛书

NEW ERA LEGAL EDUCATION SERIES

新时代法学教育丛书
编 委 会

总　序

2023年2月底，中共中央办公厅、国务院办公厅联合印发了《关于加强新时代法学教育和法学理论研究的意见》(以下简称《意见》)。《意见》明确指出，要完善法学教材体系。坚持以习近平法治思想为统领，通过抓好核心教材、编好主干教材、开发新形态教材等，构建中国特色法学教材体系。为了有效贯彻落实《意见》对构建中国特色法学教材体系提出的明确要求，中国社会科学院大学法学院组织学院全部师资力量和科研力量，出版了本套能够充分体现中国社会科学院大学“科教融合”成果、面向高等法律院校本科、硕士和博士的通用法学教材。本套教材严格按照《意见》提出的完善法学学科专业体系，构建自主设置与引导设置相结合的学科专业建设要求，立足目前高等法律院校教学体系现状，依托中国社会科学院法学研究所和国际法研究所强大的科研能力，用两年左右的时间编写而成，是一套适应新时代高等法律院校教学特点的“新时代法学教育丛书”。丛书主要面向高等法律院校的法学硕士、法律硕士，同时可以作为提升本科生阅读和理解能力的教学辅导资料，并可以成为夯实法学博士生法学知识基础的参考文献。

此套丛书分两批完成。第一批主要根据中国社会科学院大学法学院2023年6月的教学管理体制改革方案，建立以17个教研室为基础的教学管理单位，负责各门法学核心课程的设计、教材的编写以及法学本科、硕士和博士的培养计划等教学管理工作，围绕《意见》强调的法学主干学科编写各门法学核心课程的教程，包括《法理学教程》《中国法律史学教程》《宪法学教程》《行政法学教程》《刑法学教程(上、下册)》《民法学教程(上、下册)》《商法学教程(上、下册)》《刑事诉讼法学教程》《民事诉讼法学教程》《行政诉讼法学教程》《经济法学教程》《社会法学教程》《环境与资源法学教程》《知识产权法学教程》《国际公法学教程》《国际私法学教程》《国际经济法学教程》《军事法学教程》，同时按照中国社会科学院大学法学院目前各学科教研室设置的布局，与上述核心课程教程一起推出《网络与信息法学教程》《监察法学教程》。每册教程50万字左右，按照教育部规定的高等法律院校专业课程教学的基本要求编写，既有正文讲解，又有引导性、提纲性的内容提示，还有思考题和参考文献。鉴于有些学科知识量较大，将《刑法学教程》《民法学教程》《商法学教程》分为上、下两册编写，给主体为法学硕士、法律硕士的学习群体全面和系统地掌握法学基础知识提供高质量的教学辅导读物。第一批出版20本教程(23册)，2024年底出齐。第二批教程预计16本左右，主要为落实《意见》加强新兴学科建设的要求，拟编写的教程包括《立法学教程》《文化法学教程》《教育法学教程》《国家安全法学教程》《区际法学教程》《社会治理法学教程》《科技法学教程》《气候法学教程》《海洋法学教程》《涉外法学教程》《党内法规学教程》《法学论文写作指导教程》《法学方法论教程》《法学文献阅读辅导教程》《法律职业伦理教程》《法学学术规范与学术道德教程》等。第二批教程拟于 2025 年底出齐。为了加深学习者对教程内容的理解，在第二批教程出版的同时，从每一本教程中抽象出 50 余个常用的学科名词术语，汇编成《新时代法学教育大辞典》，作为辅导学生学习和理解教材的必备参考。"新时代法学教育丛书"共计 30 余本，构成了《意见》要求设置的法学教学体系的整体框架和全部内容，可以为全面和系统地培育高等法律院校的本科生、硕士生和博士生提供最富有实效的教学参考资料，形成系统化的法学知识体系，以因应新时代对法学人才之需。本套丛书是全国 600 多所高等法律院校或法学院率先贯彻落实《意见》对法学教材体系建设要求形成的重要教学科研成果，丛书的出版可以为全国高等法律院校编写同类教材或者直接采用作为教材提供帮助。

为保证按时按质地组织"新时代法学教育丛书"的编写和出版工作，中国社会科学院大学、中国社会科学院法学研究所和国际法研究所举全力支持中国社会科学院大学法学院组织的"新时代法学教育丛书"的编写和出版，这将是 2020 年 9 月 20 日中国社会科学院大学法学院成立后由法学院独立组织出版的充分反映法学院教学能力和科研实力的系列法学教材，是法学院为争创"双一流"建设学科而进行的带有前瞻性、创新性、战略性的重大教学改革和创新举措。

"新时代法学教育丛书"由中国社会科学院大学法学院组织，法学院院长莫纪宏教授任总主编，执行院长吴用教授、党委书记张初霞副教授任副总主编，法学院院务会组成人员、17 位教研室主任以及法学研究所、国际法研究所若干研究室主任作为丛书编委会成员，同时聘请中国社会科学院李林、陈甦、孙宪忠学部委员，中国社会科学院大学党委书记崔唯航教授、校长张政文教授、常务副校长王新清教授以及中国社会科学院大学法学院特聘教授李明德、田禾等教授作为丛书总顾问，集中中国社会科学院大学法学院全部在编教学人员编写。

总共两批 30 余本教程的编写采取两种模式的主编责任制。一是以法学院现有 17 个教研室为单位，主干和核心课程以教研室主任作为学科教程的主编，教研室全体在编教学人员参加编写；二是由法学院根据具体情况指定特定人员负责教程编写工作。

"新时代法学教育丛书"是面向高等法律院校在读学生的教学参考书，知识点全面覆盖，以问题为导向，带有思考性特点，主要群体是法学硕士和法律硕士，难度中等，适合本科生提升和博士生夯基使用。丛书使用 2008 年出版的社科法硕教材和中国社会科学院研究生教材编写体例，每本教材的名称统一为《××法学教程》。

中国社会科学院大学法学院是中国社会科学院实行"科教融合"的改革举措，吸收中国社会科学院法学研究所、国际法研究所、研究生院以及原中国青年政治学院法学院四个方面的科研和教学力量汇集起来的科研型教学单位，从 2020 年 9 月 20 日成立至今尚不足 4 年，是全国 600 多所高等院校法学院中较年轻的法学院。尽管起步较晚，但法学院可以追溯的历史却源远流长。

我们的法学研究生教育最早可以追溯到1961年。1978年成立了中国社会科学院研究生院法学系，正式开启了中国社会科学院系统的规范化法学教育历程，1981年我们成为新中国首批设立法学一级学科博士点的3家单位之一。我们的法学本科教育也于2009年入选教育部第四批高等学校特色专业建设点，2012年入选教育部、中央政法委首批卓越法律人才教育培养基地（应用型、复合型法律职业人才教育培养基地），当然也都是北京市的特色专业和法律人才教育培养基地。因为有了这样良好的法学教育基础，2019年，中国社会科学院大学法学院入选了国家级一流本科专业建设点。

数十年来，法学院人才培养成效卓著，大量优秀毕业生在法学科研、教育领域以及党政机构、司法和监察部门、律师事务所、大型企业等实务部门就职，为法治中国建设作出了杰出贡献。

“科教融合”以后的法学院现有本科专业学位点、法学一级学科硕士学位点、法律硕士专业学位点、法学一级学科博士学位点，还有博士后流动站，目前在读学生1100余人。

我们希望通过我们自己的努力，将“科教融合”的成果和中国社会科学院大学法学院的办学特色体现到“新时代法学教育丛书”中去，积极探索中共中央办公厅、国务院办公厅联合印发的《关于加强新时代法学教育和法学理论研究的意见》中明确提出的“抓好核心教材、编好主干教材、开发新形态教材等，构建中国特色法学教材体系”各项要求的新路子，力争在不久的将来跻身中国高等法律院校的“名院”行列，为国家培养更多合格的法治人才。

中国社会科学院大学法学院院长

中国社会科学院法学研究所所长

2024年4月于北京沙滩北街15号

编写说明

自进入中国社会科学院法学所工作以来，本人一直承担着知识产权法课程的教学任务。不过，在2020年“科教融合”的社科大法学院成立之前，中国社会科学院法学所招收的法学硕士生、博士生，是依托原先的“中国社会科学院研究生院”的法学系、为辅助导师们从事诸多科研工作而招录的；因不在教育部管理的高等院校系统内，每年按照教育部相关规定中国社会科学院研究生院能够分配到的招生人数非常稀少，一个学科的导师人数多于学生人数是常态。本人在担任硕士生导师时能够分配到的法学硕士名额是四年轮一次、每次仅招一个；担任博士生导师后情况稍好一些，但也是招两三年轮空一年、每次也是一个名额，而且不能再招法学硕士。因此，原中国社会科学院研究生院的学生培养长期都采取“师带徒”模式，对于如此珍稀的宝贝学生，老师们实无专门编写出版教材自用的必要，而主要是以指导阅读本专业经典著作、参与课题研究和撰写报告或学术论文等方式培养学生；当然，导师们在教学中自己是准备了教案或提纲、教学材料的，也会给学生们推荐一些其他院校老师编写的教材。后来，研究生院获得了法律硕士招生资质，学生人数规模有所增长；法学系曾经组织过一次教材编写，那批教材一直沿用至今。不过，很多编写的老师早已不再给法律硕士上课，而上课的老师又通常不会按以前的教材，而是按自己的备课教案讲授，指定的教材只有教育部统编的“马工程”系列，因此每年上课时都有学生问老师为什么没有自己的教材？由于各种原因一直未能写“自己”的教材，颇为遗憾。

此次中国社会科学院大学法学院组织编写自用教材，对于所有参与授课的教师来说是个很好的机会，可以把自己多年的教学经验和对专业问题的思考融入其中，使得这批教材不会雷同于市面上无数的本学科通用的知识介绍性教材。尽管总主编希望动员全体教师参加教材编写工作，但本教研室还是选择尊重各位老师的学术计划和安排，由大家自愿报名参与，在此也感谢各位参编作者的贡献。在著作权法意义上，本册教材是各位作者基于传递本专业核心理论和实务知识难点、基于自己的研究成果合作写成的独创性论著。因此，本教材在加深学生对本专业领域重点法律及适用规则了解的同时，更注重为学生提供一种看待现实问题和处理矛盾纠纷的法律逻辑思维参照；其中一些观点可能与其他论著或教材有所不同，这就需要学生通过更广泛的知识信息获取和深入的学习研究，形成自己的独立判断。

为此，本教材编写小组提倡文责自负。为准确反映参与编写本册教材各位作者的观点，建议在引述时采取“作者名：××法，载管育鹰主编：《知识产权法学教程》，当代中国出版社 2024 年版，第 × 页”的方式。本册教材写作分工如下：

第一章　知识产权法基础理论　　作者　管育鹰
第二章　著作权法　　作者　张　鹏
第三章　专利法　　作者　张浩然
第四章　商标法　　作者　管育鹰
第五章　反不正当竞争法　　作者　张浩然
第六章　植物新品种保护制度　　作者　李菊丹

需要说明的是，《集成电路布图设计保护条例》自实施以来，实践中极少发生法律问题争议，因此本教材未收录并阐释相关内容，建议直接学习条文即可。最后，由于时间匆忙，本册教材难免有笔误或遗漏之处，敬请读者谅解，也期待能及时指出以便今后订正。

管育鹰
2024 年 8 月

目 录 CONTENTS

第一章　知识产权法基础理论

【内容提示】

知识产权是民事主体就其知识活动创造的智力成果和特定信息财产依法享有的权利。从形式上看，知识产权是人对其创造的无形信息财产的支配关系，从本质上看，知识产权反映的是人与人之间的关系，因此知识产权主要是个法律上的概念。知识产权法律制度的建立是人类社会科技发展和市场竞争的必然产物。知识产权法是调整科技、文化和商业竞争领域因人类知识活动成果的创造、管理、运用、保护而产生的社会关系之一系列法律规范的总和，主要包括权利主体、权利客体、权利内容、权利运用、权利保护、权利限制、权利管理等内容，涵盖权利归属、可获保护对象、权利行使方式及范围、许可与转让、侵权救济及例外、行政授权确权和集体管理等各个方面。作为民法的特殊分支，知识产权法除了适用民法的法理逻辑、基本原则和规范外，主要包括专利法、著作权法、商标法和禁止侵害信息财产行为的反不正当竞争法，以及保护植物新品种、集成电路布图设计的法规。广义上的知识产权法也包含与各单行法中民事、行政、刑事程序等相关规定衔接的法律法规和海关执法规范。为了维护公平诚信和等价有偿原则，法律对民事主体知识活动产生的无形信息成果赋予类似物权的排他权，禁止非法复制、传播、利用、模仿或侵占，其正当性以洛克的劳动学说为学理支持；同时，通过对个体智力和经营成果给予有限独占奖励的法律保护，最终增加社会整体福祉和激励再创新维系可持续发展，这也符合功利主义理论。我国自改革开放以来，建立并不断完善知识产权法律制度，为创新提供了支撑和保护，发挥了市场经济法律的资源配置效能。尽管知识产权是部分民事主体的私权，但由于知识和信息财产在数字时代对国家发展具有战略意义，而其无形性带来了跨境流动便利和权利人控制困难，在知识产权领域形成了一系列国际条约，并借由多边经贸协议将国民待遇和相关规则引入国内法以便实施。在新一轮科技和产业革命引发的国际经贸格局重塑的进程中，知识产权成为国际竞争工具，发达国家主导的强化保护趋势难以逆转。我国对创新发展与知识产权制度关系的观点，体现在每一部知识产权单行法第一条确立的宗旨中，即通过保护创新者合法利益，促进整个社会科技文化和经济的繁荣发展。习近平总书记指出，保护知识产权就是保护创新。我国应坚持创新发展理念和高质量发展，加强知识产权保护，同时也要警惕和反对知识产权制度被异化为制造垄断和扩大科技鸿沟的工具。

第一节　知识产权的概念和特征

一、知识产权的概念

（一）“知识产权”术语的采用

“知识产权”是指民事主体就其知识活动创造的智力成果和经营信息所依法享有的排他性权利。这一法律术语在不同国家的语言文字上有不同表述，从其英文“Intellectual Property”来看，“Property”从词源上强调的是其财产性的特征，在对应中文时原有“物权”“财产权”“财产”“产权”等多种译法，但在我国 1986 年《民法通则》使用“知识产权”的立法用语后，我国在法律、实践和日常生活中均采用这一概念。

从渊源上说，知识产权是民事权利，而依据我国《民法典》第 3 条的规定，民事主体的人身权利、财产权利以及其他合法权益受法律保护；这样，很多人解读时将知识产权归类为“权利”，对于其是否包括“合法权益”，则存在一定模糊认识。但从法治实践来看，知识产权领域的国际组织名称、公约、国家立法司法和国家机构，一般不专门强调法律对这种无形财产的保护到底是民事上的“权利（Right）”或“权益 / 法益（Interests）”，而是不加区分地采用英文术语“Intellectual Property”、法文“Propriété Intellectuelle”（简称 IP 而非 IPR）。例如，联合国下属最主要的管理知识产权事务的国际组织“The World Intellectual Property Organization”（以下简称 WIPO）、法国的统一立法“Code de la Propriété Intellectuelle”，在我国分别被称为“世界知识产权组织”和《知识产权法典》。中文的“知识产权”一词，并不刻意区分“权利”和“权益”。

在我国港澳台地区和其他使用繁体中文的国家或地区，则通常使用“智慧財產”一词（简称智财），日本采用的汉字则是“知的財産”，例如设在东京的日本知识产权高等法院，官方名称为“知的財産高等裁判所”（简称知财高裁）。不过，这些法域也存在着“財產”和“財產權”术语混用的现象，例如我国台湾地区将 WIPO 称为“世界智慧財產權組織”、审理知识产权案件的专门法院称“智慧財產法院”，日本则将 WIPO 称为“世界知的所有権機関”，但其立法名称却为“知的財産基本法”。相对而言，我国各界采用“知识产权”一词（简称知产），所有相关的立法、国家机构、国际组织名称等也使用同样术语，更为协调统一、简明易懂。

（二）知识产权概念的由来和发展

知识产权各分支领域的法律保护制度起源于工业革命最先兴起的欧洲各国，后来随着技术和商品经济的发展以及国际经贸联系的密切，创新成果和商誉等无形信息越来越容易跨越国界流通，使得一国的权利人难以控制自己的财产在他国被无偿利用。为此，科技文化和商业相对发达的国家，联合签署了《保护工业产权巴黎公约》《保护文学艺术作品伯尔尼公约》（以下简称《巴黎公约》《伯尔尼公约》），并以“工业产权 + 版权”为基本框架，推动更多便于合作实施条约的签订，建立了知识产权国际保护制度，要求各国在国内法上基于国民待遇提供同等保护。这些以强制性法律规范禁止他人未经许可使用作品、表演、录制品、广播、发明、设计、商标、地理标志及商业秘密等无形知识活动成果的保护制度，在19世纪后期形成了“知识产权”概念，[1]并借由国际公约确立的国民待遇原则在成员国实施；到1967年WIPO成立时，“知识产权”已成为全球广泛采用和接受的通用语。之后，“知识产权”这一概念进一步扩张，涵盖了对禁止不正当竞争和集成电路布图设计、植物新品种等无形财产的保护。

我国代表团于1973年出席了WIPO的会议，之后向国务院建议在中国“建立知识产权制度”，这是政府层面首次用到“知识产权”一词，国内学者在早期论著中也开始采用“知识产权”概念。[2]1986年，我国《民法通则》通过实施，“知识产权”一词被采用为指代这一民事权利的正式法律用语，具体包括著作权（版权）[3]、专利权、商标专用权等类型。在1980年6月3日成为WIPO成员方之后，我国陆续加入WIPO管理的多个国际条约；2001年12月11日，我国加入世界贸易组织（以下简称WTO）这一全球化经贸体系，将其《与贸易有关的知识产权协议》（以下简称TRIPs）确立的最新国际保护标准和主要内容转化为国内法的相关规则。这样，在改革开放以来的短短40年内，我国迅速建立并不断完善知识产权法律制度，明确了知识产权是民事主体基本权利的一种，在保护标准方面与国际合约保持了一致，知识产权成为我国法律和社会生活中常见的词汇。

（三）法律意义上的“知识产权”定义表述

1.WIPO的表述

尽管知识产权成为我国法律中的正式用语，但无论是国际公约、国内外立法还是学理研究，对知识产权的概念并无统一公认的定义。《建立世界知识产权组织公约》第2条指出，“知识产权”包括：关于文学、艺术和科学作品的权利；关于表演艺术家的演出、录音和广播的权利；关于人们努力在一切领域的发明的权利；关于科学发现的权利；关于工业品式样的权利；关于商标、服务商标、厂商名称和标记的权利；关于制止不正当竞争的权利以及在工业、科学、文学或艺术领域里一切其他来自知识活动的权利。这种定义是列举式的、没有抽象出“知识产权”的概念，但从其兜底条款的规定可以反推出，知识产权是“工业、科学、文学或艺术领域内一切来自知识活动的权利”。WIPO的这一表述具有灵活性且保持了开放性，有利于扩张解释来囊括未来可能出现的新型信息财产，其将“制止不正当竞争的权利”明确为知识产权的做法尤其值得关注，这有助于改变我国目前仍强调《反不正当竞争法》属于公法、未将其视为知识产权法构成部分的观念。不过，WIPO的这个定义也稍显宽泛，因为并非一切知识活动都产生知识产权。例如，同样是知识产权活动，科学发现一般被视为对自然规律或现象的揭示而非人类创造的成果。

2.TRIPs等经贸条约中的表述

TRIPs第1条第2款指出，“知识产权”一词指该协议第二部分第1节至第7节所

---

〔1〕 1893年，管理1883年《巴黎公约》和1886年《伯尔尼公约》的两个秘书处，整合形成了“保护知识产权联合国际局”（法语简称BIRPI），总部设在瑞士伯尔尼，1960年迁到日内瓦，此即WIPO的前身。

〔2〕 郑成思：《20世纪知识产权法学研究回顾》，载《知识产权》1999年第5期。

〔3〕 除非另有说明，本书中的“版权”一词与“著作权”同义。

指的所有类别的知识产权，对照后文理解，知识产权应包括：著作权和相关权、商标、地理标志、工业品外观设计、专利、集成电路布图设计、对未公开信息的保护、对许可合同中限制竞争行为的控制。由此可见，TRIPs 实际上也没有给出知识产权本身的定义，而仅是根据客体列举出权利类别、且属于非开放性列举；不过，TRIPs 的列举非常全面，不仅明确了对"未公开信息"（商业秘密及相关数据）的保护，还包括对在知识产权许可合同中限制竞争行为的制止。所谓"限制竞争行为"，与侵害商业秘密等不正当竞争行为不同，指向的是利用知识产权的行使实施的垄断行为；这一条列举的内容，显然与 WIPO 的"制止不正当竞争的权利"一样，属于我国知识产权法律制度中的薄弱点，在与知识产权相关的反垄断执法中，也因"滥用"与"限制竞争"的界定困难不时引起争议。[1]另外，鉴于 WIPO 和 WTO 框架下未涉及植物新品种、对实验数据等财产的保护也不明晰，新兴大型国际经贸条约"全面与进步跨太平洋伙伴关系协定"（以下简称 CPTPP），增列了对这些新类型无形财产的保护。[2]

3. 国内法中的表述

在国内法方面，世界上大多数国家和地区都采用就不同客体类别进行单行立法的模式，通常包括专利、商标、版权三大基干法和禁止侵害商业秘密等无形财产法益的反不正当竞争法，有的国家如俄罗斯等将知识产权法各分支的内容置于民法典中；而在管理模式上，多数国家都沿用《伯尔尼公约》和《巴黎公约》，将知识产权划分为"版权"和"工业产权"两大类，知识产权主管部门通常指依法定流程组织审查工业产权保护申请，对符合要件的无形信息成果颁发权利确认证书的机构，因此在行政管理意义上，"知识产权"多指向工业产权。[3]法国是少有的颁布了统一《知识产权法典》的国家，但该法典主要是对现有各个分支法律规定的总和，并未给出"知识产权"的定义。日本 2002 年出台了《知识产权基本法》，不过该法仅是政策的法制化宣示、不涉及实质性的民事法律规范，其第 2 条规定，"知识产权"指发明专利权、实用新型专利权、育种者权、外观设计权、著作权、商标权以及其他知识财产相关法律所规定的权利或与受法律保护的利益相关的权利；"知识财产"包括发明、设计、植物新品种、外观设计、作品以及其他人类创造性活动成果（包括被发现或破解的可在产业上利用的自然法则或现象），经营活动中用于表示商品或服务的商标、商号、商品名称等商业标识，以及对经营活动有用的技术或商业信息。可见，鉴于知识产权保护客体范围呈现不断扩张的趋势，日本立法在对"知识产权"做列举式定义的同时，将"知识财产"进一步划分为"人类创造性活动成果""商业标识""技术或商业信息"三大类，并加上"其他""等"的表述以增加立法弹性。

我国 2020 年《民法典》第 123 条规定，"知识产权是权利人依法就下列客体享有的专有的权利：（一）作品；（二）发明、实用新型、外观设计；（三）商标；（四）地理标志；

---

〔1〕 参见《反垄断法》（2022 年修订）第 68 条。

〔2〕 参见《全面与进步跨太平洋伙伴关系协定》第 2 条和第 F 节。

〔3〕 例如，尽管《民法典》对知识产权客体的列举，包括作品、植物新品种等文化新闻、农业等领域的创新成果，但我国目前下设在国务院的"国家知识产权局"的管理事务不包括这些内容。

（五）商业秘密；（六）集成电路布图设计；（七）植物新品种；（八）法律规定的其他客体”。应该说，这是一种“客体列举＋严格的兜底条款”的半开放性折中立法方式，比 WIPO 公约保守、比 TRIPs 灵活、比日本立法简练，不过，知识产权概念是否仅包括“专有权利”、是否遗漏了“法益”的保护，在理论上还有争议。[1]另外，条文列举的内容方面也存在问题，例如受著作权法保护的不仅有“作品”，还有表演、录音录像、广播电视等客体；而除了商业秘密外，可以受反不正当竞争法保护的，还有标识性信息、商业外观、数据合集、商品化利益等无形的经营成果。当然，鉴于《民法典》设置了兜底条款，其他法律也可以对新客体作出明确规定，以符合知识产权法治实践的需要。

（四）知识产权定义的学理表述

迄今为止，国际条约和多数国家的法律，均是从划定范围出发来明确知识产权概念的，因此在法学论著中，也鲜见能够给出明确无疑、各方接受的知识产权的抽象定义。尽管如此，作为研究心得，也不时出现总结各类无形信息财产共性下定义的尝试。例如，WIPO 在出版物中指出，广义上说，知识产权（IP）是工业、科学、文学艺术领域的智力活动成果（result from intellectual activity）所产生的合法权益。[2]美国学者认为，知识产权是对头脑产生的财产（property of the mind）之专有权、[3]是思维（thought）或智力活动（intellectual activities）的产物。[4]欧洲学者指出，知识产权保护的是有商业价值的观念和信息（ideas and information），[5]是对审美性创作、技术性发明、识别性标志等各种无形产品（immaterial goods）享有的有期限的专有权。[6]澳大利亚学者认为知识产权定义具有不确定性、模糊性，包含了规范人类行为的多种法则和目标，[7]可以认为是规范诸多人类活动产生的无形客体之所有权和使用权的法定特权。[8]

在国内，多年来知识产权学界从不同角度对知识产权的概念进行了描述，形成了一些有细微差别的定义方式，如智力成果说、无形财产说、信息说、知识说、符号说等。[9]学者给出的知识产权定义，具有代表性的包括：“人们可以就其智力创造的成果所依法享有的专有权利”，[10]“智力成果的创造人依法享有的权利和生产经营活动中标记所有人依法享有的权利的总称”，[11]“人们对于自己的智力活动创造的成果和经营管理活动

[1] 孔祥俊：《〈民法典〉与知识产权法的适用关系》，载《知识产权》2021 年第 1 期。

[2] WIPO Publication No. 489, *WIPO Intellectual Property Handbook: Policy, Law and Use*, WIPO 2004, p3.

[3] Dan Hunter, *The Oxford Introductions to U.S. Law: Intellectual Property*, Oxford University Press (2012), p1.

[4] Deborah E. Bouchoux, *Intellectual Property: the Law of Trademarks, Copyrights, Patents, and TradeSecret*, Delmar Cenage Learning, 2013 4th edition, p3.

[5] W.R. Cornish, *Intellectual Property: Patents, Copyrights, Trademarks & Allied Rights*, Sweet & Maxwell 4th edition 1999, p6.

[6] Nicolas Bouche, *Intellectual Property Law in France,* Wolters Kluwer 3rd edition 2017, p30.

[7] Alexandra George, *Constructing intellectual property*, Cambridge University Press 2012, p32.

[8] Peter Drahos, *A Philosophy of Intellectual Property*, Ashgate Publishing Ltd. 1996, p5.

[9] 管育鹰：《知识产权法学的新发展》，中国社会科学出版社 2013 年版，第 31—38 页。

[10] 郑成思主编：《知识产权法教程》，法律出版社 1993 年版，第 1 页。

[11] 刘春田主编：《知识产权法教程》，中国人民大学出版社 1995 年版，第 1 页。

中的标记、信誉依法享有的权利”，[1]等等。应该说，要准确而全面地概括揭示知识产权客体的一般本质特征是非常困难的，知识产权制度诞生几百年来，世界上没有哪个理论大家能够跳出划范围的列举式定义法，成为全球接受的表述；正如郑成思教授指出的，力图“另辟新路”去下定义，结果可能是又“回到这个圈子里”。[2]究其原因，主要是知识产权制度自产生之日起，其所涵盖的对象就一直随着科技、文化和商业模式的发展而扩张；从版权、商标、专利三大领域，逐渐扩张到禁止不正当竞争和对植物新品种、集成电路芯片的保护。同时，因新技术、新商业模式的运用，新的无形财产客体或新的利用方式也源源不断地被纳入原有知识产权类型的保护范围中。[3]目前，更宽泛领域的信息内容是否加入知识产权法律制度框架也在讨论中，如数据财产、商品化权益、遗传资源信息、传统知识。[4]

在诸多学说中，值得关注的是信息说。与有形物对应的非物质性无形信息，是所有知识产权保护客体的本质属性。郑成思教授早在20世纪80年代就指出了知识产权各类客体的“信息”本质和共性，欧洲的知识产权学术期刊还专文推介这一理论创新成果；[5]他还率先提出了“信息产权”概念，指出：“在本世纪80年代后，许多发达国家的法学者发现：对于保护个人数据，一些大公司远比被收集人更加关心。主要原因在于许多关于顾客的个人数据为大公司的生产及销售方向提供了可靠的依据，有些个人数据甚至构成大公司‘商誉’的重要因素。显然掌握可靠的顾客数据有助于增加公司的利润，因此也被看作是某种无形产权。不过，把‘个人数据’直接看作知识产权的人并不多，但我想至少可以把它看作一种特殊的‘工商经营信息源’……这样，我们可以认为传统知识产权本身，就是信息产权的一项内容。当然，我们也可以认为信息产权是传统知识产权扩大后的内容。”[6]应该说，这一对知识产权概念将进一步扩张至信息产权概念的认识及论述，为目前国内外正讨论的将数据财产等新类型客体纳入知识产权领域铺垫了理论基础。

简言之，“知识产权”一词所包含的内容不断被丰富和细化，其客体的动态性使得要为知识产权下一个周延的定义十分困难，自20世纪70年代以来各国知识产权学者虽有各种尝试，但至今尚未形成公认的定义。尽管如此，随着人们对知识产权客体共性的认识不断深入，对其概念的认识也在走向成熟，即知识产权保护的是由民事主体创造或持续经营管理使用的、可无限复制利用而不减损其经济价值的特定信息；因此，本书认为，“知识产权”是民事主体就其知识活动创造的智力成果和经营信息所依法享有的排

---

〔1〕吴汉东主编：《知识产权法》，中国政法大学出版社2002年版，第10页。

〔2〕郑成思：《知识产权法》，法律出版社1997年版，第3页。

〔3〕例如，2020年修改的我国《著作权法》第3条增加了“作品”的定义并将“符合作品特征的其他智力成果”这一开放性条款作为兜底，为今后纳入新的保护客体留下了立法空间；另外，涉及商业方法的计算机相关算法发明、气味商标等新客体是否给予保护也在讨论中。

〔4〕管育鹰：《知识产权国际保护与中国应对》，知识产权出版社2023年版，第265—311页。

〔5〕朱谢群：《信息、知识产权以及对我国国家知识产权战略的若干思考》，载国家知识产权局条法司编：《专利法研究》(2006年)，知识产权出版社2007年版，第345页。

〔6〕郑成思：《知识产权与信息产权》，载《工业产权》1988年第3期。

他性权利。

二、知识产权的特征

与知识产权的概念定义一样，学界对知识产权特征的认识也各持己见。正如研究者所言，知识产权的权利体系总是处于不断发展变化中，其客体范围相当宽泛且呈不断扩大趋势，其包含的不同类型的知识产权各有特点，以及上述这些内容的变数并不完全取决于民法的自身逻辑，而更多的是受科学技术的发展水平、国家的产业政策以及国际经济关系的协调与冲突的结果制约；因此，要归纳出知识产权的特点，使之涵盖一切类型的知识产权，并足以廓清知识产权与其他民事权利的界限，是非常困难，甚至是不可能的。[1] 尽管如此，知识产权特征在以下几个方面具有一定共识。

（一）民事权利本质属性

1. 民事权利的一种特殊类型

知识产权是民事主体就其知识活动创造的智力成果和经营信息所依法享有的、使用该信息的专有权利，基于这一概念，首先可以推定知识产权的基本属性是民事权利；但同时，与涉及几乎每个民事主体生老病死的其他基础性民事权利不同，知识产权只涉及部分民事主体，而且即使与同为专有权的物权相比也有特殊性，除了后面分析的各种特征外，知识产权的特殊性还在于其包含了民事主体的某些精神权利。

从已有实践经验看，世界各国在法律上均将知识产权作为民事权利（private right, 私权）保护，TRIPs 直接在序言中称，成员方认识到“知识产权属私权”。虽然多数工业产权都需要经过法定程序，由国家机构组织技术专家进行审查，确认符合法律规定要件后颁发证书予以保护，但知识产权产生的基础仍是民事主体通过知识活动创造了有价值的非物质性信息；这些信息一旦公开就可以无痕无损无限地传播利用，若任由他人不支付任何对价使用，会导致为社会贡献智慧和付出成本的创新者、诚信经营者的合法利益遭受损失，不利于鼓励创新、维护诚信公平的竞争秩序，为此国家通过强制性法律规范，赋予民事主体对附加条件的垄断使用权，禁止他人随意利用或侵占自己的信息财产。

知识产权将信息这类无形财产作为客体，因此在法律属性上常被类比为准物权。但是，相比物权，其特殊性也很明显。例如，权利人享有的专有权在“禁”和“行”方面内容有不同，也即有权禁止他人对客体的使用方式与自己使用客体的方式有差异；典型的是商标权利人可以禁止他人在类似商品服务上仿冒，但自己使用则不得自行改变注册时的样态，否则有被撤销的风险。[2] 另外，一物一权对于有形物来说容易理解，但对于同一信息可能出现多类知识产权交叉重叠的情况权属判断和保护规则就较为复杂。例如，计算机软件（程序）可能受版权、专利、商业秘密的保护，而实用艺术作品与外观设计、商标标识与美术作品的法律保护模式也可能有交叉，包括反不正当竞争法的兜底保护。理论上说，知识产权保护力度越强，越倾向于采取重叠保护，以使权利人获得最

〔1〕 郑成思主编:《知识产权——应用法学与基本理论》，人民出版社 2005 年版，第 294 页。

〔2〕 参见《商标法》第 49 条第 1 款。

长的保护期限和最宽保护范围，但因国际公约和国内立法上均没有作出明确规定，是否重叠保护是国家知识产权政策的选择而非法定义务。

2. 遵循民法关于民事主体等方面的通用性规则和原则

深入理解知识产权的本质属性是民事权利，有助于帮助理论界和实务界少走一些弯路。民法是知识产权保护的母法，知识产权法理规则及其适用的基本法理不应有悖于民法中的常识。例如，根据《民法典》第 2 条的规定，民事主体包括自然人、法人和非法人组织，其中代表国家和集体行使民事权利义务的属于特殊法人，包括机关法人、农村集体经济组织法人、城镇农村的合作经济组织法人和基层群众性自治组织法人；可见，民事主体要么是自然人要么是各类形式的自然人集合体。事实上，民法本身也只调整平等主体，即人与人之间的人身和财产关系，因此就算科学技术的发展使人工智能（Artificial Intelligent，AI）应用模型表现得再智能、各种因素和驯化使动物表现得再机灵（Smart），在法理上、伦理上，它们都不会、也不必成为承担权利义务关系的民事主体，而只能作为由民事主体实质控制的工具，是广义上的产品或物品。同理，在“知识产权”概念中，受法律保护的“知识”“信息（越来越多由数据承载）”，只能由具有自主思维能力的、有智慧（Intellectual）或创意心智（Creative Mind）的人创造；AI 即使看似可以“自主”生成信息，但这一过程仍是自然人操作机器执行自然人设计的算法结果，而不是创造性知识活动产物（这并不排除人将 AI 作为得力的辅助工具），生成物上的 AI 署名也是程序设定或操作者选择的，不可能据此推定 AI 成为知识产权主体。当然，现实中我国发生的 AI 相关著作权争议纠纷，事实上也是自然人、法人去主张“权利”。[1]AI 技术处于前沿的美国，近期也陆续发布了 AI 生成物不属于作品的政策。[2]迄今为止，“AI 已进化成为与人一样的有自主意识和创意的知识产权主体”仍主要是一种假想或宣传噱头。

除了主体外，民法相关原理和规则在知识产权领域的适用体现在诸多方面，如权利不得滥用以及合同、侵权等通用规则，这些内容在后面相关部分和各章节中再详细介绍。

（二）客体的非物质性及实质性要件

1. 客体为非物质性的信息是知识产权的首要特征

创新是引领发展的第一动力，保护知识产权就是保护创新。进入信息社会以来，作为支撑全面创新法治保障的知识产权制度，无论是对权利人和创新投入者，还是对整个社会经济、科技、文化的发展都日益重要。知识产权的保护客体，无论是作品、设计、发明、专有技术等特定智力活动成果，还是经营者拥有的商标、商业秘密等具有经济价值的特定信息，其本质都是信息，例如，专利说明书等技术信息、附着在商品或服务上的商标等直觉信息源、报刊书籍广播影视等主要信息源，以及软件这种由机器“阅读”的特殊信息。[3]因此，知识产权区别于物权的首要和主要的特征是客体的非物质性。由

〔1〕参见深圳市南山区人民法院（2019）粤 0305 民初 14010 号民事判决书；北京知识产权法院（2019）京 73 民终 2030 号民事判决书；北京互联网法院民事判决书，（2023）京 0491 民初 11279 号民事判决书。需要说明的是，我国并非判例法国家，这些案例对法理的解释和适用并无拘束力，且目前仍存在争议，有待形成共识。

〔2〕王迁：《再论人工智能生成的内容在著作权法中的定性》，载《政法论坛》2023 年第 4 期。

〔3〕郑成思：《知识产权法》，法律出版社 1997 年版，第 42—45 页。

于非物质性的信息可以无限复制、传播和同时共享，受知识产权法律保护的客体也是如此，因此其创造者和经营者的利益只能通过法律赋予的专有性使用或实施权，或者以禁止他人非法复制侵占的方式来实现。相对于边界明晰或范围确定的有形物所有权而言，知识产权这种对特定无形信息使用享有的专有权（也称排他权，Exclusive Right），因客体具有高度的无形性和抽象性，其权利的内容、边界，甚至是否成立都具有一定的不确定性，很多情形下对权利及其保护范围的争议需要依据国内立法，通过法定程序加以明确。典型的如发明专利，其权利是否有效、权利边界如何划定等，在建立专利制度的国家都是司法实践中经常要面对和解决的问题。正因为如此，郑成思先生在介绍知识产权特性的时候指出："有些英美法系国家，则把它称为'诉讼中的准物权'。这些不同的表述均反映出知识产权具有不同于其他财产权，尤其不同于有形财产权的特点。"〔1〕我国学界对知识产权基本特征比较典型的概括是"客体共享，利益排他"。〔2〕

2. 符合法定要件的信息才是知识产权客体

知识产权客体的本质都是信息，但并不意味着所有信息都是受知识产权保护的客体；原则上，只有"开发难、复制易"的知识活动产生的信息才能获得法律赋予的财产权。从历史经验看，现有知识产权保护客体范围虽然一直在扩张，但共识仍在，即须符合法律设定的实质性要件。一般来说，受知识产权保护客体的要件或者在法律或法规（包括今后可能出现的单独立法）中有明确规定，或者可以从相关法律规范的表述中归纳出来。

具言之，专利权保护的发明创造技术方案应具有新颖性、创造性、实用性；外观设计权（目前我国仍称外观设计专利权）保护的创新设计，应与现有设计或其特征组合有明显区别且不与其他在先权利相冲突；商标权保护的是不违反法律规定且真实使用的、有识别性或显著性的商业标识；著作权保护的是有独创性的作品，邻接权（也称与著作权有关的权利）保护的是合法展现或传播作品及其他资讯内容的版式设计、表演、录制品、广播电视信号；植物新品种权保护的是新颖性、特异性、一致性和稳定性并有适当命名的植物品种；集成电路布图设计专有权保护的是具有独创性的布图设计。

另外，有两类知识产权客体比较特殊和复杂，如何认识其信息本质值得深入研究。

（1）禁止不正当竞争权。

知识产权包括对不正当竞争行为禁止权的规定，最早出现在《巴黎公约》第 10 条之二，通常包括禁止混淆、诋毁、误导公众三种违反诚信惯例而损害竞争对手利益的行为；在 TRIPs 之后，商业秘密作为典型的"未披露信息"，被明确列举为各成员方均须承认的知识产权客体，而这实质上是禁止不正当竞争权的一部分，且"多数有法律保护它的国家，都是纳入反不正当竞争法的轨道去保护的"。〔3〕本书基于知识产权法理上的共通性，对"禁止不正当竞争权"客体进行归纳，认为该权利保护的是市场主体对合法获得和掌控的、能为自己带来市场竞争利益的信息享有的使用权；据此可依法禁止他人违

〔1〕 郑成思主编：《知识产权法教程》，法律出版社 1993 年版，第 4 页。

〔2〕 朱谢群：《信息共享与知识产权专有》，载《中国社会科学》2003 年第 4 期。

〔3〕 郑成思：《世界贸易组织与贸易有关的知识产权》，中国人民大学出版社 1996 年版，第 44 页。

反诚信惯例使用这些信息，例如假冒或仿冒（passing-off）有一定影响的商业标识造成混淆、进行虚假宣传或商业诋毁，以及盗用或挪用（misappropriation）有价值的商业信息——包括采取保密措施的商业秘密，提取非版权数据库的实质性内容，还有新近在经济领域作用日益突出的采取技术措施限制获取的动态大数据。[1]这一权利不包含我国目前立法中不属于知识产权的其他不正当商业行为，如商业贿赂。

（2）地理标志权。

地理标志被纳入知识产权客体，最早可以追溯到《巴黎公约》第10条所规定的禁止对“原产地标记”做出“虚伪标记”；但此后因这类知识产权并非主要国家的关注点，国际条约及各国立法上采用的称谓或术语比较杂乱（国内也如此），[2]直到后来WTO成立时，“地理标志”的法律术语才由TRIPs明确和统一。不过，TRIPs并不为成员方制定具体的法律规则，因此各国（或地区）或采用专门立法保护地理标志，或嫁接在商标法中，也有法域继续将不得虚假标注产地归入禁止不正当竞争权的一种情形。在我国，长期以来存在着地理标志集体或证明商标、原产地产品（后更名为地理标志产品）、农产品地理标志几种保护模式，至今还未完全整合[3]。不过，不论哪种模式都应遵循TRIPs确立的原则，即受保护的地理标志须真实表示地域来源且品质信誉特征与该地域有关联。我国《民法典》已将地理标志列举为单独的一类知识产权客体，因此相关立法须进一步完善。

3. 数据或信息的界权困难

（1）无须刻意区分数据和信息。

在法学讨论中，信息与数据的概念时常混用。大多数情形下，数据本身即可直接反映出信息本身，有些情况下则需要专业解读才可得知其代表的信息，从自然科学技术角度考察二者不等同，即“数据经过解释并赋予一定意义后，便成为信息”；[4]不过，在法学领域也有学者在研究中并不刻意区分二者，[5]本书采用这一观点。信息无处不在，新的信息无时不在产生，且因人类活动的复杂性、庞杂交错的信息在数字时代可以极为便捷地记载下来，巨大的信息量使得其是否来源于人类知识活动、应由谁享有知识产权的判定产生困难。例如，全世界几十亿网民的行为轨迹，包括日常生活和创作活动，以及各领域的产业活动、市场主体的经营活动、政府和公共机构的管理与服务活动、科教文卫体等事业单位活动，各种信息交织在一起，而且可以在发生的同时以数据形式记录并存储在数字空间，随时根据需要还原为信息或通过分析等各种技术手段形成新的信息。

（2）数据或信息的复杂性动态性。

显然，仅凭数据记录行为简单地“确认”记录者享有“数据知识产权”或“数据产

---

〔1〕 非版权数据库在欧盟由专门立法保护，限定获取数据目前仅日本等少数国家以反不正当竞争法明确保护。

〔2〕 相关介绍参见董炳和：《地理标志知识产权制度研究：构建以利益分享为基础的权利体系》，中国政法大学出版社2005年版，第11—65页。

〔3〕 管育鹰：《地理标志保护：国际协调与国内制度完善》，载《贵州省党校学报》2023年第4期。

〔4〕 参见《中国大百科全书·电子学与计算机》（第2卷），中国大百科全书出版社1986年版，第678页。

〔5〕 参见周汉华：《数据确权的误区》，载《法学研究》2023年第2期。

权”，可能引起理论上的质疑、引发实践中的争议，因为这些数据有的是涉及个人隐私的信息，有的是他人享有知识产权的客体，有的是应公开或按需提供给公众知情的公共数据，而且由网络平台及智能设备自动记录及存储，并非民事主体的智力创造或经营等传统的知识活动。另外，数字技术的发展，使得智能设备记录和传输的各类数据随时处于变化中。在各类信息混杂、难以界定权属和内容、无法确定利益分配规则的情形下，将“数据产权”设定为与专利权、商标权、版权等（基于“公开换保护”原则，在理论上可以划定其客体的范围边界）并列的知识产权，目前仍缺乏足够共识。

正如学者所说，国家政策〔1〕上采用的“数据产权”概念，完全不同于传统的财产权或产权，只适宜以责任规则保护。〔2〕在实操层面，因为企业数据总是处于变动中，登记的内容无法像专利商标等工业产权一样经过审查确定，甚至无法像版权登记一样提交客体样本备查，因此也没法进行真正意义上的确权，而且可能因确认不当滋生大量界权纠纷而耗费巨大的行政、司法等公共资源去化解。

（3）我国在实践中对数据信息财产提供保护。

虽然信息或数据财产难以类比可确权的知识产权客体，建立“信息产权”或“数据产权”制度进行保护，但这并不是要否定此类财产的知识产权客体属性。因知识产权客体的本质特性是信息，早在 20 世纪八九十年代，各国学者即提出“信息产权”概念以适应知识产权范围的扩张，西欧还将无创作性的数据库纳入财产权标的。〔3〕我国《民法典》制定过程中，为了适应互联网和大数据时代技术创新者利益保护的需要，2016 年的民法总则草案曾经对网络虚拟财产（关于“物权”的第 104 条）、数据信息（关于“知识产权”的第 108 条第 2 款第八项）等新型民事权利客体作了规定。不过，2017 年民法总则（即 2020 年《民法典》的总则部分）通过时，第 123 条关于知识产权保护客体的规定，删除了原先列举的“数据信息”一项，并将其与虚拟财产一起，另行规定在第 127 条，即“法律对数据、网络虚拟财产的保护有规定的，依照其规定”。这一衔接性条款虽然尚未明确何为“其他法律规定”，但实践中经营者将特定信息设定为具有不同价格的虚拟产品并进行推广和售卖的做法已不陌生，事实上游戏账号、道具交易市场已颇有规模，司法中也不乏案例。〔4〕由于此类虚拟财产采用了可兑换现实中真金白银的交易模式，即使暂时没有“其他法律规定”，也可以按照民法关于财产权的保护一般规定、按解释论基本原理解决争议。

不过，虚拟财产交易还可能涉及金融、文化等领域的监管问题。目前，虚拟货币相关业务在中国属于非法金融活动，〔5〕网络游戏币、道具装备等也正趋于加强监管，〔6〕新近

〔1〕 指“数据二十条”，即 2022 年 12 月 19 日发布的《中共中央、国务院关于构建数据基础制度更好发挥数据要素作用的意见》。

〔2〕 参见周汉华：《数据确权的误区》，载《法学研究》2023 年第 2 期。

〔3〕 郑成思：《知识产权法》，法律出版社 1997 年版，第 44 页。

〔4〕 例如佛山市中级人民法院（2016）粤 06 刑终 1152 号刑事判决书。

〔5〕 吴云、朱玮：《数字货币和金融监管意义上的虚拟货币：法律、金融与技术的跨学科考察》，载《上海政法学院学报》2021 年第 6 期。

〔6〕 参见《国家新闻出版署关于公开征求〈网络游戏管理办法（草案征求意见稿）〉意见的通知》，载国家新闻出版署官网 https://www.nppa.gov.cn/xxfb/tzgs/202312/t20231221_823187.html，2024 年 1 月 9 日访问。

出现的NFT[1]经营模式则处于灰色地带，相关纠纷（如“胖虎打疫苗”案[2]）的发生，说明目前我国不禁止将NFT用作保真证明进行限量发行的数字艺术品交易。

4.“信息产权”或“数据产权”的定位

（1）保护信息数据财产的国内已有实践。

对于信息或数据财产保护，我国司法界原则上予以肯定。事实上，既非商业秘密又非版权客体的信息或数据财产的保护，很早就在我国民事司法实践中确立。在1991年发生的“电视节目预告表”案中，原告广西广播电视报每期花费对价从中国电视报、广西电视台获得一周电视节目安排信息并刊载发售，被告广西煤炭工人报在原告报纸上市后未经许可立刻转载。一审法院认为电视节目预告表属新闻范围，而时事新闻根据著作权法不予保护；二审法院认为电视节目预告表是电视台为了让观众预先知道一周节目以届时选择收看的预报，不属于新闻机构报道的时事新闻，上诉人有偿取得的使用权受法律保护，被上诉人的行为已构成对上诉人民事权利的侵犯。[3]可见，尽管当时1993年《反不正当竞争法》尚未出台，法院仍可依据民法的一般原则来判定以维护实质正义。到了数字时代，信息数据财产的纠纷更多。在新浪与脉脉的争议中，两级法院均认为被告未经新浪微博用户的同意及新浪微博的授权，获取、使用相关用户数据的行为，违反了诚实信用原则及公认的商业道德，损害了互联网行业合理有序公平的市场竞争秩序，损害了原告的竞争优势及商业资源，应根据《反不正当竞争法》第2条加以禁止。[4]此后，类似的判决不断出现，区别仅在于数据被不当利用的具体行为方面，裁判说理逻辑和法律适用规则大同小异。[5]

（2）将信息数据财产保护纳入国际已有的禁止不正当竞争权范畴。

从已有的国际公约看，数据信息本身在知识产权领域的定位可以寻到踪迹。比如，WIPO公约明确将“禁止不正当竞争”列举为知识产权保护对象；尽管当时没有“大数据”概念，这一权利的客体主要指的是商业标识和商业秘密，但公约采用这一术语取代商业秘密并以“在工业、科学、文学或艺术领域内其他一切来自知识活动的权利”作为兜底，显然是深思熟虑的。“禁止不正当竞争”这一权利类型的概括具有灵活性和开放性，完全可以适用来解释“知识产权”包括禁止对广义商业标识的冒用、虚假标示，以及禁止不当盗用商业秘密、大数据等无形信息财产的权利。同样，TRIPs协议对知识产权内容的列举也保留了弹性，例如，其采用的“对未公开信息的保护权”这一概念，既可以狭义解释为典型的商业秘密，也可扩张解释为某一主体合法收集并控制的特定信息

---

[1] 该英文缩写的中文意思是“非同质化代币”。NFT基于区块链技术运行，因此可以理解为是具有唯一性的虚拟财产的所有权证书。

[2] 参见浙江省杭州市中级人民法院（2022）浙01民终5272号民事判决书。

[3] 参见广西柳州地区中级人民法院（1994）柳地法民终字第127号民事判决书。

[4] 参见北京市海淀区人民法院（2015）海民知初字第12602号民事判决书、北京知识产权法院（2016）京73民终588号民事判决书。

[5] 例如，数据爬取行为，参见杭州市滨江区人民法院（2019）浙0108民初5049号民事判决书；用户账号数据迁移行为，参见上海知识产权法院（2019）沪73民终263号民事判决书。

数据提供禁用权保护，日本的不正当竞争禁止法就为此新设了禁止非法获取限定数据的制度。[1] 随着数字经济的发展，数据作为国家发展基础资源的作用日益突出，跨境数据流动涉及的国家主权以及企业对大数据的开发利用需求也日益迫切；同时，在原有知识产权保护框架内，伴随药品专利的药品试验数据等特定信息的保护，也成为国际经贸中各国磋商的议题。在近些年的各种经贸谈判及协议，如大型多边的《全面与进步跨太平洋伙伴关系协定》（CPTPP）和区域性自由贸易协议中，与药品数据保护相关的规则讨论及其制定实施也成为受关注的内容。[2]

总之，从本质上说，无论是自我搜寻发现并记录还是以支付对价购买等合法手段获得的信息或数据财产，在学理上都可将其纳入广义的知识产权保护范围，也即 WIPO 公约规定的广义的“禁止不正当竞争权”客体。目前，我国《反不正当竞争法》2022 年最新修改草案在总结司法经验基础上，增加了对“商业数据”这一特定信息财产保护的专门条款；[3] 应该说，这一立法动向符合知识产权制度的发展趋势。

（三）知识产权的时间地域性及其他权利限制

除了民事权利属性和客体的非物质性外，知识产权的主要特征还包括，其权利有效的时间地域范围以及行使边界等都具有法定性，即一般须由法律作出明确规定。

1. 知识产权的地域性

地域性是指一国法律承认和保护的知识产权只在该国有效，或者说知识产权要在一国获得承认和保护必须依照该国的法律和程序。地域性表明知识产权是由国内法确定的法定性权利，即按照国内法获得确认和保护的知识产权只在该国发生法律效力、不具有域外效力；一国的知识产权要取得域外效力，必须依据当地法律的规定由其行政主管机关加以确认。例如，专利和商标等工业产权在各国都要依照各自国内法规定的具体程序经过行政机关的审查或核准才予以确认，因此同一客体并非当然在不同国家都获得完全一致的确认和保护，各国可以通过国际公约或者双边协定制定知识产权效力互认的相关原则和能够促进程序便捷化的具体做法。事实上，《巴黎公约》等 WIPO 管理的多个关于商标、专利、外观设计等注册或审查程序统一或协调互认方面的国际条约正是为此目的建立的。例如，商标申请人可以通过其所在国家的原属局向 WIPO 转递、或直接向 WIPO 提出申请，通过马德里体系把在原属国注册或申请中的商标请求延伸至指定的缔约方以获得扩大保护；当然，各成员方也可根据国际公约明确的国民待遇、优先权等原则，直接在当地按其国内法规定的程序申请同样的商标以获得注册和保护。知识产权的地域性表明，即使各成员方签订了相关的国际公约、在国内立法上也采纳了公约设立的同样门槛和标准，但因法律制度运行的整体社会经济发展背景、法治环境状况有差异，知识产权执法效果也不尽相同。正因为如此，《巴黎公约》第 4 条之 2 特别声明：“就同一发明在不同国家取得的专利是互相独立的。”

---

〔1〕 参见日本 2018 年 5 月 30 日修改的《不正当竞争防止法》第 2 条第 1 款第 11—16 项。

〔2〕 参见管育鹰：《CPTPP 知识产权条款及我国法律制度的应对》，载《法学杂志》2022 年第 2 期。

〔3〕 参见《关于公开征求〈中华人民共和国反不正当竞争法（修订草案征求意见稿）〉意见的公告》第 18 条，2022 年 11 月 22 日国家市场监督总局发布。

知识产权的地域性明显地体现在各国的法律实施中，典型地体现在需要各国主管机关审查核准授权的工业产权上，审查标准、人员结构、判断眼光和专用数据库等都有差异。在版权领域，即使《伯尔尼公约》明确的自动取得原则得到成员方遵循，但针对同一作品或表演、录音录像制品、广播等客体，其权利内容、权利限制、保护范围和保护期等在各国可能不同。近些年来，在《跨太平洋伙伴关系协定》TPP（现为 CPTTP）、《跨大西洋贸易与投资伙伴关系协定》（TTIP) 等与知识产权相关的国际经贸谈判中，美欧等发达国家一致推动将版权保护期延长到 70 年，而发展中国家则对此持反对的态度。在专利领域，近些年来，除了在知识产权相关的国际经贸谈判中一些国家推动实施药品试验数据保护和延长药品专利保护期外，在信息网络和通信技术领域标准必要专利（SEP）纠纷方面，还出现了全球平行诉讼和争夺司法管辖权的"择地诉讼"（forum shopping）现象。事实上，由于知识产权的地域性特征，迄今为止并无所谓的"世界专利"，同一项发明因分别在不同国家获得专利权保护本应相安无事；但当权利人以抽象的"公平合理无歧视"（FRAND）原则承诺许可实施而被纳入通信行业技术标准时，由于标准的全球通行特质，在各国可能发生的 SEP 无效或侵权纠纷实际上是针对同一专利的；而地域性决定了各国法院对 FRAND 的理解、权利范围的解释、是否颁发禁令、赔偿额或许可费率高低等影响当事人双方实质利益的救济措施判断和执法力度都不可能完全一致。〔1〕在商标领域，地域性特征带来的国际保护之争议，典型的是外国驰名商标的保护问题，对商标使用、知名度地域范围的认识，均可能影响最终是否予以保护的判定。在我国商标授权确权行政案件和民事侵权案件中，无论是《商标法》第 13 条第 2 款规定的未注册驰名商标，还是第 32 条的他人在先使用并有一定影响的商标，均要求该相关权益形成于"中国境内"；对于在先标识的域外使用情况，虽然在司法实践中不排除适当考虑国外已知名的因素，但仅作为综合判断的一种辅助性考量因素。〔2〕另外，我国作为世界工厂和世界最大市场，也使得平行进口、定牌加工、跨境电商海外购等问题因商标地域性原则的适用屡屡引起纠纷和讨论。〔3〕

鉴于无形知识、数据信息的跨境复制和传播日益频繁和便捷，知识产权地域性原则显然不利于为具有技术和竞争优势的权利人带来更充分的保护，一些国家认为 WTO 的 TRIPs 协议参照第一次工业革命时代的《巴黎公约》和《伯尔尼公约》设定的保护门槛和标准太低，导致发展中国家和欠发达国家可以根据地域性原则降低保护效果，因此需要重新建立摆脱地域性限制，全面实现实体和程序规则统一、执法效果一致的国际知识产权保护制度，使得科技和经济文化领先国家的权利人能够在全球范围内实现利益的最大化。另一方面，知识产权执法是涉及每个国家的政治、历史、文化传统的复杂问题，其实效与一国的社会、经济、科技发展水平和法治环境建设等因素紧密相关，很多具体制度的执行属于国家主权范围。在后 TRIPs 时代，国际知识产权论坛上关于执法协调问

---

〔1〕 参见管育鹰：《标准必要专利权人的 FRAND 声明之法律性质探析》，载《环球法律评论》2019 年第 3 期。

〔2〕 参见孔祥俊：《论我国商标司法的八个关系——纪念〈商标法〉颁布 30 周年》，载《知识产权》2012 年第 7 期。

〔3〕 参见黄汇：《商标使用地域性原理的理解立场及适用逻辑》，载《中国法学》2019 年 第 5 期。

题的讨论和谈判显得更为重要，发达国家要求成员方按其知识产权执法标准设立或改进的目标与发展中国家分歧巨大，谈判最终形成的国际文本内容及其在各国国内法中如何落地，必定是个不断博弈的过程。

2. 知识产权的时间性

时间性是指知识产权作为一种法定的专有权具有一定的有效期，超过法定期间相关的知识活动成果的信息就不再受法律保护而成为人类公共财富，除了违反公序良俗和侵害创作者精神权利的情形外，一般可以为人们自由使用，包括商业目的使用。这种法定的时间性特征是知识产权制度设立的基本前提之一，因为知识产权的客体——知识和信息，都具有传承性和公共性，即任何人的智力创造成果都是基于前人积累的知识而产生的；法律赋予创新者使用其创新成果或信息的专有权仅在一定期间内有效，主要是为了保障其投入回报，因此须符合公平和效率原则，既有利于激励创新又有利于知识传播和传承。设置保护期是促进全社会科技文化发展之最终目标的合理制度选择。当然，在理论上，对于经营类的有商业价值的信息，若其主体合法存续并在商业活动中持续依法使用该信息，则相关权利可以一直存续；但这并不否认，这些商业经营信息成果的专有使用权在某种意义上也具有时间性，例如注册商标须在市场上持续使用且定期履行续展手续、商业秘密须一直采取保密措施，否则连续 3 年不使用或到期不续展、对特定信息不采取保密措施，就会失去相关权利。

知识产权的时间性与地域性关系紧密。一般来说，国际公约不直接明确规定每一种权利的保护期或仅提示成员方须提供一定期限以上的专有权保护。例如，《伯尔尼公约》针对不同作品作了不同规定、将作者死后或发表后 50 年作为最低要求，但并不限制成员方提供更高保护；《巴黎公约》本身没有关于专利等工业产权保护期的规定，后来 1994 年的 TRIPs 将工业产权保护期最低标准确定为专利 20 年、商标 7 年、外观设计 10 年；而《工业品外观设计国际注册海牙协定》1999 年的日内瓦文本第 7 条第 3 款（a）则把外观设计的保护期定为自国际注册日起 15 年。知识产权保护期的设定事关权利人和社会公众的重大利益，为此对其延长的推动或反对，无论是在国内还是国际层面都需要能达成利益平衡，并以立法或条约确认。知识产权有优势的发达国家无疑希望在全球推动延长保护期，而欠发达的国家则坚持国际公约已有的门槛标准，因此就目前而言，知识产权的时间性在不同国家和地区的差异表现仍然明显。例如，美国迪士尼公司不仅具有巨大的世界性文化影响力，同时还是其国内版权产业的龙头企业，每年在全球收取的版税极为可观。1998 年米老鼠、唐老鸭等其招牌动漫角色和核心文化资产的一批早期作品即将到期，为此美国专门制定通过《版权保护期延长法案》，将美国版权法上的保护期再延长 20 年。[1]之后，将版权保护期基准提高到 70 年、延长药品专利保护期等，成为 TPP/TTIP 等新经贸协议谈判中美国极力推动的议题。这一不断延长保护期的强硬态度即使在日本这样的亚洲发达国家中也引起了争议，不过其经利弊权衡最终也修法延

〔1〕 据《福布斯》杂志估算，仅 2004 年一年米老鼠就为迪士尼带来 58 亿美元收入，参见俞飞：《迪士尼版权垄断几时休》，载《法治周末》2018 年 12 月 13 日，第 15 版。

长了著作权保护期。[1]我国已经申请加入美国退出后生效的CPTPP，尽管该协议最终搁置了版权保护期和药品专利保护期延长条款，但我国仍在2020年修改《专利法》时增加了药品专利保护期延长制度，以回应国内原研药创新者的保护需求并适应药品专利制度的国际发展趋势；不过在版权方面，我国2020年修改的《著作权法》并未仿效美欧日延长保护期，而这并不违背目前CPTPP生效文本的要求。

3. 权利限制情形的具体化和多样性

知识产权作为民事权利的一种，其遵循《民法典》的一般原则和规范是不言而喻的，例如第132条"民事主体不得滥用民事权利损害国家利益、社会公共利益或者他人合法权益"、侵权责任编的一般规定等；但同时，由于知识产权的特殊性，为了强调、细化民法上的这些原则，各单行法都进一步明确或细化了相关规范。例如，针对商标领域恶意抢注囤积等现象，立法逐渐强化对不诚信和权利滥用的规制；[2]又如，为避免权利行使不当而造成他人或社会公共利益损害，知识产权法的主要分支领域都明确规定了不视为侵权或正当使用客体信息的若干特例。[3]广义上说，基于权利平衡原理而对知识产权的权利行使设置一定限制，除了前述立法上事先界定的具体侵权例外情形外，也包括在侵权诉讼中执法机关事后采纳的合法来源、权利用尽等抗辩，以及禁止不正当竞争、反垄断法等其他制约。设置权利限制原则和具体情形总的法治目标是，在依法严格保护创新的同时，遏制不当行使权利和垄断信息的行为。

第二节　知识产权法及与其他部门法和政策的关系

一、知识产权法的概念及内容

（一）知识产权法的概念

知识产权法是调整因人类知识活动成果的创造、管理、运用、保护而产生的社会关系之一系列法律规范的总和。科技、文化和商业竞争领域涉及的法律规范种类繁多，其中不乏从国家治理角度、基于全面依法治国精神颁布的一系列"软法"（softlaw）规范；[4]知识产权法则是科技、文化和商业竞争领域内有强制拘束力的"硬法"（hardlaw）规范，以民事私法规范为主，辅以部分刑事、行政、程序方面公法内容的规划体系。从立法结

〔1〕参见蔡玫:《论著作权保护期限延长问题——以日本修改著作权法为例》，载《中国出版》2017年第2期。

〔2〕《商标法》2013、2019年修改分别增加了诚信条款和禁止恶意注册条款，全面规制恶意抢注和恶意维权，也已被列入我国《商标法》新一轮修改目标之一。参见《中华人民共和国商标法修订草案（征求意见稿）》第67、83、94条，2023年1月13日国家知识产权局发布。

〔3〕参见《著作权法》第24条,《专利法》第75条,《商标法》第59条。

〔4〕"软法"是指不能运用国家强制力保障实施的法律规范体系，参见罗豪才:《公共治理的崛起呼唤软法之治》，载《新华文摘》2009年第7期。

构看，知识产权各分支领域的法律规范，大致包括权利主体、权利客体、权利内容、权利运用、权利保护、权利限制、权利管理等内容，涵盖权利归属、可获保护对象、权利行使方式及范围、许可与转让、侵权救济及例外、行政授权确权和集体管理等方面。

知识产权法的具体规范十分繁杂，这也是其无法整体纳入《民法典》的一个重要原因，民法学者通常认为这些内容放到民法典中会破坏其美观和稳定性："知识产权法已经长成枝繁叶茂的大树，且有不同于物权法、债法、继承法等传统民法的特色，不要说民法总则无法容纳它，就是民法典分则依逻辑也不适合它。"〔1〕的确，仅调整知识活动成果归属等关系的权利主体相关规范，就包括谁是作者或发明人等原始创造者、判断依据是什么、其有何具体权利义务，谁是成果的所有者或者谁有权就成果申请并获得专有权保护，以及谁可以通过转让许可等合同或依据婚姻家庭继承等其他民事法律关系成为受保护的主体，等等。知识产权法关于客体、内容、运用、保护、限制、授权确权、侵权救济、权利管理等其他方面的内容也是如此。这些法律规范往往十分复杂，且与其他民事权利明显不同，正如郑成思教授指出的："知识产权本身，在当代，是民事权利的一部分……传统民法的大多数原则，适用于知识产权……不过，由于知识产权的依法保护与一般民事权利，尤其与同样属于绝对权（对世权）的物权相比，出现较迟，新问题较多，所以我认为无论从事研究的研究生、学者，还是立法与执法者，既已进入这一研究领域，主要精力应放在研究知识产权与传统民事权利的不同，即研究它的特殊性。"〔2〕

（二）知识产权法的内容

1. 知识产权保护的单行法

从各国的法律制度看，"知识产权法"仅是理论上的概括，绝大多数国家在知识产权领域采取单行立法模式，少数国家将知识产权法置入民法典中，个别国家制定了汇编式的知识产权法典。无论哪种模式，在知识产权国际保护框架下，各成员方关于知识产权保护的立法，基本上都涵盖了国际公约列举的内容，其中以专利法、版权（著作权和邻接权）法、商标法为主干，也包括禁止侵害信息财产行为的反不正当竞争法，以及保护地理标志和特殊标志、植物新品种、集成电路布图设计的其他专门法律规范。

狭义的知识产权法，指国家颁布的对 WIPO 公约和 TRIPs 等知识产权国际条约明确的客体进行保护的单行立法或综合性法典；在知识产权法学研究和教育中，也通常是以狭义的知识产权法为必修内容，核心在于知识产权的创造和保护。值得注意的是，即使是狭义上的知识产权法，我国的立法模式也不统一，从某种角度上还可以说相当复杂。具体而言，除了著作权、专利、商标三大基干法和反不正当竞争法作为单行法由全国人大常委会通过外，植物新品种、集成电路布图设计是作为国务院的行政法规以条例方式颁布实施的，《民法典》单列的"商业秘密"目前放在《反不正当竞争法》中保护，而地理标志保护则分散在《商标法》和《地理标志产品保护办法》等行政规章中。

同时，商标、专利、著作权三大基干单行法之下，又各自有配套的实施条例和审查指

〔1〕 崔建远：《知识产权法之于民法典》，载《交大法学》2016 年第 1 期。

〔2〕 郑成思：《民法、民诉法与知识产权》，载《法律适用》2001 年第 1 期。

南等部门规章，其中著作权法领域的配套法规和规章、办法等尤为复杂；另外，针对每部单行法实施中的疑难问题，几乎都有不断更新的配套司法解释或指导意见、指导性案例，且由于诉讼活动涉及面广，这些司法文件还不仅限于狭义的知识产权法，而是随之跨界到民法、民事诉讼法、刑法等领域，不过在学理上这些仍被视为知识产权法的必修内容。

2. 广义的知识产权法

广义上的知识产权法主要指权利运用和管理方面的法律规范。这些内容在狭义的知识产权法中虽然也有简要的、原则性的、衔接性的规定，但更多的是依靠其他领域的基本原则和通用性规范来规制和处理。例如，进行知识产权研发投资、入股、融资、转让许可，规范知识产权行使行为，参与国际贸易中的知识产权保护规则制定，等等。高质量知识产权的有效运用，是实施创新驱动发展战略的必由路径，仅由“创造”形成庞大的知识产权数量和存量，不等于科技创新转化成为生产力和竞争力；只有拥有真正在市场中转化运用的知识产权，才能真正实现知识产权制度设置的目的，因此“运用”才是国家和企业知识产权战略实施的灵魂。当然，有效运用离不开科学高效的管理，但管理更多的是经济领域而非法律法学领域的议题。对于知识产权运用，除了遵循狭义的知识产权法中已有的明确规定外，在立法缺位或模糊时还需综合运用相关领域的法律原则和规范来弥补；基于这些领域中（主要是传统的民商事和经济活动）长期以来不涉及知识产权的保护和运用问题，因此相关规则同样模糊不清且与传统规范相比调整对象具有明显的特殊性，形成了新兴的交叉的内容，这部分内容可概括为广义的知识产权法。

根本上，知识产权法是科技、文化和经济发展的产物，尤其与新技术紧密相关。技术快速发展带来的信息创造、运用、管理和保护方式的多样性和特殊性，决定了知识产权法是个动态发展、以私法为主兼带部分公法的综合性法律规范体系。（见图 1-1）

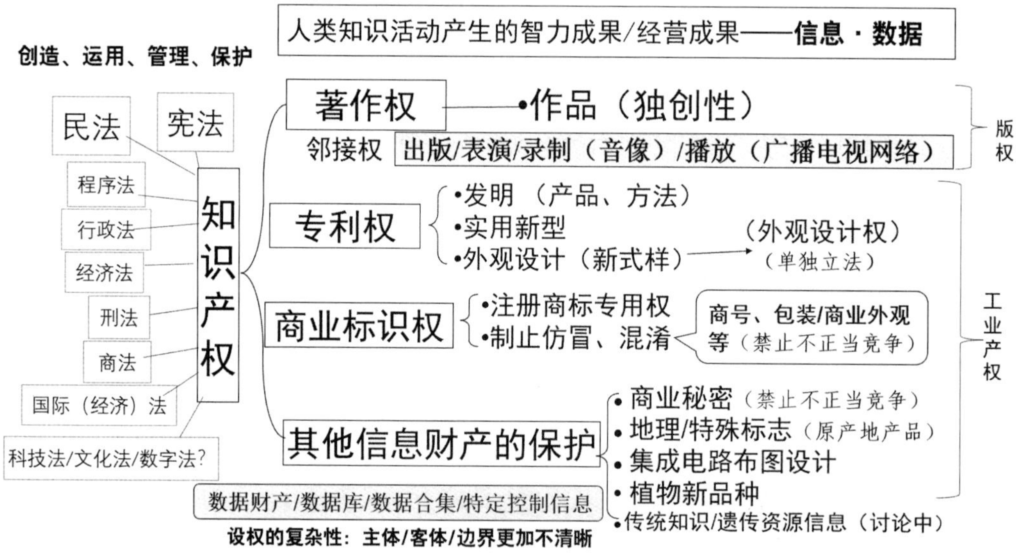

图 1-1　知识产权图谱

二、知识产权法的上位法及与其他部门法的关系

（一）宪法渊源和民法母体

宪法是国家根本大法，知识产权法以宪法为立法依据是不言而喻的。在各单行法中，《著作权法》在立法宗旨中明确了宪法的渊源地位；其他单行法虽然未写明，但《商标法》和《反不正当竞争法》立法中的“促进社会主义市场经济的发展”、《专利法》中的“鼓励发明创造”等宗旨，都可以在宪法中找到依据。

同时，作为民法的特殊分支，知识产权法须适用民法的法理逻辑、基本原则和一般规范。在知识产权法与民法的关系方面，我国学界曾有过不同观点，争议点在于：二者到底是特殊与一般、还是部分与整体的关系。本书赞同知识产权法是民法的特殊分支，有诸多处理非平等民事主体间法律关系的规范，难以像物权、合同、侵权等法律一样被视为民法中的一部分内容（须注意目前《民法典》纳入了平等主体间的技术合同相关规定），因此二者之间的逻辑关联应该是基本法与专门法、一般法与特别法。

《民法典》中除了总则外，对于知识产权保护来说最为重要的内容是合同法，因为其关涉前文说到的对于知识产权制度目的而言最为重要的“运用”。当然，侵权法的内容也与知识产权保护紧密相关，比如过错规则和损害赔偿等原则，但在单行法中这些内容有更为具体的规定，甚至《民法典》中的相关规定也是从单行法实施经验提炼而来的，例如网络平台服务提供者责任判定规则及“通知—删除”机制，以及侵害知识产权的惩罚性赔偿责任。对于知识产权的运用来说，《民法典》中虽然对技术合同作了专章规定，涉及专利技术和技术秘密的开发、转让、咨询、服务等方面的合同，填补了《专利法》中单薄的合同规范和《反不正当竞争法》中的空白内容；但技术本身的涉及面就极为广泛，仅市场主体所属的技术领域和采取的技术成果运用和保护方式就千差万别，更何况商标、版权等其他领域日常生活中运用更为频繁的知识产权，仅依据《民法典》对典型技术合同作出的规定和相应单行法中简单的合同规范无法应对实践中的需要。当然，现实生活中的民事法律行为及其对应的合同关系、类型纷繁复杂，而民事立法要求一定时期内相对稳定性，在很多情形下，民商事纠纷须依靠民法基本原则和精神解决；这种法律规范无法包罗万象穷尽社会生活现实的问题并非知识产权领域特有，只不过因为当前信息财产的市场化运用经验对于我国来说还十分欠缺，合同解释[1]亟须理论反哺的问题在知识产权领域尤为突出。

除了总则和合同法之外，物权法中一些规则原理也与知识产权法的实施相关，如“所有权与使用权分离”“担保 / 质权”“有权 / 无权处分”“一物二卖”“买卖不破租赁”“登记生效 / 对抗主义”“物上请求权 / 对物诉讼”等。此外，婚姻法、继承法中关于财产的处分规则，侵权法中的共同侵权责任，人格权保护中新设的关于姓名、肖像等

---

〔1〕 关于有相对人的意思表示的解释和合同解释的原则性规定参见《民法典》第 142、466 条，有学者据此将合同解释规则归纳为文义、整体（体系）、习惯、诚信、目的、不利解释等。杨立新主编：《中华人民共和国民法典释义与案例评注：合同编》，中国法制出版社 2020 年版，第 7 页。

商品化规定等，在实践中若发生争议，也涉及如何与知识产权法协调的问题。从某种程度上说，学好《民法典》、秉持体系化思维，是掌握知识产权法的前提；但仅学习民法并不够，知识产权法总是需要面对社会生活和科技发展中最活跃的前沿问题，法治建设需要有更广阔的视野，包括对国际、国内社会经济和文化发展趋势的深刻认识和准确理解。[1]

（二）知识产权法的独立性

早期我国学界对知识产权法的归类有多种观点，例如属于国际法、民法、经济法、行政法、科技法等，但这些主张也大多承认知识产权法有交叉性、特殊性，难以准确纳入其中某一类。本书认为，知识产权法应该是独立的一个法律部门，研习该法的学术活动和成果可以支撑形成一门独立的法学二级学科，且此学科在我国已经日趋成熟。[2]

从国家政策和法律实践来看，知识产权法成为一个法律部门基本没有太多争议，因为无论是行政主管部门，还是司法机关和法律服务机构，知识产权领域都呈现出专业化趋势。不过在学术领域，知识产权法的学科定位仍未形成统一观点，特别是知识产权领域之外的学术界，有很多观点和做法倾向于将知识产权法视为民法的下属分支或属于国际法或科技法的一部分，例如在目前法学类的学术期刊、学科分类中一般没有独立的知识产权法。这一思维惯性造成了知识产权法学在整体法学门类中的弱势地位，与国家不断强化建立支撑全面创新的知识产权法治保障的政策发生矛盾；为此，近年来知识产权界推动在专业硕士研究生教育领域设立与法律硕士平行独立的知识产权专业硕士学位，在传统的法学教育课程体系基础上纳入经济管理学的一系列内容。不过，关于知识产权交叉、复合型人才的培养机制和学科设置方案还在讨论调试中，其中也不乏争议；[3]但无论如何发展，本书所称的狭义的知识产权法，仍是学科建设中最为基础、核心的内容。

（三）知识产权法与其他部门法的关系

1. 程序法

知识产权是民事权利，意味着在发生争议时一般按照民事纠纷的解决方式处理。因此，大多数情况下，涉及知识产权争议解决的程序法，与《民法典》中其他民事权利的相关纠纷一样，都适用《民事诉讼法》。但与其他民事权利不同，知识产权各单行法中本身就规定了诸多程序性法律规范，尤其是工业产权领域的各法律法规，无不对授权[4]确权作出详尽的程序性规定，并通过内设条款将这些程序规范与民事、行政、刑事专门程序法衔接。鉴于工业产权，特别是专利权确权的技术性及其与侵权争议纠缠的复杂性，各法域根据法律制度传统，在单行法中纳入或通过特别制定的程序规范以及相关的协调衔接规范和机制来处理是通行实践。

在我国，知识产权领域与普遍适用的程序法相比，在确权机制、程序设置、管辖、

[1] 管育鹰：《知识产权法治建设的三个维度》，载《知识产权》2024 年第 2 期。

[2] 管育鹰：《我国知识产权法学研究进程与新时代展望》，载《知识产权》2019 年第 3 期。

[3] 刘春田：《论知识产权学科的性质与地位》，载《版权理论与实务》2021 年第 12 期。

[4] 严格来说，工业产权不是国家授予的而是经过法定程序确认的民事权利；但因长期以来我国在实践中将行政和司法机关的客体审查及权利效力确认统称授权确权，本书不刻意纠正“授权”概念。

证据、禁令、执行等各个方面需要另行作出特殊规定的内容较多；在没有专门适用于知识产权纠纷的特别程序立法的情况下，实践中是通过授权立法、司法解释或政策等方式来明确更细化的适用规则应对的，例如人大常委会关于设立北上广琼专门法院的决定，最高人民法院关于知识产权纠纷中行为保全、民事诉讼证据的司法解释，以及关于技术性案件相对集中审理和统一由最高人民法院知识产权法庭管辖上诉案件的规定等。当然，即使在立法中几乎不涉及专门程序性条款的版权领域，纠纷解决或打击盗版也离不开民事、行政、刑事三大诉讼法；从多元治理和国际协调角度看，调解、仲裁和民商事裁判互认与执行等相关司法领域的实践也同样可以发挥作用。

2. 行政法

在知识产权制度发展早期，因工业产权的确权需要国家行政机关组织技术审查并颁发权利证书，将由国家机关"授权确权"并由司法机关对行政决定依据行政诉讼法予以终局判定的系列规范视为行政法的认识并不罕见。但是，如上所述，知识产权的本质属性是民事权利，国家行政机关的职能是组织专业技术审查对权利予以确认，而不是授予可以从事经营活动的执照之类的行政许可证。尽管如此，因我国在行政法理论上对许可和确权并未作深入细致的区分，目前知识产权法领域仍未摆脱知识产权属于行政机关"授权"概念的影响，突出表现在授权确权程序受行政诉讼理念影响，将民事主体间的权利有效性争议当成行政纠纷，设置过于机械而冗杂，有时导致权利效力长期处于不确定状态而造成不利于知识信息利用的不佳效果。尽管近些年来我国在此领域通过司法改革不断优化相关诉讼机制，但问题未得到彻底解决。[1]从各国经验看，简化优化知识产权确权程序符合知识产权保护的本质需求，可以为科技创新提供更有力的法治保障，对于我国来说，要通过立法或修法完善相关程序，还需要淡化行政法观念。

我国知识产权法的实施受行政法理念的影响，还突出表现在一贯强调国家行政机关的"管理"职能，特别是在与"促进社会主义市场经济的发展"紧密相关的商标权保护和禁止不正当竞争领域。例如，立法制定或修改均由主管部门启动和主导，其间在过程中难免受到部门立法因素的影响，将强化或扩张行政职权的条款纳入；若行政职权行使不当，可能产生公权过度干预私权的问题，反而不利于维系平等主体间的公平竞争。

需要强调的是，如果说国家知识产权行政机关对知识产权进行"管理"尚可视为其审查权利边界和状态的确权职能之延伸的话，我国知识产权法赋予行政机关的行政执法职权则是不折不扣的行政法规范。关于知识产权保护"双轨制"这一中国特色的制度，学界长期以来有各种解读，其利弊分析结论在短期内也没法达成一致。在市场主体整体创新能力尚未壮大的前提下，由主管知识产权审查和管理工作的行政机关推行知识产权强保护对策，也是国情所致。不过，行政机关的"管理"应该是审查组织职能的延伸，而不宜另行设置一套专门对知识产权进行"管理"的行政机构，因为这样的职能并非知识产权保护本身所需。知识产权本质属性是民事权利，对自己的权利进行自主管理和运用，对于市场主体而言是毋庸置疑的，除非其"权利"的获取根本没有付出相应的知识

---

〔1〕参见管育鹰：《专利授权确权程序优化问题探讨》，载《知识产权》2017年第11期。

和智力劳动代价，或者仅仅是表面包装的纸面上的权利，根本没有市场价值；而且，即使是一般民事权利的保护，法理也不会支持“躺在权利上睡觉”的人。因此，以国家权力机关代行民事权利创设、运用、管理等事务是不符合行政法理念的。当然，目前以行政执法介入知识产权保护仍是国内现实的需要，但在理论上也须区分管理和执法职能，不宜以财政经费承担过多的知识产权公共管理职能。至于知识产权行政执法，从宏观上看，随着全面依法治国方略的推进，无论是行政保护还是司法保护，其标准都会趋同，因此都一样以程序正义为保障、以实质正义的实现为目标。

3. 刑法

要求追究严重侵害知识产权的行为人的刑事责任，既是我国《刑法》中关于“侵犯知识产权犯罪”的明确规定，也出现在各单行法中的法律责任部分。侵犯知识产权犯罪是指违反知识产权单行法和刑法，未经知识产权所有人许可使用而严重侵害其合法权益、侵犯国家对知识产权相关市场的管理秩序，非法经营和违法所得数额较大或情节严重的行为。在我国，侵犯知识产权犯罪属于《刑法》第三章“破坏社会主义市场秩序罪”第七节的内容，涉及八个罪名，即（1）假冒注册商标罪；（2）销售假冒注册商标的商品罪；（3）非法制造、销售非法制造的注册商标标识罪；（4）假冒专利罪；（5）侵犯著作权罪；（6）销售侵权复制品罪；（7）侵犯商业秘密罪；（8）为境外窃取、刺探、收买、非法提供商业秘密罪。

相应地，我国各知识产权单行法，也包括了严重侵权行为应承担刑事责任的条款，例如《商标法》第 67 条，《著作权法》第 53 条，《反不正当竞争法》第 31 条。广义上说，与知识产权相关的刑事犯罪还包括《专利法》第 68 条的假冒专利、《植物新品种保护条例》第 40 条的假冒授权品种，各单行法律法规中规定的国家工作人员滥用职权、玩忽职守、徇私舞弊、索贿受贿，以及擅自向外国申请专利、泄露国家秘密等违反其他法律规定的犯罪。

知识产权刑事保护的作用是双重的，即通过惩治犯罪既保护法益也规范秩序。各知识产权单行法作为民法的特殊分支，其主要功能是对知识信息财产的保护；对于侵权和违法行为的法律责任规定，一般是按行为的严重性从轻到重列举，即按民事—行政—刑事责任的顺序列出。与知识产权单行法相比，《刑法》在“破坏社会主义市场秩序罪”一章中专门以一节规定知识产权犯罪，体现出对侵权和违法行为最为严厉的惩罚。值得注意的是，《刑法》中的章节安排，未将“侵犯知识产权犯罪”放在“侵犯财产罪”的第五章，可以反映出侵害无形财产在价值判定和行为严重性界定上的困难，以及行为对公共秩序破坏程度的考察要点与其他财产不同。正因为此，单纯侵害知识产权，难以断定对社会公共利益造成损害的行为，例如专利侵权，在绝大多数国家都不被认为是犯罪，严重的侵权是通过惩罚性赔偿等方式加重侵权人的民事责任予以规制的；另一方面，假冒专利情节严重的，则被认为破坏了国家对技术市场的管理秩序而可以追究刑事责任，因为此类行为和假冒商标（同商标侵权）、盗版（同版权侵权）一样，同时欺骗了消费者、违反国家对相关市场的管理规范。

与其他国家仅有民事、刑事责任，以及与追究这两类责任的法定程序相衔接的警局查处程序、海关或专门进口调查机构的禁令等特别救济措施不同，对于我国来说，因各知识产权单行法基本上都增加了较严重侵权的行政责任，因此可能发生同一严重侵权行为同时承担民事、行政、刑事责任的情况，从而需要考虑更多的程序衔接和救济方式协调问题。比如，“先刑后民”或附带民事诉讼，行政与刑事程序的关系等；为此我国自20世纪90年代以来就提出了“三合一”等司法改革措施，〔1〕不过目前仍未有统一规则。

4. 经济法

在我国，因改革之初仍受计划经济影响，国家对经济关系进行干预和管理还是一种习惯，而强调民事主体人身和财产权保护的民法，特别是物权法的思维还较为薄弱，因此一些市场经济环境下的新的法律被统称为“经济立法”，经济法得以独立成为一门学科。相应地，一些涉及“经济关系”的民商事案件也被纳入“经济庭”审理。例如，知识产权当时对于我国来说基本上属于“舶来品”，相关纠纷在相当长时期被分解为两类——专利商标案件归经济庭审理、著作权案件归民庭审理。在知识产权整体被纳入民法体系后，这些案件又划归“民 × 庭”，之后逐渐独立出来称为“知识产权庭”。

从法理上说，知识产权法和经济法的关系，与民法和经济法的关系是类似的；也即，知识产权法主要调整平等主体之间的权利义务关系，而经济法主要调整国家与市场主体之间的关系。经济法领域最为典型的是《反垄断法》，其目的在于由国家治理经济关系、保障市场公平竞争，这是没有争议的。不同的是，在我国一直存在《反不正当竞争法》到底是知识产权法还是经济法的争论，〔2〕主要是因为传统的国家干预和管理经济的观念仍然存在，导致我国这两类立法在宗旨的设定上有一定的交叉性，使得我国的《反不正当竞争法》未像WIPO公约一样直接明确禁止不正当竞争是知识产权。

显然，为专利、商标提供保护的工业产权是典型的知识产权已无争议，而即使放在公私法规范均包括的《反不正当竞争法》中，该法的核心内容如禁止侵犯商业秘密、禁止仿冒商业标识和外观等，实践中一般也承认其属于知识产权。至于知识产权法与《反垄断法》的关系，长期以来因知识产权属于合法垄断，因此滥用知识产权行为是否构成垄断则成了一个理论上的难题。学界经多年研究，〔3〕在《反垄断法》修改过程中也反复讨论，是否对滥用知识产权限制和排除竞争的行为构成垄断给出更具体的判断标准，但仍因难度过大而维持原状。〔4〕本书认为，反垄断法是典型的经济法，国家对经济关系的管理带有较强的政策性；知识产权法则作为民法的特殊部分，立法和执法应当有一定的可预期性，二者的界限很难以明确的立法规则描述，行使知识产权是否构成垄断需要在执法中灵活处理（新近司法规则参见法释〔2024〕6号）。

5. 商法

通常认为，商法是调整市场经济中平等主体间商事关系的法律规范的总称，是与民

〔1〕 侯劲松：《知识产权审判“三合一”的浦东模式》，载《民主与法制》周刊2023年第13期。

〔2〕 李明德：《关于〈反不正当竞争法〉修订的几个问题》，载《知识产权》2017年第6期。

〔3〕 有代表性的例如王先林：《知识产权与反垄断法》，法律出版社2008年版。

〔4〕 参见《反垄断法》（2008年修订）第55条、《反垄断法》（2022年修订）第68条：经营者依照有关知识产权的法律、行政法规规定行使知识产权的行为，不适用本法；但是，经营者滥用知识产权，排除、限制竞争的行为，适用本法。

法并列且互为补充的部门法，主要包括公司、保险、证券、破产、投资、票据、海商、合伙、外商投资等领域的法律制度。创新是引领发展的第一动力，保护知识产权的目的是保护创新。我国在党和国家政策以及社会中长期发展规划中都十分强调全面贯彻新发展理念，深入实施创新驱动发展战略，能对此真正有所贡献、促进产业和新质生产力发展的，主要靠那些能在商事活动中流转起来的知识产权。企业是市场的主体，是实现科技成果转化的主力军和生力军，在推动包括科技、文化、制度、管理、新模式和新业态等全面创新的过程中，只有企业能够合法合规并熟练地运用商业手段，充分发挥知识产权这一数字经济时代日益重要的信息财产的经济和社会效益，才能在整体上提升国家竞争力，实现高质量发展。因此，商法在与知识产权法联动，促进权利积极运用，塑造良好营商环境助力新质生产力发展方面具有特殊作用。

与传统的商法较容易应对实物资产如何确定财产份额、损益分担等问题不同，无形财产评估作价难向来是困扰或阻碍知识产权交易、投融资和入股等民商事活动顺利开展的难题。商事活动中如何处理知识产权，涉及的经济学问题比法学问题还多，目前仅有一些实务界的经验。〔1〕高科技公司的设立和运行、知识产权证券化、投融资等制度如何构建和完善，是我国法学、经济学界今后需要进一步拓展的新研究领域。

6. 国际经济法

在中世纪之后、二战结束前，西欧一直是世界政治、经济、文化的中心，也是知识产权制度的发源地。由于地域联系紧密，欧洲各国的主要商业城市交往频繁，很早就有了国际商业交易规则，之后随着全球经贸往来的增多，这些规则逐渐发展成为调整国家、国际组织之间及其与私人之间经济关系的国际经济法律规范。与此同时，知识产权领域通过相应国际公约确立的基本法律规则，也随着经济全球化进程中知识产权贸易占比日益增多而成为国际经贸法律规则的重要组成部分。二战后，特别是信息技术高速发展以来，美国科技和经济实力全球领先，力推将有利于其占绝对优势的知识产权保护法律规则纳入 WTO 体系，通过 TRIPs 将知识产权国际公约核心内容转化为具有强制执行力的国际经济贸易规则。

对于我国来说，知识产权保护的需要最早源于中美贸易谈判达成的合意。在 1979 年的《中美贸易关系协定》中，双方承认要在贸易关系中有效保护知识产权；〔2〕1980 年 3 月 3 日我国政府向 WIPO 递交了加入书并于同年 6 月成为其成员国；之后我国《商标法》《专利法》先后于 1982 年 8 月 23 日、1984 年 3 月 12 日通过。因商标、专利单行法均先于民事基本法而颁布实施，从某种角度说，我国知识产权法在构建之初更多受国际经济法影响而非民法。不过，基于当时的制度来源梳理和立法研究，我国仍遵循 TRIPs 总结各国制度提出的“私权”概念，在将国际法转化为国内法时将知识产权定位于民事权利的一种，并体现在新中国第一部民事立法，即 1986 年的《民法通则》中。不过，

〔1〕 例如首次公开募股（IPO）的科技企业遇到的法律风险问题，参见高莉：《注册制下科创企业应注意 IPO 知识产权风险防范》，载《中国经营报》2023 年 10 月 30 日，第 7 版。

〔2〕 参见《中华人民共和国和美利坚合众国贸易关系协定》第 6 条。

此后各知识产权单行法的出台或修改，仍一直伴随着国际经济法规则和体系而发展，国内法实施也体现出明显的涉外因素；因此，研习和掌握知识产权法，须具有国际视野。

三、知识产权法律与政策的关系

现代国家治理中，法律和政策都属于不可或缺的上层建筑。在我国，党的领导是立国之本，党和国家政策当然是开展包括知识产权保护在内的各项工作的指南。因此，法律与政策的关系这一法理学上的恒久话题在我国的回答，在知识产权领域也同样适用。也即，一般来说，政策在没有通过法定程序上升为国家意志之前，不具有法律的属性；在规范形式上，法律具有规范的明确性而政策则比较原则；在实施方面，法律有民事、行政、刑事制裁手段，而违反政策则没有法律上的责任，只能由党政纪律来处理。总的来说，相对于具有较高稳定性的法律，政策更加灵活且调整变化更频繁。在知识产权领域，立法规则和司法保护标准与其他民商事领域相比更加不确定；在全面依法治国方略的推进中，知识产权政策上升为法律的动力更加突出。

严格来说，“知识产权保护”是指依法对侵犯知识产权行为予以制止和打击的活动，主要是通过司法和行政执法来保护知识产权的行为，处于“创造—运用—管理—保护”整个知识产权相关产业链的最后环节。追根溯源去理解知识产权法律制度，正如本书前面叙述的，其是民商法领域的特殊分支，因此知识产权保护主要是出自民事主体（现代化产业化经济条件下通常指企业）的自身需求，只要在遭遇侵权时能够得到正当程序保障的司法保护即可，并不需要以国家政策赋予相关政府部门相应职责强化推行的方式进行。不过，自法律制度建立伊始，我国政府就在国际谈判中承诺履行知识产权保护职责，高度重视知识产权保护工作；除了专利商标等工业产权在授权确权阶段按世界通例由行政管理部门介入背书外，在立法启动、行政执法及各种行业管理方面，也建立了由政府部门负责的法律规范或实践做法。这样，在域外主要指权利人自力救济或依法向司法机关请求救济的“知识产权保护”概念，在我国就扩张为不仅指司法保护，而且包括行政管理和执法的“全链条”保护，进而再扩张为包括各种规范集体管理组织等中介服务机构行为、人才培养及学科建设、舆论宣传导向和国际协调等诸多内容在内的“大保护”；这些将法律意义上的“知识产权保护”泛化为包括政策在内的“保护”概念，被明确写在知识产权领域的诸多党和国家政策中，催生了将知识产权政策法制化的需求。例如，在《商标法》2023 年最新的修改建议中，“品牌建设”“知识产权强国建设”等政策都被加入立法中。[1]

当然，知识产权领域采取政策法制化举措，我国并非首创者。中日韩在对国家和法的关系理解方面，与我国具有某种文化同源性。从全球范围看，在知识经济时代，知识产权越来越成为提升国家核心竞争力的手段，为此从 20 世纪末开始，许多国家都从国家战略的高度来考虑、制定和实施知识产权法，并将其与国内外经贸政策相结合，构建

〔1〕 参见《中华人民共和国商标修订草案（征求意见稿）》第 1 条和第九章，2023 年 1 月 13 日国家知识产权局发布。虽然这只是初步草案，但也在一定程度上反映了知识产权领域政策法制化倾向。

国家发展总体战略。但是，与西方国家将知识产权政策分散融入知识产权单行法和其他科技领域立法的模式不同，日本、韩国虽然在脱亚入欧后紧随西方市场经济发展模式，但也保留了部分国家治理方面的东方传统思维，在知识产权领域即表现为强调行政部门的职能，将相关的国家政策法制化。比如，2002 年日本出台了《知识产权基本法》，规定了总则、基本措施、有关知识财产创造保护和应用的推进计划，以及知识产权战略本部的设立和职能等内容，旨在有计划地集中推动知识产权相关措施的实施，以提高日本企业的国际竞争力。[1]之后，韩国于 2011 年推出了有类似功能的《知识产权基本法》，不过内容较日本的更加详尽周全。其中，该法第 5 条还指出了与其他知识产权法和政策间的关系，即修订知识产权法应符合基本法规定的目的和理念，除了法律上有特殊规定的之外，知识产权政策均依照基本法的规定推行。[2]

我国自 2008 年《国家知识产权战略纲要》提出要“研究制定知识产权基础性法律的必要性和可行性”之后，2021 年《知识产权强国建设纲要（2021—2035 年）》也指出，要“开展知识产权基础性法律研究，做好专门法律法规之间的衔接，增强法律法规的适用性和统一性”。这样，党和国家知识产权政策中的“知识产权基础性法律”，是指日韩式的政策法制化，作为其他知识产权单行法弥补的基本法？还是继续完成《民法典》制定过程中的知识产权法典化之未竟事业，抑或是制定单独的“知识产权法典”？另外还有知识产权基础性法律的具体实现路径等问题，均需要继续研究和落实。

第三节　我国知识产权法律制度的建立与演进

一、我国知识产权法律制度构建概略

在新中国成立之初到改革开放之前，我国并没有体系化的知识产权法律制度，少数可以归类为知识产权制度的法律规范内容极为简陋不全。例如，1950 年制定了《商标注册暂行条例》、1963 年制定了《商标管理条例》；不过，在旧政权的商标局注册的商标经过清理，有 1/3 在新中国不能予以注册。[3]在这一时期，我国专利制度也基本没有形成，《保障发明权与专利权暂行条例》从 1950 年 7 月制定到 1963 年 11 月废止，仅批准 4 件专利；[4]对著作权的保护主要依据一些行政法规且内容也很简单，如 1953 年《关于纠正任意翻印图书现象的规定》《关于文学和社会科学书籍稿酬的暂行规定（草案）》。[5]之后，由于国家政治和经济生活的动荡，这些简陋分散的与知识产权有关的管理性规范也

---

〔1〕 曹新明、张建华：《知识产权制度法典化问题研究》，北京大学出版社 2010 年版，第 16 页。

〔2〕 张鹏：《知识产权基本法基本问题研究》，知识产权出版社 2019 年版，第 37 页。

〔3〕 夏叔华：《商标法要论》，中国政法大学出版社 1989 年版，第 63—64 页。

〔4〕 李顺德：《知识产权法律基础》，知识产权出版社 2005 年版，第 69 页。

〔5〕 李明德主编：《知识产权法》，社会科学文献出版社 2007 年版，第 64 页。

没有得到认真施行。

在20世纪70年代末至80年代的改革开放之初，由于商品经济观念与市场机制的引入，伴随中外经贸关系的建立，知识产权法律制度作为规范无形知识财产归属和交换关系的基本规则，在我国被提上了立法日程，并逐步成为社会主义法制建设的重要组成部分。同时，国务院组建了当时的商标局、专利局、国家版权局，作为专门的知识产权工作主管机构，负责包括起草知识产权法律规范、审查颁发权利证书并进行管理、对行政执法进行指导、参加对外经贸谈判等在内的相关事务，各级人民法院也开始依托当时的“经济庭”或“民庭”业务分工，依法受理知识产权纠纷案件，开启了中国知识产权法律制度和保护机制体系的构建进程。简单说，体系化意义上的我国知识产权法律制度，并非随社会经济的发展而自发形成，而是在改革开放的影响下、在外来压力的推动下，由立法机关直接通过制定法律条文、由相关部门负责推动实施而形成的，这一构建过程与西方发达国家的知识产权法律制度体系形成和完善进程有明显区别。

在这一背景下，本书认为，我国知识产权法律制度发展阶段和今后的完善方向，可以从以下几个方面理解和把握：（1）将我国参加的国际知识产权保护制度转化为国内法；（2）根据实施国家知识产权战略的需要，完善法律规则和保护机制；（3）根据建设知识产权强国的需要，增强法律规范衔接性、适用性和统一性，推动制度体系化。

二、我国知识产权法律制度和实施机制的建设及完善

（一）制度形成和初步完善阶段（1978—2008）

1. 加入WTO前的我国知识产权法律制度建设情况（1978—2001）

1982年8月23日，第五届全国人民代表大会常务委员会第二十四次会议通过了《商标法》，并于1983年3月1日起施行。这是中国开始系统建立现代知识产权法律制度的一个重要标志。1984年3月12日，第六届全国人民代表大会常务委员会第四次会议通过了《专利法》，并于1985年4月1日起施行。在1985年4月1日我国专利法实施的第一天，当时的中国专利局就收到来自国内外的专利申请3455件，被世界知识产权组织誉为创造了世界专利历史的新纪录。[1]在党的十一届三中全会即将召开之时的1978年9月24日，国务院下发了《关于成立工商行政管理总局的通知》，执行“管理商标”职能的国家工商行政管理总局下设商标局，对本国企业使用的商标“统一审查、注册，协助工商部门监督检查商品质量。对外国企业向我国申请注册的商标，根据互惠原则办理注册”。1980年1月14日国务院以国发〔1980〕10号文件批准了《关于我国建立专利制度的请示报告（草案）》，随后成立了国家专利局（1998年国务院机构改革后更名为国家知识产权局）。根据以上法律和决策，国务院有关主管部门或地方人民政府都设立了专门的专利管理机关和商标管理机构；同时，从现实的国情出发，在知识产权法律中规定了知识产权保护的行政途径，即对于既侵害权利人利益又危害公共利益的侵权行为，各行政管理机构均有权追究侵权行为人的行政责任，如罚款、没收主要用于侵

〔1〕熊志云：《浅谈专利档案及其管理》，载《档案学研究》1998年第1期。

权活动的材料、工具、设备等，从而防止侵权行为的再次发生，保证知识产权法律在实际生活中得到贯彻和执行。

我国知识产权法律制度的建设，在初始阶段就显示了面向世界、面向国际保护水平的高起点。在改革开放的推动下，我国知识产权与国际接轨的速度之快也是史无前例的。1979 年《中美贸易关系协定》确认有效保护专利、商标和版权的原则后，1980 年我国即申请并成为 WIPO 的成员国；从 1985 年 3 月 19 日起，我国成为《巴黎公约》的成员国。在 1982 年、1984 年商标、专利单行法之后，1986 年《民法通则》首次明确了“公民、法人享有著作权（版权），依法有署名、发表、出版、获得报酬等权利”；随后我国于 1990 年颁布了《著作权法》，1991 年颁布了《计算机软件保护条例》。在 1989 年的 WIPO 外交会议上，我国成为《关于集成电路知识产权保护条约》的首批签字国之一；同年 10 月，我国成为《马德里协定》的成员国。

进入 20 世纪 90 年代后，国际经济关系和环境发生了很大的变化。我国政府积极参与了 1990 年 11 月开始的“关税与贸易总协定（WTO 的前身）”乌拉圭回合的多边贸易谈判，并为推动 WTO 的建立和 TRIPs 的达成做出了极大的努力。在我国加入 WTO 的谈判过程中，围绕知识产权保护的国际贸易谈判及其结果，对我国知识产权法律制度的进一步发展具有很大的推动作用。例如，在 1992 年 1 月 17 日中美两国第一次签订关于保护知识产权的谅解备忘录之后，我国于 1992 年 10 月成为《伯尔尼公约》和《世界版权公约》成员国；1993 年我国向 WIPO 申请加入《专利合作条约》（PCT），并从 1994 年 1 月 1 日起成为 PCT 成员国。同时，1992 年 9 月 4 日我国《专利法》进行了第一次修改，1993 年 2 月《商标法》也进行了第一次修改，两部法律均扩张了保护范围，加大了保护力度。1993 年 9 月 2 日我国颁布了《反不正当竞争法》，包含了对字号、商业秘密等重要信息财产的保护条款，弥补了知识产权法的缺漏之处。另外，基于审理知识产权案件专业性强、技术含量高的特点，自 1992 年以来，北京市、上海市、广东省等地的人民法院，根据当地实际需要先后设立了独立于民事、经济审判庭的知识产权审判庭。

1994 年 WTO 成立之后，我国加快了知识产权法律与 TRIPs 对接的进程。1995 年 2 月 26 日，中美双方达成协议，并以《有效保护及实施知识产权行动计划》作为附件，随后国务院于 1995 年 7 月发布了《知识产权海关保护条例》。1996 年 10 月，最高人民法院成立了知识产权审判庭，随后全国各地法院陆续建立了知识产权案件专门审判庭或合议庭。集中审理知识产权案有利于保证法律实施的统一性，有利于积累经验形成一支高素质、专业化的知识产权审判队伍，提高知识产权案件的审理水平，彰显中国加强知识产权司法保护的决心。在立法方面，我国于 1997 年 3 月通过了《植物新品种保护条例》；2000 年 8 月第二次修改了《专利法》；2001 年 4 月通过了《集成电路布图设计保护条例》；2001 年 10 月《商标法》和《著作权法》也进行了修改。这样，我国的知识产权法制建设取得了长足发展，与相关国际公约的要求一致；2001 年 11 月 10 日，我国正式成为 WTO 成员国。

2．加入 WTO 后的我国知识产权制度建设简况（2002—2008）

加入 WTO 之后，我国知识产权制度建设进入一个新的阶段，即从相对机械、被动的规则制定，走向灵活、主动的规则运用以及对国际知识产权规则制定活动的积极参与。在应对入世后知识产权保护引起的国际贸易纠纷的过程中，卷入纷争的中国企业积累了深刻的经验和教训，而中国政府也日益认识到知识产权制度在建设社会主义市场经济国家中的重要作用，加强执法逐渐成为我国知识产权保护中的主要议题。2004 年 8 月，由吴仪副总理任组长的国家保护知识产权工作组成立，其职责是大力加强保护知识产权的统筹协调，全面提升中国知识产权保护水平。2005 年 1 月，我国成立了“国家知识产权战略领导小组”，并正式启动国家知识产权战略制定工作。在此过程中，《计算机软件保护条例》和《知识产权条例海关保护》分别于 2001 年底和 2003 年底作了修订；2005 年 4 月，国家版权局和信息产业部联合发布了针对网络侵权的《互联网著作权行政保护办法》；2006 年 4 月国务院颁布了《加强知识产权执法行动的新指南》，明确要求政府机构为知识产权执法承担更多的责任，如设立专门的知识产权投诉中心等。此外，司法保护的作用也日益增强，2004 年底，最高人民法院、最高人民检察院通过了《关于办理侵犯知识产权刑事案件具体应用法律若干问题的解释》，这一刑事法律保护方面的举措使得我国的知识产权保护力度明显加强。

2006 年后，基于我国经济正处在一个由传统的工农业经济向现代的知识经济转型时期的国情，“建设创新型国家”成为战略发展目标；[1] 与此相应的是，对创新成果给予法律保护的知识产权制度的完善更受重视。与前一阶段中我国知识产权法制建设在某种程度上必须承受外来压力的情形不同，这一时期知识产权保护成为自身发展需要。入世后，我国企业“走出去”遭遇知识产权冲击和打压的情况增多，企业和政府均认识到知识产权保护制度对于促进科学技术进步、文化繁荣和经济发展具有重要意义和作用，制定和实施国家知识产权战略成为历史性决策。2008 年《国家知识产权战略纲要》实施后，作为实施国家知识产权战略的重要举措，我国立刻主动、全面地对《专利法》进行了第三次修订，相关内容体现了国家发展的内在需求。例如，以绝对新颖性取代了相对新颖性，反映了我国专利授权标准的提高；为化解确权程序周期长问题，规定了侵权诉讼中的现有技术抗辩；将法定赔偿额幅度上调为 100 万元以下 1 万元以上，加大了侵权治理力度；增加专利权评价报告制度，提高外观设计专利质量；等等。

（二）国家知识产权战略实施中的知识产权制度完善（2008—2020）

1. 立法领域的进展

2008 年的《国家知识产权战略纲要》明确，到 2020 年要把我国建设成为知识产权创造、运用、保护和管理水平较高的国家，其中，知识产权法治环境进一步完善是首要的发展目标。法治完善的第一步就是完善知识产权法律法规，包括及时修订知识产权领域商标、专利、版权、反不正当竞争等各单行法，并加强各法之间的衔接配套、增强可操作性，完善刑法以及对外贸易、科技、国防等方面法律法规中有关知识产权的规定，加大司法惩处力度，提高侵权代价、降低维权成本，以期有效遏制侵权行为。同时，还

---

〔1〕 在 2006 年的全国科技大会上，我国提出了建设创新型国家战略，颁布了《国家中长期科学和技术发展规划纲要（2006—2020）》，其中包括实施知识产权战略及相关的若干重点任务。

须适时做好遗传资源、传统知识、民间文艺和地理标志等方面的立法工作。

继 2008 年《专利法》修改后，我国《著作权法》于 2010 年作了个别条款的修改，2013 年 8 月《商标法》进行了修改，2017 年 11 月《反不正当竞争法》进行了修改。除此之外，全国人民代表大会于 2017 年 3 月制定了《民法总则》，其中的第 123 条为知识产权条款。2015 年 11 月《种子法》修订，增加了植物新品种保护的章节。随着上述法律的制定和修订，国务院也修订了《专利法实施条例》《著作权法实施条例》《商标法实施细则》《计算机软件保护条例》《信息网络传播权保护条例》和《植物新品种保护条例》。同时，国务院相关部委和地方各级政府，还依据《国家知识产权战略纲要》和相关的法律法规，制定了本部门或者本地区的知识产权地方法规、规章或实施办法。

2019 年 4 月，《商标法》和《反不正当竞争法》又一次修订，有针对性地加大了对恶意注册、囤积商标行为的打击力度，完善和加强了商业秘密保护。这次修改虽然在中美贸易冲突的大背景下发生，但修改的内容也是针对我国知识产权领域长期以来存在的广受学界和业界批评的乱象，因此也顺应了新时代我国知识产权制度法治建设的需要。2020 年 5 月，我国《民法典》正式颁布实施，除了在第 123 条勾画我国知识产权保护客体概貌、在合同编对技术合同作出若干具体规定外，还明确了故意侵害知识产权情节严重行为的惩罚性赔偿制度。2020 年 10 月和 11 月，《专利法》和《著作权法》作了新的修改，同时《刑法修正案（十一）》也对知识产权犯罪条款作了修改，《种子法》则于 2021 年再次修订，这些立法的完善无不强化了对知识产权的保护。

2. 司法领域的进展

国家知识产权战略实施以来，我国司法部门通过针对知识产权司法保护中的疑难问题制定知识产权案件审理的司法解释，尽量追求法院裁判标准的统一，提高法律适用的可预期性。例如，最高人民法院于 2008 年 2 月发布了《关于审理注册商标、企业名称与在先权利冲突的民事纠纷案件若干问题的规定》；2009 年 4 月发布了《关于当前经济形势下知识产权审判服务大局若干问题的意见》和《关于审理涉及驰名商标保护的民事纠纷案件应用法律若干问题的解释》；2009 年 6 月发布了《关于专利、商标等授权确权类知识产权行政案件审理分工的规定》；2009 年 12 月发布了《关于审理侵犯专利权纠纷案件应用法律若干问题的解释》；2012 年 11 月颁布了《关于审理侵害信息网络传播权民事纠纷案件适用法律若干问题的规定》；2014 年 2 月发布了《关于商标法修改决定施行后商标案件管辖和法律适用问题的解释》。此外，最高人民法院 2001 年颁布的《关于审理专利纠纷案件适用法律问题的若干规定》于 2013 年、2015 年两次修改；其他关于著作权、商标、植物新品种保护的司法解释也先后修改。2016 年 1 月，最高人民法院《关于审理侵犯专利权纠纷案件应用法律若干问题的解释（二）》通过，主要涉及权利要求解释、间接侵权、标准实施抗辩、合法来源抗辩、停止侵权行为、赔偿额计算、专利无效对侵权诉讼的影响等专利审判实践中的重点难点问题，回应了社会各界对专利诉讼中"周期长、举证难、赔偿低"等突出问题的关注。2016 年 12 月，最高人民法院《关于审理商标授权确权行政案件若干问题的规定》通过，这一总结审判实践经验、完善商标授权确权法律适用标准的重要举措，有利于进一步形成良好的商标申请和注册秩序，倡导诚实信用、正当竞争的理念，充分发挥商标在创新驱动、提高国际竞争能力、促进经济发展中的积极作用。此外，2018 年 11 月最高人民法院通过《关于审查知识产权纠纷行为保全案件适用法律若干问题的规定》，该解释是总结审判实践经验、完善行为保全制度、加大知识产权保护力度的重要举措，其发布和实施对进一步促进科技创新、文化繁荣、诚信经营以及正当竞争发挥了重要的积极作用。

在以上述司法解释与司法政策细化法律适用标准的同时，我国的知识产权司法保护机制也进一步完善。继《国家知识产权战略纲要》提出研究设置统一受理知识产权案件的专门知识产权法庭、探索建立知识产权上诉法院之后，2013 年 11 月党的十八届三中全会明确提出“探索建立知识产权法院”。2014 年 8 月 31 日，第十二届全国人民代表大会常务委员会第十次会议通过了《关于在北京、上海、广州设立知识产权法院的决定》，启动了我国知识产权法院设置试点方案；除了北京、上海、广州知识产权法院先后运行外，全国各地随后也根据经济发展状况和案源情况先后设立了省内跨区的专门审理技术类案件的知识产权法庭。2018 年 10 月，十三届全国人大常委会第六次会议审议通过《全国人民代表大会常务委员会关于专利等知识产权案件诉讼程序若干问题的决定》，随后最高人民法院通过《关于知识产权法庭若干问题的规定》，集中审理发明和实用新型专利、植物新品种、集成电路布图设计、技术秘密、计算机软件、垄断等专业技术性民事和行政上诉案件的最高人民法院知识产权法庭于 2019 年 1 月 1 日起揭牌运行。该法庭的设立无疑是我国激励和保护科技创新、加强知识产权保护的一个里程碑；该上诉机制减少了发明专利等授权确权行政案件的审级、缩短了确权周期，同时将全国专利等技术类侵权民事案件与行政案件的上诉管辖集中在一起，能实现权利效力和侵权判断裁判标准的统一、有效消减择地诉讼现象，有利于提高疑难案件的审判质效，加大知识产权司法保护力度。2021 年 1 月 1 日起，海南自由贸易港知识产权法院依法设立并运行。

3. 行政领域的进展

我国对知识产权保护实行的是行政执法与司法保护的“双轨制”。关于知识产权行政执法职能的整合，在 21 世纪以来国内学界已经提出了建设性建议[1]，并写进了 2008 年的《国家知识产权战略纲要》中。总的来看，尽管对于花费额外的财政资金用于行政机关“保护”民事权利在理论上一直有争议，但根据我国的国家治理传统、部门关系和经济发展现状，对比较严重的侵犯知识产权、影响消费者利益和市场竞争正当秩序的行为，以政府机关的行政执法来弥补民事和刑事救济的不足，有利于打击侵权假冒行为和加强知识产权保护，因此知识产权行政执法在一定时期内仍有必要。

党的十八大以来，我国确立了关于政府职能转化、合理配置执法资源，提高执法效率的改革方向。2018 年，在新一轮机构改革中，我国明确了专利、商标、地理标志领域的行政执法，以及反不正当竞争和知识产权相关的反垄断执法职能，属于市场监督管理部门，同时农产品地理标志、植物新品种保护的行政执法则由农业工作主管部门负责。

---

〔1〕 相关论述参见中国社会科学院知识产权中心编：《我国知识产权保护体系改革研究》，知识产权出版社 2008 年版。

在版权行政执法方面，我国的执法状况相对比较复杂。主管著作权行政管理的国家版权局，可以查处在全国有重大影响的版权案件；同时，我国各级政府的相关部门也承担相应辖区内的版权执法职能，例如文化旅游部门负责发行渠道的版权执法、海关负责进出口货物的版权执法，另外广电、工业和信息产业等部门也有部分版权执法职能。考虑到长期存在的版权保护不力问题，特别是网络环境下执法的复杂与困难等现状，我国有针对性地在版权执法领域成立了全国打击网络侵权盗版专项治理工作领导小组办公室，由国家版权局、公安部、工信部（原信息产业部）从 2005 年开始连续开展打击网络侵权盗版专项治理行动，查处了一大批网络侵权盗版案件；2010 年开始全面开展以“剑网行动”为名的针对不同重点领域进行年度性专项治理。在联合性的行政执法中，版权、文化、电信、网络管理等相关政府部门可以相互配合，对严重侵权的网站采取停止接入、关闭没收服务器等立竿见影的措施，有效解决了之前长期以来存在的版权部门执法手段不够有力的问题。同时，版权管理部门建立了黑名单、重点作品清单预警和约谈等监管制度，有效规范了网络版权秩序，成效显著。不过，目前我国的版权执法职能仍比较分散，相关部门之间的联系和协作还需进一步增强。另外，为建立和完善版权执法体系，还有必要加强部门监督与群众、媒体、行业等机构监督的有机结合，建立统一的执法监督体系。同时，结合网络环境下版权保护无国界和权利人对信息公开的强烈诉求，可建立涉外版权执法信息专栏，并对外公示相关版权侵权重要案件的处理部门、程序及结果。显然，我国版权领域的行政管理和执法还需加强统筹。

至于工业产权管理部门，则应强化其公共服务职能。近些年来，工业产权管理部门进一步发挥其专业上的特长，制定并发布了指导实施专利和商标领域的确权和侵权判断标准，以做好相关执法指导工作。在知识产权强国建设纲要的实施阶段，国家知识产权局会同有关部门，积极构建了“严保护、大保护、快保护、同保护”的知识产权保护工作格局，力图通过不断完善网络平台治理和电子商务领域行政执法的相关规范，加大商标专利侵权的查处力度，努力打造适应数字经济发展的营商环境。

（三）新时代知识产权法治建设方向展望（2021—2035）

法治建设首先要有法可依。《知识产权强国建设纲要（2021—2035）》提出，要“构建门类齐全、结构严密、内外协调的法律体系”。具体来说，除了前面提到的“开展知识产权基础性法律研究，做好专门法律法规之间的衔接，增强法律法规的适用性和统一性”外，还包括继续及时修改完善各知识产权单行法律法规、探索制定相关专门法律法规、完善规制知识产权滥用行为的法律制度以及与知识产权相关的反垄断、反不正当竞争等领域立法等。另外，其他与知识产权密切相关的法律制度也需要及时适时修改完善，例如科学技术进步法、有关诉讼法或特别程序法，以及关于大数据、人工智能、基因技术等新领域新业态的知识产权立法规则。目前，我国各知识产权单行法及其配套法规、规章和实施制度，都在继续修订完善中，其他新的立法工作也在研究中。前面提到的最高人民法院在国家知识产权战略实施后发布的若干年司法解释和文件，连同 21 世纪以来发布的关于域名、技术合同、不正当竞争、垄断等案件审理的司法解释，也于近年进行全面修改，[1]另外近几年密集出现了涉及技术调查官参与诉讼活动、商业秘密保护、专利授权确权、网络知识产权侵权、知识产权刑事保护、知识产权民事诉讼证据、电商平台知识产权保护、加大知识产权侵权行为惩治力度、加强著作权和相关权利保护、惩罚性赔偿、反不正当竞争法适用、药品注册申请相关专利纠纷、侵害植物新品种权纠纷规定（二）、反垄断民事诉讼等系列司法解释和规范性文件，这些都成为研习最新知识产权法的必读内容。

从国家治理角度说，行政、司法机关的执法、行政部门的专业审查和管理，都是执行国家知识产权治理具体任务的方式。以保护信息财产为主轴的知识产权工作涉及国家治理各个层面，尤其是科技创新、文化建设、商业竞争秩序维护，其核心内容和重点，是通过不断强化执法措施和推动制度建设，激发各行各业各领域的创新活力。但是，国家力量的推动和举国体制的投入，仍无法取代市场主体自发的创新行为。法治是最好的营商环境，现代化建设须在法治的轨道上进行。党的二十大报告指出，要加强知识产权法治保障，形成支持全面创新的基础制度。在百年变局的历史节点上，身处国际国内形势巨变的洪流中，我国实施知识产权强国建设纲要，仍然要秉持法治思维，充分发挥知识产权法治“固根本稳预期利长远”的保障效用，助力高水平科技自立自强。

三、我国知识产权制度构建特点和法律体系完善重点

（一）我国知识产权制度构建的特点

1. 制度建设与国际经贸谈判紧密相关

考察我国知识产权法律制度的构建和完善进程，可发现两个突出特点。其一，知识产权法的建立完善与国际条约要求和国际经贸谈判紧密相关。在 20 世纪 80 年代，为了适应改革开放后国际贸易的需要，我国知识产权法律制度在构建之初就以知识产权国际保护制度的内容为基准，在国内立法上自觉履行相关国际公约的要求。20 世纪 90 年代在加入 WTO 的过程中，我国持续修改国内知识产权法和完善执法机制，在 21 世纪初已基本与 WIPO 管理的诸项国际条约及 TRIPs 一致，保护内容全面覆盖了国际公约中的所有知识产权类型及其救济措施。此外，由于我国缺乏知识产权法实施的历史根基，在制度建立之初起草国内法时，不仅参照了国际条约文本，还大量借鉴了发达国家的知识产权单行法；即使在实施国家知识产权战略的过程中，受技术发展程度和国际经贸关系的影响，我国的知识产权制度也一直处于不断完善的进程，立法呈现一定的被动性，影响了执法的效果。

其二，建立了知识产权保护的“双轨制”。与其他国家相比，我国知识产权法的一个重要特点是，立法由行政机关启动、主导，且长期实行知识产权保护的司法与行政“双轨制”，因此，行政机关在我国知识产权立法和执法中作用较大，例如“部门立法”因素至今未能完全消除。在司法领域，知识产权保护高度依赖司法解释，且司法政策和

---

〔1〕 参见《最高人民法院关于修改〈最高人民法院关于审理侵犯专利权纠纷案件应用法律若干问题的解释（二）〉等十八件知识产权类司法解释的决定》（法释〔2020〕19 号），2020 年 12 月 29 日发布。

案例指导制度作用也日益明显，另外还有各地方出台的大量指导本地区知识产权案件审理的司法意见或指南；这是由于法律的概括性、滞后性和技术创新与应用实践的飞速发展，使得立法修订远不能满足法律适用的需求。在司法保护方面，我国知识产权审判机制也一直在创新，目前已经形成“北上广琼”四个专门法院和各地近 30 个专门法庭以及最高人民法院知识产权法庭（国家层面知识产权案件上诉审理机制[1]）的格局。

2. 我国知识产权法律体系的开放性

TRIPs 在序言中宣示知识产权为私权，这也是我国将知识产权纳入民事权利范畴的基本依据。不过，知识产权法与民法有着明显的差异，其是一套开放性的至少包含若干现行法律法规的市场经济法律规则体系，且在条款表述方面几乎全球一致。

从立法框架看，我国《民法典》第 123 条勾画了我国知识产权法律体系基本框架，除此之外有专利、商标、著作权、植物新品种保护、集成电路布图设计保护等知识产权单行法，以及制止侵害其他信息财产合法权益的反不正当竞争法。其中，现行《反不正当竞争法》是弥补各知识产权单行法对无形信息财产保护不足的主要法律依据，包括对商业秘密（未公开的技术和商业信息）、未注册商业标识、产品外观、商业数据信息的保护。还需要注意的是，《民法典》中的总则和关于侵权责任、合同（特别是第十八章关于技术合同）的相关规定，也是与各单行法相辅相成的我国知识产权法律制度的内容。在刑法、行政法、[2]对外贸易法等部门法中，也涉及了对知识产权保护的专门规定，而《反垄断法》也可用于对知识产权许可协议中可能存在的限制竞争行为予以规制。

在知识产权法律制度所服务的创新领域，还有大量的法律规范与知识产权法中的基本概念和范畴发生联动，例如《科技进步法》《促进科技成果转化法》《种子法》《产品质量法》《非物质文化遗产法》《中医药法》《生物安全法》《数据安全法》，以及新闻广电、文化旅游、体育娱乐等产业及其网络治理领域的诸多法律法规。总体而言，从法律规范的层级进行划分，我国知识产权法律规范体系非常复杂，包括法律、行政法规、地方性法规、部门规章。此外，我国知识产权法律制度及其实施，也需要遵循已加入的国际条约的内容。

如前所述，知识产权保护的“双轨制”是我国知识产权制度区别于其他国家和地区的特殊之处。也即，我国的知识产权法律制度在建立之初，从现实的国情出发，在专利、商标和版权及其他知识产权相关法律中都规定了知识产权保护的行政途径，即对于既侵害权利人合法权益又损害社会经济和文化管理秩序等公共利益的侵权盗版等行为，各主管行政机关有权施以罚款和没收主要用于侵权活动的材料、工具、设备等处罚，追究侵权行为人的行政责任以防止侵权行为的再次发生，保证知识产权法律在实际生活中得到贯彻和执行。不过，知识产权在国外学理研究中被称为“诉讼中的物权”，诉讼程序规则和司法制度设计，以及高层级专门审判机构的判例，与知识产权保护实效紧密

---

〔1〕 参见管育鹰、郭禾、李杨、易继明:《进一步完善国家层面知识产权案件上诉审理机制》，载《民主与法制》2022 年第 8 期。

〔2〕 既包括《知识产权海关保护条例》，也包括各知识产权主管机关制定和执行的法规和规章。

相关。鉴于知识产权立法规则需要随技术发展及时调整与立法不可避免存在滞后性的矛盾，基于行政行为必须接受司法审查的法理，我国的知识产权司法保护始终处于“最后一道防线”的角色；因此，从广义上理解我国的知识产权法律规范体系，还应包括用来确立法律适用标准的大量的司法解释。另外，随着社会主义市场经济制度的发展和法治环境的逐渐完善，围绕知识产权纠纷解决的诉讼程序规则立法，以及配套审判制度或案件审理机制建设的司法解释、政策等规范的制定工作也将进一步加强，这些也是认识我国知识产权法律制度需要了解的内容。

（二）我国知识产权法治建设的问题与重点

我国高度重视知识产权保护工作，改革开放 40 余年来不断完善法治保障，强化知识产权保护，国家知识产权事业取得了巨大成就。2020 年 11 月底，习近平总书记关于知识产权保护工作的讲话，更是高屋建瓴地阐明了新发展阶段加强知识产权保护对构建新发展格局、推动高质量发展的重要意义，提纲挈领地描绘了进一步推进我国知识产权保护工作的顶层设计和蓝图规划。但目前，我国知识产权领域呈现出多种因素并存、干扰执法理念和效果的复杂情形，有三个方面的问题值得重视：其一,一些主体的知识产权意识和制度运用能力高度增强，力图将尽量多的无形信息资源纳入自己的专有权范围，将几乎无创新的低质量信息内容“泛产权化”（有时被戏称为“知识产权蟑螂”）的现象在各分支领域都有出现，有的行为甚至向不当利用制度漏洞占有公有领域或他人有在先权利的信息，或向权利滥用和限制竞争、垄断发展。其二，“互联网 +”“数字化生存”“元宇宙”等的生产生活方式，使得人们在尚未普及提升知识产权法律意识的情况下，先行享受技术发展和应用带来的便利，有意和无意的侵权规模都因网络效应而前所未有地扩大，给权利人的维权和行政司法部门的执法带来困难。其三，由于知识产权与国际贸易密不可分，我国知识产权制度建立和发展的进程，始终受到美国等发达国家主导的知识产权国际保护规则的影响；直至今日，尽管我国基于发展内需确立了创新驱动发展战略、高度重视知识产权的作用，但相关双边、多边国际经贸协议中知识产权条款带来的高标准、严保护的要求，始终给国内知识产权制度运行带来一定压力，国内外规则和适用标准的协调是法治建设中不可忽视的因素。

与发达国家相比，我国能代表综合国力的核心技术、驰名品牌和优质文化产品总量还是相对落后，这与国家所处的社会、经济、文化发展阶段是相对应的。基于创新是引领发展的第一动力、保护知识产权就是保护创新的基本理念，从阶段化法治建设目标来看，目前知识产权领域有一些值得关注和亟须解决的问题。例如，还需要继续化解的“维权难”“周期长”问题，考虑优化知识产权确权和维权程序；在专利、商标领域出现的片面追求数量而忽视质量、妨碍其他市场主体的非正常申请、滥用程序不正当竞争问题；在版权领域存在的主体、客体、权属、权利内容、侵权责任判定标准等方面的认识不统一，以及许可使用合同条款粗糙等带来的纠纷频发问题；新业态发展中出现的商业秘密保护、数据财产利益、不正当竞争行为界定规则不明晰问题；等等。目前，国家已经着手解决这些问题。比如，针对维权难，2019 年以来各单行法的修改均大幅提高了法定赔偿额上限、增加了惩罚性赔偿责任、明确了举证妨碍等相关制度，刑法领域也加强了对商业秘密的保护。目前，《反不正当竞争法》的修改草案还增加了对商业数据财产保护的条款，新的《商标法》修改草案也拟进一步遏制恶意注册和恶意“维权”等行为，这些将进一步完善我国的知识产权法律制度。

不过，以问题意识为导向修订完善我国知识产权法固然重要，但对制度本质问题深层次认识的不统一，仍可能影响制度运行和实施效果。因此，我国知识产权法律制度体系化问题的研究应尽早提上日程。目前，知识产权法的各主要组成部分的法律规则基本上都是在应对外来压力的客观情形下制定的，不可避免地造成知识产权法律体系内部各法律之间的相互协调和整合作用的缺失；诸多法律规则过于原则化，存在着法律规范和法律责任的无对应或不统一的情况；法律适用依赖于大量的司法解释，减少了公众对各类行为法律后果预期的准确性，增加了法律实施效果的不确定因素。为此，有必要推动知识产权法的体系化，通过基础性法律的制定，总结共性规则、消除相互矛盾或不一致的规则。事实上，在国家确立《民法典》编纂任务后，即使最终未将知识产权单独成编，我国知识产权学界仍以“入典”为目的，集中开展了一轮体系化的研究和论证工作并形成了相关成果。例如，提出了从“入典”到“成典”的“两步走”构想，起草了非官方委托的“知识产权编”专家建议稿，等等。[1]今后的知识产权法治建设应继续推进这些立法研究和推进工作。

就知识产权与国际贸易的紧密关系而言，在信息和数据成为基础资源的今天，以逆全球化思维将知识和技术完全割裂和封锁是难以实现的。当今世界虽然面临更多的不确定因素，包括一段时期内发达国家的“脱钩”举措频出，但世界历史经验表明，人类社会总的发展趋势仍然是科技、人才、资金和市场的互联互通。为此，作为百年巨变中的不变应对，我们需要真正理解和贯彻落实党和国家决策层一再强调的，加快科技创新、实施创新驱动发展战略，这决定着国家和民族的前途命运。党的二十大报告指出，要加强知识产权法治保障，形成支持全面创新的基础制度。显然，知识产权是上层建筑，其保护的创新成果只有转化为生产力后才成为经济基础。因此，服务于科技创新，是知识产权制度的安身立命之本。没有高质量的技术创新成果产出，再强调知识产权制度的重要性，其也只能是一部空转的国家机器，甚至可能只耗费成本不产生效益。当前我国的整体创新实力逐渐提高，在个别领域的进展已经开始引起发达国家的关注和打压，但总体上仍处于技术追赶期。在国际间的技术封锁与合法垄断话语斗争中，知识产权这把“双刃剑”，成为反复博弈的制度利器。适应我国现阶段发展的知识产权法治建设，需要把握好平衡点，既要依法严格保护真正创新者的利益，又要防止不当利用制度进行知识信息垄断、遏制发展的情况出现。

知识产权法治建设，还须依靠运行良好的整体法治环境、市场环境、文化环境，须将法治思维融入整个国家创新体系建设中。因此，在各行各业的日常工作中，涉及知识产权创造、运用、管理和保护各个环节，都应当制定或完善法律法规，全面体现和落实

---

〔1〕 参见吴汉东：《民法法典化运动中的知识产权法》，载《中国法学》2016年第4期；刘春田主编：《〈中华人民共和国民法典〉“知识产权编”专家建议稿》，知识产权出版社2018年版。

知识产权强国建设的要求。例如，进一步完善作为重要的知识产权激励机制建设的职务发明奖励法律规范，明晰职务发明与非职务发明的具体界限，合理调整各方就知识产权产生的各种权利义务关系；在相关法律规范中增加进一步规范、保障和鼓励科技成果及其知识产权的创设、实施、转化和产业化的条款；明确知识产权保护与反垄断、知识产权与标准化关系的法律条款；在对外技术转让、劳动关系等相关法律中明确关于知识产权保护的条款；制定或在相关法律中引入与知识产权中介服务机制建设有关的法律条款；等等。此外，知识产权法治建设的成功标志，是切实促进和保障国家创新能力的全面提高。根据政策在我国具有的特殊地位，国家还应当强调在教育、科研、人事等制度的改革过程中，将大力培养科技文化和经营管理创新人才的任务放在首要地位，以法律手段保障尊重原创的理念落到实处，确保知识产权制度的红利首先回馈给科技和文化创新人才，避免本末倒置使制度沦为无源之水。

应当看到，目前中国公众虽然已逐渐接受知识产权应受到尊重和保护等观点，但知识产权法治建设仍然存在一些需要解决的深层次问题。目前，我国面临的已不是单纯地引入国际知识产权规则的问题，而是如何在各项社会、经济、文化制度中建立创新和自觉的知识产权保护意识，将知识产权法律规则转化为知识经济时代人们自觉遵从的习惯和日常生活行为准则。要从根本上形成尊重知识、积极创新的风气，除了在立法、执法、司法方面加大知识产权保护力度外，需要坚持不懈地通过各种方式增强全民知识产权法律意识，培养尊法、信法、守法、用法的意识和能力，将知识产权法律意识融入国民教育体系和知识产权创造、运用和管理各环节专门人才的培养中，全面塑造符合建设创新型国家和法治建设需要的复合型知识产权人才。

第四节　知识产权国际保护制度概述

一、服务于科技创新与国际贸易的知识产权法

（一）产业革命催生了依法保护科技创新者利益的需求

知识产权法保护的是典型的无形信息财产。从法哲学的逻辑渊源看，除了洛克、康德阐释有形物财产权的“自然权利”论外，罗尔斯的“正义论”也解释了国家对知识产权保护范围及其权利行使的必要限制与约束，从而使整个制度具有正当性。[1]从制度发展史来看，知识产权作为财产权的保护意识和需求，萌生于第一次产业革命之后，这与物权所有权早在罗马法时代就已经形成有所不同。在某种程度上，将信息财产以法律设定为权利人在一段时期内的垄断实施或使用权，体现了国家通过激励和保护创新增加整

---

〔1〕 参见［美］罗伯特·P. 莫杰思：《知识产权正当性解释》，金海军、史兆欢、寇海侠译，商务印书馆2019年版，第33—42页。

体福祉，推动社会进步的公共政策考量，其法哲学理念来源于边沁阐释财产权法律保护的功利主义理论，即“激励论”：“没有法律就谈不上财产权的产生和存在，法律的任务就是保护财产权。因而一国富裕的唯一办法便是维护财产权利的神圣性，社会应当鼓励私人的创造努力和进取心。国家法律所能做的就是通过惩罚与奖赏的制度设计为实现这一目标而创造驱动力，从而刺激和奖励人们去努力占有更多的财富。”〔1〕对于知识产权制度是否真正能促进创新，西方经济学有大量实证研究，不过也未能证明这一制度与创新有必然关系，例如荷兰和瑞士某一历史时期取消了专利制度，其发明产出和技术应用也未见受到影响；〔2〕但是，研究者还是审慎地提出，如果不知道制度作为整体是好是坏，最无可非议的政策性结论就是将其持续下去，也即，如果没有专利制度，根据有关经济效果的现有知识建议引入是不负责任的，但如果已有此制度，则建议废除是不负责任的。〔3〕

产业革命离不开以技术创新为核心的全面创新。事实上，无论以何种理论解释，知识产权法律制度的产生和发展，都是社会经济、科技、文化发展的必然结果，其规则的建立及变迁也与技术发展和应用有不可分割的天然关系。例如，发明和技术秘密的保护本身就出于创新主体的保护需求，关于作品等文化资讯和内容产品创作、制作、复制、传播、保护的版权法律规则，也因技术飞速发展而不断面临更新调适的挑战。法律保护商标和禁止搭便车式商业混淆、禁止不正当侵占他人合法持有的未公开特定信息等行为，本质上也是对民商事活动中遵循诚信、商业道德、公平竞争等原则的具体化。

技术及其应用模式创新带来了不断增强的信息财产保护需求。特别是信息复制、传播技术的快速发展，使得受知识产权保护的信息客体和需要控制的使用方式与范围也不断拓展。进入以信息数据等无形财产利用为动力的知识经济时代后，知识产权法律制度的作用格外受到关注。正如学者指出的，“知识产权过去在财产权中的地位并不十分重要。只是在本世纪中、后期以来，科学技术的迅速发展，才很快地提高了知识产权的地位”。〔4〕创新在推动社会发展的同时，也不断给知识产权法的适用带来需要应对新问题，例如网络环境下，在新业态新模式运行中如何划分公平竞争与垄断行为的边界。

（二）知识产权保护规则是国际贸易规则体系的重要内容

知识产权法是市场经济下通过保护创新者利益激励再创新，从而带动经济发展，增加社会整体福利的制度。因保护客体是极难控制利用方式和地域范围的无形信息，自知识产权制度建立伊始，规则的确立就不仅是为了保护创新者利益、促进国内产业发展，也是为了加强国际规范供给与协调的需要，目的是使创新者的信息财产利益在跨境商业往来中得到保障。可以说，对于包括我国在内的目前大多数 WIPO 成员方来说，其国内

---

〔1〕 参见［美］E. 博登海默：《法理学——法律哲学与法律方法》，邓正来译，中国政法大学出版社 1999 年版，第 106—107 页。

〔2〕 SeeSchiff Eric, *Industrialization Without National Patents: The Netherlands (1869-1912), Switzerland (1850-1907)*; Princeton University Press1971, p.121–126.

〔3〕 See Fritz Machlup, *An Economic Review of the Patent System, Study of the Subcommittee onPatents, Trademarks, and Copyrights of the Committee on the Judiciary*, U.S.Senate,Study no.15, 1958，p.80.

〔4〕 郑成思：《知识产权法》，四川人民出版社 1988 年版，第 2 页。

的知识产权制度的建构都是为了融入全球经济圈而接受国际贸易规则体系的决策结果。

在最早的国际贸易中，并没有专门的国际贸易规则制定和协调组织。最初知识产权国际保护制度的建立，目的仅限于要求成员方保证国民待遇和优先权等基本规则在其境内的实现，对各国的知识产权具体法律规则并无统一的要求。直到20世纪70年代计算机信息等新技术革命迅速发展和普及应用后，技术转移和无形服务的提供在国际贸易中的重要作用才日益受到发达国家的重视。当前体系完整的知识产权国际保护制度，是由科技、经济和文化领域占据优势地位的发达国家一手建立和推动的，目的在于保障国民的信息财产在域外也得到保护。这些国家无不高度重视知识产权制度，将其作为促进综合国力行之有效的创新激励和保护机制。其基本逻辑是，在现代商业社会，技术本身就是一种特殊的商品，其使用与转让像其他商品一样，必须通过市场与贸易，以等价交换的方式进行；其实践经验表明，规则明确、执法程序公正透明、相关行为法律后果具有可预期性的知识产权法律制度，可以使创新者及其相关投入者的合法权益保障没有后顾之忧，有助于实现新兴产业市场资源的优化配置，最终促进社会经济的发展和国家科技文化实力的强盛。另一方面，对于借由国际贸易体系被动将国际知识产权制度纳入国内法的强制性要求，作为必须履行国际义务且尚无自主知识产权优势的国内市场主体来说，知识产权法律制度的实施效果必然与国际经贸关系密切相关。

当前，世界正进入一场以信息、生物、环保、空间等高新技术和人工智能、大数据等关键词来描述的产业革命，技术的发展将深刻改变人们的生产、生活方式与社会经济发展模式。为把握这一重要的发展机遇，主要的发达国家都出台了一系列激励创新的战略和行动计划，加大科技研发投入以期保持其科技前沿地位、抢占未来发展的制高点。无论学者们认为人类社会发生了几次工业革命，机械、电力、信息等科学技术的革新和应用，无疑都是公认的产业代际升级转型的核心标志；在产业数字化转型中，知识产权制度的作用无论对国内发展还是对国际竞争来说都日益重要。正如学者所言，知识产权国际保护制度已经成为当代国际经济、文化、科技贸易领域中的一种法律秩序，国际保护标准在缔约方之间的一体化、国际保护规则从实体到程序的一体化、国际保护体系与国际贸易体制的一体化，反映了当代知识产权制度的基本特征。[1]

科技水平明显领先的美日欧等国，不仅日趋强化国内法的保护，还致力于在国际上大力推行其知识产权保护高标准规则，以满足国内知识产权人实现海外经济利益最大化的诉求。同时，由于经济全球化条件下的产业链安排，也离不开以劳动力和资源为主要投入的广大新兴发展中国家及欠发达国家的参与，而这些国家虽然乐意引进先进技术，但在知识产权国际保护方面倾向于宽松的低标准，以降低其国内产业的竞争成本从而给国民带来更多普惠利益。因此，在国际论坛上，知识产权与关税、服务贸易等其他议题一起，成为进入新技术时代后国际经贸秩序规则制定的谈判重点。尽管TRIPs切实将知识产权国际保护与国际贸易捆绑在一起，在推动全球治理规则一体化和知识产权国际保

〔1〕 吴汉东：《知识产权国际保护制度的变革与发展》，载《法学研究》2005年第3期。

护制度实质化运行方面仍在继续发挥作用；[1]但在新的国际科技和经济竞争加剧的时代，发达国家对推动提高全球知识产权保护水平的需求更加突出。近些年来，受贸易保护主义、新冠疫情等因素影响，经济全球化进程中国际贸易规则一体化的进展有所停滞，但以各种替换方式继续推进并强化各领域规则统一的趋势并未终止。在美国等发达国家发起的“跨太平洋战略经济伙伴关系协定”和“跨大西洋贸易与投资伙伴协议”（TPP/TTIP）谈判中，更严格的知识产权保护条款成为重要内容。例如，成员方应建立专利链接制度，使原研药厂商可获知仿制药厂商是否申请了仿制药的上市许可并据此采取诉讼或临时禁令等救济措施；对各类药品试验数据给予3—12年的专属权保护，延长药品专利权保护期以补偿审查和上市审批期间过长的损失，成员方的专利局应建立合作以促进检索与审查成果的共享与利用。成员方应为局部外观设计提供保护，著作权保护期应由作者终身加50年延长到70年，表演者应就广播或播放录制有其表演的录音制品获得报酬，明知卫星或有线信号来源非法而故意解码接收或进一步散布或故意协助他人解码接收或散布他人锁码节目的应当承担责任。在商业竞争领域，商标的注册对象应包括听觉、味觉等信息，对未注册驰名商标应提供跨类别保护；注册机构应将地理标志的细节以网络提供给公众并允许利害关系人查询处理情形；对未经授权故意窃取计算机系统中的商业秘密或故意泄露商业秘密的行为应追究刑事责任。在执法方面，对商业规模的侵权，不论是否以营利为目的，均应追究刑事责任；对著作权和商标侵权可主张法定赔偿或惩罚性赔偿；海关应主动查处涉嫌侵犯著作权或商标权的出口和转口货物。不过，由于参加TPP谈判的各国社会经济发展阶段差异较大，在很多议题上都难以达成共识。为此，双边、区域性小型自由贸易协议（FTA）在全球贸易中的比重越来越大，逐渐成为国家之间开展经贸合作、发展政治关系的重要手段。2017年初，特朗普总统就职后立刻宣布美国退出TPP，转而采用FTA机制，并将其高标准的知识产权保护诉求纳入其中；剩余国家则在美国退出后，由日本接棒领衔就TPP变身的“全面与进步跨太平洋伙伴关系协定”（CPTPP）继续谈判。在消减和搁置争议极大的诸多知识产权相关条款后，CPTPP已于2018年底生效；[2]2019年以来我国知识产权各单行法和司法解释进行了全面修改完善；2021年，我国政府递交了申请加入CPTPP的公函。

二、知识产权领域的主要国际公约

我国知识产权法深受国际公约的影响，但就法律适用而言，我国加入的国际公约中的内容并不是直接由我国行政执法和司法机关适用，而是根据公约要求通过制定或修改国内法来履约，然后再通过国内法实施的方式来执行国际公约；若我国法律没有明确规定，执法时可参照适用国际公约的规定。需要注意的是，有些国际公约允许成员方声明保留某些条款，若我国做了相应保留，则国内法实施时可以排除执行保留的内容。

---

〔1〕 自TRIPs实施以来，WTO接收的与知识产权相关的国际贸易争端共有44起，参见WTO官网：https://www.wto.org/english/tratop_e/dispu_e/dispu_agreements_index_e.htm?id=A26#selected_agreement，2024年2月10日访问。

〔2〕 参见《全面与进步跨太平洋伙伴关系协定》（CPTPP）文本（含参考译文），http://sms.mofcom.gov.cn/article/cbw/202101/20210103030014.shtml，2024年1月5日访问。

在我国加入的诸多知识产权国际公约中，《巴黎公约》和《伯尔尼公约》最重要，这两个公约也是国际知识产权制度的轴心。在经济全球化背景下，就知识产权保护达成的国际经贸协议或国际经贸协议中的知识产权条款，广义上说也是知识产权国际保护制度的内容，因为其无不以《巴黎公约》和《伯尔尼公约》为基础不断更新升级，增加了保护客体、扩张了权利范围、强化了保护力度。本小节介绍知识产权领域的主要国际公约，每一项公约的具体内容可以查询 WIPO 和 WTO 官网。

（一）工业产权领域的主要国际公约

工业产权指广义上的发明创造（包括发明、实用新型、外观设计等）专利权和广义上的商业标识专用权（包括商品、服务注册商标和未注册但有知名度的厂商、产地、产品特有名称、地理标志等）的统称。从学理上说，技术秘密也是工业产权的内容，但因其秘密性，多数国家在立法中没有像商标专利那样，规定了由国家主管部门组织专业审查并登记和公示的法定流程，而是在禁止不正当竞争的立法或司法实践中，将其作为经营者阻止他人盗窃等不当利用的合法权益加以明确。计算机程序也同样具有多重特性，从文字代码表达角度可划入版权保护对象，但其功能性、实用性和作为技术方案核心成分的特性，又与工业产权客体相似，因此计算机程序相关发明创造可以申请专利权保护，程序的源代码则可作用技术秘密保护。另外，“工业”一词应作广义理解，实际上包括除了版权法指的文学艺术科学领域之外的工、商、农、林、牧、矿等各种产业或实业，例如对农业领域植物新品种的保护。以下以专利商标保护为例，概述适应国际贸易需求而产生的工业产权领域的主要国际公约。

为了满足西方资本主义国家通过正常进出口途径进行新产品和技术交易，实现互利互惠的需要，1883 年 3 月，法国、比利时、巴西、危地马拉、意大利、荷兰、葡萄牙、西班牙、萨尔瓦多、瑞士及塞尔维亚 11 国发起缔结了《巴黎公约》，规定了“国民待遇”与“国际优先权”原则以及其他一些对成员方国内立法的最低的统一要求，初步建立了专利等工业产权的国际保护制度。“国民待遇”，一是指在工业产权的保护上，各成员方必须在法律上给予其他成员方的国民以本国国民能够享有的同样待遇；二是指即使对于非公约成员方的国民，只要他在某一个成员方国内有住所，或有实际从事工商业活动的营业所，也应当享有同该成员方国民相同的待遇。“国际优先权”是指如果某一可享有国民待遇的人，以一项发明、商标、外观设计首先在任何一个成员方提出了专利或注册申请，则自该申请提出之日起的一定时期内（对发明专利或实用新型来说是 12 个月，对商标或外观设计来说是 6 个月），如果其在别的成员方也提出了同样的申请，这些成员方都必须承认在第一个国家递交的申请日期为本国的申请日；这使得申请人在第一次提出申请后能够有充裕的时间考虑要在哪些成员方再申请保护，而不必担心在这段时间里有其他人以相同的创新成果在其他国家抢先申请保护。《巴黎公约》无疑为跨国实现工业产权保护提供了便利，促进了国际技术交流和贸易，但该公约并非跨国实体法，不当然同时产生跨国工业产权；国民待遇和优先权仅提供程序上的协调，未能消除工业产权的地域性差异，相反公约还明确了在当地国家所受的保护只能适用该国法律的“独立保护”原则。例如，在外国申请注册并获得保护的商标，若 6 个月内未在我国申请注册，则之后进入我国市场时可能已有在先注册并使用的相同或近似的商标而无法得到保护；当然，为解决可能发生的国际纠纷，《巴黎公约》也制定了相关的实体性规则，即第6条之二对“驰名商标”的特殊保护。[1]

之后，为了进一步协调和简化各国的工业产权的授权确权程序、便利跨国知识产权人在当地寻求保护，又有一系列国际公约通过实施。例如，为减少商标注册和保护的地域性特点给开展国际贸易的经营者带来的不便和阻碍，1891年由当时已经实行商标注册制度的法国、比利时、西班牙、瑞士、突尼斯等国发起，在马德里缔结了《国际商标注册协定》（即《马德里协定》），旨在通过成员方的国际合作减少和简化注册手续并节省费用。《马德里协定》是个关于申请程序而非赋予统一实体权利的国际公约，该协定的重大缺陷是规定了工作语言只有法语一种，大大限制了成员方范围。百年之后，国际贸易的规模和范围远超当年，为弥补《马德里协定》的缺憾，《关于商标注册马德里协议的议定书》（《马德里议定书》）于1989年通过，我国同年即加入了该议定书。《马德里议定书》使成员方的商标所有人可以经由其所在地的商标局，向WIPO国际局提交一件申请而在其他申请延伸的成员方获得商标保护；其在申请条件、审查周期、工作语言、收费标准和收费方式、保护期限以及国际注册与基础注册的关系等方面对《马德里协定》作了重要修改，吸引了更多成员方参加马德里商标国际注册体系。此外，1994年10月，WIPO主持部分成员方签署了《商标法条约》（TLT），以便制定统一的国际标准，简化、协调各国有关商标的行政程序，使商标注册体系更便利当事人，促进成员方间的商标权保护；2006年TLT部分条款修订后更新为《商标法新加坡条约》（STLT），我国尚未批准加入。

同样，在专利领域，为减少专利申请人和受理机关的重复劳动和花费、简化程序，1978年《专利合作条约》（PCT）签订并生效。通过PCT，申请人只需提交一份国际专利申请，即可请求在为数众多的国家同时对其发明申请专利保护，不需要分别提交多个不同国家或地区的专利申请。[2]我国1994年1月1日正式成为PCT成员方。显然，PCT虽然有助于更便捷、经济地在国外申请和获得专利权保护，但该国际条约的内容也是程序性的，即仅对专利申请案的受理及审查程序作出国际协调的规定；对于具体的专利申请案，因国际检索单位的不同、请求保护的国家或地区专利制度具体规则不同，最终结果仍具有地域性差异，甚至有可能在一国获得专利权而在另一国无法获得批准。

在工业产权领域，以《巴黎公约》为基础的其他主要国际公约，还包括《工业品外观设计国际注册海牙协定》《制止商品来源虚假或欺骗性标记马德里协定》《保护奥林匹

〔1〕该条规定：（1）本联盟各国承诺，将依职权（如本国法律允许），或依有关当事人的请求，对商标注册国或使用国主管机关认为在该国已经属于有权享受本公约利益的人所有、已经驰名并且用于相同或类似商品的商标构成复制、仿制或翻译，易于产生混淆的商标，拒绝或取消注册，并禁止使用。这些规定，在商标的主要部分构成对上述驰名商标的复制或仿制，易于产生混淆的，也应适用。（2）自注册之日起至少五年的期间内，应允许提出取消这种商标的请求。本联盟各国可以规定一个期间，在这期间内必须提出禁止使用的请求。（3）对于恶意取得注册或使用的商标提出取消注册或禁止使用的请求，不应规定时间限制。

〔2〕参见WIPO官网：《WIPO PCT——国际专利体系》，https://www.wipo.int/pct/zh/，2024年3月4日访问。

克会徽内罗毕条约》《国际承认用于专利程序的微生物保存布达佩斯条约》《尼斯协定》《里斯本协定》等。总体而言，需要进行国际协调的涉及工业产权保护程序事项繁多，目前公约的实施和新规则谈判均由 WIPO 统一管理和组织。[1]另外，广义的工业产权并不局限于传统的工商业制造领域，有的国际公约不在 WIPO 管理框架内，例如我国加入的《保护植物新品种国际公约》，就由“国际保护植物新品种联盟”（UPOV）管理；UPOV 负责协调各成员方对植物新品种保护的政策、法律和技术，要求对符合新颖性、特异性、一致性和稳定性要求的植物新品种的育种者授予知识产权，保护其合法权益。

（二）版权领域的主要国际公约

版权制度的产生及发展，与复制和传播技术密切相关。在活字印刷术最早出现的我国宋代和被广泛采用的 15 世纪中后期的欧洲，都有过官方禁止翻印书籍的事例。例如，我国宋代的一些出版物上已有加注类似于“版权声明”标记的，其中标明“初版”为何人所为，并有“不许复板”或类似的字样，英、法、德等国也发布过禁止翻版令。[2]1556 年，英国通过《星法院法》授予出版商以印刷出版特权，限制图书自由印制。可见，版权概念起源于出版者请求统治者赋予其出版权、禁止他人翻印之特权。随着资本主义的兴起，版权作为创造者私有财产应为其所专有的观念得到社会接受，即作者如果就某一作品享有版权，就可以许可或禁止他人复制发行、表演、广播或做别的使用，从中收取版税。1709 年英国通过《安娜法》，赋予作者和出版者专有权，这是现代意义上第一部版权法。在欧洲大陆，在 1789 年法国大革命影响下，法国基于“天赋人权”的作者权观念制定了 1793 年的《作者权法》，并积极推动版权国际保护。今天，“版权”一词指作者及其他法律规定的权利人以一切复制和传播方式利用一部作品或控制作品使用的专有权利，包括复制发行权、演绎权、信息网络传播权、广播权、表演权、录制权等。

1886 年 9 月，由英国、法国、瑞士、比利时、意大利、德国、西班牙、利比里亚、海地、突尼斯 10 国作为发起国，正式缔结了《伯尔尼公约》，确立了“国民待遇”“自动保护”和“独立保护”原则，并对受保护客体、经济权利和精神权利、保护期等作出了规定。另一方面，《伯尔尼公约》给成员方预留了一定的根据自身国情对权利进行适当限制的空间，即在特殊例外情形下只要不影响作品的正常利用，也不会不合理地损害作者的合法利益的符合公平惯例的利用行为，不视为侵权。目前的《伯尔尼公约》是多次修订与增补形成的 1971 年巴黎文本，我国于 1992 年 10 月 15 日成为该公约的成员国。与《巴黎公约》一样，确定国民待遇原则是缔结《伯尔尼公约》当初所要达到的主要目的，也是公约最主要的原则。但与《巴黎公约》相比，《伯尔尼公约》的产生和发展进程相对复杂。特别是，美国因自身利益原因，认为该公约主要体现了欧洲大陆法系国家的作者权保护理念与传统，对文化渊源来自欧洲的新大陆移民国家来说，在当时无论是作品的数量还是出版业规模都无法与西欧国家相比，加入公约其实并无多少益处。因此，美国虽然参加了 1886 年《伯尔尼公约》的缔约谈判并在公约文本上签了字，但

〔1〕 参见 WIPO 官网：https://www.wipo.int/treaties/zh/，2024 年 4 月 3 日访问。

〔2〕 参见郑成思：《版权法》（修订本），中国人民大学出版社 1997 年版，第 4、9 页。

其国会没有像对《巴黎公约》一样热衷于参与和推动国际保护机制，而是长期消极回避，直到 1989 年才批准加入《伯尔尼公约》。之前，因美国在政治、经济、科学文化等各个领域的全球地位全方位提升，为体现其在版权领域的国际话语权，其推动联合国教科文组织（UNESCO）通过了 1952 年《世界版权公约》。不过，该公约内容比较简单、保护水平不如《伯尔尼公约》。后来随着美国加入《伯尔尼公约》，特别是其主导的 TRIPs 协议和之后新的版权领域国际公约的出现，以及 UNESCO 退出了国际知识产权管理事务，《世界版权公约》在国际规则上基本已经没有现实意义。不过，该公约规定的在作品上使用版权标记"©"，以及标明版权所者姓名、首次出版年份的方式及位置、版权所有禁止复制的警示等形式方面的要求，至今仍有实践意义。

迄今为止，《伯尔尼公约》的基本内容，仍是文学艺术和科学创作领域最重要的国际保护规则，但其也面临着技术发展和时代背景变迁带来的问题。例如，公约对作品类型的列举无法考虑到传统版权法上不曾想到的计算机程序、数据库、游戏等特殊作品；赋予版权人对作品利用方式的控制，也没有涉及目前早已成为主流的网上传播。版权法的演变与复制传播手段和技术具有天生紧密联系，技术的每一次发展都会给版权法的规则和内容带来改变，尤其在当今，复制传播技术的广泛应用在极大方便作品和内容复制传播的同时，也使作者和相关权利人对作品的控制能力受到严重削弱。鉴于《伯尔尼公约》对信息时代新的复制传播手段和技术明显不适应，为了加强网络环境下的版权保护，WIPO 于 1996 年 12 月主持缔结了《世界知识产权组织版权条约》（WCT）。随后各国均依据 WCT 调整了各自国内的版权法，如我国在 2001 年修改《著作权法》时增加了"信息网络传播权"，并于 2006 年制定了专门的《信息网络传播权保护条例》。另一方面，对于《伯尔尼公约》的规定也比较原则的权利限制与例外制度，在信息网络等新技术条件下哪些具体情形属于合理使用，也是各国实践中的难题。由于不同国家观点分歧过大，很多具体情形的设定都难以取得共识，比如事关公众利益的图书馆等公共文化机构和教育科研的使用例外等议题，至今仍在 WIPO 相关委员会组织的讨论中。[1]不过，其中关于视觉听觉等障碍人士的使用例外，经长期讨论后形成了 2013 年的《关于为盲人、视力障碍者或其他印刷品阅读障碍者获得已出版作品提供便利的马拉喀什条约》（《马拉喀什条约》），我国已于 2021 年加入。

在版权国际保护制度中，除了保护作品的《伯尔尼公约》，还有 1961 年在联合国劳工组织、UNESCO 以及 WIPO 前身 BIRPI 的共同主持下，在罗马订立的《保护表演者、录音制品制作者与广播组织国际公约》（《罗马公约》），该多边国际公约建立了几种主要邻接权的国际保护基本标准。邻接权是作品传播者的权利，因与被传播作品的版权有关，因此也叫"有关权"或"相关权"。《罗马公约》第 1 条指出，"本公约所授予的保护不触及而且也不以任何方式影响对文学和艺术作品的版权保护。因此，不得对本公约的任何规定作出有损于版权保护的解释"，据此明确，表演者、录音制品制作者和广

---

〔1〕 参见 WIPO 版权及相关权常设委员会（SCCR）的历年讨论文件，https://www.wipo.int/policy/en/sccr/，2024 年 4 月 3 日访问。

播者（广播组织）在依法享有邻接权的同时，应当尊重并不得侵犯被表演、录制或广播的作品之权利人的版权。在邻接权领域比较重要的公约，还有同样由联合国劳工组织、UNESCO、BIRPI发起的1971年《保护录音制品制作者防止未经许可复制其录音制品公约》（《录音制品公约》或《唱片公约》）。该公约规定缔约国有义务为属于另一缔约国的录音制品制作者提供保护，禁止擅自复制、进口并向公众发行此类复制品。邻接权的保护议题同样涉及技术带来的新问题，例如网上资讯服务运营新业态中与作品等内容的创作、传播相关各方的权利义务关系之明确或调整。为解决信息网络技术发展带来的问题，1996年《WIPO表演和录音制品条约》（WPPT）通过，涉及表演者（演员、歌唱家、音乐家等）和录音制品制作者（主动将声音录制下来并负有责任的自然人或法人）两类邻接权人在数字环境中的利益。最新的关于邻接权的公约是2012年通过的《视听表演北京条约》，这是第一个以新中国城市命名的国际公约，内容涉及对视听表演者权利的保护，我国是发起和签约国。[1]另一方面，与权利限制与例外议题类似，广播组织权保护的国际规则协调问题，由于各国分歧大而长期搁置。

（三）与贸易有关的国际知识产权保护规则

新技术革命对知识产权国际保护制度的影响是广泛而深刻的。以上工业产权和版权国际公约涉及的主要内容，随着知识经济时代国际贸易的快速发展受到格外关注。20世纪90年代以来，美国在科技、经济、文化方面积累的知识财产超越了其他国家，亟须向外推行其知识产权强保护规则，以满足国内知识产权权利人在海外实现利益最大化的诉求，将知识产权保护规则纳入有强制执行措施的国际贸易多边协议是最为便捷高效的途径。在美国等发达国家推动下，1994年WTO成立且通过了TRIPs，在将WIPO框架下的知识产权国际保护范围扩大（例如明确了商业秘密保护）、标准提高（例如要求成员国提供临时禁令权利）的同时，还注重正当程序、有效执法和争端解决。例如TRIPs规定，当事人对国家或地区行政机关就有关贸易事项的决定不服的时候，须由该国家或地区法律规定的司法、仲裁或行政机关进行复议审查，审查应当及时、迅速，审查机关应当公正并独立于原作出行政决定的机关；该司法审查原则的实质是，赋予有关的贸易当事人对政府的具体行政行为要求救济的权利，明确救济的渠道。为此，我国知识产权法在21世纪初那一轮修改中，均引入了司法审查原则、增加了禁令救济等强化执法的措施。不过，作为知识产权制度国际化的协调产物，TRIPs同时也为发展中国家的成员方留下了采取适当措施以平衡其国内社会公共利益需求的空间，对此，我国《专利法》在2008年修改时，增加了若干强制许可规定。

TRIPs执行中最值得关注的是关于公共健康议题。发展中和欠发达国家希望充分利用TRIPs认可的强制许可、侵权例外、权利用尽等制度，生产或进口仿制药以使更多国民能获得维持生命健康所急需的廉价药，但这显然与拥有药品专利的发达国家制药公司的利益存在尖锐的冲突。[2]经过在WTO框架下的多方谈判长期博弈，TRIPs关于药品专

〔1〕 条约具体内容参见WIPO官网：https://www.wipo.int/treaties/zh/，2023年1月3日访问。

〔2〕 参见胡丽君、郑友德：《公共健康与知识产权保护》，载《科技与法律》2003年第3期。

利与公共健康的第 31 条修正案在 2017 年得以生效。[1]但与此同时，发达国家因 WTO 平台不能有效回应自觉的需求而开始另起炉灶，在新的国际贸易条约中强化药品知识产权保护，以对抗 TRIPs 中的公共健康限制条款，例如推动药品专利链接制度、保护期延长、药品试验数据保护等。发达国家最初通过新型国际贸易协议 TPP 拟增加的其他更严格的“TRIPs+”知识产权保护条款还有，为局部外观设计提供保护、版权保护期由作者终身加 50 年延长到 70 年、表演者应就广播或播放录制有其表演的录音制品获得报酬、将听觉和嗅觉等信息纳入商标注册对象、对未注册驰名商标提供跨类别保护、加重侵权损害赔偿责任、海关主动查处涉嫌侵权的出口和转口货物、对未经授权故意获取计算机系统中的商业秘密等盗用或故意泄露商业秘密的行为追究刑事责任等。不过由于参加 TPP 谈判的各国社会经济发展阶段差异大，多数知识产权议题难以达成共识，2017 年美国退出 TPP 转而采用 FTA 机制推行其高标准的知识产权保护诉求。TPP 变身的 CPTPP 于 2018 年底生效，搁置了大部分有争议的知识产权条款，但这并不意味着今后这些条款不会被激活，因为美国完全可以通过 FTA 或双边经贸协议逐一纳入这些内容，从而使得 CPTPP 的搁置条款对于与美国签订条约的国家来说变得没有意义。

总的来说，不同发展阶段的国家在知识产权领域需要协调的利益诉求差异极大，TRIPs 关于权利限制的条款在知识产权涉及其他成员方市场主体时实际上难以执行。近年来，在 WTO 框架下，印度和南非向 TRIPs 理事会提交了呼吁实施临时专利权保护豁免以应对 COVID-19 疫情的提案。[2]尽管在新冠疫情席卷全球的严峻形势下难以找到强有力的理由来反对 WTO 就该提案启动谈判，但谈判和实施面临的诸多挑战最终导致了谈判的破裂，最终在 2022 年 6 月的 WTO 部长级会议上通过的专利豁免仅涉及疫苗而非提案中广泛的医药相关专利。[3]

知识产权制度自诞生以来，就一直有研究者从各种角度质疑其合理性，特别是 21 世纪以来在信息共享观念冲击下，发达国家中也不时出现反知识产权或抨击滥用知识产权制造技术和文化垄断的声音。但是，现实中，美日欧等经济发达国家均采取了将知识产权强保护与国际贸易谈判相捆绑以最大化扩张其经济利益的决策，知识产权国际保护的强化趋势十分明显。当然，任何权利都不是绝对的，即使在强化知识产权保护的国家，理论和实务界也承认权利限制、保护期、权利用尽等调节和平衡机制；针对可能出现的知识产权滥用现象，也可通过民法原则和反垄断等法律制度进行规制。这些法律中本来就有的平衡机制我国应充分合理利用。另外，我国正充分利用 WIPO 等平台，提出在国际知识产权架构中融入对自己发展有利的传统知识、遗传资源、民间文艺保护制

---

〔1〕 参见郑春荣：《欧美逆全球化思想势头不减》，载《人民论坛》2019 年 5 月（中）。

〔2〕 Council for Trade-Related Aspects of Intellectual Property Rights (TRIPs Council), *Waiver from Certain Provisions of the TRIPs Agreement for the Prevention, Containment and Treatment of COVID-19*: Communication from India and South Africa, (IP/C/W/669, 2 October 2020).

〔3〕 Peter K. Yu, *A critical appraisal of the COVID-19 TRIPs waiver*，in Taina Pihlajarinne，Jukka Tapio Mähönen and Pratyush Nath Upreti，eds.（2023），Intellectual Property Rights in the post pandemic world：an integrated framework of Sustainability，Innovation and Global Justice，Edward Elgar Publishing，p. 11-30.

度。WIPO 于 2024 年 5 月通过的《知识产权、遗传资源和相关传统知识条约》正是多年来努力参与斡旋的结果。

重要名词术语

知识产权、智力成果、知识信息财产、私权属性、非物质性、知识产权法、知识产权政策、创新激励和保障、利益平衡、知识产权国际保护

思考题

1. 简述知识产权客体的共性特征。
2. 简述知识产权的类型。
3. 简述知识产权法的属性和归类。
4. 简述知识产权法与政策的关系。
5. 为什么知识产权问题总与国际经贸谈判联系在一起?
6. 概述当前主要的知识产权国际公约。
7. 试述我国知识产权法律制度构建的特点。
8. 试述我国知识产权法治建设的要点。

第二章　著作权法

【内容提示】

在促进文化领域持续繁荣发展的各种政策工具中，著作权法治占据核心的地位。一方面，我们很难想象一国在没有著作权法治的情况下会存在一个持续繁荣发展的文化产业；另一方面，从文艺工作者解放角度出发，著作权法治通过赋予文艺工作者对其文学艺术创造的著作权，使其在经济上自立，从而摆脱依靠行政给付可能造成的对表达自由的抑制。正是在这个意义上一般将著作权法誉为知识分子解放的权利宪章，这一制度设计激发了文艺工作者前所未有的创作热情，极大地促进了表达的多样化与表达自由的实现。

我们可以观察到，改革开放以来，我国经历了从计划经济体制向市场经济体制的过渡，而这一过渡在文艺领域仍在深化，改革仍要冲破许多阻力。在这样的背景下我们要更加持续发挥著作权法在文化领域的独特功能。尽管在 2020 年《著作权法》进行了较大幅度的修改，在很大程度上实现了兼顾作品的创作者、作品的传播者和作品的利用者三者利益的目的，但是我们认为在将来仍应该以制定一部面向新时代的著作权法为统领，进一步实现著作权法治的更新。作为本章的内容提示，以下就集中简单提及几个值得有所作为的方面，期待在不久的将来能够实现我国著作权制度在新时代的更新：其一，在价值取向上，应该坚持对著作权给予更为严格和周延保护的态度，并以此为激励使得更多智力投入与社会投资流向文化产业。其二，在创作者方面，传统上作者主要集中于文艺领域的作品创作，但数字网络化使得普通人也有机会参与创作，并获取利益分配。其三，在处理创作者与传播者关系方面，网络服务提供者更为深入地参与到作品的传播过程之中，在获取收益的同时，也存在诱发盗版横行的风险。因此一部现代化的版权法中不能缺失对于网络服务提供者的规范。其中应该根据平台不同的商业模式，参与作品传播活动的深度，获取收益的多寡等对其施加不同的义务。在某些情况下令其承担审查并过滤侵权内容的义务亦是立法中应予考虑的选项。其四，在处理著作权权利类型上，应该对我国原有 12 项经济权利进行整合，删除《伯尔尼公约》时代沿袭的过于落后了的技术性定义，使得权项设置更为科学化，这有利于降低权利许可等的交易成本，并有利于许可收益向创作者的流动。其五，在处理著作权人与社会公众关系上，应考虑为数字网络化时代新的作品利用方式在不损害著作权人经济利益的前提下提供便利，这也有助于实现普通公众由被动的作品享用者转化为作品的创造者。其六，在著作权法的体例结构方面，应该实现对于《计算机软件保护条例》《著作权集体管理条例》《信息网络传播权保护条例》《实施国际著作权条约的规定》的吸收，同时废除上述单行的条例。在著作权法规范体系上实现一法（《著作权法》）、一条例（《著作权法实施条例》）、若干部门规章。这样有利于实现著作权法治的明确、易懂，并以尽可能简单的方式适用。

第一节 概述

一、著作权和版权的概念

从理论基础看，关于知识产权正当性的说明一般也适用于著作权领域。其中主要包括洛克的劳动所有权理论、黑格尔的人格权理论以及激励理论。洛克的劳动所有权理论主要体现为洛克在《政府论》下篇第 5 章中将财产问题引入到政治哲学的中心，从劳动创造价值这一基本观念出发论证财产权的正当性；人格权理论则主张：财产权为自我实现、个性表达以及作为个体的尊严和认同提供了一个独一无二的机制。基于人格权理论的立场，知识产权存在的正当性在于保护那些体现作家或艺术家意志的作品不被侵占或篡改，或者在于造就有助于创造智力得以发挥的社会经济条件，从而有益于人类生活的繁荣；激励理论认为知识产权是为了对作品的创作进行适当激励，并在一定程度上防止搭便车行为而设定的政策性权利。

一般认为，国际上著作权法治存在两大体系：一为英美法系所主张的“版权”（copyright）体系；二为大陆法系所主张的“作者权”（droit d’auteur）体系。两者存在截然不同的理论基础、历史沿革和制度设计。

从历史沿革看，1710 年生效的《安妮法案》[Statute of Anne.（8 Anne, c.19）（1710）] 首次通过成文法承认了作者对于作品享有的权利。这对后世版权法制的发展具有极其重要的意义。《安妮法案》规定了作者及其权利的继承人，对既已印刷的作品，自 1710 年 4 月 1 日起的 21 年间，或对新印刷的作品在出版后的 14 年间，保障其版权，并对侵害其权利的主体给予没收盗版作品、对盗版作品一页处以一便士罚金的惩罚。其中，没收的盗版作品和处以的罚金由作者与国家均分。为了证明何者为权利人，作者有义务向出版公会将其作品进行登记，且需要向图书馆提供其作品。大陆法系作者权体系起源于精神所有权学说的发展，而精神所有权学说则是伴随着 18 世纪初克服对出版业者营业保护的特权思想而产生的。该学说关注到了作者与作品的联系，强调作品与作者人格间的一一对应，并在此基础上建立了以作者为中心的作者权制度。

著作权法治的两大体系间在制度设计上存在许多差异，其中最为鲜明的体现在对于著作权中的精神权利和法人作品的看法上。

在有关精神权利保护的《伯尔尼公约》中，对于署名权与保持作品完整权，其第 6 条之二规定：不受作者的经济权利影响，甚至在上述权利转让后，作者仍有权请求就作品确认其作者身份，以及反对任何曲解、割裂或以其他方式篡改该作品，或与该作品有关的可能损害其荣誉或名誉的其他毁损行为。作为国际上的最低标准，《伯尔尼公约》缔约国均应在其国内法中满足对于精神权利的保护程度。传统上认为精神权利发源于欧洲大陆，认为作品是人格的流露，在思想上秉承黑格尔的人格权学说。而另一方面英美法系对于精神权利的导入均持较消极的态度。正是由于两大法系在精神权利方面的巨大差异，因此 TRIPs 协定第 9 条第 1 款第 2 句排除了各成员对《伯尔尼公约》第 6 条之二有关精神权利给予或派生的权利在 TRIPs 协定下所享有的权利和义务。这也构成了 TRIPs 协定中的“伯尔尼递减”因素。

在法人作品概念上，传统上在大陆法系各国著作权法中一般都坚持所谓的“创作人主义”原则，即只有从事了作为事实行为的作品创作行为的自然人才能原始取得著作权。而英美法系国家一般都视法人为作者。如美国《版权法》第 201 条（b）款规定，就雇用作品而言，雇主或作品为其制作的其他人被认为是本法所称的作者，除非各方在由他们签署的书面文件中明确另外的协议，雇主或作品为其制作的其他人拥有版权所包括的一切权利。英国《版权法》第 11 条第（2）款也规定，如果文字，戏剧，音乐和艺术作品是由雇员在受雇期间创作的，则除非合同中有相反约定，否则雇员的雇主为该作品的原始版权人。

除了在具体制度设计上两大法系存在显著差别外，在国际统一规则的制定方面，两大法系在历史上也存在不同的进路。大陆法系国家在 19 世纪初叶，希望消除各国间存在的在著作权保护问题上的差异，进而实现强化著作权保护的目的，因此建立了《伯尔尼公约》体系。而英美法系国家则根据自身保护的特点缔结了《世界版权公约》。两大公约体系间最为显著的区别就在于对著作权的享有和行使是否应履行一定的形式要求。在《伯尔尼公约》第 5 条第 2 款规定：这些权利的享有和行使，无须履行任何形式（formality）。《世界版权公约》则规定了作为版权保护条件的形式要求，即只要在作品上标有“©”符号并注明版权所有者姓名、首次出版年份，就认为履行了形式要求。

在我国《著作权法》中，著作权与版权没有区别，“著作权即为版权”（《著作权法》第 62 条）。“版权”一词是日本教育家福泽谕吉据英文“copy right”翻译得来。为参加《伯尔尼公约》，日本将 1887 年颁布的《版权条例》于 1899 年更改为《著作权法》。而“著作权”一词是由水野练太郎根据“作者权体系”的概念翻译而来。这两个词都源创于日本，于清末传至中国。从制度设计上看，我国著作权法糅合了大陆法系和英美法系的特点。

二、著作权和与著作权相关的权利

著作权法治的主要立法目的除了提供对作品的保护而激励文学、艺术及科学领域更多智力成果的创造外，也十分关注作品的传播。在作品的传播过程中也需要市场主体进行投资。为了鼓励这种传播过程中的投资，著作权法中也提供了对于与著作权相关的权利保护，一般把这种权利称为“著作邻接权”。关于邻接权（相关权）的用语，意大利采“相关权”（Diritti Concssi，相关联之权利），德国则采用“邻接权”（Verwandte Schutzrechte），法国亦采“邻接权”（Droit Voisins）。欧盟指令称之为“相关权”（Related

Rights），英美法系国家则普遍使用“相邻权”（Neighboring Rights），日本将之翻译为“邻接权”（隣接権），中国采用大陆法系的术语。TRIPs 协定的第 1 部分第 1 节采用“相关权”。

对于著作邻接权的保护，传统上存在四种看法。一是主体说，即表演者、录音制品制作者、广播组织均是“作品”的利用者，而不是“作品”的创作者。通过著作权法对于这些主体进行保护并不符合著作权法保护“作品”的宗旨，因此需要在著作权之外创设对于这些主体保护的邻接权。二是客体说，即著作权的保护客体是思想、感情等的创作性表达，而表演、录音制品以及广播信号所保护的是传播行为，而并不是智力创作成果。三是准创作说，即表演、录音制品以及广播信号虽然没有达到作品的创作性高度，但是也需要对于这些成果给予一定的保护，因此创设了著作邻接权制度。四是激励传播行为说，即为了激励市场主体在作品传播过程中进行投资，因此有必要从政策性角度出发，通过著作邻接权而实现这一激励。

如果详尽分析上述四种涉及著作邻接权理论的学说的话，可以发现：从主体说角度看，尽管表演者等是在利用作品，但并非所有利用作品的主体都纳入了著作邻接权的保护范围之内。特别是演绎作品的演绎主体都是在利用原作品的基础上创作演绎作品的，但是其中大部分也没有被赋予著作邻接权。因此主体说并不足以概括对于表演者、录音制品制作者、广播组织赋予邻接权的原理。从客体说角度看，著作邻接权所保护的客体并不都是传播行为，而是某种人类劳动成果，尽管该成果在独创性高度上并未达到作者权体系下的独创性标准，但是仍旧是以某种成果的形式存在的，如表演者的表演、录音录像制品、广播信号等，因此单纯从传播行为角度说明邻接权的本质特征并不恰当。

准创作说在很大程度上符合大陆法系国家对邻接权的看法，即在作品传播过程中对已有作品有所演绎、改动、修饰、编排等，而这种演绎、改动、修饰、编排的结果又难以成为一个作品，或者有些创作成果不符合大陆法系国家对作品创作高度的要求，因此将其类比于作品，视作“准创作”从而给予邻接权的保护。但是该学说并未准确说明究竟在多大范围内承认将“作品”之外的“准创作”纳入邻接权的保护范围。因此大陆法系各国在“准创作”的认识与立法实践上存在较为显著的区别。如德国邻接权就采广义保护，除包含表演者、录音制品制作者及广播组织外，更包括特定版本的编辑者、照片的拍摄者以及电影制片人。在采取作者权体系的国家，不承认这些主体享有著作权保护，而是通过邻接权的体系予以保护。因此作者权体系下对邻接权的本质更加倾向于采取准创作行为说。

在采取版权体系的国家，主要是从投资的激励角度，认为这些客体也可以构成版权的保护对象。其中最为鲜明的体现就在于录音制品和唱片的保护上。在英美法系国家“唱片”（recordings）就是通过版权进行保护的。作为作品的传播者，除了表演者、录音制品制作者、广播组织等，出版者、网络服务提供者等也在现代社会中起到了促进作品传播的突出作用。但是，为什么仅仅对于表演者、录音制品制作者、广播组织等有限的主体设立邻接权的保护？其理由就在于激励这些主体对于传播作品的投资。从表演者权设立的初衷看，在录音技术诞生之前，表演者依靠现场表演获得门票收入。但是伴随着录音、电影、电视、广播、互联网等传播途径的发展，表演者的表演越来越多地被模拟与数字等传播方式替代，因此产生了“技术失业”的现象，危及表演者群体的生计。表演者作为作品传播的重要途径，为了减少由于技术进步带来的表演者丧失收入现象的出现，因此通过对表演者设置邻接权的途径保障其提供表演的激励。对于录音制品制作者来说，唱片的制作需要大量投资，为了确保这一投资能够获得回报，因此创设了针对录音制品制作者的邻接权。同样，为广播组织设置邻接权也是防止分流其听众，以确保其在广播之上进行的投资[1]。

三、著作权与邻接权的国际保护体系概述

《伯尔尼公约》缔结以前，由于当时的文化大国诸如法国、英国就因其本国作品在外国饱受盗版之苦，因此对于本国作品在外国的保护主要通过与其他欧洲国家缔结了一系列的双边保护著作权公约实现；在《伯尔尼公约》缔结后，国际版权保护以多边主义为中心展开，而随着世界知识产权组织（WIPO）的设立，多边机制也日趋完善；但是由于多国间知识产权机制的舞台上发展中国家的发言权逐渐增强，对于由发达国家主导的既有的规则形成机制造成了一定的阻碍。自20世纪80年代起美国通过单边贸易报复措施及《北美自由贸易协定》（NAFTA）中知识产权条款的缔结推进版权保护水准；在TRIPs协定缔结后，多边协定又重现其重要性，而在WIPO所管辖下也缔结了一系列版权保护国际多边公约；另一方面，近年由美国主导缔结的自由贸易协定进一步不断增多，其中保护标准超出所要求的最低保护程度的“TRIPs递增”条款也成为缔约国间的强制性义务。

（一）《伯尔尼公约》缔结的背景与特征

《伯尔尼公约》创设的背景是19世纪初叶，大陆法系国家希望消除各国间存在的在著作权保护问题上的差异，进而实现强化著作权保护的目的。当时尽管大多数国家存在著作权法律制度，但是由于属地主义倾向的影响，在著作权保护要件上往往以作者国籍或惯常居所、作品首次发行地等作为保护与否的前提条件，这直接导致了起源于外国的作品或作者的著作权保护受到了极大制约。此外，对于外国作品或作者的著作权保护往往基于相互主义原则，因此使得作者的权利保护陷于不确定的情势。特别是翻译权常不能得到充分保护。在这一背景下英国、法国等当时的文化大国面临着本国作品在他国被肆意复制、翻译，并且这些盗版作品反而以低廉的价格销售回本国，造成了这些国家巨大的损失。为了改善此种状况，以法国为首的文化大国通过两国间著作权保护条约的缔结，在一定范围内达成了遏制盗版现象的目的。特别是到了19世纪末，欧洲各国基本确立了以双边著作权保护条约为基础的条约网络。但是不可否认的是两国间条约存在着明显的弊端：由于其效力仅及于签署条约的缔约国，且各条约在保护程度与范围上也存在显著差异，不利于同一作品的国际统一保护。因此从两国间著作权保护条约体制向多

〔1〕王迁：《广播组织权的客体——兼析“以信号为基础的方法”》，载《法学研究》2017年第1期。

国间统一保护体制转移的必要性成了《伯尔尼公约》诞生的原动力。[1]

《伯尔尼公约》的目的就是在于建立国际性的、统一性的著作权保护体制。这在其序言中就明白无疑地进行了阐述，即“本联盟各成员国，受到尽可能有效地和尽可能一致地保护作者对其文学艺术作品所享权利的共同愿望的鼓舞”。尽管《伯尔尼公约》确定了权利人保护的目的，但是在实现手段上，在条约缔结之初存在多种选择：其中一种就是在联盟成员方间建立一个具有统一适用条件的普遍性效力的著作权体制。这一做法非常符合自然权理论，即著作权是天赋人权，应该在各国享受统一的、普遍性的效力。但是，由于 19 世纪末期各国在文化与社会经济发展上存在较大差异，制定一个普遍效力的著作权公约必然不能满足全部缔约国的需求，因此这一提议并没有被采纳。而《伯尔尼公约》的缔结者们采取了一套与普遍主义不同的方式，进而实现了对于著作权国际保护的目的，即“国民待遇原则”与“最低保护标准”相结合的方法。具体来说，《伯尔尼公约》第 5 条第 1 款规定了“国民待遇原则”，这就使得起源于他国的作品得到了与起源于本国的作品实质性的平等保护。而“最低保护标准”使得缔约国承担了不能降低著作权保护水准的下限义务性责任。尽管在缔结后，《伯尔尼公约》经多次修改，但其基本构架得以维持，可以说，《伯尔尼公约》对于著作权的国际保护正是依靠“国民待遇原则”与“最低保护标准”两大支柱而建立的。这也是《伯尔尼公约》在制度框架上最为显著的特征。

伴随着《伯尔尼公约》缔约国的增加，大量发展中国家提出了与著作权保护目的相异的要求，即《伯尔尼公约》应更多地体现发展中国家对于作品获得与享受的权利。特别是在 1967 年斯德哥尔摩修订会议上，发展中国家代表提出了应该制定新的权利限制规定的提案，但是遭到了发达国家的反对。发展中国家通过议定书的形式对于《伯尔尼公约》中最低保护标准进行了保留（《伯尔尼公约》第 21 条）。而该议定书与斯德哥尔摩修订会议所缔结的公约具有一体不可分割的效力。由于最终签署该议定书的成员方数量极少，且未签订议定书的发达国家间并不受议定书义务的约束，尽管该议定书在之后的《伯尔尼公约》1971 年巴黎修订会议上成为“附件”（《伯尔尼公约》第 21 条第 1 款），但是一般认为这并未起到对于发展中国家促进作品利用与信息流通的目的。

（二）TRIPs 协定体系

在《伯尔尼公约》体系之后，知识产权保护问题与国际贸易法产生了联系，进而诞生了 TRIPs 协定体系。在制定 TRIPs 协定中有关版权部分的过程中，发达国家主张所有 TRIPs 协定的成员方在承诺履行《伯尔尼公约》条约义务内容的基础上，对于计算机程序以及数据汇编等新型作品形式给予扩张保护。在此提案基础上，TRIPs 协定通过第 9 条第 1 款将《伯尔尼公约》第 1 条到第 21 条实体性规定及附件纳入 TRIPs 协定条约义务的同时，在第 10 条及第 13 条导入了超出《伯尔尼公约》保护义务性规定的条款，故而一般认为 TRIPs 协定采取了“伯尔尼递增”模式。而 TRIPs 协定第 9 条第 1 款的纳入规定可以起到对于未加入《伯尔尼公约》的 TRIPs 协定成员方同样应该履行《伯尔尼公

〔1〕 小嶋崇弘:「著作権法における権利制限規定の解釈と 3 step test（2）」知的財産法政策学研究（2010 年）。

约》义务的效果。

与《伯尔尼公约》中的“最低保护标准”相比，在实体内容上，TRIPs 协定构成“伯尔尼递增”的主要内容包括：在第 10 条中作为新的保护客体的计算机程序与数据汇编；在第 11 条中作为新的排他权的出租权；在第 12 条中“如果一作品的保护期限不以自然人的寿命为基础计算，则该期限自作品准予出版的那一公历年年底起不得少于 50 年”，而根据《伯尔尼公约》第 7 条第 2 款以及第 3 款规定对于电影作品以及不具名作品和具笔名作品，保护期限自作品在作者同意下公映后 50 年届满；或自其合法地向公众发表之日起 50 年。由于不构成出版的向公众发表的存在，因此事实上 TRIPs 协定推后了不以自然人的寿命为计算基础的保护期间起算时点，因此也构成“伯尔尼递增”因素。当然 TRIPs 协定中也存在“伯尔尼递减”因素，即 TRIPs 协定第 9 条第 1 款第二句排除了各成员对《伯尔尼公约》第 6 条之二有关著作精神权利所给予或派生的权利在 TRIPs 协定下所享有的权利和义务，但是，根据该协定第 2 条第 2 款，对于已加入《伯尔尼公约》的 WTO 成员仍应承担其相互已承担的义务，包括对著作精神权利的保护。

TRIPs 协定的最突出性质就是作为“国际贸易的知识产权法”的构造。这与诸如《伯尔尼公约》这种传统的著作权公约相比具有以下特点：其一是存在一个具有实效性的争端解决机制，这使得各成员方依据本国实际情况而作出的政策性裁量有可能成为他国起诉其违反 TRIPs 协定条约义务的规定，从而承担违反条约义务的责任。其二是 TRIPs 协定成功地使得众多国家或地区加入其中。对于原来由于不愿承担更高保护义务的国家或地区来说，通过在关税等其他领域的利益交换实现了此类国家或地区对于 TRIPs 协定义务的承认。特别是对于发展中国家来说意图在农产品、纺织品等领域换取市场准入与关税减免，而作为一揽子的环节加入 TRIPs 协定。此外，从 TRIPs 协定的角度看，由于其将《伯尔尼公约》等与著作权相关国际公约的实体性义务规定纳入其中，也使得不是《伯尔尼公约》的缔约国事实上承担了同样的条约义务。其三是由于采取了与 WIPO 相异的决策机制，因此在国际规范的形成机制上更为顺畅。由于《伯尔尼公约》的修订采取全体成员方一致同意的方式，因此对于发达国家与发展中国家利益冲突的问题点很难形成妥协。而 TRIPs 协定以协商一致为决策机制，更加有利于发达国家通过在其他领域的减让换取发展中国家在知识产权问题上的妥协。其四是 TRIPs 协定中增加了《伯尔尼公约》以及《巴黎公约》等既存知识产权国际公约中不存在的最惠国待遇原则（TRIPs 协定第 4 条）。如上所述，《伯尔尼公约》以“国民待遇原则”及“最低保护标准”为两大支柱，而 TRIPs 协定在此基础上增加了“最惠国待遇原则”。一般认为在知识产权领域，最惠国待遇原则的重要性远不及国民待遇原则。在实践中，直到 TRIPs 协定才首次在国际知识产权条约中规定了最惠国待遇原则。而 TRIPs 协定通过最惠国待遇原则条款的原因在于认识到美国通过自由贸易协定等的缔结可能造成的 TRIPs 成员方间的差别待遇问题。自 20 世纪 80 年代起美国通过自由贸易协定寻求仅对于美国国民的超国民待遇的保护水平。WTO 规制的三个主要领域（货物贸易、服务贸易、与贸易有关的知识产权）中均存在最惠国待遇原则条款，但是，在 GATT 与 GATS 中将包括关税同盟及自由贸易协定在内的地域性贸易安排作为最惠国待遇原则的例外，而在 TRIPs 协定中并不承认该例外。

正是因为上述 TRIPs 协定所具备的“国际贸易的知识产权法”特征，使得在提高著作权保护水准、增强条约义务履行能力上大为增进，而其反面却可能忽视公众接触与享受作品的自由。其理由在于：其一是作为“国际贸易的知识产权法”的一环，成员方更加关心的是减低关税、消除贸易壁垒等纯粹的贸易利益。而权利人与公众利益的平衡问题往往不在其评价体系之中。其二是乌拉圭回合谈判的主要成员美国发起这一回合的主要目的就在于通过强化知识产权保护，消除本国贸易赤字。因此知识产权保护成为美国文化产业主要的游说目标，可能忽视其他利益团体的呼声。其三是在缔结过程中发展中国家认为对于知识产权的强力保护导致的其利益损失也许可以从农产品或纺织品等贸易中完全弥补，但是随着数字时代、信息经济的发展，这一均衡被打破，而知识产权上平衡性的丧失直接导致了发展中国家经济发展的停滞。

（三）《WIPO 版权条约》和《WIPO 表演与录音制品条约》

20 世纪 90 年代以后，伴随着数字技术与互联网的发展，传统的作品创作与利用方法发生了质的变革，因此产生了对于模拟环境下著作权保护模式变革的呼声。而 1996 年由 WIPO 主导缔结的《WIPO 版权条约》（WIPO Copyright Treaty，WCT）和《WIPO 表演与录音制品条约》（WIPO Performances and Phonograms Treaty，WPPT）正是呼应数字时代著作权新的课题应运而生的。

在 1995 年 9 月提出新的应对数字时代新问题的“数字议题”之后，在 1996 年 12 月就通过了两个公约。而两个公约迅速制定并通过的原动力就在于美国及欧盟等发达国家的积极推动。特别是在公约缔结前，当时美国克林顿政府接受了数字内容提供商的立法游说，目标在于在美国国内制定一个加强版权保护法律。在 1995 年美国信息基础设施专门工作组发表的《知识产权与国家信息基础设施》白皮书（Intellectual Property and the National Information Infrastructure: The Report of the Working Group on Intellectual Property Rights）中表达了强化版权保护的意图，具体来说：其一，权利人享有通过互联网传播的作品的一切复制形式（包括瞬时复制）的排他权；其二，废除首次销售原则；其三，如果存在作品交易的许可市场的话（也就是说不存在市场失败的情况下），将否定合理使用规定的适用；其四，承认权利人享有任何形式的数字传输作品的排他权；其五，承认对于技术保护措施的保护。但是由美国信息基础设施专门工作组提出的 1995 年版权法修改法案并未在参议院通过。即便法案并未在国内立法机构通过，克林顿政府的政策负责者们并未放弃强化保护的初衷，因此将视角由国内转向国际，意图通过在 WIPO 制定一个数字时代的版权保护公约，从而实现由外及内的转化。在 1996 年 WIPO 公开的条约草案就包含《知识产权与国家信息基础设施》白皮书的主体内容。

美国主导的条约草案一经提出就遭到了发展中国家以及非政府组织的反对，其结果就是有关数据库保护的条约草案整体被删除。但是，从结果上看，WCT 中仍旧包含大量超出《伯尔尼公约》以及 TRIPs 协定条约义务的条款。具体来说：在保护客体上承认了对于计算机程序（第 4 条）以及数据库（第 5 条）的保护；在排他权种类上承认了作品的发行权（第 6 条）、出租权（第 7 条）以及向公众传播权（第 8 条）；在第 11 条中规定了关于技术措施的义务、在第 12 条中规定了关于权利管理信息的义务。

（四）著作权限制公约的制定与缔结

近年来，在 WIPO 舞台上，借由发展中国家及非政府组织等的提议，各国对于作为义务性规定的著作权权利限制条约的缔结问题也进行了一系列很有价值的探讨，特别是 2013 年 6 月 27 日通过的《关于为盲人、视障者和其他印刷品阅读障碍者获得已出版作品提供便利的马拉喀什条约》（以下简称《马拉喀什条约》）中规定了缔约方应当在其国内法中增加规定，允许复制、发行和提供已出版作品的无障碍格式版。此外，条约还对服务于盲人、视障者和印刷品阅读障碍者的各种组织之间进行无障碍格式作品的跨境交换作出了规定，使同一部作品的无障碍版可在不同国家间进行网络传输与音频共享。这满足了盲人和视障者在数字时代获得著作权文本的盲文、大字本或数字化音频版的需求。

以《马拉喀什条约》为代表的著作权限制公约其最大特点就是规定了“最高保护标准”。即有著作权国际保护公约一般以“国民待遇原则”和“最低保护标准”为支柱，也就是说，在制度构建上并不以著作权保护的上限规定为基石。但是这并不意味不存在不能超过某种“天花板”性质的规定，而这种规定典型的体现为 TRIPs 协定中的“不抵触义务”。TRIPs 协定中的“不抵触义务”是指对知识产权权利主体的权利更宽泛保护，即嗣后协定或国内法中规则不能与 TRIPs 协定所赋予的权利相违背。虽然 TRIPs 协定在最低义务的基础上设定不抵触义务是为了平衡权利人与社会公众之间的利益，但由于赋予权利主体的权利并非越多越好，超出合理界限就会对合法贸易造成扭曲和阻力。从这个角度看，著作权限制规定正是对于“最高保护标准”的设立。

（五）邻接权的国际保护体系

在国际上正式提出邻接权概念的是 1948 年 6 月于比利时布鲁塞尔召开的《伯尔尼公约》修订会议。在会议讨论中希望导入录音制品制作者的保护、广播组织的保护以及表演者保护的相关条款，但是由于各国意见不一致而作罢。在联合国教科文组织、国际劳工组织与《伯尔尼公约》联盟国的不断努力下，终于于 1961 年在罗马召开的外交会议上通过了《保护表演者、录音制品制作者和广播组织的国际公约》（以下简称《罗马公约》），该公约是世界第一个保护表演者、录音制品制作者和广播组织的国际性公约。

由于《罗马公约》保护的表演者、录音制品制造者、广播组织中被侵害最为严重的是录音制品的制作者，因此，1970 年 10 月 29 日在 WIPO 及 UNESCO 的主导下，以杜绝盗版录音制品为目的，在瑞士日内瓦制定了《保护录音制品制作者禁止未经许可复制其录音制品公约》（以下简称《日内瓦公约》）。《日内瓦公约》规定，每一缔约国均有义务为属于另一缔约国国民的录音制品制作者提供保护，以禁止未经制作者同意而进行复制，禁止进口此类复制品（如果这种复制或进口以向公众发行为目的），并禁止此类复制品向公众发行。“录音制品”指专为有声的录制品（即不包括例如影片或录像带等的音轨），而无论其具有何种形式（如唱盘、磁带等）。保护期从录音制品首次录制或发行之日起，必须至少延续 20 年。公约准许规定与就保护作者所规定的相同限制，并准许规定符合以下条件的非自愿许可：复制专用于教学或科研目的，并限于主管当局授予这种许可的国家境内，以及规定支付合理报酬（第 6 条）。

在《罗马公约》之后通过的《发送卫星传输节目信号布鲁塞尔公约》（以下简称《卫星公约》）是为了解决《罗马公约》的滞后性而制定的，其主要针对的是广播组织的邻接权。在《罗马公约》第 3 条中规定“广播”是指供公众接收的声音或图像和声音的无线电传播。卫星技术的发展以及卫星技术在广播中的广泛运用，催生了《卫星公约》。最终于 1974 年 5 月 21 日，国际社会在布鲁塞尔签订了《卫星公约》。该公约是根据卫星广播技术发展的特点而制定的公约，保护了载有节目的卫星信号的传播，它在一定程度上弥补了《罗马公约》的局限性。依《卫星公约》之“序言”即指出：缔结条约的动因之一是担忧缺乏一种全球性的机制来防止未经授权的传播者对于由卫星传输的、载有节目的信号进行传播，而这种机制的缺失将可能妨碍卫星通信系统的使用。公约因此要求缔约方承诺采取充分措施，防止任何上述传播者在该国领土内传播该载有节目的信号。

在网络时代通过的 WPPT 中保护的主体限于两类：一是表演者；二是录音制品制作者。WPPT 与《罗马公约》不同之处在于《罗马公约》对于表演者人格权未予规定，而 WPPT 则明文规定表演者的人格权；此外，WPPT 所保护的权利主体仅限于表演者和录音制品制作者，不及于广播组织。

对于表演者权来说，WPPT 主要是针对以听觉为主要欣赏形式的表演，而对于视听觉为主要欣赏形式的表演则是通过 2012 年缔结的《视听表演北京条约》给予了更为全面的保护。《视听表演北京条约》中对于表演者所享有的邻接权规定如下：表演者对其尚未录制的表演享有“广播、向公众传播其尚未录制的表演和录制其尚未录制的表演的专有权（第 6 条）；对以视听录制品录制的表演，享有复制权（第 7 条）、发行权（第 8 条）、出租权（第 9 条）、使该表演可为公众在其个人选定的地点和时间获得的权利（第 10 条）以及广播和向公众传播的权利（第 11 条）。除了上述经济权利，在精神权利方面，还规定了署名权（要求承认其系表演的表演者）和保持表演完整性权（反对任何对其表演进行的将有损其声誉的歪曲、篡改或其他修改）（第 5 条）。在保护期限上应自表演录制之年年终算起，至少持续到 50 年期满为止（第 14 条）。同时，缔约各方应规定适当的法律保护和有效的法律补救办法，制止规避由表演者为行使本条约所规定的权利而使用并限制对其表演实施未经该有关表演者许可的或法律不允许的行为的有效技术措施（第 15 条）。在规定条约义务的同时，也考虑到各国关于表演者权规定的多样性，允许通过保留的声明使得针对广播和向公众传播的专有权利转化为合理报酬请求权。在权利转让方面也承认各缔约国有一定的国内立法裁量权，即表演者一旦同意将其表演录制于视听录制品中，按国内法规定，本条约第 7 条至第 11 条所规定的进行授权的专有权应归该视听录制品的制作者所有，或应由其行使，或应向其转让；对于依照其国内法的规定制作的视听录制品，此种同意或合同应采用书面形式，并应由合同当事人双方或由经其正式授权的代表签字；表演者在上述情况下有权依照国内法的规定，因表演的任何使用而获得使用费或合理报酬（第 12 条）。

对于广播组织权来说，由于网络环境下有关广播组织权利的公约并未进行更新，因此世界知识产权组织一直在组织推进《世界知识产权组织保护广播组织条约》的缔结，但是由于各国在广播组织权客体等问题的认识上存在较大分歧，因此新公约的问世还尚待时日。

四、我国著作权法律制度的建立与发展

中国的著作权立法肇始于 1910 年的《大清著作权律》。《大清著作权律》共分五章，分别是“通例、权利期限、呈报义务、权利限制、附则”，条文共 55 条。其中规定了只有将著作物呈请注册的才可以受到保护。在保护期限方面规定了著作权归著作者终身有之。著作者身故的得由其承继人继续至 30 年。在中华民国建立后，《大清著作权律》根据中华民国大总统于民国元年（1912 年）3 月命令通告“暂行援用”，生效期被延长至 1915 年北洋政府颁布的《北洋政府著作权法》。之后 1928 年中华民国政府颁布了《著作权法》，后又经数次修改。

中华人民共和国成立后，废除了包括《著作权法》在内的旧法统，依据当时的计划经济体制，取而代之采取了一套物质手段与非物质手段相结合的方式激励文艺工作者的创作热情。其中物质手段主要是稿酬制度，如文化部出台的《关于文学和社会科学书籍稿酬的暂行规定草案》（1958）；而在非物质激励手段方面，主要是通过各种荣誉制度，将文艺工作者纳入相应的行政级别等形式来实现激励。“文化大革命”结束后，国家陆续恢复了“文化大革命”前的稿酬办法，先后颁布了《新闻出版稿酬及补贴试行办法》（1977）、《书籍稿酬试行规定》（1984）等，逐步提高作品的稿酬标准。随着文化部《付给戏剧作者上演报酬的试行办法》（1984）、《美术出版物稿酬试行办法》（1985）等的颁布，也为其他门类的作品提供了稿酬激励。1986 年《民法通则》第 94 条首次规定“公民、法人享有著作权（版权），依法有署名、发表、出版、获得报酬等权利”，这一规定明确将著作权作为私权予以保护。在 1990 年 9 月 7 日第七届全国人民代表大会常务委员会第十五次会议通过了《著作权法》。

1992 年 1 月 17 日，中国与美国签署了《关于保护知识产权的谅解备忘录》，根据该备忘录要求，中国于 1992 年 10 月 15 日、1993 年 4 月 30 日先后加入了《伯尔尼公约》和《日内瓦公约》，此外，还于 1992 年 10 月 30 日加入了《世界版权公约》，国务院为此于 1992 年 9 月 25 日专门发布了《实施国际著作权条约的规定》。1997 年 3 月 14 日，第八届全国人民代表大会第五次会议修订的《刑法》第 217 条、第 218 条规定了对严重侵犯著作权的犯罪行为的刑罚。2001 年 10 月 27 日，在中国加入世界贸易组织前夕根据 TRIPs 协定的要求，第九届全国人民代表大会常务委员会第二十四次会议通过了《著作权法》修正案。

2007 年 4 月，美国向 WTO 提起针对包括中国《著作权法》有关版权保护条款及针对盗版的刑事措施不符合 TRIPs 协定的争端解决案件。2009 年 1 月经专家组裁定，中国《著作权法》第 4 条第 1 款违反了 TRIPs 协定第 9 条第 1 款及该条款所规定的《伯尔尼

公约》第 5 条第 1 款，同时违反 TRIPs 协定第 41 条第 1 款。为执行该裁决，第十一届全国人民代表大会常务委员会第十三次会议于 2010 年 2 月 26 日修改了《著作权法》第 4 条第 1 款，将先前的“依法禁止出版、传播的作品，不受本法保护”改为“著作权人行使著作权，不得违反宪法和法律，不得损害公共利益。国家对作品的出版、传播依法进行监督管理”。

现阶段，我国著作权法制领域的主要法律规范是由一法律六行政法规与若干司法解释组成的。一法律是指 1990 年由第七届全国人大常委会第十五次会议通过的《著作权法》，该法于 2001 年、2010 年以及 2020 年分别经过三次修正。其中 2020 年修改的主要内容包括以下几个方面：一是关于“作品”定义的新变化，将原来兜底的“法律、行政法规规定的其他作品”改为“符合作品特征的其他智力成果”。由此，受《著作权法》保护的作品可以不受该条规定中所列举的具体作品类型的限制，只要是文学、艺术、科学等领域一切“符合作品特征的智力成果”即可。二是修改了“广播权”的定义，将网络环境下单向作品传播行为纳入了“广播权的控制范围”。三是在著作权限制和例外部分引入了一般条款，即并不限于著作权法中所列举的个别限制性条款，如果新的作品利用形式满足“不得影响该作品的正常使用，也不得不合理地损害著作权人的合法权益”的情况，可以作为“法律、行政法规规定的其他情形”予以规定和适用。四是赋予广播电台、电视台对其播放的载有节目的信号享有通过信息网络向公众传播的权利。

六行政法规主要是指由国务院颁布的与《著作权法》实施相关的六部现行有效的行政法规。即 2013 年修订后实施的《著作权法实施条例》；2013 年修订后实施的《著作权集体管理条例》；2013 年修订后实施的《计算机软件保护条例》；2013 年修订后实施的《信息网络传播权保护条例》；2020 年修订后实施的《实施国际著作权条约的规定》以及 2011 年修订后实施的《广播电台电视台播放录音制品支付报酬暂行办法》。这些行政法规中的不少内容都是在 2020 年《著作权法》修改之前制定的，因此亟须依据现行《著作权法》的内容进行更新。

在著作权保护方面，由最高人民法院制定并颁布的一系列司法解释对《著作权法》的适用起到了十分重要的作用。主要包括以下规范：2020 年颁布的最高人民法院《关于加强著作权和与著作权有关的权利保护的意见》；2020 年修正后颁布的最高人民法院《关于审理著作权民事纠纷案件适用法律若干问题的解释》；2020 年修正后颁布的最高人民法院《关于审理侵害信息网络传播权民事纠纷案件适用法律若干问题的规定》等。

同时我国目前已经加入了八部与著作权相关的国际条约，包括《伯尔尼公约》（1992）；《日内瓦公约》（1993）；《世界版权公约》（1992）；TRIPs 协定（2001）；WCT（2007）；WPPT（2007）；《视听表演北京条约》（2020）以及《马拉喀什条约》（2021）。这些国际公约中所设定的相关权利义务要求也构成了我国著作权立法和司法实践中需要遵循的标准。

第二节　著作权的客体

一、我国著作权法保护的客体

无论是《伯尔尼公约》还是TRIPs协定都没有对版权保护对象进行定义。《伯尔尼公约》第2条第1款中只存在一个对于版权保护对象的并非穷尽性质的列举，即“文学和艺术作品一词包括文学、科学和艺术领域内的一切成果，不论其表现形式或方式如何，诸如书籍、小册子和其他文字作品；讲课、演讲、讲道和其他同类性质作品；戏剧或音乐戏剧作品；舞蹈艺术作品和哑剧；配词或未配词的乐曲；电影作品和以类似摄制电影的方法表现的作品；图画、油画、建筑、雕塑、雕刻和版画作品；摄影作品和以类似摄影的方法表现的作品；实用艺术作品；与地理、地形、建筑或科学有关的插图、地图、设计图、草图和立体作品”。TRIPs协定的起草者们并不是从正面定义何者为版权的保护对象，而是在国际公约中具有创造性地指出了何者不得作为版权的保护对象。其第9条第2款规定：“版权的保护仅延伸至表达，而不延及创意、程序、操作方法或数学概念之类。”这一规定可视作对于版权法原理上的“思想表达二分法”在成文法上最为清晰的表述。其中“表达”中并不包含任何其他要件的要求，如独创性，也就是说如果缔约方的著作权法中对于版权保护的对象并不包含独创性要求的，也并不能认为其立法有违TRIPs协定。此外，这一规定对于缔约方来说具有“天花板”性质的“不抵触义务”。如果缔约方法律将思想作为版权的保护对象，这种更宽泛的保护则与TRIPs协定相抵触。

我国著作权法效仿《伯尔尼公约》体例，在作品概念规定之外，又详细列举了作品类别。体现在《著作权法》第3条中对著作权的保护对象“作品”给出了定义，即文学、艺术和科学领域内具有独创性并能以一定形式表现的智力成果，同时列举了一个著作权保护对象的非穷尽性清单。其中非穷尽性清单的立法是在2020年著作权法修改中引入的，而在此之前，我国立法与国际公约相比不同之处就在于：国际公约中作品类别的例示规定并不是详尽的，只是给各国立法者提供若干指导，并不影响作品概念的适用。即如欲享受公约项下只针对某一作品类别的特殊规定，则有必要证明其作品满足例示规定的要件，但并不排除不能证明某一作品归类于任何作品类别时，通过考察其是否满足作品概念的规定而给予著作权保护。与此相对照，我国著作权法对于不能归类于某一作品类别的“其他作品”，要求必须存在“法律、行政法规的规定”，才能享受著作权保护。在司法实践中针对体育节目赛事录制形成的连续画面是否构成作品存在争议，其争议点就在于不属于2020年修改前著作权法中所列举的具体作品类别。而在2020年修改后的著作权法中与国际公约相协调，不会出现不属于列举的作品类别就不受保护的情况。

除了上述列举的作品类清单外，作为作品的构成要件主要包括四个方面，其中作品定义中的“文学、艺术和科学内”要件主要在于排除具有实用性、功能性的智力成果构成著作权的保护对象，相关纠纷主要集中在实用艺术品是否构成著作权保护对象的认定上。在作品的定义中还包括“能以一定形式表现”的要件。在 2020 年《著作权法》修改前这一要件的用语为“能以某种有形形式复制”。在《伯尔尼公约》项下“固定性”是否作为作品的构成要件问题是交由联盟国立法选择的事项。我国著作权法未强调必须以某种物质形式固定下来。因此“固定性”并不是作品的一般构成要件。而对于“电影作品”这一作品类别，则强调了“摄制在一定介质上”，因此“固定性”是“电影作品”的构成要件。

以下将以“独创性要件”“思想表达二分法”以及作品的类型为中心进行介绍。

二、独创性要件

作品概念中的核心要件就是“独创性”。独创性是著作权法上的一个基本概念。其基础性体现在：首先，在作品的认定上，不具备独创性就难以成为著作权法所保护的作品；其次，在作者的认定上，只有参与了独创性部分创作的才能被认定为是作者；最后，在著作权侵权判断上，如果没有利用作者的独创性创作表现的话，就难以认定为著作权侵权。独创性概念是贯穿于著作权主体、客体、权利侵害的核心概念。另外，独创性概念的背后也体现了不同的著作权观。

但是到底什么是独创性？这个问题并不容易回答。独创性似乎就是指独立创作，强调作品形成过程中的独立智力劳动。我国《计算机软件保护条例》第 4 条明确规定受本条例保护的软件必须由开发者独立开发，并已固定在某种有形物体上。此处所谓的开发其实就是创作。但是，我国司法实践较为统一的看法认为，独创性包括独立完成和创作性两大要求，即独立创作标准[1]。不仅强调作品形成过程的独立性，而且强调所形成的作品的客观表现形式具有创作性。最高人民法院《关于审理著作权民事纠纷案件适用法律若干问题的解释》第 15 条规定，由不同作者就同一题材创作的作品，作品的表达系独立完成并且有创作性的，应当认定作者各自享有独立著作权。

作为作品构成要件的独创性用语最先出自日本旧著作权法昭和 6 年修正案（1931 年）。但是现行日本著作权法（1970 年起施行）已经以创作性概念取代了独创性概念。而我国台湾地区也不采用独创性用语而是使用原创性概念。蔡明诚教授在其《论著作之原创性与创作性要件》一文中认为所谓独创性系原创性（originality）之不同译法[2]，并考证到我国著作权法权威郑成思教授即是从这个角度理解独创性概念的[3]。

从比较法的角度看，原创性（originality）概念起源于英美版权法语境，创作性概念（creativity）则起源于大陆法系著作权语境。前者一般是指作者原创，且至少具有少量创作性（at least modicum of creativity）。而后者创作性概念首先不同于新颖性概念：为了满足创作性要件，作品不必新颖；创作的作品，即使偶然和既存的作品相同，也不否定其创作性。从这个角度上看，创作性仅指相对（主观）的新颖性，和专利法上的绝对

---

〔1〕 姜颖：《作品独创性判断标准的比较研究》，载《知识产权》2004 年第 3 期。

〔2〕 蔡明诚：《论著作之原创性与创作性要件》，载《台大法学论丛》，第 26 卷第 1 期。

〔3〕 郑成思：《版权法》，中国人民大学出版社 1990 年版，第 17 页。

（客观）新颖性不同。在多样化的文化世界中，与他人的创作不同的创作活动应当受到鼓励。相反，偶然创作出与他人作品完全一样的作品的情况基本不存在，即便重复赋予权利，弊害也不是很大。其次，创作性要求不是对其他作品的抄袭。另一方面，通过对德国法上创作性概念的追本溯源，半田正夫教授认为创作性是指作者的个性在作品中的体现[1]。日本现行著作权法的立法过程以及在起草者的解说中也体现了这一观点，即认为作为著作权保护对象的作品必须存在个性（individualität）乃至人格性（personalität）。传统上在德国司法实践中对于学术作品、实用美术品以及计算机软件均设置了较高的创作性标准。其理由就在于小说、绘画、音乐等文艺作品都是作者人格的表现，但是对于计算机软件等功能性作品很少体现作者的人格，所以应通过创作性要件将其排除在著作权保护范围之外，而通过其他特别立法（sui generis right）加以保护。

而独创性概念除日本旧著作权法下的明文规定外，为我国独有。可以说我国著作权法上的独创性包括了独立创作（原创性）和创作性两个要件，糅合了英美法系和大陆法系的要件。传统的英国标准采用的是投入了技巧、劳动或者判断的标准，法国要求的独创性必须反映作者的个性，美国早期采用了额头出汗原则，在 Feist 案后又要求作品必须投入少量的创造性。

从抽象的角度看，应从正反两个角度理解独创性概念，一方面，独创性仅要求作者的个性在作品中得以某种程度的体现即可，并不要求客观上与他人的表现相异以及新颖性（即客观上新的东西）。此外也与作品的艺术价值及经济价值无关。就算是小孩子创作的幼稚的画作也应承认其创作性。另一方面，独创性概念不包括智力创作以外活动的成果，例如原封不动地抄袭或者临摹他人的文章或绘画的活动，尽管付出了大量的劳力也因为不能说是智力创作活动而否定其创作性。也就是说，额头的汗不是著作权的保护对象。此外独创性概念也不包括极其平常无奇的表现。特别是无论何人就同一主题进行的创作都会选择同样的表达的情况下，应该否定其独创性。

三、思想表达二分法

在国际公约中，以 TRIPs 协定为例，起草者们并不是从正面定义何者为版权的保护对象，而是在国际公约中具有创造性地指出了何者不得作为版权的保护对象。第 9 条第 2 款规定："版权的保护仅延伸至表达，而不延及创意、程序、操作方法或数学概念之类。"这一规定可视作对于著作权法原理上的"思想表达二分法"在成文法上最为清晰的表述。在此原理下，思想不论具有何种程度的独创性，只要在表现层面没有体现出独创性的话，也不能作为作品予以评价。思想表现二分法有效地区分了知识产权的各分支领域，即对思想创意提供保护的专利法与对表达提供保护的著作权法。这一区别的原因主要在于专利法所规制的领域主要是产业中的竞争行为，对于一般社会公众行动自由的制约较少，而著作权法所规制的领域则涉及公众文化活动的各个领域，对于公众行动自由的制约较深，因此将其保护仅限于表达层面，而不能触及思想层面。

---

〔1〕 半田正夫『著作権法概説（初版）』（一粒社，1974 年）75 頁。

对于“思想表达二分法”这一原理，对其存在的质疑主要在于依据这一原理是否能够清晰区别“思想”与“表达”。在就戏剧作品区分“思想”与“表达”的 Nichols v. Universal Pictures Corp. 案[1]中，美国联邦第二巡回法院确立了“抽象化检测法”（abstraction test）这一判断标准。也就是在作品主题与细节描写之间构成一个自下而上的金字塔结构，在自下而上的逐级抽象化过程中，每一级被抽象和概括的内容相对于下一级都是“思想”，而相对于上一级都是“表达”，而著作权侵权判断就是在抽象化的层级上划定一条分界线[2]。在具体分界线划定上，美国联邦第九巡回法院曾采取“总体观念及感知”（total concept and feel）标准进行判断，故而缩小了“思想”的范围，扩大了“表达”的领域。除了“思想”与“表达”在划定边界上由于判断标准的不同可能导致扩张著作权保护范围现象的发生，即使能够划分二者，对于在自身表达过程中不得不借用他人表达的表现活动仍难以通过“思想表达二分法”予以排除（典型的如戏仿行为）。

四、特殊的作品类型

（一）口述作品

口述作品是指即兴的演说、授课、法庭辩论等以口头语言形式表现的作品（《著作权法实施条例》第 4 条第 2 项）。其中并不是认可即兴的口头表达均会构成口述作品，仍需要考察其是否满足独创性的要求。同时口述作品强调即兴创作，而不是按照既有的作品进行的口头表演。如果在演说、授课、法庭辩论等之前即已存在演讲稿，则该演讲稿为文字作品，而以演说等形式的口头表演则属于对于文字作品的表演，表演者并不享有口述作品的著作权，仅仅是作为文字作品的表演者，享有表演者的邻接权保护。由于著作权法中对于作品的定义并未要求作品必须被固定，仅要求能以一定形式表现即可，因此即使没有对于即兴的口述作品的录音或文字记录，也不影响口述作品的成立，只不过在诉讼中如何证明自己创作的口述作品往往成为难以获得保护的原因。

（二）音乐、戏剧、曲艺、舞蹈、杂技艺术作品

在《著作权法》中将音乐、戏剧、曲艺、舞蹈、杂技艺术作品归为一类，这类作品的主要特点在于通过表演使得公众获得视听觉的享受。同时也对应于《伯尔尼公约》中所罗列的“戏剧或音乐戏剧作品；舞蹈艺术作品和哑剧；配词或未配词的乐曲”的作品类别。其中音乐作品是指歌曲、交响乐等能够演唱或者演奏的带词或者不带词的作品。戏剧作品是指话剧、歌剧、地方戏等供舞台演出的作品。曲艺作品是指相声、快书、大鼓、评书等以说唱为主要形式表演的作品。舞蹈作品是指通过连续的动作、姿势、表情等表现思想情感的作品。杂技艺术作品是指杂技、魔术、马戏等通过形体动作和技巧表现的作品。

（三）美术、建筑作品

美术作品是指绘画、书法、雕塑等以线条、色彩或者其他方式构成的有审美意义的

〔1〕 Nichols *v.* Universal Pictures Corp., 45 F. 2d 119 (2nd Cir. 1931).

〔2〕 王迁：《知识产权法教程》，中国人民大学出版社 2014 年版，第 51 页。

平面或者立体的造型艺术作品。在著作权法中专门存在许多对于美术作品特殊的规定。如在是否构成作品方面就需要判断实用艺术品是否构成美术作品而受到保护；在法定利用行为方面美术作品的原作品的展览权存在特殊的规定；在权利限制方面，对于公开陈列在公共场所的美术作品也有特殊规定。实践中争议较大的就是音乐喷泉喷射效果的呈现构成何种类别的作品，在北京中科恒业中自技术有限公司等与北京中科水景科技有限公司侵害著作权纠纷案［北京知识产权法院民事判决书（2017）京 73 民终 1404 号］中指出："尽管不同于常见的绘画、书法、雕塑等美术作品静态的、持久固定的表达方式，但是，由于其客体是由灯光、色彩、音乐、水型等多种要素共同构成的动态立体造型表达，其美轮美奂的喷射效果呈现具有审美意义，构成美术作品。"

建筑作品，是指以建筑物或者构筑物形式表现的有审美意义的作品。一般认为建筑作品具有较强的实用性，因此排除在作品范围之外。只有具有审美意义的建筑作品才有可能构成作品。因此根据常规设计或惯常构造而形成的建筑物因缺乏审美意义而难以构成建筑作品。在建筑作品之外我国著作权法中还规定了建筑设计图也构成作品。其中对于体现建筑外观的建筑设计图与建筑作品二者之间的关系，也即依据体现建筑外观的建筑设计图建设出的建筑作品，此时只能说是对于建筑作品的复制，而不能说是对于建筑设计图这一图形作品的复制。

（四）摄影作品

摄影作品，是指借助器械在感光材料或者其他介质上记录客观物体形象的艺术作品。摄影作品的独创性主要体现在对拍摄角度、距离、光线、明暗等与拍摄相关的个性化选择上，一般不考虑被摄场景与人物的独创性。也就是说，如果两个摄影作品的实质相似部分仅及于被摄场景和人物的造型与设计，那么该部分不应作为摄影作品实质相似性的比对部分。

（五）视听作品

在 2020 年《著作权法》修改之前，"视听作品"这一类作品类别是以"电影作品和以类似摄制电影的方法创作的作品"的形式出现的，对其定义为摄制在一定介质上，由一系列有伴音或者无伴音的画面组成，并且借助适当装置放映或者以其他方式传播的作品。

这类作品的要件为：产生与电影效果类似的视觉或视听觉效果的表现；固定于载体上；属于文学、艺术、美术以及音乐范围内思想或感情的创造性表达。其中第一要件需要存在视觉效果，而视觉效果的产生是由于影像每帧的运动而导致的，对于无声电影也满足这一要件的规定。第二要件要求电影作品固定于有体物，具体包括胶片、光盘等有形载体。对于在电视台直播的节目，由于播放的同时该直播节目即消失，因此不满足电影作品的构成要件。第三要件要求电影作品属于文学、艺术、美术以及音乐范围内思想或感情的创造性表达。由摄像机固定的仅表达风景的摄制品也不属于该类作品的范畴。在该类作品范围内不仅包括传统上用于电影院放映的作品，动漫电影、电子游戏中的影像等也属于该范围。

摄制一部视听作品是一个比较复杂的、系统的智力创作过程，要有提供资金和组织拍摄的制片人，要有电影剧本的编剧、电影音乐的作词与作曲者，要有导演、摄影、演员、特技设计、美工（包括服装、道具设计）、灯光、布景等。但是在著作权法意义上上述电影作品摄制过程的参与者并不都构成电影作品的作者。在著作权法理论上存在“现代作者”（modern author）与“传统作者”（classic author）的分类，其中只有“现代作者”才构成电影作品的作者。而“现代作者”一般是指对于电影作品的产生作出创造性贡献的制片、导演、演出、摄影、美术等主体。而“传统作者”一般是指小说、剧本、音乐等的作者。这些作者并没有整体性地对电影作品的产生作出创造性贡献。视听作品的作者是指除去依据小说、剧本、音乐而改编或复制的作品的原作者以外的，对于电影作品的产生作出创造性贡献的制片、导演、演出、摄影、美术等主体。

对于视听作品的独创性要求，由于我国著作权法中在“视听作品”之外还规定了“录像制品”，并对其赋予邻接权。二者的区别在于独创性的高低之分，而不在于独创性的有无之分。其中对于争议较大的体育节目赛事直播画面是否构成视听作品问题，由于赛事本身的客观情形、赛事直播的实时性、对直播团队水准的要求、观众的需求、公用信号的制作标准，特别是拍摄过程往往严格依据公用信号的制作标准，可能导致无论何人就同一主题进行的创作都会选择无实质差别的表达，因此可能否定体育节目赛事形成的连续画面达到独创性高度。此外，视听作品的独创性体现在连续画面的设置上，而不是体现在电影剧情上。虽然电影作品中也固定了电影剧情或电影故事，但是电影故事情节依然属于电影剧本的独创性表达，而不是电影作品本身的独创性表达。判定电影画面是否侵犯电影作品著作权时，应当比对两个电影画面是否一样，并不是比对两个电影故事情节是否一样。而对电影情节的保护，应该从电影画面中剥离出来，本质上应该还原为对文字作品的保护。

各国往往对于此类作品给予最为严厉的保护，如针对影院盗录行为，在影院盗录新片往往是后续盗版侵权的源头，对电影权利人及影院经营者的影响非常严重，因此日本在2007年制定了《防止电影盗录的法律》（平成19年5月30日法律第65号），其中规定了在电影院中对于电影的录音录像的“盗录”行为不构成《著作权法》第30条第1款中的以私人目的使用的例外规定，原则上均为违法行为，并在达到相关要件时构成著作权侵害罪，承担刑事责任。

（六）工程设计图、产品设计图、地图、示意图等图形作品

图形作品，是指为施工、生产绘制的工程设计图、产品设计图，以及反映地理现象、说明事物原理或者结构的地图、示意图等作品。其中工程设计图、产品设计图中包含的技术方案、实用功能、操作方法等，以及地图、示意图中包含的客观地理要素、事实等，不受著作权法保护。以地图为例，地图主要用于反映地理现象，而地图作品的独创性体现在地形与地物的取舍选择与利用制图法与地图记号等的表现方法的编排之上，但地图所依据的事实不受保护，如实地测量、现场考察所付出的劳力等不受保护。如果从利用的便利性角度，已经标准化的地图记号等的表达方法指导下制作的地图也不受保护（行业惯例或依据制图法基本得到同一结果的）。

（七）计算机软件

我国《计算机软件保护条例》规定，计算机软件是指计算机程序及其有关文档（第2条）。计算机程序是指：为了得到某种结果而可以由计算机等具有信息处理能力的装置执行的代码化指令序列，或者可以被自动转换成代码化指令序列的符号化指令序列或者符号化语句序列（第3条）。其中既包含源程序，也包括目标程序。目标程序是以二进制下0、1形式呈现的表达电流通过时元器件开或关的代码。源程序则是通过计算机语言编写的程序。对于同一计算机程序的源程序和目标程序由于具有一一对应的关系，因此为同一作品。代表计算机程序的源代码和目标代码均具有一定的功能性指向，因而采取著作权模式保护计算机程序从其创立伊始就有不同声音。特别是技术的世界不同于文化的世界，并不以追求表达的多样性为圭臬，而是以效率性为标准，为实现某种目标在可供选择的手段中采取最为具有实效性的方法。面对某一技术目标，技术的发展或早或晚都会实现，没有必要对于落后的技术再给予长时间的保护，只需对于具有创造性的新的创新活动给予一定激励即可。相比于并不要求创造性，且具有较长保护期的著作权制度来说，在技术的世界采取专利制度更加合适。但是以美国为代表的发达国家的游说，使得计算机程序的著作权保护纳入为国际条约之义务，为此我国也在著作权法中将计算机程序纳入保护客体。

（八）民间文学艺术作品

民间文学艺术是指某一区域内的群体在长期生产、生活中，直接创作并广泛流传的、反映该区域群体的历史渊源、生活习俗、生产方式、心理特征、宗教信仰且不断演绎的民间文化表现形式的总称。其具有创作主体不确定和表达形式在传承中不断演绎的特点，因此某一民族的民间文学艺术作品，该民族的任何群体和成员都有维护其不受侵害的权利。在《著作权法》中规定民间文学艺术作品的著作权保护办法由国务院另行规定，但相关保护办法至今并未出台。在此情况下，如民间艺术作品符合《著作权法》上作品的条件可以适用《著作权法》进行保护，作为具有集体性质的产权，代表该集体的主体可以就民间文学艺术作品主张著作权保护。如在“黑龙江省饶河县四排赫哲族乡人民政府诉郭颂等侵犯民间文学艺术作品著作权案”［北京市高级人民法院民事判决书（2003）高民终字第246号］中就认定世代在赫哲族中流传的以《想情郎》和《狩猎的哥哥回来了》为代表的赫哲族民间音乐曲调形式，属于民间文学艺术作品，应当受到法律保护。涉案的赫哲族民间音乐曲调形式作为赫哲族民间文学艺术作品，是赫哲族成员共同创作并拥有的精神文化财富。它不归属于赫哲族某一成员，但又与每一个赫哲族成员的权益有关。该民族中的任何群体、任何成员都有维护本民族民间文学艺术作品不受侵害的权利。四排赫哲族乡政府作为一个民族乡政府是依据我国宪法和法律的规定在少数民族聚居区内设立的乡级地方国家政权，可以作为赫哲族部分群体公共利益的代表，故在符合我国宪法规定的基本原则、不违反法律禁止性规定的前提下，四排赫哲族乡政府为维护本区域内的赫哲族公众的权益，可以自己的名义对侵犯赫哲族民间文学艺术作品合法权益的行为提起诉讼。

（九）实用艺术作品

在《实施著作权国际条约的规定》第 6 条中规定了对外国实用艺术作品的保护期，为自该作品完成起 25 年。该规定来源于《伯尔尼公约》之规定，其中该公约在“文学和艺术作品”中罗列了“实用艺术作品”。并在第 7 条第 4 款中规定：实用艺术作品的保护期由成员国决定，但不得少于作品完成后 25 年。同时成员国也可以通过国内法决定在何种程度上保护实用艺术作品和工业品平面和立体设计，允许将之作为工业品平面和立体设计进行保护。

在《著作权法》中并未提出实用艺术作品的概念。而只存在“美术作品”的概念，其中在著作权法中列举的各种作品类型中对“美术作品”给予了定义，即美术作品，是指绘画、书法、雕塑等以线条、色彩或者其他方式构成的有审美意义的平面或者立体的造型艺术作品（《著作权法实施条例》第 4 条第 8 款）。而“等”中是否包括达到美术作品程度的实用艺术品则存在较大分歧。一般认为：第一，绘画、书法等美术作品的平面图案贴附在商品上进行实用目的使用以及立体雕塑作品被添加到实用物体之上的情形下，并不否定平面图案、立体雕塑的作品适格性，也不因该作品是否是为生产销售实用品目的而创作的而受到任何影响；第二，相比于实用目的来说，更多的是以供鉴赏为目的创作的人偶、玩具、模型等，或者是鉴赏目的和实用目的在观念上可以分离的瓷器、积木等立体性实用品，也会给予著作权的保护；第三，对于具有较高实用性的立体产品，创作性的表达是在产品功能性的限制下实现的，一般公众也将其认知为工业产品，而并不将其认知为文学艺术等领域的鉴赏对象，这种情况原则上均否认其构成作品。

（十）汇编作品

TRIPs 协定对于数据汇编的规定包含了反映事实的不享有著作权保护的数据和在文学艺术等领域作品。《伯尔尼公约》第 2 条第 5 款的“文学或艺术作品的汇编”中的数据仅包括文学艺术领域的作品。此外，在《伯尔尼公约》中的“汇编”指对材料的选择和编排而构成的智力创作。TRIPs 协定第 10 条第 2 款的“数据汇编”则包括对其内容的选取或编排而构成的智力创作。也就是说，单纯的选取或编排的行为在 TRIPs 协定下可以享受著作权保护，而在《伯尔尼公约》下独创性不能仅仅体现在选取或编排之上，两者在《伯尔尼公约》下是累积适用的。此外，该规定仍存在一个解释上的争点，即不同于对计算机程序的表述，在数据汇编上采取了“本身”（as such）的用语，有解释认为这并不直接得出由数据汇编而产生的智力成果就直接作为文字作品或美术作品享有著作权的保护，而是给予缔约方一定的裁量性，使其可以选择适当的方式对于数据汇编所产生的智力成果给予保护。在比较法上对于数据库的保护存在通过“专门立法”（sui generis）予以保护的实践。在欧共体 1996 年有关数据库指令[1]中对于持续性投资下形成的数据库实质性部分给予了保护。

---

〔1〕 Directive 96/9/EC of the European Parliament and of the Council of 11 March 1996 on the legal protection of databases OJ L 077, 27.03.1996, p. 20–28.

五、不受著作权法保护的对象

在我国《著作权法》第 5 条中就规定了法律、法规，国家机关的决议、决定、命令和其他具有立法、行政、司法性质的文件，及其官方正式译文；单纯事实消息；历法、通用数表、通用表格和公式不受著作权法的保护。

其中不给予“法律、法规，国家机关的决议、决定、命令和其他具有立法、行政、司法性质的文件，及其官方正式译文”著作权保护的理由就在于这些作品的内容事关国民的权利与义务，为了让国民更好地了解这些内容，所以应该承认对其广泛地传播。此处的司法性质的文件理应包含法院作出的判决。

在司法实践中根据《刑事审判参考》指导案例第 680 号之认定，中国共产党的中央组织（包括党的全国代表大会、中央委员会及其各直属机构）制定的公文，可视为《著作权法》第 5 条规定之“具有立法、司法、行政性质的文件”，不适用于著作权法保护，所以属于公有领域。

其中对于上述事关国民权利与义务的文件中是否包括外国的法律、法规，国家机关的决议、决定、命令和其他具有立法、行政、司法性质的文件，仍存在争议。外国的上述文件同样事关中国国民的权利与义务，因此这些文件同样不应受到著作权的保护。此外，由官方将上述文件编辑成法律汇编集或案例集的，同样也不应该受到著作权的保护。但是由私人主体进行的汇编工作，即使内容上不享有著作权的保护，但是因其汇编上的独创性，仍可以享受著作权的保护。如果汇编的过程仅是将所有法律或案例按照一定的顺序进行网罗式整理的工作，也可能由于不满足汇编作品独创性的要求而不构成汇编作品。

第三节　著作权的主体

一、作者与著作权人

在作者概念上，传统上在大陆法系各国著作权法中一般都坚持所谓的“创作人主义”原则，即只有从事了作为事实行为的作品创作行为的自然人才能原始取得著作权。但是考虑到近代以来大量作品都是通过受雇于组织中的自然人所创造的，而一项作品往往需要众多受雇于组织中的自然人合力而为，如果坚持传统的“创作人主义”原则可能会造成权利主体的分散，进而导致交易成本的飙升，从而影响作品的利用，所以大多数国家的著作权法也将雇主视为作者，将职务作品著作权原始归属问题作为“创作人主义”原则的例外加以处理，使得雇主可以以原始著作权人的身份统一处理著作权权利行使问题。但是由于政策考量及历史传统的不同，各国对于职务作品的具体规定也大不相同。

我国《著作权法》第 11 条中规定：创作作品的自然人是作者。著作权属于作者，本法另有规定的除外。由于存在另有规定的情况，因此创作作品的自然人不一定就是该作品的著作权人，在作者身份和著作权归属间仍存在许多种制度搭配的可能。而创作的概念依据《著作权法实施条例》第 3 条规定：著作权法所称创作，是指直接产生文学、艺术和科学作品的智力活动。为他人创作进行组织工作，提供咨询意见、物质条件，或者进行其他辅助工作，均不视为创作。

对于作者身份、著作权的存在与归属等在《著作权法》及相关司法解释中存在推定的规定。作品上署名的作者推定规则是一项源自《伯尔尼公约》的制度，在《伯尔尼公约》第 15 条中规定了五种情况下的推定：一是姓名推定，即只要其名字以通常方式出现在该作品上，在没有相反证据的情况下，即视为该作品的作者，并有权在本同盟成员国中对侵犯其权利的人提起诉讼；二是假名（pseudonym）推定，即即使作者采用的是假名，只要根据作者的假名可以毫无疑问地确定作者的身份，也同样适用作者推定的规定；三是不具名（anonymous）推定，即对于不具名作品，或采取假名的形式，但并不可毫无疑问的确定作者身份的情况，如果出版者的名字出现在作品上，在没有相反证据的情况下，该出版者即视为作者的代表，并以此资格有权维护和行使作者的权利；四是身份不明（unknown）推定，即对作者的身份不明，且未出版的，但有充分理由推定该作者是本同盟某一成员国国民的作品，该国法律得指定主管当局代表该作者并有权维护和行使作者在本同盟成员国内之权利；五是制片人推定，即以通常方式在电影作品上署名的自然人或法人，除非有相反的证据，否则即推定为该作品的制片人。

该规定的目的在于在侵权诉讼中，采取举证责任倒置的形式，便利作者行使权利，并免于举证自身从事创作过程的相关资料。

对于这项制度，在我国法上也有具体的体现，包括：在《著作权法》第 12 条中规定，在作品上署名的自然人、法人或者非法人组织为作者，且该作品上存在相应权利，但有相反证明的除外；在最高人民法院《关于加强著作权和与著作权有关的权利保护的意见》（法发〔2020〕42 号）第 3 条规定，在作品、表演、录音制品上以通常方式署名的自然人、法人和非法人组织，应当推定为该作品、表演、录音制品的著作权人或者与著作权有关的权利的权利人，但有相反证据足以推翻的除外；在最高人民法院、最高人民检察院《关于办理侵犯知识产权刑事案件具体应用法律若干问题的解释（三）》（法释〔2020〕10 号）第 2 条中规定，在刑法第 217 条（即侵犯著作权罪）规定的作品、录音制品上以通常方式署名的自然人、法人或者非法人组织，应当推定为著作权人或者录音制作者，且该作品、录音制品上存在着相应权利，但有相反证明的除外。

与《伯尔尼公约》的规定相对比，我国法上的规定存在以下几个特点：一是推定的内容不限于作者推定，还包括权利归属推定和权利存在推定。也就是以通常方式在作品上署名的主体，推定其是作者、推定其是著作权人、还推定在该作品上存在著作权；二是推定的适用程序不限于民事侵权诉讼，还包括侵权诉讼之外的如合同之诉、权利归属之诉、甚至刑事诉讼；三是对于署何种名，及不同名的不同效果没有更具体化的规定，如假名、不具名、身份不明、电影作品上的署名等；四是《伯尔尼公约》的用语是姓名以通常方式出现在该作品上，而我国采取的是“署名”二字，其中有学者将“署名”二字与署名权中的“标明作者身份”相联系进行解释[1]。但是此处的“署名”并不需要是表明作者身份的署名，只要是以通常方式在作品上出现的名字，就可以推定此名字所代表的主体为作者。如果作品上标注“©”然后接名字被认为是通常标明作者的惯例的话，那么“©”后所接的主体就是作者[2]。

同时，对于作品登记的效力问题，与工业产权需要登记才可以获得权利不同，著作权领域的登记在取得权利角度可以说是没有什么意义，并不因为没有进行登记，就不能就作品获得著作权保护。作品登记制度仅能作为著作权权利归属的初步证据，如在“邱茂庭（广州）餐饮管理有限公司与西安市莲湖区鹿角巷饮品店著作权权属纠纷”案［陕西省高级人民法院民事判决书（2020）陕民终 70 号］中就指出：原告虽提交了初步证据材料以证明其系著作权人，但现有相反证据材料证明第三人就类似涉案作品的发表时间早于原告，涉案作品的著作权权属尚不明确，故本案中原告提交的证明其系著作权人的证据不足。

现实中的确存在将不受著作权法保护的作品，利用作品登记仅进行形式审查的制度设计，在获得登记证书后对他人正当的行为发起侵权警告或提起诉讼的情况，这种行为若给他人正当行为带来损害的，可能会承担民事侵权责任，甚至是刑事责任。尽管现行著作权法中并没有专门针对此种行为的规定，但是并不意味着恶意维权者不需要承担法律责任，在一系列法律中均可以找到惩治此种“著作权蟑螂”的规定（如民法典中的侵权责任部分；电子商务法中的恶意发出错误通知的责任等）。

由于著作权因作品创作之日起自动产生，不管是否进行登记，都会存在权利人维权的活动，而其结果也存在构成侵权或不构成侵权两种。因此很难说权利人的维权行为就一定是非法的，相反，著作权法的制度设计反而是赋予权利人排他权，鼓励这种维权活动的。当然任何权利的行使均不能违反法律的规定，违反诚实信用的原则，恶意维权就有可能构成对他人正当权利的侵权。从这个意义上看，与是否登记、登记是否形式审查并不存在因果关系，而是著作权权利行使本身就会出现的问题。

我国的著作权登记除了计算机软件由中国版权保护中心统一进行登记之外，其他各类作品存在众多登记机关。各地版权登记机关间缺乏互通的数据体系，不利于对版权登记进行规范和管理。对此，有必要建立全国统一的著作权登记信息公示查询系统。当然即使建立了统一的登记及公告系统是否可以解决恶意投诉问题仍存疑问，因为恶意维权行为本身就是与知识产权在保护范围上存在不明确性的性质紧密相关的。特别是在比对检索等技术无法达到降低审查成本的前提下，对于登记机关减少恶意 / 假冒登记上还是不报很强的期待。更为有效的做法是针对利用登记证书恶意维权的行为给他人造成损失的情况下，给予比较严厉的处罚。

---

〔1〕王迁：《知识产权法教程》，中国人民大学出版社 2021 年版，第 212 页。

〔2〕华盖创意（北京）图像技术有限公司与哈尔滨正林软件开发有限责任公司侵害著作权纠纷提审案，最高人民法院民事判决书（2014）民提字第 57 号。

二、视为作者的特殊情形

我国《著作权法》在第 11 条中除规定创作作品的自然人是作者外，在满足一定要件时，将法人或者非法人组织也视为作者，即法人或非法人组织视为作者要求是由其主持、代表其意、并由其承担责任。也就是构成法人作品要求“主持创作”“代表意志”“承担责任”三个要件。一般认为法人作者应以雇佣关系下职务活动中形成的作品为限，并以法人作为作者的名义进行发表。这一概念继受了日本法的传统，也就是在很大程度上背离了大陆法系国家以“创作者主义”为原则，杂糅了英美法的理念。传统上认为属于大陆法系国家的日本也在其《著作权法》第 15 条中规定，基于法人等使用者的提议，从事该法人等使用者的业务的人，在履行职责时创作的作品，如果以法人等使用者的名义发表时，只要在作品创作完成时的合同或者就业规则中没有特别约定，则该法人等使用者视为著作权人。该条第 2 款进一步规定，如果从事法人等使用者业务的人创作的是计算机软件，则不管是否以法人名义发表，只要在创作完成时，合同或就业规则没有特别约定，则该法人等使用者视为著作权人。

当然从法人作品规定诞生伊始，对其存在的合理性就争议不断。法人作品的立法目的就在于：一方面出于促进法人投资的积极性，使得一些需要大量投资才有可能运营和生产的作品类型得以问世；另一方面更在于在大量自然人合力创新产生作品的过程中，对于外部作品的使用者来说，对于内部具体的分工与作品著作权的归属分配并不了解，在有些情况下，即使是内部实际参与创作的众多主体间也对于哪部分著作权归属于哪个主体并不清楚。这种情况下，可能出现两种情况：其一是不知道何者为著作权主体，进而无法获得许可；其二是即使了解何者是主体，但是由于作品整体上存在众多参与创作的主体，相互间就作品的归属形成了合作作品上的共有关系，在共有关系之下，即使有一个主体反对作品的某种市场化利用，也将使得整部作品无法有效利用。因此限制个别作者行使权利的一种法律拟制便是将权利的归属一元化地划归给法人主体，从而确保了作品在利用上的便捷。

当然，为了确保上述目的，在法律拟制的选择上可能并不需要采取法人作品的形式，因为从法律效果上看，法人作品的著作权完全归属于法人所有，作品的实际创作者丧失了包括署名权在内的著作人格权，此外，就单独的创作行为实际创作者并不享受任何评价这一创作价值的对价性质的奖励与报酬；更为严厉的是，即使法人和实际创作作品的自然人间因合同行为达成了对于作品著作权归属分配的合意的，也不能排除法人作品在著作权归属上直接适用的强制性规范。

在要件构成上，尽管规范上只表达了“组织创作”“代表意志”“承担责任”三个要件，但是其用词之宽泛则导致了不少批评，并强调应增加其他因素对其限制，而这些增加的因素中就包含法人作品构成要件中并没有明示的部分。

其中构成法人作品必须要求法人和自然人之间存在雇佣关系，而不是委托关系。二者相比来说，后者具有短期、单次、零散的特征，而前者雇佣关系具有长期、连续、稳定的特征。事实上通过对于司法实践的整理可以发现，大量的认定构成法人作品的情形都没有要求必须存在一个雇佣关系，而是可能仅要求存在一个劳务关系。例如，在“杨松云与日喀则地区行署修建灵塔办公室著作权纠纷案”［西藏日喀则地区中级人民法院（1995）日中民初字第07号；西藏自治区高级人民法院（1998）藏法民终字第2号］中均未涉及是否存在雇佣关系这一问题。而在最高人民法院驳回再审申请通知书［（2002）民三监字第1号］中提及“付出的劳务活动已经根据合同取得了相应的报酬”，但此处的“劳务活动”依据本案事实来看应为委托创作关系，当事人间不存在雇佣关系。但从对法人作品和委托作品的文义解释和体系解释，以及拟制法人作品的法政策角度，应当得出法人作品必须以雇佣关系为要件，非基于雇佣关系产生的非个人作品是委托作品的结论。从法人作品制度目的来看，主要是为了解决外部作品的使用者对于内部具体的分工与作品著作权的归属分配并不了解，在有些情况下，即使是内部实际参与创作的众多主体间也对于哪部分著作权归属于哪个主体并不清楚的情况，而委托外部主体创作的情况下，著作权法已经依据委托创作关系明确了著作权归属的主体关系，因此不会出现需要法人作品一元化集中权利归属的需要。当然也不排除即使不存在雇佣关系，外部的主体无法区分作品众多创作主体对于作品贡献部分的情形，因此也有例外的扩张适用法人作品的必要，但是这种情况仅限于极个别的情况。也就是基本可以说法人作品本身就不涉及雇佣关系下职务行为以外的主体创作行为。当然，此处的雇佣关系还应采取较为广义的解释，不因雇主是否为雇员缴纳了社会保险、是否为劳务派遣等而有所变化，更为重要的是法人与自然人之间是否存在劳动的指挥监督关系。

而对于“代表意志”要件来说，对“意志”要素不加以限定的话，任何法人在作品创作方面的指示都可以成为“法人意志”。而如何进行限定问题，只要是雇员依据职务行为从事了创作活动，就应该在法人的意志范围之内。即使雇员的创作没有受到雇主具体的指示，而是自发性地从事创作活动，只要是在职务范围之内，也应该认定为反映了法人的意志。

对于法人作品的第三个要件“承担责任”而言，在学说上并未给予充分的法解释，相反在有些学说上强调了三要件之外的要素，如认定是否属于法人作品，还可以看作品是否必须由法人署名，而不能由个人署名。如果客观上可以由实际创作者署名，则可以不认定为法人作品，只有实际创作者署名发表不能达到预期创作目的和实现预期社会效果的作品才应视为法人作品。

但是这种观点实际上混淆了署名行为与“承担责任”主体的关联，而仅仅表明了对于某些作品类型必须由法人署名，进而认定为法人作品。作为法人作品应予适用的典型情况，由秘书起草的讲话，以政府机关的名义由领导予以发布与出版，或由众多公务员撰写的白皮书等。这些以立法、司法、行政等国家政权机关名义发表的作品，的确属于只有实际创作者署名发表不能达到预期创作目的和实现预期社会效果的作品。雇员日常工作中制作的作品，尽管为法人所使用，但很难说署名实际创作者就不能达到社会效果，因此就认为这类作品不能构成法人作品。实际是何者主体署名应该作为判断的标准，而不是客观上谁署名能够产生作品预期的社会效果作为判断的标准。这样的话，实际是由法人署名，还是由自然人署名是一个关键的判断标准，这个标准直接可以关联到

“责任承担”要件。也就是只有署名的主体就是对于作品实际承担责任的主体。

从作为我国法人作品母法的日本法沿革来看，之所以要求法人作品必须由法人名义发表，否则就不能构成法人作品的原因就在于：最初日本存在出版规制法与版权法并存的现象，其中出版规制法中对于违法出版作品就是以发表名义来判断何者为出版法责任承担主体的。因此著作权法也受此影响将是否承担责任的判断转化为对于署谁的名，并表达了其为发表主体的判断作为法人作品的构成要件。对此主张在我国法人作品中“承担责任”的要件的解释应该以“以何者名义发表”为标准。

三、外国人、无国籍人作为著作权主体

作为知识产权的一种，著作权也遵循知识产权所共有的地域性特征。所谓地域性即知识产权只能依一国的法律产生，又只在其依法产生的地域内有效。将“地域性”作为知识产权的本质属性的理由在于知识产权问题往往与各国的经济利益密切联系，在世界各国经济、文化发展极不平衡的情况下，为维护本国的利益，各国在知识产权上并不承认实体上统一的世界性权利。知识产权的效力范围仅以各国领域范围为限，并不存在一国获得的权利跨地域适用的可能性，否则将干涉其他地域在知识产权问题上所采取的政策考量。原则上，就知识产权的保护，特别是权利产生的规范，各国仅在各国领域范围内通过内国法的适用而赋予权利，不可能存在适用外国法的情形。除条约中各国须履行的义务性规则外，各国可以自主地设置知识产权取得、丧失及变更所适用的实体与程序要件。

此时外国人或在外国创作的作品并不是天然因其创作行为就会获得在中国的著作权保护。是否获得保护取决于中国的国内法规定。在中国著作权相关法律中，明确了外国作品可以获得保护的条件，其中主要依据主体之标准，规定了：外国人、无国籍人的作品根据其作者所属国或者经常居住地国同中国签订的协议或者共同参加的国际条约享有的著作权，受本法保护。即使外国人或者无国籍人所属国或经常居住地国没有与中国签订协议或共同参加国际公约，如果其作品是首先在中国境内出版的也可以依据中国著作权法享有著作权。如果是首次在中国参加的国际条约的成员国出版的，或者在成员国和非成员国同时出版的，也受本法保护。其中首先在中国境内出版的外国人、无国籍人的作品，其著作权自首次出版之日起受保护。外国人、无国籍人的作品在中国境外首先出版后，30 日内在中国境内出版的，视为该作品同时在中国境内出版。

在依据作者身份为外国人或无国籍人之外，《实施国际著作权条约的规定》第 4 条中规定了不只是作者，著作权人或者著作权人之一是《伯尔尼公约》的成员国的国民或者在该条约的成员国有经常居所的作品，也可以获得我国著作权法的保护。

不过此处之“出版”具有固定的含义，依据《伯尔尼公约》之规定“已出版作品”一词指得到作者同意后出版的作品，而不论其复制件的制作方式如何，只要从这部作品的性质来看，复制件的发行方式能满足公众的合理需要。戏剧、音乐戏剧或电影作品的表演，音乐作品的演奏，文学作品的公开朗诵，文学或艺术作品的有线传播或广播，美术作品的展出和建筑作品的建造不构成出版。也就是该出版之范围仅限于作品有形载体

之流转，通过网络传播作品的行为不构成此处之出版。

四、合作作品特殊的归属规则

《著作权法》第 14 条中规定两人以上合作创作的作品为合作作品，其中又分为可分割的合作作品与不可分割的合作作品。其中分割与否的划分在比较法上具有一定的独特性，一般仅将不可分割的合作作品依据合作作品的规则予以处理。在合作作品上产生两个法律效果：其一就是产生著作权的共有，进而合作作者成为共有著作权人；其二就是对于合作作品著作权的保护期限是以最后死亡的作者死亡后第 50 年的 12 月 31 日为标准计算的。

在判断合作作品的构成要件中，特别强调“合作意图”。而“合作意图”中又包含两个方面的判断：其一是共同完成一个作品的意图；其二是互相认定对方为合作作品的合作者的意图[1]。即使双方存在共同完成一个作品的意图，但也不一定存在相互认定对方为这个作品的合作作者的意图。举例来说，《我的前半生》一书是爱新觉罗·溥仪的自传体作品，在该书的写作出版过程中，李文达根据组织的指派，曾帮助溥仪修改出书，李文达在该书的成书过程中付出了辛勤的劳动。对于李文达的贡献是否可以认为是与溥仪构成该书的合作作者？在“李淑贤诉王滢、李金酉、李金河、李海侵犯著作权纠纷案”（北京市高级人民法院民事判决书（1995）高知终字第 18 号）中法院的最终判断是：“《我的前半生》一书从修改到出版的整个过程都是在有关部门的组织下进行的，李文达是由组织指派帮助溥仪修改出书，故李文达与溥仪不存在合作创作的事实。《我的前半生》一书既是由溥仪署名，又是溥仪以第一人称叙述亲身经历为内容的自传体文学作品；该书的形式及内容均与溥仪个人身份联系在一起，它反映了溥仪思想改造的过程和成果，体现了溥仪的个人意志；该书的舆论评价和社会责任也由其个人承担；因此，根据该书写作的具体背景和有关情况，溥仪应是《我的前半生》一书的唯一作者。”从该判决中可以看出尽管存在溥仪与李文达共同创作一个作品的意图，但是从一系列事实来看，双方并未形成互相认定对方为该作品的合作作品的意图。

在《著作权法》中仅针对因合作创作而产生的合作作品上的共有著作权的权利行使问题进行了规定，其中区分了可分割使用的合作作品与不可分割使用的合作作品。在 2020 年《著作权法》修改前，对于前者，在《著作权法》第 13 条第 2 款中规定：作者对各自创作的部分可以单独享有著作权，但行使著作权时不得侵犯合作作品整体的著作权。对于后者，在《著作权法实施条例》第 9 条中规定：“合作作品不可以分割使用的，其著作权由各合作作者共同享有，通过协商一致行使；不能协商一致，又无正当理由的，任何一方不得阻止他方行使除转让以外的其他权利，但是所得收益应当合理分配给所有合作作者。”

2020 年修改后的《著作权法》中将《著作权法实施条例》第 9 条的规定纳入法条之中，但是区别在于并未将其规定限定在仅适用于不可分割的合作作品上。这在解释论上

---

〔1〕 崔国斌：《著作权法：原理与案例》，北京大学出版社 2014 年版，第 268 页。

存在不同的理解，即一种是尽管没有明确《著作权法》第 14 条第 2 款规定是合作作品的著作权的一般规定，但应仅适用于不可分割的合作作品，可分割的合作作品没有适用的余地；另一种则是认为可分割的合作作品也应该适用该规定。也就是需要协商一致，该协商为必经程序，在难以达成一致的情况下，反对达成合意的一方如果没有正当理由的，则不可以阻止除转让、专有许可、出质之外的其他利用方式，利用的一方应该向另一方进行收益分配。

司法实践中，《牡丹之歌》词作者为乔羽，曲作者为唐诃、吕远。被告使用《牡丹之歌》的曲谱，将歌词改为调侃北京城市道路状况的《五环之歌》，只保留了原词中的一个“啊”字，《五环之歌》被分别用作电影《煎饼侠》的主题曲等，原告获得了词作者乔羽对词作品和音乐作品著作权之共有权的授权，那么原告有权禁止被告使用《牡丹之歌》的曲配给其他词使用吗？在京津两地法院就“五环之歌”案判决中存在不同的认识，其中在“北京众得文化传播有限公司、万达影视传媒有限公司侵害作品改编权纠纷再审案”［天津市高级人民法院民事裁定书（2020）津民申 351 号］中天津法院认为：被告仅使用了曲调，与词作者无关，因此并不侵犯词作者的著作权，而应由曲作者主张其歌曲的著作权；在“北京众得文化传播有限公司与岳龙刚等著作权权属、侵权纠纷再审案”［北京知识产权法院民事裁定书（2019）京 73 民申 11 号］中北京的法院虽认为被告的行为侵犯了歌曲整体的著作权，但原告仅获得了词作者的授权，因此无权单独主张歌曲整体的著作权，而应与曲权利人共同主张。作为可分割的合作作品，以“词”和“曲”构成的歌曲是典型的例子。其中应该认为在“词”和“曲”的著作权之外，还存在一个“歌曲整体”的著作权。而歌曲整体的著作权行使规则应该按照《著作权法》第 14 条第 2 款的规则予以处理。可分割合作作品的特殊性体现在各组成部分还可以单独利用的情形，如“词”可以独立的出版诗集；“曲”也可以出版演奏用的歌谱。但是歌曲整体利用的时候均需要按照协商等程序处理。问题的争议点在于：如果不使用原歌词，替换为其他歌词演奏的话，这种情况事实上仍属于对于“歌曲”的整体利用，不属于各组成部分独立利用的情形。比较难以处理的是：如果仅演奏曲调，完全不涉及歌词的使用，如播放背景音乐的时候，是否还按照协商等程序处理。这需要根据各种可分割合作作品的情况予以处理，在单独利用曲调的情况下，对于听到该曲调的公众仍然形成的是歌曲整体的享受时，应该认为仍应该按照协商等程序处理。此外，对于第三人未经任何主体的许可而使用合作作品的，由于属于民法上的维护共有物的行为，因此不需经过协商等程序，任何合作作者均可独立的行使著作权，在这一点上“五环之歌”案北京法院判决的认定存在一定问题，应该支持获得词作者许可的原告提起侵权诉讼。

五、视听作品特殊的归属规则

在 2020 年《著作权法》修改中将原“电影作品和以类似摄制电影的方法创作的作品”改为“视听作品”，并进一步将“视听作品”分为“电影、电视剧作品”和“其他视听作品”两类来确定权利归属。对于前者没有规定电影、电视剧作品与制作者之间可以就其归属进行约定；而后者则是可以双方约定规定，没有约定或约定不明由制作者享有。这种区别的意义在于，对“电影、电视剧作品”的归属除作者的署名权外，全部归属制作者享有的规定是一种所谓“强制法”，不允许当事人通过合意进行改变。对此在“武汉传奇人影视艺术有限公司与北京登峰国际文化传播有限公司侵害作品改编权及不正当竞争纠纷案”［北京知识产权法院民事判决书（2020）京 73 民终 147 号］中则持否定性观点，即“判断电影作品著作权归属的逻辑应当是在有约定的情况下从其约定，没有约定和相反证明的情况下由制片者享有”。

对此问题，在 2020 年修改之后的《著作权法》下，特别强调了“电影、电视剧作品”和“其他视听作品”在归属规则上的区别，在新法的适用上应该不会存在通过任意法变更强制法的情形。也就是参与电影、电视剧创作的相关主体就其归属的约定与安排不应与认定为“制作者”后将其确定为原始归属的规定相违背。只有“制作者”才可以通过之后转让等合意使得他人继受取得著作权。与此相对照，“其他视听作品”就可以优先通过约定来安排权利的原始归属，但这种做法也会产生问题，即第三人如果想要获得视听作品的许可的话，只征得制作者的许可，并不意味着能够排除侵权的风险。由于制作者和其他视听作品的作者间就其归属的约定并不存在公示手段，因此很可能存在其他主体作为共有著作权人针对一方的许可行为提起诉讼。如果要完全排除这种风险，第三人需要获得其他视听作品的所有作者的许可，才可以安心投资，这也给这类视听作品的市场化增添了更多的成本。

那么从原理上看，为何要对视听作品采取特殊的权利归属规则呢？一般作品的著作权归属都是以作者为著作权人，即遵循著作权法上的“创作人主义”。但是视听作品的著作权归属是“创作人主义”的例外，当电影作品的作者承诺参与电影作品制作后，电影作品的著作权人就是电影制片人，而不是由电影作品的作者自然的依据“创作人主义”成为电影作品的著作权人。本条的立法宗旨就在于：从现实情况看，电影作品的作者与电影制片人一般都会签订关于电影作品著作权利用相关的合同，从而就电影作品的著作权归属进行约定，进而使得电影作品的著作权人为电影制片人。而即使没有上述约定，立法上考虑到电影制片人往往对于电影作品的摄制投入巨额资金，为了鼓励这种将资金投入电影作品的创作活动，降低电影作品利用过程中由于参与主体过多导致的权利错综复杂化，故而将电影作品的著作权归属于电影制片人。

六、职务作品特殊的归属规则

在 2020 年《著作权法》修改之前，对于职务作品区分存在两种情况，分别规定了其著作权归属，对于主要是利用法人或其他组织的物质技术条件创作，并由法人或其他组织承担责任的工程设计图、产品设计图、地图、计算机软件等职务作品，以及法律、行政法规规定或者合同约定著作权由法人或者其他组织享有的职务作品，创作作品的自然人只享有署名权，著作权的其他权利由单位享有；而对于其他职务作品，著作权由作者享有。之所以将作品类型限定在工程设计图等作品之上，主要是因为这些作品与实际创作作品的自然人人格利益相关较为稀松，更多的是依靠雇主提供的物质资料条件或工作任务。而对于其他作者享有较高自主创作空间的作品，则并不按照特殊职务作品的归属规则予以处理。

也就是在修法前，对于特殊职务作品，并不存在“报社、期刊社、通讯社、广播电台、电视台工作人员创作的职务作品”的类别。例如，新华社记者拍摄的党和国家领导人照片的著作权归属应如何处理的问题，报社等对于工作人员的职务创作除非按照法人作品处理，否则只能视为普通的职务作品，著作权由实际创作的工作人员享有，报社等仅能在其业务范围内优先使用。针对此种情况，2020 年修改后的《著作权法》新增了一类特殊职务作品，即报社、期刊社、通讯社、广播电台、电视台工作人员创作的职务作品，除署名权外其他权利归工作单位享有。

由于职务作品区分为普通的职务作品与特殊的职务作品两类，两类在权利归属上存在较大的区别，因此如何解释特殊职务作品的构成要件成了十分重要的法律问题。在小学老师为完成教学任务而撰写的教案的权利归属案件［高某娅诉重庆市南岸区四公里小学校著作权纠纷案（重庆市第一中级人民法院民事判决书（2005）渝一中民初字第 603 号）］中，学校主张教案构成特殊的职务作品，但是法院认为：虽然原告创作涉案的教案职务作品利用了被告一定的物质技术条件（如空白教案本等），但并不是主要地利用了被告的物质技术条件，而且涉案的教案职务作品也不是由被告承担著作权法律责任。因此，涉案的教案作品应当属于一般职务作品，著作权由作者享有，但被告小学有权在其业务范围内优先使用。也就是在解释特殊职务作品中的“主要利用单位的物质技术条件”时应严格解释，同时对于所涉及的作品类别，尽管条文中在列举的工程设计图等之后存在“等”字，但对其解释也应该采取限缩解释的模式，不应该将其扩展到作者具有很大发挥空间展示各个人格的其他作品类别。以此类推，大学老师为完成科研任务而撰写的学术论文亦属于普通的职务作品。

七、委托作品特殊的归属规则

《著作权法》第 19 条中特别对于委托作品的归属问题进行了规定。其中对于委托作品来说，著作权的归属由委托人和受托人通过合同约定。而该规定存在很多值得争论之处。首先这种约定是决定委托作品原始归属的约定，还是继受取得的约定，这在文义上是不明确的。如果认为是前者的话，那么如果存在约定的话，包括著作人格权在内的著作权都会原始性的归属于委托者。如果认为是后者的话，那么原始归属仍然是受托人（可能是自然人也可能是法人），委托人只是根据合同转让了著作权，而这里的著作权仅可能包括著作财产权，因为根据著作人格权的法理论，其具有专属性，并不能够转让。这样的话，就不会出现雇枪手代笔，最终连署名权也归属于委托人的情况出现。

从《著作权法》第 19 条的后半句来看，合同未作明确规定或没有订立合同的，著作权属于受托人。这似乎也很难读出确定的含义。但是如果采取继受取得的观点的话，似乎《著作权法》第 19 条本身就毫无意义了。因为委托作品的归属并没有任何不同于处理著作权权属规则的特殊性。实际创作作品的自然人或被视为作者的法人都是作品的著作权原始归属主体，不管该作品的产生是建立在委托关系下，还是自发创作的。而委托关系仅仅是著作权转让合同的一种，适用著作权转让合同的一般规则以及对于合同解释的一般规则处理继受取得的问题。因此很多观点强调委托作品的特殊性，特别是为了使《著作权法》第 19 条具有独立的规范意义，即在法人作品、职务作品、视听作品等之外在著作权原始归属上创设了新的规则，即通过合同可以改变原始归属的分配。

第四节　著作权的内容

一、著作权自动产生原则

《伯尔尼公约》第 5 条第 2 款规定了作为各缔约国条约义务的自动保护原则，即对于《伯尔尼公约》项下保护的权利的享有及行使，起源国以外的缔约国不能对非本国作品科予任何手续要求。与以专利权为代表的保护工业产权的《巴黎公约》的履行登记等相关手续相比，《伯尔尼公约》的缔约国至少应对起源于其他缔约国的作品适用无手续的自动保护原则。

尽管“无手续原则”在当今成为具有普遍约束力的国际义务规定，但是从历史演变的角度看，著作权的国际保护却经历了从“手续原则”到“无手续的自动保护原则”的转变。从起源于英国《安妮法案》的版权制度开始，就要求以向书商行会登记及寄存作品的复制件作为在侵权诉讼中请求法定恢复原状和损害赔偿的前提条件。到 1886 年为止，几乎各国都存在作品寄存、登记或宣言的实践，唯一不同的是诸多手续所导致的“失权”效果有所不同。有的认为不履行手续要求，作品将进入公共领域；有的认为手续仅是权利行使的要件，在满足手续要求后即可行使权利。

最为彻底地废除登记手续的是英国。英国为了履行 1908 年《伯尔尼公约》巴黎修订公约的要求，在 1911 年的版权法中全面废除了登记制度，在上述修订后直到现在，英国版权法中都不存在登记制度。日本在现行著作权法中对于著作权登记行为赋予了一定的宣告及推定性法律效果，例如对于真实姓名的登记可以推定为匿名或假名作品的作者（第 75 条）以及享受公开时起 50 年的保护期限（第 52 条第 1 款）；对于计算机软件的创作年月日的登记推定为著作权法意义上的创作年、月、日（第 76 条之二）；著作权的转移和处分权的限制，以著作权为对象的质权的设定、转移、变更及取消和处分权的限制，若未进行登记，不能对抗第三人（第 77 条），对于出版权的登记也作出了同样的规定（第 88 条）。

而美国至今仍在国内版权法中保留着较为严格的手续要求。1988 年美国成为伯尔尼公约第 80 个加盟国，在加入伯尔尼公约前，包括登记、版权表示、寄存在内，美国版权法上对于版权保护科予了诸多手续要求。若不满足所定的手续的话，将导致丧失版权的后果。但是因为违反手续要求而丧失版权的规定，在旧法下并不适用于外国作品。因此，就算依据旧法的规定也并不与《伯尔尼公约》第 5 条第 2 款对于无手续主义的要求相抵触。尽管如此，在 1976 年美国版权法改正时也对国内作品将作为版权有效要件的登记制度予以废除。美国在加入《伯尔尼公约》时采取了“最少变动”的立法模式，即仅将明显与《伯尔尼公约》相抵触的部分进行了修改，包括：（1）尽管存在作品最初发行起5年以内需要登记的条件，但是登记证明书仅作为版权有效性与登记记载事项的初步证明。此外，法定损害赔偿与律师费的请求作为诉讼开始的条件必须经过登记才能请求。由于该要件仅施加于作为某些特殊的赔偿手续的条件，而不是针对实际发生的损害的请求所施加的条件，所以并不认为是违反《伯尔尼公约》。（2）以其他《伯尔尼公约》加盟国为本源国的作品，并不要求登记作为侵权诉讼提起的要件。但是对于美国国内的作品，登记作为提起诉讼的要件。（3）为了解决二重转让导致的受让人权利的先后关系问题，维持了转移登记制度。（4）向联邦国会图书馆的强制寄存制度，因为不履行寄存义务并不导致丧失版权，所以并不违反《伯尔尼公约》。该制度仅适用于美国国内作品，并不适用于外国作品。

二、著作人身权的具体内容及其保护

我国著作权法上所称之“著作人身权”，在国际公约及比较法上一般称之为“精神权利”。在有关精神权利保护的《伯尔尼公约》中，对于署名权与保持作品完整权，其第6条之二规定：不受作者的经济权利影响，甚至在上述权利转让后，作者仍有权请求就作品确认其作者身份，以及反对任何曲解、割裂或以其他方式篡改该作品，或与该作品有关的可能损害其荣誉或名誉的其他毁损行为。作为国际上的最低标准，《伯尔尼公约》成员国均应在其国内法中满足对于精神权利的保护程度。

在我国著作权法中明确规定了署名权、发表权、保持作品完整性权和修改权四种，以下分别进行解读。

（一）署名权

《著作权法》第10条第1款第2项之署名权是指：标明作者身份，在作品上署名的权利。其中特别强调了“在作品上”。那么何谓“在作品上”呢？在近期司法实践中出现的电影宣传海报上未署编剧名是否构成对编剧署名权的侵害问题上[1]，存在正反相对立的两种观点。认为构成编剧署名权侵害的观点指出：影视剧的宣传海报，虽然不是以著作权法定利用行为的方式实际利用作品，但却属于这些利用行为的准备或者预备行为，应当作为实际利用作品行为的一环处理。作为实际利用作品行为的一环，虽然由于海报有限空间，无法给所有参与影视剧创作的所有作者署名，但无论如何也不能不给

〔1〕 在蒋胜男与王小平、东阳市乐视花儿影视文化有限公司著作权侵权纠纷案［浙江省温州市中级人民法院民事判决书（2017）浙03民终351号］中，蒋胜男主张，花儿影视公司等在部分海报、片花上未载明“根据蒋胜男《芈月传》同名小说改编”及未署名蒋胜男编剧身份的行为侵犯其署名权。法院认为，署名权的行使应以作品为载体。海报和片花既不是电视剧作品本身，其目的和功能也并非表明作者身份，且花儿影视公司已经在《芈月传》电视剧的片头、宣传册和部分海报上载明“本剧根据蒋胜男同名小说改编”及蒋胜男的编剧身份，因此花儿影视公司并未侵害蒋胜男的署名权。

分别排名第一和第二顺位的编剧、导演署名[1]。认为不构成编剧署名权侵害的观点指出：著作权法意义上作者的“署名”只能针对特定的“作品”，即在作品上的署名[2]。更有观点认为仅在著作权法意义上的作品使用行为中才涉及侵害署名权[3]。

署名权中的“在作品上”要件显然指的是在作品的有形或无形的载体之上，如果不是在作品的有形或无形载体之上，就不满足“在作品上”的要件。此外“在作品上”是否必然要求是在作者创作的作品之上仍有一定的疑问？如果要求一定在作者所创作的作品之上，那么电影海报作为美术作品，编剧并不是该美术作品的作者，而是作为视听作品的作者，因此编剧并不享有在作为美术作品上的署名权，也就无所谓在海报上不署编剧名会构成侵犯编剧署名权的问题了。如果并不要求一定在作者所创作的作品上，而是在任何作品上都需要表明作者身份，那么就有可能涉及在海报上不属编剧名侵犯编剧署名权的问题。

至于是否重要限定在著作权法意义上作品的法定利用行为的过程中呢？笔者认为，我国著作权法中并未存在这样的要件，也就是作品公之于众的过程中存在的任何行为都可以构成对署名权的侵害，而并不需要一一探究作品的利用行为是哪一种具体的法定利用行为。也就是在署名权侵权的判断中指出只要将作品向公众提供或提示即满足要求，并不需要实施了著作权法中的作品利用行为。

即使在解释“在作品上”时并不要求一定在作者所创作的作品上，而是在任何作品上都需要表明作者身份，署名权的行使也受到一定的制约。受使用方式以及行业管理的限制，如果未在作品上标注作者名称，原则上并不应该一味强行或刻意要求他人标注作者姓名等信息。当然在电影市场，作为非常重要的创作者之一的编剧群体，是否形成了必须在电影海报上标注编剧姓名的惯例仍值得进一步考证，毕竟作为众多相关方参与的作品类别，全部标注所有视听作品的作者也是不现实的。

“在作品上”要件的另一争议是未经他人许可在自行创作的美术作品上署他人的名字是否侵犯署名权？[4]在1990年的《著作权法》中就规定了“制作、出售假冒他人署名的美术作品的”，应当根据情况，承担停止侵害、消除影响、公开赔礼道歉、赔偿损

---

〔1〕 李扬：《为什么宣传物料不署编剧名侵害其署名权》，载微信公众号“李扬知产”2021年6月13日，https://mp.weixin.qq.com/s/2cciOtUdpQN7Qgnyo6225A。

〔2〕 王迁：《“署名”三辩——兼评“安顺地戏案”等近期案例》，载《法学家》2012年第1期。

〔3〕 董文涛：《电影海报与署名权——兼评〈爵迹〉电影海报争议》，载《中国版权》2016年第6期。

〔4〕 对于美术作品，在吴冠中诉上海朵云轩与香港永成古玩拍卖有限公司案［上海市高级人民法院（1995）沪高民终（知）字第48号民事判决书］中，被告拍卖了署名“吴冠中”并载有“炮打司令部”字样的《毛泽东肖像》画一幅，吴冠中认为此画系伪作，起诉被告侵犯其署名权。法院认为：公民的署名权受到法律保护，同时，法律禁止制作、出售假冒他人署名的美术作品。根据现有证据证明，本案系争的《毛泽东肖像》画，落款非吴冠中署名，是一幅假冒吴冠中署名的美术作品。朵云轩与香港永成古玩拍卖有限公司在依协议联合主办的拍卖活动中公开拍卖了假冒吴冠中亲笔署名的美术作品，共同构成了对吴冠中著作权的侵害。该案判决中认定了“制作、出售假冒他人署名的美术作品的”属于侵犯署名权。对于文字作品，在黄华国诉中国纺织出版社和世纪慧泉文化公司案（北京市第二中级人民法院（2010）二中民终字第05274号民事判决书）中，二审法院明确认定：中国纺织出版社和世纪慧泉文化公司确系未经黄华国许可，在其出版的非黄华国创作的涉案图书上署名黄华国为作者，已构成对黄华国署名权的侵犯。

失等民事责任，并可以由著作权行政管理部门给予没收非法所得、罚款等行政处罚（第46条第7项）。而在现行著作权法中不再将其限定于“美术作品”而是涵盖了所有作品类别。

对于司法实践中从“署名权”的角度理解“假冒他人署名的作品”的规定，学界指出了其违反逻辑之处[1]。作为作者所享有的精神权利一种的“署名权”，必然存在于作品之上。而作品必须于作者建立因创作行为而产生实际联系的关系之中。如果作者没有实际创作作品，那么作者因作品而产生的精神上与经济上的联系则无异于空中楼阁，也将不复存在。在吴冠中诉上海朵云轩案中，《炮打司令部》并非吴冠中所创作，因此，吴冠中本就不享有在该画作上署名，或阻止他人在该画作上署他人名的权利。因此该案显然侵犯的并不是“署名权”，而是阻止他人利用吴冠中的姓名、声誉而谋取不正当利益的行为。对于非本人创作却署本人姓名的行为事实上与著作权并无多少关系。从我国《著作权法》的立法意图来看，是以特别法的形式，加大了对美术作品的市场管理和对画家姓名权的保护，加大了对制作、销售假冒他人署名的美术作品行为的打击力度。

（二）发表权

发表权是指决定作品是否公之于众的权利（《著作权法》第10条第1款第1项）。其中“公之于众”是指著作权人自行或者经著作权人许可将作品向不特定的人公开，但不以公众知晓为构成条件。

根据上述定义，可以发现：发表权的客体为尚未公之于众的作品；业已公之于众的作品就不再构成发表权的客体。同时也应该包含未经作者同意而发表的作品。对此点，有学者对于司法解释中将“公之于众”限定为“著作权人自行或者经著作权人许可”提出了质疑[2]。在此定义下，未经作者同意的发表行为不会构成“公之于众”，而侵犯发表权的要件就是未经作者同意的将作品公之于众，这样，任何未经作者同意的发表都不会构成发表权的侵害。这种立法逻辑疏漏应该予以纠正。

发表行为是指以发行、表演、放映、向公众传播、朗诵、展览等方式向不特定主体，或特定多数主体所进行的披露，以使其具备为公众知晓的可能性。这样对于特定少数的主体所进行的发表行为，并不构成公之于众。如作家将小说投稿给编辑部进行审查，即使需要提交若干份复制件，但是由于是面向特定的少数主体，因此不构成发表行为。

发表权的行使具有典型的一次用尽特征，一旦经作者同意而将作品公之于众后，发表权即已消灭，对于作品后续可能存在的“发表”行为，只能行使相对应的著作财产权，而不再享有发表权。

对于作者是否同意的判断，可以通过推定的形式予以证明，当然由于是推定，在作者有其他明确意思表达时可以推翻该推定。首先，依据《著作权法实施条例》第17条的规定，作者生前未发表的作品，如果作者未明确表示不发表，作者死亡后50年内，

---

〔1〕王迁：《“署名”三辨——兼评“安顺地戏案”等近期案例》，载《法学家》2012年第1期。

〔2〕王迁：《知识产权法教程》，中国人民大学出版社2021年版，第149页。

其发表权可由继承人或者受遗赠人行使。也就是在作者没有明确表达不发表意图之时，推定继承人等就发表与否的意志可以代表作者的意志。其次，在 2020 年《著作权法》修改中增加了第 20 条第 2 款的规定，即作者将未发表的美术、摄影作品的原件所有权转让给他人的，受让人展览该原件不构成对作者发表权的侵犯。也就是推定作者同意受让人以展览该原件的方式使得作品公之于众。原《著作权法》第 18 条规定：美术等作品原件所有权的转移，不视为作品著作权的转移，但美术作品原件的展览权由原件所有人享有。由于“等”字存在，在美术作品之外，比如文字作品的手稿，作者将手稿转让给他人，并不推定他人享有发表权。对于尚未发表的手稿，原件所有权人仍无权进行展览等发表行为，即使文字作品上并不存在展览权。但是对于美术作品，则存在一定争议。如果美术作品的展览权由原件所有人享有意味着原件所有人得自行或授权他人行使展览权的话，那么对于尚未发表的美术作品而言，行使展览权则意味着侵犯发表权。如果为了使美术作品原件所有人得以行使展览权，则只能推定作者同意作品以展览方式公之于众。在著作权法修改后明确地采取了后一种解释方法，使得旧法下的争议得以圆满解决。除了以上两种明确的推定外，其他对于将作品公之于众的行为均需要存在作者明确的意思表示。

但事实上，尚存在多种情况需要推定作者具有公之于众的意思表示。举例来说，作者将未发表之作品的著作权转让给他人时；作者同意将其未发表制作品拍摄成视听作品时；作者授权他人利用其未发表作品时[1]；还有依据《政府信息公开条例》而公开他人未发表作品时。这些方面仍需要下一步立法的进一步完善。

司法实践中，某拍卖公司发布已故著名学者某甲与某乙之间来往书信手稿的拍卖公告，称其即将进行该书信的拍卖。该某甲的遗孀向法院提起请求要求法院责令拍卖公司与某乙立即停止公开拍卖、公开展览、公开宣传私人信件［杨季康与中贸圣佳国际拍卖有限公司、李国强诉前行为保全案（北京市第二中级人民法院民事裁定书（2013）二中保字第 9727 号）］。该案中，某甲与某乙之间的通信，尽管是作者自行从事的行为，但是由于针对的是特定少数的对象，因此不构成发表行为，作品仍处于尚未发表的状态。某甲去世后推定其继承人可以就发表与否代表作者行使发表权，因此针对书信原件即将因拍卖而被公开展览的行为可以行使发表权。当然，本案所涉及的书信并不是印刷体的书信，也就是说，本案作品既是文字作品也因为名人的手书可能构成美术作品。在文字作品的侧面，并不因通信（假定通信后书信载体的所有权转移给了收信人，这在民法上也不无争议）导致著作权转移给受让人。而在美术作品的侧面，在发信的同时，某甲并没有明确表达不能公之于众，因此在新法下推定某乙及拍卖公司公开展览的行为并不侵犯发表权。

（三）保持作品完整性权

《著作权法》中的保持作品完整性权主要是指著作权人所享有的保护作品不受歪曲、篡改的权利。现实中主要的争议就在于在作者将其著作财产权转让给他人后，对其合法

〔1〕 王迁：《知识产权法教程》，中国人民大学出版社 2021 年版，第 151 页。

的改编行为是否侵犯原作者的保护作品完整权？未经许可改编他人作品可能同时侵犯著作财产权中的改编权与著作人格权中的保持作品完整性权。如果其中一种权利由权利人的许可或《著作权法》中的限制与例外制度而不构成侵权，那么会不会影响另一种权利侵权与否的判断呢？事实上，由于两者的立法宗旨完全不同，应该独立地进行判断。即使作者（即著作权人的情况下）许可他人行使改编权，也并不意味着他人的行为就不会构成对于保持作品完整性权的侵权。

在“天下霸唱诉九层妖塔侵权案”［北京知识产权法院民事判决书（2016）京73民终587号］中，作者已将小说的改编权转让给他人摄制电影作品，但之后作者又认为电影歪曲、篡改了原著小说。对此，一审法院认为，在作者将其著作财产权转让给他人后，在判断合法改编行为是否侵犯保护作品完整权时，不能简单依据是否违背作者在原作品中表达的意愿这一主观标准，而应当重点考虑改编后的作品是否损害了原作品作者的声誉。本案证据不足以证明原告社会评价降低、声誉受到损害；而二审法院判决认为作者的名誉、声誉是否受损并不是认定侵害保护作品完整权的要件。改编权无法涵盖保护作品完整权所保护的利益。涉案电影的改动是对涉案小说主要人物设定、故事背景等核心表达要素的大幅度改动，对作者在原作品中表达的观点和情感做了本质上的改变，超出了必要限度，导致作者在原作品中要表达的思想情感被曲解，因而构成了对原作品的歪曲、篡改。

两级法院判决的主要区别在于如何理解保持作品完整性权的构成要件。在《伯尔尼公约》中对于保持作品完整性权的构成要件中包含“可能对作者的声誉造成损害”。其中对于对作者的声誉造成损害主要是指社会客观性的评价，也就是对作者名誉的评价是否降低。而二审法院则指出我国《著作权法》中在保持作品完整性权的定义中并不存在“可能对作者的声誉造成损害”的要件，应该考察是否对作者在原作品中表达的观点和情感做了本质上的改变。

对此，从文化产业的发展以及促进投资的角度看，如果对于保持作品完整权给予较强的保护，特别是采取作者主观主义的标准，即只要作者认为本人的情感受到了打击，或演绎作品歪曲了其所要表达的原意就构成侵权的话，将使得文化产业的投资欲望降低。因此有必要思考采取较为客观的标准，即衡量是否客观上损害了作者的声誉〔1〕。

（四）修改权

在《著作权法》中的修改权是与署名权、发表权与保持作品完整性权相并列的著作人身权的一种。指作者所享有的修改或者授权他人修改作品的权利。根据参与立法者的解释，规定“修改权”的目的是：“一是因为要更好地反映作者的意志，二是随着客观事物的变化，人的思想、认识也在不断变化，作者也需要对某些作品作出符合实际的修改。作者不但享有作品产生的权益，也对作品产生的社会效果和责任负责。因此作者应有修改权。”〔2〕

〔1〕 管育鹰：《保护作品完整权之歪曲篡改的理解与判定》，载《知识产权》2019年第10期。

〔2〕 胡康生主编：《中华人民共和国著作权法释义》，法律出版社2002年版。

从著作人身权意义上看，有学者指出修改权应从撤回权的意义予以理解，即作者创作完成后，将著作权许可或转让给他人，或者将作品的原件所有权移转给他人。此后，作者的思想、情感或观点发生变化，希望修改作品，但著作权的被许可人、受让人或作品原件所有人拒绝作者的修改请求。此时，作者的修改自由因为第三人利益的介入而受到制约，已经不可能不受干涉地行使修改自由，故而需要法律进行特别规范。只有在这种情况下，修改权的存在才有意义。因此，修改权与保持作品完整权并不是从正反两个角度对于同一权利内容作出的规定，而是区别于保持作品完整性权，修改权有其独立的规范适用领域。著作权一般都是从禁用权即排他权的角度去理解的，从修改权的表述来说恰恰是从利用权的角度来表述的，这并不是说著作权就是利用权，而是说当著作权人的修改和既有许可合同中第三人的利益相冲突时，出于人身权的考虑使得作者的人格理应优先于合同利益，因此修改权的创设是从著作人身权角度予以理解的。

而在《计算机软件保护条例》中对于计算机软件并未规定保持作品完整性权，而仅规定了修改权。即对软件进行增补、删节，或者改变指令、语句顺序的权利（第 8 条第 3 款）。由于作为功能性作品，计算机软件本身与作者的人格关联性就比较低，因此并未赋予其除署名权与发表权之外的人格权利是可以理解的。此处的修改权也并不是从著作人身权的角度予以理解的，从其定义上看，更像是作为经济权利的演绎权。也就是计算机软件的著作权人享有禁止他人未经许可的对于软件进行增补、删节，或者改变指令、语句顺序的权利。

对于何种行为构成对于计算机程序修改权的侵害，王迁教授曾指出：只有“代码化指令序列”才构成受保护的计算机程序，因此不修改“代码化指令序列”，仅修改被“代码化指令”所调用的数据，并不构成对“修改权”的侵权。用户为改进软件性能和功能而利用“修改工具”在软件“运行过程中”对软件运行结果进行改动，不构成侵权行为。制作并提供“修改工具”者只要未提供修改后的软件，也未教唆或帮助直接侵权，其行为并不直接或间接侵犯“修改权”。王迁教授进而在计算机软件的修改权构成与否的判断标准上提出了“动态修改”和“静态修改”的概念。他认为修改游戏程序运行中产生的数据不构成对游戏程序的“修改”。[1]

三、著作财产权的具体内容及其保护

著作财产权依著作权法之规定，从第 10 条第 1 款第 5—16 项依次予以罗列。本书在著作财产权的分类上采取四分法，从而将《著作权法》中罗列的专有权利予以体系化。即第一种是围绕“复制权”建立的权利体系，也就是作品有形或无形的再现而产生复制件的过程，以及针对作品有形载体的原件或复制件而在流转中产生的权利（发行权、出租权）；第二种是作品的无形形式在某一空间向公众传播，具体包括展览权、表演权和放映权以及我国《著作权法》中广播权的后半段“通过扩音器或者其他传送符号、声音、图像的类似工具向公众传播”的规定；第三种是作品的无形形式跨越某一空间向公众传

〔1〕 王迁：《论软件作品修改权——兼评“彩虹显案”等近期案例》，载《法学家》2013 年第 1 期。

播，其中单向性的为广播权，交互性的为信息网络传播权；第四种则为以原作品为基础对之后演绎活动的排他权。

此外值得注意的是，我国《著作权法》中对于著作财产权采取的并不是仅提供一个封闭式的权利清单，而是存在开放性的条款，即第 10 条第 1 款第 17 项中规定著作权人享有应当由其享有的其他权利。对于该项规定的适用，在 2020 年著作权法修改之前，由于“定时播放”“非交互式传播”等行为[1]，处于既不能受信息网络传播权调整，又不能受广播权调整的状态，但我国仍应承担规制上述行为的责任从而达到 WCT 第 8 条要求的保护效果，因此只能通过适用第 10 条第 1 款第 17 项之兜底条款的规定。此种情况下对于兜底性条款的适用具有正当性。不过在“完美世界控股集团有限公司、国家知识产权局与上海游奇网络有限公司商标权无效宣告请求行政纠纷案”［最高人民法院行政判决书（2021）最高法行再 254 号］中指出著作权法第 10 条第 1 款第 17 项规定的“应当由著作权人享有的其他权利”，表明在第 1 款明确列举的 16 项权利之外，著作权人还享有其他法律赋予的权利，未列举的不等于著作权人没有这些权利。《最高人民法院关于审理商标授权确权行政案件若干问题的规定》将符合特定条件的“作品名称、作品中的角色名称等”纳入“在先权利”给予保护，并非在著作权法等法律之外创设了新的权益。对此判决将“葵花宝典”四字所涉及的“商品化权益”也纳入著作权人应该享有的其他权利的范围之内，存在较大争议。众所周知，对于一些四字短语来说，无论是否是臆造的词汇，即使该词汇在人类历史上从未出现过，某人独立创造了这个词汇，在著作权法意义上都不能被评价为作品，典型的如“五朵金花”“娃哈哈”等。不能够评价为作品，就不能够享受著作权法的保护。但是在本案判旨中却认为“葵花宝典”可以作为小说作品中的一部分，小说作品的著作权人可以就其享有“其他权利”，且该直接权利在本案中可以包含阻却在后商标注册的权利。

（一）作品的再现与有形载体流通

1. 复制权

复制权作为著作权人享有的最基本权利，早已为各国立法所规制。伴随着科技的发展，“复制”的含义也在不断变化，即传统著作权法中的“复制”必须将作品内容持续地再现于有形载体，以供眼见耳闻、复制传播。若仅是单纯地再现作品内容，而未透过

[1] 如在安乐影片有限公司诉北京时越网络技术有限公司等侵犯著作权纠纷案［北京市第二中级人民法院民事判决书（2008）二中民初字第 10396 号］中，被告在其经营的网站上向公众提供影片《霍元甲》的定时在线播放服务和定时录制服务，使网络用户可以在该网站确定的时间和用户选定的计算机终端上观看和下载涉案影片，法院经审理认为“著作权中通过有线或无线方式按照事先安排之时间表向公众传播、提供作品的定时在线播放、下载、传播的权利”只能包含在《著作权法》第 10 条第 1 款第 17 项规定的“兜底权利”之中。在央视国际网络有限公司诉上海聚力传媒技术有限公司著作权侵权纠纷案［上海市浦东新区人民法院民事判决书（2013）浦民三（知）初字第 241 号］中，央视网络有限公司发现被告上海聚力公司在其网站“PPTV.com”上通过网络直播了中央电视台享有版权的“2012 年伦敦奥运会开幕式”节目。原告认为被告侵犯了中央电视台授权给其的通过信息网络向公众传播、广播（包括但不限于实时转播或延时转播）的权利并诉至法院。法院认定聚力定时转播开幕式的行为属于“非交互式”传播行为，“不能由《著作权法》第十条第一款所明确列举的其他财产权所调整，故应当适用《著作权法》第十条第一款第（十七）项进行调整”。

有形载体展现，则可能构成其他类型的排他权，例如表演、朗诵、放映、广播、向公众传播等。对于作品内容瞬间即逝的展现亦难谓“复制”。而在数字时代，特别是对于随机存储设备（RAM）中所生之暂时性复制是否属于著作权法中所规制的“复制行为”仍有疑问。[1]对于暂时性复制是否属于复制权规制范围问题，国内有观点认为临时复制不构成复制，[2]同时也有观点认为应该在承认临时复制是复制的基础上，然后将合法性问题交由合理使用或者默示许可等学说来处理似乎更合理一些。[3]

在最初提出的 WCT 草案第 7 条中曾规定：“1.《伯尔尼公约》第九条第一款所赋予文学及艺术作品的著作权人享有的授权他人进行复制的专有权利应包括以任何方式或形式，不论是永久或者暂时，直接或者间接复制其作品；2. 依据《伯尔尼公约》第九条第一款之规定，缔约方对于其唯一目的仅在使作品供感知之暂时性复制，或者其复制具有偶然性或附带性的，得以法律限制复制权，但以该复制的发生系著作权人所授权或法律所允许的情况下使用作品为限。”[4]对于 WCT 草案第 7 条的规定，在外交会议中引起了激烈的争议，最终草案第 7 条并未成为最终文本。仅在美国代表的坚持下通过了一项议定声明，即“《伯尔尼公约》第 9 条所规定的复制权及其所允许的例外，完全适用于数字环境，尤其是以数字形式使用作品的情况。不言而喻，在电子媒体中以数字形式存储受保护的作品，构成《伯尔尼公约》第 9 条意义下的复制”。[5]由于此项议定声明仅为经由唱名表决（a roll-call vote）通过的，而非经由全体缔约方一致同意（adopted by consensus），因此在解释上对于投反对票及弃权票的缔约方不具有法的约束力，瞬时复制是否构成数字时代上的“复制”问题仍然没有得到确定的解决，留待于各国的实践。[6]

一般认为，我国著作权法中的“复制”概念包含了两种意义上的复制：一种复制（reproduction），是指制作作品的复制件的行为；另一种复制（copying）是指两个作品之间存在抄袭或实质相似。前者是侵犯复制权意义上的“复制”，而后者是侵犯所有类别法定排他权意义上的“复制”。其中制作作品复制件是指以印刷、复印、拓印、录音、录像、翻录、翻拍、数字化等方式将作品制作一份或者多份；复制行为所得的复制件一般基本呈现原件所能呈现的内容。在 2020 年《著作权法》修改中，对于“复制权”的定义规定新增了“数字化”的方式。事实上即使没有这样的修订，复制权所控制的行为中包含数字化形式的复制也应是数字化时代的应有之意。有学者总结了现实中可能出现的数字化形式复制的主要情形[7]，包括：将数字化形式的作品拷贝到硬盘中；将作品上传至网络服务器上；将作品从网络服务器上下载到硬盘中；通过互联网络向特定个人发

[1] 陈锦全：《论 RAM 中暂时性储存之著作权问题（上）——从 MAI v. Peak 案谈起—兼论对网络环境的影响》，载《知识产权》（2010 年）。

[2] 参见王迁：《网络环境中的著作权保护研究》，法律出版社 2011 年版，第 10—65 页。

[3] 崔国斌：《著作权法：原理与案例》，北京大学出版社 2014 年版，第 384—390 页。

[4] Summary Minutes of Main Committee 1, CRNR/DC/102, 1086.

[5] WIPO, Agreed Statements Concerning the WIPO Copyright Treaty, CRNR/DC/96, December 23, 1996.

[6] 万勇：《论向公众传播权》，法律出版社 2014 年版，第 258 页。

[7] 王迁：《知识产权法教程》，中国人民大学出版社 2021 年版，第 173 页。

送数字化形式的作品。

2. 发行权

发行权主要是指著作权人有权控制作品原件或复制件的后续市场流通过程，同时该权利受到“发行权一次用尽原则”的限制。所谓“发行权一次用尽原则”是指在著作权人自身或许可他人制作并转让作品有形复制件后，该复制件之后的流通过程发行权均用尽，著作权人不得再主张排他权。之所以产生这种制度，就是因为著作权人在第一次使他人获取复制件过程中已经获得了收益，而这种收益得以确定的前提是著作权人估计今后同一部复制件在流转过程中对作品创造性表达的享受幅度也不会过多地超过平均次数与范围。于是在初次许可复制过程中可以对这一预期设置相应的对价，实现创作激励。而适用发行权一次用尽的制度构造也不会对之后流通中第三人的交易安全产生危害。这样适用该制度的前提是著作权人至少有一次机会自主决定作品的利用并获得报酬。这样的话，对于盗版作品来说，著作权人并未在许可复制环节获得任何报酬，因此盗版作品在流通环节仍然需要取得著作权人就发行权的许可。也就是说，盗版作品的销售商仍时刻面临着著作权人单独对其的权利行使。

3. 出租权

TRIPs 协定第 11 条第一次在国际公约中作为强制性义务规定了“出租权”。该条款构成加强保护的“伯尔尼递增”条款。在出租权的客体方面，TRIPs 协定要求各缔约方至少就计算机程序和电影作品给予出租权的保护。其中，计算机程序在 TRIPs 协定中已经作为文字作品而享有著作权保护。电影作品则在《伯尔尼公约》1928 年罗马会议中被纳入“文学艺术作品”的范畴（《伯尔尼公约》第 2 条第 1 款“电影作品和以类似摄制电影的方法表现的作品”）。在权利内容方面，出租权是指作者及其合法继承人准许或禁止向公众商业性出租其有版权作品的原件或复制品的权利。因此，只有“商业性”出租行为才被纳入“出租权”的保护范围，并不论是版权作品的原件或复制件。

在规定了至少就计算机程序和电影作品给予出租权保护的同时，TRIPs 协定也规定了成员方就该项权利所享受的例外。在“电影作品”方面，只有在满足此种出租已导致对该作品的广泛复制，从而实质性减损该成员授予作者及其合法继承人的专有复制权这两个条件时，缔约方才有义务给予出租权的保护，而上述两个条件的证明责任则在欲谋求出租权保护的主体之上。在电影作品是否给予出租权保护上缔约方将就个案进行判断，其中存在很大的裁量空间。这使得缔约方可以选择对于电影作品建立出租权制度，如果其认为放任对于电影作品的出租行为可能导致对该作品的广泛复制，从而实质性减损该成员授予作者及其合法继承人的专有复制权；缔约方也可能选择不设置出租权，或仅在某些电影作品类别上设置。而对于“计算机程序”作品也存在例外规定，即如该程序本身不是出租的主要标的，则这一义务不适用于出租。

对于中国著作权法的出租权来说，我国 1990 年《著作权法》关于著作财产权仅包括使用权与获得报酬权，其中“使用行为”中包含了“发行行为”（第 10 条）。对于发行行为，在 1991 年的《著作权法实施条例》中，“发行”指为满足公众的合理需求，通过出售、出租等方式向公众提供一定数量的作品复制件。因此，在当时的规范下，发行行为本身就包含出租行为。在2001年修改著作权法时，根据TRIPs协定的要求，则将出租行为从发行行为中分离出来，成为独立的著作权人所享有的法定排他权利。其中发行行为是指以出售或者赠与方式向公众提供作品的原件或者复制件，转移其有形载体的所有权的权利；而出租行为是指有偿许可他人临时使用电影作品和以类似摄制电影的方法创作的作品、计算机软件，转移其有形载体的占有的权利。

这一分离对应了TRIPs协定第11条新设置的“出租权”，但更重要的则是注意到了由于发行权一次用尽理论的影响，因而导致了出租行为与发行行为间本质性的区别。

众所周知，在著作权人自身或许可他人制作并转让作品有形复制件后，该复制件之后的流通过程发行权均用尽，著作权人不得再主张排他权。之所以产生这种制度，就是因为著作权人在第一次使他人获取复制件过程中已经获得了收益，而这种收益得以确定的前提是著作权人估计今后同一部复制件在流转过程中对作品创造性表达的享受幅度也不会过多地超过平均次数与范围。于是，在初次许可复制过程中可以对这一预期设置相应的对价，实现创作激励的报偿。也不会对于之后流通中第三人的交易安全产生危害。但是，当有一种行为使得对于复制件在流通环节的利用超出了著作权人在第一次许可时所预计的前提时，那么著作权人可能就会选择提高第一次许可的对价，这将使得对作品利用频度较低的主体可能无力承受获得复制件的负担，进而无法享受作品创造性表达。因此，立法才通过对高频度利用主体与行为，特别是超出了著作权人第一次许可时预计的频度的行为设置排他权。出租行为就是这种行为的典型，出租店铺只需购买一次复制件，就可以利用这一份复制件，反复地商业性扩张享受作品创造性表达的受众范围，这与一份复制件流转到二手市场交易的情况相比，极大地超出了著作权人第一次许可时预计的频度。因此，比较法上都将出租行为从发行行为中分离出来，针对某些作品类别广泛存在的出租商业模式，单独设置出租权，使其不受发行权一次用尽理论的限制。

但是，出租行为从发行行为中分离后也没有改变的事实是：对未经著作权人许可的作品复制件发行或出租行为，则发行权在违法作品的流转过程中并不用尽。其理由就在于著作权人丧失了在第一次复制与流通环节的控制，无法获取可预期的对价。因此，对于盗版作品来说，之后任何流通环节向公众提供作品有形载体的利用行为都在著作权人的控制之下。

2001年我国《著作权法》修改时将出租权从发行权中分离出来，导致了所谓在著作权保护程度上“有退有进”的现象，即当发行行为包含出租行为时，由于发行权一次用尽理论的存在，对于经著作权人许可后复制并首次向公众提供的作品，第三人将其进行出租的行为并不侵害著作权。将电影作品、类似电影作品和计算机软件单独规定出租权后，著作权人可以就这三类作品的出租行为行使排他权，因此，这是在著作权保护力度上的“进”。但是对于盗版作品来说，发行权在何种情况下都不会用尽，向公众提供（不管是所有权性质还是占有性质）都构成对发行权的侵害。但是将出租权从发行权中分离出去以后，便会给人一种除了电影作品、类电作品和计算机软件这三类之外的作品出租行为都不受著作权控制的感觉。所以在这三类作品外的作品著作权保护力度反而“倒退”了。

对于出租权，近期的主要纠纷在于讨论“剧本杀”经营者向玩家提供盗版剧本如何定性？其中主流的观点均指出：出租盗版图书并不构成对著作权的侵权[1]。但是，这种解释论不符合著作权法上设置发行权、出租权，以及发行权一次用尽理论的宗旨。对于我国现行著作权法中出租权与发行权关系，一种妥当的解释是：对于获得了经著作权人合法授权的作品复制件的，再次向公众提供有形载体所有权的行为，以及对于电影作品、类似电影作品和计算机软件这三类之外的作品进行出租行为都不再受著作权人控制；而对于电影作品、类似电影作品和计算机软件这三类作品进行出租行为需要就其出租行为再次取得著作权人的许可。对于所有作品类型来说，向公众提供未获得著作权人许可合法制作的复制件的行为，都构成对于发行权／出租权的侵害。

（二）作品的在公众传播

1. 展览权

《著作权法》对展览权的规定包括对于美术、摄影作品原件或者复制件的权利（《著作权法》第 10 条第 1 款第 8 项）。但是依据《著作权法》第 20 条第 1 款的规定：美术等作品原件所有权的转移，不视为作品著作权的转移，但美术、摄影作品原件的展览权由原件所有人享有。之所以制定这条规定就是为了调整著作权人及美术作品原作所有权人的利益关系。

实践中存在这样的纠纷，即安排人员在经营场所利用服装道具装扮成卡通人物形象的行为是否侵犯展览权？[广东原创动力文化传播有限公司与群光实业（武汉）有限公司侵犯著作权案（湖北省武汉市中级人民法院民事判决书（2010）武知初字第 66 号）]对于此种行为，在司法实践中认定构成展览权的侵权。首先，展览权是典型的在公众传播权，要求不特定多数公众在某一空间内欣赏到作品，在经营场所利用服装道具装扮成卡通人物形象招徕顾客的行为满足“在公众”的要求；其次，展览权的对象包括美术作品的原件和复制件，其中卡通人物形象构成美术作品，而服装道具等构成了对于该美术作品从平面到立体的复制，仍旧构成一份美术作品的复制件；最后，展览是指公开“陈列”使得公众有机会欣赏到美术作品。从上述三个方面来看，案例中的行为构成对于展览权的侵权。在该案中原告也主张了被告行为构成对其表演权的侵权，但是法院并未支持。在美术作品上通常很难存在“表演”行为，因此难以构成表演权的侵权。

2. 表演权

我国著作权法“表演权”中的表演，并不能以日常语言中的表演予以理解。例如，平台主播在直播活动中演唱歌曲的行为的确是一种“表演”行为，但是这种“表演”行为是否属于表演权控制的范围，则取决于表演权的构成要件。表演权即公开表演作品，及用各种手段公开播放作品的表演的权利，这两种类型分别称之为“现场表演”与“机械表演”。在著作权法定义的表演权内容之外，还存在隐藏的要件：第一个是表演必然是向不特定多数的公众进行的活动，以使其符合传播权的特征，仅仅局限于家庭成员或

---

〔1〕 王迁：《商家在经营“剧本杀”中使用盗版的定性问题》，载《中国版权》2021 年第 5 期；张伟君：《“剧本杀”经营者向玩家提供盗版剧本的行为定性》，载《中国新闻出版广电报》2021 年 12 月 2 日。

亲友间的表演活动不构成表演权的侵害；第二个是必然是不特定多数的公众在同一空间下享受到作品的表演。在不同空间下享受作品的表演则不可能构成表演权的侵害。这样平台主播在直播过程中未经许可演唱歌曲的行为并不构成表演权的侵害。其理由如下：主播的确是在针对不特定多数公众进行表演，但是该不构成特定多数的观众并不都处于与表演者同一空间内。也就是主播事实上独自处于某一空间内进行表演活动，并将其表演通过实时直播或者录播的方式供公众可以在选定的时间浏览，这两种情况分别涉及的是广播权和信息网络传播权，即不特定多数公众不在同一空间的权项。

实践中关于表演权还存在如下争议，如音乐著作权协会能否起诉各地卡拉 OK 歌厅播放 MTV 的行为侵犯了其获得授权的音乐作品的表演权？在实践中音乐作品的表演权一般均授权音乐著作权协会（音著协）行使；而视听作品的放映权则授权音像著作权集体管理协会（音集协）行使。卡拉 OK 歌厅向消费者提供播放 MTV 的点播系统的行为，是否侵犯音乐作品作者的表演权，取决于对于音乐 MTV 的定性。如果将音乐 MTV 定性为视听作品，那么一旦音乐作品的著作权人同意参与到该视听作品的设置过程中，则除署名权外视听作品的著作权由制作者享有。制作者授权音集协统一行使视听作品的放映权，视听作品中的音乐作品的著作权人无权独立地行使表演权。如果将音乐 MTV 定性为录像制品，那么音乐作品的著作权人仍有权行使表演权。同时在摄制视听作品的过程中，如果音乐 MTV 的制作者并没有经过音乐作品著作权人的许可就利用音乐作品摄制了音乐 MTV 的话，那么音乐作品的著作权人仍有权就播放行为行使表演权。此外，在卡拉 OK 歌厅中消费者并不只是观看音乐 MTV，往往也要进行演唱。对于消费者的演唱行为，尽管是消费者在密闭空间内面对特定少数主体从事的行为，似应不满足表演权的构成要件，但是一般均将卡拉 OK 歌厅拟制为表演权的主体，也就是实际物理意义上唱歌的虽然是消费者，但是卡拉 OK 歌厅为不特定多数的公众提供歌唱场所和服务并获取利益的行为使得在规范意义上被评价为实施表演权的主体，这样卡拉 OK 歌厅是可以构成表演权侵权的。也就是对于构成视听作品的音乐 MTV，如果音乐作品著作权人许可参与摄制的话，那么对于消费者点播和演唱行为，音著协和音集协均有权分别依据表演权和放映权向卡拉 OK 歌厅主张权利。

3. 放映权

传统上放映权所控制的行为主要为通过放映机在电影院这一空间内播放电影作品的行为。但是伴随着互联网络技术的发展，各种商业场所下均可以提供类似的商业放映的服务。对于这些服务如何在权项角度予以界定产生了分歧。

作为放映权的本质特征，强调不特定多数公众在同一空间内享受服务。也就是只要是在同一空间内，不特定多数主体享受了服务，并不限于商业空间的经营者必须采取传统的胶片形式放映，通过调取互联网或局域网上的视听作品予以播放的行为，仍然构成侵犯放映权，而不是信息网络传播权。唯一的例外是如果调取的是广播信号，实时播放的话，则构成广播权的侵权，而不是放映权的侵权。

问题的争议点在于单个消费者进入某一商业空间，面对个性化的单独屏幕享受视听服务时的权项判断。

对此，一种观点认为点播影院的行为不管来源是互联网还是储存在电脑的服务器，均是构成放映权侵权而不是信息网络传播权侵权[1]。另一种观点则作出了区分：如果调取的是点播影院预先储存在自身电脑服务器或局域网中资源则构成放映权的侵权；如果调取的是互联网络中的资源则构成信息网络传播权的侵权[2]。对于调取互联网资源的情况，也有观点认为网吧等经营者仅仅提供了场所，因此只可能在共同侵权层面评价其侵权构成，而不可能构成直接侵权的主体[3]。

对此问题，在商业场所这一封闭环境内，尽管消费者面对的是个性化的屏幕，也就是不存在不特定多数主体共同享受这一屏幕，但是由于会有不特定多数主体享受这一屏幕的可能性，因此可以评价为在公众或向公众。到底评价为在公众还是向公众更多地取决于消费者到底是利用这一场所自行地选择所要享受的视听作品，还是在场所服务者所提供的有限的范围内享受的视听作品。在前者的情况下消费者仅是利用了这个场所的位置，这和无数多的主体在不同的空间和时间应自己的需求选择服务是没有区别的，如果信息源头上传的是非法作品的话，场所经营者仅在共同侵权条件下构成信息网络传播权的帮助侵权；对于后者消费者在利用空间的同时，也享受了范围有限的经场所经营者过滤后的视听作品。这些作品可能是早已预先储存在电脑硬盘中，也可能是经营者建立了局域网，通过局域网实现传播，即使消费者在经营者提供的视听作品目录中仍存在较大的选择余地（也就是选择观看哪部电影），但是在评价上均是经营者为消费者进行了一定程度的筛选，这时构成放映权的侵权。

（三）作品的向公众传播

1. 广播权

在我国《著作权法》广播权定义中事实上包含了不同于向公众传播因素的在公众传播类型，也就是“通过扩音器或者其他传送符号、声音、图像的类似工具向公众传播广播的作品”的部分。该部分要求不特定多数公众是在同一空间内享受广播的作品，而广播权的前半段规定中的公开传播或转播指的均是向公众传播，也就是不特定多数公众在同一时间下的不同的空间。因此聚集消费者在酒吧内通过大屏幕观看源自电视台的赛事实时直播的行为构成对体育节目赛事直播画面（如果构成作品的话）的广播权侵权。

在司法实践中关于广播权的争议发生在“IPTV 回看”服务上。“IPTV 回看”主要是指由广电部门接收卫视的频道信号，通过电信的 IPTV 专用网络定向传输通道，将直播流不加任何删改地进行 72 小时缓存，自动覆盖、删除，从而实现向局域网内用户提供 72 小时限时电视节目回看。请问该种服务构成广播权还是信息网络传播权的侵害？对于上述“IPTV 回看”服务在著作权法上的定性问题，近期一系列司法实践间存在不同的看法。在“西藏乐视网信息技术有限公司与中国电信股份有限公司杭州分公司侵害作

---

〔1〕 王迁：《知识产权法教程》，中国人民大学出版社 2021 年版，第 188 页。

〔2〕 管育鹰：《商业场所提供视听作品观看行为的著作权争议——对新著作权法中视听作品几种传播方式的思考》，载《苏州大学学报（法学版）》2021 年第 4 期。

〔3〕 张伟君：《“点播”一定侵犯信息网络传播权吗？也谈表演权 / 放映权与信息网络传播权的区分》，载微信公众号“知识产权与竞争法”2019 年 12 月 9 日，https://mp.weixin.qq.com/s/ByJZiZH3UFrIXURI6uWPnQ。

品信息网络传播权纠纷案”［浙江省杭州市中级人民法院民事判决书（2019）浙01民终10859号］中认为：“IPTV回看”模式实质上是利用电信运营商的通信网络，以专网方式定向传输广播节目开展的有线电视业务，自动、完整传输直播节目并滚动保留72小时的传播行为本质上是广播电视业务结合回看技术后全新业务形态，是广播电视在新媒体领域的重要延伸，符合国家的三网融合政策及相关规定。“IPTV回看”既有时间限制，又有地点限定，仍属广播行为而非信息网络传播行为。与此相对照，在“爱上电视传媒北京有限公司等与北京爱奇艺科技有限公司著作权权属侵权纠纷案”［北京知识产权法院民事判决书（2019）京73民终3778号］中认为：提供涉案作品“回看”服务的行为落入了信息网络传播权的控制范畴。“回看”不同于直播，它为用户提供了一种回溯式的、可重复的观看体验，用户通过点击“回看”按钮即可在线观看存储于被告服务器中的涉案作品，与通常而言的内容服务提供者所提供的在线播放服务并无本质区别。

那么应该就“IPTV回看”服务如何区分广播权与信息网络传播权控制的行为呢？区分的关键在于是否受到传播时间的控制，也就是信息网络传播权所控制的传播方式允许个人在其选定的时间享受作品；而广播权所控制的传播方式是实时传播，不允许个人在其选定的时间欣赏作品[1]。就“IPTV回看”而言，需要分析是否属于广播权控制的行为，即以有线或者无线方式公开传播作品、以有线或者无线方式转播以及通过扩音器或者其他传送符号、声音、图像的类似工具向公众传播广播的作品。其中转播是指实时转播，“IPTV回看”与初始广播间存在时间差，因此难谓“转播”。那么“IPTV回看”是否属于网络直播呢？对此判断则取决于不特定多数公众能否在自己选定的时间欣赏作品，尽管“IPTV回看”仍然是按照初始广播时的节目顺序，同时仅在72小时内可以欣赏。但是在72小时内，相关公众可以打破初始广播的节目顺序，选择反复仅欣赏个人选定的节目。因此这种播放方式符合信息网络传播权的特点，并不属于网络直播。这样应该将“IPTV回看”服务定性为信息网络传播权，提供该服务的机构需要获得信息网络传播权的许可。

2. 信息网络传播权

在2020年《著作权法》修改中对于“信息网络传播权”的定义规定进行了修改，在原《著作权法》中规定的是“以有线或者无线方式向公众提供作品”，在新《著作权法》中规定的是“以有线或者无线方式向公众提供”。也就是新法中删除了“作品”二字。

有观点认为这次修改变更了原有的“服务器标准”，即不需要将作品上传至服务器，但是也有观点认为这次修改并未改变原有之理解。也就是侵犯信息网络传播权的行为主要包含以下行为：网络服务提供者直接将作品上传至开放的网络服务器上；用户自行将数字化内容上传至网络服务提供者的平台之上；用户将数字化内容上传至公开的云盘或p2p软件的共享区等[2]。其中获得作品是一种获得的可能性，并不强调实际有没有不特定

〔1〕张伟君：《广播权与表演权和信息网络传播权的关系辨析》，载《苏州大学学报（法学版）》2020年第2期。

〔2〕王迁：《知识产权法教程》，中国人民大学出版社2021年版，第192页。

多数公众是否获得，只要上传到服务器上，就具备了这种可能性。

（四）演绎权

作为一个法律术语“演绎权”并未出现在我国著作权法中，而是作为一种学理概括，是作为我国著作权法中规定的摄制权、改编权、翻译权、汇编权的上位概念。尽管在条文的定义上，演绎权所包含的四项权利均是从积极权利的角度予以论述的，即著作权人享有将作品从一种文字转换为另一种文字的权利（翻译权）。但事实上，即使没有通过立法赋予著作权人这项权利，他也有权将作品从一种文字翻译成另一种文字，这种权利是不言自明的。立法的用意是从消极权利角度理解的，即著作权人有权禁止他人未经许可的将其作品从一种文字翻译成另一种文字。这样他人在原作品的基础上进行创新的行为，在最终呈现的作品上可以实质性体现原作品的独创性表达的话，将构成对于“演绎权”的侵权。如果在他人的原作品之上并没有附加任何创作性因素，那么就构成对于原作品的复制、表演等法定利用行为。另一方面如果演绎者的贡献已经掩盖掉了演绎作品上原作品的独创性表达的话，那么并不构成对于原作品的侵权。

对于在复制等权利上设置演绎权，有观点认为没有必要区分法定利用行为意义上的“复制”与“演绎”，因为在一个作品与他人作品实质相似的情况下，对其利用行为必然会构成某种他人作品上的法定利用行为。但是设置“演绎权”笔者认为至少在两个方面存在意义，其一，在著作权法中权利限制与例外部分存在专门针对某一法定利用行为的规定，如第 24 条第 1 款第 6 项中尽管包含了翻译、改编、汇编，但并不包含摄制；其二，对于某些演绎行为，在国际公约中也有特殊的规定，如在《伯尔尼公约》中针对翻译权存在“十年”的保留规定。

第五节 与著作权相关的权利

一、表演者的定义和表演者权

就表演者权利的保护而言，表演者本来主要是通过现场演出获取门票收入而获利，但是随着现场转播技术和录音技术的出现，如果不对现场表演的广播实施控制，或不对现场表演的录制以及随后复制加以禁止，表演者从现场表演中的获利就受到了影响。

我国著作权法中表演者权的主体限定为作品的表演者，如果某一主体没有表演作品则并不享有表演者权。表演者权的客体包括表演者的人格权权项与表演者的财产权项，前者即表明表演者身份权和保持表演形象不受歪曲权。后者则包括现场直播权、首次录制权、录制有形载体的复制、发行和出租权、录制无形载体的信息网络传播权。其中并不包含针对录制后有形载体的机械表演权。这样歌手并不能阻止他人公开播放其参与表演并经其许可录制的磁带。

那么如果演员同意将其表演以视频形式予以录制为视听作品并获得相应的报酬后，

对于视听作品的后续利用，表演者可否主张邻接权？对此问题在《著作权法》中并未明确规定，著作权法仅规定了编剧、导演、摄影、作词、作曲等视听作品的作者除了署名权外并不享有其他著作权，其他著作权由制作者享有，但是没有对演员的表演给予任何处理。依据“举重以明轻”的法解释方法，连导演这样对于视听作品如此重要的作品都需要将其权利划归给制作者，演员这样如此众多的参与到视听作品的创作过程中的主体，如果还赋予其独立的邻接权，将极大地限制视听作品的传播，抑制文化产业的投资。因此应解释为参与了视听作品创作的演员，对于其权利划归给制作者享有，仅保留表明表演者身份的权利，以及在参与创作时获得报酬的权利。

二、录音录像制品的定义和录制者权

在我国著作权法中录音制品制作者享有复制、发行、出租、以及信息网络传播权（法条中的“通过信息网络向公众传播”不能从文字上进行解释，而仅能解释为信息网络传播权）。除此之外，与表演者所享有的邻接权不同，对于录制在录音制品之上的表演，表演者对于广播和机械表演该录音制品并不享有任何权益；但是在录音制品上，录音制品制作者对于他人广播和机械表演（法条中的表达为“通过传送声音的技术设备向公众公开播送”）则享有一定的权益，学理上把这种权益称之为获酬权，以区别于专有权利的排他权。获酬权意味着邻接权人对于这种权项不享有排他权，无法禁止他人公开播放该磁带。只能请求一定的报酬，即使使用者拒绝向录音制品制作者支付其请求的一定数额的报酬，录音制品制作者也无权请求法院发放禁令，只能作为金钱债权要求使用者执行。在一些国家对于录音制品的广播和机械表演的获酬权采取的是强制集体管理组织管理的模式，也就是录音制品制作者不能直接向使用者请求报酬，而只能由集体管理组织代为征收后分配给录音制品制作者。这种模式在中国这种集体管理组织并不健全的现实下笔者认为并不具有可行性。

对于录像制品而言，不同于录音制品，录像制品的制作人是享有广播权这一专有性权利的。在《著作权法》第 48 条中规定电视台播放他人的录像制品，应当取得录像制品制作者的许可，同时也还需要取得著作权人的许可。也就是在录像制品中如果存在他人的作品的话，他人作品上的著作权并不为录音制品制作者所吸收。这与视听作品的规则形成鲜明的对比，也就是参与视听作品的作者所享有的著作权集中划归给制作者享有，而参与录像制品的作者所享有的著作权仍旧由其享有。这样才会产生播放录像制品的二重许可规定。由于著作权法并未赋予表演者在录制了其表演的录音录像制品上的广播权和机械表演权，因此对于录像制品的广播和机械表演这类后续利用自然不需要再经过表演者的许可。但是对于录像制品的其他利用如复制、发行、出租和信息网络传播则仍需要再次经过表演者的许可。

三、广播的概念和广播者权

在我国《著作权法》中对广播组织的权项规定在第 47 条中，其中包括了录制以及复制录制品、以有线或无线方式转播以及通过信息网络向公众传播。其中 2020 年著作权法修改中修改了转播权的条文增加了以有线或者无线方式的用语，用以涵盖通过互联网进行的同步转播。但是此处的转播仅指实时单向的转播，并不包含录制后的重播行为。另一处修改在于新增了所谓的通过信息网络向公众传播，对于此用语一般均理解为广播组织就他人录制下来的广播信号享有信息网络传播权。从现行规定来看，我国《著作权法》中对于广播组织邻接权的保护已经远超 TRIPs 协定中的保护程度，当然这种超国际公约的保护并不一定意味着会产生积极的效果，相反，在广播组织权的设置上恰恰会造成权利的叠床架屋，令利用者不得不花费大量成本调查权属关系以及支付许可报酬。举例来说，某电影业已罹于著作权保护期，某电视台播放了该电影，某视频网站录制下来电视台播放的电影并上传至其网站供相关公众点播，那么该行为是否侵犯了广播组织的信息网络传播权?

视听作品作为著作权的保护早已罹于保护期，任何主体都可以自由利用视听作品，但是一旦某一已经进入公有领域的作品被某电视台播放，而该电影作品的孤本仅有电视台资料库中有储存，市面上难以入手，这样其他播出主体只能向广播组织寻求许可以获得信息网络传播的权限。特别是电视台多次播放该视听作品和多个不同电视台分别播放该视听作品是不存在本质区别的〔1〕。也就是广播组织的贡献是微乎其微的，对于这种微小的贡献却给予长期限且可以无限续展的保护是与知识产权的原理不相符合的。

既然立法上已经规定了广播组织的信息网络传播权，那么应从何种角度降低该权项带来的弊端呢? 一种较为妥当的解释是：因为《著作权法》第 47 条第 2 款规定了广播电台等形式信息网络传播权，不得影响、限制或者侵害他人行使著作权或与著作权有关的权利，这样只要广播组织播出的节目是他人创作的作品或录音录像制品，就属于影响、限制或者侵害他人行使著作权或与著作权有关的权利，就不能允许广播组织行使信息网络传播权。当广播组织播出的节目是由他创作的，此时才可以允许他行使信息网络传播权，但是此时他完全可以行使著作权或录音录像制品的邻接权，也没必要再行使信息网络传播权〔2〕。

四、版式设计者的权利

《著作权法》第 37 条规定：出版者有权许可或者禁止他人使用其出版的图书、期刊的版式设计。其中在“使用”二字的解释上存在争议。一种观点认为仅包含围绕书刊有形载体的再现与流转，而不包含无形载体的传播，典型的如信息网络传播行为〔3〕。在“北京大学出版社有限公司与深圳市腾讯计算机系统有限公司等侵犯著作权纠纷上诉案”[北京市第一中级人民法院民事判决书（2011）一中民终字第 5150 号] 中就指出：根据《信息网络传播权保护条例》的规定，任何组织或者个人将他人的作品、表演、录音录像制品通过信息网络向公众提供的，应当取得权利人许可，并支付报酬。由此可见，版式

---

〔1〕 王迁：《知识产权法教程》，中国人民大学出版社 2021 年版，第 277 页。

〔2〕 王迁：《知识产权法教程》，中国人民大学出版社 2021 年版，第 279 页。

〔3〕 王迁：《知识产权法教程》，中国人民大学出版社 2021 年版，第 280 页。

设计并不属于《信息网络传播权保护条例》的保护对象，而《信息网络传播权保护条例》是专门规范信息网络传播权的保护的行政法规，是《著作权法》的细化和补充。因此版式设计并不应享有信息网络传播权。相反的观点则认为没有必要将版式设计专用权限于复制及复制后有形载体的发行行为，应包含信息网络传播行为[1]。从法解释的角度看，版式设计的专用权以“使用”进行描述，而“使用”概念在著作权法中是一个十分上位的描述专有权的概念，在 1990 年《著作权法》中使用权甚至等同于著作财产权。因此考虑到网络传播对于版式设计者经济利益带来的损失早已不亚于直接以有形载体形式复制板式带来的损失，因此似应该将信息网络传播权纳入版式设计者专有权利的范围之内。

第六节　权利保护期和权利限制

一、权利保护期制度

文学艺术科学等领域中智力成果的创造具有累积性特点，因此对于著作权的保护设置一定的保护期限，在罹于该期限后，将这些领域内的知识划入公有领域的制度设计更加有利于他人可以自由模仿并在既有知识的基础上创作出更为丰富的智力成果。在我国著作权法中依据权利类型、作者与著作权人身份、作品类型等设置了不同的保护期限。

（一）依据权利之类型区别对待保护期限

依据权利之类型，区分作者的精神权利与著作财产权利进行划分。其中依据《著作法》第 22 条之规定，作者精神权利中的署名权、修改权以及保护作品完整权不受保护期限的限制，可以永续存在。而作者精神权利中的发表权以及所有著作财产权利均受到保护期限的限制。

（二）依据作者与著作权人之身份区别对待保护期限

依据《著作权法》第 23 条之规定，自然人创作的作品，其发表权以及著作财产权利的保护期为作者终生加其死亡后 50 年，其中计算方法具体为自然人终生加上自然人死后第 1 年的 1 月 1 日截止至第 50 年的 12 月 31 日的期间。针对作者身份不明之作品，依据《著作权法实施条例》第 18 条之规定，其著作财产权的保护期截止至作品首次发表后第 50 年的 12 月 31 日。此处之作者身份不明之作品究竟是指何种情况呢？在《伯尔尼公约》第 7 条第 3 款中针对不具名作品和假名作品的保护期规定自其合法公之于众之日起 50 年内有效。同时也规定了如果根据作者采用的假名可以毫无疑问地确定作者身份时，该保护期适用针对自然人的一般计算规则。根据该规则，我国法上的作者身份不明之作品的保护期主要是指不具名作品和假名作品的情况，同时如果能够通过其他途

---

〔1〕 李杨：《论书刊版式专有权的保护范围—— 关于〈著作权法〉第 36 条的解释论问题》，载《知识产权》2019 年第 11 期。

径知晓作者身份的，则不再适用作者身份不明之特殊规定，而回归到自然人保护期限的一般规则。

而对于法人或非法人组织作为作者的作品，以及著作权由法人或非法人组织享有的职务作品，其发表权的保护期限为自作品创作完成后至第50年的12月31日；其著作财产权为作品首次发表后至第50年的12月31日。如果该作品创作完成后50年内均未发表的，著作权法不再提供保护。其中法人或非法人组织作为作者的作品主要是指《著作权法》第11条第3款中规定的法人等视为作品的作者的情况；而著作权由法人或非法人组织享有的职务作品主要是指《著作权法》第18条第2款中所规定的特殊职务作品的情况，该类作品的著作权除署名权外，均由作为雇主的法人或其他组织享有。在该类型的职务作品中规定了可以依据合同之约定来决定法人或非法人组织享有著作权，这一约定可以作为对于著作权原始归属的约定。也就是即使对于一般职务作品，如果在实际创作作品的自然人和作为雇主的法人或非法人组织之间存在对于著作权归属的约定的话，也可以将其纳入第2款特殊职务作品的范围，从而受到著作权归属于法人或非法人组织的职务作品的保护期限的限制。也就是如果不存在约定的话，一般职务作品的保护期限以实际创作作品的自然人为计算标准，享受较为长期限的保护；而如果存在约定的话，作为特殊职务作品将以法人或非法人组织未计算标准进行计算。这样的制度设计使得本来依据作者或著作权人之身份而十分明确地确定保护期限的构想会因为当事人之间的约定而发生保护期限的改变，进而影响社会公众对于作品的利用活动。在确定保护期限中的首次发表是指著作权人自行或者经著作权人许可将作品向不特定的人公开的行为。他人擅自将作品公之于众的行为并不构成计算著作权起算点的首次发表。

（三）依据作品之类型区别对待保护期限

依据作品之类型区别对待保护期限时又分为两种情况：一种是针对合作作品的特殊规则，另一种是针对视听作品、摄影作品等的特殊规则。

对于合作作品来说，其保护期限是以如果是合作作品，截止于最后死亡的作者死亡后第50年的12月31日。

针对视听作品，在《著作权法》中规定，其发表权的保护期为50年，截止于作品创作完成后第50年的12月31日；其著作财产权的保护期为50年，截止于作品首次发表后第50年的12月31日，但作品自创作完成后50年内未发表的，不再保护。

针对摄影作品，在2020年《著作权法》修改前，其保护期限的计算方法为截止于作品首次发表后第50年的12月31日，而不是以作者终生加其死亡后50年予以计算。但是根据WCT第9条之规定，对于摄影作品，缔约各方不得适用《伯尔尼公约》第7条第4款的规定。根据《伯尔尼公约》第7条第4款之规定摄影作品的保护期限由本同盟各成员国的法律规定；但这一期限不应少于自该作品完成之后算起的25年。根据WCT之规定不应对于摄影作品采取区别于其他作品的保护期限计算规则。因此我国有义务修改《著作权法》之规定，为此在2020年修改后的《著作权法》中删除了之前关于摄影作品的特殊规定。对于两法过渡期中如何处理，在《著作权法》第65条中规定摄影作品，其发表权与著作财产权的保护期在2021年6月1日前已经届满，但依据《著作权法》规定仍在保护期内的，不再保护。依据此款之规定新法生效之前按照旧法保护期届满的外国摄影作品，在新法下难以获得延期保护。但是 WCT 于 2007 年 6 月 9 日于我国正式生效，依据该公约之规定在此时点之后对于 WCT 缔约国作者创作或者首次在缔约国出版的外国摄影作品，就应该享受到保护期限以一般作品保护期限计算规则计算的待遇。而不是只能在 2021 年 6 月 1 日才可以享受。对于外国摄影作品而言，我国应给予的保护要求是于 2007 年 6 月 9 日保护期尚未届满的，就应该享受到《著作权法》第 23 条中对于保护期限的规定。

二、权利限制与例外和合理使用制度

大陆法系著作权限制与例外制度在理念上认为“限制规定作为权利的限制，至多作为著作权法上例外性质的存在，因此对于其适用应本着严格解释的手法，而不应当采取过分一般性的立法模式以及过分开放的解释模式”。这一理念背后得到了著作权正当性理论中的自然权思想的支撑。一般来说，自然权思想最为典型的表达就是“人应该为其创作的成果天然地享有权利”。而这种天然享有的权利在出发点上也许是根据洛克的劳动所有权理论，即由于劳动而产生赋予权利的道德正当性，或者是根据黑格尔的人格权理论，即作品是作者人格的表出物。而在自然权思想的指导下一般很难或仅在例外的、封闭的、限定性的条件下才能找到权利限制规定的存在理由。同时严格解释更加有利于确保法的明确性与安定性。由于著作权限制一般性条款在适用上赋予司法机关过多的裁量权，因此不利于在纠纷出现前预测其判决结果。而严格解释的手法有利于提高预见可能性，维护法的安定性功能。

著作权限制与例外制度的另一种典型立法模式就是以美国合理使用制度为代表的模式。美国版权法上的合理使用制度滥觞于判例法理，并通过 1976 年版权法第 107 条明文化。根据该条规定通过以下四个要素判断是否构成合理使用，即使用的目的与性质；被使用的版权作品的性质；使用部分与被使用作品整体相比所占数量与实质性价值；对于被使用作品的潜在市场或价值的影响。其中该条所列举的判断要素并不是限定性的，而是开放性的，也就是说法院在具体判断时不限于上述要素，此外上述四要素在具体判断中也不是等量齐观的。

在我国 1990 年颁布的《著作权法》“权利的限制”一章项下广泛地包括“合理使用”与法定许可两类条款。其中第 22 条中统一规定了 12 种作品的自由使用情形，以及第 43 条的广播电台、电视台对于录音制品的“合理使用”；在第 35 条第 2 款规定了营业性演出中作品使用的法定许可、第 37 条第 1 款制作录音制品的法定许可以及第 40 条第 2 款广播电台、电视台录制节目的法定许可。

在 2001 年著作权法修改中，维持了原有个别限制条款的封闭性特点，而仅就某些限制条款的用语进行了修改。在 2002 年相对应的《著作权法实施条例》的修改中在第 21 条为有关不经许可的作品使用行为设定了一般性的判断标准（即“三步检验标准”），即“不得影响该作品的正常使用”与“不得不合理地损害著作权人的合法权益”。

在 2020 年修改后的《著作权法》第 24 条中将《著作权法实施条例》中的“三步检

验标准”予以引入，即在满足使用作品时必须“指明作者姓名、作品名称”的要求后，（1）特定情形下的使用（即可以允许的情形必须是由法律、行政法规规定）；（2）不得影响作品的正常使用；（3）没有不合理地损害权利人合法权益。同时在第 24 条中罗列了 12 种公众可以自由使用作品的行为类型。

其中“三步检验标准”相比于欧陆著作权个别限制条款来说属于抽象性条款，尽管在本质上“三步检验标准”属于限制各国立法机关设置新的著作权限制规定的条款，不能在各国司法实践中直接适用。但是一旦某国著作权立法将其直接导入的话，相比于个别限制条款，可能会在各要件的考量过程中具有一定的裁量性。而“三步检验标准”与同样作为一般性抽象条款的美国合理使用规则相比又具有较大差异。其主要体现在美国版权法上所列举的合理使用四要素在具体案件的考量下会有不同的权重，任何一个单独要素都不能绝对地成为否定或肯定合理使用成立的因素，而是采取了一种综合衡量法。相反“三步检验标准”在适用上是累积性质的，各要件具有明显的递进关系，不符合其中任何一步就会判定不满足这一标准。此外合理使用所考虑的要素并不是排他的，而是开放性的，即不限于美国版权法第 107 条所列举之因素。因此从定位上说“三步检验标准”可能处于大陆法系个别限制条款与美国合理使用一般规定之间。

对于大陆法系个别限制条款来说最大的问题可能在于无法及时应对新技术下商业模式的创新。具体来说，在政策形成过程中面临着各种利益集团的游说，特别是与著作权保护相关的大型企业的利益可能会很轻松地为立法过程所反映。但是即使如此，从其利益诉求的提出到真正形成法律也需要一定的时间。而在此期间以新技术为基础的商业模式创新就面临着由于其商业模式尚未被个别限制条款所承认，而遭受著作权侵权追及的风险。而这一风险的承担将使得一国新技术企业相比于不承担这一负担与风险的他国企业，在竞争中处于劣势地位。举例来说，日本是典型的采用个别限制条款的国家，在其 2009 年著作权法修改中对于搜索引擎服务中必然伴随的“抓取”行为增加了一项个别限制规定。但是事实上从此项服务在日本广泛展开到修改立法增加限制规定已经经历了十余年的时间。而对于计算机程序的反向工程例外，自从 1985 年著作权法修改中将计算机程序纳入著作权法保护范围时，就已提议同时增设反向工程例外，但是至今此项立法还未成型。个别限制条款模式的这一缺陷特别不利于新技术在一国的展开，因为没有此项个别限制条款的话，新的商业模式往往面临着侵权诉讼的风险，因此服务提供商可能不愿承担这一商业风险，进而放弃服务模式的提供。这不仅对于发展中国家即使对于发达国家也可能意味着在新技术领域丧失竞争优势。

从原理上看欧陆著作权个别限制规定与“三步检验标准”及合理使用等一般性条款主要体现出了有关规则（rule）与标准（standard）的区别。[1] 根据这个原理，在决定是采用通过立法制定个别限制规定，还是采用诸如合理使用等一般条款，然后通过法院事

---

〔1〕 规则和标准的区别可直接转换成“排他”与“管理”之间的区别，而后者又是财产法在分配和执行权利的时候所遵循的策略（Henry E. Smith, *Exclusion versus Governance: Two Strategies for Delineating Property Rights*, Legal Study, 2002）；排他策略类似于规则，特点是事前定位权利的高成本和事后执行权利的低成本，而管理策略则恰恰相反。

后具体化相应标准的手段时，主要考虑的是两种手段哪种更具有效率性。举例来说，如果某一种类型的纠纷频繁发生，那么采用立法的方式，在纠纷发生前制定明确的行为规则的手法是更具效率性的。相反，当某一类型的纠纷只会偶尔发生的话，如果特意就此纠纷耗费相当大的立法成本，通过立法制定相应的规则就是缺乏效率的，这时更期望的是事后通过司法途径，考虑各种标准并作出合理公正的结论，进而解决此种纠纷。这个原理的核心就是从事前制定的规则能够在多大程度上影响当事人的行动的视角来考察相关问题。而在著作权法制定过程中，特别是国际公约的形成与国内立法的制定中，都不同程度地面临着利益集团的游说，而这种游说往往体现出单方向性，即朝向加强保护的方向进展。其理由就在于相比于广大公众的使用权益，权利人的数量是微小的，而一般来说微小的群体往往更易于形成强大的组织，并为自己的利益进行游说活动。而尽管广大公众作为一个整体，其对于作品利用权益比重极大，但是平均到每个利用者上则极其微小，这导致单个利用者不会为这种微小利益进行全力游说，也就是说广大公众的利益难以有效地形成组织合力，因此在立法过程中的游说无力，难以在立法过程中反映其增设权利限制规定的意向。因此应适当忽略立法过程中所制定的“规则”，而应更多采取“标准”的立法模式，使得最终构成权利限制与否的判断由立法机构转移到相对更少受到游说影响的司法机构，并由司法机构根据个案利用一般条款进行较为平衡的判断。

相比于“合理使用”规定，“三步检验标准”在结构与渊源上更加体现了偏向权利人保护的倾向。特别是个别限制条款的立法模式往往以遵守“三步检验标准”为依据，正是因为能够完全遵守“三步检验标准”，才采取了个别限制条款的立法模式。而“合理使用”规定则有可能违反“三步检验标准”第一步骤“某些特殊情形”。对于这一观点，首先在我国法上的“三步检验标准”的理解问题上，如果认为其是重叠适用规范，即在满足著作权法第 22 条所规定的既有个别限制规定之外，仍须接受“三步检验标准”检验的话，可能会出现违反“三步检验标准”的情况。

但是司法实践普遍存在通过对于《著作权法实施条例》第 21 条的扩大解释来实现数字时代新型作品利用模式的妥当处理。例如，在“覃绍殷诉北京荣宝拍卖有限公司侵犯著作权纠纷案”［北京市第一中级人民法院民事判决书（2003）一中民初字第 12064 号］中，拍卖公司复制国画《通途劈上彩云间》并向特定客户发行，以及在拍卖过程中以幻灯的方式放映该画的行为，是为了便于客户了解拍卖标的而提供的便利手段；在“吴锐诉北京世纪读秀技术有限公司侵犯著作权纠纷案”［北京市海淀区人民法院民事判决书（2007）海民初字第 8079 号］中，为网络用户提供读书搜索，用户能够搜索到的内容只有图书的版权页、前言、目录和正文的 8—10 页的内容，上述使用方式的主要目的是给读者介绍图书，使读者了解图书的主要内容，并根据少量的正文阅览，了解作者的基本思路和表达方式，且用量与全书正文内容相比所占比例轻微，仅能使读者对该书有初步的了解，未超过不当限度；在“中国音乐著作权协会与西安长安影视制作有限责任公司等侵犯著作权纠纷案”［北京市高级人民法院民事判决书（2004）高民终字第 627 号］中，对于使用音乐作品仅涉及作品的几个小节或几句歌词，未完整地使用整段歌词或乐谱的情况，被使用部分在整个音乐作品中所占比例较小，没有实质性地再现作品的完整表达方式和作者表达的思想内容及作者在乐曲方面的独特构思，使用的形式和内容非常有限，没有对音乐作品的市场价值造成不利的影响。上述案例通过抽象地解释被告的行为，并认定其既没有影响作品的正常使用，也没有不合理地损害原告的合法权益（即“三步检验标准”中的第二与第三要件），延伸性地对于《著作权法》第22条未规定的作品利用形式（拍卖展示、书籍介绍、附带使用）予以合法化。此种判断构造类似于美国合理使用一般权利限制条款的判断方法。

三、我国著作权法中的个别限制与例外条款

（一）为确保私人领域内活动自由的类型

1. 个人使用例外

我国著作权法上的“个人使用例外”在1990年著作权法制定之际既已存在，对其适用的解释主要为：（a）对于使用目的，我国未以营利性与非营利性使用作为区分标准，而是明确列举了为个人学习、研究或者欣赏三种目的。（b）对于个人使用的适用范围，比较法上有关私人复制例外的立法例中，多以私人使用（private use）、个人使用（personal use）或个人、家庭或类此范围之使用（personal, family or other similar uses）用语称之，并透过解释，将适用范围限制于个人、家庭及类似范围之内。其与个人使用例外主要区别在于是否允许作品在家庭及类似范围内共享，从而引发的作品复制件到底是一件还是允许多件的出现。从立法目的出发可以发现在私人领域内基于满足个人需求或爱好所从事的作品使用行为，均属个人使用之范围，而不应因用语的不同（个人而不是私人），就将适用范围仅限于个人的利用。唯此将造成不自洽后果，例如行为人自行将CD置于私家车内欣赏，若仅行为人一人开车而无其他同行者则符合本款规定，若存在家人或朋友时，由于非在个人范围内复制作品，而排除本款适用。（c）对于是否实际复制行为必须由该个人亲自实施问题，尽管承认个人复制的合理性，但是否意味着个人在复制行为发生的全过程都要亲力亲为才满足这一例外要件呢？以将纸质书籍电子化的服务为例，欲数字化的书籍由个人提供，经营者提供书籍截断以及扫描服务，最终将电子文档交给个人。此种服务特征在于所复制书籍的内容及种类均由个人用户选择，而物理上的复制行为是由经营者操作。一般认为委托他人复制的行为，只要满足了以下三个要件，即应构成私人复制例外：①用户与经营者间存在就复制书籍的委托合同，并支付服务价金；②经营者依用户的指示从事物理复印活动；③复印的全部复印件由用户受领。（d）对于行为客体是否限制为合法作品，我国著作权法没有明确规定。但是在《信息网络传播权保护条例》第6条中，并没有为网络环境下的“个人使用”设定权利限制与例外。以数字形式上传的音乐及电影作品在质量上已经与原版接近，完全可以代替原版的市场份额，因此使用者私人下载违法上传作品后，往往不会再行购买正版作品，使得著作权人经济利益遭受严重损害，如果不排除其作为私人复制例外范围的话，将会与“三步检验标准”相抵触[1]。但是著作权法已通过信息网络传播权等对于向公众传播作品行为进行了规制，实现了著作权人在

---

〔1〕 王迁：《知识产权法教程》，中国人民大学出版社2011年版，第213页。

作品违法上传过程中的一网打尽，而并未放纵对于此种行为的规制。因此不该把他人违法行为的评价加于最终私人用户身上，同时限缩其自由行为的空间。（e）对于可复制作品的数量，尽管在条文中并未作限制，但全文的复制应该难以得到豁免。

2. 公共场所美术作品的使用

《著作权法》第 24 条第 1 款 10 项规定了对设置或者陈列在公共场所的艺术作品进行临摹、绘画、摄影、录像的例外。此规定在 2020 年《著作权法》修改前仅针对位于室外公共场所的艺术作品。相比于新法下的公共场所，室外公共场所的范围更窄，也更加具有正当性。这是因为要求就长久地置于室外公共场所的要件来说，由于临时性或者暂时性地在室外公共场合设置或陈列艺术作品对公众行动自由产生的影响也是暂时的[1]，但是对于著作权人来说却有可能因为临时性的展览而丧失超出其预期的利益，进而可能对临时性地在室外公开展示作品的活动带来萎缩效果，不利于艺术作品的传播，因此应该将长久性地把艺术作品置于室外公共场所列为适用本项规定的要件之一。此外本项规定的“艺术作品”的范围是否包含摄影作品仍存在争议。根据《关于审理著作权民事纠纷案件适用法律若干问题的解释》第 18 条第 1 款的规定：室外公共场所的艺术作品，是指设置或者陈列在室外社会公众活动处所的雕塑、绘画、书法等艺术作品。其中并未明确列举摄影作品，但是根据《著作权法实施条例》第 4 条第 10 项对摄影作品含义的规定来看，即摄影作品是指借助器械在感光材料或者其他介质上记录客观物体形象的艺术作品。

对于这个问题还是要结合立法宗旨合理进行解释，即《著作权法》第 10 条第 8 项规定的展览权包括对于摄影作品原件或者复制件的权利。也就是说，法律赋予了著作权人在摄影作品上的展览权，其可以通过对展览权的行使，控制他人将其摄影作品设置于室外公共场所展览的行为。著作权人也有能力预期到一旦许可他人在室外公共场所展览其作品将会带来的由于适用本项合理使用规定所产生后果。这样来看我国关于展览权的立法构造上，不存在著作权人无法通过控制其摄影作品是否在室外公共场所展示来获取对价的情况，所以从维护公众自由接触并利用经著作权人许可的置于室外公共场所的摄影作品的角度来说，不应该排除摄影作品对本项合理使用规定的适用。另一方面摄影作品原件及复制件的所有权人擅自将摄影作品置于室外公共场所的，应承担由于其行为给著作权人带来的损失。

更为重要的是，并不是一切对于陈列在公共场所的艺术作品的理由方式均可以构成例外。首先，应明确排除复制、仿制雕塑作品及建筑作品并通过转移所有权的方式向公众提供复制品、仿制品的行为，以及为了将雕塑作品永久摆放在公共场所的目的而复制及展示复制品的行为。对于诸如雕塑作品、建筑作品等立体艺术作品的立体复制、仿制并向公众出售或置于室外公共场所的行为，由于产生了直接和原著作物的市场范围相竞合的效果，会直接影响著作权人可以获得的利益，理应排除适用。其次，对于根据原著作物制作模型纪念品等复制件并向公众销售的行为，虽然在《著作权法》和相关司法解

[1] 李扬：《知识产权法基本原理》，中国社会科学出版社 2010 年版，第 284 页。

释并未作出明确规定，但也应认为对于雕塑作品、建筑作品等立体艺术作品来说并不允许以模型等三维形式向公众提供其复制品。最后，对于将诸如雕刻、雕塑和建筑作品等三维艺术作品进行立体到平面的拍摄或临摹后，可否对由此形成的照片、绘画等平面复制品进行商业使用的问题，在实践中纠纷众多，各地法院的判决结果也时常存在不统一的地方，需要从解释论的角度明确界限，以便统一适用。首先作为指导性文件，最高人民法院在关于对山东省高级人民法院《关于山东天笠广告有限责任公司与青岛海信通信有限公司侵犯著作权纠纷一案的请示报告》的复函［最高人民法院（2004）民三他字第5号］中明确认为对于“合理的方式和范围”，应包括以营利为目的的“再行使用”，这是制定该司法解释的本意。具体适用上均抽象地认为二维复制品与三维作品之间并不存在市场替代或竞争关系，不能认定二维复制件的使用会与三维作品的正常使用相冲突，同时也很难认定对三维作品的二维复制件进行使用会损害作者的经济利益。所以应该允许这种行为，以确保公众包括商业活动在内的活动的自由。

尽管如上所述就被告的营利性再利用方式法院基本均认为属于合理使用的范围，但是并不意味着被告能免除就未能指明作者姓名而承担相应责任。但是，受使用方式的限制，以及出于公众就置于室外公共场所的美术作品，往往由于艺术品本身的原因令公众很难注意到其上标注作者名称等理由，原则上并不应该一味地强行或刻意要求他人在拍摄及其后续使用时注意标注涉案美术作品的作者姓名、作品名称。如果对公众规定这样的义务的话，反而会影响其自由利用行为，使本项的立法宗旨落空。

3. 免费表演

《著作权法》第24条第1款第9项规定了免费表演作为著作权的限制，其中要求免费表演为对已经发表的作品，该表演未向公众收取费用，也未向表演者支付报酬，且不以营利为目的情形。非营利且不收取任何费用的大规模演出活动一般并不常见，对著作权人经济利益的损害不大，同时该种活动关涉表现活动之自由，因此设置了例外的条款。其中营利与非营利的区分并不应严格以是否对观众收取门票等为限，即使未向观众收取门票，但是作为经营活动的一环如果诱发大规模的作品表演活动也应向著作权人支付报酬。如在餐厅内进行的表演音乐作品行为，就不属于此规定豁免的对象。同时此处豁免之表演仅限于活表演不包含机械表演。

（二）基于公益理由的复制行为

1. 图书馆等的复制与传播

在《著作权法》第24条第1款第8项中规定了“图书馆等对馆藏作品的特定复制与传播”例外。即图书馆、档案馆、纪念馆、博物馆、美术馆、文化馆等为陈列或者保存版本的需要，复制本馆收藏的作品。同时在《信息网络传播权保护条例》第7条中规定了：图书馆、档案馆、纪念馆、博物馆、美术馆等可以不经著作权人许可，通过信息网络向本馆馆舍内服务对象提供本馆收藏的合法出版的数字作品和依法为陈列或者保存版本的需要以数字化形式复制的作品，不向其支付报酬，但不得直接或者间接获得经济利益。当事人另有约定的除外。其中前款规定的为陈列或者保存版本需要以数字化形式复制的作品，应当是已经损毁或者濒临损毁、丢失或者失窃，或者其存储格式已经过时，并且在市场上无法购买或者只能以明显高于标定的价格购买的作品。

2. 学校等教育机关的复制

《著作权法》中的学校等教育机关的复制例外是指为学校课堂教学或者科学研究，翻译、改编、汇编、播放或者少量复制已经发表的作品，供教学或者科研人员使用，但不得出版发行。其中实施该行为的主体仅限于教学或者科研人员，不包括学生。当然学生的个人复制行为可以主张私人复制之例外。教学或科研人员复制之作品仅能供其使用，不得分发给学生使用。

3. 向阅读障碍者提供无障碍格式版本

依据《著作权法》以阅读障碍者能够感知的无障碍方式向其提供已经发表的作品的构成合理使用。该规定是为履行《马拉喀什条约》而在2020年著作权法修改中引入的。WIPO外交会议于2013年6月27日通过的《马拉喀什条约》成为第一部保护视觉障碍者接触信息权益的国际公约，并在数字环境下，更进一步保障视觉障碍者接触信息的机会，消弭数字鸿沟。从内容上看，《马拉喀什条约》主要包括三个方面的主要内容：一是关于无障碍格式版的复制、发行及向公众传播（第4条）。《马拉喀什条约》首先要求缔约国通过国内立法进行限制与例外规定，允许被授权的机构以视觉障碍者可接触的无障碍格式版本复制、发行以及向公众传播已发表的作品，或将其对视觉障碍者以非商业性出租或以有线或无线电子传播方式提供，而这一规定是作为条约义务性规定体现的。二是关于无障碍格式版的跨境交换（第5条）。三是对于技术措施施加了义务性规定，即缔约各方应在必要时采取适当措施，确保在其为制止规避有效的技术措施规定适当的法律保护和有效的法律救济时，这种法律保护不妨碍受益人享受本条约规定的限制与例外（第7条）。

由于制作的无障碍格式版本也可能为不具备视觉障碍的群体予以使用，因此制作者必须设置技术措施，保证仅能为阅读障碍者所使用。实践中针对有声书要求必须设置验证下载者是否为视觉障碍者的技术保护措施。

4. 少数民族语言文字

依据《著作权法》第24条第1款第11项以及《信息网络传播权保护条例》第6条第5项的规定，将中国自然人、法人或者非法人组织已经发表的以国家通用语言文字创作的作品翻译成少数民族语言文字作品在国内出版发行，以及通过网络向中国境内少数民族提供的，构成著作权之限制。

此处所指“国家通用语言文字”依据《国家通用语言文字法》之规定为普通话和规范汉字。也就是允许将以普通话和汉字创作的作品翻译成少数民族语言文字作品在国内出版发行与网络传播。同时依据《实施国际著作权条约的规定》第10条之规定：将外国人已经发表的以汉族文字创作的作品，翻译成少数民族文字出版发行的，应当事先取得著作权人的授权。也就是本项规定仅限于中国自然人、法人或者非法人组织创作的作品。此处之“以国家通用语言文字创作的作品”应只限于文字作品或口述作品，而不能包括影视作品等非语言文字类作品。实践中存在将视听作品中的中文角色对白翻译成了维吾尔语，并将视听作品中角色对白的中文配音替换为维吾尔语版本的配音后，通过信息网络向公众传播该视听作品的案例。由于视听作品中的影像无须进行任何翻译，不管出身哪个民族，都可以直接感知，因此不属于此处“以国家通用语言文字创作的作品”。当然本项之规定可以适用于视听作品中角色对白的翻译（文字翻译与口述翻译），但不可适用于视听作品本身，即如需通过网络传播该视听作品本身仍需获得权利人的许可。本项之利用作品的方式限于出版发行与通过网络提供，其中出版发行是指对翻译成少数民族语言文字的作品经过出版制作有形复制件并发行该复制件的行为，其中该复制件不限于数字化形式还是非数字化形式。通过网络进行提供是指将数字化形式形成的翻译后的作品通过非交互式向不特定多数人提供的行为。利用作品的方式排除了对作品进行翻译之外的其他演绎行为，也不得对出版发行的有形复制件进行出租行为，不得对作品进行表演行为。

5. 立法、司法、行政等目的的使用

《著作权法》中立法、司法、行政等目的的使用是指：国家机关为执行公务在合理范围内使用已经发表的作品。其中何谓未执行公务的合理范围存在较大争议，在涉及高考试卷使用他人作品的纠纷“何平诉教育部考试中心侵犯著作权纠纷案”［北京市海淀区人民法院民事判决书（2007）海民初字第 26273 号］中，法院认为教育部考试中心将他人的漫画作品作为高考作文试题使用，构成为执行公务目的的使用，即考试中心接受国家教委指定承担高校入学考试和高教自学考试等专项任务，执行高考试卷命题等相应公务。同时，高考是政府为了国家的未来发展，以在全国范围内选拔优秀人才为目的而进行。我国政府历来将高考作为一项全国瞩目的大事，人民群众亦将高考命题、组织及保密工作等视为由政府严密组织的、关乎社会公平、民众命运和国家兴衰的大事。考试中心在组织高考试卷出题过程中演绎使用原告作品的行为，无论从考试中心高考出题的行为性质来讲，还是从高考出题使用作品的目的以及范围考量，都应属于为执行公务在合理范围内使用已发表作品的范畴。

（三）伴随着附加价值的利用行为

1. 适当引用

适当引用例外主要是指为介绍、评论某一作品或者说明某一问题，在作品中适当引用他人已经发表的作品。该规定来源自《伯尔尼公约》布鲁塞尔修订公约中有关引用的规定，即对于报刊、文章等的简短篇幅的节录。也就是选用已发表作品的较短片段，用来证明作者自己的判断或者真实表达另一作者的观点，而被引用部分应当融入本人文章，成为其有机组成部分。在判断何种引用构成适当引用时一般采取两要件的判断方法：一是引用时是否注明出处，并使得被引用部分与引用作品明显区分。只有正确地注明了出处和来源才能期待正确地评价被引注作品，进而方便索引，并且在引用作品与被引注作品浑然一体的状态下，才能不容易使他人产生误解。但是并不是注明出处就一定可以使得被引用部分与引用作品明显区分，例如实践中会有这种情况，在被告作品中，的确在脚注中注明了被引用内容的出处及来源，但并未在本文中以诸如引号等方式明确被引用部分的范围。这种情况下，尽管满足了注明出处及来源的要件，但因为读者不能在本文中明晰的区别被引用的内容，亦难谓构成适当引用。特别是在受使用方式的限制而不能注明出处及来源的情况下，如果满足明晰区别要件的话，仍应当认为构成适当引用，而不应一味强行或刻意要求他人注明出处和来源。也就是说判断是否构成“适当引用”的重点应当着重考察被引注作品是否可以明晰区别。二是以“量”的多寡，即涉及他人的表达形式在该他人作品中所占的比例以及在自己作品中所占的比例，作为判断是否构成适当引用的判断标准。司法实践中大多数也是以被引注作品与引用作品相比所占比率过高，或者被引用部分是原作品中的主要部分为理由否定了构成适当引用。但是首先需要强调的是，即使是强调量的多寡比重，但是比较对象的不同也会带来结论的变化，特别是将被引用部分与引用作品的哪部分进行量的比较往往也是至关重要的因素：①作为论文集性质的书籍，比较对象并不是整个论文集的所有文章，而应是具体到与被引用部分相关的单篇论文的相关部分。②书籍在作者及内容上可以明显区分为几部分的，也应以被引注作品占内容相对独立部分的比重予以考量；相反，书籍在内容上构成一体不可分的情况下，也应以引用作品整体作为比较对象。

但除上述使用以量的多寡进行比较的手法，更多情况下法院不应僵化地执行量的衡量标准，而应该着重考察引用目的，引用对原作品著作权人经济利益的影响等，这应该构成判断实质性主从关系的核心标准。首先，实践中，法院十分重视考量引用目的，如果是出于评论，介绍某一作品或说明某一问题的目的，即使引用的篇幅超出节录的限度，或是引用整部作品，例如一幅绘画作品或摄影作品等情况下，也认为构成适当引用。相反，以评论，介绍等为借口，而实际上介绍评论他人作品的篇幅很短，或在全文全书的内容并非出于介绍评论他人作品的目的，而只是出于利用被引注作品的经济价值而引用的，一般认为不构成适当引用。同时，即使是出于评论的目的，但评论的主体与引用作品无直接关联的，也不认为构成适当引用。而在肯定构成“适当引用”的案例中，在与涉案教材相对应的教辅类报纸中，为介绍、说明原教材的内容，不可避免地使用个别例句，如旨在对教材中出现的知识点进行讲解说明，因此在编写过程中不可避免地重现教材内容的，应视为适当引用。诚然，作为与涉案教材相配套的教辅类报纸，如果不允许适当程度地插入原告作品以说明相关问题的话，那么对于读者来说，在利用该教辅材料时不得不每次都翻阅原告教材并对照寻找相应内容，对于读者来说十分不便。如果进行适当引用的话，读者可以迅速把握相关内容，教辅教材利用的便利性将极大增加。的确这种利用方式确有搭原作品便车之嫌，但是被告教辅书籍与原告教材的对象市场并不相同，不会影响原告教材的市场销售，所以考虑到读者的利用便利，肯定构成适当引用是恰当的。

最后，在引用摄影作品，绘画作品等情况下，单幅美术作品及摄影作品即构成独立的交易对象及鉴赏对象，对其引用很容易构成对著作权人经济利益的巨大影响，所以如果不是真正地就该作品进行研究批判目的的引用，一般很难认为构成适当引用，此时对于引用的目的往往采取十分严格的限缩性的解释。

2. 为报道时事新闻

为报道时事新闻例外主要是指为报道新闻，在报纸、期刊、广播电台、电视台等媒体中，以及在向通过网络向公众提供作品中不可避免地再现或者引用已经发表的作品。

该例外的目的主要是出于公益而保障公民对新闻时事的知情权。该规定最早出现于《伯尔尼公约》第 10 条之二第 2 款，即在用摄影或电影手段，或通过广播或对公众有线传播报道时事新闻时，在事件过程中看到或听到的文学艺术作品在为报道目的正当需要范围内予以复制和公之于众的条件，由本同盟各成员国的法律规定。其中为了实现该制度的目的，在对“不可避免地再现”进行解释时并不应要求严格的考察是否不可避免，而是应从报道目的出发考察是否在使得相关公众了解到新闻的全貌正当需要范围内。

3. 对时事性文章的利用

利用时事性文章的例外是指报纸、期刊、广播电台、电视台等媒体刊登或者播放其他报纸、期刊、广播电台、电视台等媒体已经发表的关于政治、经济、宗教问题的时事性文章，以及向公众提供在信息网络上已经发表的关于政治、经济问题的时事性文章，但著作权人声明不许刊登、播放的除外。该规定最早出现于《伯尔尼公约》第 10 条之二第 1 款，即本同盟各成员国的法律得允许通过报刊、广播或对公众有线传播，复制发表在报纸、期刊上的讨论经济、政治或宗教的时事性文章，或具有同样性质的已经广播的作品，但以对这种复制、广播或有线传播并未明确予以保留的为限。然而，均应明确说明出处，对违反这一义务的法律责任由被要求给予保护的国家的法律确定。该例外的立法宗旨在于出于公益目的使得公民了解国家重大的政治、经济、宗教问题现状。因此只有涉及政治、经济重大问题且具有很强时效性的文章才可以作为本规定中的“时事性文章”而合理使用，对于一般性质的新闻报道其他新闻机构无权无偿使用。如在“天津谷川科技有限公司与解放日报社侵害作品信息网络传播权纠纷”案［上海知识产权法院民事判决书（2022）沪 73 民终 366 号］中就认为《上海进口化妆品销售火爆的背后，居然与 20 公里外的一座仓库密切相关》一文不属于时事性文章。

4. 报道公开发表的讲话

报道公开发表的讲话例外是指报纸、期刊、广播电台、电视台等媒体刊登、播放或者通过网络提供在公众集会上发表的讲话，但作者声明不许刊登、播放的除外。此处之公众集会上发表的讲话一般是指在公众集会上发表的政治言论或在法庭上发表的意见。

四、我国著作权法关于法定许可的规定

（一）报刊转载法定许可

在《著作权法》第 35 条第 2 款中规定了报刊转载法定许可，即作品刊登后，除著作权人声明不得转载、摘编的外，其他报刊可以转载或者作为文摘、资料刊登，但应当按照规定向著作权人支付报酬。

其中转载是指原封不动地对其他报刊发表作品的刊登；摘编则是指对于原文的摘录与缩写。本规定仅限于报纸、期刊等在其他报刊已发表的作品，而不适用于其他传播载体间的转载。特别是禁止网络与报刊以及网络与网络之间的转载。其中期刊的范围是否包含电子期刊？在“樊元武等与上海图书馆等著作权侵权纠纷上诉案”［上海市高级人民法院民事判决书（2006）沪高民三（知）终字第 53 号］中指出：“电子期刊与传统纸质期刊相比虽然介质、载体不同，但其本质上仍属于期刊，故可以适用报刊转载法定许

可的规定。”当然在该案所采取认定电子期刊亦可适用该规定时，最高人民法院曾在《关于审理涉及计算机网络著作权纠纷案件适用法律若干问题的解释》（法释〔2000〕48号）第3条中规定，已在报刊上刊登的作品，除著作权人声明不得转载、摘编以外，网站予以转载、摘编并按有关规定支付报酬、注明出处的，不构成侵权。但该规定在2006年修改该解释（法释〔2006〕11号）时删除了该规定。因此应该认为报刊转载的法定许可仅限于纸质介质的载体之间的转载和摘编。

同时在转载时仍应注明被转载作品的作者与最初登载的报刊出处，否则应承担消除影响、赔礼道歉的民事责任。依据《著作权法实施条例》第30条之规定著作权人不得转载与摘编的声明应当在报纸、期刊刊登该作品时同时刊载，不得事前或事后作出。

值得注意的是，根据《实施国际著作权条约的规定》第13条，报刊转载外国作品，应该事先取得著作权人的授权。该规定构成了超国民待遇之一例，排除了外国作品适用报刊转载法定许可制度。

（二）制作录音制品法定许可

在《著作权法》第42条第2款中规定了制作录音制品的法定许可，即录音制作者使用他人已经合法录制为录音制品的音乐作品制作录音制品，可以不经著作权人许可，但应当按照规定支付报酬；著作权人声明不许使用的不得使用。

该法定许可的立法目的在于防止形成对音乐作品表现形式的垄断，从而增加音乐产品的多样性。其中该法定许可只适用于已经合法录制为录音制品的音乐作品，并不包括通过网络传播的音乐作品，以及被纳入视听作品或录像制品一部分而传播的音乐作品。其针对的仅仅是音乐作品著作权人（一般为词曲之作品）所享有的著作权，而不包括录制为录音制品后所产生的录音制品制作人以及表演音乐作品的表演者的邻接权。如果仅仅是翻录他人已经录制了的录音制品，则仍需要取得录音制品制作者和表演者的许可。在条文中所允许的行为为“制作”，也就是制作包含音乐作品的录音制品的有形载体的权利，而没有提到后续将该有形载体进行发行以及后续利用的权利。那么这些后续的利用是否应该允许呢？一般认为除“制作”外，仍应享有对于该有形载体进行发行的权利。也就是法定许可的范围延及到对于有形载体的后续发行形式的流转。但是并不允许针对该有形载体进行机械表演、广播、信息网络传播等无形形式的传播。

本款所规定之法定许可允许著作权人声明不得使用，该声明应当由著作权人在作品发表的同时以使公众知晓的方式明确作出。如果仅在唱片上写明“版权所有 翻录必究”字样，并不能表明著作权人声明不得使用的意思。

（三）播放作品法定许可

在《著作权法》第46条第2款中规定了播放作品的法定许可，即广播电台、电视台播放他人已发表的作品，可以不经著作权人许可，但应当按照规定支付报酬。其中播放主要是指广播权所涉及的内容。可供播放的作品并不包括视听作品，这是因为在《著作权法》第48条中规定了电视台播放他人的视听作品，应当取得视听作品著作权人许可。同时也不包含载有作品的录像制品，其理由是在《著作权法》第48条中也规定了电视台播放他人的录像制品，还应当取得著作权人许可，并支付报酬。

（四）编写出版教科书法定许可

在《著作权法》第 25 条中规定了编写出版教科书的法定许可，即为实施义务教育和国家教育规划而编写出版教科书，可以不经著作权人许可，在教科书中汇编已经发表的作品片段或者短小的文字作品、音乐作品或者单幅的美术作品、摄影作品、图形作品，但应当按照规定向著作权人支付报酬，指明作者姓名或者名称、作品名称，并且不得侵犯著作权人依照本法享有的其他权利。其中“为实施义务教育和国家教育规划而编写出版教科书”应理解为：经省级以上教育行政部门批准编写、经国家专门设立的学科审查委员会通过，并报送审定委员会批准后，由国家教育委员会列入全国普通中小学教学用书目录的中小学课堂正式用书［《最高人民法院公报案例》（2006 年第 9 期）］。

（五）信息网络传播权法定许可的特殊规定

在《信息网络传播权保护条例》中规定了两种与信息网络传播权相关的法定许可。一种是《信息网络传播权保护条例》第 8 条中规定的“制作课件法定许可”，即为通过信息网络实施九年制义务教育或者国家教育规划，可以不经著作权人许可，使用其已经发表作品的片段或者短小的文字作品、音乐作品或者单幅的美术作品、摄影作品制作课件，由制作课件或者依法取得课件的远程教育机构通过信息网络向注册学生提供，但应当向著作权人支付报酬。另一种是《信息网络传播权保护条例》第 9 条中规定的“通过网络向农村提供特定作品法定许可”，即为扶助贫困、通过信息网络向农村地区的公众免费提供中国自然人、法人或者非法人组织已经发表的种植养殖、防病治病、防灾减灾等与扶助贫困有关的作品和适应基本文化需求的作品，网络服务提供者应当在提供前公告拟提供的作品及其作者、拟支付报酬的标准。自公告之日起 30 日内，著作权人不同意提供的，网络服务提供者不得提供其作品。

第七节　著作权的利用

一、合同法一般原则在著作权和相关权领域的适用

在大陆法系国家著作权合同法部分均是其著作权法体系中极为重要的组成部分，一般区别于民法典中有关合同法的一般规定，往往特别强调对于作者给予优厚的保护，以纠正纯粹的契约自由原则可能会给作者利益带来的不利影响。具体在制度设计时著作权合同法主要处理的内容包括：著作权的可转让性、著作权合同的书面要式性、合同目的限定的著作权转让合同、作者的合理报酬请求权、未来创作的作品相关的合同安排、未知作品利用方式的合同安排等。在我国《著作权法》中并未建立具有体系性的著作权合同法部分，大陆法系国家普遍遵循的著作权合同法的原则和解释方法在我国并未有充分的体现。

（一）著作权的可转让性

对于采取二元论的国家来说，著作权的可转让并不是一个突出的问题。所谓二元论即将著作权区分为著作人格权与著作财产权，并分别设置互不交叉的规则体系。其中著作财产权可以脱离于著作人格权而单独转让，同时著作人格权不得转让，由作者专属。采取这一制度的国家包括法国、日本与中国。但是在采取一元论的国家，即不区分著作人格权与著作财产权，而将二者统一于著作权下，此时著作权是无法进行转让的。采取这一制度的国家为德国。尽管不能整体转让著作权，但可以依据作品的使用方式和目的针对各分支权能单独进行转让或发放专有许可。一元论源自人格权法思想，是对于作者保护最为严格的一种制度设计，相反也可能阻碍作品的传播和利用，进而影响文化产业的发展。

（二）著作权合同的要式性

一般合同法中并不要求合同的成立必须以书面的形式，口头合同也被普遍认为构成合同成立的方式。如在我国《民法典》第 135 条中规定，民事法律行为可以采用书面形式、口头形式或者其他形式；法律，行政法规规定或者当事人约定采用特定形式的，应该采用特定形式。

但是在著作权合同法中，对于著作权的转让和许可等合同均要求以书面形式作为成立要件。在我国著作权法中仅要求著作财产权的转让合同必须订立书面合同，而对于著作财产权的许可使用合同则没有书面的要求（《著作权法》第 26 条、第 27 条）。同时根据《民法典》第 490 条的规定，法律、行政法规规定或者当事人约定合同应当采用书面形式订立，当事人未采用书面形式但一方已经履行主要义务且对方接受的，该合同成立。

（三）合同目的限定的著作权转让合同

不同于一般合同解释的原则，在大陆法系国家解释著作权转让合同时，存在一个原则，即目的转让理论（Zweckübertragungslehre），即即使当事人之间存在转让著作权的明确合意，如果超出了达成合同所订立的目的的必要限度的话，也应该限制著作权转让合同的范围，仅在达成合同目的必要限度范围内承认其转让效力。这一原则典型体现了自然权论在著作权法中地位，在德国等大陆法系国家甚至形成了一套不同于一般契约解释规则的著作权合同法。

（四）作者的合理报酬请求权

一般来说，在出版合同中因出版者已经承担了作品出版和发行的成本，因此可以通过合同协商确定给予作者的报酬。但是作者和表演者在授予许可或转让其权利时，往往处于较弱的合同地位，考虑到对于这些主体利益的维护大陆法系国家通过著作权合同法中设置强制性的规定来保护他们有权获得合理的报酬。典型的如在《欧盟数字化单一市场版权指令》[Directive on Copyright in the Digital Single Market，2016/0280（COD）] 第 18 条中就规定了适当和相称的报酬原则（principle of appropriate and proportionate remuneration），即缔约国应确保作者和表演者在许可或转让其作品或其他客体时，有权获得适当和相称的报酬。同时为确保这一合理报酬请求权原则，还配套了透明度义务（Transparency obligation）与合同条款调整的机制（Contract adjustment mechanism）。对于前者在第 19 条中就规定了缔约国应确保作者和表演者至少每年一次定期从权利被许可方或受让方或权利继承人那里获得有关其作品使用情况的最新的、相关的和完整的信息，特别是有关使用方式、产生的所有收入和应付报酬的信息；对于后者，在第20条中规定在没有可供适用的集体谈判协议规定（an applicable collective bargaining agreement）与本条规定的程序相当的程序的情况下，如果最初商定的报酬与作品或表演开发后产生的所有收入相比过低，作者和表演者或其代表可要求签订开发合同的一方或该方的权利继承人支付额外的、合理的和公平的报酬。

（五）未来创作作品相关的合同安排

一般来说，作品的创作与著作权的产生同时发生，在著作权合同缔结时往往都是以已经完成的作品作为合同的标的。但是在实践中也存在以未来将要创作的作品作为标的的著作权合同。在比较法上存在承认以将来创作的作品作为标的的著作权合同，不过对其条款存在严格的限制。如在《意大利著作权法》中就规定了针对未来创作的作品：如果未规定合同期限的话，以作者将来创作的任何作品为标的的合同无效（《意大利著作权法》第120条第1款）。以作者将来创作的作品为标的的排他性权利的转移，如果设置了超过10年的期限的无效（《意大利著作权法》第120条第2款）。一旦在将来时点作品被创作出来，但是没有规定交付出版者的期限时，出版者可以请求法院确定交付期限。司法当局可以视情况延长交付之期限（《意大利著作权法》第120条第3款）。同时比较法上也存在对于以将来创作的作品作为标的的著作权合同比较严格的立法例。如在《法国知识产权法典》中并不承认以将来创作的作品作为标的的著作权合同的效力，仅在出版合同中规定对于将来创作作品的出版，允许在合同中约定出版者享有优先出版权。这一条款的目的在于鼓励出版者挖掘新人作家，并优先收回将来创作作品的收益。

（六）未知作品利用方式的合同安排

在作者就其著作权转让或设定专有许可时可能会抽象地将其作品一切利用方式均予以转让或许可。但随着技术的发展，一些在缔结合同时尚无法预测到的作品使用方式可能会带来十分巨大的利益。此种情况下对于未知作品利用方式的利益安排在一些大陆法系国家往往通过著作权合同法而给予作者更多的保护。例如在《意大利著作权法》中就规定伴随着复制技术的进步，在出版合同缔结的时点，出现了并不为现行法上权利所覆盖的新的作品利用方式时，从保护作者的角度出发，视为合同中并未许可或转移该利用方式。在《法国知识产权法典》第L.131–6条中规定转让在合同缔结日无法预测，且没有预测到的作品新的利用形式的权利时，必须进行明确规定且必须约定就该利用方式产生的利益进行分配的条款。

二、出版合同与出版权

出版合同是著作权利用合同中最为古老和成熟的一类合同类型，可以说是著作权合同中的有名合同和典型形式。版权的保护始于对印刷商和出版商特权的保护，后来随着人权思想的兴起（背景是需要确保现代资产阶级的言论自由，以对抗王权授予特权的垄断），作为保护作者权利的版权制度也随之发展起来。但是，在现实的出版活动中，如果没有作为作品传播者的出版商的稳定活动，作品的传播是不可想象的。因此，作者在出版合同中采取专有权授予出版商的做法似乎是自然形成的。各国版权法或出版法中都规定的出版合同被认为是这种出版惯例的结果。在我国著作权法中对出版者赋予了其著作邻接权的一种就版式设计的专有权利，但是没有对于因出版合同而产生的出版权设置具有邻接权性质的专有权利。

三、转让合同

著作权的转让是指在不变更权利同一性的前提下，权利人将其权利终局性的转让于受让人，由受让人取得权利人之地位。为了保持权利的同一性，转让仅指权利的整体让与，不得分割其完整性而让与。在著作权领域之外，对此转让行为的效力，往往还以进行登记与否作为生效要件（《专利法》第 10 条,《商标法》第 42 条）〔1〕，而在著作权领域转让的效力并不以登记为生效要件。同时在著作权可以存在分割转让的情况，即将其分支权能分别进行转让利用。由于在著作权法上本身不存在强制性的备案规则，因此著作权案件中在处理二重转让问题上采取了纯时间优先原则。时间上在先的转让合同排斥在后的转让合同，在后受让人的作品使用行为仍须承担侵权责任。

四、许可合同

著作权人依法有权自己行使权利，可全部转让著作权或者分项许可他人在被许可的时间和地域范围内，按照约定的方式行使著作权。在《著作权法》下许可合同采取二分法，即专有许可合同与非专有许可合同，这不同于《商标法》及《专利法》中所采取的许可合同三分法，即独占许可合同、排他许可合同与普通许可合同。其中专有许可合同是指在约定的时间和地域范围内，仅许可一个被许可人以特定方式使用作品。其中专有许可使用权在司法实践中确立了其可以独立对侵权人行使诉权〔2〕；在非专有许可的被许可人是否享有诉权的问题上，既有的司法实践普遍地承认了非专有许可的被许可人享有独立诉权〔3〕。但是在并未明确阐述基于何种理由支持非专有许可的被许可人具有诉讼的主体资格。同时在《著作权法》中还存在依据合同约定享有的专有出版权（《著作权法》第 21 条），图书出版者对于著作权人交付出版的图书可以禁止他人出版（《著作权法》第 48 条）。

---

〔1〕 在强调转让登记作为生效要件的同时，司法实践中也承认转让登记具有公信力，即在某些条件下可以类推使用《物权法》第 106 条有关不动产及动产善意取得规范。如在青岛科尼乐机械设备有限公司诉隗寿宏专利侵权权属纠纷再审案［最高人民法院民事裁定书（2013）民申字第 2320 号］中就指出："已经获得授权的专利权主要是一种财产权，在性质上与物权类似，具有对世性。为保障交易安全，保护善意第三人的利益，如无例外规定，一般情况下该种权利的转让可以参考适用物权法关于物权善意取得的规定。"

〔2〕 如湖北鄂广信息网络有限公司与宁波成功多媒体通信有限公司侵害作品信息网络传播权纠纷上诉案［浙江省高级人民法院（2016）浙民终 368 号民事判决书］。

〔3〕 如在上海第一中级人民法院（2014）沪一中民五（知）终字第 85 号民事判决书中就指出：即使被上诉人是图片著作权的普通被许可人，但经权利人明确授权有权以自己的名义提起诉讼，被上诉人具有涉案作品展示、销售以及再许可的权利，其以自己的名义提起诉讼具有实体权利基础，并不构成纯粹的诉权转让。

专有许可合同并不以登记为生效或对抗要件。此时会出现著作权人二重放发专有许可的情况，如何处理二重放发专有许可时先后的被许可人的关系成为实践中关注的焦点。在著作权的情况下，一件作品可能切割出不同的市场，较为普遍的会出现分支权能的大量许可现象，因此对每项许可都进行登记的成本较高；著作权登记很难具有公示功能，在固定知识产权客体上，专利权采取专利号或商标权采取商标名称（文字商标还是占主流）或商标注册号就很容易实现搜索和固定权利的公示信息，但是在作品上却要花很高的成本进行固定。这样著作权交易本来就存在着较高的信息成本，即使是转让行为也不存在具有强制性的公示制度。这就要求被许可人自行承担不完备调查的风险。即使采取了登记公示制度，由于著作权的特性，事实上很难降低信息成本，反而会大幅增加建立登记制度的制度成本。因此在著作权领域采取"时间先后"原则是较为妥当的选择。当然此种"时间先后"制度下需要防止在诚信建设不完善的环境下，广泛存在倒签转让或专有许可合同的情况[1]。现实中针对倒签合同的情况只能通过文书鉴定签名及日期的方式。为了避免这一情况可以规定专有许可合同必须进行公证以固定签约时间，或现在区块链技术的发展使得固定合同签字日期已经成为成本很低的选择。因此在固定先后顺位，防止倒签方面应该可以大有所为。不管如何这些都是"时间先后"原则以外的因素，本身并不是否定"时间先后"原则的理由[2]。

五、质押合同

依据《民法典》第 440 条第 5 项之规定，著作权等知识产权中的财产权可以作为权利质权的标的出质。同时以著作权中的财产权出质的，质权自办理出质登记时设立。著作权中的财产权出质后，出质人不得转让或者许可他人使用，但是出质人与质权人协商同意的除外。出质人转让或者许可他人使用出质的知识产权中的财产权所得的价款，应当向质权人提前清偿债务或者提存（《民法典》第 444 条）。其中以著作权出质的，出质人和质权人应当订立书面质权合同，并由双方共同向登记机构（国家版权局）办理著作权质权登记（《著作权质权登记办法》第 4 条）。

六、著作权集体管理制度

著作权集体管理制度自其创立以来就被发展为保护著作权的同时促进作品使用的最佳方式之一。世界上最古老的著作权集体管理组织是法国戏剧作家和作曲家协会（SACD），其前身是成立于 1777 年的戏剧律师事务所。在音乐领域，法国作词家、作曲

---

〔1〕 徐翠：《重复授权情况下如何确定继受权利人——〈别说我的眼泪你无所谓〉词曲著作权重复授权纠纷案评析》，载《科技与法律》2011 年第 3 期。

〔2〕 如在国家广播电影电视总局电影卫星频道节目制作中心诉北京暴风科技股份有限公司侵害作品信息网络传播权纠纷案［北京市石景山区人民法院（2013）石民初字第 1929 号民事判决书］中指出："在重复授权的情况下，由于原告取得授权在先，被告取得授权在后，基于著作权归属的先后顺序，依据权利冲突解决中保护在先权利的原则，原告取得了涉案电影的独家信息网络传播权。鉴于著作权是绝对排他的权利，可以排除任何人的侵害，在原告在先取得授权的情况下，被告应当停止使用涉案电影。"

家和出版商协会（SACEM）成立于 1851 年。该协会是在赢得针对巴黎一家咖啡馆未经授权表演音乐作品的诉讼后成立的。此后，在欧洲音乐作品表演权的集体管理组织相继成立。

我国著作权集体管理制度的框架主要是由 2004 年国务院颁布的《著作权集体管理条例》确立的，该条例是《著作权法》的配套法规，其涉及的著作权集体管理制度设计及其运行规范。依据该条例之规定，著作权集体管理是指著作权集体管理组织经权利人授权，集中行使权利人的有关权利并以自己的名义进行的下列活动：与使用者订立著作权或者与著作权有关的权利许可使用合同；向使用者收取使用费；向权利人转付使用费；进行涉及著作权或者与著作权有关的权利的诉讼、仲裁等。其中著作权集体管理组织，是指为权利人的利益依法设立，根据权利人授权，对权利人的著作权或者与著作权有关的权利进行集体管理的社会团体。现有通过国家版权局批准设立的著作权集体管理组织有 5 家：中国音乐著作权协会（1992）、中国音像著作权集体管理协会（2008）、中国文字著作权协会（2008）、中国摄影著作权协会（2008）和中国电影著作权协会（2009）。

著作权集体管理组织行使权利的依据，是来源于权利人的授权；获得授权后，集体管理组织才可以自己的名义开展许可他人使用、代为收费以及主张权利等活动。现实中并非所有权利人都愿意加入著作权集体管理组织，在著作权人没有加入著作权集体管理组织时，也会存在一定的制度设计使得著作权集体管理组织代为管理其作品的著作权。这一制度设计一般被称为延伸性集体管理制度。是否引入该制度曾在我国著作权法修改过程中引起广泛的争议。延伸性集体管理制度是 20 世纪 60 年代北欧诸国为解决广播电台、电视台在播放视听作品时顺利取得授权而导入的。当时由于广播电视组织大量利用作品，尽管其取得了国内著作权管理组织的许可，但不得不就某一作品的著作权人是否为已获授权的著作权管理组织的会员进行逐一调查，并耗费较高的成本。为避免这一成本的发生，作为业界惯例，一般广播电视组织并不对著作权人是否为著作权管理组织的会员进行逐一调查，而著作权管理组织也为利用了非会员的作品时的损害赔偿提供担保。尽管事实上存在上述惯例，但是在本质上也没有改变广播电视组织侵犯非会员著作权的事实，并有可能承担刑事责任。因此为避免这一业界惯例与违法行为之间乖离现象的发生，北欧诸国导入了降低广播电视组织承担查询著作权人是否是著作权集体管理组织成员成本的延伸性集体管理制度。进入 20 世纪 80 年代，延伸性集体管理制度的对象又扩张到了以教育为目的的摄影作品复制。由于广播电视首次播放与教育目的摄影作品复制上采取延伸性集体管理制度取得了较好的社会效果，因此其对象逐渐扩展到企业内作品的复制、图书馆等所藏资料的数字典藏化以及以教育为目的的作品海量数字化。除了上述个别延伸性集体管理条款外，还存在一般延伸性集体管理条款（General ECL Provision），其典型例是 2008 年《丹麦著作权法》第 50 条第 2 款导入的事前适用范围不特定的一般延伸性集体管理制度。一般延伸性集体管理制度具有对于个别延伸性集体管理制度的兜底功能。即尽管某一利用行为不属于著作权集体管理组织与利用者间缔结的个别延伸集体管理合同范围之内，但是也予以扩张适用延伸集体管理制度。丹麦现在缔结的一般延伸性集体管理中包括电视台提供的电视节目时际转换服务中对作品的利用行为。[1]

一般认为延伸性集体管理制度在应对数字时代孤儿作品问题上有独特的优势。所谓的孤儿作品并不是一个著作权法上的概念。根据欧盟委员会的定义，孤儿作品是指著作权人的身份与所在难以确定或事实上不可能确定状态下并且依旧在著作权保护期限内的作品。对于作品的利用，原则上要事先取得著作权人的许可，而在著作权人不明的情况下，这种合法的许可获得行为则很难实现。特别是在海量数据化背景下对于纸质图书与模拟条件下音频、视频资料的电子档案化面临着巨大的障碍。

在利用延伸性集体管理制度处理孤儿作品问题时，首先，利用者在利用作品前无须事前谋求个别授权，因此得以降低海量数字化过程所需费用。该制度将权利人的搜寻成本转嫁到集体管理组织，并由集体管理组织承担分配许可费的成本。而集体管理组织可以将其平摊于运营成本之中，进而实现了与个别授权相比的效率性运营。其次，在延伸性集体管理制度下，只有在著作权人明示自己的作品不希望他人利用的意愿，即积极行使选择退出权的情况下，利用人才不能利用非会员作品。因此将作品的交易成本由利用者转嫁到权利人，即在选择退出制度下，不愿他人利用自己作品的权利人承担了在市场上监视他人对于自己作品利用的费用。

第八节　著作权和相关权的保护

一、侵权及其法律责任

不同于工业产权领域，著作权的产生采自动保护原则，并不需要公权力机关在权利得丧变更上的介入，因此著作权领域内并不存在权利是否成立的审批部门，而只是在权利被侵犯时在权利人寻求救济时需要存在执法部门。一般来说，著作权法制领域的主要执法部门包括行政执法过程中的行政机关；民事、行政与刑事司法过程中的法院及其他司法机关。

在民事诉讼、行政执法和刑事制裁的程序法设置上，一方面，在处理民事诉讼与行政执法时，如果行政执法程序已经处理的，后当事人又请求人民法院处理的，人民法院并不会拒绝处理；同时依据国家版权局于 2009 年 6 月发布的《著作权法行政处罚实施办法》第 11 条规定：对于《著作权法》第 48 条（现行《著作权法》第 53 条）所列举的违法行为，对于《计算机软件保护条例》第 24 条列举的违法行为，对于《信息网络传播权保护条例》第 18 条列举的侵权行为，如果同时损害了社会公共利益，著作权行政管理部门可以自行决定立案查处，或者根据有关部门移送的材料决定立案查处，也可

---

〔1〕小嶋崇弘『諸外国における著作物等の利用円滑化方策に関する調査研究報告書（平成 24 年度文化庁委託事業）』(株) 情報通信総合研究所（2013）。

以根据被侵权人、利害关系人或者其他知情人的投诉或者举报决定立案查处。按照这个规定，即使著作权人向民事法庭提起了侵权诉讼，只要著作权行政管理部门认为那些侵权行为同时损害了社会公共利益，也可以在必要的时候立案查处。

另一方面，在处理民事诉讼与刑事制裁时，一般采取“先刑后民”的原则。也就是依据最高人民法院《关于在审理经济纠纷案件中涉及经济犯罪嫌疑若干问题的规定》第10条至第12条规定：法院在审理经济纠纷案件时，发现有经济犯罪嫌疑或由公安机关或检察机关认为有经济犯罪嫌疑函告受理该案的法院的，经审查认为确有经济犯罪嫌疑的，应当将案件移送公安机关或检察机关。实践中，大多数知识产权犯罪案件均是由行政机关在行政执法中发现有经济犯罪嫌疑而移送公安机关的。

（一）行政责任与行政执法

从著作权领域的行政执法来看，众所周知，在对侵权行为的遏制方面，行政执法方式具有典型的中国特色。一般来说，权利人应当自行承担维权的成本，但是我国选择了可以由行政机关代权利人维护私权的模式。在著作权领域，根据《著作权法》第53条的规定，只有侵权行为同时损害公共利益时，主管著作权的行政机关才可以实施行政处罚措施，如责令停止侵害、没收违法所得、罚款等。同时依据第55条之规定，主管著作权的行政机关还可以在查处侵犯著作权案件时实施现场检查、查阅发票、账簿、实施查封扣押等。其中何种情况构成“损害公众利益”，在著作权法相关行政法规等中并未作出解释。对此应将其限定在“恶意侵权、反复侵权或以侵权为业”的情形，其他一般的著作权侵权行为应交由民事诉讼解决。

在《著作权法实施条例》第37条中规定：在全国有重大影响的侵权行为可以由国务院著作权行政管理部门查处；其他由地方人民政府著作权行政管理部门负责查处。值得注意的是，现行《著作权法实施条例》是2013年第二次修订后的文本，而依据2018年颁布的《深化党和国家机构改革方案》，已由中央宣传部统一管理新闻出版工作，其中包含了管理著作权的职权。这一机构改革的结果已经体现在了2020年修改后的《著作权法》中，即不再强调著作权行政管理部门，而是改用著作权主管部门。

（二）民事责任与民事司法

1. 著作权民事司法制度

著作权民事诉讼主要是民事主体就权利的归属和侵权与否发生的争议。在1993年之前，知识产权案件是由各级法院中的民事审判庭（该庭主要受理著作权归属和侵权纠纷案件）和经济审判庭（该庭主要受理商标权和专利权归属和侵权纠纷案件）审理的，当时并未成立专门的知识产权审判庭。自1993年以来，一些受理知识产权案件较多地区的法院内部开始独立设置了审理知识产权案件的知识产权审判庭，该庭在人事与财务上独立于民事审判庭和经济审判庭。现在在全国四级法院中，有420余个知识产权审判庭。其中，最高人民法院和各省级高级人民法院，均设有专门的知识产权审判庭，大约224个中级法院和167个基层法院，设立了知识产权审判庭或者与之相当的审判组织。著作权民事案件基本都在上述各级法院的知识产权审判庭进行审判。

在知识产权审判的专门化方面，主要的改革集中于技术类案件，其中计算机软件著作权案件作为技术类案件的一种是由专门法院来管辖，如在最高人民法院于 2014 年 10 月 27 日发布的《关于北京、上海、广州知识产权法院案件管辖的规定》中就指出三个知识产权法院管辖计算机软件等技术类知识产权的第一审民事案件。依据全国人大常委会的《关于在北京、上海和广州设立知识产权法院的决定》，知识产权法院属于中级人民法院。一方面，当事人对于知识产权法院作出的判决不服的，可以上诉到所在省相应的高级人民法院；另一方面，知识产权法院所在市的基层人民法院审理的著作权、商标权等民事和行政案件，当事人不服的可以上诉到知识产权法院。

在上诉法院的改革中，依据全国人大常务委员会于 2018 年 10 月 26 日作出《关于专利等知识产权案件诉讼程序若干问题的决定》，明确规定当事人对发明专利、实用新型专利、植物新品种、集成电路布图设计、技术秘密、计算机软件、垄断等技术性较强的民事、行政第一审判决、裁定不服，提起上诉的，由最高人民法院审理。为了落实这个决定，最高人民法院设立了一个专门受理上诉案件的“知识产权法庭”，已经于 2019 年 1 月开始受理案件。这个也就是建立了一个“飞跃上诉”制度，从中级法院直接上诉到最高法院，省略了各地分散的高级法院的管辖。

除了计算机软件著作权作为技术类案件的专门化管辖之外，我们还可以发现中国知识产权案件数量的一个典型特点，就是著作权案件占了所有知识产权案件中的 60% 以上，且每年的增长幅度极大。在著作权案件中网络著作权（主要是侵犯信息网络传播权）的案件又占有极高的比率。其中有一个背景是在网络著作权领域近年商业维权诉讼的发展势头迅猛，即版权代理服务公司、版权专门维权机构或知识产权律师与著作权人签订著作权转让或许可协议，获得某些著作财产权，或通过风险代理和利益分成方式等对著作权维权事务进行打包，以权利人名义进行规模化证据保全后大批量诉讼，分享诉讼赔偿款，形成著作权维权产业链。这种案件往往侵权事实十分简单，法律争点不多，但是数量十分庞大，在原有模式下给法院造成很大的审理负担（主要是摄影与音乐作品维权）。为了应对这种情况，在网络著作权纠纷较多的杭州市（2017 年）、北京市（2018 年）、广州市（2018 年）成立了“互联网法院”，三家法院集中管辖本辖区内的互联网著作权权属、侵权纠纷的一审裁判。

2. 著作权民事责任承担方式

著作权民事责任承担的主要方式包括：停止侵害、消除影响、赔礼道歉、赔偿损失以及没收和销毁侵权复制品等。

其中停止侵权是著作权侵权救济的一般规则，不停止侵权系例外。只有在令被告停止被诉侵权行为可能有悖公序良俗，或者违反比例原则的，才可以不判令停止侵害，不过也需要根据案件情况从高确定赔偿数额或者判令被告支付相应的对价。

尽管在《著作权法》第 52 条中将消除影响、赔礼道歉也作为侵犯著作权后应该承担民事责任的一般责任承担方式。但是一般认为只有在侵犯他人著作人身权时才有必要判令侵权人消除影响与赔礼道歉。具体针对的侵权形态包括：未经著作权人许可，发表其作品的；未经合作作者许可，将与他人合作创作的作品当作自己单独创作的作品发表的；没有参加创作，为谋取个人名利，在他人作品上署名的；歪曲、篡改他人作品的；

剽窃他人作品的。

侵权救济的实效性也往往取决于损害赔偿金计算规则的设置。与停止侵害救济不同，损害赔偿更多体现了救济的“回溯性”，也就是面向既已发生的“损害”进行评价。与有形财产所遭受“损害”的“可视化”不同，无形财产的损害往往以市场竞争为媒介，在数额评价上面临因果关系证明、证据获取、市场需求变化等因素影响。一方面，如果不能实现充分救济的话，考虑到针对侵权行为的监控、发现与执行成本，侵权人反而更易因侵权而获利，这将诱发侵权，最终使得侵权救济规则的设置无异于画饼充饥；另一方面，如果对这种损害进行过度评价的话，考虑到无形财产在效力范围上的不明确性，反而也会限制正当实施者进行商业活动的自由。《著作权法》第 54 条对损害赔偿的计算方式明确列举了实际损失、侵权获利、权利使用费、法定赔偿以及惩罚性赔偿 5 种方式。其中“实际损失”的计算宗旨就是填补“假如没有侵权行为，权利人本可达到的利益水平”与“因侵权行为的存在，导致丧失的利益”两者之间的差额。传统民法中在具体计算上通常将其界定为直接损失与间接损失两部分。其中，直接损失是指权利人现有财产的减少；间接损失为可得利益的减少。在著作权领域权利人的实际损失，可以根据权利人因侵权所造成复制品发行减少量或者侵权复制品销售量与权利人发行该复制品单位利润乘积计算。发行减少量难以确定的，按照侵权复制品市场销售量确定。侵权获利一般依据“侵权商品销售量 × 商品单位利润”。同时举证妨害规则较多适用于侵权获利的计算方法上，在权利人已经尽了必要举证责任，而与侵权行为相关的账簿、资料等主要由侵权人掌握的，可以责令侵权人提供与侵权行为相关的账簿、资料等；侵权人不提供，或者提供虚假的账簿、资料等的，人民法院可以参考权利人的主张和提供的证据确定赔偿数额。实践中在要件上权利人只须证明侵权人通过侵权行为获得了销量、收入或利润，但确切的数据无法从公开渠道获得，就满足了尽力举证或初步举证的要求。在权利人的实际损失或者侵权人的违法所得难以计算的，可以参照该权利使用费给予赔偿。权利人的实际损失、侵权人的违法所得、权利使用费难以计算的，由人民法院根据侵权行为的情节，判决给予 500 元以上 500 万元以下的赔偿。对故意侵犯著作权或者与著作权有关的权利，情节严重的，可以在按照实际损失、侵权获利、权利使用费确定数额的 1 倍以上 5 倍以下给予赔偿。同时赔偿数额还应当包括权利人为制止侵权行为所支付的合理开支，包括权利人或者委托代理人对侵权行为进行调查、取证的合理费用。同时人民法院根据当事人的诉讼请求和具体案情，可以将符合国家有关部门规定的律师费用计算在赔偿范围内。该费用应当在确定赔偿数额时单独计算。

没收和销毁侵权复制品的救济方式在《著作权法》第 54 条第 5 款中规定：人民法院审理著作权纠纷案件，应权利人请求，对侵权复制品，除特殊情况外，责令销毁；对主要用于制造侵权复制品的材料、工具、设备等，责令销毁，且不予补偿；或者在特殊情况下，责令禁止前述材料、工具、设备等进入商业渠道，且不予补偿。也就是当事人请求立即销毁侵权复制品以及主要用于生产或者制造侵权复制品的材料和工具，除特殊情况外，人民法院在民事诉讼中应当予以支持，在刑事诉讼中应当依职权责令销毁。在特殊情况下不宜销毁的，人民法院可以责令侵权人在商业渠道之外以适当方式对上述材料和工具予以处置，以尽可能消除进一步侵权的风险。而销毁或者处置费用由侵权人承担，侵权人请求补偿的，人民法院不予支持。

与民事侵权救济方式相关，在《最高人民法院关于审理著作权民事纠纷案件适用法律若干问题的解释》第 27 条中规定了侵犯著作权的诉讼时效，即侵害著作权的诉讼时效为 3 年，自著作权人知道或者应当知道权利受到损害以及义务人之日起计算。权利人超过 3 年起诉的，如果侵权行为在起诉时仍在持续，在该著作权保护期内，人民法院应当判决被告停止侵权行为；侵权损害赔偿数额应当自权利人向人民法院起诉之日起向前推算 3 年计算。该规定特别强调了持续性侵权诉讼时效的规则，这一规则在实际适用中对损害赔偿数额的计算会产生正反两方面的影响。在扩大损害赔偿方面，即使在侵权行为发生时权利人即已发现，但却超过 3 年才起诉的，只要能够证明侵权行为在起诉时仍持续存在，权利人仍可获得起诉之日起向前 3 年的损害赔偿。权利人不积极制止侵权，待侵权规模扩大后仍可以要求损害赔偿，这种规则设置明显存在不当之处。而在限缩损害赔偿方面，司法实践中也存在并未探寻权利人是否在知道或者应当知道权利受到损害后的 3 年内起诉，而是只要认定被告的侵权行为持续存在，就只给予原告自起诉之日起向前 3 年的损害赔偿。对此，在持续性侵权的处理上应回归诉讼时效的理解，也就是权利人知道或应知某个侵权行为后 3 年内起诉的，均不丧失时效利益，可以主张起诉之日起 3 年之前的损失；而对起诉时已罹于 3 年诉讼时效，如果在起诉时侵权行为仍持续存在的，才例外给予起诉时点向前推 3 年的损害赔偿。

此外，与损害赔偿救济方式相关，被控侵权人可以主张“合法来源抗辩”从而免除损害赔偿之责任。在《著作权法》第 59 条第 1 款规定：复制品的出版者、制作者不能证明其出版、制作有合法授权的，复制品的发行者或者视听作品、计算机软件、录音录像制品的复制品的出租者不能证明其发行、出租的复制品有合法来源的，应当承担法律责任。其中此处的法律责任并不是指所有侵权责任承担方式，而是仅指损害赔偿责任承担这一方式而言。

在合法来源抗辩成立后，所谓的不承担赔偿责任是否包含权利人维权合理开支，存在两种观点。一种观点认为，侵权人不用承担合理开支费用，即权利人为制止侵权行为所支付的合理开支即为赔偿数额的一部分，因此，合法来源抗辩成立后人民法院不宜再行判处销售者承担维权合理开支；另一种观点认为，侵权人应当承担合理开支费用，该种解释得到了司法实践的普遍支持。

（三）刑事责任与刑事司法

从知识产权刑法的保护法益看，存在单一法益说与双重法益说。在以保护他人的著作权为基础的单一法益说下，刑法的保护法益就是为了便于保护他人著作权，而不是单纯保护国家的著作权管理制度。但是如果采取这一学说的话，凡是在著作权法中列明的侵权行为都应该纳入刑法规制的范畴，但是事实是尽管通过解释在不断扩充我国侵犯著作权罪的适用范围，但是仍然仅是将其中一部分侵权行为纳入了刑法规制的范畴，并且在主观要件与认罪数额标准上设置了门槛性的要件。这样来看，知识产权的刑法保护法益不仅仅是著作权人的民事权利，还包含了公益性质的目的，因此双重法益说更加具有说服性。而在双重法益说下何种侵权行为应该纳入刑法规制的范围则取决于行使规制相比于民事规制的优势之上。

对于某一侵权行为，采取刑法规制与民事规制相比，其优势就在于可以具有实效性的予以执行。对于使得分散性存在的个别性轻微损害易于产生集聚效果的主体通过刑法的规制也可以起到效率性抑制侵权行为的效果。但是刑法规制产生实效性的前提条件在于搜查起诉机关、侵权人、一般公众等对于上述行为明确知晓其构成犯罪。如果搜查机关对于侵权与否尚不明确，或者判断的成本极高，一旦起诉后经法院审理有可能宣告无罪的话，将浪费大量的成本。即使最终得到有罪判决，如果并不能使得相关公众产生行使同样的行为也将会受到同样处罚的明确认知的话，也起不到刑法一般预防的效果。这也是对于专利权侵权行为并不设置刑法规制的主要原因。另一方面，刑法规制最大的弊端就在于可能会产生对于从事某种行为的寒蝉效应。可能会导致不明确自己行为是否一定侵权的主体放弃从事某种行动的自由。特别是某种行动的自由不仅关涉私益，更具有促进公益的外部性时，刑法的寒蝉效应的影响可能加倍放大。刑法规制同时也需要调动公共资源，由全民承担对于违法行为的惩治成本，从这个角度也需要更加审慎地设置刑法规制行为的范围。

著作权刑事规范主要依据《刑法》第三章破坏社会主义市场经济秩序罪中第七节侵犯知识产权罪中的第 217 条侵犯著作权罪与第 218 条销售侵权复制品罪。尽管在《著作权法》第 53 条项下所罗列的八类侵犯著作权的行为，如果构成犯罪的，依法追究刑事责任。但是在《刑法》第 217 条中仅针对其中的六种情形规定了罪状与法定刑（在 2021 年《刑法修正案（十一）》前是四种行为）。现实中大多数著作权刑事案件都是先由行政执法机关介入查处，然后交由公安机关侦查、检察机关起诉，最后由刑事法庭审理和做出判决的。

其中，现行《刑法》第 217 条中的“复制发行”概念来源于 1994 年的《全国人大常委会关于惩治侵犯著作权的犯罪的决定》，而“复制发行”则来源于 1990 年颁布的《著作权法》第 46 条。由于“复制发行”之间没有标点符号，因此有观点认为应该将其解释为“既复制且发行”。论者所述理由在于《刑法》第 218 条规定了销售侵权复制品罪，且其定罪标准为“违法所得数额巨大”，相比于第 217 条所规定的侵犯著作权罪的定罪标准“违法所得数额较大或者有其他严重情节的”来说，存在某一行为构成第 217 条的侵犯著作权罪，而不构成第 218 条的销售侵权复制品的情形，因此有必要对于二者所适用的行为进行区分。如果将第 217 条中的“复制发行”解释为单纯的发行行为就可以满足的话，则第 218 条中提高定罪标准而出罪的意义就不复存在了。第 217 条采取了较低的入罪标准的意义就在于，相比于单纯的销售侵权复制品的行为，既从事了复制又进行发行的应该给予更为严厉的规制。

但是司法解释并没有沿着上述体系化的解释论发展，而是不断扩展了“复制发行”的范围，即在《最高人民法院关于审理非法出版物刑事案件具体应用法律若干问题的解释》（法释〔1998〕30 号）第 3 条、《最高人民法院、最高人民检察院关于办理侵犯知识产权刑事案件具体应用法律若干问题的解释（二）》（法释〔2007〕6 号）第 2 条中均指出了《刑法》第 217 条侵犯著作权罪中的"复制发行"，包括复制、发行或者既复制又发行的行为。同时在《最高人民法院、最高人民检察院、公安部关于办理侵犯知识产权刑事案件适用法律若干问题的意见》(法发〔2011〕3 号)第 12 条中对于"发行"包括总发行、批发、零售、通过信息网络传播以及出租、展销等活动。在《刑法修正案(十一)》中，将第 217 条第 1 项规定修改为：未经著作权人许可，复制发行、通过信息网络向公众传播其文字作品、音乐、美术、视听作品、计算机软件及法律、行政法规规定的其他作品的。

侵犯著作权罪中的有关"违法所得数额"与"非法经营数额"的规定是我国在犯罪构成上的"刑事责任门槛"。也就是说，在我国并不是所有著作权侵权行为都会纳入刑事责任的范畴之内。对此，在 TRIPs 协定第 61 条中规定了：成员方应规定刑事程序和惩罚，至少适用于具有商业规模的故意的商标仿冒和盗版案件。其中对于"商业规模"的解释，在"中国——影响知识产权保护和实施的措施案"中，专家组发现，当侵权低于根据侵权货物营业额、利润、销售额或侵权货物复制品所统计的数量门槛时，中国刑事措施排除了这些著作权侵权的刑事责任，但这一事实本身不足以得出措施违反 TRIPs 协定的结论，因为第 61 条并没有要求成员对所有著作权侵权进行刑事处罚。专家组认为，"规模"是定量的，而"商业"是定性的，如果仅考虑定性，"商业规模"就变成了"商业"，"规模"这一术语就失去了意义，这种解释方法不符合条约解释的规则。专家组根据制定 TRIPs 的立法沿革指出，条约谈判者当初就不同意将第 61 条第 1 句规定成"商业目的"的故意盗版行为。作为结论专家组指出：当满足"商业规模"的 TRIPs 协定标准在中国适用时，美国提交的事实证据并不能充分证明案件是否排除适用刑事责任。

在比较法上的确存在并不对侵犯著作权罪设置数量门槛的实践，也就是只强调主观故意就可以给予刑事责任。但是在这些国家由于侵犯著作权罪都纳入自诉案件的范围之内，国家并不主动针对这些行为进行公诉，往往也是达到了一定商业规模的盗版行为著作权人才给予自诉，因此也在一定程度上考虑了刑事责任门槛的问题。

回到我国《刑法》第 217 条侵犯著作权罪中针对定罪标准，依据不同量刑幅度设置了两种基准：一是违法所得数额较大或者有其他严重情节的，处 3 年以下有期徒刑或者拘役，并处或者单处罚金；二是违法所得数额巨大或者有其他特别严重情节的，处 3 年以上 7 年以下有期徒刑，并处罚金。前者要求"违法所得数额三万元以上的"，而有其他严重情节的包括"非法经营数额五万元以上的"；后者要求违法所得数额在 15 万元以上的，而有其他特别严重情节包括"非法经营数额在二十五万元以上的"。

其中对于刑法中"违法所得数额"的解释，在《最高人民法院关于审理生产、销售伪劣产品刑事案件如何认定"违法所得数额"的批复》(法复〔1995〕3 号)中指出，"违法所得数额"，是指生产、销售伪劣产品获利的数额。结合到侵犯著作权罪的情况下，就是被告人侵权所获利的数额。

在著作权侵权损害赔偿数额计算中，侵害利得作为一种重要的数额计算方法有其固有的衡量标准。在侵权人利润计算上，司法实践往往采取"净利润"的概念，也就是扣除了固定成本后的利润。但是从著作权人因侵权行为所丧失的利益来看，假设没有侵权行为的话，如果被控侵权产品的市场需求全部由著作权人满足的话，由于固定成本并不会因为产品销量的增加而产生比例性的变化，对著作权人来说是不会增加投入这些成本的，因此对同一市场需求，由著作权人来满足或由被控侵权人来满足，在利润计算上产生明显区别。如果按照“净利润”的概念计算侵害者利得的话，使得著作权人可获得的赔偿数额不足以弥补其市场价值。因此在此处的所获利润应该采取“边际利润”的概念。具体来说，著作权人只需要证明侵权人的“毛利润”，也就是收入减去成本的数额，就推定为侵害者利得。而由“毛利润”到“净利润”间所扣除的包括固定费、管理费在内的费用，则由侵权人负有举证责任。侵权人所证明的自己所实际支出的费用数额并不能立刻予以在“毛利润”中扣减，而是判断这些费用从权利人角度来看是否也是必须支出的。举例来说，假设没有侵权行为，如果被控侵权产品的市场需求全部由著作权人满足的话，由于著作权人增加满足市场需求的生产量时，一部分管理费用并不会因为产品销量的增加而产生比例性的变化，对于著作权人来说是不会增加投入这些费用的，因此对于同一市场需求，由著作权人来满足或由被控侵权人来满足，在“净利润”计算上不应扣除这些对于专利权人来说并没有增加的费用，因此相比于扣除这些费用后的“净利润”，“边际利润”的数额会相应地提高。而这种著作权侵权损害赔偿数额计算中的侵害者利得计算方法也可以同样适用于刑法考量“违法所得数额”的计算之中。

二、侵权行为的主要类型

在著作权法理论中，始终存在着“直接侵权行为”与“间接侵权行为”的划分，而这种划分就根源于著作权侵权构成的特殊构造之上，即著作权法并不是对于作品的一切利用行为赋予排他权，而仅仅针对法定的某些利用行为设置了“专属领地”，只有未经许可实施这些法定利用行为，并在缺乏法律上的免责事由的情况下，才构成对于著作权的“直接侵权”。一般来说，这种“直接侵权”的构成是围绕“复制权”与“向公众传播权”两大支柱建立的。而第三人对于这两大权项侵权行为的教唆帮助与参与支持行为，除非在一国著作权法中存在对此规制的明文规定，否则只能寄希望于通过民法上的共同侵权行为或规制侵权行为的一般条款予以解决。如果依据民法规则处理“间接行为”侵权构成的话，与专利法上处理“直接”侵权行为与“间接”侵权行为关系问题上可能存在的“独立说”构成不同，普遍认为应该依据“从属说”处理直接侵权行为与间接侵权行为之间的关系。即在专利法上处理专利零部件提供商间接侵权责任时通过施加“专门用于侵权用途”要件，就可以起到脱离直接侵权行为独立追究间接行为人责任的救济实效性；而“专门用于侵权用途”这一要件在著作权间接侵权责任追及过程中几乎难以起到任何规范作用，因为几乎没有哪种供作品利用者使用的设施或服务是不具备实质非侵权用途的，故而著作权间接行为的违法性基础只能来源于间接行为人对于直接行为违法性的主观认识程度。如果脱离了直接侵权行为的违法性而追究间接行为侵权构成的话，将会导致著作权法上以法定利用行为的实施为侵权要件的构造被突破，使得第三人丧失对于自身行为违法与否的可预见性，进而阻碍促进作品复制与流通的创新活动的展开。

（一）直接侵权

著作权直接侵权的构成要件为“接触 + 实质相似 + 法定利用行为”。其中任何侵犯著作权的行为必然都实质呈现了作品的创造性表达，但并不是所有实质呈现了作品创造性表达的行为都构成著作权侵权行为。著作权侵权构成存在一种特殊构造，即著作权法并不是对作品的一切利用行为赋予排他权，而仅仅针对某些法定的利用行为设置了“专属领地”，只有未经许可实施这些法定利用行为，并在缺乏法律上免责事由的情况下，才构成著作权侵权。从著作权法的宗旨来看，建立一种与作品的使用价值相对应的对价回流机制应该是最为恰当的，也就是利用者每享受一次作品中的创作性表达，就实现了人类在科学、艺术、文化等领域的愉悦，因此就应该征收一次对价。但现实中对利用行为的每次计价无异于大海捞针，即使勉强作出了按次计价的制度，也会因无力执行而使该等制度无异于具文。另一方面针对最终利用者实施的每次利用监控也干预了其私人世界，侵犯了必须划定的私人自由空间。因此著作权法从建立之初就只是针对作品使用行为的一小部分设置排他权。而从实质相似角度看，不管是侵犯了哪种法定排他权，实施了哪种法定利用行为都必然的“复制”了作品的创作性表达。只是具体的实施行为导致的法定利用行为的归类不同。

《著作权法》中的直接侵权行为类型规定在第 52 条中，主要包括：未经著作权人许可，发表其作品的；未经合作作者许可，将与他人合作创作的作品当作自己单独创作的作品发表的；没有参加创作，为谋取个人名利，在他人作品上署名的；歪曲、篡改他人作品的；剽窃他人作品的；未经著作权人许可，以展览、摄制视听作品的方法使用作品，或者以改编、翻译、注释等方式使用作品的，本法另有规定的除外；使用他人作品，应当支付报酬而未支付的；未经视听作品、计算机软件、录音录像制品的著作权人、表演者或者录音录像制作者许可，出租其作品或者录音录像制品的原件或者复制件的，本法另有规定的除外；未经出版者许可，使用其出版的图书、期刊的版式设计的；未经表演者许可，从现场直播或者公开传送其现场表演，或者录制其表演的；其他侵犯著作权以及与著作权有关的权利的行为。

其中剽窃他人作品作为独立的一种直接侵权行为，对剽窃行为的解释只在国家版权局版权管理司的答复中给予了一个不具有拘束力的解答。即在《国家版权局版权管理司关于如何认定抄袭行为给 ×× 市版权局的答复》（权司〔1999〕第 6 号）中指出：著作权法所称抄袭、剽窃，是同一概念，指将他人作品或者作品的片段窃为己有。从抄袭的形式看，有原封不动或者基本原封不动地复制他人作品的行为，也有经改头换面后将他人受著作权保护的独创成分窃为己有的行为，前者在著作权执法领域被称为低级抄袭，后者被称为高级抄袭。低级抄袭的认定比较容易。高级抄袭需经过认真辨别，甚至需经过专家鉴定后方能认定。在著作权执法方面常遇到的高级抄袭有：改变作品的类型将他人创作的作品当作自己独立创作的作品，例如将小说改成电影；不改变作品的类型，但是利用作品中受著作权保护的成分并改变作品的具体表现形式，将他人创作的作品当作自己独立创作的作品，例如利用他人创作的电视剧本原创的情节、内容，经过改头换面后当作自己独立创作的电视剧本。

（二）间接侵权

著作权间接侵权一般集中探讨网络服务提供者的责任承担问题。著作权人在面对网络平台上存在侵权作品时存在两种救济途径，其一是要求停止侵权行为的存在，其二是要求对其损害承担损害赔偿责任。由于停止侵害请求是面向将来，在著作权人承担了侵权作品的发现成本时，不管是著作权人采取了侵权警告的形式，还是采取了诉讼的形式，且侵权作品在平台上的存储与发布的事实得以确认，网络服务提供者均承担了删除侵权作品，停止其继续发布的义务。对于损害赔偿责任来说，是面向过去既已发生的损害事实的评价，根据侵权行为责任承担的一般原则，网络服务提供者仅在存在故意或过失的情况下，才承担损害赔偿责任，而不是采取严格责任的构成。这也是维护平台存续，促进多样化言论自由的体现。这样的话，问题的关键就在于在帮助侵权的框架下评价网络服务提供者在多大程度上知道或应当知道侵权作品的存在。其中最为严格的情况是将侵权作品存在与否的发现责任由著作权人转移到网络服务提供者一方，网络服务提供者承担了主动的过滤等义务。如果网络服务提供者没有履行主动过滤义务则就该承担间接侵权责任。而对于网络服务提供者来说最为宽松的则是完全以“通知—删除”作为评价主观状态的方式，这样发现侵权作品存在的成本完全转移到著作权人一方，网络服务提供者仅在接收到侵权通知，并履行相应程序删除作品后，就不再承担损害赔偿责任。只有其在接到通知后仍旧放任侵权作品的存储与发布，才承担连带责任。当然在这两级之间，存在红旗标准、侵权责任法上“过失”判断的一般准则等一系列处于中间状态的判断标准。

三、破坏技术措施与删改权利管理信息的责任

（一）破坏技术措施的责任

数字技术不仅使得利用者可以便捷地接触并使用作品，也为权利人控制作品的利用形式提供了自助实现的可能性。特别是权利人通过技术保护措施的开发与利用，使其可以控制其作品是否被接触、复制或传输。这一事实上的排他权可能导致对于原本属于公众合理使用范围内的作品利用行为被排除。由于运用技术保护措施需要付出高昂的成本，更会面临新技术手段的突破。为了避免因陷入技术比拼而无谓地增加成本，著作权人更多地将希望寄托于通过立法手段以及国际条约的缔结来维护自身的利益。关于技术保护措施的立法最早出现于 WCT 与 WPPT。其中在 WCT 第 11 条以及 WPPT 第 18 条中对于缔约各方以适当的法律保护和有效的法律补救办法，制止规避由作者为行使本条约或《伯尔尼公约》所规定的权利而使用的、对其作品进行未经该有关作者许可或未由法律准许的行为加以约束的有效技术措施的一般性条约义务。由于该规定未明确技术保护措施与权利限制规定的关系，因此对于这一问题一般交由各缔约国裁量决定。

有关技术措施是在 2020 年修改前的《著作权法》第 48 条第 6 项中规定：“未经著作权人或者与著作权有关的权利人许可，故意避开或者破坏权利人为其作品、录音录像制品等采取的保护著作权或者与著作权有关的权利的技术措施的，法律、行政法规另有规定的除外。”从该项规定的构成来看，禁止的是他人实施的避开或者破坏的行为，针

对的对象是为保护著作权或者与著作权有关的技术措施。

2020 年修改后的《著作权法》在第 49 条中规定“未经权利人许可，任何组织或者个人不得故意避开或者破坏技术措施，不得以避开或者破坏技术措施为目的制造、进口或者向公众提供有关装置或者部件，不得故意为他人避开或者破坏技术措施提供技术服务。但是，法律、行政法规规定可以避开的情形除外”。

根据这一修改，规制破坏技术措施的行为不再限于规制直接从事避开或破坏的行为，还包括为违法行为提供工具与手段的行为。而在此前的《著作权法》及其相关规定中对此点并不明确。其中在《信息网络传播权保护条例》第 4 条第 2 款中除了禁止任何组织或者个人从事的直接破坏技术措施行为，也规定了不得故意制造、进口或者向公众提供主要用于避开或者破坏技术措施的装置或者部件，不得故意为他人避开或者破坏技术措施提供技术服务。在这点上也就是将提供教唆帮助的间接行为也纳入了违法行为的规制范围之内。但由于《信息网络传播权保护条例》是授权立法，其对技术措施的保护不能超出《著作权法》的规定，因此《著作权法》第 48 条第 6 项中所称的提供规避手段的行为，不仅包括直接规避行为，也包括间接规避行为。从原理上看，著作权法应该放弃规制直接破解技术保护措施的行为，而仅规制向公众提供破解技术措施的工具与服务的行为。也就是脱离直接规避行为的违法性，独立地评价向公众提供破解技术措施行为的违法性。当著作权人通过技术措施可以实现自力救济时，由于向公众提供的轻易可以破解技术措施的工具的扩散导致不特定多数用户行为的累积效应，因此防止这种损害的最佳方法是禁止向公众提供规避手段。因此浏览、欣赏、运行作品的行为都可以看作是与著作权相关的利益，在这些利益上施加了技术保护措施的话，如果他人传播破解工具或提供破解服务，就可以直接规制这类行为。

（二）删改权利管理信息的责任

在《著作权法》第 51 条中规定了对权利管理信息的保护，即未经权利人许可，不得进行下列行为：故意删除或者改变作品、版式设计、表演、录音录像制品或者广播、电视上的权利管理信息，但由于技术上的原因无法避免的除外；知道或者应当知道作品、版式设计、表演、录音录像制品或者广播、电视上的权利管理信息未经许可被删除或者改变，仍然向公众提供。该规定是依据 1996 年的 WCT 与 WPPT 之规定而引入的。在该国际公约中规定的“权利管理信息”系指识别作品、作品的作者、对作品拥有任何权利的所有人的信息，或有关作品使用的条款和条件的信息和代表此种信息的任何数字或代码，各该项信息均附于作品的每件复制品上或在作品向公众进行传播时出现。而上述公约的缔约方应规定适当和有效的法律补救办法，制止任何人明知或就民事补救而言有合理根据知道其行为会诱使、促成、便利或包庇对本条约或《伯尔尼公约》所涵盖的任何权利的侵犯而故意从事以下行为：（ⅰ）未经许可去除或改变任何权利管理的电子信息；（ⅱ）未经许可发行、为发行目的的进口、广播或向公众传播明知已被未经许可去除或改变权利管理电子信息的作品或作品的复制品。权利管理信息主要是用于展示和使他人识别作品、权利人、权利归属、使用条件等信息的目的。而法律上对于权利管理信息的保护主要分为直接规制与间接规制。直接规制主要是禁止故意删改权利管理信息的行为；而间接规制主要是指知道或者应当知道作品、版式设计、表演、录音录像制品或者广播、电视上的权利管理信息未经许可被删除或者改变，仍然向公众提供。

对于违反著作权法关于规制删改权利管理信息的规定后除了承担民事责任外，还会承担行政责任，即在《著作权法》第 53 条中规定侵权行为同时损害公共利益的，由主管著作权的部门责令停止侵权行为，予以警告，没收违法所得，没收、无害化销毁处理侵权复制品以及主要用于制作侵权复制品的材料、工具、设备等，违法经营额 5 万元以上的，可以并处违法经营额 1 倍以上 5 倍以下的罚款；没有违法经营额、违法经营额难以计算或者不足 5 万元的，可以并处 25 万元以下的罚款。但违反该规定尚不存在承担刑事责任的规定。

重要名词术语

作品、独创性、思想表达二分法、作者、法人作品、著作财产权、著作人身权、合理使用、法定许可、著作权集体管理、剽窃、网络服务提供者、技术保护措施、权利管理信息

思考题

1. 著作权制度的正当性基础是什么？
2. 著作权的保护客体是什么？
3. 哪些信息不受著作权法保护？
4. 著作权法所保护的作品有哪些种类？
5. 如何认定职务作品？
6. 侵害作者署名权和假冒署名是一回事吗？
7. 美术作品原件持有人的展览权怎么行使？
8. 使用他人影视作品截图或片段解说视听作品侵权吗？
9. 著作权被侵权之后权利人可以获得哪些救济？
10. 侵犯著作权罪的条件是什么？

典型案例分析

案例一

《我的前半生》一书是爱新觉罗·溥仪的自传体作品，在该书的写作出版过程中，李文达根据组织的指派，曾帮助溥仪修改出书，李文达在该书的成书过程中付出了辛勤的劳动。对于李文达的贡献是否可以与溥仪构成该书的合作作者？[1]

---

〔1〕 李淑贤诉王滢、李金西、李金河、李海侵犯著作权纠纷案，北京市高级人民法院民事判决书（1995）高知终字第 18 号。

在判断合作作品的构成要件中，特别强调“合作意图”。而“合作意图”中又包含两个方面的判断：一是共同完成一个作品的意图；二是互相认定对方为合作作品的合作者的意图[1]。即使双方存在共同完成一个作品的意图，但也不一定存在相互认定对方为这个作品的合作作者的意图。在“《我的前半生》案”中法院的最终判断是：“《我的前半生》一书从修改到出版的整个过程都是在有关部门的组织下进行的，李文达是由组织指派帮助溥仪修改出书，故李文达与溥仪不存在合作创作的事实。《我的前半生》一书既是由溥仪署名，又是溥仪以第一人称叙述亲身经历为内容的自传体文学作品；该书的形式及内容均与溥仪个人身份联系在一起，它反映了溥仪思想改造的过程和成果，体现了溥仪的个人意志；该书的舆论评价和社会责任也由其个人承担；因此，根据该书写作的具体背景和有关情况，溥仪应是《我的前半生》一书的唯一作者。”从该判决中可以看出尽管存在溥仪与李文达共同创作一个作品的意图，但是从一系列事实来看，双方并未形成互相认定对方为该作品的合作作品的意图。如仅由溥仪署名、李文达是由组织指派修改出书、溥仪的自传体文学作品等。

以此案为契机，在最高人民法院《关于审理著作权民事纠纷案件适用法律若干问题的解释（2020 年修正）》（法释〔2020〕19 号）中专门对于自传体作品的权利归属作出了规定，即在第 14 条中指出：当事人合意以特定人物经历为题材完成的自传体作品，当事人对著作权权属有约定的，依其约定；没有约定的，著作权归该特定人物享有，执笔人或整理人对作品完成付出劳动的，著作权人可以向其支付适当的报酬。也就是并不将这种类别的作品视为口述者和整理人间的合作作品。

案例二

“IPTV 回看”主要是指由广电部门接收卫视的频道信号，通过电信的 IPTV 专用网络定向传输通道，将直播流不加任何删改地进行 72 小时缓存，自动覆盖、删除，从而实现向局域网内用户提供 72 小时限时电视节目回看。请问该种服务构成广播权还是信息网络传播权的侵害？

对于上述“IPTV 回看”服务在著作权法上的定性问题，近期一系列司法实践间存在不同的看法。其中有判决认为：“IPTV 回看”模式实质上是利用电信运营商的通信网络，以专网方式定向传输广播节目开展的有线电视业务，自动、完整传输直播节目并滚动保留 72 小时的传播行为本质上是广播电视业务结合回看技术后全新业务形态，是广播电视在新媒体领域的重要延伸，符合国家的三网融合政策及相关规定。“IPTV 回看”既有时间限制，又有地点限定，仍属广播行为而非信息网络传播行为[2]。与此相对照，也有判决认为：提供涉案作品“回看”服务的行为落入了信息网络传播权的控制范畴。“回看”不同于直播，它为用户提供了一种回溯式的、可重复的观看体验，用户通过点击

---

〔1〕 崔国斌：《著作权法：原理与案例》，北京大学出版社 2014 年版，第 268 页。

〔2〕 西藏乐视网信息技术有限公司与中国电信股份有限公司杭州分公司侵害作品信息网络传播权纠纷案，浙江省杭州市中级人民法院民事判决书（2019）浙 01 民终 10859 号。

“回看”按钮即可在线观看存储于被告服务器中的涉案作品，与通常而言的内容服务提供者所提供的在线播放服务并无本质区别〔1〕。

那么应该就“IPTV 回看”服务如何区分广播权与信息网络传播权控制的行为呢？区分的关键在于是否受到传播时间的控制，也就是信息网络传播权所控制的传播方式允许个人在其选定的时间享受作品；而广播权所控制的传播方式是实时传播，不允许个人在其选定的时间欣赏作品〔2〕。就“IPTV 回看“而言，需要分析是否属于广播权控制的行为，即以有线或者无线方式公开传播作品、以有线或者无线方式转播以及通过扩音器或者其他传送符号、声音、图像的类似工具向公众传播广播的作品。其中，转播是指实时转播，“IPTV 回看”与初始广播间存在时间差，因此难谓“转播”。那么“IPTV 回看”是否属于网络直播呢？对此判断则取决于不特定多数公众能否在自己选定的时间欣赏作品，尽管“IPTV 回看”仍然是按照初始广播时的节目顺序，同时仅在 72 小时内可以欣赏。但是在 72 小时内，相关公众可以打破初始广播的节目顺序，选择反复仅欣赏个人选定的节目。因此这种播放方式符合信息网络传播权的特点，并不属于网络直播。这样应该将“IPTV 回看”服务定性为信息网络传播权，提供该服务的机构需要获得信息网络传播权的许可。

案例三

王某为牟取非法利益，先后开设五家网站，未经授权，将大量 ISO、IEC 等国际标准目录进行分类上传至网站，明码标价，对外销售上述国际标准文件。购买者在网站进行购买操作后，向被告人王某注册或控制的账号进行交易支付，王某通过邮件方式向购买者发送其购买的国际标准文件。王某通过信息网络传播国际标准文件的行为是否构成《刑法》第 217 条所规定的侵犯著作权罪？

《著作权法》第 5 条规定：“本法不适用于：（一）法律、法规，国家机关的决议、决定、命令和其他具有立法、行政、司法性质的文件，及其官方正式译文；（二）单纯事实信息；（三）历法、通用数表、通用表格和公式。”其中标准化活动作为经济活动的重要一环，具有极强的公益属性。技术标准经法律、法规等的引用而具有技术基准的效力，从而成为国民必须遵守的具有强制力的规范。对此将其纳入《著作权法》第 5 条中的其他具有立法、行政、司法性质的文件之列不存在太多异议。就国际标准来看，在制定主体上是由国际标准化组织主导下制定的，在其效力上，根据《WTO/TBT 协定》第 2.4 条的规定：如需制定技术法规，而有关国际标准已经存在或即将拟就，则各成员应使用这些国际标准或其中的相关部分作为其技术法规的基础，除非这些国际标准或其中的相关部分对达到其追求的合法目标无效或不适当，例如由于基本气候因素或地理因素或基本技术问题。因此 WTO 协定的各成员方承担了优先采纳国际标准的义务，从而实现消

---

〔1〕 爱上电视传媒北京有限公司等与北京爱奇艺科技有限公司著作权权属侵权纠纷案，北京知识产权法院民事判决书（2019）京 73 民终 3778 号。

〔2〕 张伟君：《广播权与表演权和信息网络传播权的关系辨析》，载《苏州大学学报（法学版）》2020 年第 2 期。

弭各国采取不同技术标准而对于国际贸易带来的阻碍。从这个角度看，国际标准因为涉及国民的权利义务，应为更加广泛范围的国民所知晓，因此不应受到著作权的保护。

但是各标准化组织均强烈要求对其制定的国际标准给予著作权保护，并与各标准化组织成员国签署了国际条约。以国际标准化组织（ISO）为例，在1993年1月1日生效的ISO与IEC（国际电工委员会）共同制定并发布的《ISO/IEC共同版权、文本使用权和销售政策》（简称ISO/IEC POCOSA 1993）中就将成员国在本国内对于标准化文件给予版权保护作为了一项条约义务。经过不断修改的POCOSA协定中最为重要的一项义务就是：ISO的出版物和国家采用的ISO标准，或者其中的部分内容，坚决不能向第三方免费提供，这旨在禁止ISO标准和国家采用的标准通过免费上网而获得，这是ISO成员必须要承担的义务之一。因此从这个角度看，对于国际标准化组织所制定的国际标准应依据其版权保护政策，以及是否存在成员国条约义务要求而判断在一国内是否享有著作权保护。作为国际标准化组织的成员方，我国应履行保护国际标准的国际义务，某一国内的标准化组织及其授权的出版社的出版行为可以理解为代表国际标准化组织实施著作权。因此王某以营利为目的，未经著作权人许可，通过信息网络传播国际标准文件的行为，已构成侵犯著作权罪。

第三章　专利法

【内容提示】

通俗地讲，专利权就是权利人对其发明创造排除他人商业化利用的权利。在科技创新的过程中，投资者在创新研发过程中往往付出大量人力、物力、财力成本，才能开发出相应的发明创造，但相关发明创造成果一旦公开之后便极易被竞争者模仿复制，导致权利人难以及时地获得相应利润回报、回收投资，因此专利制度赋予创新者对其发明创造的排他性权利，在一定时期内允许创新者排除他人对此发明创造的开发利用，独享发明创造的市场收益，从而激励创新。早在十三四世纪，技术成为一类生产要素且具有财产价值，专利制度即在西方国家产生，并伴随着历次工业革命发展而重要性日益凸显且制度不断成熟，在全球化时代更是发展成一项国际通行制度，成为国际贸易体系发展的基石之一。

我国专利制度于改革开放之后才真正建立和实施，1984 年 3 月 12 日第六届全国人大常委会第四次会议审议通过《专利法》，正式宣告我国专利制度建立。作为一项法律制度，我国专利制度建构的法律渊源主要包括五个方面：（1）法律，即《专利法》；（2）行政法规，包括《专利法实施细则》《专利代理条例》《国防专利条例》；（3）部门规章，包括《专利审查指南》《专利代理管理办法》等；（4）各地出台的地方性法规和地方政府规章，如《北京市知识产权保护条例》《安徽省知识产权保护办法》等；（5）最高人民法院出台的司法解释，如《最高人民法院关于审理侵犯专利权纠纷案件应用法律若干问题的解释》《最高人民法院关于审理专利授权确权行政案件适用法律若干问题的规定（一）》等。相关立法和司法解释主要从三方面建构专利制度：（1）专利权的取得，包括规定专利权取得的实质条件、形式要求以及审查程序、专利权的无效等；（2）专利权的行使，专利权取得之后，专利权人可以自己转化实施其专利，也可以允许他人实施从而实现专利的价值，包括专利权的对外许可、转让等；（3）专利权的保护，为实现对专利权的保护，法律规定如何认定构成对专利权的侵犯、权利人针对侵权行为可以获得的救济以及权利人申请救济的途径等内容。除专利权行使一般依当事人意思自治外，专利权的取得以及保护要依靠专利行政部门和司法机关加以实现：在专利权取得中，国务院专利行政部门即国家知识产权局负责管理全国的专利工作，统一受理和审查专利申请，依法授予专利权；对于国家知识产权局作出的决定不服的，当事人可以申请国家知识产权局复审以及向法院提起行政诉讼。在专利权保护中，我国实行司法和行政保护的“双轨制”，即对于专利侵权纠纷，当事人可以首先进行协商，不愿协商或者协商不成的，专利权人或者利害关系人可以向人民法院起诉，也可以请求管理专利工作的部门处理。管理专利工作的部门既包括国家知识产权局，也包括地方管理专利工作的部门即地方知识产权局，一般情况下专利侵权纠纷由地方知识产权部门处理，应专利权人或者利害关系人的请求国家知识产权局可以处理在全国有重大影响的专利侵权纠纷。以下将就各项制度进行具体阐述。

第一节 概论

一、专利制度的理论基础

专利与商标、版权一样，都是民事主体对其知识财产享有的一类财产性权利。在获得专利权之后，发明创造的合法所有者在一定期限内有排除他人未经允许实施其专利的权利。从法律属性上来看，专利权本质上属于一项私有财产权。但其与传统有体财产的保护又存在着显著不同，因为有体物的利用具有竞争性和排他性，就决定了必须通过授予私有财产权才能实现物尽其用，例如某一生产厂房一般仅可由一家企业利用，当另一家企业非法侵入时必然会剥夺原企业的占有利用；专利技术本质上作为信息，具有非竞争、非排他性的特点，例如，甲发明了一项技术方案，当其与乙分享之后，并不会导致这个技术方案被分割，或其本身失去这项技术方案。由于技术信息是用之不尽且不具有排他性的，无法按照传统有体财产观念在技术之上构造财产权，如托马斯·杰斐逊在1813年给同僚艾萨克·麦克弗森所写：“借用我的蜡烛点亮自己蜡烛的人，照亮了他自己而无损于我……因此，发明创造在本质上就不可能是财产的主体。”因此，专利法学习的前提性问题就是，为什么要保护专利权？这关系着历史上业已形成的专利制度构造，也决定着未来新的技术条件下专利制度的发展演进。关于专利权的理论基础主要包括自然权利理论和功利主义理论两种路径。

自然权利理论主要从道德伦理的角度论证专利权的必要性，相对具有影响的是洛克的劳动财产理论。洛克认为，在自然条件下万物归人类所共有，每个人对自己的身体和劳动都享有财产利益，当一个人的劳动与人类共有物相混合，使之脱离了自然存在的状态，就变成了自己个人的财产。劳动财产理论在有体财产制度建构中发挥了重要作用，但在知识财产保护中却存在着较强的局限性：一方面，洛克劳动财产理论的一个重要前提是，有体物必须拨归私有才能充分利用，因而存在私有财产赋权之必要，但如前所述，非竞争、非排他性的技术信息可以被无数人同时占有、利用，已经产生的技术不具有稀缺性而并无设置私有财产权之必要，不加限制地允许所有人共同占有、使用反而可以实现社会福利最大化；另一方面，在发明创造的过程中，发明人虽然可以在公有领域信息的基础上，运用个人劳动进行进一步加工，但并非只要通过劳动即可取得对知识的排他性权利。因为智力成果创造并非完全“无中生有”，技术发明是既有知识之上的累积性创新，个人在公有领域之上的添附或创造，在何种程度上脱离公有领域成为“新的财产”面临着现实上的判断困难，如果不加区分地加以保护，将会导致对公共领域的过度私有化，换言之，通过洛克式的劳动财产理论不能解决多个创新者之间以及创新者与社会公众之间的权利分配问题。除了劳动财产理论，还有观点从人格理论以及社会契约理论论证专利权保护的必要性，人格理论主要基于康德、黑格尔的人格财产理论，认为将知识或技术作为私有财产是人格或人的主观意志实现的客观必要条件；社会契约理论主要基于罗尔斯的社会契约理论，即在原始状态下，平等的理性主体会在假想谈判中达成一种普遍的道德共识对知识财产加以保护。但整体而言，自然权利理论仅能够模糊地证明对于发明创造提供财产保护的正当性，却无法为专利制度建构提供精确指引。

关于专利权保护理论基础相对普遍接受的解释路径是功利主义理论。区别于自然权利理论从个体行为正当性进行判断，功利主义理论着眼的是社会整体福利，立法者在设计财产权利时应以社会福利最大化为目标，在激励创新与社会公众知识获得之间实现平衡。从经济学的视角出发，技术或者知识具有典型的公共物品特性：（1）原始生产的巨大固定成本；（2）再生产和分配的低边际成本；（3）非竞争性。创新者研发创造一项技术需要付出高额的前期投资，但产品一旦上市技术公开之后，不同的市场主体都可以获得这项技术且进行再生产，通常复制或者再生产的成本相对于原始研发者而言微乎其微。由此可能带来经济学上所称的市场失灵问题，对易于公开的技术，创新者将难以获得收益收回成本，导致此领域的创新活动缺乏；对可以保密的技术，创新者将对技术进行严格保密，不利于社会的知识流动和分工合作。为了解决这种市场失灵问题，一般存在两种路径：一是类似于灯塔、国防等公共物品，由政府进行统一投资或者提供补贴进行开发，并在全社会进行分享利用；二是通过法律在技术创新成果之上创设财产权，将技术生产所产生的外部性内部化，重新恢复市场的资源配置功能。这两种模式在技术创新过程中共同存在并发挥作用，前者典型如技术创新的举国体制，后者典型即专利制度。但专利制度发挥着更为一般性的作用，因为技术创新不同于灯塔或者国防的特点在于，技术创新不能被提前获知，其生产的过程需要既有信息的累积和不同主体所持有信息的互动，而政府决策无法有效地判断创新方向并将不同的信息组织起来进行生产。按照哈耶克的“知识”理论，“现实生活的运行中存在着一种未经组织的知识，即关于特定时空情势的知识，每个人都掌握着独一无二的知识，比其他人更有优势，决策只有由每个具体个人作出或者在一定合作框架下作出，知识才能在社会中得到充分的运用”，[1]市场的优势即在于通过竞争机制以价格的形式将各种产品服务需求供给的情况向全社会传播，从而将各种信息组织起来进行最优资源配置，这也决定了专利制度成为调整技术创新的一般性机制，通过财产权设置将技术创新成果内部化，借助市场竞争的过程实现资源最优配置。

在功利主义理论下，关于这种财产权的功能也存在不同的理解，主要有报酬理论、

〔1〕［美］F.A.冯·哈耶克：《个人主义与经济秩序》，邓正来译，生活·读书·新知三联书店2003年版，第121页。

公开换保护理论以及前景理论。

报酬理论认为，发明人向社会提供了有用的服务，专利权使得发明人能够从投资中获得回报。报酬理论无法解释的是，发明人基于其发明创造取得的社会价值并不总能反映其投资付出和社会功效，有的专利所要求的保护范围及获得的价值远超出其投资付出，有的专利在具备商业化利用价值之前即获得了授权，同样投资研发取得的创新成果，只有最先申请专利的获得专利权，其他同样付出的人则无法获得报酬甚至无法实施其自主开发的技术。

公开换保护理论认为，如果没有专利制度，大多数创新都会被作为秘密保护起来，只有在专利制度的激励之下才会公开。按照此理论，专利权被理解为发明者与社会公众之间达成的协议。作为协议的一方，发明人在申请专利时，必须在专利文献中详细披露自己的技术发明；作为协议的另一方，以国家专利机关为代表的社会公众，则在有关的发明符合法定条件的情况下，赋予发明人以一定期限的专有权利，让发明人排他性地自己利用或授权他人利用有关的发明。换句话说，专利制度是以授予专利权的方式，换取发明者向社会公开自己的技术发明，发明人公开自己技术发明获得的对价，则是社会公众赋予自己一定期限的专利权。公开换保护理论部分地解释了专利权保护的原因，即技术可以进行保密的情况下，专利权保护可以减少发明人将技术保密的努力，使之将技术公开出来促进社会的进步；但仅从促进技术公开角度出发却难以涵盖专利权的激励创新功能，就无法进行保密的专利技术（如某项产品一旦上市其内部技术构造立即公开）而言，则难以解释为其提供专利权保护的正当性。

前景理论认为，专利权授予最先发现者确定性“前景”（prospect）或垄断权，有利于激励创新、技术流动和成果转化。为了回应奖励理论中发明人投资付出与价值回报不匹配的问题，前景理论将专利权与采矿权相类比，采矿权的授予遵循先发现、先开采、先取得原则，权利人并不需要证明其开发过程中付出的努力，而是旨在通过产权公示和保护实现投资管理效率的最优，专利权也同样如此：首先，先到先得或先申请原则激励企业开展创新竞争来获取有限期限内对技术的合法垄断；其次，在稳定的产权保障下，权利人有动力投资实现专利价值的最大化，而不必担心成果会被竞争盗用而丧失，借助产权机制，也降低了权利人与其他互补性企业合作进行成果转化的成本；最后，作为一项财产权利，专利必须明确其边界范围，从而将其与公共领域的其他部分区分开来，专利内容的公开在企业之间相互传递信号，减少创新的重复投资。

专利权基础理论的探讨从不同侧面展示了专利制度的功能，尤其是功利主义理论在专利领域得到了相对普遍接受。作为我国专利制度创设的宗旨，《专利法》第 1 条规定：“为了保护专利权人的合法权益，鼓励发明创造，推动发明创造的应用，提高创新能力，促进科学技术进步和经济社会发展，制定本法。”这明确了专利制度三方面的功能：第一，激励发明人创新，专利制度通过保护发明人在一定期限内实施发明创造的排他性权利，激励人们投身于发明创造活动，以产生有益于社会进步的技术；第二，促进发明创造的运用转化，从技术创新到转化为现实商业产品将涉及多个环节、不同主体，专利的财产权构造将有利于技术成果流动，并降低不同主体之间合作的交易成本；第三，促进技术信息公开和社会进步，技术的进步是累积性过程，专利制度以公开技术方案作为授予专利权的前提，使得大量原本被保密的技术资料得以公开，避免重复研发，同时也丰富了其他社会公众从事创新研发的原始材料。

值得一提的是，与传统有体财产不同的是，专利权作为一项法定授予的垄断权体现为一种消极性权利，即在专利权有效期内，专利权人可以禁止他人未经许可实施其专利权制造使用、销售、许诺销售、进口专利产品；作为对其权利的行使处分，专利权人还可同意第三人实施其专利制造保用、销售、许诺销售、进口专利产品，作为回报专利权人可以从第三人处获得一定许可费报酬。然而，专利权却并不包括实施专利权的积极权利，即法律并不直接保障权利人专利权的实现，权利人虽然申请了获得专利权，但该专利却有可能无法直接实施，例如，某项技术可能因涉及公共利益必须获得行政许可后方能实施（如一项生产药品的技术，则必须通过药品监管部门的安全性、有效性审批才能实施），或者该项专利技术是基于他人在先专利基础上改进的，权利人实施该专利则需要取得在先专利权人的同意才能实施。在不存在法律或现实阻碍的情况下，“法无禁止即可为”，权利人可自由实施其专利。

二、专利制度起源与现代发展

专利制度的发展可以追溯到十三四世纪，当时，伴随着资本主义萌芽，欧洲一些国家开始以授予独家经营权的方式，鼓励本国国民从事发明创造或者引进外来的先进技术。例如，英王亨利三世于 1236 年曾授予波尔多市一个市民制作色布 15 年的垄断权；爱德华三世于 1331 年授予费来明人约翰·肯普以织布和染布的独占权利。在此时期，授予对特定技术的独占实施权仅仅是一种实践做法，并未形成稳定、规范的法律制度。

专利作为一种法律制度最早见于 15 世纪的意大利威尼斯，1474 年威尼斯议会通过了世界上第一部专利法。其规定：任何个人，在本市制造国内未曾有过的新颖且精巧的发明，一旦此项发明改进至可使用并实施的程度，即可立即将其备份于本市行政部门登记。未经创造者同意或许可，任何人在 10 年之内不得在本市所辖城镇内制造或仿制同一发明。若有违反者，前述创造者或者发明人有权将其向本市执行官告发，执行官可令侵权者赔偿 100 枚金币，并立即销毁侵权物。从内容上来看，威尼斯专利法已经具备了现代专利制度的基本要素：第一，该法明确规定了授予专利的条件，包括新颖性、实用性。其中新颖性是相对的，仅限于威尼斯共和国内未曾有过。第二，专利权人不仅包括发明人，也包括最初的引入者。之所以作此规定，是因为在当时的技术条件下，能够率先将国外的新式工艺引入本国，亦具有重要的意义。第三，该法明确规定专利期限为 10 年，从而在一定程度上限制了专利权人过度垄断的问题，在专利权人与其他经营者以及社会公众之间实现了利益平衡。第四，该法不仅在实体方面明确规定了专利权取得的条件、专利权的内容、效力范围、侵权人的法律责任，而且在程序方面规定了登记备案等配套规则。

早期的专利源于国家或君主授予的垄断特权，这对当时的技术创新和经济发展起到了一定作用，但发展到 17 世纪，这种君主授予的特权逐渐泛滥，成为王室增收和赏赐臣下的工具，在资产阶级革命中各种垄断权利被废止，专利权作为合法垄断形式被保留，其鼓励创新的功能被进一步阐明和强化，这也促进了现代专利制度的产生。1623年，世界上第一部具有现代意义的专利法——《垄断法案》产生，其第1条规定，所有垄断特权原则上一律取消，第6条同时规定了专利权保护的例外：“前述的任何宣示不应扩大及于今后对任何新产品的第一个发明人授予在本国独占实施或者制造该产品的专利证书和特权，为期14年或以下，在授予专利证书和特权时其他人不得使用。授予此证书不得违反法律，也不得抬高物价以损害国家、破坏贸易、或者造成一般的不方便。上述14年自今后授予第一个专利证书或者特权之日起计算，该证书或者特权具有本法制定以前所应有的效力。”按照该法规定：（1）授予专利的发明须是国内未曾使用过的产品或工艺。该规则类似当代专利法的新颖要求，一方面确保专利真正授予那些引入新技术从而对经济发展有所贡献的商人；另一方面则防止英国已有技术、行业不被某一商人所垄断从而保障这一行业其他商人的利益。（2）发明专利的期限不得超过14年。以14年为期限，主要是因为当时行会规定的学徒期为7年，以当时之观念，发明创造者可以通过两个学徒期的独占经营获得充分的回报。（3）不得利用专利违背法律，提高商品价格，损害贸易，以防止专利权滥用行为损害公共利益。此后，英国政府进一步改革专利制度，制定实施统一规范的专利审查登记制度，专利申请必须经过专利行政机关的严格审查，只有符合法定条件的发明创造才能获得专利权。专利申请被核准之后，专利行政机关应当对其加以登记、公告，以此作为专利权归属、行使与保护的依据，构建起了现代专利制度的框架。

英国《垄断法案》的制定奠定了现代专利法的基础，伴随着18世纪第一次工业革命兴起，技术实现了大规模的产业化应用，其本身代表着巨大的生产力，到了18世纪之后，专利制度的正当性基础得到广泛接受并被工业化国家广泛采用。美国（1790）、法国（1791）、荷兰（1817）、西班牙（1820）、日本（1871）、德国（1877）等工业国家相继制定了本国的专利法。伴随着许多国家建立专利制度，基于国际交往的需要，专利制度迎来了国际一体化发展。1873年，当时的奥匈帝国在维也纳举办一场有关发明的万国博览会，在邀请其他国家参加时，由于各国对专利保护水平不一致，许多国家企业担心其发明创造展出后被复制模仿因而不愿参展。这一事件促使各国开始关注商讨专利的国际保护问题，在多轮磋商之后最终促成了1884年《保护工业产权巴黎公约》（以下简称《巴黎公约》）的缔结，《巴黎公约》明确了专利保护的国民待遇原则、地域性原则、国际优先权原则以及专利保护的最低标准。此后，伴随着国际贸易体制的发展演进，专利保护国际一体化需求进一步增加，在《巴黎公约》的基础上，1994年世界贸易组织《与贸易有关的知识产权协定》（TRIPs）进一步对专利保护中的一些重大问题作出了规定，加强了世界贸易组织成员专利制度的协调。此后，为了便利专利申请人在各国获得专利保护，1970年《专利合作条约》（PCT）订立，条约规定了提交专利申请的国际统一程序，使得申请人只须在一个缔约国提出一次申请，便产生向不同国家提交专利申请的效力。专利制度的国际一体化进程也推动了全球范围内更多国家建立专利制度，目前世界上已有170多个国家和地区建立了专利制度。

三、中国专利制度的建立与发展

尽管专利制度最早可追溯到十三四世纪，其在中国却发轫于清末。太平天国洪仁玕最早在《资政新篇》中建议专利制度，提出“兴舟楫之利，以坚固轻便捷巧为妙。或用火用气用力用风，任乎智者自创。首创至巧者，赏以自专其利，限满准他人仿做。若愿公于世，亦禀明发行。……若天国兴此技，……国内可保无虞，外国可通和好，利莫大焉”。1898 年，我国第一部专利法律规范出台，光绪帝批准颁布《振兴工艺给奖章程》，以授予独占实施权的方式奖励发明或引进先进的工业技术的行为，现代专利制度正式引入我国。此后，1944 年中华民国政府颁布《专利法》。由于当时历史环境原因，两部立法在颁布之后并未充分实施。新中国成立之后，当时的中央人民政府政务院于 1950 年颁布了《保障发明权与专利权暂行条例》，我国借鉴苏联建立了专利制度和发明人证书制度，允许作出发明创造者选择获得发明权或专利权。其中的“发明权”是获得行政奖励的权利，而“专利权”是排他性控制发明创造成果的私权。但专利权制度在 1963 年便被废止，期间仅颁发了 4 件专利。整体上而言，我国在新中国成立后主要实行的是单一的发明和技术改进的奖励制度，专利制度并没有充分实施。

党的十一届三中全会开启了改革开放历史新时期，为了实现“四个现代化”，必须引进国际上的先进技术、装备，作为发展的起点，承认和保护专利权、构建专利制度成为国际技术交流的前提。1978 年中美正式建交后，两国签订的《中美贸易关系协定》和《中美高能物理协定》都明确约定了“知识产权保护”，这成了我国专利制度建立最直接的催化剂。1979 年国家科委正式向国务院提出了《关于我国建立专利制度的请示报告》，基于三方面的理由建立我国建立专利制度：“一、建立专利制度，可以保护我们的发明创造，向国外出售技术，促进国内经济、技术发展；二、建立专利制度有利于开展科技情报工作，为外贸、技术引进和国内科研工作做好参谋；三、开展国际贸易和科技合作，必须建立专利制度。”自此我国正式启动了制定专利法的准备工作，经过反复酝酿历时 5 年之久，中国专利法于 1984 年 3 月 12 日经第六届全国人大常委会第四次会议审议通过，自 1985 年 4 月 1 日起正式施行。当时，参照《巴黎公约》以及世界各主要国家的专利制度，我国《专利法》根据当时国内实际情况规定了对发明、实用新型和外观设计的保护，规定了专利授予、保护、限制等在内的专利制度基本架构，同时考虑到我国的特殊发展阶段，以及在专利制度运行各方面缺乏经验，在专利制度构建中作了一定保留。如对于药品专利，1984 年《专利法》规定，医疗方法和药品均不受专利法的保护，只有“药品制备方法”可以申请专利，旨在保护我国当时的制药产业和满足公共健康需求。

1984 年《专利法》之后，截至目前进行了四次修订：

1. 第一次修订

从 1989 年起，美国开始对中国在知识产权保护方面施加压力。1991 年 4 月，美国政府宣布，中国被升级为“301 条款”的“重点国家”（此前为“重点观察国家”），一个月后对中国开始了为期 6 个月的知识产权调查。1992 年 1 月 16 日双方签订知识产权谅解备忘录。1992年《专利法》进行了第一次修订，主要包括以下内容：（1）将饮料、食品、调味品、药品纳入专利法的保护；（2）专利权内容增加进口权，方法专利权的效力延及通过该方法直接获得的产品；（3）发明专利保护期由15年变更为20年，实用新型和外观设计专利保护期增加到10年；（4）引入本国优先权制度；（5）取消专利审查中的异议制度，改为授权后的撤销制度。

2. 第二次修订

1994年TRIPs协定订立，中国积极准备复关谈判，参照TRIPs协定的相关规定，在2000年对《专利法》作了第二次修改，此次修订的主要内容包括：（1）进一步增强专利权的效力，将许诺销售权纳入专利权的内容；（2）对专利复审无效决定可提起行政诉讼，将专利审查完全置于司法监督之下；（3）增加专利诉讼中的诉讼保全和行为制度；（4）将1992年修订时设立的撤销专利权的程序一并纳入了专利权无效宣告程序。经过这次修订，我国的《专利法》达到了世界贸易组织的要求，在立法上达到国际通行的专利保护水平。

3. 第三次修订

在我国《专利法》实施10余年后，国内专利权保护积累了一定实践经验，2008年《专利法》进行了第三次修订，从而将已有经验通过立法加以确认并适应实践中的新问题。主要修改内容包括：增加了发明、实用新型和外观设计的定义；增加了遗传资源取得的合法性要件和披露来源的要求；规定了排除重复授权原则；完善了专利权向外国人转让的程序；增加了外观设计专利权的内容；缩小了政府推广应用实施专利的主体范围；增加了专利申请权和专利权的共有规则；取消了涉外专利代理机构的指定规则；增加了保密审查的规定；增加了专利主管部门的信息公开义务；将原来的混合新颖性标准改为绝对新颖性标准；调整了授予外观设计专利的条件；进一步增强专利保护，完善专利行政执法，同时加大对违法行为的处罚力度，进一步完善侵权赔偿数额的计算方式以及法定赔偿额，增加诉前证据保全措施，完善财产保全措施等；增加现有技术抗辩的补充规定；增加和完善不视为侵害专利权的情形。

4. 第四次修订

2020年《专利法》进行了第四次修订，主要有两方面客观背景：在国内层面，2008年《国家知识产权战略纲要》实施10年积累了正反两方面经验，伴随着创新驱动发展战略实施，需要进一步强化知识产权保护；在国际层面，2017年8月美国第四次就知识产权问题对中国启动“301调查”，此后中美贸易摩擦不断，2020年1月15日，双方签订《中美第一阶段经贸协议》，协议对于专利权保护作出了新的约定。第四次修订内容主要包括：（1）加强对专利权人合法权益的保护。例如，加大侵犯专利权的损害赔偿责任，构建更有利于维护权利举证规则，完善专利行政执法，增加规定药品专利纠纷早期解决机制、创新药品发明专利期限补偿制度，延长外观设计专利权保护期。（2）促进专利实施和运用。如明确单位对职务发明创造的处置权，明确专利行政部门在促进专利转化方面的公共服务职责，增设专利开放许可制度。（3）明确诚实信用和禁止权利滥用原则。增加规定申请专利和行使专利权应当遵循诚实信用原则，不得滥用专利权损害公共利益和他人合法权益或者排除、限制竞争。

第二节　授予专利权的条件

为了激励和保护技术创新，法律对于发明创造提供财产权即专利权保护。作为一项财产权，专利权的构造必须遵循权利法定主义，即权利的取得条件、权利内容、保护期限等必须由法律统一确定，除此之外，不得创设新的权利类型。其中，制度构造中的首要因素即权利的条件问题，即什么样的发明创造可以取得专利权。对此，主要有两方面的任务：第一，为了实现激励技术创新的目标，准确界定保护客体即发明创造的类型，厘清专利法相对于其他财产制度尤其是其他知识产权制度的调整范畴；第二，并非所有符合法定客体类型的发明创造都可以获得专利保护。作为一项私有财产保护的发明创造必须不同于已有技术，并且由于排他性权利的设置在未来很长一段时间内限制了权利人以外的第三人利用该技术的机会，使得社会公众承担一定义务或成本，仅仅与已有技术不同显然不够，该发明创造必须具有突出的进步性为社会带来额外贡献才具有保护的必要性，需要由法律创设这种进步性的判断标准。

前述问题通常被称为“可专利性”（Patentability）问题，各国专利法通常从这两方面界定构建可专利性标准：第一，满足专利客体适格性（Patent-Eligibility），即要求申请的发明创造属于专利法规定的适格客体类型。由于各国国情不同，法律规定的专利权的对象也不尽相同，如有的国家专利法仅保护发明，其适格客体即技术方案；我国专利包括发明、实用新型、外观设计，发明、实用新型的适格客体为技术方案；外观设计的客体则为富有美感且适于工业应用的新设计。第二，满足授予专利权的实质性条件。一件发明创造符合法定的客体类型或分类，仅具有潜在的可专利性还不够，还必须满足财产权授予的必要条件，如针对发明和实用新型，必须满足实用性、新颖性、创造性要件，针对外观设计，要求必须具有新颖性、与现有设计存在明显区别，且不得与在先权利相冲突。以下就专利权授予的各项要件进行具体介绍。

一、客体适格性要求

我国《专利法》第2条规定：“本法所称的发明创造是指发明、实用新型和外观设计。发明，是指对产品、方法或者其改进所提出的新的技术方案。实用新型，是指对产品的形状、构造或者其结合所提出的适于实用的新的技术方案。外观设计，是指对产品的整体或者局部的形状、图案或者其结合以及色彩与形状、图案的结合所作出的富有美感并适于工业应用的新设计。”可见，我国专利权客体包括三种类型，即发明、实用新型和外观设计，分别对应产生三种专利权即发明专利权、实用新型专利权和外观设计专利权，现分别就其针对的适格客体进行阐述。

1. 发明

一般意义上，人们通过智力活动创造出了某种前所未有的东西即认为是发明，在专利法意义上，发明具有独特的内涵。根据《专利法》规定，发明指的是对产品、方法或其改进所提出的新的技术方案。首先，发明必须是一种新的技术方案，且必须是通过人的智力创造产生的技术方案，其既可以是完全开创性的技术方案，也可以是对现有技术改进的新技术方案；既可以是关于一项方法的技术方案，也可以是一项新的产品技术方案。此外，从我国专利法的体系架构来看，发明和实用新型都对技术方案提供保护，但发明专利保护的科技含量和创造性程度较高的发明创造，提供的保护期限也更长，这也是发明创造保护的主要形式。从全球范围来看，各国专利法都将发明作为专利保护的首要对象。

从专利适格性的角度出发，发明的客体仅限于技术方案。关于何为技术方案，国家知识产权局发布的《专利审查指南》解释为，“技术方案是对要解决的技术问题所采取的利用了自然规律的技术手段的集合。技术手段通常是由技术特征来体现的。未采用技术手段解决技术问题，以获得符合自然规律的技术效果的方案，不属于《专利法》第 2 条第 2 款规定的客体”。在实践中，法院主要通过三要素来判断一项创新成果是否属于技术方案，即是否解决技术问题，是否采用了技术手段，以及是否获得了技术效果。概括而言，“技术方案”指的是面向特定的技术问题，发明人利用自然规律设计了一定的技术手段，解决了相应问题并达到一定技术效果。具体而言：一项发明创造必须是为了解决一个具体的技术问题，如为了提升生产效率、降低摩擦、降低能量损耗等。如果其本身解决并不是一项技术问题，例如，通过商业销售策略实现盈利、通过心理学规律提升消费者的幸福感等，则不是技术方案。其次，技术方案使用的手段要符合自然规律，没有利用自然规律或者违背自然规律的设计不构成技术方案，例如，违背热力学第二定律的永动机，以及与自然规律无关的银行结算办法、体育竞赛规则等。此外，没有结合技术手段来解决具体的技术问题也不构成技术方案，例如，爱因斯坦的相对论作为一项伟大的科学发现，但其本身并不能成为一项技术方案。技术手段主要通过技术特征来体现，其往往是一些技术方法，例如，一个螺栓、一块镜片、一段电缆、一种加热工艺等，相关技术手段通过自然规律发挥作用，可以解决一定的技术问题并实现一定技术效果即构成技术方案。

从外延上来看，发明可以分为不同类型，根据发明最终表现形态的不同，发明可以分为产品发明和方法发明。产品发明（含物质发明）是指通过研究设计出来的关于各种新产品、新材料、新设备、新物质等的技术方案，如电灯、电话、电脑等。当然，这种产品既可以是一个独立、完整的产品，也可以是某一机器设备的零部件。方法发明是指为制造产品或者解决技术问题而研究设计出来的操作方法、制造工艺以及生产流程等技术方案。方法和产品的主要区别在于，方法在构成上包含时间因素，即方法通常是由一个或多个行为或现象按一定规则、在时间坐标上同时或分别展开所形成的组合，产品则一般体现为最终的产品结果。按发明间的依赖或制约关系划分，又可将发明分为基础发明和改良发明，改良发明是在基础发明之上作出进一步改进而获得的发明。这类发明往往在实施上有赖于基础发明的实施，对于这类存在从属关系的发明，在后的改良发明可以独立申请专利，但改良发明在实施时应当得到基础发明专利权人的许可。

2. 实用新型

根据《专利法》规定，实用新型，是指对产品的形状、构造或者其结合所提出的适于实用的新的技术方案。从客体类型上来看，实用新型保护同样是技术方案，应当属于发明的一种，从全世界范围来看，实用新型并非通行的制度，有的国家（如美国）仅为发明专利提供保护，而不保护实用新型。《专利法》将其从发明中独立出来，主要旨在为发明者提供更为多样化的创新保护策略。实用新型作为一种“小发明”，为发明创造提供了一种低门槛、高效率的有限保护，具体而言，从保护条件来看，虽然同样保护技术方案，发明的范围包括所有产品、方法的技术方案，实用新型的适用范围更窄，其仅限于产品，并且该产品应当是经过产业方法制造的，有确定形状、构造且占据一定空间的实体。发明与实用新型取得的实质性条件均为新颖性、创造性、实用性，但发明专利的创造性要求是具备“突出的实质性特点和显著的进步”，而实用新型只需“实质性特点和显著的进步”，实用新型的创造性和技术水平较发明专利低。与作出的创造性贡献相对应，实用新型与发明专利获得的法律保护周期也不同，发明专利权的期限为 20 年，实用新型专利权的期限为 10 年，相比之下，实用新型专利的保护期要比发明专利的保护期短得多。但在保护程序上，实用新型较之发明专利可以获得更快授权保护，发明专利申请的审批程序包括受理、初审、公布、实审和授权五个阶段；实用新型专利申请在审批中只有受理、初审和授权三个阶段，主要针对新颖性、实用性问题进行初步审查，而不进行实质性审查，可以在较短的时间内（一般 6 个月左右）获得授权保护。对于实效性较强的技术，发明人可以选择通过实用新型迅速获得保护。在有的国家如德国，发明与实用新型在专利授权标准上并不存在实质性差异，其最大的区别即在于是否进行实质性审查，从而由发明人自主决定获得快速授权保护（申请实用新型）或获得更长周期保护（申请发明专利）。

在客体适格性方面，如前所述，专利与实用新型的客体都仅限于技术方案，关于技术方案的认定标准二者并不存在差异，最大的差别在于发明的客体可包括产品或方法，实用新型只保护产品的形状、构造或者其结合所提出的适于实用的新的技术方案，即只能用来保护产品，且该产品应当是经过产业方法制造的，有确定形状、构造且占据一定空间的实体，而不能是一种方法，例如生产方法、试验方法、处理方法和应用方法等，也不能是没有固定形状的产品，如药品、化学物质、水泥等。

3. 外观设计

外观设计，也被称为工业品外观设计，或者工业设计，是指对产品的整体或者局部的形状、图案或者其结合以及色彩与形状、图案的结合所作出的富有美感并适于工业应用的新设计。不同于发明、实用新型，外观设计保护的并非技术方案，而是富有美感的产品外观设计，其保护模式也与发明、实用新型存在实质性不同，如发明和实用新型必须满足实用性、新颖性、创造性要件，外观设计则要求具有新颖性、与现有设计存在明显区别、不得与在先权利相冲突；在侵权判断中发明和实用新型要求被诉产品或方法与专利技术方案相同或等同，外观设计则要求，侵权产品与外观设计载体产品属同一类别，且要求二者相同或不存在实质性差别。因此，从全球范围来看，将外观设计作为专利权对象的国家并不多，很多国家制定了专门的外观设计法或者工业设计法，也有国家用著作权法保护。我国之所以将外观设计作为一类专利来保护，主要是因为发明与实用新型专利的审查机关、权利取得的程序、行政确权的程序等规则完全可以适用于外观设计，实行一体保护可以节约立法与执法成本。在审查程序上，外观设计专利申请与实用新型申请程序类似，专利申请审批中只有受理、初审和授权三个阶段，而不进行实质性审查；保护期限上，过去二者保护期限相同都是 10 年，为了适应《工业品外观设计国际注册海牙协定》的外观设计最低保护期标准，2020 年修改《专利法》第 42 条第 1 款将外观设计专利权的期限延长为 15 年。

在专利适格性方面，外观设计专利客体必须满足以下要求：

（1）外观设计必须以产品为载体。产品是外观设计的载体，没有产品，单纯的图案至多作为一项受著作权法保护的作品。例如，单纯撰写一幅书法不能被授予外观设计专利，但如果将之应用到某种产品上去，如果将字体布局与家具形状外观相结合便可以申请外观设计。这种载体既可以是产品整体，也可以是产品的局部，过去我国仅保护作为产品整体的外观设计，考虑到产品设计更趋精细化，局部设计创新逐渐成为产品外观设计的重要表现方式，局部外观设计创新很容易被人通过简单拼凑、替换等方式加以模仿，难以得到有效保护，2020 年修改《专利法》时，第 2 条第 4 款明确把“局部外观设计”纳入了专利法的保护范围。

（2）构成外观设计的必须是产品的整体或者局部的形状、图案或者其结合以及色彩与形状、图案的结合。形状，是指对产品造型的设计，也就是指产品外部的点、线、面的移动、变化、组合而呈现的外表轮廓，即对产品的结构、外形等同时进行设计、制造的结果，例如，汽车外形、冰箱外形等。图案，是指由线条、文字、符号、色块的排列或组合而在产品的表面构成的图形，例如，地毯的纹路、轮胎的花纹等。图案可以通过绘图或其他能够体现设计者的图案设计构思的手段制作，但图案应当是固定、可见的，而不应是时有时无的或者需要在特定的条件下才能看见的。色彩，是指用于产品上的颜色或者颜色的组合，例如布匹、包装袋的颜色搭配等，但是制造该产品所用材料的本色不是外观设计的色彩。通常情况下，形状、图案和色彩可以形成组合，例如，形状和图案的组合、形状和色彩的组合、图案和色彩的组合以及形状、图案和色彩的组合。但是，产品的色彩不能独立构成外观设计，除非产品色彩变化的本身已形成一种图案。在生活中，外观设计要素，即形状、图案、色彩是相互依存的，有时其界限是难以界定的，例如多种色块的搭配即成图案。

（3）外观设计必须适于工业应用。所谓适于工业应用，是指该外观设计能应用于产业上并形成批量生产。对于不能重复生产的手工艺品、农产品、畜产品、自然物之上创作的设计则无法申请外观设计。

（4）外观设计必须富有美感。《专利法》规定的“富有美感”指的并非艺术意义上的判断，其主要是将外观设计与发明、实用新型所实现的技术效果相区分，指的是设计产生了一定的视觉效果，即在实现产品通常功能的基础上，对产品的视觉效果作出创新性的改进，使得产品能够体现出功能性和美感的有机结合。只要设计者在设计的过程中对设计方案进行了一定的选择，并使其具备一定的形状、图案、色彩等因素，即可认定为“富有美感”。但仅仅具有功能性而不具有美感的产品设计，可以通过申请发明或者实用新型专利权予以保护，而不应当通过外观设计专利权予以保护。

二、获得专利权的实质性要件

对满足客体适格性的发明创造，还必须符合实质性要件才能满足专利权取得的条件。对于发明、实用新型，需满足新颖性、创造性、实用性要件，《专利法》第 22 条规定：“授予专利权的发明和实用新型，应当具备新颖性、创造性和实用性。新颖性，是指该发明或者实用新型不属于现有技术；也没有任何单位或者个人就同样的发明或者实用新型在申请日以前向国务院专利行政部门提出过申请，并记载在申请日以后公布的专利申请文件或者公告的专利文件中。创造性，是指与现有技术相比，该发明具有突出的实质性特点和显著的进步，该实用新型具有实质性特点和进步。”关于外观设计，则要求满足新颖性、区别性（与现有设计具有明显区别）、不得与在先权利相冲突三项要件。由于外观设计与发明、实用新型在保护逻辑上显著不同，以下首先介绍发明、实用新型的实用性、新颖性、创造性三项要件，最后就外观设计授权的实质性要件作专门介绍。

1. 实用性

实用性是指，申请专利的发明或者实用新型必须能够在产业中制造或者使用，并且能够产生积极效果，而不能是抽象的、纯理论的技术方案。需要注意的是，实用性并非要求该技术方案在申请时已经实际进行制造或者使用，只要具有在产业中被制造或使用的可能性即可。

具体而言，申请专利的发明或者实用新型具有实用性包括三个层面的含义：（1）技术方案的可实施性。发明或者实用新型不能是抽象的理论或违反自然规律的设计，必须是完整的、可行的技术方案，任何所属技术领域的普通技术人员在阅读了专利说明书之后即可实施。（2）实施的可再现性。再现性，是指所属技术领域的技术人员，根据公开的技术内容，能够重复实施专利申请中为解决技术问题所采用的技术方案。这种重复实施不得依赖任何随机的因素，并且实施结果应该是相同的。（3）实施效果的有益性。有益性，是指技术方案的实施能够产生积极效果。能够产生积极效果，是指发明或者实用新型专利申请在提出申请之日，其产生的经济、技术和社会的效果是所属技术领域的技术人员可以预料到的。这些效果应当是积极的和有益的。需要注意的是，对发明专利申请是否具有实用性的审查，是审查该发明专利申请的权利要求所记载的技术方案是否具有实用性，相关背景技术或引证文件的技术方案是否具有实用性，一般不属于对发明专利申请是否具有实用性的审查范围。

在专利授权确权实践中，典型不具备实用性的主要情形包括：第一，无再现性，如疾病的诊断与治疗方法。第二，违背自然规律，因为发明专利申请具备实用性的基本前提是该发明应当建立在现有且公认的自然规律之上。明显违背自然规律的发明当然不具备实用性，如永动机即属此情形。第三，利用独一无二的自然条件的产品，如与特定自然环境有关的水坝设计。第四，人体或者动物体的非治疗目的的外科手术方法，如美容手术。第五，测量人体或者动物体在极限情况下的生理参数的方法。例如，通过逐渐降低人或动物的体温，以测量人或动物对寒冷耐受程度的测量方法。不同的人或动物个体可以耐受的极限条件是不同的，需要有经验的测试人员根据被测对象的情况来确定其耐受的极限条件，因此这类方法无法在产业上使用，不具备实用性。第六，无积极效果。明显无益、脱离社会需要的发明或者实用新型专利申请的技术方案不具备实用性。

2. 新颖性

《专利法》第 22 条第 2 款规定："新颖性，是指该发明或者实用新型不属于现有技术；也没有任何单位或者个人就同样的发明或者实用新型在申请日以前向国务院专利行政部门提出过申请，并记载在申请日以后公布的专利申请文件或者公告的专利文件中。"被授予专利权的发明创造应当具有新颖性，这是专利制度的应有之义，因为一项技术方案或者设计被授予一定期限内的独占权，是由于专利权人作出了前所未有的发明创造，要求专利应当具有新颖性，可以避免将已经为公众所知的技术纳入专利保护范围。关于新颖性的判断包括两项标准：

一是该发明、实用新型或外观设计不属于现有技术（或现有设计）。现有技术是指在申请日以前在国内外为公众所知的技术。专利法上的公开，是指为不特定多数人所知悉。但是，只要技术方案处于不特定多数人可能知悉的状态即构成公开，不论事实上是否为多数人知晓。现有技术的公开方式包括出版物公开、使用公开以及其他方式公开三种方式。是否属于现有技术的时间界限，是以专利申请日（享有优先权的，则指优先权日）为准，只要专利申请之日技术尚未公开（即非现有技术），则具备新颖性，这也是世界上最为通行的做法。在公开的地域范围上，我国《专利法》采用绝对新颖性标准，即专利申请的技术方案未曾在世界任何地方公开，才具有新颖性。

二是该发明、实用新型或外观设计不存在抵触申请，即没有任何单位或者个人就同样的发明、实用新型或者外观设计在申请日以前向国务院专利行政部门提出过申请，并记载在申请日以后公布的专利申请文件或者公告的专利文件中。同样的发明创造只能授予一项专利权，为了鼓励申请人在完成发明创造后尽早提出申请、尽早公开，从而避免重复研究节约社会资源，我国专利权的授予遵循先申请原则，在同一项技术分别由不同主体发明的情况下，如果两个以上的申请人分别就同样内容的发明创造申请专利，专利权则授予最先申请的人。如果他人在申请日以前已经以相同的发明创造向国务院专利行政部门提出过申请，并且记载在申请日之后公布的专利申请文件中，即出现抵触申请时，为避免对同样的发明创造专利申请重复授权，后一申请则不具备新颖性。

现就相关判断具体要件分析如下：

（1）时间界限：申请日。

我国专利授权实行先申请原则，即在专利申请日之前该技术未被公开，且不属于抵触申请，则具有新颖性。申请日一般是申请人按照形式要件向国家知识产权局提交专利申请的当日。

作为例外，如果专利申请人就其发明创造第一次在国外或者国内提出专利申请后，在法定期限内，又在中国以相同主题的发明创造提出专利申请的，根据法律规定申请人可享有优先权，其在后申请以第一次专利申请的日期作为其申请日。《专利法》第29条规定，申请人自发明或者实用新型在外国第一次提出专利申请之日起12个月内，或者自外观设计在外国第一次提出专利申请之日起6个月内，又在中国就相同主题提出专利申请的，依照该外国同中国签订的协议或者共同参加的国际条约，或者依照相互承认优先权的原则，可以享有优先权。为了避免申请人通过优先权方式规避先申请原则，优先权的适用要求本申请与在先申请属于相同主题的发明。相同主题是指技术领域、所解决的技术问题、技术方案和预期的效果相同，但相同并不意味着要求在先与在后申请在文字记载或者叙述方式上完全一致。判断《专利法》第29条第2款规定的优先权是否成立，可以通过判断在后申请中各项权利要求所限定的技术方案是否清楚地记载在在先申请的文件中。技术方案是指对要解决的技术问题所采取的利用自然规律的技术手段的集合，其中技术手段通常是由技术特征予以体现。具体需要结合本申请与在先申请的权利要求、说明书以及本领域技术人员的通常理解对比各技术特征是否一致。

（2）比对对象：现有技术和抵触申请。

新颖性要求发明或者实用新型不属于申请日以前的现有技术，且不属于抵触申请。现就现有技术以及抵触申请内容的认定分别进行阐述。

首先，该发明或者实用新型在申请日之前不属于现有技术。

根据《专利法》第22条第5款的规定，现有技术，也称公知技术、已有技术，是指申请日以前在国内外为公众所知的技术。专利法上的为公众所知，是指为不特定多数人所知悉。但是，只要技术方案处于不特定多数人可能知悉的状态即构成公开，不论事实上是否为多数人知晓。例如，某人在博客上公布某项技术方案，即便无任何点击浏览，也仍然构成专利法上的公开。相反，如果将某技术方案复印若干份后，发给签有保密协议的研究团队成员，由于该技术方案仍然处于保密状态而不可能为公众所知悉，在专利法上依然不构成公开。

“为公众所知”的方式包括出版物公开、使用公开以及以其他方式公开三种方式：

第一，出版物公开。出版物公开，是指在公开发行的出版物上描述技术方案。专利法意义上的出版物是指，记载有技术或设计内容的独立存在的传播载体，并且应当表明或者有其他证据证明其公开发表或出版的时间。符合上述含义的出版物可以是各种印刷的、打字的纸件，例如专利文献、科技杂志、科技书籍、学术论文、专业文献、教科书、技术手册、正式公布的会议记录或者技术报告、报纸、产品样本、产品目录、广告宣传册等，也可以是用电、光、磁、照相等方法制成的视听资料，例如缩微胶片、影片、照相底片、录像带、磁带、唱片、光盘等，还可以是以其他形式存在的资料，例如存在于互联网或其他在线数据库中的资料等。判决书与法律法规等规范性文件具有相同的性质，一经作出并送达，也应当被视为公开出版物。出版物不受地理位置、语言或者获得方式的限制，也不受年代的限制。出版物的出版发行量多少、是否有人阅读过、申请人是否知道是无关紧要的。因此，对于专利法意义上公开出版物的认定不必需要其如正式出版发行的刊物一样，具有出版文号等，只要其处于能够为公众所知的状态即可。印有“内部资料”“内部发行”等字样的出版物，确系在特定范围内发行并要求保密的，不属于公开出版物。出版物的印刷日视为公开日，有其他证据证明其公开日的除外。印刷日只写明年月或者年份的，以所写月份的最后一日或者所写年份的 12 月 31 日为公开日。审查员认为出版物的公开日期存在疑义的，可以要求该出版物的提交人提出证明。例如，在“再审申请人蒂森克虏伯机场系统（中山）有限公司与被申请人中国国际海运集装箱（集团）股份有限公司、深圳中集天达空港设备有限公司、一审被告广州市白云国际机场股份有限公司侵害发明专利权纠纷案”中，最高人民法院认为，产品操作和维护说明书随产品销售而交付使用者，使用者及接触者均没有保密义务，且其能够为不特定公众所获取，属于专利法意义上的公开出版物。其中记载的技术方案，以交付给使用者的时间作为公开时间。〔1〕

第二，使用公开。使用公开，是指由于使用而导致技术方案的公开，或者导致技术方案处于公众可以得知的状态。使用公开的方式包括能够使公众得知其技术内容的制造、使用、销售、进口、交换、馈赠、演示、展出等方式。只要通过上述方式使有关技术内容处于公众想得知就能够得知的状态，就构成使用公开，而不取决于是否有公众得知。但未给出任何有关技术内容的说明，以致所属技术领域的技术人员无法得知其结构和功能或材料成分的产品展示，不属于使用公开。如果使用公开的是一种产品，即使所使用的产品或者装置需要经过破坏才能够得知其结构和功能，也仍然属于使用公开。此外，使用公开还包括放置在展台上、橱窗内公众可以阅读的信息资料及直观资料，例如招贴画、图纸、照片、样本、样品等。使用公开是以公众能够得知该产品或者方法之日为公开日。

第三，以其他方式公开。为公众所知的其他方式，主要是指口头公开等。例如，口头交谈、报告、讨论会发言、广播、电视、电影等能够使公众得知技术内容的方式。口头交谈、报告、讨论会发言以其发生之日为公开日。公众可接收的广播、电视或电影的报道，以其播放日为公开日。

其次，发明或者实用新型不属于抵触申请的技术。

抵触申请，也叫损害新颖性的专利申请，是指任何单位或者个人就同样的发明或者实用新型在申请日以前向国务院专利行政部门提出过，并记载在申请日以后公布的专利申请文件或者公告的专利文件中的申请。需要注意的是，由于《专利法》采取的是先申请原则（申请日原则），此处的“申请日以前”不包含申请日当天，“申请日以后”则包含申请日当天。由于一项发明创造只能授予一项专利权，因此，如果他人在申请日以前已经以相同的发明或者实用新型向国务院专利行政部门提出过申请，并且记载在申请日之后公布的专利申请文件中，即出现抵触申请时，为避免对同样的发明或者实用新型专利申请重复授权，则视先申请的发明或者实用新型为后申请的发明或者实用新型的现有技术，后一申请则不具备新颖性。

---

〔1〕 最高人民法院（2016）最高法民再 179 号民事判决书。

（3）对比原则：单独审查原则。

在根据申请日确定现有技术、抵触申请的基础上，判定发明或实用新型是否属于现有技术或抵触申请，需要将申请的技术方案与现有技术或抵触申请进行比对，如果申请的技术方案完全被后者所公开，则认为其属于现有技术或抵触申请从而丧失新颖性。审查请求专利法保护的技术方案是否具有新颖性，基本对比原则是一对一比对，即将请求保护的各项权利要求分别与每一项现有技术或申请在先公布或公告在后的发明或实用新型的相关技术内容单独地进行比较，而不是将其与几项现有技术或者申请在先公布或公告在后的发明或者实用新型内容的组合或者与一份对比文件中的多项技术方案的组合进行对比。

（4）不丧失新颖性的例外。

根据前述关于发明和实用新型新颖性的规定，申请专利的发明如在申请日前已经公开，便失去新颖性，不能获得专利权，这是一条基本原则。但这一原则并非绝对，也有例外。许多国家专利法都规定，在申请日前的一定期限内，发明创造在某些特定情况下的公开，可以不丧失新颖性，即所谓不丧失新颖性的公开。这一段期限，专利法称之为宽限期。

这一特别规定最早源于《保护工业产权巴黎公约》，因为《巴黎公约》缔结的起因就是国际展览会上对工业产权保护不充分的问题。根据《巴黎公约》第 11 条的规定：本联盟国家应按其本国法律对在本联盟任何国家领土内举办的官方的或经官方承认的国际展览会展出的商品中可以取得专利的发明、实用新型、工业品外观设计和商标，给予临时保护。这种临时性保护可以用多种方式提供，如优先权方式，或者给予一定的不丧失新颖性的宽限期，或者承认展出人的先使用权等。我国《专利法》中也作出了类似不丧失新颖性的宽限期的规定，其目的是鼓励正常的学术交流，减轻恶意泄露技术给利害关系人造成的损害。专利法第 24 条规定，申请专利的发明创造在申请日以前 6 个月内，有下列情形之一的，不丧失新颖性：①在国家出现紧急状态或者非常情况时，为公共利益目的首次公开的；②在中国政府主办或者承认的国际展览会上首次展出的；③在规定的学术会议或者技术会议上首次发表的；④他人未经申请人同意而泄露其内容的。本条规定的目的是鼓励正常的学术交流，减轻恶意泄露技术给利害关系人造成的损害。这种不丧失新颖性的例外规定，仅是把申请人（包括发明人）的某些公开，或者第三人从申请人或发明人那里以合法手段或者不合法手段得来的发明创造的某些公开，认为是不损害该专利申请新颖性和创造性的公开。实际上，发明创造公开以后已经成为现有技术，只是这种公开在一定期限内对申请人的专利申请来说不视为影响其新颖性和创造性的现有技术，并非把发明创造的公开日看作是专利申请的申请日。从这个角度来看，不丧失新颖性的例外情形相关规定对于发明人的保护也是优先的，例如，从公开之日至提出申请的期间，如果第三人独立地作出了同样的发明创造，而且在申请人提出专利申请以前提出了专利申请，那么根据先申请原则，申请人就不能取得专利权。

3. 创造性

在专利制度建立初期，一项发明创造只要具备新颖性便被授予专利权。但在专利制度的实施过程中，人们逐渐意识到，这种只考虑新颖性的做法存在着弊端，导致了一些没有进步，甚至是落后的技术方案被授予了专利，这显然有悖于专利制度激励创新的立法目的。为了克服这一弊端，一些国家专利法相继规定了创造性标准。创造性，在一些国家也被称作"非显而易见性"等。例如，《美国专利法》第103条规定：一项发明虽然满足新颖性要求，但申请专利的内容与已有技术之间的差异甚为微小，以致该项发明在完成时对于本专业普通技术人员而言是显而易见的，则不能取得专利。我国《专利法》第22条第3款对创造性的含义作出了明确规定：创造性，是指与现有技术相比，该发明具有突出的实质性特点和显著的进步，该实用新型具有实质性特点和进步。创造性和新颖性都是相对现有技术而言，并且对现有技术的认定标准是一致的，即创造性的判断在时间上也是采取先申请原则。创造性与新颖性的区别在于：新颖性只表明一项技术是前所未有的，但不论该技术进步与否；创造性则强调一项技术的进步程度与技术难度。现就创造性判断的主要考量要素阐述如下：

（1）创造性的评价主体：本领域技术人员。

创造性应当基于所属技术领域的技术人员的知识和能力进行评价。所属技术领域的技术人员（Person Having Ordinary Skill in the Art，PHOSITA），也可称为本领域的技术人员，是指一种假设的"人"，假定他知晓申请日或者优先权日之前发明所属技术领域所有的普通技术知识，能够获知该领域中所有的现有技术，并且具有应用该日期之前常规实验手段的能力，但他不具有创造能力。如果所要解决的技术问题能够促使本领域的技术人员在其他技术领域寻找技术手段，他也应具有从其他技术领域中获知该申请日或优先权日之前的相关现有技术、普通技术知识和常规实验手段的能力。

"所属技术领域的技术人员"概念的雏形，最早可以追溯到美国1790年《专利法》，当时其对应概念为"workman or other person skilled in the art or manufacture"，即"本领域的工人或其他技术人员"，主要功能为专利文本公开充分性的判断。数十年的发展后，美国联邦最高法院在著名的1850年Hotchkiss *v.* Greenwood案中，正式提出了用于专利性判断的"普通技工"（Ordinary Mechanic）。该概念正是"本领域普通技术人员"的前身。该案中，美国最高法院在否定一项关于门把手的改进技术方案的专利性时指出，"除非（该发明的产生）需要具备比熟悉业务的普通技工更高的创造性（Ingenuity）和技能，否则该方案欠缺构成发明所必需的技术和创造性（Ingenuity）水平"。Hotchkiss案中"熟悉业务的普通技工"，正是"本领域普通技术人员"的前身。

Hotchkiss案之后，经过100多年的发展，美国最终在1952年《专利法》的第103条"非显而易见性"规则中，首次将"本领域的普通技术人员"（Person of Ordinary Skill in the Art, PHOSITA）规定为显而易见性的判断标准。之后，美国专利法中的"本领域普通技术人员"的适用范围扩展到了新颖性、公开充分性等专利实质要件，以及权利要求解释等领域。1983年的Environmental案中，法院提出了影响"本领域技术人员"的六个因素：①发明人受教育程度；②所属技术领域所面对的问题；③现有技术对所属技术领域所面对的问题提供的解答情况；④发明完成的速度；⑤技术的复杂程度；⑥所属技术领域实际工作者的教育程度。从而进一步明确了本领域技术人员的界定标准。包括我国在内的各主要国家（如英国、德国、日本）的专利法，或通过立法借鉴，或通过国际公约的签订，继受了美国法上类似的“本领域普通技术人员”概念。我国专利法体系即借鉴使用了该概念。

“所属技术领域的技术人员”首次在我国立法中出现，是在 1984 年《专利法》第 26 条第 3 款，规定“说明书应当对发明或者实用新型作出清楚、完整的说明，以所属领域技术人员能够实现为准”，这一规定与美国 1952 年以前专利法中本领域技术人员的作用相一致。目前，“所属技术领域的技术人员”的概念已经扩张到专利授权确权以及保护范围的确定，“所属技术领域的技术人员”在专利实质要件审查判断中的适用，包括新颖性、创造性、实用性、公开充分性、权利要求是否得到说明书的支持，在保护范围确定中，涉及权利要求的解释、等同判定等。

从功能上来看，“所属技术领域的技术人员”的产生是基于专利本身无体性、语言表述的模糊性以及技术变动性特征所产生的，专利本身具有无体性，语言文字难以完全充分界定，对语言文字的理解和解释，具有不同知识结构、观念和立场的人，在不同时间有可能得出不同的结论，且由于技术演变日新月异，公知技术以及显而易见性的标准也发生着变化，不同法官、审查员对于同一问题从个人立场得出的结论有可能存在较大差异。防止法官、专利审查员的主观性对审判结果的过度影响，“所属技术领域的技术人员”作为法律上的拟制人，提供一个较为客观的判断基准，引入该标准后，专利法官和审查员不再需要成为特定领域的技术专家，而是成为证据的审查判断者，查明“所属技术领域的技术人员”所代表的技能水平并进行判断。

（2）创造性的判断方法。

对于判断发明相对于现有技术是否属于显而易见最通常用的方法为“三步法”，即①确定最接近的现有技术；②确定发明的技术特征和发明实际解决的技术问题；③判断要求保护的发明对本领域的技术人员是否显而易见。

第一步：确定最接近的现有技术。最接近的现有技术，是指现有技术中与要求保护的发明最密切相关的一个技术方案，它是判断发明是否具有突出的实质性特点的基础。最接近的现有技术，既可以是与要求保护的发明技术领域相同，所要解决的技术问题、技术效果或者用途最接近和 / 或公开了发明的技术特征最多的现有技术，也可以是与要求保护的发明技术领域不同，但能够实现发明的功能，并且公开发明的技术特征最多的现有技术。

第二步：确定发明的区别特征和发明实际解决的技术问题。首先，应当分析要求保护的发明与最接近的现有技术相比有哪些区别特征，这是确定涉案发明所实际解决的技术问题，进而判断本领域技术人员是否具有相应技术启示的基础。然后，根据该区别特征所能达到的技术效果，确定发明实际解决的技术问题。从这个意义上说，发明实际解决的技术问题，是指为获得更好的技术效果而需对最接近的现有技术进行改进的技术任务。发明实际解决的技术问题的确定，是将其与最接近的现有技术相比较而得出的，而不是以其背景技术的记载为依据。此外，由于在对专利申请审查的过程中发现的最接近的现有技术可能不同于申请人在说明书中所描述的现有技术，故不能简单地将说明书中描述的技术问题确定为发明实际解决的技术问题。

第三步：判断要求保护的发明对本领域的技术人员来说是否显而易见。在该步骤中，要从最接近的现有技术和发明实际解决的技术问题出发，判断要求保护的发明对本领域的技术人员来说是否显而易见。判断过程中，要确定的是现有技术整体上是否存在某种技术启示，即现有技术中是否给出将上述区别特征应用到该最接近的现有技术以解决其存在的技术问题（即发明实际解决的技术问题）的启示。这种启示会使本领域的技术人员在面对所述技术问题时，有动机改进该最接近的现有技术并获得要求保护的发明。如果现有技术存在这种技术启示，则发明是显而易见的，不具有突出的实质性特点。

（3）创造性的辅助判断因素。

当申请属于以下情形时，审查员应当予以考虑，不应轻易作出发明不具备创造性的结论：

第一，发明解决了人们一直渴望解决但始终未能获得成功的技术难题。

第二，发明克服了技术偏见。从《专利审查指南》可知，技术偏见，是指在某段时间内、某个技术领域中，技术人员对某个技术问题普遍存在的、偏离客观事实的认识，它引导人们不去考虑其他方面的可能性，阻碍人们对该技术领域的研究和开发。如果发明克服了这种技术偏见，采用了人们由于技术偏见而舍弃的技术手段，从而解决了技术问题，则这种发明具有突出的实质性特点和显著的进步，具备创造性。例如，对于电动机的换向器与电刷间界面，通常认为越光滑接触越好，电流损耗也越小。一项发明将换向器表面制出一定粗糙度的细纹，其结果电流损耗更小，优于光滑表面。该发明就是克服了技术偏见，具备创造性。现有技术中是否存在技术偏见，应当结合现有技术的整体内容进行判断。

第三，发明取得了预料不到的技术效果。发明的技术效果是判断创造性的重要因素。如果发明相对于现有技术所产生的技术效果在质或量上发生明显变化，超出了本领域技术人员的合理预期，可以认定该发明具有预料不到的技术效果。例如，在新晶型化合物创造性判断中，一般应当结合其是否带来预料不到的技术效果进行考虑。化合物总是以一定的物理形态存在的，晶体仅是化合物分子的一种堆积形态，同一种化合物可能存在多种晶体形式，也可能根本不存在晶体形式，在目前的技术水平下，这是难以预测的。一般来说，本领域的技术人员在发现某种化合物具有某种药学活性后，会基于稳定性、高纯度等普遍存在的动机，采用常规的结晶方法尝试着制备晶体，如果能制备出晶体，就对晶体性能进行检测。由此可见，晶体是否具有意想不到的技术效果，是决定其是否具有创造性的关键因素，《专利审查指南》第二部分第十章第 6.1 节对化合物的创造性审查规定，结构上与已知化合物接近的化合物，必须有预料不到的用途或者效果。此预料不到的用途或者效果，可以是与该已知化合物的已知用途不同的用途，或者是对已知化合物的某一已知效果有实质性的改进或提高，或者是在公知常识中没有明确的或不能由常识推论得到的用途或效果。在新晶型化合物创造性判断中，并非所有的微观晶体结构变化均必然具有突出的实质性特点和显著的进步，必须结合其是否带来意料不到的技术效果进行考虑。但在认定是否存在预料不到的技术效果时，应当综合考虑发明所属技术领域的特点，尤其是技术效果的可预见性、现有技术中存在的技术启示等因素。

第四，发明在商业上获得成功。一般情况下，只有利用“三步法”难以判断技术方案的创造性时，从社会经济的激励作用角度出发，才将商业上的成功作为创造性判断的辅助因素。《专利审查指南》第二部分第四章第 5.4 节规定：当发明的产品在商业上获得成功时，如果这种成功是由于发明的技术特征直接导致的，则一方面反映了发明具有有益效果，同时也说明了发明是非显而易见的，因而这类发明具有突出的实质性特点和显著的进步，具备创造性。但是，如果商业上的成功是由于其他原因所致，例如由于销售技术的改进或者广告宣传造成的，则不能作为判断创造性的依据。

因此，商业成功只是创造性判断的辅助性因素。与相对客观的“三步法”而言，对于商业上的成功是否确实导致技术方案达到被授予专利权的程度，应当持相对严格的标准。当申请人或专利权人主张其发明或者实用新型获得了商业上的成功时，应当审查以下因素：首先，发明或者实用新型的技术方案是否真正取得了商业上的成功；其次，该商业上的成功是否源于发明或者实用新型的技术方案相比现有技术做出改进的技术特征，而非该技术特征以外的其他因素所导致的。商业上的成功体现的是一项发明或者实用新型被社会认可的程度。理论上讲，成功与否应当由该发明或者实用新型所代表的技术或产品相比其他类似的技术或产品在同行业所占的市场份额来决定，单纯的产品销售并不能代表已经取得商业上的成功。一项发明或者实用新型获得商业上的成功所基于的直接原因应当是创造性判断的重点。导致商业上取得成功的，必须是发明或者实用新型的技术方案相比现有技术做出改进的技术特征，而非该技术特征之外的其他因素。因此，必须对导致商业成功的原因进行详细分析，从而排除技术特征之外的其他因素对取得商业成功的影响。但需要注意的是，发明因其技术特征直接导致其在商业上获得成功，只是判断发明是否具备创造性的一个辅助考虑因素，无法将之作为判断专利创造性的决定性标准。

4. 外观专利权取得的实质条件

不同于发明和实用新型保护技术方案，外观设计所保护的是富有美感的工业设计，不具有积极的技术效果，也无法要求相对现有技术具有实质性特点和进步，专利法从视觉效果的角度为之设置了独立的授权条件，《专利法》第 23 条规定：“授予专利权的外观设计，应当不属于现有设计；也没有任何单位或者个人就同样的外观设计在申请日以前向国务院专利行政部门提出过申请，并记载在申请日以后公告的专利文件中。授予专利权的外观设计与现有设计或者现有设计特征的组合相比，应当具有明显区别。授予专利权的外观设计不得与他人在申请日以前已经取得的合法权利相冲突。”据此外观设计的授权条件可概括为新颖性、区别性以及不与在先权利相冲突三项要求。

（1）新颖性。

外观设计的新颖性要求与发明、实用新型类似，即授予专利权的外观设计，应当不属于现有设计；也没有任何单位或者个人就同样的外观设计在申请日以前向国务院专利行政部门提出过申请，并记载在申请日以后公告的专利文件中。即外观设计的新颖性要求也包括不属于现有设计和不存在抵触申请两个方面。

首先，授予专利权的外观设计应当不属于现有设计。根据《专利法》第 23 条第 4 款，现有设计，是指申请日以前在国内外为公众所知的设计。在公开的标准上，采用的是绝对新颖性标准，即包括申请日以前国内外为公众所知的设计，关于申请日以及现有设计的认定方法，外观设计可参照发明和实用新型的认定标准。不属于现有设计，是指在现有设计中，既没有与涉案专利相同或实质相同的外观设计。与发明、实用新型相同，外观设计的新颖性判断遵循的也是一对一的标准，即考察申请的外观设计是否被单一的现有设计文件所公开。与发明、实用新型不同的是，外观设计新颖性比对必须限定产品类型，相同的外观设计，是指涉案专利与对比设计是相同种类产品的外观设计，并且涉案专利的全部外观设计要素与对比设计的相应设计要素相同，其中外观设计要素是指形状、图案以及色彩。相同种类的产品，是指用途完全相同的产品。实质相同指的是涉案专利与对比设计虽然存在一定差异，但通过整体观察、综合判断，二者差异仅仅是细节差异，按照消费者一般注意力通常无法察觉的情形。实质相同的判断仅限于相同或者相近种类的产品外观设计，相近种类的产品，是指用途相近的产品。当产品具有多种用途时，如果其中部分用途相同，而其他用途不同，则二者应属于相近种类的产品。

其次，该外观设计不存在抵触申请。在涉案专利申请日以前任何单位或者个人向专利局提出并且在申请日以后（含申请日）公告的同样的外观设计专利申请，称为抵触申请。其中，同样的外观设计是指外观设计相同或者实质相同。存在抵触申请的情况下，同样将破坏外观设计的新颖性。

（2）区别性。

区别性，是指授予专利权的外观设计与现有设计或者现有设计特征的组合相比，应当具有明显区别。由于外观设计不同于发明和实用新型保护的技术方案，无法适用通常的创造性标准进行判断。因此，2008 年《专利法》修订时，就外观设计提出了“与现有设计或者现有设计特征的组合相比，应当具有明显区别”的要求。在此，明显区别不仅相对于现有设计，还包括现有设计特征的组合。现有设计特征，是指现有设计的部分设计要素或者其结合，如现有设计的形状、图案、色彩要素或者其结合，或者现有设计的某组成部分的设计，如整体外观设计产品中的零部件的设计。类似于“创造性”要件的判断，区别性的判断已经超出了新颖性的单独对比原则，而是引入了创造性的一对多理念，允许不同现有设计方案特征的组合。

外观设计区别性的认定标准是，应当基于涉案专利产品的一般消费者的知识水平和认知能力，对外观设计专利与在先设计的整体视觉效果进行整体观察、综合判断。所谓“整体”，包括产品可视部分的全部设计特征，而非其中某特定部分。所谓“综合”，是指对能够影响产品外观设计整体视觉效果的所有因素的综合。所谓“整体观察、综合判断”，是指一般消费者从整体上而不是仅依据局部的设计变化，来判断外观设计专利与对比设计的视觉效果是否具有明显区别。在判断时，一般消费者对于外观设计专利与对比设计可视部分的相同点和区别点均会予以关注，并综合考虑各相同点、区别点对整体视觉效果的影响大小和程度。作为判断外观设计相同或相近似的主体即一般消费者，是一个具有上述知识水平和认知能力的抽象概念，而不是具体的从事某种特定工作的本领域技术人员。一般消费者的知识水平和认知能力的认定，需要结合具体的外观设计产品，考虑该外观设计产品的同类和相近类产品的购买者和使用者群体，从而对该外观设计产品的一般消费者的知识水平和认知能力作出具体界定。例如，对于摩托车车轮产品的外观设计而言，由于摩托车车轮是摩托车主要的外部可视部件，在确定其一般消费者的知识水平和认知能力时，不仅要考虑摩托车的组装商和维修商的知识水平和认知能力，也要考虑摩托车的一般购买者和使用者的知识水平和认知能力。

参照《专利审查指南》第四部分第五章的相关规定，外观设计专利与现有设计或者现有设计特征的组合相比不具有明显区别是指如下几种情形：①外观设计专利与相同或者相近种类产品现有设计相比不具有明显区别；②外观设计专利是由现有设计转用得到的，二者的设计特征相同或者仅有细微差别，且该具体的转用手法在相同或者相近种类产品的现有设计中存在启示；③外观设计专利是由现有设计或者现有设计特征组合得到的，所述现有设计与涉案专利的相应设计部分相同或者仅有细微差别，且该具体的组合手法在相同或者相近种类产品的现有设计中存在启示。但上述转用组合后产生独特视觉效果的除外。

（3）不与在先权利相冲突。

由于外观设计是一种关于美感的方案，因此，其在外在形态上可能与作品、商标等其他知识产权保护对象产生冲突，尽管我们可以强调其功能既不同于作品也有别于商标。比如，未经著作权人同意将他人作品用于装饰特定产品。这种情况既可能发生在平面作品上，也可能发生在三维作品上。类似地，将他人的商标，无论是平面商标图案还是立体商标造型用来装饰特定产品，在这两种情况下所形成的外观设计都可能侵权。因此，我国专利法还要求外观设计专利权“不得与他人在申请日以前已经取得的合法权利相冲突”。

根据该规定，一项外观设计专利权与他人在申请日之前已经取得的合法权利相冲突的，将导致无法获得专利权或专利权被无效。“他人”是指专利权人以外的民事主体，包括自然人、法人或者其他组织。“在申请日以前已经取得”，是指在先合法权利的取得日在涉案专利申请日之前，存在优先权的情形，要求应当在优先权日之前。关于“合法权利”的类型，《最高人民法院关于审理专利纠纷案件适用法律问题的若干规定》第16条解释，《专利法》第23条所称的在先取得的合法权利包括：商标权、著作权、企业名称权、肖像权、知名商品特有包装或者装潢使用权等。这就意味着，现行法律、司法解释并未将《专利法》第23条规定的“合法权利”限定为法律已明确规定的法定权利，而将其他法律上的合法权益排除在外。《专利法》第23条中的“合法权利”既包括著作权、商标权、姓名权、肖像权等法律明确规定的权利也包括有一定影响的商品名称、包装、装潢等受法律保护的法益。

三、不授予专利权的对象

专利制度的目的是对符合规定条件的发明创造给予专利保护，赋予权利人独占实施该发明创造的权利，以促进科学技术的发展和创新。从建立专利法律制度的目的出发，授予专利权必须具有一定高度的“门槛”，对于那些不符合专利法的立法目的或者不具备专利法规定的授权条件的发明创造，将之排除在专利保护的范围之外，不能取得专利权，也是理所应当的。具体而言，这些不受专利法保护的对象规定在了《专利法》第 5 条和第 25 条之中。

《专利法》第 5 条第 1 款规定：“对违反法律、社会公德或者妨害公共利益的发明创造，不授予专利权。”本条“法律”，是指由全国人民代表大会和全国人民代表大会常务委员会依照立法程序制定和颁布的法律，不包括行政法规、地方性法规和行政规章等其他规范性文件。违反法律的发明创造，是指该发明创造所具备的技术功能或其技术目的与国家法律的规定相违背，例如，制造假币的设备，吸毒的器具等，都属于违反法律的发明创造，不能被授予专利权；违反社会公德指的是违背公众普遍认为是正当的、并被普遍接受的伦理道德观念和行为准则，典型的如婴儿基因编辑技术等；妨害社会公共利益是指发明创造的实施或使用会给公众或社会造成危害，或者会使国家和社会的正常秩序受到影响，例如，发明人申请一种使盗窃者双目失明的防盗装置及方法，在实施时必然会产生严重损伤人体的后果，此种方式有违公共利益和公共安全，即不能被授予专利权。在判断违反法律、社会公德、妨害公共利益时，需要区分相关危害是由于申请的技术方案本身造成的，还是由于技术方案被滥用造成的后果或者属于产生积极效果同时存在的缺陷。如果发明创造因滥用而可能造成妨害公共利益的或者发明创造在产生积极效果的同时存在某种缺点的，则不能直接拒绝授予专利权。

《专利法》第 5 条第 2 款规定：“对违反法律、行政法规的规定获取或者利用遗传资源，并依赖该遗传资源完成的发明创造，不授予专利权。”遗传资源是指取自人体、动物、植物或者微生物等含有遗传功能单位并具有实际或者潜在价值的材料；《专利法》所称依赖遗传资源完成的发明创造，是指利用了遗传资源的遗传功能完成的发明创造。伴随着现代生物技术的发展，遗传资源的价值日益显现，因而各国都在积极保护其本国遗传资源。1992 年联合国《生物多样性公约》签署，依据公约所确立的主权原则，各国在遗传资源获取与利益分享立法中，对于资源的所有权、获取的行政审查程序等，可以根据国内的实际情况，做出具体的安排。在资源获取方面，《生物多样性公约》确立了所谓事先知情同意原则，即遗传资源的获取须经提供这种资源的缔约国事先知情同意。2019 年《人类遗传资源管理条例》规定不采集、保藏、利用、对外提供我国人类遗传资源的限制条件和许可程序。违反相关法律法规获得遗传资源并以此完成的发明创造，将作为“毒树之果”无法在我国获得专利权。

此外，《专利法》第 25 条明确规定了不授予专利权的 6 种情形，包括：（1）科学发现；（2）智力活动的规则和方法；（3）疾病的诊断和治疗方法；（4）动物和植物品种；（5）原子核变换方法以及用原子核变换方法获得的物质；（6）对平面印刷品的图案、色彩或者二者的结合作出的主要起标识作用的设计。对于科学发现、治理活动的规则和方法本身并非技术方案从而难以获得专利保护。疾病的诊断和治疗方法，是指以有生命的人体或者动物体为直接实施对象，进行识别、确定或消除病因或病灶的过程，其更多是一种个人经验，无法在产业上利用，所以不能被授予专利权。对于动植物品种而言，天然动植物品种并非人类智力成果无法给予私人财产权保护，人工品种培育周期较长且必须经过多代筛选才能获得显著性、稳定性和一致性，不适宜通过专利制度保护，可以通过专利法以外的其他法律法规保护，如植物新品种可以通过《植物新品种保护条例》给予保护，此外，对于动植物新品种的生产方法，以及微生物相关发明创造可以通过专利权获得保护。由于“原子核变换方法和用该方法获得的物质”关系到国家的经济、国防、科研和公共生活的重大利益，不宜为单位或私人垄断，因此不能被授予专利权。对于主要起标识作用的设计，由于外观设计专利制度的主要目的是保护产品外观创新，但其主要是起到标识作用，同时为了避免与商标、版权保护的冲突，因此不给予直接保护。

第三节　专利权的取得与无效

一、专利申请和审查制度概述

专利权的取得与著作权以及传统财产权取得存在显著不同，文学艺术作品的表达是否具有独创性相对易于判断，因而著作权遵循自动取得原则，即作品一旦完成之后即自动获得著作权保护；一项技术是否符合新颖性、创造性则难以由社会公众作出直接判断，为了避免对于社会交易现实的不确定性，专利权的取得以一定要式行为为前提，发明创造除了满足前述获得专利权的条件之外，发明人及相关主体必须将其发明创造按照规定形式向专门行政机关即国家知识产权局提交保护申请，经国家知识产权局审查符合授予专利权的条件之后才给予法律保护。

由于发明创造具有无形性的特点难以把握，发明人申请专利的前提是通过格式化的书面文件将其发明创造以客观形式表征固定下来，其中包括权利要求、说明书、附图等内容，申请专利的各类办理手续都应以书面形式办理，即通常所谓的书面原则。专利申请提交到国家知识产权局之后，将区分发明专利、实用新型、外观设计按照不同程序进行审查：对于发明专利申请，我国实行“早期公开＋依请求实质审查”制度。申请人应当向国家知识产权局提交申请，受理后国家知识产权局首先进行初步审查，经初步审查认为符合要求的，自申请日起满 18 个月，即行公布。国务院专利行政部门可以根据申请人的请求早日公布其申请。自申请日起 3 年内，可以根据申请人请求对申请进行实质审查，逾期不请求的视为撤回（必要时，专利局也可自行进行审查）。实质审查后，没有发现驳回理由的，授予专利权；认为不符合条件的，应当通知申请人陈述意见或对其申请进行修改，陈述或修改后仍不符合规定的，应当予以驳回。对于实用新型和外观设计专利，我国实行初步审查制度。申请人应当向国家知识产权局提交申请，受理后国家知识产权局进行初步审查，经初步审查没有发现驳回理由的，直接作出授予专利权的决定，发给相应的专利证书，同时予以登记和公告。实用新型专利权和外观设计专利权自公告之日起生效。认为不符合条件，应当通知申请人陈述意见或对其申请进行修改，陈述或修改后仍不符合规定的，应当予以驳回。概括而言，初步审查主要是审查专利申请文件是否符合形式上的要求，是否存在违反法律、社会公德或者妨害公共利益以及不受专利法保护的发明创造等情况。发明专利申请的实质审查则是对发明专利申请是否符合《专利法》及其实施细则规定的全部授权条件的全面、实质性审查。已授权的专利也不可避免地存在错误授权的情况，相关主体存在异议的，可以向国家知识产权局申请宣告专利无效，国家知识产权局认定成立的，将作出专利无效决定，被宣告无效的专利自始不发生效力。

因此，从完成发明创造到获得专利权保护，中间存在一定程序周期，在不同阶段，发明创造之上存在着不同的权利或法益：首先，在发明创造完成之后、申请专利之前，发明人可以自主使用实施该发明创造，并具有申请专利的权利，他人不得窃取该技术成果申请专利，但第三人独立发明创造申请专利的除外。其次，在提交专利申请之后、专利授权之前，发明人享有专利申请权，专利申请权具有一定期待权性质，如果将来该专利申请被批准后，其将自动转化为专利权；如果该专利申请未被批准，则不受法律保护。但对发明申请，其在审查期限内受到一定程度的临时保护，由于我国对发明专利申请实行的是“早期公开、延迟审查”的审批制度，在发明专利申请公布后至授权前的这段时间内，公众已经能够通过发明专利申请的公布文本获知发明创造的技术内容，并通过实施发明创造而获利，《专利法》第 13 条专门规定，发明专利申请人可以要求实施其发明的单位或者个人支付适当的费用，以弥补其损失。最后，在国家知识产权局作出授予专利权决定之后、专利终止之前，发明人享有真正的专利权，具有排除他人未经允许实施其发明创造的权利。针对各个阶段的权利或权益，发明人及相关主体都可以自主进行转让处分，申请专利的权利可以通过合同约定进行处分，专利申请权和专利权的转让除了订立合同之外，还必须向国家知识产权局进行登记，自登记之日发生效力。

以下就专利权取得及无效的各项要求及程序进行具体阐述。

二、专利申请人

专利申请人指的是在发明创作完成之后有权利申请专利的人。按照是否是职务发明，申请专利的权利有所不同：对职务发明创造，申请专利的权利归属于单位；对非职务发明创造，申请专利的权利属于发明人或设计人。除此之外，针对委托发明、合作发明的权利归属，《专利法》也作出了特殊规定。现分别介绍如下：

1. 非职务发明创造

职务发明创造，指的是执行本单位的任务或者主要是利用本单位的物质技术条件所完成的发明创造，除此之外的成果，如个人自己已进行的发明，即属非职务发明创造。[1]根据《专利法》第 6 条第 2 款的规定，非职务发明创造，申请专利的权利属于发明人或者设计人，自然地，该专利申请被批准后，其发明人或者设计人为专利权人。发明

---

〔1〕 关于职务发明创造的具体认定参见第 2 部分“职务发明创造”。

人或者设计人是指对发明创造的实质性特点作出创造性贡献的人。专利法上的发明人必须满足如下条件：第一，发明人必须是直接参加发明创造活动的人。只是负责组织管理工作或者仅为发明创造所需物质条件的获得提供方便的人不是发明人。第二，发明人必须是对发明创造的实质性特点有创造性贡献的人。没有对如何解决问题提出具体意见的人，或者仅提出过一些非实质性的一般意见的人，或者单纯从事辅助工作（如打字、制图等）的人，均不是发明人。总之，只有在发明创造完成过程中对发明创造的构思以及构思的具体化提出了创造性见解的人才是发明人。

2. 职务发明创造

《专利法》第 6 条第 1 款规定："执行本单位的任务或者主要是利用本单位的物质技术条件所完成的发明创造为职务发明创造。职务发明创造申请专利的权利属于该单位；申请被批准后，该单位为专利权人。" 判断发明专利是否属于职务发明，一般而言有两项标准，执行本单位任务或者主要是利用本单位的物质技术条件完成的发明创造，择其一即可。据此，职务发明创造可以分为两种类型：

（1）执行本单位的任务所完成的职务发明创造。

"执行本单位的任务所完成的职务发明创造"具体是指：第一，在本职工作中作出的发明创造。《专利法实施细则》第 12 条第 1 款中的"本职工作"，是根据发明人的劳动合同或者岗位职责所从事的研究、设计和开发工作，即发明人的工作职责就是或者包含发明创造。如果发明人从事的工作岗位相关职责中并不包含进行发明创造，发明人只要完成了劳动合同中约定、单位依法规定的岗位职责，即已经完全履行了职务，至于其在完成工作职责过程中自主进行创造性智力劳动，作出了发明创造，即使与其本职工作有关，也不属于《专利法实施细则》第 12 条所指的"在其本职工作中作出的发明创造"。第二，履行本单位交付的本职工作之外的任务所作出的发明创造。与上述"本职工作"相类似，此处"本职工作之外的任务"也仅指研究、设计和开发任务，即仅指进行发明创造或者包含发明创造的任务。如何判断本职工作以及本单位交付的本职工作以外的任务，需要依据单位与发明人所签署的劳动合同等相关合同以及文件认定。例如，在"合肥普天机电设备贸易有限责任公司与蒋某专利权属纠纷案"中，法院认为，双方虽然签订的是《合作协议》，但通过对协议内容的分析，如当事人在任职期间负责的职务、薪酬等可知，该协议名为合作协议，实为聘用合同。并且在公司注册成立后，当事人继续在该公司担任生产厂长，分管各种型号钢筋弯曲机及切断机的生产及技术工作，并负责对钢筋弯曲机的角度调节部分和变速结构的改进工作。[1] 因此，可以认为，对钢筋弯曲机的技术研发就是当事人的本职工作。第三，退休、调离原单位后或者劳动、人事关系终止后 1 年内作出的，与其在原单位承担的本职工作或者原单位分配的任务有关的发明创造。

（2）主要利用本单位的物质技术条件完成的发明创造。

"主要利用本单位的物质技术条件完成的发明创造"的认定通常有两个步骤：第一

〔1〕 安徽省合肥市中级人民法院民事判决书，（2000）合知初字第 36 号。

步，认定发明人或者设计人。依照《专利法实施细则》第 13 条规定可知："发明人或者设计人，是指对发明创造的实质性特点作出创造性贡献的人。在完成发明创造过程中，只负责组织工作的人、为物质技术条件的利用提供方便的人或者从事其他辅助工作的人，不是发明人或者设计人。"第二步，应该确定主要利用本单位物质技术条件的范围。一般而言，主要利用法人或者其他组织的物质技术条件，是指职工在完成技术成果的研究开发过程中，全部或者大部分利用了法人或者其他组织的资金、设备、器材或者原材料，或者该技术成果的实质性内容是在该法人或者其他组织尚未公开的技术成果、阶段性技术成果或者关键技术的基础上完成的。但对利用法人或者其他组织提供的物质技术条件，约定返还资金或者交纳使用费的除外。此外，在研究开发过程中利用法人或者其他组织已对外公开或者已为本领域普通技术人员公知的技术信息，或者在技术成果完成后利用法人或者其他组织的物质条件，对技术方案进行验证、测试的，都不属于主要利用法人或者其他组织的物质技术条件。对于主要利用本单位的物质技术条件完成的发明创造，一般情况下作为职务发明创造，申请专利的权利归属于单位；但单位与发明人或者设计人订有合同，对申请专利的权利和专利权的归属作出约定的，从其约定。

从组织创新投资、协调进行市场竞争的角度，对职务发明创造，申请专利的权利及嗣后授予的专利权归属于单位，单位具有实施运用和处分的权利，但发明创造从本质上来说是发明人、设计人智力活动的成果，同样需要给予相应回报，这有利于发挥个人进行发明创造的积极性，促进科学技术进步和创新。因此，《专利法》同时对发明人和设计人赋予了两方面权利保障：一是署名权，发明人或者设计人有权在专利文件中署名作为发明人或设计人。二是获得奖励报酬的权利，《专利法》第 15 条规定："被授予专利权的单位应当对职务发明创造的发明人或者设计人给予奖励；发明创造专利实施后，根据其推广应用的范围和取得的经济效益，对发明人或者设计人给予合理的报酬。国家鼓励被授予专利权的单位实行产权激励，采取股权、期权、分红等方式，使发明人或者设计人合理分享创新收益。"发明人、设计人的报酬按照以下规则确定，首先，单位作为直接的创新主体，单位与员工之间的意思自治优先，允许单位与发明人或设计人通过合同或者规章制度约定奖励和报酬的方式和数额，允许鼓励单位通过采取股权、期权、分红等方式与发明人、设计人分享收益。其次，对于当事人未作出约定的，法律规定了对于发明人、设计人的最低保障标准，在专利授权之后，发明人或设计人有获得报酬的权利，一项发明专利的奖金最低不少于 3000 元，一项实用新型专利或者外观设计专利的奖金最低不少于 1000 元；在专利实施过程中，发明人或设计人有获得奖励的权利，实施发明创造专利后，每年应当从实施该项发明或者实用新型专利的营业利润中提取不低于 2% 或者从实施该项外观设计专利的营业利润中提取不低于 0.2%，作为报酬给予发明人或者设计人，或参照该比例给予发明人或者设计人一次性报酬；被授予专利权的单位许可其他单位或者个人实施其专利的，应当从收取的使用费中提取不低于 10%，作为报酬给予发明人或者设计人。

3. 委托发明创造

委托发明，是指单位或个人接受其他单位或个人委托的研究、设计任务所完成的发明创造。《专利法》第 8 条规定：一个单位或者个人接受其他单位或者个人委托所完成的发明创造，除另有协议的以外，申请专利的权利属于完成的单位或者个人；申请被批准后，申请的单位或者个人为专利权人。

在合同法上，委托开发合同属于技术开发合同的一种类型，《民法典》对此作出了更为全面的调整。《民法典》第 852 条规定，委托开发合同的委托人应当按照约定支付研究开发经费和报酬；提供技术资料、原始数据；完成协作事项；接受研究开发成果；委托开发合同的研究开发人应当按照约定制定和实施研究开发计划；合理使用研究开发经费；按期完成研究开发工作，交付研究开发成果，提供有关的技术资料和必要的技术指导，帮助委托人掌握研究开发成果。委托发明的权利归属，一般遵循约定优先原则。《民法典》第 859 条规定：委托开发完成的发明创造，除当事人另有约定的以外，申请专利的权利属于研究开发人。研究开发人取得专利权的，委托人可以免费实施该专利。研究开发人转让专利申请权的，委托人享有以同等条件优先受让的权利。

4. 合作发明创造

合作发明，是指两个以上的民事主体合作完成的发明创造。与合作作品比较类似，合作发明的构成也需要具备主客观要件：首先，两个以上民事主体在主观上要有合作创造的合意；其次，两个以上民事主体在客观上实施了合作创造的行为。

《专利法》第 8 条规定：两个以上单位或者个人合作完成的发明创造，除另有协议的以外，申请专利的权利属于共同完成的单位或者个人；申请被批准后，申请的单位或者个人为专利权人。第 15 条规定：专利申请权或者专利权的共有人对权利的行使有约定的，从其约定；没有约定的，共有人可以单独实施或者以普通许可方式许可他人实施该专利。许可他人实施该专利的，收取的使用费应当在共有人之间分配。除前款规定的情形外，行使共有的专利申请权或者专利权应当取得全体共有人的同意。

此外，《民法典》合同编第二十章技术合同第 860 条对合作发明人之间的法律关系作出了更为具体的调整，合作各方对其发明创造享有以下权利：第一，合作发明人的优先购买权。当事人一方转让其共有的专利申请权的，其他各方享有以同等条件优先受让的权利。第二，合作发明创造人一方放弃专利申请权的处理。合作开发的当事人一方声明放弃其共有的专利申请权的，可以由另一方单独申请或者由其他各方共同申请。申请人取得专利权的，放弃专利申请权的一方可以免费实施该专利。第三，专利申请争议的处理。合作开发的当事人一方不同意申请专利的，另一方或者其他各方不得申请专利。

5. 外国人申请的要求

在专利申请中，还有一类相对特殊的情形是专利申请人为外国人的情况。因为专利制度具有一定的地域性特点，本质上是通过一定期限内对发明创造垄断权的授予激励本国的技术创新，故而依据一国法律产生的专利权只在本国范围内有效，因此，专利法并不当然地对外国人提供保护，而主要是为了在国际贸易交往中保护本国权利人在国外的利益，与贸易交往国家提供互惠性保护。因此，1883 年订立的《巴黎公约》最早约定了专利权保护的国民待遇原则，即《巴黎公约》成员国为彼此国民提供与本国国民同样的专利权保护，第 2 条规定："本联盟任何国家的国民，在保护工业产权方面，在本联盟所有其他国家内应享有各该国法律现在授予或今后可能授予国民的各种利益；一切都不应损害本公约特别规定的权利。因此，他们应和国民享有同样的保护，对侵犯他们的权利享有同样的法律上的救济手段，但是他们遵守对国民规定的条件和手续为限。”此后，1994 年 WTO《与贸易有关的知识产权协定》同样规定了国民待遇原则。

在我国法上，外国人区分不同情况可以在我国申请专利获得保护。在中国有经常居所或者营业所的外国人、外国企业和外国其他组织，将视为本国国民，与本国国民一样有权申请专利，从而获得专利保护。在中国没有经常居所或者营业所的外国人、外国企业或者外国其他组织，根据《专利法》的规定，有下列 3 种情况之一的，可以依照《专利法》在我国申请专利：（1）外国人的所属国和我国共同参加的国际条约规定互相给予对方国民以专利保护的；（2）外国人的所属国与我国签订的双边协议规定互相给予对方国民以专利保护的；（3）尽管外国人所属国和我国既没有签订双边协议，又没有共同加入国际条约，但对方在专利法中规定或者在实践中依照互惠原则给我国国民以专利保护的。现实中，没有经常居所的外国人主要依据第一种情形在我国获得专利权保护，目前我国已加入《巴黎公约》《与贸易有关的知识产权协定》等主要专利国际条约，截至 2024 年 1 月，《巴黎公约》成员方有 180 个，WTO《与贸易有关的知识产权协定》成员方共有 164 个，其成员方不尽相同，但两个条约成员方的自然人、法人、其他组织皆可按照国民待遇原则在我国申请专利获得保护。除此之外，我国迄今为止还未与其他国家签订双边协议给予对方国民以专利权保护。

原则上，在中国没有经常居所或者营业所的外国人、外国企业或者外国其他组织可以按照《巴黎公约》《与贸易有关的知识产权协定》的国民待遇原则，与我国国民一样申请专利获得保护，例外情况是，外国人在我国申请专利适用强制代理规则。专利代理是指专业的专利代理机构接受委托，在专利授权确权程序中，以委托人名义在代理范围内办理专利申请、宣告专利权无效等专利事务的行为。其本质上是一种民事代理行为，系由专业人员为申请人或权利人提供的专业服务。对国内申请人而言，其可以自己提交专利申请和办理专利事务或委托专业代理机构，没有强制性要求；但外国申请人的不同之处在于，其在本国并没有经常居所或者营业所，这就为专利审查的通知送达带来了极大的不便，阻碍专利申请审查无效程序的进行。因此，各国一般要求外国在国内指定一个送达地址或委托代理人，以便程序的进行。对此，《巴黎公约》第 2 条、《与贸易有关的知识产权协定》第 3 条关于国民待遇原则的规定均对此作出了例外性规定，即允许要求“在成员国管辖范围指定送达地址或委派代理人”。对此，我国《专利法》也规定，在中国没有经常居所或者营业所的外国人、外国企业或者外国其他组织在中国申请专利和办理其他专利事务的，或者作为第一署名申请人与中国内地的申请人共同申请专利和办理其他专利事务的，必须委托专利代理机构办理。

三、专利申请的文件

发明创造具有无形性特点，在其上建立对世性的财产权，则必须清晰地界定其内容边界。因此，专利法专门规定了书面原则，通过书面文件客观确定地记载申请保护的技术方案的范围。《专利法实施细则》第 2 条规定：专利法和本细则规定的各种手续，应当以书面形式或者国务院专利行政部门规定的其他形式办理。在专利申请中，书面原则主要体现在一系列专利申请文件上，即专利申请人必须按照规定的类型、要求撰写和提交专利申请文件。现就专利申请文件的内容、撰写要求具体阐释如下：

1. 专利申请文件的内容

《专利法》第 26 条规定："申请发明或者实用新型专利的，应当提交请求书、说明书及其摘要和权利要求书等文件。" 通常来说，发明或实用新型的申请文件主要包括请求书、说明书及其摘要、权利要求书三部分内容。

（1）请求书。

请求书是申请人用于请求国家知识产权局对其发明授予专利权的书面文件。主要应填写以下内容：名称、发明人、申请人、专利代理机构等。除这些内容外，请求书中还包括申请文件清单、附加文件清单以及是否存在优先权以及《专利法》第 24 条规定的不丧失新颖性例外等情况。申请人应根据申请案的具体情况据实填写以上内容。

（2）说明书及其摘要。

说明书是具体阐述发明创造内容的书面文件，其详细阐述了发明创造的基本构思、技术方案以及如何具体实现，是确定权利要求保护范围的基本依据。专利申请人在申请专利时提交的专利说明书中公开的技术内容，是国务院专利行政部门审查专利的基础，也是申请人对申请文件进行修改的依据，同时还是社会公众了解、传播和利用专利技术的基础。如前所述，专利保护的重要逻辑是"公开换保护"，专利技术的公开正是通过说明书来实现的。说明书应当包括下列内容：技术领域，即要求保护的技术方案所属的技术领域；背景技术，即对发明或者实用新型的理解、检索、审查有用的背景技术；发明内容，即发明或者实用新型所要解决的技术问题以及解决其技术问题采用的技术方案，并对照现有技术写明发明或者实用新型的有益效果；附图及说明，申请人在撰写说明书时认为有必要的可进行附图，并对各幅附图作简略说明；具体实施方式：详细写明申请人认为实现发明或者实用新型的优选方式，必要时可举例说明，有附图的可对照附图说明。

说明书摘要是说明书记载内容的概括，包括发明或者实用新型的名称和所属技术领域，并清楚地反映所要解决的技术问题、解决该问题的技术方案的要点以及主要用途。有附图的专利申请，还应当提供一幅最能说明该发明或者实用新型技术特征的附图。

（3）权利要求书。

权利要求书是申请人就申请专利的发明创造请求专利法保护的范围的书面文件，在专利被授权之后即成为限定专利权保护范围的依据。权利要求书通常是在说明书对发明创造解决的问题、技术方案及其具体实施方式、实现的技术效果等具体说明的基础上进行的概括，权利要求书应当完整、清楚、简要地明确界定申请保护的技术方案。权利要求书中可以包含多项权利要求，每一项权利要求都构成一个完整的技术方案。按照权利要求之间是否具有关联或从属关系，可分为独立权利要求和从属权利要求，独立权利要求应当从整体上反映发明或者实用新型的技术方案，记载解决技术问题的所有技术特征；从属权利要求则在引用独立权利要求技术特征的基础上，进一步附加技术特征作出限定，一份权利要求书中至少应当包含一项独立权利要求。按照权利要求保护的技术方案类型不同，可以分为产品权利要求和方法权利要求。

不同于发明和实用新型，外观设计不是技术性方案，因此不宜采用上述申请文件。外观设计专利的必要申请文件至少包括：

（1）外观设计专利请求书。请求书的内容大体上与发明专利请求书相同。

（2）外观设计图片或者照片。由于外观设计是关于图案、形状、色彩的设计，因此难以用文字精确描述。图片或照片是表述外观设计的最佳方式。在外观设计专利申请中，图片或照片起着如发明或实用新型专利申请中的说明书和权利要求书的作用。因此，作为申请文件的照片或图片一定要充分、清楚地展示外观设计的特点，否则专利法将不予保护。

（3）简要说明。为了提高外观设计的设计水平，并明确地界定外观设计专利的权利范围，国家知识产权局要求申请人在提出申请时就其外观设计的设计要点进行说明。这一要求在一定程度上可以起到避免申请人简单模仿他人设计的作用，也为后续的审查和侵权判断提供了方便。

2. 专利申请文件的撰写要求

专利申请人提交申请文件，除了满足前述对于申请书、权利要求书、说明书的形式要求之外，专利法对于其实质内容也作出了要求，在专利审查、复审、无效中成了新颖性、创造性、实用性之外的重要事由，俗称“非三性要求”。现具体介绍如下：

（1）权利要求应当以说明书为依据。

根据《专利法》第 26 条第 4 款规定，权利要求应当得到说明书的支持。权利要求书的作用在于界定专利权的保护范围，权利要求之所以要得到说明书的支持，是由说明书与权利要求书的内在联系决定的。说明书是申请人必须向国家知识产权局提交的公开其发明或者实用新型的文件之一，《专利法》对专利说明书的基本要求是，说明书的撰写应该达到所属技术领域的技术人员能够实施发明的程度。为了对发明或者实用新型的技术方案作出清楚、完整的公开，使所属领域的技术人员能够实施该发明创造，说明书提供了大量的信息，包括技术领域、背景技术、发明内容、附图说明、具体实施方式等。这些信息是为了帮助理解和实施发明创造而撰写的，也是进行专利审查工作的基础。在专利权被授予后，特别是发生专利纠纷时，说明书可以用来解释权利要求书，因而有人称“说明书是权利要求的辞典”。权利要求书则是对说明书记载的发明创造的实质和核心的“提炼总结”，是在说明书记载的内容的基础上，用构成发明或者实用新型技术方案的技术特征来定义专利权的保护范围。虽然作为界定专利权保护范围的载体，其详细程度不同于为公众提供实施发明或者实用新型所需要的具体技术信息的说明书，但权利要求书的内容不能与说明书的内容相互脱节，权利要求应当以说明书为依据，要得到说明书的支持。

权利要求书以说明书为依据的具体要求是，作为以“公开换保护”的专利制度，获得专利权的前提是申请人必须向公众充分公开其发明创造的内容，专利权人所获得的权利必须与向公众公开的内容相适应。这样才能实现有利于发明创造的推广利用、促进科学技术进步和创新的立法宗旨。权利要求书以说明书为依据就是要求权利要求所要求保护的技术方案应当是所属技术领域的技术人员能够从说明书充分公开的内容中得到或概括得出的技术方案，并且不得超出说明书公开的范围。由于权利要求书作为界定专利独占权的范围，是让公众能够清楚知道实施什么样的行为会侵犯他人的专利权的一种法律文件，必须达到每一项权利要求所要求保护的技术方案都应当是在说明书中被清楚、充分地公开过的程度。如果权利要求书中某一项或者多项权利要求所要求保护的技术方案是所属技术领域的技术人员不能从说明书中充分公开的内容得到或概括得出的技术方案，或权利要求所要求保护的技术方案超出了说明书公开的范围时，就应当认为权利要求没有以说明书为依据。

由此可见，权利要求概括的范围应当与说明书公开的内容相适应，不能过大也不能过小。如果权利要求概括的范围过大，把属于公众的已知技术或者申请人尚未完成的技术方案记载在了权利要求的保护范围之内，这种权利要求将会损害公共利益，该专利申请或者专利权可能会因此被驳回或者被宣告无效。反之，如果权利要求记载的范围过小，则意味着申请人在说明书中公开的某些技术方案没有纳入权利要求书中受到保护，亦即该技术方案被捐献给了公众，他人可以无偿使用该技术方案。这对申请人而言可能是不公平的。因此，《专利法》第 26 条第 4 款的立法宗旨在于，权利要求的概括范围应当与说明书公开的范围相适应，该范围既不能宽到超出了发明公开的范围，也不应当窄到有损于申请人因公开其发明而应当获得的权益。

（2）权利要求清楚、简要地限定权利要求保护范围。

《专利法》第 26 条第 4 款规定，权利要求书应当清楚、简要地限定权利要求的保护范围。权利要求的作用是界定专利的保护范围，这就要求权利要求的内容必须清楚、简要，使得所属领域技术人员能够确定该权利要求所要求保护的范围与不要求保护范围之间的界限，进而在实践中能够清晰地判断某一项技术方案是否属于该权利要求的保护范围。其要求权利要求的主题类型、技术特征含义以及技术特征之间的关系必须清楚明确，基本的判断标准是可结合相关术语的通常含义以及说明、附图的限定进行理解，首先，权利要求的保护范围可根据其所用词语的含义来理解。一般情况下，权利要求中的用语应当理解为相关技术领域通常具有的含义。如果说明书中指明了某词具有特定的含义，可以从说明书和附图当中获得唯一正确、合理的解释，则应当认定该技术特征的指代清楚、权利要求的保护范围清楚。但如果对于某一技术术语本领域并无公认含义，且说明书也没有作出清楚说明的情况下，则应当认为权利要求保护范围不清楚。《专利审查指南》第二部分第二章明确规定：权利要求中不得使用含义不确定的用语，如“厚”“薄”“强”“弱”“高温”“高压”“很宽范围”等，除非这种用语在特定技术领域中具有公认的确切含义。否则，这类用语会在一项权利要求中限定出不同的保护范围，导致保护范围不清楚。

（3）说明书充分公开权利要求保护的技术方案。

如前所述，专利权保护的基本逻辑是“公开换保护”，说明书是发明创造公开的最主要载体，根据《专利法》第 26 条第 3 款规定，对于要求保护的发明或实用新型，说明书应当予以清楚、完整的说明，以使本领域技术人员按照说明书公开的内容，能够实现该技术方案，实现相应的技术效果。具体而言，说明书充分公开的认定须遵循以下几个要件：第一，从本领域技术人员的角度出发进行认定；第二，考察说明书是否对发明或实用新型作出了清楚、完整的说明，确认本领域技术人员根据说明书公开的内容是否能够实现该技术方案；第三，对比专利申请确认是否能够解决技术问题、产生相应技术效果。

（4）权利要求应当具备必要技术特征。

一项专利的本质功能在于解决技术问题，因此《专利法实施细则》第 23 条第 2 款专门说明：“独立权利要求应当从整体上反映发明或者实用新型的技术方案，记载解决技术问题的必要技术特征。”所谓必要技术特征，是指发明或者实用新型为解决其技术问题所不可缺少的技术特征，其总和足以构成发明或者实用新型的技术方案，使之区别于背景技术中所述的其他技术方案能够解决其提出的技术问题。应当遵循以下步骤认定是否缺乏必要技术特征。

首先，确定专利所要解决的技术问题。本条所称的“技术问题”，是指专利说明书中记载的专利所要解决的技术问题，是专利申请人根据其对说明书中记载的背景技术的主观认识，在说明书中主观声称的其要解决的技术问题。说明书背景技术、技术问题、有益效果相互关联，分别从不同角度对专利所要解决的技术问题进行说明。因此，在认定专利所要解决的技术问题时，应当以说明书中记载的技术问题为基本依据，并综合考虑说明书中有关背景技术及其存在的技术缺陷、涉案专利相对于背景技术取得的有益效果等内容。

其次，验证独立权利要求的技术方案能否解决技术问题。在判断时不应过于严格，在某些情况下，一项专利技术方案可以针对多项背景技术，从不同角度、不同方面分别进行技术改进，解决多个技术问题。在专利所要解决的各个技术问题彼此相对独立，解决各个技术问题的技术特征彼此也相对独立的情况下，独立权利要求中记载了解决一个或者部分技术问题的必要技术特征的，即可认定其符合实施细则第 23 条第 2 款的规定，不应再要求其记载解决各个技术问题的所有技术特征。否则，会导致独立权利要求中记载的技术特征过多，保护范围被过分限制，与其创新程度不相适应，悖离专利法“鼓励发明创造”的立法目的。

（5）单一性原则。

单一性原则是指一件专利申请的内容只能包含一项发明创造，不能将两项或两项以上的发明创造作为一件申请提出。为了便于专利申请的管理、公众查询和检索，世界各国一般要求一件专利申请只能包含一项独立的发明创造。我国《专利法》第 31 条规定，“一件发明或者实用新型专利申请应当限于一项发明或者实用新型”；“一件外观设计专利申请应当限于一项外观设计”。对于不符合单一性原则的申请，国家专利行政机关将要求申请人进行分案申请或将申请予以驳回。作为例外，对于一些不会因两项或多项发明创造合案申请而造成不方便的情形，法律是允许申请人合案申请的。我国《专利法》

第 31 条就规定，“属于一个总的发明构思的两项以上的发明或者实用新型，可以作为一件申请提出”；“同一产品两项以上的相似外观设计，或者用于同一类别并且成套出售或者使用的产品的两项以上外观设计，可以作为一件申请提出”。作为一件专利申请提出的属于一个总的发明构思的两项以上的发明或者实用新型，应当在技术上相互关联，包含一个或多个相同或相应的特定技术特征。对可作为一件专利申请提出的两项以上外观设计而言，其中，将同一产品的多项相似外观设计作为一件申请提出的，对该产品的其他设计应当与简要说明中指定的基本设计相似；同一类别并且成套出售或者使用的产品的两项以上外观设计，是指各产品属于分类表中同一大类，习惯上同时出售或者同时使用，而且各产品的外观设计具有相同的设计构思，如成套的茶具中的茶壶、茶杯等。

四、专利申请的审查

根据《专利法》第 3 条规定，国务院专利行政部门即国家知识产权局负责管理全国的专利工作；统一受理和审查专利申请，依法授予专利权。专利申请人在完成发明创造并完成专利文件后，可向国家知识产权局正式递交专利申请。国家知识产权局收到申请人的专利文件后将首先进行形式上的审查，对于发明或者实用新型专利申请缺少请求书、说明书（实用新型无附图）或者权利要求书的，或者外观设计专利申请缺少请求书、图片或者照片、简要说明等格式明显不符合规定的情形，国家知识产权局一般不予受理；对于文件形式合格的，国家知识产权局将正式明确申请日、给予申请号，并通知申请人，专利审查程序正式启动。其中，由于我国采取的是先申请原则，申请日的确定具有重要法律意义：首先，申请日直接影响专利权的授予，当同一发明创造存在多个申请人时，专利将授予申请日最早的申请者；其次，申请日影响新颖性、创造性的判断，新颖性、创造性比对的现有技术即以申请日以前进行界定；除此之外，专利期限起算日、发明专利申请公布时间、请求实质审查期限以及主张优先权的期限都以申请日为起算点。在具体认定时，国务院专利行政部门合格专利申请文件之日为申请日，即申请人向专利行政机关提出申请的日期。根据申请人递交渠道的不同，如果申请人是亲自到专利局递交文件的，以专利局收到文件之日为申请日；如果申请文件是以邮寄的方式送出的，以寄出的邮戳日为申请日；如果是电子提交方式，以网报系统接收的日期为申请日；如果申请人不能提供相关的证明文件时，一般以国务院专利行政部门收到申请文件之日为申请日。

在收到专利申请之后，国家知识产权局将正式启动审查程序。从全世界来看，世界上主要有三种审查方式，即形式审查制、实质审查制以及请求审查制。

形式审查制，又称登记制，是指专利局在受理专利申请之后，并不对申请案作实质审查，即并不审查申请案是否具备新颖性、创造性和实用性，只就申请案作形式审查后，即予以登记授权的专利审查制度。此种制度下，专利授权效率高但权利状态却不稳定，不利于专利转让许可也不利于公众使用。

实质审查制，又称全面审查制，即专利局对于专利申请不仅进行形式上的审查，而且对于专利新颖性、创造性、实用性等实质要件进行审查。只有在申请同时符合形式和实质要件的情况下，才授予专利权。此种制度审查正确率高、权利稳定，但存在审查授权速度慢的弊病。

请求审查制，又称早期公开延迟审查制，是指在申请通过形式审查后，将申请案的内容公开，待一定期限后再作实质审查，实质审查通过之后再行授权。此种延迟审查的方式使专利申请人在保持先申请地位同时给予了其一定缓冲期，在此期限内如果认为该专利不具有市场价值可以放弃该专利，这也减少了审查工作量、提升了审查效率。

区分不同专利类型，我国采取了不同审查制度，对发明专利采取早期公开延迟审查制，对实用新型、外观设计则采取形式审查制。

1. 发明专利的审查程序

发明专利申请被受理之后，国家知识产权局将对该申请案进行初步审查。审查的内容包括申请发明专利的申请案是否满足专利法有关形式方面的要求；此外，还将审查申请案是否明显违反法律、社会公德，是否属于专利法的保护范围等要件。如果该申请案不满足上述要求，国家知识产权局将要求申请人予以补正，补正后仍不符合要求的，将被驳回。符合要求的申请案将在申请日起第 18 个月后被公之于众。

在申请案被公开后至申请日起 3 年内的任何时间，申请人都可以向专利局提出实质审查请求。专利局在接到请求之后将对申请案进行新颖性、创造性和实用性的审查。满 3 年不请求实质审查的视为撤回申请（必要时，专利局也可自行进行审查）。专利局发现有不符合要求的申请案，通知申请人限期补正修改，修改后仍不符合要求的申请案将被驳回；符合要求的申请案将被授予专利权，并予以公告。实质审查必须在申请案公开之后进行，申请人如果希望早日启动程序，可申请提前公开其申请以便要求实质审查。

2. 实用新型、外观设计的审查程序

对于实用新型和外观设计专利，我国实行初步审查制度。申请人应当向国务院专利行政部门提交申请，受理后国务院专利行政部门进行初步审查，审查专利申请文件是否符合形式上的要求，是否存在违反法律、社会公德或者妨害公共利益以及不受专利法保护的发明创造等情况，经初步审查没有发现驳回理由的，直接作出授予专利权的决定，发给相应的专利证书，同时予以登记和公告。实用新型专利权和外观设计专利权自公告之日起生效。认为不符合条件的，应当通知申请人陈述意见或对其申请进行修改，陈述或修改后仍不符合规定的，应当予以驳回。

在专利申请过程中，申请人可以在被授予专利权之前随时撤回其专利申请。申请人撤回专利申请的，应当向国务院专利行政部门提出声明，写明发明创造的名称、申请号和申请日。同时，也存在例外情况，如果撤回专利申请的声明在国务院专利行政部门作好公布专利申请文件的印刷准备工作后提出的，申请文件仍会被公布。但是，撤回专利申请的声明会在以后出版的专利公报上予以公告。因此，如果申请人由于生产经营相关计划发生改变，例如将研发成果通过专利保护改为通过商业秘密保护，应当尽快提出撤回专利申请的请求，避免由于国务院专利行政部门已经做好公布的印刷准备，导致其申请文件被公开，失去作为商业秘密保护的机会。

除此之外，在专利审查过程中申请人还可以对专利申请文件进行一定修改，《专利法》第 33 条规定："申请人可以对其专利申请文件进行修改，但是，对发明和实用新型专利申请文件的修改不得超出原说明书和权利要求书记载的范围，对外观设计专利申请文件的修改不得超出原图片或者照片表示的范围。"《专利法》第 33 条包括两层含义：一是允许申请人对专利申请文件进行修改，二是对专利申请文件的修改进行限制。之所以允许申请人对专利申请文件进行修改，其主要理由在于：一是申请人的表达和认知能力的局限性。申请人将自己抽象的技术构思形诸于语言文字，体现为具体的技术方案时，由于语言表达的局限，往往有词不达意或者言不尽意之处。同时，申请人在撰写专利申请文件时，由于对现有技术以及发明创造等的认知局限，可能错误理解发明创造。在专利申请过程中，随着对现有技术和发明创造等的理解程度的提高，特别是审查员发出审查意见通知书之后，申请人往往需要根据对发明创造和现有技术的新的理解对权利要求书和说明书进行修正。二是提高专利申请文件质量的要求。专利申请文件是向公众传递专利信息的重要载体，为了便于公众理解和运用发明创造，促进发明创造成果的运用和传播，客观上需要通过修改提高专利申请文件的准确性。在允许申请人对专利申请文件进行修改的同时，《专利法》第 33 条也对专利申请文件的修改进行了限制，即发明和实用新型专利申请文件的修改不得超出原说明书和权利要求书记载的范围。这一限制的理由在于：一是通过将修改限制在原说明书和权利要求书记载的范围之内，促使申请人在申请阶段充分公开其发明，保证授权程序顺利开展。二是防止申请人将申请时未完成的发明内容随后补入专利申请文件中，从而就该部分发明内容不正当地取得先申请的利益，保证先申请原则的实现。三是保障社会公众对专利信息的信赖，避免给信赖原申请文件并以此开展行动的第三人造成不必要的损害。通常来说，因修改超范围导致专利申请被驳回或无效的情形一般包括以下类型：（1）上位概括，是指将原始申请文件中公开的具体实施方式或下位概念修改为上位概念；（2）删除式修改，是指从原申请文件记载的技术信息中删除一部分信息，完整地删除一项或多项技术方案并不会引起修改超范围的问题，但从权利要求或技术方案中删除一部分技术特征则可能会扩大原有技术方案的保护范围；（3）改变技术特征，即将技术方案中的一个技术特征修改为另一个技术特征，如果所属领域技术人员看到信息认为与原始信息不同，则修改不符合《专利法》第 33 条的规定；（4）封闭式权利要求修改为开放式权利要求，即原权利要求采取的封闭式的表达方式仅包括有限技术特征，权利要求是以开放式表达方式撰写，并不限于已明确列举的技术特征，同样将扩大权利要求的保护范围，违反《专利法》第 33 条的规定。

虽然《专利法》允许专利申请人在审查过程中对申请文件进行修改，但为了避免审查员作为审查基础的文本不断发生变化而影响正常审查程序，对其请求时机进行了一定的限制。在审查阶段，首先，发明专利申请人在提出实质审查请求时以及在收到国务院专利行政部门发出的发明专利申请进入实质审查阶段通知书之日起的 3 个月内，可以对发明专利申请主动提出修改。实用新型或者外观设计专利申请人自申请日起 2 个月内，可以对实用新型或者外观设计专利申请主动提出修改。其次，申请人在收到国务院专利行政部门发出的审查意见通知书后对专利申请文件进行修改的，应当针对通知书指出的缺陷进行修改，也称为"被动修改"。除此之外，在专利申请复审期间，请求人在提出复审请求或者在对专利复审委员会的复审通知书作出答复时，可以修改专利申请文件；但修改应当限于消除驳回决定或者复审通知书指出的缺陷。专利权无效宣告案件的审理期间，发明或者实用新型专利的专利权人可以修改其权利要求书，但不得扩大原专利的保护范围。发明或者实用新型专利的专利权人不得修改专利说明书和附图，外观设计专利的专利权人不得修改图片、照片和简要说明。

五、专利申请的复审程序

在前述审查过程中，国家知识产权局最终将作出授予专利权或驳回申请的决定，如果申请人对国家知识产权局驳回专利申请的决定不服的，可以要求进行专利复审。《专利法》第 41 条专门规定："专利申请人对国务院专利行政部门驳回申请的决定不服的，可以自收到通知之日起三个月内向国务院专利行政部门请求复审。"

国务院专利行政部门复审后，认为复审请求不符合《专利法》和《专利法实施细则》有关规定的，应当通知复审请求人，要求其在指定期限内陈述意见。期满未答复的，该复审请求视为撤回；经陈述意见或者进行修改后，专利复审委员会认为仍不符合专利法和专利法实施细则有关规定的，应当作出维持原驳回决定的复审决定，并通知专利申请人、专利复审委员会进行复审后，认为原驳回决定不符合《专利法》和《专利法实施细则》有关规定的，或者认为经过修改的专利申请文件消除了原驳回决定指出的缺陷的，应当撤销原驳回决定，由原审查部门继续进行审查程序。申请人对国务院专利行政部门的复审决定不服的，可以自收到通知之日起 3 个月内向人民法院起诉。

需要注意的是，在专利复审过程中，听证原则是基本原则，根据《专利审查指南》规定，复审在作出审查决定之前，应当给予审查决定对其不利的当事人针对审查决定所依据的理由、证据和认定的事实陈述意见的机会，即审查决定对其不利的当事人已经通过通知书、转送文件或者口头审理被告知过审查决定所依据的理由、证据和认定的事实，并且具有陈述意见的机会。

六、专利无效宣告程序

尽管专利权经国务院专利行政部门审查后授予，但不可避免地将存在错误授权的情况，一方面，对于实用新型、外观设计仅进行了形式审查而并未进行实质审查；另一方面，即使发明专利进行了实质审查，因为审查员具有有限理性，现有技术检索不完全、判断错误等情形在所难免。专利无效制度为防止专利不当授权、保护公共利益设置了一道安全防线。我国《专利法》第 45 条规定："自国务院专利行政部门公告授予专利权之日起，任何单位或者个人认为该专利权的授予不符合本法有关规定的，可以请求国务院专利行政部门宣告该专利权无效。"在主体层面，任何人认为被授予专利权的方案违反了《专利法》的规定，都可以向国家知识产权局提起无效宣告请求；在无效事由层面，申请人可依据形式要件或实质要件提出无效请求，包括发明创造是否属于专利应当保护的客体，是否具有新颖性、创造性、实用性等，以及申请文件说明书公开是否充分、权利要求是否清楚、是否得到说明书支持、是否缺少必要技术特征、是否修改超范围等形式要件；在无效请求中，申请人既可以针对特定权利要求申请专利部分无效，也可以申请专利全部无效。

国家知识产权局在收到无效宣告申请之后，将专利权无效宣告请求书和有关文件的副本送交专利权人，要求其在指定的期限内陈述意见。根据当事人的请求或者案情需要，其可以决定对无效宣告请求是否进行口头审理，如果国家知识产权局认为请求人提交的证据充分，或专利权人提交的意见陈述理由充分，可以进行书面审理后直接作出宣告专利无效或维持专利有效的决定；其认为有必要的可以通过口头审理结案。在无效宣告审查过程中，国家知识产权局一般遵循请求原则，即无效宣告审查程序由请求人启动，在无效宣告审查程序中，通常仅针对当事人提交的无效宣告请求的范围、理由和提交的证据进行审查，国家知识产权局不承担全面审查专利有效性的义务，请求人有权处分自己的请求，可以放弃全部或者部分无效宣告理由及证据。作为例外，当已授权专利存在某些明显缺陷而请求人未主张或者将导致明显不合理结果的，国家知识产权局可以引入新的证据或无效事由进行审查。无效宣告请求人或专利权人对国家知识产权局决定不服的，可以自收到通知之日起 3 个月内向北京知识产权法院提起行政诉讼。

专利无效决定生效之后，《专利法》第 47 条规定，“宣告无效的专利权为自始即不存在”，即作为一般原则，专利权被无效后该专利将视为自始不存在，任何社会公众都有权自由实施该专利权要求保护的技术方案，如某人此前已经使用该专利技术大规模制造销售相关产品，原权利人发现后也不得再向其主张任何权利；对法院作出的侵权判决，如果尚未执行或正在执行，由于该专利权已经不存在应当停止执行；对于签订的专利许可、转让合同，如果尚未履行或正在履行的应当立即停止执行，受让人、被许可人可以要求停止支付相关费用。

此外，对于已经执行的侵权判决以及已经履行的专利许可转让合同，如果按照该一般原则，专利权被宣告无效后将自始不存在，所有以该专利权有效为前提的司法判决和交易行为都失去了基础，相对人可以申请法院对侵权案件进行再审，要求原权利人返还已经执行或支付的相关费用。然而，专利权的特殊性在于，专利授权过程中行政机关对于现有技术的检索往往难以穷尽，任何专利权人都没有绝对把握其获得的专利权能够始终被认定为有效权利，对专利无效宣告请求可以在专利授权后的任何时间内提出，有可能在专利侵权纠纷判决执行完毕或者专利许可转让交易完成很长一段时间后才被宣告无效，如果按照一般原则，允许所有专利被宣告无效后，当事人都可以申请再审，并要求原权利人返还损害赔偿或者许可转让费用，将会影响经济社会秩序的稳定性，导致专利权人长期处于一种忐忑不安的境地，并增加社会纠纷。因此，《专利法》在个案正义与社会整体交易秩序安定之间作出了一定平衡，第 47 条第 2 款例外性地规定，“宣告专利权无效的决定，对在宣告专利权无效前人民法院作出并已执行的专利侵权的判决、调解书，已经履行或者强制执行的专利侵权纠纷处理决定，以及已经履行的专利实施许可合同和专利权转让合同，不具有追溯力”。即专利无效宣告决定对于已经执行的专利侵权判决、调解书、行政裁决书以及已经履行的专利实施许可或转让合同并不发生效力，当事人不得以此请求再审或者要求返还费用，从而维持已经形成并稳定的社会秩序。当然，这种溯及力例外也并非绝对的，为了避免当事人恶意滥用该规定以及保障个案公平正义，《专利法》第 47 条还作出了一定限制，即“专利权人恶意给他人造成的损失，应当给予赔偿”，“不返还专利侵权赔偿金、专利使用费、专利权转让费，明显违反公平原则的，应当全部或部分返还”。如专利权人在专利授权时明知该专利无效，仍然恶意向他人主张权利索要损害赔偿，即使法院作出判决并执行完毕，相对人也可以向法院申请再审并要求其返还相关费用。

第四节　专利权的内容与期限

一、专利权人获得的权利

在发明创造经国家知识产权局审查授权后，专利申请人正式成为专利权人享有专利权。关于专利权的内容，从国际条约层面来看，TRIPs 第 28 条“授予的权利”规定了两方面的内容：“一、专利授予其所有权人下列专有权利：（一）如一专利的客体是产品，则防止第三方未经所有权人同意而进行制造、使用、标价出售、销售或为这些目的而进口该产品的行为；（二）如一专利的客体是方法，则防止第三方未经所有权人同意而使用该方法的行为，并防止使用、标价出售、销售或为这些目的而进口至少是以该方法直接获得产品的行为。二、专利所有权人还有权转让或以继承方式转移其专利并订立许可合同。”即专利权本身作为排他性权利，权利人可以禁止他人未经允许实施其发明创造的行为；同时，专利权作为一项财产性权利，专利权人可以对其行使处分权，包括对其进行转让许可赠与继承等。在我国法上，专利权人也享有这两方面权利：（1）排他性权利，这是专利权的内容所在，《专利法》第 11 条规定：“发明和实用新型专利权被授予后，除本法另有规定的以外，任何单位或者个人未经专利权人许可，都不得实施其专利，即不得为生产经营目的制造、使用、许诺销售、销售、进口其专利产品，或者使用其专利方法以及使用、许诺销售、销售、进口依照该专利方法直接获得的产品。外观设计专利权被授予后，任何单位或者个人未经专利权人许可，都不得实施其专利，即不得为生产经营目的制造、许诺销售、销售、进口其外观设计专利产品。”（2）对专利的积极处分权，《专利法》第 10 条、第 12 条分别规定了专利的许可和转让。专利权的内容是专利权利侵权等判定的前提，本节将对此进行具体阐述；关于专利权的处分即专利许可转让等内容，系关于专利权行使的内容，将在第六节专利权的行使集中介绍。

关于专利权的内容，概括而言即禁止他人未经许可实施发明创造，关于实施的方式，《专利法》第 11 条区分产品专利和方法专利以及外观设计，规定了不同的实施行为类型：（1）针对产品专利，禁止未经允许为生产经营目的制造、使用、许诺销售、销售、进口专利产品的行为；（2）针对方法专利，禁止未经允许为生产经营使用专利方法，以及使用、许诺销售、销售、进口依照该专利方法直接获得的产品；（3）外观设计类似于产品专利保护，禁止未经允许为生产经营目的制造、许诺销售、销售、进口外观设计专利产品的行为。值得注意的是，由于专利权保护的是发明者对其发明创造在市场竞争中的独占性利益，仅禁止“为生产经营目的”而采取的前述行为，对于非以生产经营为目的的行为不在专利权规制范围内。按照权利法定原则，前述行为类型即对实施专利行为的穷尽性的规定，除此以外的其他行为，不构成侵权。

现分别就各类行为认定分析如下：

1. 产品专利

（1）制造。

对发明和实用新型而言，制造是指作出或者形成具有权利要求所记载的全部技术特征的产品。实施制造行为，既包括自己亲自实施，也包括委托他人实施。

在专利法上，只要生产出相同的产品即构成制造，而不论其数量多少，也不论采用何种方法，也不论该产品是单独在市场上销售，还是作为其他产品的组成部分或零部件在市场上销售。在专利权的权能中，制造是一项独立的专利权人可以控制的行为，只要是未经专利权人许可为生产经营目的而制造的，即使没有拿到市场上去销售，也构成专利侵权。例如，某人在专利期满前擅自制造一批专利药品，计划在药品专利期满后推向市场，这种行为仍然构成专利侵权。实践中，比较难以区分的是产品损坏后，经过修理，恢复了产品的实用功能，这种修理行为是否属于专利法上的制造？一般判断标准是，该修理行为是否构成“再造”。具体而言，通常需要考虑修理的内容和程度，例如，将专利产品的部分或全部分解、清污、再组装，一般不认为构成再造；更换部分超过专利部分的一半，一般认定为再造；更换部分的使用寿命明显低于整个产品的使用寿命，一般认定为修理；更换某一部件程序复杂，难度较大，一般认定为再造；专利权人明确表示或认定某一部件是可以更换的，一般认定为修理。具体需要结合个案进行考量。

（2）使用。

使用专利产品，指的是其技术功能得到了应用。不论是单独使用还是作为产品的组成部分或零部件的使用，也不论是反复使用还是一次性使用，也不论是利用其一个用途还是利用几个用途。首先是指使用与专利产品相同的产品。如果使用的是与专利产品类似的产品，那么，就需要判断其是否符合等同替换的条件。其次，对产品进行使用的目的应当同专利产品的目的相同。如果产品使用的目的与专利产品的目的不同，则不属于对专利产品的使用。

（3）许诺销售。

根据《最高人民法院关于审理专利纠纷案件适用法律问题的若干规定》第 24 条的规定，许诺销售，是指以做广告、在商店橱窗中陈列或者在展销会上展出等方式作出销售商品的意思表示。许诺销售行为应当发生在实际销售行为之前，其目的是实际销售，被控侵权人不但应当具有即将销售侵犯专利权产品的明确意思表示，而且在作出该意思表示之时，其产品应当处于能够销售的状态。

认定构成许诺销售，一般需要考虑以下要素：第一，关于是否能够确认许诺销售的产品是侵权产品的问题。许诺销售是明确表明愿意出售一种产品的行为，它是销售行为的前期行为，实际销售行为尚未发生。法院在对指控许诺销售侵权时所适用的基本原则与指控销售侵权一样，都是要将被控侵权产品与专利进行技术特征上的逐一比较，只有在确认了被控侵权产品落入了专利权保护范围后，才能认定该产品是侵权产品。第二，关于许诺销售的产品是否已经成型。在一般情况下，只有当实际上已经存在许诺销售的产品时，才有可能认定许诺销售行为侵犯了专利权。第三，许诺销售者是否具备实际销售的目的。它是指为销售目的而向特定或非特定主体作出的愿意销售或将要销售专利产品（包括依照专利方法直接获得的产品）、愿意提供或将要提供专利方法的行为表示。可以是直接表示愿意销售，如寄送价目表、拍卖公告、招标公告等；也可以是间接表示将要销售，如展览、公开演示等。

（4）销售。

销售，一般意义上指将专利产品的所有权从一方（卖方）转移给另一方（买方），而买方支付相应价款的行为。从整个销售过程来看，一般包括销售者作出要约（许诺销售）、购买者做出承诺即合同成立、合同生效、支付价款、标的物交付等环节。在此过程中，关于如何认定销售行为成立，存在合同成立标准、合同生效标准、合同价款支付完成标准、标的物交付或者所有权转移等不同标准。对此，最高人民法院在“刘某彬与北京京联发数控科技有限公司、天威四川硅业有限责任公司侵害实用新型专利权纠纷案”对于涉及相关利益进行了分析，[1]为确保专利权权利范围的清晰性，增强可预见性并预防纠纷发生，销售权能或者说销售侵权行为的认定标准必须清晰明确、简单易行、可操作性强。同时，为充分保护专利权人的利益，销售行为的认定标准还应当尽可能实现许诺销售行为与销售行为之间的无缝衔接，以便覆盖对专利权人利益产生较大影响的有关交易环节和过程，从而更有效地制止销售侵权行为。采取合同成立标准可以与许诺销售行为的规制实现衔接和对专利权的更有效保护，如果将合同生效、支付价款、标的物交付等后续环节作为销售行为成立的认定标准，导致认定标准复杂化，增加专利权人维权时的取证成本和证明难度，因此实践中一般依合同成立标准认定销售行为成立。

（5）进口。

进口，是指将专利产品从专利权效力范围之外的区域转入专利权有效的地域，即专利产品在不同法域之间的流转。除了通过制造并销售专利产品侵犯专利权外，侵权人还有可能借助知识产权的地域性将国外制造的专利产品进口并销售，如果专利权人不享有对进口行为的排他性权利，将无法将专利产品拒之国门之外，一旦从国外进口的专利产品进入国内流通并分销至世界各地，专利权人即很难再就后续侵权行为一一追究。通过限制专利产品进口，专利权人可以借助海关执法禁止专利产品输入国内市场，从而最大限度地保护专利权所授予的排他性利益。在进口行为认定中，一个相对特殊的问题是平行进口问题，利权人分别在不同法域对相同的技术方案享有专利权，在与专利权人之间没有任何协议的情况下，某人将专利权人在一个法域制造的合法专利产品进口到另一个法域的行为。对此，我国采取专利权的国际用尽原则，《专利法》第 75 条规定，专利产

[1] 最高人民法院民事裁定书，（2015）民申字第 1070 号。

品或者依照专利方法直接获得的产品，由专利权人或者经其许可的单位、个人售出后，使用、许诺销售、销售、进口该产品的，不视为侵害专利权。即平行进口专利产品并不构成对专利权的侵害。

2. 方法专利

方法专利的保护包括两方面，首先是使用专利方法，即按照权利要求记载的技术方案，逐步实现方法中的每一个步骤，通常使用该方法的结果不影响对是否构成侵犯专利权的认定。其次是方法专利不仅保护方法本身，还延及依照方法直接获得的产品，权利人可排除他人使用、许诺销售、销售和进口依照该专利方法直接获得的产品，即通常所称的延伸保护。因为侵权人实施方法的过程往往是在企业内部封闭进行，权利人通常仅仅能在市场上获得通过实施方法而获得的产品，但无法发现方法的实施过程和进行取证，尤其涉及他人跨国实施专利方法将产品进口到国内的情况更加复杂，仅禁止他人实施方法难以对专利权人的发明创造获得保护，因此专利法对方法专利的保护延及产品。但并非所有的方法都可以获得延伸保护，方法专利包括两种类型：一种是操作方法专利，一般体现为一套操作规程，实施之后并不能直接获得相关产品，故对其保护只包括使用该方法的行为；另一种则是制造方法，该方法实施后可以改变物品的物理或者化学性质，从而获得新产品，对此类制造方法，专利权人除了可排除他人使用该专利方法外，还可以排除他人销售、许诺销售、进口依照该方法直接获得的产品。方法专利延伸保护范围只能延及依照该专利方法直接获得的产品，即使用专利方法获得的原始产品，而不能延及对原始产品作进一步处理后获得的后续产品。对使用、许诺销售、销售和进口的认定，可参照产品专利保护中对相关行为的上述认定。

3. 外观设计专利

外观设计的保护类似于发明、实用新型产品专利保护，专利权人可排除他人未经允许为生产经营目的制造、许诺销售、销售、进口外观设计专利产品的行为。与发明、实用新型不同的是，外观设计专利并不禁止他人使用专利产品的行为，因为使用本质上是实现专利产品的技术功能，而外观设计专利保护的是美感价值，并不保护产品的功能或者技术性能，不存在使用外观设计专利权的问题。在具体行为认定中，制造行为，是指表示在权利人向国家知识产权局申请专利时提交的图片或者照片中的该外观设计专利产品被实现的行为，包括将含有外观设计专利的部件，组装成完整的外观设计专利产品的行为。其许诺销售、销售、进口行为，参照前述产品专利的相关标准进行认定，二者不存在实质性差异。

二、专利权人承担的义务

在获得专利授权之后，专利权人除获得排他性权利，还将承担一定义务，主要义务即缴纳专利年费。《专利法》第 43 条规定："专利权人应当自被授予专利权的当年开始缴纳年费。"除授权当年外，缴费时间为专利申请日前 1 个月内预缴下一年度的年费，未按时缴纳年费或者缴纳数额不足的，可在年费期满之日起 6 个月内补缴，同时缴纳滞纳金。期满未缴纳的，专利权应当自缴纳年费期满之日起终止。

三、专利权的保护期限

与其他知识产权一样，专利权的存续也具有一定的时间性，从鼓励创新的制度目标出发，国家对发明人在一定期限内授予其对发明创造的垄断权，从而使得其回收投资和获利，在保护期限届满之后，该发明创造即进入公有领域，成为任何人都能够自由利用的公共财产，从而更加充分地实现技术创新的社会价值。早期关于专利的保护期限，全球范围内各国不尽相同，TRIPs 第 33 条对此作出了统一规定，要求专利权的保护期限，不应当少于自申请日起算的 20 年。适应此规定，我国发明专利保护期限为自申请日起算的 20 年。除此之外，考虑到专利保护强度应与之创新程度相适应，对于创造性相对更低的实用新型和外观设计，我国规定了更短的保护期，实用新型专利权的期限为自申请日起算的 10 年，外观设计专利期限在 2020 年以前与实用新型相同均为 10 年，但从全世界范围立法来看，美国、欧盟、日本、韩国等对外观设计的保护期限均长于 10 年，《工业品外观设计国际注册海牙协定》规定外观设计保护期限为 15 年，2022 年我国正式加入了该协定，为适应该协定要求，《专利法》第四次修改也将外观设计的保护期限调整为自申请日起算的 15 年。前述 20 年、10 年、15 年的规定为最长规定，在此期间还可能存在专利提前终止的情形，在专利缺乏市场价值等情形下，专利权人可以通过书面形式向国家知识产权局声明放弃其专利权，或专利权人没有按照如前所述缴纳年费的，专利权将在届满期限内提前终止。

需要注意的是，专利权生效的起点与专利期限计算的起点并不一致，如前所述，专利权在国家知识产权局作出授权决定之后才发生效力，而专利期限计算的起点为专利申请日，专利从申请到授权中间还可能存在较长的时间间隔，其实际受到保护的期限不足 20 年、10 年、15 年，尤其是在专利审查积压、审查周期较长的特殊情况下，权利人实际获得保护的周期可能十分有限。为了避免类似特殊情况，《专利法》第 42 条专门规定了两种特殊情形下的专利期限补偿制度：

1. 发明专利权期限补偿制度

《专利法》规定，发明专利权的期限为自申请日起算后的 20 年，但由于专利审查周期的存在，会导致专利权人实际获得的保护期限短于 20 年。尽管与其他国家相比，我国专利平均审查周期已相对较短，通常不会影响权利人行使权利，但一些案件仍可能存在审查周期相对较长，特别是非因申请人的原因造成专利授权延迟的情形。在这种情况下，专利权人所获得的专利权保护期限实际上会进一步缩短。为解决该问题，《专利法》第四次修改专门引入了发明专利权期限补偿制度，第 42 条规定："自发明专利申请日起满四年，且自实质审查请求之日起满三年后授予发明专利权的，国务院专利行政部门应专利权人的请求，就发明专利在授权过程中的不合理延迟给予专利权期限补偿，但由申请人引起的不合理延迟除外。"

本条的适用可从以下方面理解：

一是关于可给予期限补偿的条件。该制度旨在专利授权过程中，对非由申请人原因引起的不合理延迟给予相应的期限补偿。但发明专利申请经过多长时间被授予专利权，才被认为是不合理的延迟呢？考虑我国发明专利审查的一般周期，同时借鉴国外立法经验，立法将其规定为自发明专利申请日起满 4 年，且自实质审查请求之日起满 3 年后授予发明专利权的，专利权人可以提出期限补偿请求。

二是关于提出期限补偿请求的主体。专利权期限补偿程序依专利权人请求而启动，只有发明专利的专利权人可以向国务院专利行政部门提出专利权期限补偿请求。

三是关于给予期限补偿的不合理延迟。根据本款规定，应就发明专利在授权过程中的不合理延迟给予期限补偿，对于不属于授权过程中的不合理延迟，例如因权属纠纷或者协助执行保全措施而终止有关程序等情形，不予期限补偿；同时，对于由申请人原因引起的不合理延迟，也不予补偿。在发明专利申请审查授权过程中，可能存在由申请人原因引起的不合理延迟，比如申请人在答复审查意见通知书过程中请求延长答复期限等，从而避免申请人不当获利，在计算专利授权补偿期限时，需要扣除这部分时间。

2. 药品专利期限补偿制度

从一般技术领域出发，《专利法》规定专利权期限为 20 年。药品领域情况却相对特殊，药品上市通常需要开展较长时间的临床试验，并经过药品监督管理部门的审批，证明其安全有效后才可上市，而这一过程通常会占用较长的专利保护期限，相对缩短了药品上市后因专利保护而享有的市场独占期，对于有的药品来说，其专利保护期限可能仅剩数年时间，致使新药研发企业可能无法回收研发成本并获得合理利润。因此，第四次修改后的《专利法》第 42 条第 3 款专门规定："为补偿新药上市审评审批占用的时间，对在中国获得上市许可的新药相关发明专利，国务院专利行政部门应专利权人的请求给予专利权期限补偿。补偿期限不超过五年，新药批准上市后总有效专利权期限不超过十四年。"

在确定专利补偿期限时，应从以下方面进行认定：一是作为药品专利权期限补偿基础的"新药"，因该制度是对药品监管部门批准上市的"新药"所涉及的相关专利给予的期限补偿，根据药品监管相关制度，所谓"新药"指的是"未在中国境内外上市销售的药品"，包括创新药和改良型新药。二是药品专利权期限补偿是依专利权人请求启动的程序，提出请求的主体为专利权人。三是补偿期限不超过 5 年，且新药批准上市后总有效专利权期限不超过 14 年，这既可以使新药研发企业能够在回收新药研发成本的基础上获得合理回报，又兼顾了仿制药行业发展和药品可及性问题。补偿期限不超过 5 年是指经过相应计算方法计算得出的补偿期限最长不超过 5 年，补偿期限自原专利期限届满日起开始计算；新药批准上市后总有效专利权期限不超过 14 年是指自新药获得上市许可之日起，剩余专利期限与专利权补偿期限之和不超过 14 年。

第五节　专利权的保护

一、专利权的保护概述

《专利法》第七章专门规定了"专利权的保护"，指的是如何认定构成侵犯专利权的情形以及如何为之提供救济的问题。

专利权是权利人对其专利所保护的技术方案排他性利用的权利，通常他人未经许可实施其专利技术方案，将构成专利侵权。作为例外，《专利法》还规定了不构成侵犯专利权的情形来平衡公共利益，主要包括两类：一是被诉侵权的技术属于现有技术；二是存在法律规定的不视为专利权侵权的特殊情形。就专利侵权纠纷，当事人可以自行协商，也可以请求管理专利工作的部门处理，或直接向法院提起诉讼。专利权人针对侵犯专利权的行为，可以主张停止侵害和损害赔偿。

在专利权保护中，相对核心问题是专利侵权判定问题。根据《专利法》第 11 条规定，认定构成专利侵权应当符合两方面构成要件：（1）主观上，被控侵权人以生产经营为目的；（2）客观上，被控侵权人未经他人许可，实施了他人专利。所谓实施其专利，一方面要求他人实施了准《专利法》第 11 条规定的制造、使用、许诺销售、销售、进口等行为；另一方面，则要通过侵权比对，确定他人被诉的技术方案落入专利权的保护范围。

在专利侵权诉讼中，侵权比对往往是最具争议性的问题，其一般遵循三个步骤：

1. 确定专利权的保护范围。专利权的保护范围由专利权利要求界定，其以专利权利要求文字内容为准，专利说明书和附图可以用于解释专利权利要求的内容，国家知识产权局的专利审查档案也可以作为解释权利要求的依据，仍然不能确定权利要求含义的，可以结合工具书、教科书等公知文献以及本领域普通技术人员的通常理解进行解释。在解释清楚专利权利要求的基础上，专利技术方案可以划分成若干个相对独立执行技术功能、效果的最小单元，即技术特征，如装置的某一个部件以及部件之间的连接关系，方法中某一个步骤或步骤之间的关系，技术特征将作为技术比对的基础。

2. 确定被诉技术方案，通过技术调查官、技术咨询专家参与技术调查、委托鉴定等方式，法院将确定被告被控侵权产品或者方法采用的技术方案。按照前述专利技术方案的划分方式，被诉技术方案也可以被划分为若干个技术特征。

3. 将专利技术方案与被诉侵权技术方案进行比对，具体方式是将专利技术方案的全部技术特征与被诉侵权技术方案的全部技术特征进行比对，如果其全部技术特征均相同或等同，则认为落入了被诉技术方案的保护范围；如果被诉侵权技术方案缺少权利要求记载的一个以上的技术特征，或者有一个以上技术特征不相同也不等同的，人民法院应当认定其没有落入专利权的保护范围，这也被称为“全面覆盖原则”。所谓“相同”，指的是专利的技术特征与被诉侵权方案技术特征完全相同的情形，“等同”通俗地讲就是二者虽然并不完全相同，但实质上一致的情形，法律上则通过三个“基本相同”加以判断，《最高人民法院关于审理专利纠纷案件适用法律问题的若干规定》（法释〔2015〕4 号）第 17 条第 2 款规定：“等同特征，是指与所记载的技术特征以基本相同的手段，实现基本相同的功能，达到基本相同的效果，并且本领域普通技术人员在被诉侵权行为发生时无须经过创造性劳动就能够联想到的特征。”

本节以下将首先对发明、实用新型专利权保护相关问题进行介绍，由于外观设计保护存在一定特殊性，就其保护问题将进行单独介绍。

二、专利权保护范围的确定

在专利权保护中，专利权利要求书是申请人就申请专利的发明创造请求专利法保护的范围的书面文件，在授权之后即成为限定专利权保护范围的依据。因此，专利权保护范围确定的过程实际就是专利权利要求解释的过程，因此，权利要求的解释也被称为专利诉讼中最为重要的事项。与传统有体财产相比，技术作为专利权客体具有无体性，但作为一项独占权，明晰地界定其权利边界，是专利权授予与保护的前提。有体财产诸如不动产可以通过地理位置、面积等物理参数加以界定，而专利权客观边界的确定则是通过权利要求的撰写和阅读来体现，权利要求书的撰写过程，实际上就是将复杂的技术方案，经过文字表达而实现技术向文字转化的过程，权利要求解释的过程实际上是第二次转化的过程。将复杂的技术方案用简洁的文字完全表达并非易事，而再通过文字解读发明人的构思则更为困难。因此，专利法上形成了解释专利权利要求的一套专门规则。

1. 权利要求解释的原则发展

从全球范围来看，各国对专利权利要求的解释存在不同立场，主要有周边限定主义、中心限定主义、折中主义三种模式。

（1）周边限定主义。

周边限定主义原则的内涵是，专利权的保护范围应当严格按照权利要求书的文字表述确定，对权利要求书中的文字表述应当作严格、忠实的解释，其文字表达的范围就是专利权的最大范围。

最早实施周边限定原则的国家是英国。因为英国专利法传统更加侧重于保护社会公共利益，英国法院在权利要求解释时也采取审慎严格的态度，将专利权的保护范围严格限定在专利权利要求保护范围的字面含义内。周边限定原则的优势在于：确保专利权保护范围的确定性，将专利权的边界清晰地展示给公众，从而保护公众的信赖利益。

（2）中心限定主义原则。

中心限定主义原则的内容是，专利权的保护范围可以以权利要求书记载的技术方案为中心，通过说明书及附图的内容全面理解发明创造的整体构思，从而将保护范围扩大到四周的一定范围，即在解释权利要求时不应拘泥于权利要求书的文字记载，而应以权利要求为中心，全面考虑发明目的和性质、说明书及其附图。

最早实行中心限定主义的代表国家是德国。中心限定主义原则下，权利要求书的内容主要起到“标杆”作用，专利权保护范围允许扩大到专利权利要求保护范围文字含义之外。其更侧重于保护专利权人的利益。优势在于，其通过一个更全面、更实质性的方式和专利权利要求联系到一起。在这个系统内，法院通过考察专利权人的发明的重要性以及被诉侵权产品有多大的不同来决定这个专利能够给予多大的保护，鼓励了权利要求解释与发明及其相关领域的技术特点相联系，避免了对于法律文本的过分关注。[1]

---

〔1〕 Dan Burk & Mark Lemley, *Fence Posts or Sign Posts: Rethinking Patent Claim Construction*, 157 U. Pa. L. Rev. 1743, 1750 (2009).

（3）折中主义原则。

折中主义的内容是，专利权的保护范围根据权利要求记载的内容来确定，说明书和附图可以用来解释权利要求。

最早采用折中主义原则的是《欧洲专利公约》，主要为了协调英国周边限定主义和德国中心限定主义在权利要求保护范围确定时面临的冲突。中心限定与周边限定各有优劣，而折中原则则是介于两者之间的缓冲地带，主要规定在欧洲专利公约（European Patent Convention）第 69 条，规定专利权的保护范围根据权利要求的内容来确定，说明书和附图可以用来解释权利要求。《关于解释欧洲专利公约第 69 条第一款的议定书》进一步解释："（第 69 条）不应解释为欧洲专利的保护范围应当由专利权利要求的字面含义所严格限定，说明书和附图及用于权利要求存在歧义时的解释；也不应当理解为权利要求仅仅起到一种指导作用，而提供的实际保护可以从所述技术领域的普通技术人员对说明书的理解出发，扩展到专利权人所期望的范围。恰恰相反，其应当解释为这些极端之间的中间立场，这种立场将对专利所有人的公平保护与对第三方的合理程度法律确定性相结合。"

2. 我国权利要求的解释规则

在我国法上，《专利法》第 64 条第 1 款规定了总体标准："发明或者实用新型专利权的保护范围以其权利要求的内容为准，说明书及附图可以用于解释权利要求的内容。"该条确定了我国专利权利要求解释的折中主义原则，在此基础上，《最高人民法院关于审理侵犯专利权纠纷案件应用法律若干问题的解释》《最高人民法院关于审理侵犯专利权纠纷案件应用法律若干问题的解释（二）》构建了权利要求解释的具体规则。其一般规则为：

（1）解释主体。

根据《最高人民法院关于审理侵犯专利权纠纷案件应用法律若干问题的解释》第 2 条规定："人民法院应当根据权利要求的记载，结合本领域普通技术人员阅读说明书及附图后对权利要求的理解，确定《专利法》第 59 条第 1 款规定的权利要求的内容。"因此，进行权利要求解释时应当从所属领域技术人员的角度进行解释。根据《专利审查指南》明确的定义，所属技术领域的技术人员，是指一种假设的"人"，本领域普通技术人员的技能，依循传统，被划分为"知识"和"能力"两部分。就知识而言，"假定他知晓申请日或者优先权日之前发明所属技术领域所有的普通技术知识，能够获知该领域中所有的现有技术"，在能力方面，"并且具有应用该日期之前常规实验手段的能力，但他不具有创造能力。如果所要解决的技术问题能够促使本领域的技术人员在其他技术领域寻找技术手段，他也应具有从该其他技术领域中获知该申请日或优先权日之前的相关现有技术、普通技术知识和常规实验手段的能力"。

（2）解释依据及规则。

从权利要求解释的一般规则来看，权利要求文字、说明书及附图、审查历史等内部证据以及工具书、教科书等公知文献以及本领域普通技术人员的通常理解的外部证据均可以作为权利要求的解释依据，但有可能按照不同依据会得出不同的结果，就如何处理各种解释之间的关系，尤其是比如权利要求、说明书等内部证据与工具书、教科书等外部证据之间的关系，早期存在一定争议。在 Phillips 诉 AWH 案中，[1]美国联邦法院确立了侵权诉讼中权利要求解释依据的适用规则，即从适用位阶上来看，遵循内部证据优先于外部证据的标准，优先运用说明书及附图、权利要求书中的相关权利要求、专利审查档案进行解释，以上述方法仍不能明确权利要求含义的，可以结合工具书、教科书等公知文献以及本领域普通技术人员的通常理解进行解释。在我国法上，《最高人民法院关于审理侵犯专利权纠纷案件应用法律若干问题的解释》也确立了相关规则，第 3 条规定："人民法院对于权利要求，可以运用说明书及附图、权利要求书中的相关权利要求、专利审查档案进行解释。说明书对权利要求用语有特别界定的，从其特别界定。以上述方法仍不能明确权利要求含义的，可以结合工具书、教科书等公知文献以及本领域普通技术人员的通常理解进行解释。"现就权利要求解释的具体规则阐述如下：

第一，以权利要求内容为准。根据我国《专利法》第 64 条第 1 款规定："发明或者实用新型专利权的保护范围以其权利要求的内容为准，说明书及附图可以用于解释权利要求的内容。"以权利要求内容为准，要求以权利要求文字限定的范围为基础，既不能超出权利要求文字限定的范围，也应当避免将权利要求中没有限定仅在说明书中描述的特征解释到权利要求中，限缩权利要求的保护范围。

第二，其他权利要求对于解释其他权利要求具有限定作用。在权利要求解释时，权利要求之间存在体系上的联系，根据相互引用关系和同一词语应当作同一解释的规则，可以通过借鉴其他从属权利要求的内容解释权利要求。《最高人民法院关于审理侵犯专利权纠纷案件应用法律若干问题的解释（二）》第 5 条规定："在人民法院确定专利权的保护范围时，独立权利要求的前序部分、特征部分以及从属权利要求的引用部分、限定部分记载的技术特征均有限定作用。"

第三，依据说明书和附图进行解释。《专利法》第 64 条第 1 款规定："发明或者实用新型专利权的保护范围以其权利要求的内容为准，说明书及附图可以用于解释权利要求的内容。"确立了说明书和附图的解释效力。对于说明书中进行特殊界定的技术特征，应当依说明书规定进行解释。说明书对权利要求用语有特别界定的，从其特别界定。《最高人民法院关于审理侵犯专利权纠纷案件应用法律若干问题的解释》第 3 条规定："说明书对权利要求用语有特别界定的，从其特别界定。"

第四，以审查档案作为解释权利要求的依据。专利审查档案中专利申请人、审查员就专利权利要求的理解作出了一定解释，这也是专利获得授权的基础，因此可以作为专利权利要求解释的依据。因此，《最高人民法院关于审理侵犯专利权纠纷案件应用法律若干问题的解释》第 3 条规定："人民法院对于权利要求，可以运用……专利审查档案进行解释。"对于专利审查档案，《最高人民法院关于审理侵犯专利权纠纷案件应用法律若干问题的解释（二）》第 6 条第 2 款进行了定义："专利审查档案，包括专利审查、复审、无效程序中专利申请人或者专利权人提交的书面材料，国务院专利行政部门及其专

---

〔1〕 See Phillips *v.* AWH Corp., 376 F.3d 1303 (Fed. Cir. 2004).

利复审委员会制作的审查意见通知书、会晤记录、口头审理记录、生效的专利复审请求审查决定书和专利权无效宣告请求审查决定书等。”除本专利审查档案外，根据《最高人民法院关于审理侵犯专利权纠纷案件应用法律若干问题的解释（二）》第 6 条第 1 款规定：“人民法院可以运用与涉案专利存在分案申请关系的其他专利及其专利审查档案、生效的专利授权确权裁判文书解释涉案专利的权利要求。”

第五，通过内部证据仍无法确定的，依据本领域公知常识进行解释。《最高人民法院关于审理侵犯专利权纠纷案件应用法律若干问题的解释》第 3 条规定：“人民法院对于权利要求，可以运用说明书及附图、权利要求书中的相关权利要求、专利审查档案进行解释。说明书对权利要求用语有特别界定的，从其特别界定。以上述方法仍不能明确权利要求含义的，可以结合工具书、教科书等公知文献以及本领域普通技术人员的通常理解进行解释。”值得注意的是，在专利说明书对权利要求的用语无特别界定时，一般应根据本领域普通技术人员理解的通常含义进行解释，不能简单地将该用语的含义限缩为说明书给出的某一具体实施方式体现的内容。

三、专利侵权比对

在明确专利权的保护范围之后，需要进一步明确被诉的产品或方法是否落入专利的保护范围，即侵权比对过程，通常是先将专利技术方案以及被诉的技术方案分别进行划分，拆分成若干个独立执行技术功能、效果的最小单元，即技术特征，然后将专利的所有技术特征与被诉方案的所有技术特征进行逐一比对，如果二者刚好完全一致，无疑被诉产品或方法落入了专利的保护范围；但社会现实中二者完全一致的情况比较少，二者或多或少会存在一定差异，在此情况下如何界定侵权与否的边界呢？根据权利要求解释路径不同，存在不同的认定原则：如前所述，在中心限定主义之下，专利权的保护范围不拘泥于权利要求书的文字记载，可以以权利要求书记载的技术方案为中心，通过说明书及附图的内容全面理解发明创造的整体构思，从而将保护范围扩大到四周的一定范围。在侵权判定中则采多余指定原则，即把权利要求中记载的技术特征区分为必要技术特征和非必要技术特征（即多余特征），在忽略多余特征的情况下，仅以权利要求中记载的必要技术特征来确定专利保护范围，并判定被控侵权物是否落入权利要求保护范围的原则。在周边限定主义和折中主义之下，专利权的保护范围根据权利要求记载的内容来确定，权利要求记载的所有技术特征都是必要技术特征，不存在非必要技术特征，侵权判定采全面覆盖原则，即要求被控侵权产品包含专利要求的全部技术特征，如缺少该项权利要求中的一项或多项技术特征，则认定不构成侵权。

在我国专利法上，由于早期专利发展实践经验缺乏、专利撰写质量不高，为了为专利权提供有效保护，最早采取的是多余指定原则，在 2004 年《最高人民法院对“处理专利侵权纠纷可否认定部分侵权”问题的答复》中，最高人民法院首次明确了应当适用全面覆盖原则：“判断专利侵权通常适用‘全面覆盖’原则，即被控侵权产品要具有专利独立权利要求记载的全部必要技术特征，方能认定侵权成立，不存在部分侵权的问题。”2009 年《最高人民法院关于审理侵犯专利权纠纷案件应用法律若干问题的解释》

第 7 条正式作出规定："人民法院判定被诉侵权技术方案是否落入专利权的保护范围，应当审查权利人主张的权利要求所记载的全部技术特征。被诉侵权技术方案包含与权利要求记载的全部技术特征相同或者等同的技术特征的，人民法院应当认定其落入专利权的保护范围；被诉侵权技术方案的技术特征与权利要求记载的全部技术特征相比，缺少权利要求记载的一个以上的技术特征，或者有一个以上技术特征不相同也不等同的，人民法院应当认定其没有落入专利权的保护范围。"在全面覆盖原则下，被诉侵权技术方案落入专利保护范围的方式包括两种：一是相同侵权，即被诉侵权技术方案的所有技术特征完全被专利技术特征所涵盖的情形；二是等同侵权，即二者虽然有个别技术特征不一致，但实质上相同的情形。

1. 相同侵权

相同侵权，又称字面侵权，指的是仅通过字面意义解读或权利要求解释，专利权利要求中记载的全部技术特征完全涵盖被控侵权物的技术特征。其并不要求专利技术方案与被诉技术方案完全一致，直观来说，就是专利规定了一个相对较大的技术范围，被诉技术方案能够落入该范围之内。主要包括三种情形：第一，二者技术特征逐一比对，被控侵权物的技术特征与专利权利要求书中记载的技术特征完全相同；第二，专利权利要求书中独立权利要求使用的技术特征是上位概念，而被控侵权物中出现的技术特征是上位概念下的具体概念，如专利中规定的技术特征为金属支撑杆，被诉侵权物采用的是铁支撑杆，铁属于金属的范畴，因而属于该专利的保护范围；第三，被控侵权物的技术特征多于专利权利要求书中记载的技术特征，如专利技术方案规定了 A、B、C 三项技术特征，被诉侵权产品在 A、B、C 又增加了一项 D 特征，也仍然属于专利技术方案的范围之内。例外情况是，专利采用封闭式权利要求，明确限定仅包括 A、B、C 三项技术特征，被诉侵权物又增加了一项 D 特征，则不在其保护范围之内。

2. 等同侵权

在周边限定主义和折中主义之下，专利权的保护范围根据权利要求记载的内容来确定，所有技术特征都是必要技术特征，这虽然可以为公众的行为提供确定性指引，但也具有僵化性缺陷。一方面，这对申请人的专利撰写提出了很高的要求，专利权利要求在表达上具有局限性，不可能将发明的所有变通方案都予以描述，而且，专利撰写过程中难免存在疏忽；另一方面，随着技术的不断发展，很可能会出现很多简单的可替代性技术方案。如果完全将专利保护范围限定在其权利要求文字内容，则有可能出现他人利用申请人撰写疏忽或寻求简单代替方式来实施专利技术的问题，难以为创新提供有效保护。因此，1950 年美国法院在 Graver Tank & Mfg. *v.* Linde Air Products 案中创设了等同原则，[1] 其指出"等同原则是，不得对专利权实施欺诈行为。为了缓和僵化的逻辑以及防止侵权人窃取发明的利益，如果某一产品以基本相同的手段实现了基本相同的功能获得了基本相同的效果，则专利权人可引用该原则对设备的生产者提起诉讼"。等同原则拓展了专利权在权利要求文字范围之外的保护范围，同时也带来了权利保护的不确定

〔1〕 Graver Tank & Mfg. Co. *v.* Linde Air Products Co., 339 U.S. 605 (1950).

性，为此，美国法院此后发展出了一系列原则限制等同原则适用：一是明确了等同原则的适用规则，即全特征原则（All elements rule），权利要求所有技术特征都是必要的，侵权比对要求权利要求的每一项技术特征都在侵权设备中体现，等同指的是技术特征层面对比的等同，如果有一项技术特征不相同或不等同则不侵权；[1]二是排斥适用等同原则的情形，主要包括禁止反悔原则和捐献原则。根据禁止反悔原则，专利申请人、专利权人在专利申请、无效程序中，通过意见陈述、直接修改权利要求、说明书而放弃的技术方案，不再纳入权利要求的保护范围，即不构成等同；[2]根据捐献原则，对于仅在说明书及附图中描述，而未记载在专利权利要求中的技术方案，不得纳入权利要求的保护范围。[3]

在我国法上，2001 年《最高人民法院关于审理专利纠纷案件适用法律问题的若干规定》正式引入了等同原则，其中第 17 条规定："《专利法》第五十九条第一款所称的'发明或者实用新型专利权的保护范围以其权利要求的内容为准，说明书及附图可以用于解释权利要求的内容'，是指专利权的保护范围应当以权利要求记载的全部技术特征所确定的范围为准，也包括与该技术特征相等同的特征所确定的范围。等同特征，是指与所记载的技术特征以基本相同的手段，实现基本相同的功能，达到基本相同的效果，并且本领域普通技术人员在被诉侵权行为发生时无需经过创造性劳动就能够联想到的特征。"等同特征应当从两方面进行具体判断：第一，被诉侵权产品技术特征与权利要求中的技术特征以基本相同的手段、实现基本相同的功能、达到基本相同的效果。也就是说，等同特征与权利要求书中明确记载的技术特征必须在手段、功能和效果三个方面都没有实质性区别，而是简单的替换或者变换；第二，这种替换对于本领域的普通技术人员无须经过创造性劳动就能够联想到的，或者说对本领域的普通技术人员是显而易见的。其是否显而易见很大程度上要在个案中依靠本领域的普通技术人员的认知水平进行判断。

同时，为了防止等同原则适用过宽过滥，避免以认定等同侵权的方式不适当地扩大专利权的保护范围，压缩创新空间和公共利益。在符合以上构成等同的积极要件之外，最高人民法院通过司法解释的形式规定了明确排斥等同的两个消极要件：

（1）捐献原则。

《最高人民法院关于审理侵犯专利权纠纷案件应用法律若干问题的解释》（法释〔2009〕21 号）第 5 条规定："对于仅在说明书或者附图中描述而在权利要求中未记载的技术方案，权利人在侵犯专利权纠纷案件中将其纳入专利权保护范围的，人民法院不予支持。"该条正式在我国法上确立了捐献原则。

在陈某弟与浙江乐雪儿家居用品有限公司、何某华及第三人温某丹侵害发明专利权纠纷案中，[4]最高人民法院解释了捐献原则制度目标。最高人民法院认为，捐献原则的基础就是在专利权人和社会之间就专利权的保护和公示功能进行利益衡量的产物，对于

---

〔1〕 Warner-Jenkinson Co. *v.* Hilton Davis Chem. Co. – 520 U.S. 17, 117 S. Ct. 1040 (1997).

〔2〕 Graver Tank & Mfg. Co. *v.* Linde Air Products Co., 339 U.S. 605 (1950).

〔3〕 Maxwell *v.* J. Baker, Inc., 86 F.3d 1098 (Fed. Cir. 1996).

〔4〕 最高人民法院（2013）民提字第 225 号民事判决书。

在专利说明书中记载而未反映在权利要求中的技术方案，不能包括在权利要求的保护范围之内。否则，一方面会给专利申请人规避对较宽范围的权利要求的审查提供便利；另一方面会降低权利要求的划界作用，增加了公众预测专利权保护范围的难度，不利于专利公示作用的发挥以及公众利益的维护。因此，如果本领域技术人员通过阅读说明书可以理解披露但未要求保护的技术方案是被专利权人作为权利要求中技术特征的另一种选择而未被纳入权利要求，则这种技术方案就视为捐献给社会，不得再主张等同构成侵权。

（2）禁止反悔原则。

《最高人民法院关于审理侵犯专利权纠纷案件应用法律若干问题的解释》（法释〔2009〕21号）第5条规定："专利申请人、专利权人在专利授权或者无效宣告程序中，通过对权利要求、说明书的修改或者意见陈述而放弃的技术方案，权利人在侵犯专利权纠纷案件中又将其纳入专利权保护范围的，人民法院不予支持。"该条在我国法上确立了禁止反悔原则，类似于捐献原则，该制度同样是为了防止权利人"两头得利"的情形，即一方面其在专利审查、复审、无效过程中对专利权的保护范围作出明确限制，从而获得专利授权；另一方面，又在专利侵权诉讼中违背其在专利授权确权过程中作出的解释，将已经放弃的内容重新纳入专利的保护范围。

在该原则的适用中，需要注意的是，专利审查历史具有两方面的作用：一方面，专利申请人或专利权人在专利申请、无效程序中所作的意见陈述，作为专利审查档案而被作为解释权利要求的依据之一，可以与权利要求、说明书、附图、本领域公知常识共同解释权利要求，依据权利要求的解释规则进行；另一方面，在确定权利要求的保护范围的情况下，专利权人明确对于技术方案的放弃，不得再以等同纳入权利要求的保护范围。在实践中，往往将两者进行混同，即在权利要求的解释时，直接将专利权人在无效时的不利陈述作为解释权利要求的直接依据，从而出现权利要求保护范围与说明书、附图的解释相背离的情况。应当明确区分两种情况：在权利要求解释时，应当按照前述解释规则、综合各类解释依据对权利要求作出内在一致的解释；只有权利人作出权利放弃并得到认可时，才能适用禁止反悔。当裁判者对权利人作出的意见陈述予以明确否定，不予认可时，则不导致技术方案的放弃，不适用禁止反悔。在曹某兰、胡某玲侵害发明专利权纠纷申请再审案中，最高人民法院认为，[1]根据《最高人民法院关于审理侵犯专利权纠纷案件应用法律若干问题的解释（二）》第13条的规定，"权利人证明专利申请人、专利权人在专利授权确权程序中对权利要求书、说明书及附图的限缩性修改或者陈述被明确否定的，人民法院应当认定该修改或者陈述未导致技术方案的放弃"。该条以是否存在"明确否定"作为"禁止反悔"原则适用的例外情形，当裁判者对权利人作出的意见陈述予以明确否定，不予认可时，这与所作的限缩性陈述并未带来专利权的获得和专利权的维持的事实相符，与禁止反悔原则防止权利人"两头得利"的目的不相悖，则不导致技术方案的放弃，不适用禁止反悔。由于专利授权确权程序对于技术特征的认定存

〔1〕 最高人民法院（2017）最高法民申1826号民事裁定书。

在连续性，权利人作出的陈述是否被“明确否定”，应当对专利授权和确权阶段技术特征的审查进行客观全面的判断，着重考察权利人对技术方案作出的限缩性陈述是否最终被裁判者认可，是否由此导致专利申请得以授权或者专利权得以维持。

四、外观设计专利侵权的判断

与专利、实用新型不同，由于外观设计具有较为清楚明确的外形，外观设计专利权的保护范围比较容易确定。《专利法》第 64 条第 2 款规定，外观设计专利权的保护范围以表示在图片或者照片中的该产品的外观设计为准，简要说明可以用于解释图片或者照片所表示的该产品的外观设计。这是我国专利法规定的外观设计专利权保护范围确定的基本依据和解释原则。在具体确定外观设计专利权保护范围时，除了上述基本依据和解释原则之外，专利权人在无效程序及其诉讼程序中的意见陈述、应国务院专利行政部门的要求在专利申请程序中提交的样品或者模型等，也可以用于解释外观设计专利权的保护范围。

外观设计专利侵权的判断，一般包括两个步骤：第一，认定涉案专利产品与被诉侵权产品是否属于同类产品；第二，判断被诉侵权涉及与专利设计是否相同或无实质性差异，具体而言，对比二者之间的相同之处以及不同之处，从一般消费者的角度根据外观设计的全部技术特征，以外观设计的整体效果进行综合判断是否相同或近似。现具体介绍如下：

（一）判断产品种类是否相同或近似

判断被诉侵权设计是否落入涉案专利权的保护范围，应首先认定涉案专利产品与被诉侵权产品是否属于同类产品。判断是否属于同类产品，产品划分标准不能仅仅依据《国际外观设计分类表》，而应当根据被控侵权产品与外观设计专利产品商品分类的惯例与规律，主要应当考察外观设计产品的用途，认定产品种类是否相同或者相近。确定产品的用途，可以参考外观设计的简要说明、国际外观设计分类表、产品的功能以及产品销售、实际使用的情况等因素认定。一般只要根据消费者眼光，两种产品属于同一类或者同一种，就可以进行侵权比较。

（二）判断被诉侵权设计与专利设计是否相同或无实质性差异

外观设计侵权比对的思路是，将被诉侵权设计与涉案专利设计进行比对，在确定被诉侵权设计与涉案专利设计的上述相同点与不同点后，遵循整体观察、综合判断的原则，判断被诉侵权设计是否与涉案专利设计相同或者相近似。须从以下方面进行判断：

1. 比对对象

外观设计专利侵权的比对，应当以授权公告中表示该外观设计的图片或者照片与被诉侵权外观设计的实物进行对比，判断两者的外观设计是否相同或近似。其中，被诉侵权设计，一般应当是产品在正常使用时一般消费者整体可视的外观设计，不应当将产品整体予以拆分、改变原使用状态后，对产品的部分外观设计进行对比。

2. 判断标准

在外观设计近似性判断中，应基于一般消费者的知识水平和认知能力，根据外观设计的全部设计特征，以外观设计的整体视觉效果进行综合判断。为了统一判断标准，一般消费者是拟制的法律概念，其一般对授权外观设计的相关设计状况具有常识性了解，是对不同外观设计之间在形状、图案、色彩上的差别具有分辨力的人，其所具有的“常识性了解”专业人士并不一致，不能以专业人士的认知标准进行判断，通常不会注意到形状、图案、色彩的微小变化。在判断时，不能把一项外观设计割裂开来或者孤立地观察个别特征，应当从外观设计的整体出发，遵循全面观察、综合判断的原则，如果被控侵权产品与专利产品的细微差别，在普通人的眼中不易察觉或者不影响整体效果，两者就是相似的产品；如果两个外观设计仅在个别元素上相同，主要构成元素不相同或不相近似，整体效果有明显的差别，不会引起消费者的混淆，则不构成相似性。司法实践中一般认为，产品正常使用容易被直接观察到的部位相对于其他部位对外观设计的整体视觉效果更具有影响；授权外观设计区别于现有设计的设计特征相对于其他特征对外观设计的整体视觉效果更具有影响；对于主要由技术功能决定的设计特征以及对整体视觉效果不产生影响的产品的材料、内部结构等特征，应当不予考虑。

五、侵害专利权的特殊情形

专利权本身作为一项排他性权利，一般而言，必须满足前述要件，即权利人享有有效的专利权，他人未经允许为生产经营目的实施了发明创造（即为制造、许诺销售、销售、使用、进口专利产品等行为）才构成侵权行为。为特定政策目的，《专利法》还规定了特殊保护情形，即使不满足前述要件也可以获得一定保护。

（一）发明专利申请的临时保护

原则上专利权在授权决定作出之后才发生效力，对发明申请，其在审查期限内受到一定程度的临时保护。因为我国对发明专利申请实行的是“早期公开、延迟审查”的审批制度，在发明专利申请公布后至授权前的这段时间内，公众已经能够通过发明专利申请的公布文本获知发明创造的技术内容，并通过实施发明创造而获利，《专利法》第 13 条专门规定，发明专利申请人可以要求实施其发明的单位或者个人支付适当的费用，以弥补其损失。但与生效专利不同的是，发明专利申请人不可以要求他人停止实施该发明创造，并且即使该申请嗣后被授权，为了保障他人信赖利益，专利权人也不得排除他人原有的使用行为。例如，在深圳市坑梓自来水有限公司与深圳市斯瑞曼精细化工有限公司、深圳市康泰蓝水处理设备有限公司侵害发明专利权纠纷申请再审案中，[1] 最高人民法院认为，专利法虽然规定了申请人可以要求在发明专利申请公布后至专利权授予之前（即专利临时保护期内）实施其发明的单位或者个人支付适当的费用，即享有请求给付发明专利临时保护期使用费的权利，但对于专利临时保护期内实施其发明的行为并不享有请求停止实施的权利。因此，在发明专利临时保护期内实施相关发明的，不属于专利法禁止的行为。在专利临时保护期内制造、销售、进口被诉专利侵权产品不为专利法禁止的情况下，其后续的使用、许诺销售、销售该产品的行为，即使未经专利权人许可，

---

〔1〕 最高人民法院（2011）民提字第 259 号民事判决书。

也应当得到允许。

（二）药品专利纠纷早期解决机制

在药品领域，药品由于事关公共卫生安全上市之前必须经过上市审批，在上市审批过程中，只要申请注册的药品满足《药品管理法》相关规定即可上市销售，申请上市的行为并不涉及对专利权侵害，药品上市审批过程也不涉及专利纠纷处理。在药品上市之后，如果专利权人认为药品制造、销售等行为侵犯其专利权，可以另行提起诉讼。但是在药品上市之后处理专利纠纷存在一定弊端，对通常作为专利权人的创新药企业来说，即便嗣后认定上市药品侵权，仿制药的前期上市也将影响创新药的相关市场利益；对于仿制药企业来说，认定侵权后将停止其制造、销售仿制药等侵权行为并面临着巨大损失，医疗体系相关药品的供应保障以及患者用药需求的满足也会受到影响。因此，1984年美国《药品价格竞争与专利期恢复法》（Hatch-Waxman 法案）最早将药品上市审批制度与专利侵权诉讼相衔接，将药品申请上市的行为拟制为专利侵权行为，在药品批准上市之前即对专利侵权与否作出判断，对判定不构成专利侵权的药品才批准上市，从而消除因专利权保护带来的不确定性。在我国《专利法》第四次修改借鉴专利链接制度引入了药品专利纠纷早期解决机制，第 76 条规定："药品上市审评审批过程中，药品上市许可申请人与有关专利权人或者利害关系人，因申请注册的药品相关的专利权产生纠纷的，相关当事人可以向人民法院起诉，请求就申请注册的药品相关技术方案是否落入他人药品专利权保护范围作出判决。国务院药品监督管理部门在规定的期限内，可以根据人民法院生效裁判作出是否暂停批准相关药品上市的决定。"根据《专利法》规定，国家药监局、国家知识产权局发布了《药品专利纠纷早期解决机制实施办法（试行）》、国家知识产权局发布了《药品专利纠纷早期解决机制行政裁决办法》、最高人民法院发布了《关于审理申请注册的药品相关的专利权纠纷民事案件适用法律若干问题的规定》，就该制度的具体实施作出了规定。该制度主要包括以下内容：

（1）药品专利信息公示制度，国务院药品监督管理部门组织建立药品专利信息登记平台，对获得审批的上市药品专利信息进行公开，专利权人对其要求保护的创新药专利主动进行登记，登记的专利类型包括，药物活性成分化合物专利、含活性成分的药物组合物专利、医药用途专利。

（2）仿制药专利声明制度，仿制药企业在申请上市时，必须对照药品专利信息登记平台的信息，就是否侵权专利权作出声明，包括：①无相关专利信息；②专利已被无效或获得许可；③承诺专利保护期限届满前不上市；④认为仿制药不侵犯专利权或专利权应该被无效。

（3）专利挑战与批准等待期制度，在药品专利纠纷早期解决机制下，仿制药上市审批以不侵犯创新药专利权为前提。对前三类声明由于不存在争议，药品监管部门将根据情况批准或附条件批准药品上市。对于第四类声明通常称为专利挑战，将进入专利权人与仿制药申请人的纠纷解决程序，专利权人或者利害关系人对声明有异议的，可以自国家药品审评机构公开药品上市许可申请之日起 45 日内，就申请上市药品的相关技术方案是否落入相关专利权保护范围向人民法院提起诉讼或者向国务院专利行政部门请求行政裁决。专利权人不积极行使权利的，仿制药申请人可向法院起诉要求确认申请上市药品未落入该专利的保护范围。当事人起诉之后，药品审批程序将进入审批等待期，在此期限内，药品审评机构未收到人民法院不侵权生效判决或行政裁决的，不得作出药品上市的行政审批决定，但不停止药品的安全性、有效性技术审评。为避免过度延迟仿制药上市时间，审批等待期以 9 个月为限，超出 9 个月未作出决定的，药品审评机构将根据技术审评结果作出批准上市与否的决定。

（4）首仿药市场独占期制度，市场独占期是指首个挑战药品专利成功并首个获得审批上市的仿制药，给予固定期限的市场独占权，从而激励仿制药企业对创新药提出专利挑战强化市场竞争。根据《药品专利纠纷早期解决机制实施办法（试行）》，仿制药申请人在提出专利挑战后成功宣告专利无效的将获得 12 个月的市场独占期，在此期限内，药品监督管理部门不再批准同品种仿制药上市，同时，市场独占期限不超过被挑战药品的原专利权期限。

（三）专利间接侵权制度

如前所述，按照全面覆盖原则，某一产品只有覆盖了专利权的全部技术特征才落入专利权的保护范围，如果专利发明包括两个或两个以上组成部分，那么仅仅生产某些部件的行为，因为未覆盖专利的全部特征而不构成侵权。由此也为专利权保护带来了不便，甚至有的企业专门以此规避专利法的保护。例如，某一企业专门生产专利产品的关键零部件，其他非关键部分由下游企业隐蔽制造或者组装；或者不同的生产商分别生产专门产品的不同部分，购买者将这些产品组装之后就构成专利产品。在此情况下，权利人即很难发现侵权行为以及主张权利，专利间接侵权制度应运而生，主要为了调整此种情形。

专利间接侵权制度最早起源于美国 1871 年康涅狄格地区巡回法院审理的 Wallace *v.* Holmes 案，[1] 在该案中，专利权人拥有一项关于煤油灯改进的发明专利。该专利系由灯头和玻璃灯罩组成，其中的特别改进之处是将灯罩装在了灯头上从而使灯罩底部保持冷却，其指向灯头和玻璃灯罩的组合装置。被控侵权人制造并销售与专利产品基本一样的灯头，但是并没有制造或销售与灯头连在一起的灯罩。购买这种灯头的顾客只需再从灯罩商那里购买一个灯罩就可以组合成一个专利产品。依据当时美国法院的相关判例，侵犯组合装置的专利必须要制造或销售组合装置中的所有组成部分。但 Woodruff 法官在该案中指出，被告已经制造和大规模销售灯头，而让购买者自行安装灯罩，否则就不能发挥该灯头的功能。被告的目的就是为明显侵犯原告专利权的行为提供帮助并从帮助中获利。被告在其销售店铺里展示了装有灯罩的灯头，向顾客推荐，并证明其优异性能。因此，被告的行为就是在引诱他人非法使用。尽管判决并未明确提出“间接侵权”的概念，但 Woodruff 法官指出，若严格按照全面覆盖原则认定专利侵权，组合装置专利将无价值可言。本案中，灯头的销售者或许没有与灯罩的销售者预先形成任何实际的协议，但其进行的每一次销售实质上都是在建议购买者将两者组合起来以形成专利产品。毫无

［1］ Wallace *v.* Holmes, 29 F. Cas. 74, 80 (C.C.D. Conn. 1871).

疑问，被告必须被认定为原告专利的共同侵害人，被告和煤油灯的使用者共同侵害了专利权。该案判决的观点之后发展成为美国法上的间接侵权制度，《美国专利法》第 271 条（c）规定，“任何人在美国境内许诺销售、销售或者进口到美国境内构成发明实质部分的专利装置、产品、组合品或者组合物的部件，或者用于实施专利方法的材料或者装置，如果行为人明知这样的部件、材料或者装置是专门为侵害专利权所制造或者改造的，并且不是常用商品或者具有实质性非侵权用途的，应承担帮助侵权之责任。”即相关行为在帮助侵权的框架下加以规制，但美国法上帮助侵权成立都必须以直接侵权存在为前提，侵权诉讼中权利人必须证明直接侵权行为的存在才能要求帮助侵权行为承担责任，这仍然在一定程度上增加了权利人维权的难度。美国法仍然是在通常意义上的共同侵权框架下处理该问题，德国法则更加彻底地规定了间接侵权制度。1981 年德国修改专利法，增加第 10 条来调整专利间接侵权行为，其第 10 条第 1 款规定：“专利权还有进一步的效力，即在本法适用范围内，任何第三人未经专利权人同意，不得向没有权利实施专利的人提供或者许诺提供发明的实质性部分，当其明知或根据情势应知这些行为适于且就是用于专利发明的实施的。”德国法上的间接侵权制度已经脱离了民法中的共同侵权范畴，构成独立的专利侵权形态，其成立须满足三个要件：主观上要明知或应知；提供的物品适合于且确定用于实施专利发明；客观上应该是与专利发明实质性部分相关的物品。

作为对比，我国专利法并没有明确地规定专利间接侵权，严格意义上来说，针对提供专利实施的实质性部件的行为，需在共同侵权的框架下进行处理，即首先认定是否存在共同实施整个发明创造的行为，进一步可确定提供专利实施的实质性部件的行为是否构成教唆、帮助侵权。2016 年发布的《最高人民法院关于审理侵犯专利权纠纷案件应用法律若干问题的解释（二）》试图以司法解释的形式引入“间接侵权”制度，其第 21 条规定：“明知有关产品系专门用于实施专利的材料、设备、零部件、中间物等，未经专利权人许可，为生产经营目的将该产品提供给他人实施了侵犯专利权的行为，权利人主张该提供者的行为属于侵权责任法第九条规定的帮助他人实施侵权行为的，人民法院应予支持。”最高人民法院对此解释，实践中，间接侵权人与最终实施发明创造的侵权人之间没有意思联络，并不构成共同过错。但鉴于间接侵权人主观恶意明显且其提供的零部件等是直接侵权行为的专用品，或者其积极诱导他人实施侵权行为，故纳入《侵权责任法》第 9 条规制的范围。这是侵权责任法适用的应有之义，并非在现行法律框架之外给予专利权人以额外的保护，符合加强专利权保护的客观实际。需要强调的是，间接侵权应当以直接侵权为前提，故条文表述为“实施了”犯专利权的行为。但并不意味着，在提起间接侵权诉讼之前，必须存在认定直接侵权成立的裁判。关于是否将间接侵权人和直接侵权人作为共同被告的问题，考虑到可能存在直接侵权人已经被在先裁判认定的情况，人民法院可以根据具体案情依法决定是否作为共同被告。总体来看，对于所谓“间接侵权”行为，在现有立法体系上，我国目前仍然依靠共同侵权加以调整，帮助侵权成立须以直接侵权行为存在为前提，并非类似于德国法上构成独立的专利侵权形态；但在实践中，司法尽管在尽可能降低权利人对直接侵权行为存在的证明责任，甚至在有的案件中不要求其证明存在具体的直接侵权行为，试图构建事实上的“间接侵权”制度。

六、专利侵权抗辩

本节前述情形介绍了专利侵权的认定，一般情况下，未经允许实施他人授权专利，将构成专利侵权。但为了平衡公共利益，专利法还规定了不构成侵犯专利权的情形，一是现有技术抗辩，二是存在不视为专利权侵权的特殊情形。在专利诉讼中，即使存在前述未经许可实施发明创造的情形，被控侵权人也可以援引相关抗辩事由主张不侵犯专利权。

（一）现有技术抗辩

专利法仅对具有新颖性、创造性的技术加以保护，一项已经为世人所公知的现有技术，也就不应当被作为专利权保护。然而，由于我国专利制度实行双轨制，即专利行政机关负责审理专利授权确权案件，由司法机关负责审理专利侵权案件，法院在侵权诉讼中无法就专利权效力直接作出判定，当事人如果认为专利技术属于现有技术而应当无效，必须首先向国家知识产权局提出申请，由国家知识产权局宣告该专利无效。由于宣告专利无效需要一定时间周期，为了避免他人恶意将公知技术申请专利，阻碍现有技术实施，帮助实施人及时从专利权诉讼中解脱出来，2008 年《专利法》第三次修改专门规定了现有技术抗辩制度，《专利法》第 67 条规定：“在专利侵权纠纷中，被控侵权人有证据证明其实施的技术或者设计属于现有技术或者现有设计的，不构成侵犯专利权。”根据此规定，即使专利权人根据前述侵权构成要件证明被告实施了其专利，被告如果能够证明其实施的属于现有技术或现有设计的，将不构成对专利权的侵犯。所谓现有技术，指专利申请日以前在国内外为公众所知的技术，包括通过出版物发表、在国内外公开使用、展出等而为公众所知。需要注意的是，现有技术抗辩与专利无效存在着对比对象的不同，专利无效是将现有技术与专利技术方案进行比对，而现有技术抗辩是将被告产品的被诉技术特征与现有技术方案相对比，被告能够证明其被诉技术方案系来源于现有技术或与现有技术无实质性差异的，即不构成侵权。关于现有技术抗辩引用对比技术方案存在争议，一种观点认为，现有技术抗辩的基础是破坏专利的创造性，因此可以运用多篇对比文件相结合；另一种观点认为，现有技术抗辩的基础是破坏专利的新颖性，应当仅能运用一篇对比文件进行比对，以及结合本领域公知常识。《最高人民法院关于审理侵犯专利权纠纷案件应用法律若干问题的解释》第 14 条规定：“被诉落入专利权保护范围的全部技术特征，与一项现有技术方案中的相应技术特征相同或者无实质性差异的，人民法院应当认定被诉侵权人实施的技术属于专利法第六十二条规定的现有技术。”即仅允许运用一篇对比文件进行现有技术卡改变。作为例外，司法实践中目前一般允许以一份对比文件中记载的一项技术方案与公知常识的简单组合主张现有技术抗辩。例如，在最高人民法院公报案例苏州工业园区新海宜电信发展股份有限公司与南京普天通信股份有限公司、苏州工业园区华发科技有限公司侵犯专利权纠纷案中，法院认为，现有技术抗辩是指在专利侵权纠纷中被控侵权人以其实施的技术属于现有技术为由，对抗专利侵权指控的不侵权抗辩事由。如被控侵权人有充分证据证明其实施的技术方案属于一份对比文件中记载的一项现有技术与所属领域技术人员广为熟知的常识的简单组合，则应当认定被控侵权人主张的现有技术抗辩成立，被控侵权物不侵犯涉案专利权。[1]

此外，专利法仅仅规定了现有技术抗辩，但类推现有设计抗辩背后的制度原理，司法实践中还支持抵触申请抗辩。因为现有设计抗辩的制度基础在于，专利制度仅应当对具有新颖性、创造性的技术方案加以保护，如果某一技术方案本身不具有新颖性、创造性则不应当纳入保护。被诉侵权人实施在专利申请日之前的公知技术不构成侵权，同时，即使该技术在申请日之前不为公众所知悉，但是他人已经在专利权人之前向国家知识产权局提出申请的，应当也可以破坏该专利的新颖性，相关技术方案不应当纳入该专利的保护范围，即抵触申请抗辩。《最高人民法院关于充分发挥知识产权审判职能作用推动社会主义文化大发展大繁荣和促进经济自主协调发展若干问题的意见》第 14 条指出："被诉侵权人以实施抵触申请中的技术方案或者外观设计主张其不构成专利侵权的，可以参照现有技术或者现有设计抗辩的审查判断标准予以评判。"所谓抵触申请，系他人就同样的发明或者实用新型在申请日以前向国务院专利行政部门提出过申请，并记载在申请日以后公布的专利申请文件或者公告的专利文件中的情形，如果被诉侵权人证明其被诉技术方案系来源于抵触申请，也不构成专利权侵权。

（二）不视为侵犯专利权的情形

为了专利权人与社会公众利益的平衡，专利法还规定了几种不视为侵犯专利权的情形，即相关行为虽然满足专利侵权的构成要件，但其具有目的上的正当性而属于不视为侵犯专利权的情形。根据《专利法》第 75 条规定，主要有权利用尽、先用权、临时过境、为科学研究使用、波拉例外五种情形。具体而言：

1. 专利权用尽

也叫专利权穷竭，是指对于经专利权人许可或者以其他方式合法投放市场的专利产品或者依照专利方法直接获得的产品，他人在购买之后无须经过专利权人的许可，即可使用、许诺销售、销售、进口该产品。专利法设立专利权用尽原则的理由在于：一方面，专利权人通过享有一定时间期间内的独占权能够控制专利产品的制造和首次销售，保障了专利权人能够对其作出发明创造付出的代价获取回报；另一方面，如果在专利权人自己或者其被许可人将其专利产品投放市场后，该产品的所有后续批发、零售、转让和使用还要再次经过专利权人的许可，必然会大大阻碍交易安全和便捷，甚至造成垄断。所以，专利权用尽抗辩制度的设计目的，旨在确保经合法售出（包括专利权人自己售出或者经专利权人许可的人售出）的专利产品在市场上的后续流通和使用免受专利权的过分限制，从而在专利权人就专利权所享的独占实施利益与社会公众合理再利用专利产品的利益之间维持适度的平衡。

2. 先用权

我国专利制度实行先申请原则，即就同一发明，先向国家知识产权局申请专利的将获得专利授权，但在专利权人在申请之前，他人可能已经作出了相关发明并进行了实施

---

〔1〕 江苏省高级人民法院（2007）苏民三终字第 0139 号民事判决书。

活动，如果一概禁止他人实施行为不尽合理，因此，《专利法》规定，在专利申请日以前实施人已经就制造产品或使用专利方法做好必要准备，并在原有范围内继续使用的，应当不认定构成侵权。所谓“必要准备”，要求实施人已经完成了实施发明创造的技术图纸、文件，并已经购买、制造了实施发明创造的技术设备、原材料等，在此基础上，实施人可继续实施，但不得超出原有范围。原有范围，包括专利申请日前已有的生产规模以及利用已有的生产设备或者根据已有的生产准备可以达到的生产规模。超出此范围的，将构成专利侵权。

3. 临时过境

由于专利制度具有地域性，同一技术方案可能在不同国家受到不同保护，但在国际贸易运输过程中不同国家的保护就可能存在冲突。例如，针对某一螺旋桨技术，A 公司在中国申请了专利，但在美国未申请专利，美国某飞机制造厂制造的飞机使用了该技术，该飞机大多数时间在美国使用，但临时经过中国领空时根据专利法的一般规定将可能构成对 A 公司中国专利的侵犯。为避免此类情形，《专利法》第 75 条第 3 项规定临时过境制度，临时通过中国领陆、领水、领空的外国运输工具，依照其所属国同中国签订的协议或者共同参加的国际条约，或者依照互惠原则，为运输工具自身需要而在其装置和设备中使用有关专利的，不视为侵害专利权。本抗辩的意义在于便利国际交通运输。

4. 为科学研究使用

也称为实验性使用例外，我国《专利法》第 75 条第 4 项规定，专为科学研究和实验而使用有关专利的，不视为侵害专利权。此抗辩事由的意义在于鼓励科学技术研究。所谓专为科学研究和实验，是指专门针对专利技术方案本身进行的科学研究和实验，其目的是研究、验证、改进他人专利技术，在已有专利技术的基础上产生新的技术成果。实施人不得以此为由大规模生产制造专利产品并对外销售使用。专为科学研究和实验而使用有关专利的行为，包括该研究实验者自行制造、使用、进口有关专利产品或使用专利方法的行为，也包括他人为该研究试验者制造、进口有关专利产品的行为。

5. 波拉（Bolar）例外

该例外主要适用于医药领域，如前所述，为了确保药品、医疗设备的安全性、有效性，上市之前，生产商要进行严格的临床试验，并将相关数据提交行政机关审批之后才能上市销售。实验的周期相对漫长，如果等到专利保护期届满以后才允许他人使用相关专利开展实验、申请行政审批，导致的结果就是相关专利保护期届满后很长一段时间内，其他厂商都无法推出与之竞争的药品和医疗设备。其他仿制药和医疗设备的及时上市能够降低价格，有利于社会公众，如果相关药品设备无法及时审批上市，相当于变相地延长了专利权的保护期，不利于维护公众利益。因此，《专利法》第 75 条第 5 项规定，为提供行政审批所需要的信息，制造、使用、进口专利药品或者专利医疗器械的，以及专门为其制造、进口专利药品或者专利医疗器械的，不视为侵害专利权。该例外限于仿制药品或者医疗器械的研究试验者本人为获取行政审批所需要的信息而制造、使用、进口专利药品或者专利医疗器械的行为，以及他人为研究试验者获取行政审批所需要的信息而制造、进口专利药品或者专利医疗器械的行为，但不包括其他应当被认定为侵害专利权的行为，例如许诺销售、销售等行为。

七、侵害专利权的救济

（一）救济途径

当事人发现存在专利侵权情形的，《专利法》规定了三种救济方式，即协商解决、行政救济和司法救济。第65条规定："未经专利权人许可，实施其专利，即侵犯其专利权，引起纠纷的，由当事人协商解决；不愿协商或者协商不成的，专利权人或者利害关系人可以向人民法院起诉，也可以请求管理专利工作的部门处理。管理专利工作的部门处理时，认定侵权行为成立的，可以责令侵权人立即停止侵权行为，当事人不服的，可以自收到处理通知之日起十五日内依照《中华人民共和国行政诉讼法》向人民法院起诉；侵权人期满不起诉又不停止侵权行为的，管理专利工作的部门可以申请人民法院强制执行。进行处理的管理专利工作的部门应当事人的请求，可以就侵犯专利权的赔偿数额进行调解；调解不成的，当事人可以依照《中华人民共和国民事诉讼法》向人民法院起诉。"现就三种方式分别介绍如下：

1. 协商解决

专利权是民事权利的一种，当事人依法可以处分自己的民事权利。对专利侵权纠纷，当事人首先可以通过协商解决，相对于行政、司法等公权力救济方式，协商可以最大限度地减少专利权人维权的成本，也能减少侵权人因应诉在时间、金钱等方面付出的代价。尤其是有的侵权纠纷并非故意侵权，一旦实施者意识到其侵权行为，双方能够就责任承担达成一致，即可以通过协商解决纠纷。只有当协商无法解决的，才有必要选择公权力加以救济。当然，当事人协商解决专利纠纷必须依法进行，不得损害国家的、集体的或者第三人的合法权益，不得违反法律的强制性规定和社会公共利益。

2. 行政救济

针对专利侵权纠纷，当事人之间不愿协商或者协商无法达成一致的，专利权人及利害关系人可以请求管理专利工作的部门进行处理。一般由地方知识产权部门处理专利侵权纠纷，但对于在全国有重大影响的专利侵权纠纷，专利权人或者利害关系人可请求国家知识产权局进行处理。管理专利工作的部门在收到请求之后，可承担两项职能：一是根据当事人的请求，对是否存在专利侵权行为进行审查，认定侵权行为成立的，可以责令侵权人立即停止侵权行为，当事人不服的，可以自收到处理通知之日起15日内依照《行政诉讼法》向人民法院起诉；侵权人期满不起诉又不停止侵权行为的，管理专利工作的部门可以申请人民法院强制执行。二是应当事人的请求，可以就侵犯专利权的赔偿数额进行调解；这是一种居间行为并不具有强制约束力，调解不成的，当事人可以依照《民事诉讼法》的规定，向人民法院起诉。

3. 司法救济

对于专利侵权纠纷，当事人不愿协商或者协商不成的，同时也不愿意请求管理专利工作的部门处理的，专利权人或者利害关系人可直接向人民法院提起民事诉讼；或者当事人就侵犯专利权的赔偿数额请求管理专利工作的部门进行调解但调解不成的，当事人也可以向人民法院提起民事诉讼。相对于协商解决和行政救济，司法救济的优势在于可以要求停止侵权和损害赔偿，其救济方式具有强制性和终局性，这是目前专利侵权救济的最主要方式。

权利人或利害关系人发现专利侵权行为之后，欲向法院提起民事诉讼，首先需要确定管辖法院。依据《民事诉讼法》第 122 条规定："起诉必须符合下列条件：（一）原告是与本案有直接利害关系的公民、法人和其他组织；（二）有明确的被告；（三）有具体的诉讼请求和事实、理由；（四）属于人民法院受理民事诉讼的范围和受诉人民法院管辖。"关于管辖法院的确定，可以分为两个层面进行讨论：一是级别管辖，即原告应向哪一级别的法院起诉的问题；二是地域管辖，即原告选择向何地法院起诉的问题。现分别阐述如下：

第一，级别管辖，相对于一般民事案件，专利侵权案件的级别管辖规则相对复杂。

关于专利侵权纠纷一审案件的管辖，根据《最高人民法院关于第一审知识产权民事、行政案件管辖的若干规定》第 1 条第 1 款规定，"发明专利、实用新型专利……的权属、侵权纠纷以及垄断纠纷第一审民事、行政案件由知识产权法院，省、自治区、直辖市人民政府所在地的中级人民法院和最高人民法院确定的中级人民法院管辖"。第 2 条规定，"外观设计专利的权属、侵权纠纷……第一审民事、行政案件由知识产权法院和中级人民法院管辖；经最高人民法院批准，也可以由基层人民法院管辖……"即由于专利侵权案件尤其是发明专利、实用新型等技术案件具有一定的专业性，原则上专利侵权案件由各省、自治区、直辖市人民政府所在地的中级人民法院管辖。由于各地发展情况不同，最高人民法院可以指定各省、自治区、直辖市人民政府所在地以外的中级人民法院管辖专利案件，如最高人民法院曾指定大连、青岛、温州、佛山、烟台、潍坊、苏州、宁波、景德镇、葫芦岛、泉州、镇江、金华等数十个中级人民法院可以审理专利纠纷一审案件。当事人不服一审判决提起上诉的，根据《最高人民法院关于知识产权法庭若干问题的规定》，对于发明专利侵权纠纷，由最高人民法院知识产权法庭统一审理；对实用新型专利侵权纠纷，原则上由各地高级人民法院审理，重大、复杂的实用新型专利侵权纠纷，则由最高人民法院知识产权法庭审理。对于外观设计案件，其相对于发明专利、实用新型侵权纠纷案件专业性和复杂程度较弱，一审原则上由知识产权法院和中级人民法院管辖，经最高人民法院批准，也可以由基层人民法院管辖。当事人不服一审判决提起上诉的，按照正常上诉程序由上一级人民法院审理。

第二，地域管辖，即当事人向何地法院起诉的问题，根据《民事诉讼法》第 28 条规定的一般原则，"因侵权行为提起的诉讼，由侵权行为地或者被告住所地人民法院管辖"。这里，所谓"被告住所地"，是指公民的户籍所在地和法人或者其他组织的主要办事机构所在地；主要办事机构所在地不能确定的，注册地或者登记地为住所地。所谓"侵权行为地"，又包括侵权行为实施地和侵权结果地。最高人民法院在《关于审理专利纠纷案件适用法律问题的若干规定》第 2 条规定："侵权行为地包括：被诉侵犯发明、实用新型专利权的产品的制造、使用、许诺销售、销售、进口等行为的实施地；专利方法使用行为的实施地，依照该专利方法直接获得的产品的使用、许诺销售、销售、进口等行为的实施地；外观设计专利产品的制造、许诺销售、销售、进口等行为的实施地；假冒他人专利的行为实施地。上述侵权行为的侵权结果发生地。”据此，在确定专利侵权案件的地域管辖时，当事人可以选择专利产品的制造、使用、许诺、销售、进口以及专利方法使用的行为发生地或者结果地之一来选择。

（二）救济措施

专利权本质上是一项民事权利，针对侵害专利权的行为，权利人可以向法院主张民事救济，要求避免损害结果的扩大，以及恢复到之前损害未发生时的状态。根据施加救济措施的不同阶段，其可以分为临时性救济措施和终局性救济措施。

1. 临时性救济措施

针对专利侵权行为，权利人可以向法院提起诉讼，但从当事人起诉到最终判决作出仍然存在较长的时间，为了避免在生效判决作出之前因当事人行为或突发状况导致判决难以执行或者为当事人造成不可弥补的损害，当事人可以申请法院在诉讼之前或者诉讼过程中针对侵权人采取一定临时措施，以保障当事人的实体和程序权利免受不可弥补的损害。民事诉讼中的临时措施主要分为三类：财产保全、证据保全和行为保全。财产保全指的是原告可以向法院申请财产保全查封、冻结被控侵权人的财产，以避免被告转移财产导致未来生效判决不能执行或难以执行；证据保全指的是在证据可能灭失或以后难以取得的情况下，当事人可以申请法院调取、查封、扣押相关证据；行为保全则指的是在他人正在实施或将要实施侵权行为，如不及时制止将会使权利人遭受不可弥补损害的，权利人可以申请法院责令其为或不为一定行为。

专利权本身是一项排他性权利，行为保全是诉讼程序中保护该排他性权利的最有效方式，故在实践中权利人经常申请行为保全进行救济。对此，我国《民事诉讼法》第100 条规定了行为保全的一般制度：“人民法院对于可能因当事人一方的行为或者其他原因，使判决难以执行或者造成当事人其他损害的案件，根据对方当事人的申请，可以裁定对其财产进行保全、责令其作出一定行为或者禁止其作出一定行为；当事人没有提出申请的，人民法院在必要时也可以裁定采取保全措施。”《专利法》第 72 条规定：“专利权人或者利害关系人有证据证明他人正在实施或者即将实施侵犯专利权、妨碍其实现权利的行为，如不及时制止将会使其合法权益受到难以弥补的损害的，可以在起诉前依法向人民法院申请采取财产保全、责令作出一定行为或者禁止作出一定行为的措施。”根据该规定，当事人申请行为保全应当符合以下条件：（1）有证据证明行为人正在实施或者即将实施侵犯其权利、妨碍权利实现的行为；（2）因情况紧急，如不立即采取措施将会使得申请人的著作权或有关权益受到难以弥补的损害，所谓“情况紧急”，根据《最高人民法院关于审查知识产权纠纷行为保全案件适用法律若干问题的规定》第 6 条，包括诉争的知识产权即将被非法处分、请人的知识产权在展销会等时效性较强的场合正在或者即将受到侵害等情形。

申请诉前行为保全，应当向被申请人住所地或对案件有管辖权的法院提出。针对权利人提出的行为保全申请，根据司法解释第 7 条规定，人民法院应当综合考量以下因素决定是否准许：（1）申请人的请求是否具有事实基础和法律依据，包括请求保护的知识产权效力是否稳定；（2）不采取行为保全措施是否会使申请人的合法权益受到难以弥补的损害或者造成案件裁决难以执行等损害；（3）不采取行为保全措施对申请人造成的损害是否超过采取行为保全措施对被申请人造成的损害；（4）采取行为保全措施是否损害社会公共利益；（5）其他应当考量的因素。

2. 终局性救济措施

关于民事责任的承担方式，我国《民法典》第 179 条规定了停止侵害、排除妨碍、消除危险、返还财产、恢复原状、修理重作更换、继续履行、赔偿损失、支付违约金、消除影响恢复名誉、赔礼道歉共 11 种民事责任承担方式。其中，继续履行、支付违约金等主要适用于违约责任，返还财产、恢复原状是侵害有体物行为的侵权责任承担方式，赔礼道歉和消除影响、恢复名誉是侵害人格权行为的民事责任承担方式，一般都不适用于专利侵权领域。《专利法》第 11 条规定，专利权人以外的任何人都负有不实施其专利的义务，第 71 条规定了损害赔偿。因此，常用的专利侵权责任承担方式主要是停止侵害和损害赔偿两种。

（1）停止侵害。

专利权本质上是一种排他性的财产权，停止侵害是专利侵权责任承担的基本方式。对《专利法》确立的专利权人的排他性权利，如果他人实施了相关行为，即构成对其专有权利的侵害。权利人可向法院请求侵权人停止一切侵害其专利权的行为，在认定侵权成立的情况下，法院一般都会责令侵权人立即停止侵害，包括停止即将进行或正在进行的侵权行为，销毁专门用于侵权的模具设备、库存产品等。作为例外，如果停止侵权将损害国家利益、社会公共利益，法院也可以不判决停止侵害，而通过支付合理费用的方式弥补权利人损失。《最高人民法院关于审理侵犯专利权纠纷案件应用法律若干问题的解释（二）》第 26 条规定，“被告构成对专利权的侵犯，权利人请求判令其停止侵权行为的，人民法院应予支持，但基于国家利益、公共利益的考量，人民法院可以不判令被告停止被诉行为，而判令其支付相应的合理费用”。

（2）损害赔偿。

针对专利侵权行为，损害赔偿的目的在于填补权利人损失，即应当遵循“填平原则”使得专利权人回复到侵权行为未发生时的状态。由于专利权具有无体性，其损害难以像有体物那样直观体现，专利侵权行为导致损害是对权利人就其专利技术排他性使用状态的破坏，体现为挤占专利权人市场份额和导致其利润的减少，相对难以计算。因此，《专利法》第 71 条规定了几种损害赔偿的计算方式：①按照权利人因被侵权所受到的实际损失或者侵权人因侵权所获得的利益确定；②权利人的损失或者侵权人获得的利益难以确定的，如果存在可参照的许可费，参照该专利许可使用费的倍数合理确定；③如果权利人损失、侵权获利以及许可费合理倍数均难以确定的，则采取法定赔偿方式，即由法院根据专利权的类型、侵权行为的性质和情节等因素，酌情确定给予 3 万元以上 500 万元以下的法定赔偿。除此之外，权利人可能因取证、聘请律师等支付了必要的维权费用，其还可以向侵权人主张为制止侵权行为所支付的合理开支。

除了填平性损害赔偿，为了威慑故意侵权行为，《专利法》第 71 条还专门规定了惩罚性赔偿制度："对故意侵犯专利权，情节严重的，可以在按照上述方法确定数额的一倍以上五倍以下确定赔偿数额。"根据《最高人民法院关于审理侵害知识产权民事案件适用惩罚性赔偿的解释》，"故意"指的是侵权人明知他人专利权存在仍然作为的情形，对"情节严重"的认定，人民法院应当综合考虑侵权手段、次数，侵权行为的持续时间、地域范围、规模、后果，侵权人在诉讼中的行为等因素综合判定。满足前述要件的，人民法院可以根据权利人实际损失、侵权人获利或者许可费的合理倍数计算的损害赔偿数额作为基数，判定被告承担 1 倍以上 5 倍以下的损害赔偿。如果是采取法定赔偿方式，由于被告的主观恶意、情节已经在确定法定赔偿时进行了考量，则不适用惩罚性赔偿。

第六节　专利权的转让与许可

专利权的权能体现为排除他人未经允许实施其发明创造，保护专利权、排除他人使用仅仅是手段，专利权人的市场独占利益最终需要专利技术的实施来获得。但从实验室的技术创新到生产出实际的产品服务，再到市场化推广面临着重重挑战，在专利权人本身不适宜实施专利技术或者不能充分实施专利技术的情况下，可以选择将专利转让或许可给他人实施来进行价值变现。因此，《专利法》第 10 条、第 12 条分别规定了专利的许可和转让。现就专利许可转让的一般要求、限制条件以及促进手段介绍如下。

一、专利权许可转让的一般要求

专利权作为一项民事权利，当事人之间可以自由进行许可和转让。其不限于已授权的专利权，作为期待权的专利申请权也可以进行转让。由于专利权许可交易相对价值重大，因此其许可转让属要式行为，必须按照特定形式和手续订立合同履行方能转让。

1. 专利申请权和专利权的转让

《专利法》第 10 条规定："专利申请权和专利权可以转让。"所谓"专利申请权"，是指公民、法人或者其他组织依据法律规定或者合同约定享有的就发明创造向国家专利行政部门提出专利申请的权利。专利申请权的转让，指的是就某一技术方案或者是设计申请专利资格的转让，其既可发生在专利申请人提出专利申请以前，也可发生在提出专利申请后、授予专利权以前。转让之后，受让人即获得申请人的地位，待申请被批准后，该受让人即转化为专利权人。专利权则指的是已经获得授权专利的转让。由于专利申请权和专利权都属于财产权，权利人可以在法律规定的范围内，按其自由意思处分。但发明人或设计人具有在专利文件上署名的法定权利，在转让专利申请权或专利权时，发明人或设计人所享有的署名权不同时转让。

专利和专利申请权的转让一般应遵循以下程序：（1）签订转让合同。专利权和专利申请权转让合同，是指转让方将其专利权或申请专利的权利转让给受让方，而受让方支付约定的价款所订立的合同。主要条款包括合同名称、发明创造名称、发明创造种类、发明人或者设计人、技术情报和资料清单、专利申请被驳回的责任、价款及其支付方式、违约金损失赔偿额的计算方法、争议的解决办法等。(2)当事人双方专利局办理登记手续，并由专利局公告，合同自登记之日起专利权或专利申请权发生转移。

2. 专利权许可

除直接对外转让，权利人还可对外进行专利许可，即专利权人将其拥有的专利技术许可他人在一定期限、一定地区、以一定方式实施，从而收取专利使用费。《专利法》第 12 条规定："任何单位或者个人实施他人专利的，应当与专利权人订立实施许可合同，向专利权人支付专利使用费。被许可人无权允许合同规定以外的任何单位或者个人实施该专利。"专利许可通过当事人双方签订实施许可合同的形式进行，实施许可合同应当采用书面形式，主要包括许可专利内容、许可方式、许可权利范围、许可产品、许可费及支付方式、技术资料的交付、保密事项、违约及索赔等内容，许可合同生效后专利许可即发生效力，为对抗第三人，专利许可双方可向国家知识产权局申请许可合同备案。

从类型上划分，专利许可可分为独占实施许可、排他实施许可和普通实施许可，独占实施许可，是指让与人在约定许可实施专利的范围内，将该专利仅许可一个受让人实施，让与人依约定不得实施该专利；排他实施许可，是指让与人在约定许可实施专利的范围内，将该专利仅许可一个受让人实施，但让与人依约定可以自行实施该专利；普通实施许可，是指让与人在约定许可实施专利的范围内许可他人实施该专利，并且可以自行实施该专利。在当事人双方对专利实施许可方式没有约定或者约定不明确的，应当认定为普通许可。

专利许可之后，专利权人仍拥有专利的所有权，被许可人仅有实施该专利的权利。但针对侵害专利权的行为，由于独占许可和排他许可的被许可人存在一定利害关系，独占许可的被许可人可以单独向法院起诉；排他许可的被许可人可以和权利人共同起诉，也可以在权利人不起诉的情况下自行起诉；普通许可的被许可人不能单独起诉，除非经过权利人的明确授权。

二、专利权许可转让的限制情形

由于专利权是一项私权，专利许可的内容原则上由当事人双方自由约定，但应以不损害公共利益为限度，因此也存在一定的限制。主要存在两方面：一是技术出口管制；二是禁止专利许可转让过程中的垄断行为。

(一) 技术出口管制

先进技术不仅是市场主体的竞争力来源，同时也决定着全球竞争中的国家竞争力，甚至有的关键技术涉及国家安全问题，因此各国对于技术对外转让保持一定谨慎态度，对涉及国家安全的技术禁止转让。在我国，专利技术的对外许可转让主要在技术进出口管制制度之下进行规制。《对外贸易法》第 16 条规定，基于国家安全、公共利益、公共道德等原因，国家可以禁止或限制技术的进出口。2001 年制定的《技术进出口管理条例》(以下简称《条例》)建立了专门的技术进出口管制制度。《条例》第 2 条规定，技术出口是指从中华人民共和国境内向中华人民共和国境外，通过贸易、投资或者经济技术合作的方式转移技术的行为，《条例》适用按照属地管辖规则，即只要将在中国的专利技术转移给外国主体即受到规制，转移技术的行为包括专利权转让、专利申请权转让、专利实施许可、技术秘密转让、技术服务和其他方式的技术转移。《条例》对技术实行目录管理，即根据进出口技术的敏感性，将其划分为禁止类、限制类与自由类技术，相应制定禁止、限制出口技术目录，目录以外的技术属于可自由进出口的技术。对于禁止出口的技术，不得出口；对于限制出口的技术，国家实行出口许可证管理，未经许可，不得出口此类技术；对于自由出口的技术，国家实行合同登记管理。登记不是此类技术出口合同生效的法定要件，但办理登记仍然是技术出口方应当履行的法定义务。

限制类技术的一般审批程序是，技术出口经营者首先需要向省级商务主管提交限制技术出口申请，省级商务主管部门会同地方科技主管部门审批通过后，向技术出口经营者发出技术出口许可意向书。技术出口经营者只有在收到技术出口许可意向书之后，才能与外方开展技术出口的实质性谈判。中外双方达成技术出口的合同之后，技术出口经营者再次向省级商务主管部门申请技术出口许可证。技术限制出口技术的审查主要包括贸易审查和技术审查两个方面：贸易审查应当包括拟申请技术出口是否符合中国的对外贸易政策、产业出口政策、我国对外承诺的义务等；技术审查应当包括拟申请技术出口是否危及国家安全、是否符合我国科技发展政策、是否符合我国的产业技术政策等。

针对专利技术的转让，国务院办公厅 2018 年专门颁布了《知识产权对外转让有关工作办法（试行）》（以下简称《办法》），“知识产权对外转让”是指中国单位或者个人将其境内知识产权以权利转让、独占许可等方式转让给外国企业、个人或者其他组织的情形。该《办法》在《条例》的技术基础上调整了限制类知识产权技术出口的审查程序，对于专利技术出口，改由地方商务主管部门会同地方知识产权管理部门审批，商务部门收到出口申请之后，将相关材料转至地方知识产权管理部门。地方知识产权管理部门对拟转让的知识产权进行审查并出具书面意见书，反馈至地方贸易主管部门，同时报国务院知识产权主管部门备案，地方贸易主管部门根据书面意见书最终作出审查决定。

（二）禁止专利转让许可中的垄断行为

技术转让的目的在于促进社会进步，因此各国一般都禁止在技术转让许可中实施垄断行为。国际层面，1980 年《联合国关于控制限制性商业惯例的公平原则和规则的多边协议》、1985 年《联合国国际技术转让行动守则（草案）》都明确在技术转让过程中不得施加限制性条件限制技术进步、实施垄断行为。在我国法上，2008 年《反垄断法》实施以前，我国对于限制性条款的规制主要依靠合同法规制。1999 年颁布的《合同法》第 329 条规定：“非法垄断技术、妨碍技术进步或者侵害他人技术成果的技术合同无效。”2004 年《最高人民法院关于审理技术合同纠纷适用法律若干问题的解释》第 10 条列举了 6 种合同法规定的“非法垄断技术、妨碍技术进步”的情形，包括限制技术改进和回授条款、独家经营、限制产出和价格、强制搭售、限制供货渠道、禁止对效力提出异议。2008 年《反垄断法》实施之后，将各种垄断行为纳入规制范围。《专利法》第 20 条规定：“申请专利和行使专利权应当遵循诚实信用原则。不得滥用专利权损害公共利益或者他人合法权益。滥用专利权，排除或者限制竞争，构成垄断行为的，依照《中华人民共和国反垄断法》处理。”过去《合同法》及其司法解释规定的“非法垄断技术、妨碍技术进步”的情形相对粗糙，作为特别法的《反垄断法》对于垄断行为的认定也提出了更加科学的框架，应当成为垄断行为判断的直接依据。在具体判断中，《反垄断法》规定了两种情形：一是排除、限制竞争的垄断协议，常见的技术转让限制性条款，如交叉许可、排他性回授和独占性回授、不质疑条款、限制知识产权的使用领域、限制利用知识产权提供的商品的销售或传播渠道、范围或者对象、限制经营者利用知识产权提供的商品数量、限制经营者使用具有竞争关系的技术或者提供具有竞争关系的商品等情形有较大可能构成垄断协议，但应具体分析其对市场竞争是否产生排除、限制影响进行认定；二是滥用市场支配地位的情形，对此首先需要认定专利技术转让主体是否存在市场支配地位才具有进一步规制的必要性，在此基础上，如果存在以不公平的高价许可知识产权、拒绝许可知识产权、搭售或附加不合理限制条件、差别待遇的情形，则将构成市场支配地位的滥用。

三、促进专利许可的情形

通常而言，专利许可属于专利权人意思自治的范围，按照由平等民事主体之间就专利许可事项自主达成协议。但实践中大量专利并未充分实施，专利的有效转化运用在特定情形下关乎公共利益和社会整体福利的实现。因此，2020 年第四次修改后的《专利法》第 48 条规定了国家行政机关加强公共服务、促进专利实施运用的职能定位，规定：“国务院专利行政部门、地方人民政府管理专利工作的部门应当会同同级相关部门采取措施，加强专利公共服务，促进专利实施和运用”，第六章专章规定了由行政机关参与实施的“特别许可”。具体包括三种类型：第一，国有企业事业单位的发明专利，对国家利益或者公共利益具有重大意义的，国务院有关主管部门和省、自治区、直辖市人民政府报经国务院批准，在批准的范围内推广应用；第二，专利权人通过国务院专利行政部门登记并向全社会发出要约实施其专利的开放许可；第三，国家专利行政机关不经专利权人同意允许他人实施专利的强制许可。除了法定情形之外，针对标准必要专利，即行业公共标准实施必须的专利技术，在行业实践中普遍要求专利权人对标准实施者以公平、合理、无歧视条件许可其专利技术，这一商业实践在国内外司法中得到了广泛支持，本节对此也将作为一种特殊许可类型专门介绍。

1. 国有企业、事业单位发明专利的推广应用

发明创造的实施不仅与专利权人的利益相关，在一定情形下也与国家利益以及公共利益密切相关，为了维护国家利益或者公共利益，有时需要在发明专利在较大范围内予以推广应用。尤其对于国有企业、事业单位而言，其全部或部分资产来自国家投资，这也意味着国家在其专利实施中应当享有更强的决定权或介入权，如果其享有专利权的发明创造对国家利益或者公共利益具有重大意义，由国家对其及时予以推广应用能使国家利益或者公共利益得到更为有效的保障。

因此，1984 年《专利法》制定时即规定了“计划许可”制度，第 14 条规定：“国务院有关主管部门和省、自治区、直辖市人民政府根据国家计划，有权决定本系统内或

者所管辖的全民所有制单位持有的重要发明创造专利允许指定的单位实施，由实施单位按照国家规定向持有专利权的单位支付使用费。中国集体所有制单位和个人的专利，对国家利益或者公共利益具有重大意义，需要推广应用的，由国务院有关主管部门报国务院批准后，参照上款规定办理。”伴随着社会主义市场经济体制改革深入，市场主体之间的平等地位得到强调，要求尊重国有企业、事业单位的平等地位和独立性，因此，在2000年《专利法》修改时对于计划许可的范围进一步作了严格限缩，其规定：“国有企业事业单位的发明专利，对国家利益或者公共利益具有重大意义的，国务院有关主管部门和省、自治区、直辖市人民政府报经国务院批准，可以决定在批准的范围内推广应用，允许指定的单位实施，由实施单位按照国家规定向专利权人支付使用费。”2020年《专利法》第四次修改继续保留了国有企业、事业单位发明专利的推广应用的规定，并将其与强制许可、开放许可并列纳入“专利实施的特别许可”一章，实现体系上的协调性。根据现行立法规定，国有企业、事业单位发明专利的推广应用应当严格遵循以下限定条件：

（1）权利主体。

在权利主体上，予以推广应用的对象仅限于国有企业、事业单位享有的专利权，而不包括三资企业、私营企业以及其他混合所有制单位及个人享有的专利权，也不包括外国自然人、法人及其他组织拥有的专利权。

（2）权利类型。

在权利类型上，予以推广应用的对象仅限于发明专利，不包括实用新型和外观设计专利。这是因为实用新型和外观设计专利较之发明专利相对创新性较低，一般不会涉及重大的国家利益或者公共利益，没有必要予以推广应用。对于发明专利，也应当仅限于“对国家利益和公共利益具有重大意义”的专利，指发明对经济建设、科技进步、国家安全、环境保护、病疫防治等具有重要意义，需要予以推广应用的情形。

（3）实施程序。

在实施程序上，国有企业事业单位发明专利的推广应用应当遵循严格程序，只有在国务院有关主管部门以及省、自治区、直辖市人民政府认为有必要在一定范围内推广应用发明专利的，可以报国务院批准后，由指定单位按照国家规定向专利权人支付许可使用费后实施。事实上，我国自1985年施行《专利法》以来，依据该规定予以推广应用的实例非常少，自2000年《专利法》修改以来尚没有一项发明专利被推广应用。

2. 专利开放许可

我国专利制度实施近40多年实现了专利数量的迅速增长，已经成为全世界专利申请数量最多、有效专利数量最多的国家。但面临的普遍问题是，大量专利在授权之后被虚置而并未充分实施，特别是高校与科研院所机构，专利实施率（包括自行实施、许可、转让等）普遍较低。为此《专利法》第四次修改专门引入了开放许可制度促进专利实施。

专利开放许可制度起源于英国，其时代背景在于，英国在19世纪后半期进行了专利制度改革，大大降低了专利申请和维持费用，工商业者包括外国投资者在英国拥有专利的数量激增。但为了避免大量授予的专利权损害英国工业，1919 年英国《专利和外观设计法案》首次设立了专利开放许可制度，随后于 1977 年予以完善，其《专利法》第 46 条规定："专利权人向知识产权局提出开放许可申请，在收到申请后专利行政部门审查是否存在不应当进行开放许可的情形，并将该申请告知对该专利拥有权利的人，若不存在反对情形则进行许可登记。"经登记的专利，申请人只要同意该许可条件向知识产权局声明即可获得许可实施，进行开放许可的专利权人将享有专利年费减半的优惠，从而充分调动专利权人进行开放许可的积极性。开放许可制度在英国取得了较好的制度效果，据统计，英国专利局每年收到的针对专利进行开放许可登记的数量，占全年授权专利数量的 3%—4%，有效促进了专利技术的转化实施。不少国家，尤其是欧洲和英联邦国家纷纷效仿英国的制度模式，目前世界上至少 20 多个国家实施了开放许可制度。[1]

借鉴于此，修改后的《专利法》第 50 条规定："专利权人自愿以书面方式向国务院专利行政部门声明愿意许可任何单位或者个人实施其专利，并明确许可使用费支付方式、标准的，由国务院专利行政部门予以公告，实行开放许可。"专利开放许可制度的实施应把握以下条件：

首先，在开放许可实施中，专利权人可自愿向国务院专利行政部门声明其开放许可意愿，并对其许可费支付方式、标准等内容进行公告实施开放许可，专利权人开放许可的公告应当视为合同法上的要约，任何单位或者个人有意愿实施开放许可的专利的，以书面方式通知专利权人，并依照公告的许可使用费支付方式、标准支付许可使用费后，即获得专利实施许可。

其次，开放许可制度是专利权人自愿提出的，为尊重专利权人的意愿，保障其利益，也应当允许其撤回开放许可声明。但对于已经实施的开放许可，为充分保障实施人的利益，维护开放许可制度的社会公信力，《专利法》第 50 条第 2 款规定，"专利权人撤回开放许可声明的，应当以书面方式提出，并由国务院专利行政部门予以公告。开放许可声明被公告撤回的，不影响在先给予的开放许可的效力"。

此外，英国、德国、法国等专利开放许可制度中一般为专利权人提供的专利年费优惠制度，这一优惠措施能够降低企业负担，鼓励专利权人通过开放许可的方式实施专利，进而能够使得专利技术在更大范围内运用，提升社会公众的整体利益。因此，《专利法》第 51 条第 2 款规定，"开放许可实施期间，对专利权人缴纳专利年费相应给予减免"。需要注意的是，该条规定对专利权人缴纳年费相应给予减免的限定条件为"开放许可实施期间"，并非专利权人提出开放许可声明就可以获得年费减免的优惠，而是必须要满足至少已经有一个实施者的条件。

为保障开放许可制度充分实施，国务院专利行政部门也承担一定的公共服务职能，对专利权人提出的开放许可，国务院专利行政部门应当予以登记并公告；当事人就实施开放许可发生纠纷的，由当事人协商解决；不愿协商或者协商不成的，可以请求国务院专利行政部门进行调解，也可以向人民法院起诉。

---

〔1〕 罗莉：《专利行政部门在开放许可制度中应有的职能》，载《法学评论》2019 年第 2 期。

3. 专利强制许可

专利强制许可，是指国家专利行政部门，根据法律的规定或者具备实施条件的单位或者个人的申请，可以不经专利权人的许可，直接授权他人支付许可费而实施专利权人的发明或实用新型专利的一种法律制度。专利权授予专利权人在有限时间内的独占经营权，使专利权人可以阻止他人实施该项专利发明。专利权人可能利用其优势地位，不实施或者不充分实施专利，不正当地限制交易或采取不公正的交易方法滥用专利权。专利权强制许可制度就是防止专利权人滥用专利权的重要手段。同时，有些专利对社会公共利益意义重大，为了国家和社会利益，也有必要对专利权人的专利强制许可。因此，在《巴黎公约》、TRIPs 协定中都规定了强制许可制度。

我国 1984 年《专利法》规定的强制许可的理由包括：（1）专利权人未在规定的期限内履行在中国实施专利的义务（第 51—52 条）；（2）依存专利（第 53 条）。1984 年《专利法》对强制许可制度作了比较宽松的规定，但不足之处在于仅规定了两种情形，而对于专利权滥用的其他情形，例如救济反竞争行为的需要、公共利益等均未作出规定。此后，为加入 WTO 我国积极修法以使专利制度与国际规则相适应，先后在 1992 年、2000 年修法对强制许可制度进行修改，取消了"未在规定的期限内履行在中国实施专利的义务"的许可事由，增加了未实施或者未充分实施其专利、垄断行为、国家紧急状态和公共利益、公共健康等强制许可事由，以使我国强制许可制度与 TRIPs 协定完全相适应。因此，根据我国《专利法》，对于未实施、未充分实施专利、为减少对竞争产生的不利影响、因国家紧急状态或公共利益、为公共健康目的、依赖性专利可以申请强制许可。取得实施强制许可的单位或者个人可以实施该专利权，但应当付给专利权人合理的使用费。

（1）因未实施或者未充分实施而引发的强制许可。

《专利法》第 53 条第 1 项规定，专利权人自专利权被授予之日起满 3 年，且自提出专利申请之日起满 4 年，无正当理由未实施或者未充分实施其专利的，国务院专利行政部门根据具备实施条件的单位或者个人的申请，可以给予实施发明专利或者实用新型专利的强制许可。这就是因未实施、未充分实施而引发的强制许可。专利制度的主要目标是促进技术创新，而技术创新不只是将发明创造做出来，还包括发明创造的商业化运用。为此，1984 年《专利法》还特别规定了专利权人的实施义务，现行《专利法》则规定了这种类型的专利权强制许可。

根据专利法的规定，这种类型的专利权强制许可必须符合以下条件：第一，自专利权被授予之日起满 3 年，且自提出专利申请之日起满 4 年。尽管专利制度的目标是促进专利权人实施其专利，但专利的实施不是一蹴而就的，专利权人不仅需要实施专利的必要条件，而且需要选准实施专利的恰当时机。因此，专利法为专利权人提供了不强制许可实施其专利的一个缓冲期。第二，专利权人无正当理由未实施或者未充分实施其专利。如果专利权人有正当理由，比如专利权人处于破产重整程序中而无法实施专利，则不能给予强制许可。第三，以合理的条件请求专利权人许可其实施专利，但未能在合理的时间内获得许可。第四，具备实施条件的单位或者个人的申请。专利权强制许可的颁发必须由相关单位或者个人的申请。同时，正如专利权人实施专利需要一定的条件一样，申请强制许可的单位或者个人也必须具备实施条件，否则颁发的强制许可将成为具文。第五，强制许可的实施应当主要为了供应国内市场。

（2）因已被认定为垄断行为引发的强制许可。

《专利法》第 53 条第 2 项规定，专利权人行使专利权的行为被依法认定为垄断行为，为消除或者减少该行为对竞争产生的不利影响的，国务院专利行政部门根据具备实施条件的单位或者个人的申请，可以给予实施发明专利或者实用新型专利的强制许可。

这种类型的专利权强制许可除了具备实施条件的单位或者个人的申请之外，还需要具备以下条件：第一，专利权人行使专利权的行为被依法认定为垄断行为。是否构成垄断需要根据《反垄断法》来认定。第二，目的是消除或者减少该行为对竞争产生的不利影响。不利于消除或者减少该行为对竞争产生的不利影响的专利权强制许可申请不应准许。

（3）因国家紧急状态或非常情况或为了公共利益目的引发的强制许可。

《专利法》第 54 条规定，在国家出现紧急状态或者非常情况下，或者为了公共利益的目的，国务院专利行政部门可以给予实施发明专利或者实用新型专利的强制许可。尽管专利权为民事权利，但专利权毕竟是法律创设的具有法定性的权利，为了公共利益可以临时性地强制许可。

这种类型的专利权强制许可的条件有：①国家出现紧急状态或者非常情况下或者为了公共利益的目的。②国务院有关主管部门的建议。这种专利权强制许可不是由有关单位或个人启动的，而是由国务院有关主管部门建议的。③国家知识产权局给予其指定的具备实施条件的单位。这种类型的专利权强制许可的实施单位是由国家知识产权局指定的。当然，接受强制许可的单位不仅要具备实施条件，而且也应当有权决定接受或者不予接受。④强制许可的实施应当主要为了供应国内市场。

（4）因公共健康而引发的强制许可。

《专利法》第 55 条规定，为了公共健康目的，对取得专利权的药品，国务院专利行政部门可以给予制造并将其出口到符合中华人民共和国参加的有关国际条约规定的国家或者地区的强制许可。这种类型的专利权强制许可是根据世界贸易组织《关于 TRIPs 协议与公共健康的宣言》（即《多哈宣言》）以来的多个文件而制定的，这些文件允许因公共健康问题而对专利药品颁发强制许可证。

这种类型的强制许可需要满足下列条件：第一，公共健康目的。公共健康正是《多哈宣言》以来世界贸易组织的一系列文件旨在解决的问题，这种类型的强制许可只能基于公共健康目的而颁发。第二，国务院专利行政部门可以颁发，但需具备实施条件的单位请求。《专利法》并未规定这种类型的强制许可需要申请，但是《专利实施强制许可办法》则规定了具备实施条件的单位的请求。第三，药品可以出口，但只能出口到符合中国参加的有关国际条约规定的国家或者地区。这些出口地区包括：最不发达国家或者地区；依照有关国际条约通知世界贸易组织表明希望作为进口方的该组织的发达成员或者发展中成员。

（5）因依存专利实施而引发的强制许可。

《专利法》第 56 条规定，一项取得专利权的发明或者实用新型比前已经取得专利权的发明或者实用新型具有显著经济意义的重大技术进步，其实施又有赖于前一发明或者实用新型的实施的，国务院专利行政部门根据后一专利权人的申请，可以给予实施前一发明或者实用新型的强制许可。这种类型的专利权强制许可是为了充分发挥专利权的效用而颁发的，其目的是使那些具有显著经济意义而又依赖于其他专利权的专利权能够充分发挥其效用。

这种类型的专利权强制许可必须符合以下条件：第一，取得专利权的发明或者实用新型比前已经取得专利权的发明或者实用新型具有显著经济意义的重大技术进步。第二，该项专利的实施依赖于前一发明或者实用新型的实施。第三，后一专利权人的申请。作为对价，对前一专利权颁发强制许可的，前一专利权人可以请求给予实施后一专利的强制许可。第四，以合理的条件请求专利权人许可其实施专利，但未能在合理的时间内获得许可。第五，强制许可的实施应当主要为了供应国内市场。

尽管在《专利法》中作出了规定，自 1984 年我国专利制度建立以来，我国至今尚未审批过一例强制许可申请。但在国家紧急情况或公共健康危机出现之后，强制许可的重要性却不断受到重视，相关制度程度也得到进一步完善。2003 年“非典”疫情发生后，国家知识产权局颁布了《专利实施强制许可办法》(以下简称《办法》)，细化规定了申请强制许可的条件和程序，2015 年又对《办法》进行了进一步修订。根据《办法》，颁发强制许可的相关程序包括：①由国家知识产权局负责受理和审查强制许可、强制许可使用费裁决和终止强制许可的请求并作出决定。②根据请求强制许可的单位或者个人的申请或者国务院有关主管部门的建议，国家知识产权局进行强制许可审查，国务院专利行政部门作出的给予实施强制许可的决定，应当及时通知专利权人，并予以登记和公告。给予实施强制许可的决定，应当根据强制许可的理由规定实施的范围和时间。③专利权人或者取得实施强制许可的单位或者个人对强制许可使用费不能达成一致意见的，国家知识产权局应当自收到请求书之日起 3 个月内做出强制许可使用费的裁决决定。④终止强制许可的请求。强制许可的终止分两种情形，第一，给予强制许可的决定规定的强制许可期限届满时，强制许可自动终止；第二，强制许可期限届满前，强制许可的理由消除并不再发生的，专利权人可以请求国家知识产权局作出终止强制许可的决定。

4. 标准必要专利许可

专利具有典型的垄断性特点，专利权人可排除他人对其专利技术未经许可的实施行为。标准指的是某一行业就特定技术规范准则达成的共识，具有典型的开放性特点，应当允许行业内所有主体都可以实施。过去的标准制定主要是基于安全性因素等考量，以标准的形式对产品功能和设计作出具体化要求，一般由政府部门所主导，采用的技术是企业普遍掌握的技术，在标准制定过程中一般拒绝将专利技术纳入标准，避免导致垄断问题。现代信息通信产业具有较强的网络效应，对于产品间兼容性和互操作性提出了较高的要求，为了避免不同网络之间的恶性竞争，减少技术开发的重复成本、试错成本和转换成本，标准制定组织将技术开发者和实施者联合在一起，结合竞争技术和互补技术，制定“创新标准”，因此不可避免地要将具有创新性的专利技术方案纳入标准之中，即标准必要专利（Standard-Essential Patents, SEPs）。为了协调标准开放性与专利垄断性之间的冲突，标准制定组织在将专利技术纳入标准时，一般要求保证以公平、合理、无歧视（Fair, Reasonable and Non-discriminatory，FRAND）条件对外许可实施其标准必要专利，目前这也成为全球标准制定的通行实践。在标准实施过程中，实施者必须向标准必要专利权人寻求许可，但在许可过程中，当事人就何为公平、合理、无歧视条件往往难以达成共识，实施者往往倾向于低价获得专利许可，权利人对于拒不支付或者拖延支付许可费的实施者可能将要求停止实施该专利，就权利人是否必然要向实施人提供许可（能否主张禁令）以及以何种条件许可（如何认定 FRAND 条件）存在较大争议。对此，标准化组织并不承担判定和保障 FRAND 承诺实施的义务，而是交由各国在其法律框架下加以判定：

在美国法下，标准必要专利权人的 FRAND 承诺构成利第三人利益的合同，根据合同义务，专利权人有与实施人就专利许可善意许可谈判的义务，未经许可协商而径行主张禁令的行为可能构成对其合同义务的违反而难以成立。美国法上一般不向实施者颁发禁令，基于 FRAND 承诺利第三人合同的性质，通常是由法院直接判定 FRAND 许可条件而为双方达成许可协议。根据案件中可获得证据情况不同，实践中计算 FRAND 许可费的方法主要包括可比协议法（Comparable license）和自上而下法（Top-Down）两种：（1）可比协议法，即参照以往的相似情况下的可比许可协议中的条款，确定许可费。其法律逻辑源于专利价值的市场评估法：当事人在自愿、公平和诚实信用原则下达成的条款中的许可费照理应当也是“公平、合理”的。在确定专利权人的许可是否具有可比性时，主要考虑专利强度、许可期限、技术用途等因素。（2）自上而下法。首先确定标准的行业整体费率负担，随后通过专利权人拥有的标准必要专利组合对该标准的贡献率来计算出所分摊的许可费。一般认为该方法能降低确定组合许可费的成本，有助于避免“许可费堆积”的问题。

在欧盟，标准必要专利纠纷主要在反垄断法框架下加以处理。标准必要专利权人有以公平、合理、无歧视条件对他人许可专利的义务，否则将构成滥用市场支配地位。据此，欧盟法院进一步确立了标准必要专利许可中具体化的善意谈判框架，意图通过促进当事人之间的善意以达成公平、合理、无歧视的许可。法院应参照如下流程判断是否存在违反滥用市场支配地位的情形：（1）权利人如果认为其标准必要专利受到了侵权，必须首先警告被控侵权人并指明其具体的侵权方式；（2）在被控侵权人提出了进行 FRAND 许可谈判的意愿后，专利权人必须首先提供包含 FRAND 许可条款的书面要约，特别是必须包含具体的许可费和该许可费的计算方式；（3）被许可人按照公认的商业惯例，诚信地回应权利人的要约，不得拖延；如果被许可人不同意专利权人的要约，则必须及时提出书面的反要约；（4）被许可人如果在许可达成之前已经使用了专利权人的专利，则在其反要约被拒绝时就应该向专利权人披露销售数据，说明其使用标准必要专利的情况，并按该行业的商业惯例提供适当的担保。对于善意许可人，专利权人不得主张禁令救济，否则将构成滥用市场支配地位，但对于非善意许可人，专利权人则可以要求其停止侵权。总体而言，欧盟法框架下，其认为专利权人和实施人更加了解其商业利益和市场现实，法院或反垄断执法机构很少直接介入双方谈判确定许可条件，而是通过在反垄断法框架下限制禁令的行使促进双方善意协商以获得公平、合理、无歧视的条件许可。

在我国法上，主要在专利法框架下调整必要专利纠纷，将 FRAND 作为对于标准必要专利权的一种特殊限制加以处理。借鉴美国和欧盟的经验，这种限制包括两方面：第一，过程义务，在颁发禁令的条件中明确当事人之间的善意谈判框架，最大限度地推动当事人之间达成许可，《最高人民法院关于审理侵犯专利权纠纷案件应用法律若干问题的解释（二）》第 24 条第 2 款规定："推荐性国家、行业或者地方标准明示所涉必要专利的信息，专利权人、被诉侵权人协商该专利的实施许可条件时，专利权人故意违反其在标准制定中承诺的公平、合理、无歧视的许可义务，导致无法达成专利实施许可合同，且被诉侵权人在协商中无明显过错的，对于权利人请求停止标准实施行为的主张，人民法院一般不予支持。"在地方法院司法实践中，如北京市高级人民法院《专利侵权判定指南（2017）》《广东省高级人民法院关于审理标准必要专利纠纷案件的工作指引（试行）》更为具体地引入了欧盟法上的善意谈判框架。第二，内容义务，当事人之间无法达成一致时，由法院确定 FRAND 许可条件强制许可该专利。前述第 24 条第 3 款规定："本条第二款所称实施许可条件，应当由专利权人、被诉侵权人协商确定。经充分协商，仍无法达成一致的，可以请求人民法院确定。人民法院在确定上述实施许可条件时，应当根据公平、合理、无歧视的原则，综合考虑专利的创新程度及其在标准中的作用、标准所属的技术领域、标准的性质、标准实施的范围和相关的许可条件等因素。"在地方法院司法实践中，如《广东省高级人民法院关于审理标准必要专利纠纷案件的工作指引（试行）》更加具体地明确可以通过可比协议法、自上而下法判定 FRAND 许可费率。

重要名词术语

技术方案、新颖性、创造性、实用性、专利申请人、权利要求书、说明书、专利复审程序、专利无效宣告、专利侵权比对

思考题

1. 专利制度建立的理论基础是什么？
2. 发明专利的适格客体如何判定？
3. 发明、实用新型获得专利权的实质条件是什么？二者有何不同？
4. 外观设计获得专利权的实质条件是什么？
5. 如何认定职务发明创造？
6. 权利要求书与说明书的关系是什么？
7. 专利授权之后权利人将获得哪些权利？

8. 专利侵权比对的基本步骤是什么?
9. 专利被侵权之后权利人可以获得哪些救济?
10. 在哪些情形下他人可以申请对专利进行强制许可?

典型案例分析

案例一 委托发明、合作发明的专利申请权归属

A 公司委托 B 研究所进行一项技术开发。在研发过程中，由于工作需要，A 公司派员工 C 参加了研发工作，C 和 B 研究所都对研发成果的实质性特点作出了创造性贡献。A、B 未就研发成果的权属进行约定，其后就谁具有申请专利的权利产生了争议。

在本案中，A 公司和 B 研究所存在委托开发的法律关系，根据《专利法》第 8 条规定，一单位或者个人接受其他单位或者个人委托所完成的发明创造，除另有协议的以外，申请专利的权利属于完成的单位或者个人；申请被批准后，申请的单位或者个人为专利权人。A 公司与 B 研究所未就研发成果的权属进行约定，因此就该成果申请专利的权利应当属于完成或者共同完成研发的单位或个人。C 被 A 公司委派参与研发，属于履行本职工作的行为，其对研发成果的实质性特点作出了创造性贡献，完成的发明创造属于职务发明创造，因此该案件中 A 公司与 B 研究所属于共同完成发明创造，申请专利的权利为 A 公司和 B 研究所共有。C 属于职务发明的发明人，根据《专利法》第 15 条和第 17 条的规定，其享有署名权，即有权在专利文件中写明自己是发明人或者设计人，以及获得奖励报酬的权利，即被授予专利权的单位应当对职务发明创造的发明人或者设计人给予奖励，发明创造专利实施后，根据其推广应用的范围和取得的经济效益，对发明人或者设计人给予合理的报酬。

案例二 等同侵权的司法认定

专利权人 A 申请了“一种布塑热水袋的加工方法”的发明专利，旨在制造一种布塑热水袋，制作方法为：第 1 步：首先取内层、保温层以及外层材料；第 2 步：将内层、保温层、外层依次层叠，成为组合层；第 3 步：将两层组合层对应重叠，采用高频热合机按照热水袋的形状对两层组合层边缘进行高频热粘合；第 4 步：对高频热粘合的热水袋进行分只裁剪；第 5 步：取聚丙烯材料注塑螺纹塞座，再把螺纹塞座作为嵌件放入模具，另外取聚氯乙烯材料在螺纹塞座外二次注塑复合层；第 6 步：将有复合层的螺纹塞座安入袋口内，与内层接触，采用高频热合机对热水袋口部与螺纹塞座复合层进行热粘合；第 7 步：对热水袋袋体进行修边；第 8 步：取塑料材料注制螺纹塞盖；第 9 步：取硅胶材料注制密封垫片；第 10 步：将密封垫片和螺纹塞盖互相装配后旋入螺纹塞座中；第 11 步：充气试压检验，向热水袋充入压缩空气进行耐压试验；第 12 步：包装。被控侵权人 B 也制造了相同的布塑热水袋，其与 A 一样也采取了上述 12 步生产环节，但将第 10 步与第 11 步顺序进行了调换。A 向法院起诉 B 侵犯其专利权，但 B 抗辩，按照涉案专利方案，在进行第 11 步充气试压检验前，需要从螺纹塞座中旋下螺纹塞盖后方

能进行，检验后还需要将螺纹塞盖再次旋入塞座中，而 B 将第 11 步充气试压检验提前，不必再将螺纹塞盖旋下和旋上，具有减少操作环节、节约时间、提高效率的技术效果。法院支持了 B 的抗辩，最终判定 B 不构成侵权。

本案中，涉案专利技术方案 12 项步骤可以区分为 12 个独立的技术特征，12 项步骤之间的顺序可作为一项独立的技术特征；被诉侵权技术方案也可以划分为 13 项技术特征，二者对比，虽然 12 个生产环节相同，但顺序上并不相同，故而二者并不构成相同侵权。在顺序上，虽然 B 将第 10 步与第 11 步进行了调换，技术手段上并不存在明显差异，但其却具有减少操作环节、节约时间、提高效率的技术效果，因此应当认定两种技术特征不构成等同，故 B 被诉技术方案未落入涉案专利保护范围而不构成侵权。

案例三 先用权抗辩的司法认定

2016 年 3 月，A 公司就“水处理箱体装置”技术向国家知识产权局申请了发明专利，2017 年 12 月获得专利授权。A 公司发现 B 公司也生产、销售、许诺销售与之专利技术相同的“水处理箱体装置”，自 2016 年 3 月至 2018 年 3 月两年时间内产量约 60 万台，故向法院其诉 B 侵犯其专利权。B 公司则提出先用权抗辩，其向法院提交了时间为 2015 年 11 月的水箱结构分转图，2016 年 1 月，其向代理商发送了产品样品照片。在 2016 年 3 月之前，B 公司已购置了相关设备，但仅生产了部分样品而未进行量产。另有相关证据表明，B 公司此前水箱产品年产量约 40 万台。法院经审理认为，B 公司水箱产品与 A 专利技术方案相同，落入该专利的保护范围，但 B 公司在申请日之前就制造产品做好了必要准备，并在原有范围内继续使用，不构成专利侵权。

先用权抗辩应符合以下条件：先用权人是否在专利申请日前已经制造出相关产品，相关产品与专利技术是否构成相同或等同，先用技术是否系先用权人自行研发或以其他合法手段获得，先用权人是否在原有范围内继续制造。在本案中，B 提交了图纸、样品等相关证据证明其于专利申请日之前已经自行研发出了与专利技术相同的水箱产品，证明了其在专利申请日之前已经就制造相关产品做好了必要准备，关键在于其是否在原有范围内使用，虽然其并未投入量产，但“原有范围”并非仅指申请日前的实际生产规模，而是应当结合一般市场规律进行判断，包括申请日前已有的生产规模和利用已有的生产设备或生产准备可达到的生产规模。此前，水箱产品年产量约 40 万台，其研发出“水处理箱体装置”后，可以预期 B 可能根据市场需要将此前的生产规模投入新型号产品生产中，故其 2 年 60 万台的产量，仍应当认为是在“原有范围”内，从而成立先用权抗辩，而不构成侵权。

第四章　商标法

【内容提示】

商标是附着或显示在商品上或其他关联用品上，用以说明商品或服务来源的标记。商标的本质是市场上的一种可识别的直觉信息源，使消费者看到或接触到这种特定信息时能联想到特定的商品或服务，并通过不同的商标信息将不同主体生产经营的同类商品或服务区分开来，认牌购物或选择服务。商标之所以成为知识产权客体，是因为其本质上是一种凝聚了商品或服务经营者商誉、由其知识经验和劳动创造的信息，相关公众依赖该信息可形成对经营者及其商品或服务质量与声誉的稳定性期待，从而选择消费并使经营者获得利润回报。尽管除了个别管制性商品外，法律不强求通过注册取得商标权，只要在商业活动中使用某个标识并建立起了信誉就可以获得保护；但是，商标权要获得排他权的有力保护，一般需要在国家主管部门依法履行注册手续后才可获得。尤其是在跨国贸易中，主动在当地国家申请商标注册，可以避免因当地有他人抢先以同一申请商标注册，而难以提供“建立了信誉”的有效证据而失去在该国市场的商标权。当然，依据《巴黎公约》第6条之二，如果能证明在当地已经是公众熟知的驰名商标，则即使未在当地注册也可以依法请求保护。以在商业经营中的使用为目的申请注册商标，是最符合公平与效率的商标权保护模式，注册商标所有人因持有经国家主管部门审查核准和颁发的权利证书，在行使权利、转让许可以及请求救济时，往往比未注册的商标所有人更具优势地位。国家建立商标注册制度的目的，一是通过对商标申请进行审查、颁发或撤销注册证书，确保商标具有“识别性”或“显著性”“区分性”，且不违反法律禁注禁用规定、不侵害他人在先权益；二是通过禁止他人注册或使用足以造成相关公众混淆误认的商标，对商标权人的财产利益进行保护，并避免假冒商标的商品或服务损害消费者利益。我国《商标法》对商标保护的宗旨和原则，商标注册的申请、审查、核准、续展、变更，商标转让和使用许可，注册商标的无效宣告、商标使用的管理及注册商标专用权的保护作了规定，本章结合《商标法》的内容，重点关注涉及商标申请的基本要求，商标异议，商标无效和商标权保护等方面的核心问题。

第一节 概述

一、商标的概念及其功能

（一）“商标”术语及相关概念

商标（Trademark）是能够将民事主体的商品或服务与他人的商品或服务区别开的标志。在交易、宣传等商业活动中，商标常用作商品或服务的代称；例如，在电子市场购买手机产品讨论数量价款时，消费者或交易商口头上所称的“华为”“三星”或“苹果”，即直接指代不同厂家生产的各具特色和品质的手机产品。

“商标”一词作为法律术语，除了在法律文件和法学研究教学工作中使用外，多用在合同、吊牌标签、购物单、发票、商品清单等可认定法律效力的正式商务书面文件及附件中。在商业运营和日常生活中，商标是经营者自称的“品牌”（Brand）或相关公众俗称的“牌子”的核心部分，是商家的形象符号。品牌是个复合性的综合概念，其组成元素的范围不仅限于商标，还包括围绕商标构建的使人能够将其与特定经营者联系起来的信息表达，如广告语、外观风格、品质特征、版权设计、宣传片、代言人、赞助卖点、历史荣誉、企业文化特色等。可用作商标的标志本身具备识别性即可，但鲜明简洁独树一帜的商标更容易吸引消费者，有时经营者会专门设计或收购独创性标志做商标，这种标志常被称为“徽标”（Logo）。目前各国商标法以商标注册、使用、保护等事项为规范对象，不涉及品牌概念及其运营的商业事务。

（二）商标与广义上的商业标识

1. 商标与广义上的未注册商业标识

作为民商主体在经营活动中用于区分来源的识别性标记，商标法上允许注册和使用的商标是诸多广义的商业标识的一种。换言之，广义上的商业标识，包括注册商标、未注册但已经在商业活动中使用的、由任何元素组成的其他有指示来源作用的标识。商标与其他未注册的商业标识相同之处在于，他们在整体商誉的形成中均有一定的信息财产价值，因此在基于民法上公平诚信原则的商业道德层面，都可以从侵权法角度获得某种程度的法益保护，这也是各国禁止不正当竞争的相关法律或司法实践中确立的规则；也即，通过规制禁止假冒或仿冒（Passing-off）、禁止搭便车（Free-riding）的行为来保护经营者对其各类商业标识的权益，这种法律实践性产生于注册商标制度诞生之前，因为这样更符合商业活动的规律。任何假冒或仿冒他人广义上商业标识的行为都可能构成不正当竞争行为，因此在被控侵权行为对商业标识的使用超出注册商标核定范围而产生纠纷时，特别是因抢注（关于注册和使用取得商标权的问题本章在后面讨论）问题在商标注册人和实际在先使用人之间产生纠纷时，商业标识的在先使用人因为尚未注册无法依据商标法请求救济，通常采取商标法和反不正当竞争法的并行路径来主张救济。[1]

尽管理论上可以从禁止仿冒的法益角度来理解认识商标法与反不正当竞争法的关系，但在立法和实践中，依法获得保护的注册商标专用权与广义商业标识的使用禁止权，在保护方式、侵权判定标准、法律后果和救济手段等方面有显著不同。例如，商标注册虽然应以实际使用为目的，但尚未实际使用但有意图使用的，也可以依照法定程序和要件事先申请注册并经核准及随后的实际使用产生相应的专用权，而未注册的商业标识在主张救济时经营者有更多的举证责任（如需要获得了识别性并具有一定影响），保护具有不确定性，侵权者的责任也不包括惩罚性赔偿、没法主张诉前或诉中禁令等。[2]不过，如本章后面部分所述，未注册的商业标识只要不属于《商标法》禁止注册和使用的绝对理由，若经过使用产生了识别性并有一定影响，即可阻却同类抢注行为；若构成驰名商标，还可以获得范围更宽的特殊保护。

2. 未注册商业性标识的主要类型

（1）字号（商号）。

字号是受《民法典》保护的市场主体名称权的核心组成部分。[3]长期以来，对从事商业活动的企业法人、个体工商户、个人合伙以及其他非法人企业组织颁发营业执照，是我国对市场主体[4]行为进行监督管理、维护公平竞争秩序和保护消费者利益的必要手段。不论是哪一类具体组织形式，市场主体一般在拟开展经营的相应地域范围的县级以上市场监督管理部门登记以获得经营资格；登记的名称一般包括四个部分：行政区划、字号、行业或者经营特点、组织形式结构。市场主体在依法经过注册登记、获得合法的经营权凭证后即可合法开展经营活动。市场主体名称具有无形财产的性质，除了自己使用外，也以进行转让（在不违反规定的相应的登记范围内）、设立分支机构、投资等商业利用；而其中的字号常被作为经营者主体的简称，也用于指明商品或服务来源，这种使用并不与主体登记的特定地域直接挂钩，因此相较于不能脱离注册地的主体名称，有一定影响的字号可以在更宽地域范围、甚至在全国成为受到法律保护的无形财产。

由于市场主体的名称是分区域进行注册的，即只有在县级行政区划范围内才能保证包括字号要素在内的主体名称等四个部分都一样的营业执照只有一家；也即，即使在同一县域内字号部分相同或近似，若行业或经营形式组织结构不同也可能合法并存，如

---

〔1〕 学界多称“平行保护”，参见郑友德、万志前：《论商标法和反不正当竞争法对商标权益的平行保护》，载《法商研究》2009 年第 6 期；黄汇：《反不正当竞争法对未注册商标的有效保护及其制度重塑》，载《中国法学》2022 年第 5 期。

〔2〕 参见《反不正当竞争法》第四章“法律责任”部分。

〔3〕《民法典》第 1013 条规定，法人、非法人组织享有名称权，有权依法决定、使用、变更、转让或者许可他人使用自己的名称；第 1014 条规定，任何组织或者个人不得以干涉、盗用、假冒等方式侵害他人的姓名权或者名称权。

〔4〕 依据我国 2021 年《市场主体登记管理条例》第 2 条，应依法登记注册的市场主体，指在我国境内以营利为目的从事经营活动的自然人、法人及非法人组织，包括：公司、非公司企业法人及其分支机构、个人独资企业、合伙企业及其分支机构、农民专业合作社（联合社）及其分支机构、个体工商户、外国公司分支机构，以及法律、行政法规规定的其他市场主体。

“×× 县老李记豆腐店”与“×× 县老李豆制品有限公司”，除非其中一家已经能证明自己的字号“老李记”或“老李”已具有一定知名度、对方在后注册使用故意仿靠构成不正当竞争。当然，无论是哪家，如果到国家知识产权局去将字号申请注册为商标，都有可能被驳回，因为李姓在全中国实属无可争议的大姓，几乎每条街道都有可能有李姓邻居，不可能让某个的某个李姓主体获得注册商标专用权；除非像“张小泉”等一些以姓名命名的老字号那样，在当地长期经营有方有了知名度后、逐渐扩张到全国甚至海外市场，才可能克服典型的先天缺乏识别性的障碍而获得商标注册。大多数情况下，使用这类天然缺显的字号标识的主体在扩张时，极有可能在超出原地域范围即会碰到若干个采用不同地名、相同或类似字号、经营相同或类似商品服务的市场主体；在历史悠久幅员辽阔的中国，不同地域间使用相同或近似标识的市场主体要证明他人是获知自己的知名度后故意不正当使用的，在现实中存在较大困难。既然不同地域间同业竞争者相同或近似字号并存的现象难以避免，且不排除这些字号已经在地域外产生一定影响甚至驰名的情况，他人使用相同或近似字号或商标就可能导致混淆，从而引起纠纷。有鉴于此，除非是那种祖祖辈辈长久从事小本经营谋生，并无扩张做现代产业化市场化经营需求的主体，在当地使用自己字号即可，否则还是应选择性价比更高的全国统一注册并享有专用权的商标，以免出名后被抢注和仿冒主张事后救济更耗时费力。

字号虽然只能由文字组成，但具有显著性特征的文字同样可以作为商标注册、受商标法保护。当然，即使商号未注册，作为广义上的商业标识使用，在具有一定影响的条件下也可能获得法律保护。我国 1993 年《反不正当竞争法》第 5 条第 3 项禁止“擅自使用他人的企业名称或者姓名，引人误认为是他人的商品”的行为；最高人民法院在 2007 年发布的司法解释中将“企业名称”含义扩张解释为包括“具有一定的市场知名度、为相关公众所知悉的企业名称中的字号”；〔1〕之后在 2017 年修改的《反不正当竞争法》中，第 6 条第 2 项直接规定了“擅自使用他人有一定影响的企业名称（包括简称、字号等）、社会组织名称（包括简称等）、姓名（包括笔名、艺名、译名等）”构成不正当竞争。此外，由于我国对市场主体名称的登记不像对商标一样要求单一性和全国统一注册，因此在一段时期内，全国不同地区经营同类商品或服务的不同经营者之间，因拥有相同字号或字号与他人注册商标类同引起冲突的纠纷较多。这类冲突的根源是商标和市场主体名称两套注册体系并存且信息互不相通，在没有全国统一注册登记程序的版权和注册体系与商标不同的外观设计专利领域，也存在类似问题；对此，最高人民法院还专门通过了关于审理注册商标、企业名称与在先权利冲突纠纷的司法解释〔2〕作为指导。

字号是我国极为丰富的商标信息资源，因历史传承因素复杂和经营者的现代商标法律意识、权利运营能力差异等原因不时引起纠纷；从本质上看，字号是最为典型的未注册文字商标，无论是字号被抢注为商标，还是商标被注册为市场主体名称中的字号使

〔1〕 参见最高人民法院关于审理不正当竞争民事案件应用法律若干问题的解释》法释〔2007〕2 号（以法释〔2020〕19 号修订），第 6 条。

〔2〕 参见《最高人民法院关于审理注册商标、企业名称与在先权利冲突胡民事纠纷案件若干问题的规定》法释〔2008〕3 号（以法释〔2020〕19 号修订）。

用，均应依据知识产权法共同遵循的尊重和保护在先权利原则处理。我国《商标法》第58条对将他人注册商标、未注册的驰名商标作为企业名称中的字号使用，误导公众、构成不正当竞争行为的情形引致为依照《反不正当竞争法》处理。从司法经验看，字号与商标冲突解决的裁判规则也在不断地总结和细化中；例如，在老字号与注册商标权利冲突的情形下，通过指导案例明确二者可以平行使用的规则，并对如何认定与老字号有历史渊源且未违反诚实信用原则的两类市场主体之具体行为是否正当做出指导。[1]

（2）其他可以获得法律保护的商业标识。

除了字号外，市场主体在经营活动中还会用到大量的不同类型的标识符号，而并非所有这些标识都会被事先主动申请注册为商标进行保护，或者申请注册时因各种理由未被核准，例如"老干妈""小肥羊"等特有商品或服务名称，在早期开始申请商标注册时都曾因缺乏显著性而未能通过，但在经营者持续使用具有了知名度、他人使用足以造成混淆时可以获得注册。我国现行《反不正当竞争法》第6条列举了字号之外的多种商业标识符号，包括有一定影响的商品名称、包装、装潢、社会组织名称（包括简称等）、姓名（包括笔名、艺名、译名等）、域名主体部分、网站名称、网页等；这些标识的使用和保护等判定规则及其与注册商标的关系，在实践中基本遵循商标法原理。[2]

此外，地理标志虽然可以依据《商标法》注册为集体或证明商标，但目前我国经长期实践，尚存在原先国家质量监督管理部门和农业部门通过登记注册和颁发专用标识进行指定产品保护的诸多地理标志，这些地理标志与前述各类符号信息一样，属于广义上的商业标识；若与注册商标产生冲突纠纷，也依据同样的原则处理（后述）。至于奥林匹克等其他特殊标志，尽管不属于《商标法》中可以注册和使用的商标，也非《反不正当竞争法》禁止他人擅自使用的其他商业标识，但也有专门的立法予以保护（后述）。

总体上，在我国除了以《商标法》对注册商标、有一定影响力的在先使用商标和驰名商标进行保护外，其他有一定影响的广义上的商业标识如字号、姓名（姓名、肖像同时可依《民法典》获得保护）、知名商品或服务名称、商业外观、域名等，是通过《反不正当竞争法》保护的。当然，两部法律之间在防止混淆方面有相似的逻辑，事实上美国的《拉纳姆法》（Lanham Act，常被称为美国商标法）就同时包含了对注册商标和其他未注册的广义商业标识的反不正当竞争保护，我国学界也有"商业标识立法体系化"的建议。[3]不过，目前而言，理论和实务界对反不正当竞争法的性质尚存争议，商业标识保护体系化问题和商业秘密单独立法一样暂时难以提上日程。

（三）商标的功能

1. 来源识别性和唯一指向性

商标最初和最基本的功能，无疑是指示商品或服务的来源，也即将某个市场主体的商品或服务与市场上千万个其他主体相同或相似的商品或服务区别开，避免相互混淆甚

---

〔1〕 参见最高人民法院指导案例58号（2016年）。

〔2〕 参见《最高人民法院关于适用反不正当竞争若干问题的司法解释》法释〔2022〕9号，第7、12、13、24条。

〔3〕 王莲峰：《商业标识立法体系化研究》，北京大学出版社2009年版，第1页。

至误导欺骗。对于生活在现代社会被信息包围的消费者来说，没有商标可能会面对琳琅满目的相同或类似的商品或服务而无法选择和无所适从；商标注册制度可以节省信息搜索成本，保证某一商品或服务上仅存在一件注册商标从而避免撞车。这里，具有来源识别性一般是针对商品或服务的类别而言的，因为在外观、功能和质量等特点上属于不同类别的商品或服务，理论上可以推定消费者在选择时不会发生混淆、无须依靠商标进行区分；除非有证据表明，某一主体的商标如此知名以至于其被跨类别注册或使用在其他主体的商品或服务上，会使得消费者误以为是由原商标权人提供或与之有关联、从而基于对原商标权人的商誉信赖而做出选择、导致了原商标权人的利益损失，因此应予以制止这种跨类注册和使用。

商标的指示来源作用，除了能识别商品或服务本身外，还能识别经营者，也即公众能够通过商标信息将商品或服务与特定的经营者联系起来，且在商标的注册地域范围内该标识仅指向某一特定经营者，这种联系具有唯一性。换言之，一般消费者在市场上看到“奔驰”小汽车，不仅能把它与“本田”“比亚迪”“特斯拉”等其他牌子的小汽车区分开，还知道该小汽车是德国奔驰公司的产品。

2. 商标的质量特色指示作用

商标也有一定的质量特色指示作用，也即商标经长期使用，使得消费者看见标识信息时可以联想到其所指向的商品或服务的质量及特色。在某种意义上，消费者“认牌购物”是基于对商标所代表的商品或服务之质量和特色的认识及期待，这在客观上能够对商品或服务的质量起到监督作用。某一市场主体提供的某一商标的商品或服务比其他主体的同类商品服务质量好、特色鲜明、性价比高，是消费者通过自己的经验来评价的，而这一评价不仅引导消费选择购买、使市场主体获得相应利润回报，也能提示该主体应妥善经营、将商标持续使用于质量和特色同样契合消费者认识和期待的商品或服务上，防止因品质的降低而最终破坏商标对质量特色的信息指示作用。

不过，应当注意的是，商标的这种质量特色指示作用仅仅是一种在客观上起到的质量监督作用，与从产品质量、安全及消费者保护等其他角度进行监管要求市场主体对商品或服务的品质进行保证的作用不同。商标本身很难起到人们所希望“品质保证”作用，因为经营者在某种商品或服务上使用某一商标，追求的是商标恒定不变，而商品或服务的质量实际上会因为技术更新、发展决策、管理思路、原料来源等诸多因素而变化，商标无法保证其所指示的质量不会发生变化。市场主体要保证自己商品或服务的质量，只能通过改进技术、改善管理、优化原材料等途径去实现，而不可能通过使用商标就能实现。认为商标有品质保证功能的观点，将消费者保护作为商标法的价值基础之一，然而，现实中消费者的利益无法依赖商标的品质保证功能来实现；商标法对消费者利益的保障本身也仅仅是一种宣示，对于商标权人未保证商品或服务质量的，消费者无法依据商标法请求救济，可见以“品质保证理论建立的品质控制义务，成为法律制度中的摆设”，故缺乏必要性。[1]

---

〔1〕 参见梁志文：《商标品质保证功能质疑》，载《法治研究》2009 年第 10 期。

3. 商标的广告宣传及商誉积累作用

商标使用除了产生识别来源、指示质量的作用外，还是经营者与消费者之间的联系纽带，经营者可以通过广告促销发挥商标的表彰作用，向消费者显示自己的商品服务品质特色并建立和维持商业信誉。宣传广告本身是一种信息传播行为，这必然涉及传统和文化因素，因此商标的选择与设计能体现出市场主体的知识智慧和眼光。商标是代表商品或服务的最为核心的信息符号，市场主体在做推销广告时，总要把商标放在最引人注目的位置，通过商标信息的传播，对消费者认牌购物起到促进、劝服、增强作用，从而有力推动整个品牌和商誉的建设。在各种形式的促销广告中，对商标的恰当使用，通常会发挥画龙点睛的关键作用；例如，“车到山前必有路，有路必有丰田车”的广告语，将“丰田”汽车商标精准嵌入，简单而巧妙地表明了产品的质量和销量。

即使不专门制作和投放广告，商标本身所呈现的信息，也具有一定的广告效应，因此商标的选择需要考虑文化和传统因素；例如将“可口可乐”用作中文商标，显然精准把握了我国消费者的喜好，极大地促进了商品的畅销。而商标的不恰当选择和使用，其促销作用可能适得其反；例如，“乌龟”牌的帽子，很难在我国有销路。实践中还需要区分用于广告的商标与广告中其他宣传元素的不同，例如广告语、招贴画（美术作品）、网站域名、商品或服务外观、形象代表等，这些元素的模仿一般依据反不正当竞争原理禁止，除非其构成驰名商标，否则在保护方式和力度上与注册商标有一定差距。

普通的商标一般具备上述几种功能，而一些特殊的商标有其他作用；比如，集体商标和证明商标的作用是表明商品或服务共同特点、注册人和管理者的唯一性、使用人的复合性和变动性等，而防御商标的作用不是实际使用仅是用于防止他人注册。

（四）商标的类别

商标的类别不是法律条款中的具体规定，而是通过对相关法律条款的解读，为便于业务沟通交流在实践操作层面进行的划分，一般有以下几种划分方式：

1. 平面商标和立体商标

平面商标是指以在平面载体上可以体现的文字、图形、字母、数字、颜色组合，以及上述要素的组合形成的标志。立体商标指三维标志，一般是以商品本身或其容器、包装的形状构成，如打火机或巧克力本身的产品外形以及汽水瓶酒瓶香水瓶等包装外观。立体商标要获得注册，应当符合显著性和非功能性两项要求，而如果以商品本身或其容器的外形申请通常是缺乏显著性且具有功能性的。因此，除了与商品及其包装容器无关的其他形状外，立体商标要获得注册往往需要经长期使用而获得显著性之后才有可能。

2. 注册商标和未注册商标

依据我国《商标法》，注册商标可以获得商标专用权。可以说，注册商标是最重要的商标法保护对象，其在全国范围内具有独占性，可以获得全面而有力的保护。未注册商标的保护则需要分情形考察：一般来说，只要不违反强制性禁止规定，其可以在市场上自行使用，但使用人不享有该商标的专用权，无权禁止他人使用相同或近似的商标，也无权阻止他人就相同或近似的商标提出注册申请；如果未注册商标经过使用获得了超出狭小地域范围的一定影响，则可以阻拦他人抢注，若未及时阻拦抢注，也可在遭遇侵权指控时继续在原有范围正当使用；特殊情况下，未注册商标构成驰名商标的，可以依法阻拦抢注并要回商标专用权，甚至主张侵权损害赔偿等救济，获得与注册商标一样的强保护。

3. 商品商标和服务商标

商标最初仅指用于一手交钱一手交货的有形“产品”上的标识，即商品商标；但在实际的商业活动中，除了商品外，有时市场主体在有偿提供以某种劳务方式履行的无形服务时，也需要用商标区分于其他主体，例如，并非生产销售商品本身而是提供修理商品的服务。不过，在商品经济发展初期，社会分工不是特别明显，经营者对服务商标单独于商品商标的保护需求不强烈。随着经济的发展，其他常见的服务项目越来越多，如餐饮百货、金融保险、资讯咨询、休闲旅游、文体娱乐、法律会计、教育培训、美容理疗、航空铁路运输及其他交通服务等。1946 年的美国《拉纳姆法》第一次以成文法形式明确了法律保护的商标包括服务商标，并指出服务商标是提供服务的经营者在其向社会提供的服务项目上使用的标记，[1]我国对服务商标的保护，则是在《商标法》于 1993 年修改之后开始的。除非特别指明，本章在提到商标时，既指商品商标也指服务商标。各国商标注册主管部门在执行注册和管理事务时，一般按《商标注册用商品和服务国际分类表》(即尼斯分类)进行，现行尼斯分类第 12 版中前 34 类是商品商标，后 11 类是服务商标。

4. 动态商标和静态商标

受信息表现方式的技术限制，在很长的历史阶段中，注册和公告文件中的商标都是静止不变的；即使是立体商标，也是提交静态的能够确定三维形状的商标图样或多个视图。直到今天，以平面商标形式呈现的静态商标，在商业活动中仍占绝大多数。不过，随着技术表现手段的多样化，不排除将需要转换角度利用折射反射等原理才能观察全貌的全息图案、多媒体声像、FLASH 动画、GIF 图等动态呈现的信息用作商标；但是，与声音、气味、触觉等其他非静态的非传统商标一样，动态商标的无形性也使得其注册审查和使用管理都存在一定操作性难题，现实中通过注册和实际使用的并不多。

5. 集证商标和普通商标

我国原国家工家行政管理局最初在 1994 年 12 月 30 日发布、1998 年修订、2003 年废除的《集体商标、证明商标注册和管理办法》，其第 2 条指出，集体商标是指由工商业团体、协会或其他集体组织的成员所使用的商品商标或服务商标，用以表明商品的经营者或服务的提供者属于同一组织。证明商标是指由对某种商品或者服务具有检测和监督能力的组织所控制，而由其以外的人使用在商品或服务上，用以证明该商品或服务的原产地、原料、制造方法、质量、精确度或其他特定品质的商品商标或服务商标。2003 年 6 月，原国家工商行政管理总局发布施行新的《集体商标、证明商标注册和管理办法》；2024 年 1 月，国家知识产权局颁布了《集体商标、证明商标注册和管理规定》。这两项部门规章均未再对“集体商标”“证明商标”作出定义，实务工作者常将二者合称

[1] 郑成思:《知识产权通论》，法律出版社 1986 年版，第 75 页。

集证商标，常见的证明商标如绿色食品标志、纯羊毛标志，集体商标则大多数都是农产品和地方传统特产的地理标志。

集证商标与普通商标有诸多区别，最主要的是申请注册的主体不同，且前者以含地名为常态，而后者一般不得含地名，前者不得转让许可，而后者由权利人自由决定。集证商标在我国多数情况下被用于地理标志的商标注册，因此不时与地理标志专门保护制度发生冲突（后述），因此实践中存在的“一地一物多标”的现象是亟待解决的问题。

6. 传统（视觉）商标和非传统商标

传统商标也叫视觉或形象商标，指可以眼睛观察识别的可视性商标，主要包括文字（或 / 及符号）、图形、文字与图形组合、颜色组合、前面各种元素与颜色组合、立体（或三维）商标。视觉是人们接收信息最为重要、直接的第一感观，因此绝大多数的商标都以这种传统方式体现。通过视觉之外的其他感官接收信息方式体现的即非传统商标，以这类可感知信息作为商品或服务来源的商标通常缺少识别性；因为若一开始人们就看不到，要仅靠听觉、嗅觉、味觉、触觉将接收到的信息与某个商品或服务联系起来的话，至少需要经营者长期反复使用宣传以及消费者基于相对稳定准确的判断和印证经验才可能做到。因此，尽管实践中单纯的非传统商标本身初始具备独创性或独特性理论上是可能的，典型的例如音乐旋律或声音片段；但是，经营者往往需要在开始使用时将其与视觉或文字语言等传统标识捆绑使用和宣传，才可能在一定时期后剥离出来成为有识别性的商标。我国第一例获得注册的声音商标“中国国际广播电台广播节目开始曲”音调即是如此。[1]

7. 联合商标和防御商标

这两个实务中使用的概念都与经营者在商业活动中重点使用宣传的“主商标”概念相关，目的都是围绕主商标打造一个显示信息独占边界的防护栏，有时候也是知名或驰名商标权利人不得已为自己商誉保护建立的“品牌护城河”。联合商标是指商标注册人在同一或类似商品服务上注册与主商标相近似的一系列商标，例如在饮料和水产品上注册娃哈哈、哈娃娃、娃娃哈、娃哈娃、哈娃哈，在调料等食品上注册老干妈、老干爹、老姨妈、老干娘、老干爸。防御商标是指商标注册人在与注册商标指定使用的商品或服务不同的其他类别商品或服务上注册的同一商标，例如可口可乐等大型跨国巨头，还有腾讯、阿里巴巴等互联网头部企业，在推出新产品服务注册商标时甚至在所有 45 类商品和服务上进行防御性申请注册以防止他人抢注和仿造假冒。联合商标和防御商标制度目前在各国采用的不多，主要是因为通过强化驰名商标保护可以实现相同目标；若仍需要保留则在制度设计上要对从属商标采取相对宽容的要求，例如将主商标的使用视为其使用避免因连续三年不使用被撤销。

8. 总商标和分商标

总商标指市场主体的主商标，分商标是与主商标同时使用或与主商标所属主体的字

〔1〕 参见搜狐网信息：《我国第一个声音商标正式发证》，载 https://news.cri.cn/20160715/ 2c252d41-c002-385c-b896-ab6db811e3fb.html，2024 年 1 月访问。

号等其他标识同时使用的、仅用于其中某一个具体商品或服务的商标。不同于联合或防御商标自身基本不使用、主要服务于防护主商标，分商标与总商标同时使用是为了借助主商标商誉，以便今后形成独立的商标共同构成市场主体的品牌商誉组成部分。例如，宝洁公司在“宝洁”之下，仅洗发水商标就有潘婷、飘柔、沙宣、海飞丝等多个；海尔公司在“海尔”商标之下，还有小王子、小海象、小小王子等。这两个实务中的概念法律意义不大，但对于经营者和消费者有信息引导作用。

二、商标法的价值目标与规范作用

（一）商标权保护是商标法的首要社会意义

从历史上看，客观信息呈现意义上的商标在社会生活中的实际使用自有商品交换即出现了，远早于国家制定和实施商标法，在我国更是如此。早在战国时期，我国就有了一定范围的商品交换活动，一部分手工业者即开始在自己的产品上铭刻姓名或简单符号文字以示不同生产者身份；北宋时代的“刘家针铺”所用的“白兔”商标已有了图文符号。[1]不过，这种事实上的商业标识使用，在很长的时期内只是商家的经营本能和自发习惯，“以法律形式把商标作为一种财产权加以保护，尤其是作为一种专有的财产权加以保护，则比商标本身的出现要迟得多”。[2]现代意义上的商标法产生于工业产权意识萌生之后，是由国家采取一系列审查和管理程序对用作或拟用作商标的某一特定信息进行注册登记，以确认专用权内容及范围，并以强制力保障经营者经济利益得以实现的制度产物。应该说，商标法是适应现代商业社会就商标的注册和使用关系调整需要而产生的。法国最早于1803年制定《关于工厂、制造场和作坊的法律》、明确将假冒商标比照私自伪造公文罪处理；之后，1857年又制定《关于以使用原则和不审查原则为内容的制造标记和商标的法律》，首次确立了商标注册制度。19世纪下半叶以来，西欧各国和美日均相继仿效法国各自颁布了国内法，并在此基础上组建或加入了保护工业产权的国际联盟，以《巴黎公约》明确了商标注册与保护的国民待遇、优先权等原则。

在专门的商标法律制度建立和实施之前，经营者在商标遭到人假冒时无法在民法上得到像财产权一样的救济，而最多是在商业道德层面得到某种口碑上的支持，或因国家对擅自假冒者作假和欺诈行为的惩处而间接获益。但随着市场经济的不断发展和生产经营规模的不断扩大，商品和服务数量以及地域范围都在飞速增长扩张，单靠消费者和相关公众的经验来识别商品服务来源变得越来越困难，小农经济下以诚信道德制约仿冒行为的实践也难以满足经营者的需求；因此，社会需要一种有公信力保障、能普遍用来识别商业来源的标记，减少各界的信息搜索成本。商标法正是通过国家设计的一系列法定程序，保障商标可以实现基本的区分功能；而且，法律还能在更广阔的市场范围内为经营者预留发展空间，激励其通过许可等各种使用方式将商标转化成宝贵的无形财产。

由此可见，商标法的社会意义首要的就是保护商标专用权。法律确认这种财产权为

〔1〕参见郑成思：《知识产权法》，四川人民出版社1988年版，第90—91页。

〔2〕郑成思：《知识产权通论》，法律出版社1986年版，第67页。

商标权人所独占并以强制力保障提供保护，有利于维护经营者因依法使用商标而应获得的合法权益，从而形成有益于公平竞争的营商环境，促进社会经济健康发展。

（二）商标法是维护市场秩序的辅助手段

商标使用在市场经济条件下是经营者的主要竞争手段，将经商作为主业的市场主体，在经营活动中几乎不可能脱离商标创设品牌，并凭借品牌吸引力在市场上得以立足和壮大。但是，商标专用权的获得和品牌商誉的形成是个需要持续投入的过程，法律程序设计得再完美也难以保证商标注册与使用的每一步结果都与现实完全对应。正是基于维护实质正义的周全考虑，在保护商标权的同时，商标法纳入了系列弥补性规范和处罚性规范，以确保商标注册和使用所形成的财产利益归属于其实际经营者，并制裁那些抢占他人未注册商标或侵犯他人商标权的行为，以保证市场竞争的公平有序。

正因为商标法对保护在先权利、禁止抢注侵占等非诚信行为具有一定的规范作用，实践中在解决未注册的广义上的商业标识被抢注或使用发生的纠纷时，我国《商标法》通常与《反不正当竞争法》一并被援引用作维护市场秩序的法律手段。

（三）消费者因商标法的实施而受益

如前所述，商标在客观上具有指示商品或服务质量和特色的功能，据此也对消费者的利益起到一定的维护作用。在我国建立商标制度早期，商标立法是为了保护权利人的私权，还是为了国家便于管理市场秩序，在理论和实务界有一定疑惑；但随着我国加入 WTO，以及 TRIPs 明确了知识产权属于“私权”（商标权作为知识产权的一种同样如此），商标主要是市场主体商誉代表符号的这种财产权观念有所提升。但因长期以来，我国《商标法》的立法启动和注册申请、审查和管理等配套法律实施机制被置于原工商行政管理部门、现市场监督管理部门的职权范围内，特别是我国特有的商标行政执法机制通常与禁止不正当竞争、质量监督等执法联合在一起，使得主管部门对商标法的看法一直受经济法、行政法思维的影响。从立法宗旨看，《商标法》第 1 条的表述至今仍是“为了加强商标管理，保护商标专用权，促使生产、经营者保证商品和服务质量，维护商标信誉，以保障消费者和生产、经营者的利益，促进社会主义市场经济的发展，特制定本法”；行文中，对市场治理的强调多于对商标权的保护，且强调的“商标专用权”在后续条款中仅指向注册商标。不过，在最新发布的《商标法》修改草案中，这一表述被矫正为“为了保护商标权人的合法权益，维护消费者权益和社会公共利益，保障生产者、经营者的利益，促使其保证商品和服务质量、维护商标信誉，加强商标管理、使用和品牌建设，促进社会主义市场经济高质量发展，特制定本法”；[1] 可见，对商标权的保护被放在了第一位，且不再强调注册取得商标专用权，但又加入了“品牌建设”等非法律性事项的公共政策目标（当然，这并非最终稿，内容还可能调整）。

商标法的实施无疑会规范市场主体的商业行为，客观上会激励经营者提高商品或服务的质量、维持和积累商誉，有利于形成良好的市场秩序和营商环境，从而也惠及消费

---

〔1〕《中华人民共和国商标法修订草案（征求意见稿）》第 1 条，2023 年 1 月 13 日发布国家知识产权局发布。

者。从更宽阔的视野看，商标法作为知识产权法的三大支柱之一，与国际知识产权制度和规则几无差别；我国商标领域的良法善治，将充分发挥法律的规范作用，既吸引国外主体和消费者，也有助于培育我国市场主体的法律意识和技能，提高其国际竞争力。

三、我国商标法律制度的建立与发展

（一）现行法实施之前的商标制度雏形

我国的商标制度，一般情况下仅指改革开放以来、1982 年《商标法》颁布后，基于法律的实施和实践经验形成的制度。不过，为便于理解现状，本章也简要介绍现行《商标法》实施之前，我国历史上商标领域的相关制度雏形；之所以称为雏形，是因为我国历史的特殊性，这些制度在框架搭建后仅停留在纸面或机械实施，而未能真正在国民心中形成"商标权"的法律概念，更谈不上成为市场经济法律制度的组成部分。这也使得我国的商标法治经验，直到现行《商标法》实施后才开始积累；与其他知识产权法一样，要在短短的四十余年走过市场经济发达国家的几百年，难免在理念上效果上存在差距。

我国首部商标法出现在鸦片战争后的晚清。[1] 20 世纪初，中国正处于半殖民地半封建社会，而西欧和美日各国已进入在全球扩张势力以摄取更多垄断利益的帝国主义阶段，并建立了保护工业产权的巴黎公约联盟和保护文学艺术版权的伯尔尼公约联盟，因此当时实际上是欧美日各国要求我国建立商标注册制度。1904 年英国人起草的《商标注册试办章程》及其细则，条文中甚至规定了帝国主义列强享有领事裁判权；不过因德国等不同意，该章程未实际施行。1923 年，民国政府颁布了《商标法》，1930 年又另行颁布了《新商标法》；但是，由于之后整个中国实际上处于内乱和抗日战争时期，全国统一的商标保护制度实际上未能建立。1950 年，我国颁布了《商标注册暂行条例》及细则，强调"保障一般工商业专用商标的专用权"但不实行强制注册，该条例的实施对清除新中国成立初期商标领域的混乱现象起过积极作用。1954 年当时的中央工商行政管理局颁布《未注册商标暂行管理办法》，建立起分级注册制度；到 1958 年，全国已有 20 个省、直辖市实现了商标全面注册。1963 年，国务院颁布了《商标管理条例》，建立了统一注册、分级管理制度，但该条例仅规定了使用商标的企业负有注册、保证产品质量、不得中止使用等义务，没有规定注册使用人可享有任何权利。

（二）现行《商标法》建立的商标制度及其演进

党的十一届三中全会后，基于社会主义商品经济理论，国家工作重点转移到以经济建设为中心的社会主义现代化建设上来，我国经济发展动力被空前激活。1978 年 9 月国家工商行政管理局成立，下设商标局，对原有存量进行清理并恢复了商标统一注册制度。1979 年通过的《刑法》第 127 条规定："违反商标管理法规，工商企业假冒其他企业已经注册的商标的，对直接责任人员，处三年以下有期徒刑、拘役或者罚金。"

1982 年 8 月 2 日，《商标法》正式通过，1983 年 3 月 10 日，《商标法实施细则》《商

---

〔1〕 本段综述原文参见郑成思：《知识产权法》（第二版），法律出版社 2003 年版，第 162—165 页。

品分类表》《商标印制管理规定》等配套法规和办法陆续发布。同时，继1980年加入WIPO公约和1985年成为《巴黎公约》成员国后，1988年11月1日起我国正式采用尼斯分类，1989年加入《商标国际注册马德里协定》；应这些国际条约的要求，我国陆续修改了相关的商标法实施配套办法，强化了商标保护力度。可以说，商标制度是我国知识产权法制建设最早，也是融入知识产权国际保护体系步履最快的领域；商标制度的建立既是改革开放的成果，又为进一步深化改革开放提供了有力保证。

为解决商标法实施中出现的和潜在的问题，满足我国社会主义市场经济发展的需要，1993年初，我国《商标法》完成了第一次修订，增加了保护服务商标等标记的规定、确立了商标代理制度、强化了商标权保护力度。20世纪90年代，我国正处经济的高速发展期，与知识产权相关的国际贸易纠纷也频发，特别是中美之间连续多年就知识产权问题进行磋商并达成一系列双边协议；而我国当时也积极融入全球经济圈，加入在知识产权领域执行TRIPs的WTO经贸体系成为国家决策。2001年加入WTO时，我国《商标法》完成第二次修改，全面对接了TRIPs确立的国际知识产权保护标准；例如，扩大商标权主体和客体范围，明确了保护驰名商标、地理标志、临时禁令救济等制度和商标确权司法终局原则。

加入WTO后，我国知识产权领域开启了服务于国家创新驱动发展战略的新阶段，知识产权制度完善的动力，更多来自国家长远发展的内生需求而非外来压力；在商标领域具体表现为，总结发现并解决商标法律制度运行中困扰真正权利人、以不诚信行为利用制度漏洞扰乱市场秩序、商标注册逐渐偏离制度目标的制度异化等问题。2013年，《商标法》做出了较为全面的一次修改，回应了实践中的问题，使制度更加完善，修改的主要内容涉及：（1）有针对性地增加了诚实信用原则条款，特别明确了禁止抢注因业务往来等关系明知他人已经在先使用的商标；（2）对商标异议制度作出了修改，限定异议理由、将相对理由的异议主体限定为“认为商标注册申请侵犯了其已存在权利的在先权利人或者利害关系人”、简化了审查期限，这些均旨在治理现实中利用异议程序干扰注册人的不正常“策略”，且加强了对在先使用人的保护；（3）强化了对商标专用权的保护，在知识产权领域首次以立法明确引入惩罚性赔偿规定，大幅提高了法定赔偿额，以举证妨碍制度减轻权利人举证责任；（4）禁止对驰名商标进行商业宣传、限制驰名商标认定；（5）简化商标申请文件，允许声音作为商标申请注册；（6）增加了注册商标通用名称化的可撤销情形；（7）增加了注册商标未使用抗辩及不承担赔偿责任的情形；（8）增加了与《反不正当竞争法》相衔接的条款；等等。

尽管2013年修法有针对性地治理商标领域的一些非诚信行为，但因各种因素抢注和囤积的巨大惯性还是未能遏制，我国的年度商标申请量、注册量和历年来的存量，都长期处于全球第一位，其中不乏大量为囤积倒卖目的“注而不用”，甚至恶意抢注和攀附他人知名度的“商标”。而且实践中还滋生了专门以商标注册与倒卖牟利的职业人员和公司，使得一些拥有知名品牌的市场主体反而被迫请人进行日常监控以防被抢注，尤其在新产品服务和宣传投放的热点时段更是疲于应付。对于境外市场主体而言，进入中国市场也随时提心吊胆、担心自己的品牌遭遇抢注，并在被拦截时被迫赎回以避免在陌生环境应付冗长耗力的程序。这些市场乱象和棘手问题极大破坏了商标制度的正常运行。2019 年 4 月 23 日 ,《商标法》第四次修正，内容集中在打击恶意商标申请和加强商标保护两方面。新增的第 4 条规定：“不以使用为目的的恶意商标注册申请，应当予以驳回”，对应此条,《商标法》第 19、33、44、68 条也作了相应修改；第 19 条针对商标代理机构行为、第 68 条对违反第 4 条和第 19 条规定的商标代理机构给予处罚，第 33 条和第 44 条则针对违反第 4 条的提供了异议和无效两种矫正途径。在加大侵权惩处力度方面,《商标法》第 63 条将惩罚性赔偿额计算标准提高至 1—5 倍（原先是 3 倍）、将法定赔偿顶额由 300 万元提高至 500 万元；法院还可以应权利人请求，责令销毁侵权产品、用以制造侵权产品的材料和工具并且对此不予补偿，在特殊情况下还可禁止其再次进入商业渠道；另外，假冒注册商标的商品不得在仅去除假冒注册商标后进入商业渠道。这些修改进一步强化了商标注册中的诚信原则及相关人员的行为规范，加大了商标权保护力度，回应了商标权人长期以来的担忧和疑虑。

不过，因 2019 年我国的国家机构改革方案还未定型，负责商标注册和管理的仍是目前已经不存在的“国务院工商行政管理部门”，另外，抢注囤积等非正常申请现象未能有效根治，程序空转、权利滥用、恶意维权等现象也日益突出；2023 年，新一轮《商标法》的修改启动，这次修改将着重解决商标领域的这些问题。

（三）我国商标法的宗旨与基本原则

1. 立法宗旨

我国《商标法》第 1 条明确了立法宗旨，即“为了加强商标管理，保护商标专用权，促使生产、经营者保证商品和服务质量，维护商标信誉，以保障消费者和生产、经营者的利益，促进社会主义市场经济的发展，特制定本法”。这一表述设定的法律制度目标是多元的，既强调了行政部门的管理职能，又明确了对民事主体商标专用权的保护，还敦促市场主体执行质量保障义务，并基于前述几个目标指出法律最终目的是实现消费者和生产、经营者利益的保障，促进社会主义市场经济的发展。多年来，这些制度目标如何协调实现，在法律实施的过程中不时出现疑惑，在一定程度上反映了各界对立法宗旨的理解阐释存在分歧。例如，商标权是否必须经行政机关注册才产生和受到保护？已由行政机关审查核准的注册商标是否必然获得专用权的保护？注册商标专用权人与在先使用相同或近似未注册商标的其他市场主体的冲突如何解决？若允许共存，则如何理解商标权作为知识产权的“专有”特征和商标权客体的“唯一指向性”？等等。

在新一轮《商标法》修改过程中上述问题得到一定回应，立法宗旨的表述有所调整，即“为了保护商标权人的合法权益，维护消费者权益和社会公共利益，保障生产者、经营者的利益，促使其保证商品和服务质量、维护商标信誉，加强商标管理、使用和品牌建设，促进社会主义市场经济高质量发展，特制定本法”；[1]这样，法律将对商标权的保护放到了首要位置，且不再强调原先的注册商标才有的“专用权”概念，但仍强调商标

〔1〕《中华人民共和国商标法修订草案（征求意见稿）》第 1 条，2023 年 1 月 13 日国家知识产权局发布。

的质量保障和消费者利益保障作用，且又加入了“品牌建设”目标，使得制度目标更加多元化。立法宗旨并非空洞说教，其对制度目标的表述体现了立法的价值取向，相关理念将会影响法律实施中具体的执法尺度，因此其措辞需要最大程度凝聚共识。

2. 法律中的指导原则

我国《商标法》从立法宗旨到具体制度设计与实施，体现了以下原则：

（1）在保护商标专用权的同时保障消费者与生产者、经营者的共同利益，这一原则同时在立法宗旨中体现，其指导意义无须赘述。

（2）诚实信用和权利不得滥用原则。这实际上是对《民法典》基本原则的重申。《商标法》保护的市场主体并无独立于其他民事主体的特殊性，商业活动属于民事行为应遵循民法中的“帝王条款”也是毋庸置疑的。我国在修法过程中的十余年来不断强化这一原则，说明商标领域存在一些不同于传统表现形式的民事行为，例如抢注、囤积倒卖、擅自改变注册事项、代理行为违法等，需要基于这些基本原则明确法律后果或相关主体法律责任。

（3）注册获得专用权的自愿注册原则和使用取得商标权的补充原则。我国在新中国成立后的早期商标管理制度中曾经实行统一注册分级管理制度，并要求企业进行商标注册，带有一定的强制性，但该制度因国内政治经济形势变化未全面实施。现行《商标法》实行自愿注册制度，但规定了一系列商标申请注册和审查、撤销、无效等确权程序和管理制度，强调注册取得商标专用权。同时，对未注册使用的商标，若产生一定影响或已成为驰名商标，也可以依法获得相应的保护。

（4）申请在先和实质审查原则。我国商标申请实行申请在先原则，这意味着同一或近似商标申请指定用于相同或类似商品或服务的，以在先申请日确定；也即先申请可以形成程序上的优势，除非在后申请人能够提供在先使用且具有一定影响或依法享有其他在先权利、在先申请人属于不正当抢注的证明，否则在先申请人将获得专用权。当然，在不同主体相同或近似商标并存的特殊情形下，若发生冲突各自的权利范围及行使边界如何划定，还需按《商标法》和《反不正当竞争法》以及《民法典》的相关规定处理。

（5）分类申请原则。商标分类申请注册的制度很早就在全球通行，对商品和服务进行分类的尼斯分类表也随着时代变化和经济发展的现实不断更新。因为世上的商品和服务林林总总数以亿计，实行分类申请和注册是为了便于管理，国际分类的执行也简化了国际经贸往来中的制度协调程序、减低市场主体的经营成本。尽管技术发展带来了目前商品服务分类的固化不适应实际经济需求的问题，但在具体的法域内，申请商标注册仍以分类为基本原则，只是从早期的“一类一标”发展到应实践需求和技术能力允许“一标多类”。尼斯分类表本身也在更新颁布过程中考虑了新业态发展情况，例如最新版即增加了 NFT 商品。

第二节　商标法保护的客体

一、商标的构成元素与要件

（一）构成元素的开放性

根据我国《商标法》第 8 条，任何能够将民事主体的商品与他人的商品区别开的标志，包括文字、图形、字母、数字、三维标志、颜色组合和声音等，以及上述要素的组合，均可申请注册为商标。商标在客观上是一种由各种表现元素构成的、人们能接收和感受到的信息，与所有的信息一样，商标一般需要借助某种载体表现出来；因此，以视觉符号来表现（包括静态与动态）最为便利也最常见，当然，现实中并不排除听觉、嗅觉甚至触觉方式可以体现可识别信息的情形，典型的如版权领域有大量音乐作品但仍可"听音识曲"。各国法律对于什么元素可以用作商标规定不尽相同，但一般说来，随着技术和商业活动方式的发展，体现可识别信息的方式日益多样化，可用作商标的信息构成元素也呈扩张趋势。例如，从传统上肉眼可见的文字符号、图形、颜色组合以及这些元素的组合等视觉信息，逐渐扩张到包含声音、气味等非传统表现形式但也可以识别的信息。TRIPs 第 15 条第 1 款对商标采取了最广泛的定义，即"任何标记或标记的组合，只要能够将一企业的商品或服务区别于其他企业的商品或服务，即能够构成商标"；从这一定义出发，可构成商标的元素是不受限制的，只要满足可识别的要件即可。

既然国际条约采取最宽泛的定义意味着可以用作商标的元素无须限定，那么成员国从反面予以规制避免自己国内市场标识使用混乱造成不利后果就有必要了。对于什么不可以用作商标，多数国家都有较为详细的规定，这些规定基本上都是从国情出发，同时兼顾相应的国际义务，列举排除可注册和使用的具体标志、符号、称谓等。因历史传统和国情不同，各国的规定差异也比较大。例如，有的国家规定"单一颜色"不可以作为商标使用，有的国家则没有明文排除；有的国家规定地名不可以作为商标使用，有的国家则可以；对于江、河、湖、海、山岭、遗址等地名以及大都市名称，不同国家对其是否可以用作商标的规定和解释各有不同；有些国家规定数字、声音、气味、商品包装装潢及商品外观均不可以作为商标使用，但有的国家则允许；有的国家规定地理标志可以注册为商标，有的国家则不可以；等等。因此，一国的市场主体到另一法域开展经营、在当地申请商标注册或延伸保护时，须了解不同当地的商标法律制度及其与本国法实施中的差异。[1]

（二）识别性和获得识别性

1. 识别性及其强弱

商标权是工业产权的一种，是从事经营的民事主体依法就其注册、使用的商标享有

〔1〕 WIPO 成员国各国的商标法，可在 WIPO 官网查询到英文版。

的专有使用权；法律对商标这一信息客体的要求是“区分性”或“识别性”，[1]即实践中只要能够与其所申请注册或使用的商品或服务类别的其他主体的水平或服务相区分即可，不像专利权、版权的客体那样要求创新性或独创性。换言之，虽然商标也有指示质量、特性及宣传等作用，但本质上看，商标是经营者用来向公众传达自己商品或服务的、区别于其他市场主体同类商品或服务的特定信息符号，识别性是其本质特征。

另一方面，识别性的逻辑是“唯一指向性”，即看到或接收到商标信息时即能准确无误判断其来源，或标识与来源之间形成了唯一对应关系，使得相关公众看到商标即能联想到其来源。因此，具有创造性或独特性的商标（指标志本身的设计或用语独一无二），尤其是那些初始使用或申请注册时不是选择字典中现成词汇的“臆造商标”，当然具有天然识别性，例如“KODAK”“PANASONIC”“海尔 HAIER”等。因为“臆造商标”专门为其所使用的商品或服务而创设定制，其唯一指向性不言而喻；而且，因为在信息元素的编排设计或选择方面的独特性，这类商标的识别性极强，在实践中往往更容易使用和宣传并迅速形成商誉，在遭遇仿冒时也更容易举证从而及时得到保护。

除了识别性最强的臆造商标外，大多数将现有词汇使用在没有直接天然联系的商品或服务上的任意商标，也一般被认为具有识别性，因为这类词汇的选择和使用相对随意，并非像专门设计的那样刻意，如“麦当劳 McDonald's”“雀巢 Nestle”“长城”等。当然，这类词汇也通常搭配一定的设计性图标以共同发挥识别作用。例如，“苹果 APPLE”牌手机电脑等电子产品，一方面因为将没有对应指示关系的水果名称使用在电子产品上、显示出不同于其他同类经营者的选择独特性；另一方面该商标同时使用文字和有创意和设计特点的右缺口苹果图标，有了知名度后即使是单独的“苹果”或图标“”，也有了识别作用。

在商业活动中，不少经营者倾向于选择那些暗示性或指示性的商标，因为这样能够更直接地表示商品或服务的特点、质量等，方便广告宣传，例如将“甘露”用作矿泉水商标，或将“天仙”用作化妆品商标。但是，这类商标的识别性强度很弱，很有可能经审查后依据《商标法》第 11 条“仅直接表示商品的质量、主要原料、功能、用途、重量、数量及其他特点的不得作为商标注册”的规则，不能通过核准获得注册，或即使获得核准通过其专用权的范围也受限，甚至在权利效力维持方面遭遇困境。总体上，不论暗示或明示，此类商标的识别性比前面两类（即臆造和任意商标）都要弱，选择这类商标的经营者一开始往往缺乏足够的品牌战略意识，也容易与使用近似商标的其他人或正当使用人产生争议。当然，商业实践中也有通过持续经营使用使得此类商标识别性逐渐增强的，例如，五粮液（白酒）、健力宝（饮料）、劲量（电池）、BurgerKing 汉堡王（快餐店）、飘柔（洗发水）、黑又亮（鞋油），等等。

另外，商标的识别性要件，还要求标志本身便于辨别和记忆，因此那些设计过于简单或者过于复杂的标志，往往难让人留下印象或记清楚；按照社会生活常识和经验，这

---

〔1〕 我国学理上也称“显著性”，参见黄晖：《商标法》，法律出版社 2004 年版，第 56 页；据此实务界通常将不具有识别性的商标称为“缺显”，将获得第二含义的称为“获得显著性”。

类标志使用在指定的商品或服务上不容易与其他同类商标区分开，因此不具识别性。

2. 获得识别性

商标的识别性既可以是申请注册时标识本身就固有的，也可以是通过持续的实际使用获得的，理论上一般将后者称为“第二含义”商标；按一般商业惯例，对于这类获得识别性的商标，权利人不能禁止他人在原有（第一）含义上正当使用该词汇，即使是竞争对手使用，只要没有混淆的主观故意和客观后果，也不构成侵权。

现实生活中，常见的不具有识别性的情形主要指表示商品或者服务特点的词汇、短语或者广告用语，例如，以“纯绵”作为内衣商标、以“弹簧”作为沙发和床垫的商标、以“手工”作为面食的商标、以“次日达”或“同城急送”作为快递服务商标、以“专车”作为网络交通服务的商标、以“有机”作为初级食品商标、以“3·8”作为妇女用品商标、以“我们只做更好的 ×××”作为娱乐演出服务商标、以“ϟ”作为充电器或电池商标，等等。对于此类《商标法》第 11 条所指的直接描述性类的词汇、句子、短语或图标，相关消费者一般不会将其视为指示商品或服务来源的商标，因此不具有识别性。

对于那些可以从反不正当竞争角度来保护的广义商业标识，在经实际使用获得识别性后，一方面可以凭借构成有一定影响的商标而阻却他人抢注，或凭借构成驰名商标获得更大保护力度；另一方面可以作为商标申请并获得注册并获得商标专用权，这一路径无疑对经营者依法更有力地保护自己的合法利益具有重要意义。例如，“老干妈”“小肥羊”等采取常见称谓或词汇的商标，一开始申请商标时必然因缺乏识别性而未能注册；只有在经过长期使用获得了识别性后，例如且以“知名商品名称”足以获得《反不正当竞争法》救济后才获得了注册。

3. 不得注册的通用名称以及识别性的退化

通用名称是体现商品或服务本质属性的名称，通常指国家标准、行业标准规定的或者约定俗成的商品名称，包括全称、简称、缩写、俗称；由于其为本行业生产者或经营者共同使用、缺乏商标应有的最基本的识别性，因此各国法律均有通用名称不得注册为商标被某一个体专用的规定，以保障公共利益。不过，虽然识别性是商标获得注册的法定要件，是商标专用权存在的理想状态；但识别性或显著性也具有“流动特征”；[1]由于包含通用名称甚至已开始通用名称化的标识之使用并不违法，也即在实践中即使不注册经营者也可以自行使用，这样就产生了经长期使用而形成识别性，从而获得注册并产生与其他原本使用这一标识的经营者之间的权利义务范围划分问题。另一方面，也不排除有某些注册商标可能因使用和管理不当，逐渐退化为通用名称的情况。

因此，总的来说，商标是否具有识别性是按照某个时间节点来判断的，这意味着并非所有因获得识别性而注册的商标必然都一直具有识别性。商标的使用既可以持续增加商誉价值，也可能因其主体的经营管理方式和策略不当，使得其商标所指向的商品或服务太过经典，被其他经营者和广大消费者用来指称所有同类商品或服务，从而沦为通用名称、丧失识别性而最终失去专用权。商标一旦丧失其识别性，不再是某一具体商品

---

〔1〕 杜颖：《商标法》（第三版），北京大学出版社 2016 年版，第 19 页。

或服务来源的指示者而是同类商品或服务的通用名称，即可被撤销注册不受保护，典型的就是耳熟能详的阿司匹林（原为德国拜耳公司用于乙酰水杨酸药品的商标）、Thermos（原为德国膳魔师公司的热水瓶商标）、味素（原为日本味の素公司的味精调料商标）等。当然，实践中也有基于反淡化理论禁止将驰名商标作为通用名称的实践，例如法国的著名地理标志产品“香槟”酒早年进入我国市场时，被众多国内经营者用于所有同类起泡葡萄酒的统称，后经政府间磋商由国家主管机关发文禁止使用各种香槟相关称谓，〔1〕才将这一地理标志留在原市场主体手中。反之，若未抓住时机则淡化难以逆转。在“金骏眉”商标异议案中，法院认为申请人提交的茶企关于“金骏眉”商标注册情况、红茶期刊、相关的行业协会和当地政府相关部门的证明或报告等证据，足以证明在商标评审委员会作出撤销裁定时，“金骏眉”已作为一种红茶的商品名称为相关公众所识别。〔2〕

总之，无论是通用名称、描述性标志或是其他任何缺乏固有显著性的标志，只要法律没有明文禁止注册和使用，即使申请时因缺乏识别性而得不到注册，原则上也可以使用，并经过使用获得识别性进而再获得注册。随着市场经济的发展，特别是“互联网+”商业模式的日益发达，商标的表现形式日益多样化、难以穷尽示例；是否具有识别性还须结合社会经济和技术的发展以及大众的认知等各方面因素综合判定。

（三）合法性和非冲突性

既然识别性是商标获得法律保护的要件，将识别性视为合法性要求之一也是理所当然的；除此之外，合法性要求还有不违反公序良俗及相关的禁用规定和不侵害他人在先权益。

1. 不违反诚信和公序良俗的禁用规定

商标是民事主体从事商业活动使用的区分标识，因通常都附着于广大消费者购买使用的商品或服务场所用具上，同时也出现在各类意在使公众普遍知晓的广告媒体中，标识上的信息必然具有一定的含义传播和影响社会公众的功能。因此，无论是申请注册还是实际使用行为，包括所选标识所含的信息本身，市场主体在选用和从事各种商业活动时都须遵从民法一般原则，包括诚实信用和公序良俗。例如，有些词汇或图标在我国被认为是不符合社会公共道德、有辱善良风俗或违背社会主义核心价值观的，不得注册和使用。通常来说，不违反诚信和公序良俗原则是从理论基础的角度来阐释的，我国《商标法》通过相关禁用规定（第10条）进一步明确了有悖于此原则的若干情形，并在配套法律实施办法中作出具体化列举以便于实施；只有在找不到对应规定时，对于申请注册或已使用的商标是否可以获得注册和保护发生争议的，才结合前述民法基本原则性作出判定。例如，“叫个鸭子”用作旅馆等服务的商标，虽然鸭子通常含义是指一种家禽，但在特殊语境下，非主流文化中亦有“男性性工作者”的含义，因此该标志格调不高，违背了我国公序良俗，属于有害于社会主义道德风尚的情形；“MLGB”商标，在网络环

〔1〕 参见国家工商行政管理局：《关于停止在酒类商品上使用香槟或 champagne 字样的通知》，1989年10月26日发布。

〔2〕 参见北京市高级人民法院（2013）高行终字第1767号行政判决书。

境下，特定网络使用群体会将其对应为不文明含义，因此该标志属于我国法上的禁用情形。[1]

此外，还有一些可使用在商品上的标志，如剧毒标志、电力标志、易碎标志、防火防潮防湿标志等，因其仅反映某些商品的特殊性质，提醒人们在接触此类商品时加以注意，作为公共符号这些标志都不能作为商标以免其中的图案被某个主体注册为商标专有。

2. 不侵害他人在先权

尊重在先权（包括权利和利益，统称在先权益）是所有知识产权法中的通用原则，《商标法》对商标的保护同样不得损害他人在先权。在先权是指在商标申请注册之前即已存在并合法有效的权利或权益，除了已经使用的商标外，通常还包括受其他法律保护的信息财产，如美术作品、外观设计、字号等。随着社会经济的发展，很多没有以专门立法赋予类型化权利的信息也可能被用作商标，从而损害信息创造者或合法持有人的合法利益，因此在解释论上需要将“在先权利”扩张为“在先权益”；例如，文学作品中的虚拟角色名称之上的“商品化权益”，在我国司法实践中已可以获得保护。当然，角色商品化问题（Character Merchandising）[2]若能从立法论角度解决，会在一定程度上减少争议而更增强稳定性预期；例如，名人肖像、姓名等元素的商品化利用问题，本质是对名声所具有的信息财产价值的保护而非依附于人身的人格权利益，而且产生争议通常发生在商标和反不正当竞争领域，但因我国不像美国那样有一套“形象权”[3]保护理论，最终还是通过《民法典》扩张人格权的内涵，将商品化权益纳入人格权的方式加以解决。

商品化权益保护的是可被作为商标、字号和商业宣传使用的人格权、名称权中的相关信息，其在客观形态上与其他在先权利的客体一样，即都是由文字、图标、符号、色彩等元素组合而成，正好与商标的构成要素重合。信息一旦以商标注册和使用方式纳入专有权范围，他人未经许可就不得使用，因此对于他人有在先权的信息，注册和使用人负有事先征得许可的义务避免发生冲突。具体来说，因商标经注册后依法产生专用权，其排他性意味着其他经营者包括最先创造出相关信息的人，都不得再使用相同或者近似的信息作为商标，否则容易导致混淆；因此，法律赋予这种排他性权利须建立在正当性基础上，不得妨碍他人正常行使权利，更不得侵害他人在先合法权益，否则有违民商事领域的公平惯例和商业道德。这一保护在先权益的规定，是对商标注册先申请原则可能产生漏洞的弥补，在追求效率的同时兼顾公平，防范那些损害他人在先权益的信息被抢注、制止不诚信的不正当竞争行为，有利于在保证商标制度顺畅运行的同时建立良好的营商环境。法律将不得与在先权利相冲突作为商标申请人和使用人的一项义务，实际上是对市场主体从事商标法律行为时应遵循的诚实信用原则的具体化，引导行为人将相关

---

〔1〕 参见最高人民法院（2018）最高法行再188号行政判决书，北京市高级人民法院（2018）京行终137号行政判决书。

〔2〕 相关定义和讨论参见 WIPO:CharacterMerchandising,WO/INF/108,December1994,availableat:https://www.wipo.int/export/sites/www/copyright/en/docs/wo_inf_108.pdf，2024年4月访问。

〔3〕 参见吴汉东：《形象的商品化与商品化的形象权》，载《法学》2004年第10期。

信息用作商标必须事先征得在先权利人同意，否则将导致相应的法律后果，例如注册申请被驳回或者注册商标被撤销、无效等。

强调商标注册和使用的尊重在先权原则，是我国《商标法》2001 年修订的重点之一；当时增加了一条作为第 9 条规定："申请注册的商标，应当有显著特征，便于识别，并不得与他人在先取得的合法权利相冲突。"同时增加了第 31 条"申请商标注册不得损害他人现有的在先权利，也不得以不正当手段抢先注册他人已经使用并有一定影响的商标"的规定（在 2013 年变更序号为第 32 条），至今这一条仍是《商标法》中的核心条款。

二、我国商标法对客体的规定及理解

（一）符合法定构成要素与要件

可以获得法律保护的商标，应该是可以依法申请注册和保护的标识，因此须首先满足法定的构成要素和识别性要件，且不得侵害他人在先权益。

根据《商标法》第 8 条，任何能够将自然人、法人或者其他组织的商品与他人的商品区别开的标志，包括文字、图形、字母、数字、三维标志、颜色组合和声音等，以及上述要素的组合，均可以作为商标申请注册。可见，与 TRIPs 第 15 条第 1 款采用的"任何"这一最宽泛的定义相比，我国法在商标信息要素构成方面稍显保守，也即，没有明确列举气味、单一颜色等可能以其他形式让相关公众识别的要素。不过，我国立法中采用的"等"字，同时也保留了列举项之外的其他要素可注册和使用的可能性，不排除在解释论上仅将识别性和合法性作为要件，包容商标以任何形式呈现其信息。

对于商标的实质要件，我国《商标法》除了第 8 条定义中强调了"区别开"（即识别性）外，第 4、7 条还强调"不以使用为目的的恶意商标注册申请，应当予以驳回"和"申请注册和使用商标，应当遵循诚实信用原则"。另外，第 9、31 条还补充规定了不与在先权相冲突的合法性要求。为补充说明合法性，《商标法》明确列举了一系列不得作为商标使用的具体情形（第 10 条）。为补充说明识别性，《商标法》反向规定了不具有识别性、因此不得注册的情形，以及可以获得识别性的例外规定。依据第 11 条，缺乏固有识别性的情形包括：（1）仅有本商品的通用名称、图形、型号的；（2）仅直接表示商品的质量、主要原料、功能、用途、重量、数量及其他特点的；（3）其他缺乏显著特征的。前款所列标志经过使用取得显著特征，并便于识别的，可以作为商标注册。作为补充，第 12 条规定"以三维标志申请注册商标的，仅由商品自身的性质产生的形状、为获得技术效果而需有的商品形状或者使商品具有实质性价值的形状，不得注册"。

从以上商标法对构成要素和实质要件的要求来看，商标标识本身的设计或选择十分重要。无论是专门创作的实质上属于有独创性的美术作品，还是与商品或服务不直接相关的词汇等要素及组合选择，都需要考虑到其运用到商品或服务上作为商标使用后的效果，包括其合法性和显著性以及注册和使用带来的法律后果。尽管商标的价值由其所代表的商誉决定，但优秀的商标设计不仅能在申请注册时顺利获得注册商标专用权，而且对商品或服务的推销和商誉尽快形成发挥重要作用。

（二）禁止注册和使用的标志

作为绝对禁止条件，我国《商标法》第 10 条对不得作为商标注册和使用的情形作了相关规定，负责商标注册的机关一般会依职权主动审查，以违反这些规定的绝对理由驳回申请。这一条的立法目的是禁止损害或可能损害国家尊严、社会公共利益、社会公共秩序、民族团结、宗教信仰的标志或者违反社会善良风俗、具有其他不良影响的标志获准注册和使用。实践中，维护国家尊严和尊重他国及国际组织等方面基本上没有争议，个别情况下对有民族歧视、违反公序良俗和有不良影响可能有认识差异，而在限制占用地名公共资源方面则问题和分歧较多（涉及地理标志保护）。简言之，第 10 条作出的商标禁注禁用规定中，比较容易发生争议的是第 6、7、8 项和第 2 款的几种情形。

1. 带有民族歧视性的标志

歧视是指以不平等、不尊重的眼光对待，常见方式是丑化、贬低及其他明显不平等是言语或行为。民族、宗教（相关主题可能更多适用下述“不良影响”条款）政策在我国是十分重要的议题，禁止歧视是底线，如“南蛮”有贬损少数民族含义；但若仅强调禁止歧视，一些态度可能不明显的情形比较难判断。例如，“黑妹”牙膏因黑人并非我国民族至今未受挑战，但用于卫生洁具等别的商品服务则不知是否可行；还有诸多民族称谓和特殊文化符号，若被外人注册为商标也可能引起本民族反感。简单说，因“歧视”二字的狭窄界定，这些情形若发生争议可能只能依据“不良影响”条款处理。

2. 带有欺骗性，容易使公众对商品的质量等特点或者产地产生误认的标志

这一项的问题是，可能与第 11 条“缺乏识别性”不得注册、但不禁止使用的情形不易区分。第 10 条是依法不得注册也不得使用，而第 11 条则是不予注册但也不禁止使用，两者法律后果有所不同，后者的“缺显”是可以通过持续使用和宣传实现“第二含义”进而获得注册的，因此第 10 条这一项的关键点在于“欺骗性”和“误认”的认定。例如，将“健康”“长寿”标志指定使用在香烟、保健品等商品上，是否属于对质量等特点作了与事实不符的欺骗性表示、容易使公众产生错误认识？从一般消费者角度衡量似乎不容易，很可能相关公众对于此类表述及其宣传早已免疫不会受影响。当然，在某些特殊商品上，某些标志使用的确具有夸大其词的成分，可以按此项规定予以制止。例如，将“万能”用在解码软件上、将“特效”用在药品上、将“国酒”用在酒类商品上等。

3. 有害于社会主义道德风尚或者有其他不良影响的标志

近些年来，各界对这一禁注条款的适用标准讨论较多。[1]商标本身是一种信息，而信息传播必然会产生社会影响。从树立社会主义核心价值观的角度，有必要禁止将丑陋低俗的或无聊及令人反感的信息作为商标注册或使用。判断一个标志是否有害于公共秩序和道德风尚，应采用客观标准，即以消费者的认识理解为标准，商标使用人设计或选择标志时的主观愿望如何对判断结果无甚影响。另外，在更广泛意义上，凡对政治、经济、文化、宗教、民族等社会公共利益和公共秩序产生消极、负面影响的标志，一般都

〔1〕 参见袁博：《适用商标法“不良影响”条款的几个问题》，载《人民法院报》2017 年 3 月 29 日，第 7 版。

会在申请时被驳回，比如将“不忘初心”申请注册为商标。

4. 含县级以上行政区地名或者公众知晓的外国地名的标志

以地名作商标不具有识别性，且同一地区可能有诸多同业经营者，由某个主体注册和独占使用地名显然不公平、可能妨碍他人正当使用，非本地的经营者注册和使用还易产生来源误认。关于哪些是不得作为商标的“县级以上行政区地名”，根据我国民政部编辑出版的《中华人民共和国行政区划简册》，应包括县级市、县、自治县、旗、自治旗、特区、林区、市辖区、地级市、地区、自治州、盟、省、自治区、直辖市以及特别行政区。实践中容易产生分歧的是，行政区名称一般是正式用语全称，如北京、通州；但按照社会生活中的惯例，这些地名可能有多个简称（如江西简称赣、贵阳简称筑）、古称或别称（如北京就可能被称为首都、帝都、北平、京师等，南京也有金陵等多个称谓）以及拼音、少数民族语言等称谓形式，这些名称是否可以注册使用存疑。从已有商标审查实践看，这类地名申请普通商标（非集体证明商标）的审查标准不十分清晰。尽管县以上行政区地名涵盖了大多数地域性公共信息资源，但也遗漏了某一特定区域内的名山大川、风景名胜及村镇街道等很有名的地名，如“中关村”“景迈山”等。虽然这些地域外的主体注册可以适用“欺骗性”条款驳回，但本区域内的主体注册使用实际上和县级以上地名面临同样问题；也即需要按目前法律关于“地名具有其他含义或者作为集体商标、证明商标组成部分的除外，已经注册的使用地名的商标继续有效”的规定处理。含地名集体或证明商标、含地理标志产品名称、含地名普通商标，这几类标识目前在我国并存，产生问题较多，后面再详述。至于公众知晓的外国地名，也应包括全称、简称、外文名称和通用中文译名，这一规定没有限定外国地名的性质，因此应该以中国相关公众的认知为判断标准；“巴黎”“纽约”“伦敦”“东京”“悉尼”等著名国际大都市在实践中当然更容易判断，但也有可能产生“第二含义”应允许注册和使用的问题，例如“巴黎贝甜”可获得驰名商标保护。[1]

5. 申请注册属于越权代理的标志

另须注意的是，2001 年我国《商标法》针对实践中出现的“越权代理”问题，新增加了禁注禁用的规定，即第 15 条“未经授权，代理人或者代表人以自己的名义将被代理人或者被代表人的商标进行注册，被代理人或者被代表人提出异议的，不予注册并禁止使用”；2013 年修法时，又增加了第 2 款：“就同一种商品或者类似商品申请注册的商标与他人在先使用的未注册商标相同或者近似，申请人与该他人具有前款规定以外的合同、业务往来关系或者其他关系而明知该他人商标存在，该他人提出异议的，不予注册。”不过，尽管禁注禁用，相对于第 10 条，违反第 15 条仍属相对理由。

（三）禁止注册不禁止使用的标志

相对于《商标法》第 10 条的绝对禁止情形，第 11 条规定的缺乏显著特征不得作为商标注册的标志，第 12 条规定的具有功能性不得注册的三维标志，这两种禁注理由都较为和缓且可以有条件突破；也即对于虽然天然缺乏识别性但并不损害国家和公共利益

[1] 参见北京市高级人民法院（2021）京民终 438 号民事判决书。

也不违法的这两类标志，立法上采取“不予注册但不绝对禁止使用”的态度，表明允许其经过使用获得识别性后注册，但实践中仅有少数例外情形可以获得识别性，因此并不值得鼓励。

1. 仅有通用名称、图形、型号

通用名称、图形、型号，指国家标准、行业标准规定的或者约定俗成的名称、图形、型号，包括全称、简称、缩写、俗称，经注册登记的植物新品种也属于通用名称；如“红富士”或“”作为苹果的通用名称、图形注册在苹果及相关产品上，“502”作为工业用粘合剂的通用型号注册在粘胶等产品上，“先玉 335”作为植物新品种名称注册在玉米产品上等，都不符合规定。除了参考法律规定或国家、行业标准外，也可看在相关公众的认知中是否已约定俗成或已普遍使用；对于因历史传统、风土人情、地理环境等原因形成的相关市场较为固定的商品或服务，在该相关市场内通用的称谓、图形、型号，也可以认定为通用，如“鲁锦”。“仅”字表示申请注册的商标中并无其他构成要素，若与其他具有显著特征的要素组合在一起，则整体标志可能具备识别性。规定本条禁止理由，是因为这些信息符号是同行业公共资源，不能为某个具体经营者独占使用。

2. 仅直接表示商品的质量、主要原料、功能、用途、重量、数量及其他特点

同理，“仅直接表示”是指申请注册的商标仅由直接说明或描述所指定商品或服务的质量、主要原料、功能、用途、重量、数量及其他特点的要素构成，其判断应结合商品或服务本身及消费者、相关公众、同业经营者的认知习惯等因素进行。实践中采用此类标识的情形较多，因为其能够通俗易懂地传达市场主体想表达的信息；但若允许某个主体专用，对其他经营者显然不公平，而且这些描述性表达是行业公用信息，难以将商品或服务来源区别开、缺乏商标应有的识别性。直接描述质量的常见示例，如“一流”（饭店）、“顶级”（茶叶）等；直接表示主要原料的，如“西柚”（果汁饮料）、“羊毛”（地毯）；直接表示功能、用途的，如“清洁”（家政服务）、“叫车”（可下载软件）；直接表示重量、数量的，如“克拉”“99.9%”（珠宝、饰品）等。“其他特点”是指与商品或服务的价格、尺码、风味、使用方法、内容、生产工艺、技术特点、销售场所等相关的说明或描述，如“麻辣”（餐饮）、“彩棉”（服装）、“出行管家”（可下载软件）、“月嫂”（婴幼儿照看）、“藏地特产”（替他人推销）、“24 小时”（银行）、“云计算”（技术研究），等等。不过，以上标志如果与其他具有显著特征的要素组合在一起，则可认为在整体具有识别性；若持续使用有了一定影响，也可获得识别性。

3. 其他缺乏显著特征的情形

具体包括：过于简单的线条、普通几何图形，普通常见的字母、数字，过于复杂的文字、图形、数字、字母或组合，常见的商品外包装、容器或装饰性图案，仅表示商品或服务特点的短语、句子或者普通广告宣传用语（如“全程无忧”），常用贸易场所名称、商贸用语或者标志（如“超市”“打折”），企业的组织形式、行业名称或者简称（字号除外，如“有限公司”“Inc.”等），电话、地址、门牌号、常用祝颂语和日常用语（如“恭喜发财”）、网络流行词汇和网络流行表情包（如“蓝瘦香菇”），交通标志紧急救援等其他常用标志符号，节日名称、格言警句，等等。

4. 具有功能性不得注册的三维标志

仅由商品自身的性质产生的形状、为获得技术效果而需有的商品形状或者使商品具有实质性价值的形状，不得注册；法律之所以规定功能性禁注条款，是因为在此情况下相关公众通常不易识别其来源。商品的包装或容器同样如此，其三维形状的主要功能是保护和盛载商品、便于储运和销售，或者为了美化增加吸引力，仅以此申请注册三维标志商标的，缺乏识别性；其他简单、普通、起装饰性作用的三维形状，一般也不能起到区分商品来源的作用。不过，这些三维形状如果经过长期使用后相关公众可以识别、或者与其他可识别要素组合整体上具有识别性的，则可以注册，例如，"迪奥"香水瓶、"可口可乐"瓶、"费列罗"巧克力外形包装等。

须再次强调的是，上述标志经过使用取得显著特征并便于识别的，可以作为商标注册。商标是否已获得识别性属于事实认定问题，在实务中商标局对识别性的判断只能基于现有检索数据库和常识，无法涉及实际使用情况；因此如果审查员引用禁注禁用条款予以驳回，申请人不服的可以依法定程序请求复审，对复审结果不服还可以继续提起诉讼，在复审和诉讼程序中，申请人可依据规定提交可注明获得识别性的证据。

第三节　商标注册制度及商标使用要求

一、商标权的注册取得和使用取得制度

一般认为，商标权的产生有使用取得和注册取得两种制度。[1]从历史发展脉络来讲，对于商标这一商誉信息的重要组成部分，经营者很早就基于其在商业活动中的实际使用行为，产生了禁止他人假冒或仿冒的合法利益；而将"意图使用"但尚未实际使用的商标，通过在国家机关注册背书取得专用权的制度，只是在一百多年前才出现。但是，随着商品经济的发展和市场的扩大，经营者为建立和维护商誉所需要的时间和精力越来越多且在法律上推定是否建立了商誉也存在诸多不确定性。因此，大多数希望长期从事经营活动的人希望能通过更可靠、稳定、高效的法律手段来确立其对商标的专用权，商标注册制度也就应运而生。注册制自法国于 1857 年建立以来，[2]现已发展成为各国商标法中的核心和基本内容；即使在那些完全或有限承认使用制的国家，商标注册相关规范也是商标法的重要内容。当然，为了弥补可能存在的漏洞，例如先使用某一商标但未注册的经营者的利益受到"先到先得"注册制的冲击，大多数实行注册制的国家都保留了特殊情形下更符合实质正义的驰名商标制度，这也是《巴黎公约》第 6 条之二确立和 TRIPs 确认的国际规则。

---

〔1〕 参见郑成思：《知识产权法》，法律出版社 1997 年版，第 174 页。

〔2〕 指 1857 年法国《关于以使用原则和不审查原则为内容的制造标记和商标的法律》。

在世界范围内，主要采取使用制而非注册制的是美国；其商标法（1946 年《拉纳姆法》）要求申请商标注册的前提是已实际使用，1988 年修法后则要求至少要证明有“使用意图”（intent-to-use）方可能获得注册，若申请人未在 6 个月（延长累计不超过 24 个月）内提供真实使用证明就不能获得商标注册。[1]商标不经实际使用仅基于注册即先行赋予专用权，是注册制下法律对固有显著性商标的固有显著性进行的拟制，主要是基于减少制度实施成本的考虑；[2]显然，美国在专利商标领域都逐渐从保证实质正义的“先发明”“先使用”制度走向同时允许“先申请”的制度，也是基于新技术和商业竞争条件下提高制度效率的考虑。至于完全的注册制（也称“全面注册制”或“强制注册制”），则仅在典型的计划经济条件下的苏联和我国新中国成立初期实行过，其主要目的是便于在全国范围内统一管理，缺点是管得太死，目前强制性的注册制已不复存在。

二、我国的商标权取得制度及特点

（一）自愿注册与申请在先原则

1. 商标自愿注册原则

我国实行商标自愿注册原则。在通常情况下，[3]经营者可自行决定其是否先申请注册再将注册商标使用到商业活动中，或将已经使用的商标申请注册获得专用权，或申请和使用两者同时进行。我国对商标注册收取极少的行政费用，对于从事商业活动的经营者来说，将需要使用的商标事先申请注册并取得商标专用权、避免先使用可能存在的风险，应是性价比高的商业决策。但是，不注册的商标，无论其是否有识别性，在不违反禁用条款也不与他人在先权冲突的情况下，经营者都照样可以使用，只是不享有专用权；在此情况下，经营者可能遇到的风险，一是未经国家主管机关统一审查筛选，自己使用的商标可能与他人在先申请或注册的商标冲突，今后存在被控侵权承担相应责任的可能性；二是自己的商标被他人先注册后只能在原有范围善意使用，除非能证明是经使用具有一定影响后被他人抢注才可能要回。

不强制注册与注册获得专用权保护的制度，既摆脱了仅依赖商标使用事实获得有限保护、缺乏专用权有力保护的缺点，又保留了符合商业现实的灵活便利优点，即为那些无长期经营打算、无意扩张经营商品服务种类及地域范围的中小微企业留下了自主选择余地，同时也减少了管理机关繁重的审查工作量。对于注册商标专用权人，因在全国范围内依法享有独占性权利，有权排斥他人在同类商品或服务上使用相同或相似的商标，且在遭遇侵权时可方便快捷提出救济，这无疑可以保证多数大中型企业对品牌形象和商誉的维护。我国这种二者兼顾的商标保护制度对于发展社会主义市场经济是有利的。

---

〔1〕 参见美国《拉纳姆法》（商标法）第 1 条（b）（d）。

〔2〕 文学：《商标使用与商标保护研究》，法律出版社 2008 年版，第 21 页。

〔3〕 依据《商标法》第 6 条，法律、行政法规规定必须使用注册商标的商品，必须申请商标注册，未经核准注册的，不得在市场销售。目前我国仅有《烟草专卖法》（2017 年修订）第 19 条规定：“卷烟、雪茄烟和有包装的烟丝必须申请商标注册，未经核准注册的，不得生产、销售。”

2. 商标注册的先申请原则

对于要申请注册商标使用的，我国实行申请在先原则，也即“先申请”原则，指两个以上申请人在相同或类似商品上以相同或近似的商标申请注册时，商标主管机关根据提交申请的时间先后决定商标权的归属。与专利权一样，申请在先以申请日为标准，因此商标局收到申请文件的“申请日”在法律上有重要意义；申请人享有优先权的，其优先权日为申请日。根据我国《商标法实施条例》（2014 年版）第 18—20 条，商标注册的申请日期以商标局收到申请文件的日期为准，申请手续基本齐备但需要补正且在规定期限内补正并交回商标局的，保留申请日期。两个以上申请人在同一或类似商品上分别以相同或者近似的商标在同一日申请注册的，各申请人应当自收到商标局通知之日起 30 日内提交在先使用证据，同日使用或均未使用的在 30 日内自行协商并将书面协议报送商标局，不愿协商或协商不成的商标局以抽签方式确定一个申请人，驳回其他人的注册申请。[1]申请人依据《商标法》第 26 条要求优先权的，应自申请日起 3 个月内提交证明文件（包括原件和中文译文），即副本应当经受理该申请的商标主管机关证明，并注明申请日期和申请号。

（二）注册取得商标专用权的制度

虽然我国不实行强制注册制度，但《商标法》明确了经商标注册申请和审查核准是取得专用权的唯一途径，第 7 章关于侵权和救济的规定都是针对注册商标专用权的。事实上，这些有关商标注册和注册商标专用权保护的规定，在各国也都是商标法的核心内容，只不过在其他国家未出现明显的注册与使用相分离的商标囤积抢注问题，也很少产生抢注商标的“专用权人”反过来侵害未注册商标所有人合法权益的制度扭曲或异化现象；因主管机关核准通过的基本上都是已经使用或在注册后即刻投入真实商业使用中的商标，法律对这种真正意义上的“注册商标专用权”进行严格保护也就理所当然。

注册商标专用权的取得，须经过法定的流程，即经营者或其委托的代理人，将其已经使用或将要使用的商标向国家商标主管机关申请注册，经审核后符合规定的颁发权利证书并予以登记备案。实施商标注册制的国家，法律上一般都规定了商标注册的原则、条件以及申请、审查、核准、异议及裁定等一系列必经程序，我国的商标注册制度也如此。不过，各国的商标审查制度不完全相同，一些国家仅进行形式审查、不进行实质审查、只要通过形式审查即可获准注册，如法国、瑞士等，其优点是审批便捷及时，缺点是注册商标的法律效力不稳定，一旦发生争议仍需商标主管机关重新审核来确定。另外，包括我国在内的大多数国家，则对商标注册申请既要进行形式审查，也要进行实质审查（以核准公告前的异议制度实施），只有通过了两重审查的商标才能获准注册，其优点是权利相对可靠稳定，不易发生争议，缺点是耗时相对长。

（三）注册制下的商标使用义务强化趋势

我国《商标法》本身在制定时就明确了商标注册应当是为了生产经营活动，因此第 4 条前半段的表述一直以来都存在，即“在生产经营活动中，对其商品或者服务需要取得商标专用权的，应当向商标局申请商标注册”。这表明，商标注册申请应出于真实的

〔1〕 参见国家知识产权局：《关于商标注册同日申请程序的指引》，2023 年 9 月发布。

生产经营活动所需、以实际使用为目的，这也是建立注册制以增加商标权属公示性和经营者使用标识行为可预期性的内在要求。但是，由于市场经济建立时间短，我国营商环境和法治建设的经验也不足，商标领域出现了大量抢注、囤积现象，显然违背了法律要求的商标注册应服务于真实使用目的的原意；即使 2013 年修法时意识到了这个问题并增加了第 7 条，强调了申请注册和使用行为应遵循诚信原则，但也未能有效遏制实践中大量的非正常申请现象。为此，2019 年修法时在第 4 条增加了下半段，即“不以使用为目的的恶意商标注册申请，应当予以驳回”。

此外，为弥补主管机关未及时发现应拒绝注册的绝对理由可能出现的漏洞，《商标法》第 44 条规定，以欺骗手段或者其他不正当手段取得注册的商标，商标局可以主动宣告无效；近年来，这一条款中的“其他不正当手段”之理解适用，在遏制恶意商标注册申请方面发挥了重要作用（无效部分后述）。

三、我国商标注册申请审查流程及相关程序

广义上说，商标审查审理程序是指涉及商标授权确权各个环节的各项程序，包括商标注册申请的初步审查（形式审查、实质审查）、异议审查及复审以及无效、撤销等程序及后续的复审和诉讼程序。对商标审查审理程序的修改完善，是我国《商标法》历次修改中除了加大商标权保护力度之外的重要内容，因为相关程序是否设置得科学合理、能否兼顾公平和效率，直接关系到我国商标法律制度的宗旨是否能实现。本小节对相关程序的介绍截止异议，无效和撤销在后面相应章节另行阐述。

（一）商标法中的相关主体

梳理我国《商标法》的规定，会发现涉及的主体众多、相互之间的关系不乏交叉重叠的复杂情况，有时候不容易理清。例如，立法条款中出现的民事主体，包括商标注册人（注册商标专用权人、权利人）、申请人（商标注册申请人）、集体或证明商标组织及成员、在先权利人、驰名商标持有人（所有人）、（先）使用人、利害关系人、异议人、商标使用人、转让人和受让人、许可人和被许可人、代理人或代表人、委托人、外国人、相关公众、其他单位或个人、第三人、任何人（单位或个人）、（被控）侵权人、主管人员和其他直接责任人员、国家机关工作人员、生产经营者、消费者，等等。

可以确定的是，“商标权”的概念依据我国现行立法是狭义的，即只有依《商标法》获得注册商标专用权的主体，才是注册商标的“权利人”；但是，在我国现阶段存在诸多“注而不用”（应撤销）或抢注他人在先权利客体（应无效）现象的情况下，尚未清理（撤销、无效）的注册商标的主体在形式上仍是“注册商标专用权人”，其与其他主体如申请人、利害关系人、在先权利人等之间的关系应如何处理，规则不是十分清晰。尽管十余年来我国陆续修法想捋顺商标领域各种主体间的关系，但至今仍未有效解决问题，其中重要的一个原因，是我国《商标法》在开放注册主体资格后，对注册与使用的行为规范和法律后果规定得不具体，特别是注册人的使用义务不清晰。

事实上，各国法律对商标注册的主体资格和行为规范都有具体的要求。有些国家规定商标注册申请人必须在注册国有住所或真实的营业场所，有些则强调申请人自己必须

实际生产或经销商品，否则其申请的商标不能获准注册。我国《商标法》在2001年修改之前规定：商标注册申请人必须是从事工商业活动的企业、事业单位和个体工商业者；[1]且必须是为自己生产、制造、加工、拣选、经销的商品或提供的服务项目而申请取得商标专用权，[2]这些对商标申请人的条件限制，实际上是有利于防范无使用意图囤积抢注行为的。不过，2001年《商标法》修改后取消了对商标注册申请人资格的限定，以“自然人、法人或者其他组织”代替了“企业、事业单位和个体工商业者”；这一修改主要是为了在满足国际公约要求[3]的同时，消除当时中外自然人申请注册资格条件不平等的现象，同时修改后条文不再限定申请人的商业性质、淡化了“为生产经营而使用”色彩，使团体、协会或其他组织在商标法上的主体地位（主要是申请注册集体和证明商标保护地理标志）得到了明确。外国人或外国企业申请商标注册的，则按《商标法》第17条规定办理。可见，2001年修法之后，我国对申请商标注册以获得专用权的主体几乎没有了资格或条件限制。此外，由于我国允许注册商标专用权许可和转让，因此商标权的主体还可能是任何被许可的使用人或受让人。

当然，允许自然人申请注册，在极大便利民事主体的同时，也滋生了大量通过申请商标注册抢占他人或公共信息的行为，甚至助长了商标领域的倒卖注册商标等非正常现象。我国商标主管部门较早觉察了这种现象并作了一定限制，例如，原国家工商行政管理总局商标局在2007年发布了《自然人办理商标注册申请注意事项》，规定自然人必须以个体工商户、农村承包经营户或其他依法获准从事经营活动的自然人身份提出申请，并提供相应的执照、承包合同或登记文件等；但是，对于“自然人”这一来自《民法典》的概念，其在《商标法》语境下、具体来说在商标注册与使用等商业活动中与民法中的主体是否同一？申请商标注册的主体是否应具备一定资质？在各方理解不一致的情况下，实践中产生了更多的混乱。2017年11月17日，原国家工商总局商标局发布了《关于深化商标注册便利化改革切实提高商标注册效率的意见》，其中提出：“研究简化商标申请受理条件和审查事项。论证取消提交主体资格证明文件的要求，简化申请材料。”这样，自然人申请商标注册又不再核验营业执照的经营范围。与此同时，我国商标申请注册量直线飙升，仅2018年就达到700万件，其中不乏同一自然人主体注册若干不可能真正使用商标的情形。[4]日益严重的抢注、囤积现象引起了社会关注和质疑。到了2019年，国家主管部门开始采取相应措施打击非正常申请注册行为，强调申请商标注册应当遵循诚实信用原则。[5]

实践中，更为复杂的问题是，目前仍有大量已经注册商标，依据当时的做法对自然

---

〔1〕不包括自然人。参见1993年版《商标法实施细则》第2条：“商标注册申请人，必须是依法成立的企业、事业单位、社会团体、个体工商户、个人合伙以及符合《商标法》第九条规定的外国人或者外国企业。”

〔2〕服务商标为1993年修法时增加。参见1982年、1993年《商标法》第4条。

〔3〕TRIPs第15条要求商标保护遵循《巴黎公约》规定，而该公约第3条A允许“任何人”申请商标注册。

〔4〕参见熊北辰：《商标恶意抢注行为的规制——商标法第四十四条第一款适用问题研讨》，载《中华商标》2019年第2期。

〔5〕参见《规范商标申请注册行为若干规定》，2019年10月11日国家市场监督管理总局令第17号。

人未严格审查经营条件因此顺利注册，但依据之后的政策或法律解释可能属于“恶意”，而注册商标所有人已经不是当时的注册申请人，而是该注册商标的受让人；在此情况下，若受让人一直使用该注册商标，是否应予以无效？或者当时注册（囤积）的商标曾经有一段3年未连续使用的期间，但在转让之后受让人又启用并一直使用的，是否应予以撤销？应该说，政策是可以随时调整、灵活多变的，但对于恶意注册现象一直未能有效遏制的问题，需要从法律上明确相关主体及相应责任以增强可预期性。此外，我国《商标法》第18条还规定，外国人或者外国企业在中国申请商标注册和办理其他商标事宜的，应当委托依法设立的商标代理机构办理；这一对外国人申请资格的一种限制，在我国加入WTO过程中曾受到质疑，因此今后宜按国民待遇原则将外国主体申请商标注册的资格与国内主体一致，即只有在中国没有经常居所或者营业所的外国主体才应当委托依法设立的代理机构。

（二）商标注册申请的形式审查与实质审查

在数字经济环境下，包括商标在内的信息之传播和利用极为便捷，提高知识产权意识是现代经营者参与市场竞争的必备技能。以开展商业活动为主业的经营者应考虑商标注册问题，有意识事先申请注册而不是事后遭遇问题时再仓促应对；在申请前应事先做好商标查询工作，避免自己准备申请注册和使用的商标与他人在相同或类似商品服务上已注册或正在申请注册的商标相同或近似。同时，经营者应明确自己的经营范围和业务发展需求，按尼斯分类表中的商品类别和名称准确提出注册申请。

1. 商标注册申请的形式与实质二重审查

我国商标注册主管机关进行的形式审查，主要是审查该商标申请是否具备法定条件和手续，从而决定是否受理该商标申请；审查内容包括申请人资格、申请书件、商品或服务名称及其分类、商标图样、规费缴纳、外国主体相关手续是否符合要求等。若提交的文件有明显错误，申请人可申请更正或由商标局在职权范围内更正后通知申请人。申请优先权的应该在申请时就提出，并在规定期限提交合格的相关证明文件。根据《商标法》第26条，为申请商标注册所申报的事项和所提供的材料应当真实、准确、完整。

我国商标注册主管机关进行的实质审查，是对申请的商标是否具备注册实质性要件、能否授予专用权的审查，主要内容包括：商标是否具备法定的构成要素，是否违反禁注禁用条款，是否具有识别性，是否与在先注册或申请相冲突、即不能与他人在同一种商品或类似商品上已注册的或初步审定的商标相同或近似，经审查不符合前述要求的，商标局将驳回申请，不予公告。

2. 商标审查中的重点问题

在商标实质性审查中，尤其是针对“识别性”或“显著性”的审查，有两个十分重要的概念，即《商标法》第30、31条中出现的“类似商品（包括服务）”和“近似商标”；事实上，这两个概念不仅影响商标注册程序中的审查、异议、驳回复审及后续无效或撤销争议等一系列活动，也是侵权判定中的关键概念，因此无论是商标审查中还是后续的确权争议和侵权诉讼中，都应当作体系化一致性的理解。

根据最高人民法院的司法解释，[1]类似商品是指在功能、用途、生产部门、销售渠道、消费对象等方面相同，或相关公众一般认为其存在特定联系、容易造成混淆的商品；类似服务是指在服务的目的、内容、方式、对象等方面相同，或相关公众一般认为存在特定联系、容易造成混淆的服务；认定商品或服务是否类似，应当以相关公众的一般认识综合判断，国际国内的商品和服务分类表、区分表可以作参考。可见，类似商品或服务虽然能以注册时只能选择的分类表和区分表为参考，但现实中“近似”“混淆”应以相关公众的认知为标准；事实上相关公众不会按分类表去精确划分，而是根据生活常识来判断商品或服务是否属于同类，如毛巾、毛巾被与枕巾，墨水与墨汁，热水瓶与冷藏瓶，网上叫车和路边打车，外卖点餐和店内用餐等。

关于近似商标，同一司法解释给出概念和判断方法，即商标近似“是指被控侵权的商标与原告的注册商标相比较，其文字的字形、读音、含义或者图形的构图及颜色，或者其各要素组合后的整体结构相似，或者其立体形状、颜色组合近似，易使相关公众对商品的来源产生误认或者认为其来源与原告注册商标的商品有特定的联系”；认定商标相同或者近似应以相关公众的一般注意力为标准，既要进行对商标的整体比对，又要进行对商标主要部分的比对，比对应当在比对对象隔离的状态下分别进行，判断商标是否近似，还应当考虑请求保护注册商标的显著性和知名度。[2]

实践中，在同一或类似商品上使用的两个以上商标，如果音、形、意等元素都相同或近似，则容易使相关公众混淆，构成近似商标；但若图形、名称、发音、写法等方面既有相似也有不同的，就较难判断，因而不时发生争议。商标法律制度实施中，“类似”“近似”“相关公众”等非客观标准概念的介入，使得相关授权确权、侵权等纠纷解决过程中围绕具体标识和行为等事实不时出现争议焦点，成为法律适用中最为复杂的内容。

（三）商标注册申请初审结果和异议程序

1. 初审公告与核驳程序救济

所谓“初步审定”，是指商标局的审查员对申请注册的商标进行审查后得出的可以核准注册的初步结论；经初步审定的商标尚未经正式注册，须待公告期满（3个月）无异议的才能核准并取得注册商标专用权（《商标法》第33条）。

根据《商标法》第28—30条，商标局应在规定期限内对商标注册申请进行审查；在审查期间可要求申请人对申请内容作出说明或修正，但申请人未作出说明或者修正的，不影响商标局作出审查决定。商标局完成审查后根据不同情况作出不同决定：对于符合法律规定的，予以初步审定并予以公告；对于不符合规定或有抵触申请的，则予以驳回、不予公告。为适应现实需要，《商标法实施条例》（2014年版）第21—22条进一步规定，商标局经审查对在部分指定商品上使用商标的注册申请符合规定的，予以初步审定，并予以公告；对在部分指定商品上使用商标的注册申请不符合规定的，予以驳回或者驳回在部分指定商品上使用商标的注册申请，书面通知申请人并说明理由。在此情

〔1〕参见法释〔2002〕32号（以法释〔2020〕19号修订），第11、12条。

〔2〕见前注，第9、10条。

形下，申请人可以在收到部分驳回通知书之日起 15 日内提出分割申请，即将原申请中初步审定的部分申请分割成另一件申请，分割后的申请保留原申请的申请日期；商标局收到分割申请后，对分割出来的初步审定申请生成新的申请号，并予以公告。

根据《商标法》第 34 条，商标注册申请人收到核驳通知书后不服的，可以在 15 日内向商标评审委员会（现为国家知识产权局的商标局复审部）申请复审，复审部门应自收到申请之日起 9 个月内作出决定，并书面通知申请人（特殊情况下经批准可延长 3 个月）；当事人对复审决定不服的，可以自收到通知之日起 30 日内向人民法院起诉，目前我国的商标授权确权诉讼统一由北京知识产权法院审理，二审在北京市高级人民法院。

2. 商标异议复审与程序救济

根据《商标法》第 33 条，商标局经审查认为商标注册申请符合法律规定予以初步审定并公告的，在公告后有 3 个月的异议期。公告期满无异议的，予以核准注册，发给商标注册证，并予公告。在 3 个月异议期内，异议的提起根据主体和理由的不同有两类：

（1）违反禁止注册的相对理由：在先权利人、利害关系人认为违反《商标法》关于驰名商标保护（第 13 条第 2、3 款）、越权代理（第 15 条）、误导产地（第 16 条第 1 款）、不符合法律规定或存在抵触申请（第 30 条）、多主体同时申请（第 31 条）、损害在先权利或抢注（第 32 条）规定的，可以向商标局提出异议。

（2）违反禁止注册的绝对理由：任何人认为违反《商标法》关于禁止不以使用为目的的恶意注册（第 4 条）、不得作为商标使用的标志（第 10 条）、不得作为商标注册的标志（第 11 条）、功能性三维标志（第 12 条）、商标代理机构在代理服务外申请注册（第 19 条第 4 款）规定的，可以向商标局提出异议。

异议的提出和审查流程具体依照《商标法实施条例》（2014 年版）第 24—28 条进行。根据《商标法》第 35 条，商标局在听取异议人和被异议人陈述，经调查核实后，自初审公告期满之日起 12 个月内作出是否准予注册的决定，并书面通知异议人和被异议人；特殊情况下经批准可以延长 6 个月。异议的结果有两个：其一，认为异议理由不成立，商标局作出驳回异议决定，核准注册、发给商标注册证并予以公告；异议人不服的，可以依照《商标法》第 44、45 条请求宣告该注册商标无效。其二，认为异议理由成立，商标局作出不予注册决定，被异议人（申请人）不服的，可以自收到通知之日起 15 日内申请复审；负责复审的部门应当自收到申请之日起 12 个月内作出复审决定，并书面通知异议人和被异议人，特殊情况下经批准可以延长 6 个月。被异议人对复审决定不服的，可以自收到通知之日起 30 日内向人民法院（北京知识产权法院）起诉，法院应通知异议人作为第三人参加诉讼。负责复审的部门在复审过程中所涉及的在先权利之确定，必须以人民法院正在审理或行政机关正在处理的另一案件的结果为依据的，可以中止审查待中止原因消除后恢复审查程序。依照《行政诉讼法》，对北京知识产权法院一审判决不服的可上诉至北京市高级人民法院。

从上述我国《商标法》对商标注册申请审查的规定看，为保障商标审查质量、保证流程顺畅，法律法规针对每个环节规定了若干不同期限和具体操作步骤，并对注册申请结果的行政决定效力以及对当事人的救济作出了规定。申请商标注册须随时关注和遵循相关期限，以免过期失去程序救济。法定期限届满后，对商标局作出的驳回申请决定、不予注册决定不申请复审，或对复审决定不向人民法院起诉的，驳回申请决定、不予注册决定和复审决定生效。经审查异议不成立而准予注册的商标，商标注册申请人取得商标专用权的时间自初步审定公告 3 个月期满之日起计算；自该商标公告期满之日起至准予注册决定作出前，对他人在同一种或类似商品上使用与该商标相同或近似的标志的行为不具有追溯力，但是，因该使用人的恶意给商标注册人造成的损失，应当给予赔偿（第 36 条）。这一 2013 年增加的规定设立了类似专利权的临时保护期，〔1〕既尊重了异议程序设置的价值，又确保注册人不因他人故意利用程序干扰阻碍正常申请和使用而遭受损失。

四、对侵害在先权利的不正当抢注行为的禁止

（一）商标法中的保护在先权利规则及注册阶段落实机制

如前所述，合法性是商标专用权获得法律保护的实质性要件之一。诚信、公平、守约既是古老的民事法律行为原则，也是现代法治理念和社会主义核心价值观的体现。"任何人不得基于违法行为获益"，违法行为不产生合法利益既是法理上的常识，也是我国司法实践总结的经验；〔2〕忽视长远和整体利益、为维护眼前纸面"创新"数据的光鲜而任由知识产权领域的"蟑螂"〔3〕现象泛滥，将损害法治信念和创新发展战略的根基。事实上，对于商标注册不得侵害在先权，我国《商标法》早有预防和惩治规定，今后只需进一步强化观念减轻在先权利人维权负担，并细化具体规范解释及配套措施严格执行。

《商标法》第 9 条对在先权利的保护原则，贯穿后续所有程序始终。在授权阶段，第 33 条即已确立了在先权利保护的异议理由；也即在商标局初步审定公告后的 3 个月异议期内，在先权利人、利害关系人认为属于损害自己现有在先权利的（第 32 条），可以向商标局提出异议。这里，对于第 32 条"申请商标注册不得损害他人现有的在先权利，也不得以不正当手段抢先注册他人已经使用并有一定影响的商标"的规定，前半段应当理解为商业标识之外的其他在先权利，如著作权、外观设计专利权、形象权（商品化利益）；对于未注册商标、字号、特有商品名称、包装装潢、域名等与禁止不正当竞争紧密相关的商业信息，应按照后半段的规定理解。二者的区别在于，损害他人在先权利的判定一般不用刻意考虑和分析这些权利的客体与被抢注时指定使用的商品或服务类别的关系（尽管常见的抢注所指定使用的商品或服务多与原权利客体信息的特性有关），只要他人在先权利存在而抢注属于未经许可擅自申请注册即可；而后者一般需要证明原权利人已经在商业活动中使用，且相关标识已有一定影响，以及抢注者主观故意或客观上采用了不正当手段，等等。

---

〔1〕 参见凌宗亮：《注册商标临时保护期内权利人的法律救济》，载《企业与法》2018 年第 6 期，第 47—52 页。

〔2〕 参见最高人民法院指导性案例 221 号"裁判要点"。

〔3〕 参见万勇：《保护知识产权就是保护创新》，载《光明日报》2020 年 12 月 3 日，第 2 版。

（二）注册阶段在先权利保护的难点

1. 对在先权利保护的相对理由难以全面审查和启动异议

理想的商标注册制度，行政部门的角色应该是对私权保护信息边界进行审查确认和背书；申请人到商标主管部门去注册，仅是对已经基于实际真实的使用而产生的事实上的商标权进行确认，以使其获得形式正义，便利维权和保障有强制力的执法效果而已。现实中，不以使用为目的的商标注册申请，扭曲了制度的正常运行，商标局面对堆积如山的申请案，要实行全面审查、依职权主动一一核查并发现与他人在先权利相冲突情况是很难做到的，只能尽力排除违反绝对理由的情形依法驳回申请、不予公告。当然，这并不是说商标局应该无所作为，目前的“异议前置”程序设计有一定的合理性，可以过滤那些十分明显的损害在先权利的注册申请，并不至于过度耗费审查资源和成本、达到强制性全面审查不利于促进商业活动开展的程度。若授权阶段一概不过问在先权利的驳回理由，反而会将矛盾拖后处理，使得后续的无效程序不堪重负；而且，若在先权利人不是抢注商标所意图使用的领域之同业竞争经营者，而商标异议期仅有短短 3 个月，很难时刻关注跟踪和发现自己的权利客体被他人抢注为商标。因此，尽管立法将在先权利保护作为异议理由，但及时启动程序阻止抢注，对于大多数被抢注者来说是难以做到的；这一无法事先阻止，只能事后且须在 5 年期限内请求无效及救济的现实，无疑容易引起在先权利人的不满。当然，遭受这类困扰的主要是名人，其姓名肖像权易遭遇抢注问题；对于著作权、外观设计专利权人来说，则影响没那么大，例如未经许可将他人动漫作品“生肖小马”的拟人态头像作为标识的组成部分申请注册商标的，即使核准注册，一旦使用仍然会构成对著作权侵害。[1]

基于以上考虑，我国在商标审查和司法实践中对在先权利保护这一相对理由，可以主动采取适当的过滤措施，直接驳回那些有明显恶意抢注名人形象的行为，以防止那些恶意商标注册行为抢注成功后，给权利人的事后维权带来负担（事后补救的无效程序对于名人来说也只在 5 年内有启动机会）；例如，非典、新冠期间就有人抢注“钟南山”，而奥运会刚过“全红婵”“杏哥”等冠军名字、昵称立刻遭遇抢注，这些行为无不败坏了社会风气，国家主管部门对此也严厉予以打击。[2]

2. 对商品化权益予以一定保护的实践

无论是理论上，还是司法和审查实践中，对在先权利包括著作权、专利权和字号等商业性标识合法权益基本上都持一致意见；对于其他在先权主要包括真实人物和虚构角色的姓名、肖像、名称也无太大争议，只是对这类权利（益）的性质在认识上存在一定疑惑。

（1）姓名权、肖像权。

我国 2020 年《民法典》人格权编赋予了民事主体将其姓名、名称、肖像“许可”

---

〔1〕 参见陈某诉欧马腾会展科技（上海）有限公司侵害作品信息网络传播权纠纷，广州互联网法院（2019）粤 0192 民初 23197 号民事判决书。

〔2〕 参见国家知识产权局：《关于依法驳回“杨倩”“陈梦”“全红婵”等 109 件商标注册申请的通告》，2021 年 8 月 19 日发布。

他人使用的权利，即第 993 条；不过，这类人格权商品化利益是不是可以称为“人格权”在理论上是存疑的，因为人格权依附于人身不能转让，具有精神权利性质，而许可使用权显然是财产性质。本来在《民法典》制定过程中，学界关于人格权的争议就较大；[1]应该说，“许可他人使用肖像做广告，仅仅只是肖像或者形象被商业利用，肖像权人的人格和人格权没有丝毫的变化。所以这些许可和人格以及人格权本来就没有关系。立法将这些制度规定在这里，只是因为这些规则写在这里方便一些罢了。”[2]因此，世界上大多数国家，是从禁止不正当竞争角度保护商品化权益的，无论是真人的姓名肖像（美国称“名人形象权”）或是虚构角色的名称（虚构形象通常可以直接以美术作品获得在先权利保护）。将形象权概念从人格权中剥离显然是符合逻辑的，因实际上只有名人的名字、肖像甚至声音和特殊用品等，才会“吸粉引流”（即增加吸引力、产生商业价值）；“知名度”的本质是姓名、肖像蕴含的信息具有“一定影响力”，禁止未经许可将这些内容抢注或作为商标使用，与商标、反不正当竞争领域的商业竞争中不得盗用他人合法持有的具有商业价值的信息之法律规则同理。正因为这样，绝大多数平凡无奇的普通人之姓名肖像，不会产生被抢注的纠纷，这显然与民事主体的姓名权肖像权性质不同。当然，除了适用于在世一般名人的在先权利保护通行规则外，我国还有专门针对政治家、英雄烈士等姓名肖像保护的法律规则，如《英雄烈士保护法》，不过这一类情形是依据《商标法》第 10 条第 8 项来禁止注册和使用的。

总体而言，我国直接在《民法典》中规定商品化权，也有助于减少理论纷争，简单明了可以适用来解决姓名、名称、肖像未经许可被抢注的问题；只不过需要在实践中作出弹性解释，因为抢注者利用的本质内容不是人格权保护的姓名和肖像本身，而是其所含信息的知名度之利用产生的财产利益。例如，法院将“乔丹”二字解释为美国篮球明星“MichaelJeffreyJordan”的姓名，尽管其身份证件并没有“乔丹”两个中文字；同时，对于“QIAODAN”或“qiaodan”的拼音及图形商标，则认为不侵害姓名权，[3]说理上显得比较困难。其后，在 2017 年起实施的关于审理商标授权确权行政案件的司法解释中，最高人民法院进一步明确了注册商标损害民事主体姓名、名称、肖像权利的判定规则，即如果相关公众认为诉争商标指代了某自然人、容易认为系经过其许可或与之存在特定联系的，人民法院应当认定该商标损害了该自然人的姓名权；当事人以其笔名、艺名、译名等特定名称主张姓名权，该特定名称具有一定的知名度，与该自然人建立了稳定的对应关系，相关公众以其指代该自然人的，人民法院予以支持。[4]对照此司法判定规则，在 2022 年起实施的国家知识产权局发布的《商标审查审理指南》指出，他人的姓名包

〔1〕 参见梁慧星：《民法典编纂中的重大争论——兼评全国人大常委会法工委两个民法典人格权编草案》，载《甘肃政法学院学报》2018 年第 3 期；王利明：《民法典编纂中的若干争论问题——对梁慧星教授若干意见的几点回应》，载《上海政法学院学报》2020 年第 4 期。

〔2〕 参见孙宪忠：《民法典分编体例既科学也符合我国国情》，载《法治日报》2020 年 3 月 24 日，第 5 版。

〔3〕 参见最高人民法院（2016）最高法再 27 号行政判决书；另参见刘婧：《最高法院公开宣判“乔丹”商标争议行政纠纷 10 件案件》，载《人民法院报》2016 年 12 月 9 日，第 1—2 版。

〔4〕 参见法释〔2017〕2 号（以法释〔2020〕19 号修订），第 20 条。

括本名、笔名、艺名、译名、别名等；若姓名具有一定的知名度、与自然人建立了稳定的对应关系、在相关公众的认知中指向该姓名权人，系争商标的注册给他人姓名权可能造成损害的，应不予注册；该指南对肖像的保护同样比较宽泛，包括通过摄影、绘画等艺术手段将他人的形象再现，[1]这一界定范围也较宽泛，避免了将肖像限定理解为照片很可能造成的保护不足。现实中，名人对肖像的非贬损的非商业使用一般持宽容态度，如“葛优躺”“孙悟空配音”等表情包和音频几乎遍及网络，只要不是专门做商业使用，基本不会引发诉讼纠纷。

（2）作品名称及虚构角色名称的商品化权（益）。

如果说真人形象的商品化利益因已被《民法典》直接确立，以后关于名人形象符号抢注的争议不会太多的话，未经著作权人及利害关系人许可，将文学艺术作品名称或其中的角色名称（包括连同名称一起设计的形象）抢注为商标的情形尚待进一步明确。从实践中积累的经验看，这类信息的使用权作为在先权利（益）受保护的趋势，在我国商标注册申请审查和相关司法实践中已开始明朗。在“功夫熊猫”案中，法院开始支持使用“商品化权”的概念。[2]当然，商品化权获得保护也有赖于清晰的著作权授权链条证明，例如，甲网游公司未经许可将金庸作品《笑傲江湖》中知名的道具名称“葵花宝典”注册为商标使用，乙公司作为金庸授权的在中国大陆地区内享有《笑傲江湖》独家网络游戏改编权，包括作品相关元素使用权的独家主体，以损害在先权利为由提起甲的注册商标无效宣告程序，并经过无效复审（无效）[3]、一审（撤销）[4]、二审（维持）[5]、再审（撤销一二审）多个行政和司法程序，最终得以适用《商标法》第 32 条对在先权利保护的规定获得保护。[6]

前述关于授权确权的司法解释还明确，对于著作权保护期限内的作品，如果作品名称、作品中的角色名称等具有较高知名度，将其作为商标使用在相关商品上容易导致相关公众误认为其经过权利人的许可或者与权利人存在特定联系，当事人以此主张构成在先权益的，人民法院予以支持。[7]可见，与对构成美术作品的角色形象被抢注比较容易制止不同，对于作品名称、角色名称权益等，在先权益人提出异议或无效主张的，首先要对其主张的在先权益所依附的著作权归属和合法存续提供证据予以证明，这要求著作权的相关权利授权链条清晰且无争议；其次还需要证明在系争商标申请注册之前作品及其相关要素已具有较高知名度、容易导致相关公众误认为等。可见，要判定构成对著作权相关内容的抢注难度较大；对于一些作品角色名称虽然不一定完全臆造，但因某畅销作品获得知名度的情形，判定抢注则难度更大一些。例如，创作《童话大王》的作家郑

〔1〕参见《商标审查审理指南》（2021）下编第 14 章 3.4.1，3.5.1。

〔2〕参见北京市高级人民法院（2011）高行终字第 541 号行政判决书。

〔3〕参见商评字〔2017〕第 17732 号，“葵花宝典”案商标评审委员会作出的被诉裁定。

〔4〕北京知识产权法院（2017）京 73 行初 2800 号行政判决书，“葵花宝典”案一审判决。

〔5〕北京市高级人民法院（2018）京行终 6240 号行政判决书，“葵花宝典”案二审判决。

〔6〕最高人民法院（2021）最高法行再 254 号行政判决书，“葵花宝典”案再审判决。

〔7〕参见法释〔2017〕2 号（以法释〔2020〕19 号修订），第 22 条。

渊洁，其作品中的知名角色名称被抢注了672个商标，既包括“皮皮鲁”等臆造名，也包括“舒克”等常见名；20多年来维权成功（无效）16个，平均耗时6年、花费9万元，最长的维权时间达14年。[1]

与司法部门一样，商标审查工作的主管部门也对商品化权益保护作出了相应规定，如要求异议人对其主张的在先权益归属和合法存续提供证据予以证明、请求保护的在先权益相关标志具有较高知名度、系争商标注册申请人主观上有恶意、系争商标使用在指定商品/服务上容易导致相关公众误认为其经过在先权益人的许可或者与之存在特定联系等。不过，如前所述，由于异议期内在先权益持有人极少能关注和跟踪商标注册动态并及时启动程序，审查员也难以事先仔细全面核对并要求提交相关证据，此类争议往往是在事后以无效程序纠正。当然，对于畅销作品名称、知名角色名称，商标审查部门一概不过滤的确有可商榷之处，国家主管部门也开始将此类抢注行为列入规制清单。[2]

五、对在先使用未注册商标的分层保护

此处所说的未注册商标，仅指那些在他人注册前已经实际使用，但因各种原因未注册的广义上的商业标识，不包括著作权、专利权、人格权等其他类型在先权利的保护客体。我国《商标法》和《反不正当竞争法》对知名度不同的未注册商标，给予了不同程度的保护；当然，这里所称的“保护”不同于商标专用权可依法获得的全面、充分的保护，而仅仅是法律从某一角度作出规定，通过阻却商标注册申请或不支持注册商标专用权人主张的消极方式，为未注册商标的在先使用人提供不同程度的间接保护。

（一）对未注册有一定影响商标的保护

很多中小微市场主体从事商业活动仅为养家糊口，并不像大公司一样为谋长远发展壮大、事先就制定包括预先申请多类甚至全类商标注册在内的企业知识产权管理战略，但在实践中通常会采取自用的商标、字号、商品名称、包装装潢等，以便于经营和引导顾客认牌购物，也可能按照需要仅申请个别商标自用。这些商业标识若具备法律规定的可注册商标构成要素并符合实质要件，就不排除他人将相同或近似的商标申请注册指定用在相同或类似的商品或服务上，并经审查核准后获得全国性的注册商标专用权。在广义上的商业标识中，最有可能被抢注为商标的是字号、商品名称，通常在容易导致混淆的商品或服务类别上被抢注。例如，将他人早就开始经营且在知名后注册在糕点等食品上的“鲍师傅”商标，抢注在提供西点外卖的餐饮服务类别上并同样以连锁店方式使用的商标应予以无效。[3]至于有一定影响的包装装潢和商业外观，他人则多通过直接使用方式假冒或仿冒，这时权利人可依据《反不正当竞争法》请求救济，例如“费列罗”巧克力包装。[4]另外，从广义商业标识的角度理解，“未注册商标”也包括未注册的地理标志和其他特殊标志；特殊标志依专门条例驳回抢注可能性可行性大，但对于有一定影响

---

〔1〕参见陈琳：《维权全部成功后〈童话大王〉才会复刊》，载《新京报》2021年12月17日，第A09版。

〔2〕参见国家知识产权局：《打击商标恶意抢注行为专项行动方案》，国知发办函字〔2021〕35号。

〔3〕参见北京市高级人民法院（2020）京行终3636号行政判决书。

〔4〕参见最高人民法院(2006)民三提字第3号民事判决书。

却无法严格对应行政区域地名事先驳回的未注册地理标志，若遇到抢注还需要事后程序救济，例如，在福建某食品公司抢注“湘莲”案中，复审主管部门支持了湖南省湘潭市湘莲协会的主张撤销了该商标。[1]

（二）对未注册驰名商标的保护

未注册驰名商标的保护问题，在我国商标法律制度实施中一直受到各界重点关注。一方面，对于从未在国内申请注册过的商标，因缺乏注册证书（哪怕商品或服务类别不同）作为专用权证明，权利人只能通过异议、无效程序消极禁止他人抢注和使用；但事实上，与未注册有一定影响的商标一样，在很短的异议期内权利人难以及时发现和控制此类抢注，而无效阶段的补救则滞后耗时且有期限。另外，尽管法律对于驰名商标有特殊保护的规定，即对恶意抢注的不受 5 年期限的限制，但“驰名”的认定及抢注人的“恶意”证明标准，长期以来都难以达成一致意见。同样，若某驰名商标仅在某类商品或服务类别注册，而他人在其他众多的类别上申请注册或使用，对于跨类别保护的范围到底有多大，也即注册商标专用权效力可以延伸到哪些未指定的商品或服务，也时常会产生认识分歧。不过，从总的趋势来看，我国对未注册驰名商标的保护日趋严格。

那么，审查员在初审阶段是否应初步过滤涉嫌抢注未注册驰名商标的申请？显然，在注册制的先申请和分类注册原则下，在初步审查阶段进行普遍的事先过滤缺乏可操作性，也有违建立注册制、提高商标保护效率的初衷，因此立法、审查及司法实践中均未将此作为审查员的强制性义务。这样，大多数情况下，未注册驰名商标阻却他人注册和使用的方式，还需通过事后无效程序解决；我国《商标法》中对驰名商标保护的不足，例如补充对抢注侵权行为的处罚责任规范和减轻权利人维权程序的规范，还需要提供立法解决（对此新一轮修法中已有共识）。不过，本书认为，法律修改前，在有些情形下，对于那些家喻户晓独创性高的商标，即使未在我国注册或未在被指定的商品或服务类别上注册，例如，将“APPLE 及图”申请注册在学具、玩具、餐具上，恐怕还是应该主动依职权事先过问一下是否有合法授权。

（三）注册阶段在先未注册商标保护的难点

虽然《商标法》规定的商标注册流程设定了异议、无效等程序（第 33、45 条），给予在先权利人阻止他人抢注已使用且有一定影响的商标，或请求宣告该注册商标无效的救济机会；但在规定的时限内，在先权利人可能难以随时关注并及时发现被抢注、提出相关请求（不排除一些情形下在先权利人在异议阶段可以成功拦截非法抢注）。若未能通过异议阻止注册，或在 5 年内未请求宣告注册商标无效，则该注册商标专用权将存续，从而产生在先权利人继续使用自己的未注册商标将遭遇侵权风险的问题。为保护善意的在先使用人、平衡其与不能证明有恶意的注册商标专用权人之间的利益，《商标法》第 59 条第 3 款规定了在先使用（先用权）制度，即商标注册人申请商标注册前，他人已经在同一种商品或者类似商品上先于商标注册人使用与注册商标相同或者近似并有一定影响的商标的，注册商标专用权人无权禁止该使用人在原使用范围内继续使用该商

〔1〕 参见史新章：《商标争议程序对未注册地理标志的保护》，载《中国专利与商标》2009 年第 2 期。

标，但可以要求其附加适当区别标识。

另外，现行《商标法》对有一定影响未注册商标的保护，仅限于阻却注册和请求宣告无效；虽然可就恶意抢注造成的损害另行提起侵权之诉（通常在抢注人恶意提起知识产权侵权之诉后提出），[1]或按《反不正当竞争法》请求救济（包括抢注之外的其他侵权方式[2]），但事后救济对于在先使用人来说保护力度稍显虚弱。同样地，若商标注册人获取和行使的“专用权”实际上是违法抢注未注册驰名商标或已注册驰名商标可跨类保护范围的结果，那么其“专用权”应被无效且自始无效的，这样其行使“专用权”行为反过来会侵害未注册驰名商标所有人的合法权益。现行《商标法》第 13 条只明确了对未注册驰名商标“不予注册并禁止使用”，对于抢注者的侵权责任及其与驰名商标权利人之间的争议和纠纷如何处理，立法未给出明确的解决方案，而这正是多年来我国商标领域中的突出问题。

司法机关因处于矛盾纠纷处理的第一线，对此早就先行给出了应对之策，即在 2011 年修改《民事案件案由规定》时新增了一类案由——“恶意提起知识产权诉讼损害责任纠纷”，允许对恶意行使“知识产权”的行为提起侵权之诉（常被称为“知识产权恶意诉讼”），为因恶意诉讼蒙受损失的被告（在商标领域通常是未注册驰名商标的所有人）提供了专门的诉讼索赔途径，但实践中，能成功证明抢注者恶意获得赔偿的案件还不多。2021 年 6 月，最高人民法院发布了《关于知识产权侵权诉讼中被告以原告滥用权利为由请求赔偿合理开支问题的批复》，这一司法文件进一步规制了知识产权领域的恶意诉讼的行为，实践中各地各级法院也在相关案件中让恶意诉讼或滥用权利的“权利人”承担了不利的法律后果，因此近年来此类案件逐渐增多。在授权确权方面，由于适用第 33 条的异议和第 45 条无效条款来禁止抢注未注册商标效果欠佳，近年来审查部门和法院持续加大对《商标法》第 44 条第 1 款的适用力度予以拦截。[3]此外，国家知识产权局也出台了遏制抢注行为的相关规定，新启动的《商标法》修改也增设了相关制度（后述），增强了对未注册在先使用人和驰名商标权利人的保护力度。

（四）对恶意抢注行为的规制

如前所述，对于损害有一定影响在先使用人和未注册驰名商标权利人合法权益的行为，我国《商标法》设置了异议、无效程序，为权利人提供救济，但实践中存在诸多疑难问题；为弥补主管机关未及时发现拒绝注册的绝对理由而核准注册可能产生的问题，近些年来，商标审查部门和司法机关同时开始强化主动筛查过滤机制，即依据《商标法》第 44 条规定的绝对理由，对以欺骗手段或者其他不正当手段取得注册的商标，由

---

〔1〕《商标法》第 68 条第 4 款仅针对商标代理机构的恶意申请和滥诉行为予以处罚，未涉及抢注人；司法机关允许就“因恶意提起知识产权诉讼损害责任纠纷”提起诉讼，参见 2020 年最新修改的最高人民法院《民事案件案由规定》第 171 项，法〔2020〕346 号。

〔2〕参见《商标法》第 58 条：将他人注册商标、未注册的驰名商标作为企业名称中的字号使用，误导公众，构成不正当竞争行为的，依照《中华人民共和国反不正当竞争法》处理。

〔3〕参见北京知识产权法院：《进一步规制商标恶意注册为法治化营商环境建设贡献力量》，2024 年 2 月 28 日发布，网址：https://bjzcfy.bjcourt.gov.cn/article/detail/2024/02/id/7823787.shtml，2024 年 4 月访问。

商标局主动宣告无效以弥补第45条相对理由请求无效条款的不足。

另外，对于实践中为各界诟病的代理人恶意抢注问题，相关部门也加大了治理。依据我国《商标法》第19条第4款的规定，商标代理机构不得越权代理申请，第68条还明确规定对恶意申请商标注册的，将根据情节给予警告、罚款等行政处罚，对恶意提起商标诉讼的，由人民法院依法给予处罚；但在实践中这些条款的适用远远不足，尤其是在司法中很少看到法院对恶意提起商标诉讼的代理人进行处罚，这也与第68条有明显立法漏洞相关，也即，若恶意抢注或恶意提起诉讼的并非代理机构，则无法适用。值得关注的是，此类现象已给平台经济的健康发展造成阻碍、扰乱了良好的营商环境。“知产流氓”通过抢注各平台上被用于描述商品的关键字（如“破洞”牛仔裤）、网络热词、网红店铺名、网红名字（姓名、花名、艺名），然后向平台进行商标侵权投诉；由于网络平台前所未有的规模效应，抢注者往往不只针对单一的商家或者产品，而是批量抢注、批量投诉，并借此谋取高额利益，严重破坏商业竞争秩序。〔1〕另外，抢注牟利方式还包括恶意注册他人有一定影响的未注册商标，以“注册商标专用权”作为要挟，向同业竞争者收“保护费”私了；例如，耿某抢注国外知名游戏公司的“CODENAMES”“PIEFACE!”等系列商标发起多起诉讼，在商标被无效的4个月前还以商标侵权诉讼获赔营利。〔2〕

对于恶意抢注治理，除了《商标法》实施中强化使用原则和对在先权利、未注册商标的保护外，司法实践中也通过对《电子商务法》相关条款的适用进行规制。最高人民法院于2020年9月10日发布了《关于审理涉电子商务平台知识产权民事案件的指导意见》，对《电子商务法》中规定的“恶意通知”中“恶意”情形的判断进行具体规定，〔3〕并赋予了平台内经营者因恶意通知遭遇损失时寻求便捷司法救济的权利，即与涉电子商务平台知识产权侵权纠纷案件一并审理。国家知识产权局则多次发文要求严打商标恶意注册，并发布《打击商标恶意抢注行为专项行动方案》，决定自2021年3月起，集中开展打击商标恶意抢注行为专项行动，助力营造良好创新环境和营商环境。

值得关注的是，在新一轮《商标法》修订工作启动后，各界对通过立法加大对恶意注册的规制力度抱有极大期望；作为回应，主管部门在公布的草案征求意见稿中，增加了一系列相关规范，虽然最后是否通过或具体制度是否调整，但也反映了一些共识。例如，新增第22条对禁止恶意注册申请作了规定：“申请人不得恶意申请商标注册，包括：（一）不以使用为目的，大量申请商标注册，扰乱商标注册秩序的；（二）以欺骗或者其他不正当手段申请商标注册的；（三）申请注册有损国家利益、社会公共利益或者有其他重大不良影响的商标的；（四）违反本法第十八条、第十九条、第二十三条规定，故意损害他人合法权利或者权益，或者谋取不正当利益的；（五）有其他恶意申请商标注

〔1〕参见方列：《百万卖家遭敲诈“知识产权流氓”须严惩》，载《半月谈》2017年第6期。

〔2〕参见浙江省高级人民法院（2021）浙民申5338号裁定。

〔3〕根据该意见（法发〔2020〕32号）第28条，认定通知人是否存在恶意，应重点考量是否存在以下情形：（1）伪造、变造权属证明；（2）明知权利状态不稳定或有瑕疵；（3）知道通知错误后不及时撤回；（4）提供虚假鉴定意见；（5）前后同类通知理由冲突。

册行为。”其他相关的主要修改方案包括：（1）在现行法第45条规定的无效宣告相对理由条款中，增设了在先权利人可以请求将其请求无效的注册商标移转至自己名下的“商标移转”制度；（2）草案第48条对商标核准注册后、被宣告无效前，使用该商标侵犯他人注册商标专用权，商标注册人或者被许可人存在恶意的行为责任进行了规定；（3）草案第63条对恶意阻止他人正当使用商标中含有的地名、商品名称或者种类，扰乱商标管理秩序的行为作出了规制；（4）草案第67条加大了对商标恶意注册申请的行政处罚；（5）草案第83条增加了恶意抢注的民事赔偿和公益诉讼制度；（6）草案增设第84条“恶意诉讼反赔”制度。[1]

近些年来，为遏制打击恶意注册行为，行政和司法部门均加大了对绝对理由的适用力度，上述“欺骗或者其他不正当手段”所指的“恶意注册”之阐释也在扩张。因此，之前《商标法》实施中对无效制度启动的绝对和相对理由的严格区分开始松动，形成灵活适用无效理由遏制抢注的整体态势，这将有利于化解因相对理由在举证、时限等方面的限制造成的在先权利人来不及寻求救济或事后救济成本过高的难题。例如，主管部门从源头治理角度打击恶意注册行为，禁止恶意抢注的各类信息包括：（1）国家或区域战略、重大活动、重大政策、重大工程、重大科技项目名称；（2）重大自然灾害、重大事故灾难、重大公共卫生事件和社会安全事件等突发公共事件相关词汇、标志；（3）具有较高知名度的重大赛事、重大展会名称、标志；（4）行政区划名称、山川名称、景点名称、建筑物名称等公共资源；（5）商品或服务的通用名称、行业术语等公共商业资源；（6）具有较高知名度的公众人物姓名、知名作品或者角色名称；（7）他人具有较高知名度或者较强显著性的商标或者其他商业标志；（8）明显违背《商标法》第10条规定禁止情形以及其他违反公序良俗，对我国政治、经济、文化、宗教、民族等社会公共利益和公共秩序造成重大消极、负面社会影响；（9）商标代理机构知道或者应当知道委托人从事上述行为，仍接受其委托或者以其他不正当手段扰乱商标代理秩序；（10）其他明显违背诚实信用原则的情形。[2]

第四节　商标权的内容

一、商标权的概念及理解

（一）商标权与注册商标专用权

商标权是商标法律制度中的基础概念，与著作权、专利权并列为知识产权三大类型

---

〔1〕 前述条款的具体行文，参见国家知识产权局：《中华人民共和国商标法修订草案（征求意见稿）》，2023年1月13日发布。

〔2〕 参见《打击商标恶意抢注行为专项行动方案》（国知发办函字〔2021〕35号），第2项。

之一。商标权是由所有人依法对其使用的商标享有的专有权，从法定性和独占性的特征描述，将商标权称为“商标专用权”“商标专有权”“商标所有权”等都是同样的意思。我国目前的《商标法》中并未出现“商标权”一词，立法使用的是“商标专用权”或“注册商标专用权”；第 1 条的立法宗旨即指出要保护“商标专用权”，同时依据第 3 条规定，经商标局核准注册的商标为注册商标，商标注册人享有商标专用权，受法律保护。同样，我国学界和实务界的主流观点都认同，商标权即注册商标专用权、未经注册不产生商标权。〔1〕

虽然商标权仅指向经过审查和公示的排他性注册商标专用权，是最为理想的商标权存在状态，也是实行注册制的国家对商标权的界定方式；不过，与实行注册制的各国不同的是，原本应在例外情形下才实施的对未注册驰名商标的特殊保护规范，在我国成为常态化的应对诸多驰名商标相关的确权和侵权纠纷的路径。尽管我国在立法完善进程中一直在纠偏防止抢注、强化对驰名商标合法权益的保护；但法律条款中还是不够周延，过度强调法律保护的是“注册商标专用权”，并将该权利的内容和范围限定在“以核准注册的商标和核定使用的商品为限”（第 56 条），可能不利于未注册驰名商标和注册驰名商标跨类别保护，难以从根本上解决抢注问题。例如，若以核准注册的为限，那么他人在类似商品上使用近似商标是否侵权？实际上《商标法》本身就给出了回答，即第 57 条第 2 项明确的“混淆”标准，其并非局限于“核准注册的商标和核定使用的商品”；若被侵害的注册商标非常驰名，则答案更是显而易见。鉴于“注册商标专用权”的概念和内容范围可能使人疑惑，学界对此有修法时采用“商标权”一词替代的建议。〔2〕应该说，片面强调注册商标专用权概念的确或多或少影响了我国商标法律制度实效，且不时招致各方质疑。多年来，囤积注册商标信息资源待价而沽，或不劳而获抢注他人未注册驰名或知名商标，甚至反过来碰瓷勒索原权利人的非正常现象未能有效根治。

因此，在今后《商标法》的立法完善和法律实施中，为避免可能存在的认识偏差，需要强化相对宽泛的“商标权”概念，即商标专用权不仅是注册商标专用权，也包括驰名商标专用权。同时，需要强化注册等各个阶段流程中对实际使用的要求，制定相关规范以弥补对未注册商标合法权益保护的不足，并允许在先使用人在注册商标侵权纠纷中直接对恶意抢注侵权行为提出反诉，制定相应的追责规范、避免事后救济的不便和困难。另外，还可考虑允许驰名商标所有人进行防御性注册，简化被抢注的驰名商标进行维权时请求注册的权属调换程序等。从目前公布的新一轮《商标法》修改草案看，这些内容都得到考虑，可望加深各界对“商标权”的全面认识。〔3〕

（二）商标权是“行”“禁”合一的排他权

商标法律制度建立的主要目的是保护商标权。而如前所述，商标权客体是无形的商业信息，虽然标识经使用才产生经济价值，但基于商业诚信和经营自由而使用标识的行

---

〔1〕参见吴汉东主编：《知识产权法》，北京大学出版社 2003 年版，第 179 页；黄晖：《商标法》（第三版），法律出版社 2023 年版，第 146 页。

〔2〕参见刘春田主编：《知识产权法》，中国人民大学出版社 2009 年版，第 275—276 页。

〔3〕参见国家知识产权局：《中华人民共和国商标法修订草案（征求意见稿）》，2023 年 1 月 13 日发布。

为本身只是“行”之权利，不易清晰描述标识所有人可以行使“禁”这一排他性权利应明确的范围边界。因此，所有商标权都经注册审查和公示而得到确认和保护，是商标权保护最理想的制度设计。我国《商标法》正是围绕商标权的取得、内容、行使、转让、许可、续展、撤销、无效及保护等一系列问题建立起来的法律制度。但是，在巨大的“注而不用”标识历史存量难以短时期消化的现阶段，本应特殊情形下发生的驰名商标保护争议，已成为影响我国商标制度功能正常发挥的常见因素，因此我国商标法律制度需要增设有针对性的矫正措施。

本书认为，无论采取哪个词汇和哪种表述，应统一商标权内容“行”“禁”合一的认识和理念；也即，商标权既包括权利人自己或许可他人行使之“行”的权利，也包括权利人禁止他人未经许可使用（包括以抢注方式）而导致混淆的“禁”之权利。据此，注册商标、驰名商标的所有人都依法享有排他性的、“行”“禁”合一的完整商标权，只不过驰名商标的“行”“禁”规则，包括驰名商标本身的认定规则，尚需立法进一步明确，其“禁”的范围不应扩张至其驰名之前其他在先注册在不相干类别上、使用中也未搭便车的商标。而对于未注册有一定影响的商标，其在先使用人依法享有的只有“行”、没有“禁”，其本质是一种优先获得注册、5 年内阻却他人抢注以及无法阻却他人注册时在原有范围有条件继续使用的合法利益。简言之，注册商标专用权是最典型的商标权，本节基于此对商标权的内容进行介绍，关于驰名商标的特殊保护放在最后一节阐述。

二、注册商标专用权的内容

与著作权、专利权一样，商标权的核心内容是权利人对受保护客体信息的专有使用权和禁止他人擅自使用的控制权；其中，专有使用权也可以以许可他人使用的方式行使，至于被许可人是否也获得了禁止权，则需要视合同约定情况而定。另外，注册商标专用权也可转让给他人，不同国家对转让注册商标是否必须连同营业一同转让要求不尽相同；有的坚持连同转让、有的允许单独转让，《巴黎公约》和 TRIPs 都对此进行了协调，总的倾向是留给成员国立法选择，我国《商标法》关于转让注册商标的第 42 条未明确，实践中可以自由转让。[1]

（一）使用权

使用权是指注册商标所有人在核定使用的商品或服务上使用该商标的权利。使用既是商标权人的权利，也是商标权人义务，因为我国与各国商标法及有关国际公约一样，都对使用义务作出了明确规定，即连续 3 年不使用的、注册商标将由商标局撤销，商标专用权即不复存在。使用是商标权人积极主动行使注册商标专用权的主要方式，依据我国《商标法》第 56 条的规定，其权利的效力范围应以核准注册的商标和核定使用的商品为限；之所以严格限定这一范围，即权利人自己不得使用与注册商标相近的标志、也不得在与核定商品相类似的商品上使用其注册商标，一是因为注册商标专用权是一种法定权利，其保护应在注册时依法核准限定的范围之内、不得任意改变或扩大；二是为了

〔1〕 参见彭学龙：《商标转让的理论建构与制度设计》，载《法律科学》2011 年第 3 期。

执行商标分类申请、在先申请原则（因为有可能有他人按分类申请原则已经在类似商品上先申请了相同或近似的商标），便于维护注册商标管理秩序和统一执法标准。因此，商标权人若自行扩大其注册商标的使用权范围，可能导致注册商标被撤销的后果（第 49 条将“自行改变注册商标”作为撤销理由）。不过，需要注意的是，使用权是从商标权人自己行使权利的角度来考察的；若从“禁”的角度，商标专用权保护范围可能与核定时的限定范围有差距而与实际使用形成的商誉更接近、在驰名商标的情形下更是如此，我国《商标法》本身也承认这种适当扩张，如第 57 条第 2 项禁止混淆规定对近似商标类似商品的容纳和第 13 条对驰名商标的保护。

（二）禁止权

禁止权与使用权都是注册商标专用权的内容，使用权是商标权人自己使用注册商标的权利，禁止权是对他人非法使用注册商标的制止权。依据《商标法》第 57 条，商标权人有权禁止的侵犯注册商标专用权的行为包括七项、且第 7 项是兜底性的开放条款，严格来说，只有第 1 项“在同一种商品上使用与其注册商标相同的商标”与第 56 条规定的注册商标权利人可以“行”的范围一致。从立法规定的内容来看，注册商标专用权人之禁止权的效力范围要大于使用权的效力范围，不仅包括核准注册的商标、核定使用的商品或服务，还扩张到与注册商标相近似的商标和与核定商品或服务相类似的商品或服务。因此，与使用权相比，禁止权更明显地体现了注册商标专用权的排他属性，尤其是当注册商标成为驰名商标时，禁止权的范围更大甚至可能扩张到禁止在非类似的商品或服务上使用。立法之所以这样规定，是为了实事求是按使用情况切实保护注册商标权利人的合法利益，同时也是为了防止混淆误认，保护消费者利益。

（三）许可权

许可权又称许可使用权，是注册商标所有人依法许可他人使用其注册商标的权利。许可权是商标权的一项重要内容，是商标权人行使商标权、实现自身利益的一种方式。商标许可使用是一种常见的商业实践，无论是对许可人或是对被许可人均有积极意义；这里的许可人主要指注册商标专用权人，不过因许可是一种平等主体之间的合同关系，只要双方达成合意且不违法，未注册的商标也可以许可他人使用。商标本身（不是指标贴等载体）是一种无限复制也不会磨损的无形信息，对许可方即注册商标权利人而言，通过许可他人使用注册商标，无疑可以扩大商标在消费者中的影响力、从而扩张其指代的商品或服务的市场占有率，有助于打造自己的品牌；而对于被许可方即实际使用人来说，经许可使用他人已有一定商誉的商标，可以节省品牌打造前期投入、直接投产并在短期内即获得经济利益回报，同时借助商标权人的管理和指导还可快速提升自己的市场经营能力。另外，对于消费者来说，若自己心仪的商品或服务只有单一的提供者，其产能有限可能供不应求；若同时有众多被许可人生产、提供相同商标的商品或服务，则无疑能更好地满足市场需求。

目前我国《商标法》第 43 条对注册商标许可使用作了简要规定（在商标使用许可部分后述），不过，许可权是通过合同来实现的，而合同条款是一种双方当事人之间的约定而非法定的强制性规范。商标许可在实践中存在诸多问题，尤其是因约定不清晰、条款缺漏或粗略等因素导致双方在实施中或合同解除时产生纠纷。另外，双方之间的合同法律关系没有对世性、不易为第三人所知，这也对商标许可相关法律关系的厘清带来诸多困难。

（四）转让权

转让权，是指注册商标所有人依法将其注册商标专用权转移给他人的权利。从法律属性看，转让注册商标专用权是商标权人行使商标权的一种方式，也是商标权人对注册商标专用权这一无形财产的一种终局处分行为。转让注册商标须由转让人和受让人双方当事人签订合同、并共同向商标局提出申请，经商标局核准并予以公告后生效；未经核准登记的，注册商标转让合同不具有法律效力，这一必须履行法定程序的登记生效主义原则与商标许可合同不强制要求备案、但未经备案不得对抗善意第三人的登记对抗主义不同。注册商标转让后，受让人成为商标权人，原商标权人丧失商标所有权。

签订合同或协议是最为常见的注册商标转让方式，不过尽管我国《商标法》第 42 条未提及，现实中不排除以继受方式受让的情形，例如在注册商标权利人是从事经营的个人的情况下，商标权应属于被继承人财产权的范围，可以通过继承、遗赠等形式受让。为此，《商标法实施条例》第 32 条规定，注册商标专用权因转让以外的继承等其他事由发生移转的，接受该注册商标专用权的当事人应当凭有关证明文件或者法律文书到商标局办理注册商标专用权移转手续。同理，法人因合并分立而被注销的，由承继的主体受让其商标权，当然也可放弃或作为无形资产处置。

三、商标使用相关概念及注册人的使用义务

依据《商标法》2013 年增加的第 48 条，“商标的使用”（理论和实务界通常不刻意区分“商标的使用”或“商标使用”“商标性使用”等用语）是指将商标用于商品、商品包装或者容器以及商品交易文书上，或者将商标用于广告宣传、展览以及其他商业活动中，用于识别商品来源的行为。对于这一条，现行《商标法》是将其放置在第 6 章“商标使用的管理”中来规定的，但事实上，商标使用之概念及理解的重要性几乎贯穿《商标法》实施的每个环节，而且该条来源于 2002 年《商标法实施条例》的总则部分；[1] 因此，有观点认为关于这一重要概念的条款应放在《商标法》的总则部分。[2]

（一）常见的商标使用行为

商标使用是经营者开展商业活动、开拓商品或服务市场和进行市场竞争最常用的手段。商标使用的具体方式主要包括将标识以贴附、刻制、烙印、编织、光电显示等方式，直接使用于商品、商品包装、商品容器上等，或者将商标使用于交易文书或单据凭证、广告宣传、展览及其他业务活动中，其目的是用于识别商品或服务的来源。

商标使用概念涉及商标法律适用各个方面，为减少不确定性，一些国家在立法中采

---

〔1〕 参见 2002 年条例第 3 条：商标法和本条例所称商标的使用，包括将商标用于商品、商品包装或者容器以及商品交易文书上，或者将商标用于广告宣传、展览以及其他商业活动中。

〔2〕 参见殷少平：《论商标使用概念及其立法定义的解释》，载《法学家》2022 年第 6 期。

取客观描述商标使用常见样态的方式以提供引导。例如，美国商标法（即《美国法典》第 1127 条，也是《拉纳姆法》第 45 条）在相关术语定义中指出："在商业中使用"是指在日常交易过程中不仅是为了保留权利对商标进行的善意使用，包括：（1）在商业销售或运输过程中，以各种方式把标识使用于商品、商品容器或商品陈列上，或用于附在商品上的标签或吊牌上、或与商品或陈列相关的文件上；（2）将标识用于或标示于所提供的商业性服务或广告上，从事有关商业经营的服务提供者，可以在一个以上的州、在本国或在外国提供。《欧盟商标条例》2017 年版第 9 条第 3 款则从反面列举了商标权人可以制止他人使用商标的行为，即（1）在商品或商品包装上缀附该标识；（2）提供带有该标识的商品，将其投入市场或为此目的持有或用该标识提供服务；（3）进口或出口带有该标识的商品；（4）将该标识作为商号或企业名称、或其中的一部分；（5）在商业文书或广告上使用该标识；（6）将该标识用于比较广告违反了欧盟误导性和比较性广告指令。日本《商标法》第 2 条第 3 款规定，商标使用行为包括：（1）在商品或者商品包装上贴附标识；（2）将贴附了标识的商品或者商品包装进行转让、交付、为了转让或者交付进行展示、出口、进口或者通过电信线路进行提供；（3）提供服务的过程中，在供服务接受者所使用的物品上（包括转让或者交付的物品，以下同）贴附标识；（4）提供服务的过程中，使用贴附了标识的、供服务接受者使用的物品提供服务；（5）为了提供服务，将贴附了标识、提供服务所使用的物品（包括供服务接受者所利用的物品，以下同）进行展示；（6）提供服务的过程，在服务接受者的、提供指定服务的物品上贴附标识；（7）采用电磁方法（指电子、磁性和其他可感知的方法，以下同）通过影像画面提供服务的过程中，在该影像画面上标注标识；（8）在商品或者服务的广告、价格表或者交易文书上贴附标识进行展示、发行，或在有关这些内容的信息上贴附标识并通过电磁方法进行提供；（9）除前述各种情形外，在商品转让或交付，或者提供服务时以发出的声音作为标识；（10）除上述各项外，由内阁令规定的其他行为。[1]

比较而言，我国的立法例（《商标法》第 48 条）与美国类似，法律条款仅是一种简练的概述。在具体的商业活动中，商标的使用方式可能多种多样，最为常见例如：（1）在制造电器、电子、服装、机械等商品时，直接将商标一并铸造使用在其上，或以镶嵌、编织、印染等方式将商标与商品融为一体；（2）以印制、贴附等方式在商品的包装上使用商标，在现实生活中绝大多数商品都需要包装，将商标用于商品的包装物上也是日常使用方式；（3）现实生活中，酒类、油类、饮料、食品、化妆品等以液体或粉末状形式出现的商品，通常需要容器盛装才便于交易流通，因此在此类商品的容器上以印制等方式显示商标是一种常见的商标使用方式；（4）将商标用于合同、票据、流水单等交易文书上，如直接将商标印制在格式合同文本等法律文书、相关交易凭证及证明材料上等；（5）在报纸杂志、广播电视等媒体、广告牌、邮寄广告等任何公开发行传播的载体上使用商标做宣传广告，在自行印制的企业及产品或服务介绍材料等宣传手册上使用商

---

〔1〕这些立法条款系笔者译文，英文版参见世界知识产权组织（WIPO）和欧盟（EU）网站：https://www.wipo.int/wipolex/en/，https://eur-lex.europa.eu，2024 年 2 月 1 日访问。

标等；（6）将商标用于展览会、博览会上的商品、摊位展台、资料中等；（7）在商业活动中的其他使用方式，例如用在商品吊牌标签、卖场的品牌介绍手册、价目表、报关单据、电商平台交易、奖券、办公文具、信笺上，用在服务场所招牌、店堂内外装饰、招贴、工作人员服饰和各种服务用具、菜单、维修维护证明、交易记录和往来文书上，以及以赞助方式在公共活动或影视节目中使用，等等。简而言之，只要不违反法律规定，经营者可采用任何展现标识信息的方式使用商标。

在国家主管机关最近公布的我国《商标法》修改草案中，关于商标使用的条款虽然仍在第7章（现行法是第6章），但标题从“商标使用的管理”改成了“商标的使用与管理”，并增加了“将商标用于服务场所或者与服务有关的载体上”和“通过互联网等信息网络实施”的情形，[1]事实上，这两种使用方式早已在现实商业活动中采用。

（二）维持权利方的使用与被控侵权方的使用

1. 商标使用对于商标权维系和保护的重要性

商标之所以应获得法律保护，是因为其经过实际使用或拟投入的实际使用，成为识别来源并承载经营者市场商誉这一无形财产的特定信息。可以说，“商标的生命在于使用而不在于注册”。[2]只有在商业活动中实际投入持续使用的标识，才能使相关商品或服务的消费者能够认牌购货或选择交易，建立起该标识与某特定经营者的唯一对应关系，也才能成为受法律保护的经营者拥有的商标专用权。虽然在国家主管机关申请注册并经审核公示可以确认专用权范围，保障同一地域市场上不出现容易导致混淆的其他经营者商标，便于管理、执法以及注册人通过各种使用方式建立品牌；但是，注册行为和公示本身并不必然产生真正有商誉价值的商标权，尤其是，工业产权具有地域性特点，[3]在某一国注册使用的某一标识在另一国能否获保护，更有赖于在当地的实际使用情况及知名度等待证事实。

对应于商标专用权的“行”和“禁”两个方面，商标使用在实践中也包括权利人得以维持商标注册的使用，即《商标法》第49条第2款关于连续3年不使用可被申请撤销（以下简称“撤三”）规定所指的使用（以下简称维持使用）[4]，以及判断是否构成混淆或淡化（包括是否构成不正当竞争）时所指的被控侵权人的使用（以下简称侵权使用）。

2. 商标注册人的使用

对于注册商标专用权人，其权利的有效和维持须以使用为前提。我国《商标法》第49条第2款规定，“注册商标成为其核定使用的商品的通用名称或者没有正当理由连续三年不使用的，任何单位或者个人可以向商标局申请撤销该注册商标。商标局应当自收

[1] 参见国家知识产权局：《中华人民共和国商标法修订草案（征求意见稿）》，2023年1月13日发布，第59条。

[2] 黄晖：《商标法》，法律出版社2004年版，第102页。

[3] 参见郑成思：《知识产权法》（第二版），法律出版社2003年版，第15—17页。

[4] 笔者赞同采用“维持使用”和“侵权使用”两个概念，参见黄汇：《商标使用地域性原理的理解立场及适用逻辑》，载《中国法学》2019年第5期，第80页。

到申请之日起九个月内做出决定。有特殊情况需要延长的，经国务院工商行政管理部门批准，可以延长三个月”。这一“撤三”制度在实行商标注册制度的世界各国也都通行（有的将 3 年延长至 5 年）。可见，商标使用实际上是商标注册人在法律上应履行的义务；反之，不使用将承担失去其商标专用权的法律后果。实践中商标注册人可以在商业活动中采取多种多样的使用方式，因此理论上讲完全可以保留充足的使用证据、包括例外情况下有正当理由未使用的证据；无论发生在哪个环节，若主管部门或执法、司法机关要求，商标注册人应及时提供，而相关部门则应结合商标注册人及其许可使用人等主体的类型、实际经营形式、商品或服务特点等因素，综合判断其是否属于合法、真实、有效的使用。

根据我国《商标法》第 9 条的规定，商标注册人根据情况可自主使用注册标记，即有权在使用注册商标时标明“注册商标”，以表明被标记的商标已经注册。另外，依据《商标法实施条例》第 63 条，市场主体使用注册商标，可以在商品、商品包装、说明书或者其他附着物上标明“注册商标”或者注册标记；注册标记包括㊟和 ®，使用注册标记，应当标注在商标的右上角或者右下角。其中，® 是世界通用的注册商标标记、也最常见。采用注册标记的目的是告知社会公众自己的商标已经注册，享有商标专用权，受国家法律保护；当然是否标明商标已经注册是注册人的权利，未标注已经注册的记号并不是侵权者以“不知道”作为豁免侵权责任的理由。不过，从法律实施和执法、救济等各个角度看，若商标注册人未标明注册标记，可能会不便于和不利于维权。

对于未注册商标，只要不违反《商标法》第 10 条的禁用规定，经营者可自由使用，但使用时须遵守相关规定；例如，不得在相同或类似商品服务上使用与注册商标相同或近似的标识（涉嫌侵权，第 57 条），以及不得冒充注册商标（第 52 条，如采取标注㊟、®、“注册商标”或宣传中虚假自称注册商标等方式）等，否则将承担相应责任。

3. 商标侵权人的使用

并非所有未经商标权人许可的使用都构成侵权，这里首先排除那些非商业性使用，如个人使用或在适当范围内的使用（幼儿园小朋友画的奔驰牌小汽车、家庭主妇安慰自己喜好编织的带路易威登标识的坐毯等）、新闻报道使用；其次，即使在商业活动中，采取正当描述和非突出合理展示等方式也不构成侵权使用。

商标权人有权依法禁止任何第三人未经许可在相同或者类似的商品或服务上使用与其注册商标相同或近似的商标，这一他人未经许可的使用将构成商标法上的侵权行为；与商标权人自己使用或许可使用一样，侵权使用可以发生在任何商业环节、呈现各种各样的方式。在侵权阶段判定是否构成商标使用，标准是行为人的实际使用行为足以造成消费者或相关公众混淆、或构成驰名商标淡化及其他不正当竞争（在我国此类纠纷当事人常常同时主张《商标法》和《反不正当竞争法》的救济）。

（三）象征性使用与实际使用的效果区分

商标使用应是公开、善意、真实的，不能仅是为了应付法律对使用义务的相关规定而进行的象征性使用；仅以维持商标注册效力为目的、缺乏真实商标使用意图和持续性实际使用的象征性使用，例如偶尔发放少量印制有商标标识的试用品、宣传品等，可能带来“撤三”的后果，对此我国商标管理部门和法院均确立了相应的规则。在“大桥DAQIAO及图”案中，北京市高级人民法院指出，“商标使用应当具有真实性和指向性，即商标使用是商标权人控制下的使用，该使用行为能够表达出该商标与特定商品或服务的关联性，能够使相关公众意识到该商标指向了特定的商品或服务。对于仅以或主要以维持注册效力为目的的象征性使用商标的行为，不应视为在商标法意义上使用。判定商标使用行为是否属于仅以或主要以维持注册效力为目的的象征性使用行为，应综合考察行为人使用该商标的主观目的、具体使用方式、是否还存在其他使用商标的行为等因素”。[1]在“湾仔码头”案中，最高人民法院肯定了二审法院的判决，即商标注册人成某申请注册50余件与他人知名商标相同或近似商标的情况，可以作为其对本案复审商标是否具有真实使用意图之参考。[2]

四、注册商标专用权的期限及续展与变更

（一）注册商标专用权的有效期

注册商标专用权经过国家主管机关审核，以公告和颁发注册证书的方式注明主体、客体和权利期限，这一注册登记确认的内容有一定的有效期。凡是实行注册制的国家，几乎都对商标专用权的效力规定了时间限制，只是各自规定的方式和期限长短不同。

根据我国《商标法》第39条规定，注册商标的有效期为10年，自核准注册之日起计算。不过，TRIPs协议第18条规定，商标注册可以无限次续展；因此，只要注册商标所有人需要继续使用，并按规定期间办理续展手续，理论上说，注册商标所有人可以永远享有商标专用权。可见，商标权相对于其他知识产权而言保护期是最长的。

（二）注册商标专用权的续展

在我国，依据《商标法》第40条，注册商标专用权在10年期满后，商标所有人需要继续使用该商标并维持专用权的，商标注册人可以在期满前12个月内按照规定办理续展手续并予以公告，且在此期间未能办理的还可以给予6个月的宽展期；宽展期仍未提出申请的，才会注销其注册商标。此外，注册商标的续展不限制次数，只是每次续展注册的有效期为10年，自该商标上一届有效期满次日起计算。

商标续展是商标注册人通过法定程序延续其注册商标有效期、维持注册商标专用权的制度保障，为那些长久经营的市场主体带来极大便利，因此各国商标法都有关于商标权期限届满后可以续展的规定。不过，对于续展的方式各国规定不完全一致。续展在大陆法系各国基本上仅是形式上的程序，法律中并没有对续展时提交的材料有具体的要求，实践中也仅对续展进行形式要件审查，一般情况下交费即续展。反之，在强调商标实际使用的美国，虽然商标法对注册商标的保护期也是10年，但自注册之日起的9—10年内，若打算继续维持注册和使用商标的，须向专利商标局（USPTO）提交继续使用的宣誓书等证据材料，声明商标所使用的商品/服务、提交附有商标的商品样品和复制品

〔1〕参见北京市高级人民法院（2010）高行终字第294号行政判决书。

〔2〕参见最高人民法院（2015）知行字第181号行政再审判决书。

等，[1]可见美国将续展视为新的申请，同样对使用等相关证据材料有要求。

（三）注册商标的变更

商标注册是国家主管机关的管理事项，注册证书中记载的是经公权力确认和执法所依据的内容，因此注册人不得擅自改变。根据我国《商标法》第 41 条，注册商标需要变更注册人的名义、地址或者其他注册事项的，应当提出变更申请。

商标注册人名义的变更是指注册人名称、称谓的改变，不涉及商标专用权主体的改变。若商标注册人的名义发生改变而未及时办理变更手续，可能会面临着丧失注册商标专用权的可能（依第 49 条第 1 款被撤销），因为执法者仅承认核准时的商标注册人登记的名义是商标专用权主体，称谓改变不利于管理和执法。商标注册人的地址也是商标注册的重要事项之一，若发生变更必须及时办理变更手续；擅自变更地址等会影响主管机关进行商标管理，例如因信息错误无法联系和送达、造成程序中断延误等。

实践中，须区分变更和其他手续。比如，注册商标专用权人因关停并转等原因发生责权债转移的，不属于主体名义变更而属于继承或继受，不适用变更程序而是注册商标转移手续。又如，实践中注册人若想改变注册商标的文字、图形等任何元素，都应依法重新申请注册，因为改变后的标识之形态构造已脱离了原核准注册的商标专用权之范围，相当于一个新商标；同样，在核准时指定的商品或服务项目之外使用，也相当于扩大了注册商标专用权范围，应提出新的申请。另外，商标权转让等权利归属的变更，则需要提出转让申请。

第五节　注册商标的许可使用与转让

许可他人使用商标是商标专用权的一项重要内容。与专利、版权领域的许可一样，商标许可使用是强化知识产权运用以产生社会经济效益最为关键的环节。我国《商标法》第 43 条规定，商标注册人可以通过签订商标使用许可合同，许可他人使用其注册商标。可见立法上仅对注册商标的许可使用做出了原则性规定，对未注册商标则没有涉及。注册商标如何许可使用原则上是合同双方的自由，仅在便于相关部门监管和保护消费者利益角度，法律对双方应履行的监督和保证义务做出规定，即确保被许可人使用注册商标的商品质量符合法律要求、必须在使用该注册商标的商品上标明被许可人的名称和商品产地。另外，法律还规定了许可他人使用其注册商标的，应由许可人将使用许可情况报商标局备案，由商标局公告，未经备案的不得对抗善意第三人。这一规定在实践中实施可能出现诸多问题，因为其性质不明，如下所述许可有多种方式而效力不尽相同，被许可人的利益可能因许可人的不作为受损；也即，若许可人不去备案并无法律后果，而不能对抗第三人的不利后果通常由被许可人承担，这就留下了类似“一女二嫁”

〔1〕《美国法典》第 22 章第 1059 条。

甚至“多嫁”的难题。一直以来我国学界对商标许可合同备案效力问题也有讨论，[1]但鉴于问题的根源在于双方当事人的认识不足，且合同数量极大、强制性备案工作将使相关各方难以承受重负，故没有进一步推动从立法上完善。

一、几种常见的商标许可使用方式及效力

商标许可使用只要不违反法律规定和公序良俗等民商法基本原则，具体内容和许可方式可以由双方自由商定。在实践中，我国《商标法》第43条规定的商标使用许可一般包括独占许可、排他许可和普通许可三类，各自的权利范围和救济力度有不同。[2]

（一）独占许可使用

是指商标注册人在约定的期间、地域和以约定的方式，将该注册商标仅许可一个被许可人使用，商标注册人依约定不得使用该注册商标。具体来说，独占许可是指在合同约定的地域、期间内，被许可人对许可人（商标专用权人）授权使用的注册商标有独占性使用权；许可人在合同有效期内不得把同一注册商标再授权给同一区域内的任何第三人使用，即使是许可人本身也不能使用。从某种角度说，独占许可协议的被许可人依合同获得了与许可人（注册商标专用权人）类似的垄断性法律地位，专用权内容完整涵盖了“行”“禁”两个方面；因此，在合同约定的期限和地域内，如发现有侵犯注册商标专用权的行为，拥有独占许可使用权的被许可人，可以作为《商标法》第60条第1款规定的利害关系人，直接对侵权人向人民法院提起诉讼寻求救济。

（二）排他许可使用

是指商标注册人在约定的期间、地域和以约定的方式，将该注册商标仅许可一个被许可人使用，商标注册人依约定自己可以使用该注册商标、但不得另行许可其他任何第三人使用该注册商标。因许可人自己保留了在协议期间、地域内以同样方式使用同一注册商标的权利，被许可人在合同有效期内是否可以对侵权使用主张救济，需要看合同有无明确约定；若无约定，排他使用许可合同的被许可人可以事后和商标注册人商定共同起诉，也可以在商标注册人明确表示不起诉的情况下，自行提起诉讼。

（三）普通许可使用

亦称非独占许可，是指商标注册人在约定的期间、地域和以约定的方式，许可他人使用其注册商标，并可在合同有效期内和同样地区内自行使用或另行许可第三人使用其注册商标，常见的如连锁加盟。普通许可协议关系中，被许可人取得的商标使用权仅是自己“行”的权利，不具有“禁”的权利，因此不能干涉许可人将注册商标以同样方式许可给其他被许可人使用。同时，如果在合同规定期间和地域内发现有人未经许可使用普通许可合同项下的注册商标，被许可人一般也不得以自己名义对侵权人提起诉讼，而只能将情况告知许可人，由其对侵权人采取必要的法律措施；当然，如果普通使用许可

---

〔1〕参见董美根：《注册商标使用许可备案对抗效力研究》，载《电子知识产权》2017年第7期。

〔2〕参见《最高人民法院关于审理商标民事纠纷案件适用法律若干问题的解释》，法释〔2002〕32号（以法释〔2020〕19号修订），第3、4条。

合同的被许可人获得商标注册人（许可人）的明确授权，也可以直接起诉。

二、商标许可使用的合同法适用与双方法定义务

（一）合同法的适用

商标专用权人许可或授权他人使用其注册商标，应与被许可人订立合同，双方的权利与义务由当事人在合同中加以约定。一般而言，许可人最主要的权利是收取许可使用费，主要的义务是须拥有合法有效的注册商标专用权并允许被许可人使用；被许可人则应具备使用注册商标的市场主体资格，支付许可使用费并获得相应的许可在约定范围使用注册商标。合同的内容通常包括：许可使用的注册商标及其可使用的商品或服务范围，许可使用的地区、期限、许可人的监督管理培训等措施、被许可人的商品或服务质量保障措施、许可使用费用及其支付方式，是否允许转许可、分许可，双方纠纷和侵权纠纷的处理协调方式，许可合同解除条件、违约责任，等等。

商标许可使用是一种民事法律行为，许可人和被许可人作为平等主体建立合同关系，应遵循我国《民法典》的普遍原则，例如当事人法律地位平等原则、订立合同自愿原则、公平原则和诚实信用原则等。尤其是《民法典》合同编通则部分的条款（第463—594条），包括了合同的一般规定、合同订立、合同效力、合同履行、合同保全、合同变更和转让、合同权利义务终止、违约责任等一系列从合同的签订到终结全流程的规定，是包括商标许可在内的所有知识产权合同当事人、纠纷解决和法律服务机构以及专业研习者都应该参照理解执行的内容。不过相对而言，许可合同纠纷如何解决，我国立法能提供的规范有限。实践中，因我国市场经济建设时间不长，有些市场主体合同法意识和签约谈判及履约能力都不足，使得商标许可使用合同条款表述不清、含义不明，甚至核心事项缺失，造成了很多纷争，典型的如“王老吉与加多宝”〔1〕“两个红牛”〔2〕等引人关注的系列纠纷，都因为商标许可合同约定不明而导致合同解除后商誉划分产生困难。

（二）商标许可中的法定义务

商标许可使用合同关系中，许可人应当提供合法的被许可使用的注册商标，而被许可人应在合同约定的范围内使用被许可商标，这些以合同约定的义务对于达成合意签订合同的双方当事人来说是不言而喻的。除此之外，由于商标功能的多元性，商标使用许可合同可能不仅涉及双方利益，还涉及社会公共利益和消费者的合法权益；因此，需要以强制性法律规范来约束合同当事人，以确保在注册商标被许可使用的情况下，仍能够保证注册商标被使用在质量符合消费者认知和预期的商品或服务上。为此，我国《商标法》第43条作出规定，即（1）许可人（商标注册人）应当监督被许可人使用其注册商标的商品质量，被许可人则应当保证使用该注册商标的商品质量，且必须在使用该注册

〔1〕 参见王莲峰：《商标许可合同使用者利益之保护——王老吉与加多宝商标利益纷争之思考》，载《社会科学》2013年第4期。

〔2〕 参见最高人民法院（2020）最高法民终394号民事判决书等原被告为中泰“红牛”的法律文书。

商标的商品上标明被许可人的名称和商品产地；（2）许可人应对将其商标使用许可报商标局备案、由商标局公告，未经备案的不得对抗善意第三人。

对于这两项法定义务，前一项如监督商品质量、标注被许可人名称和商品产地，都可以通过相关执法部门得到落实；而如前所述，备案制度尽管写在立法上，但缺乏强制执行力，实践中存在诸多问题，只能由被许可人自力救济解决。

三、商标权转让的条件与效力

商标权转让是权利人行使商标专用权的一种方式，其本质是对商标专用权的最终处分行为，即商标权人依法将其商标专用权转让给他人所有，转让人（注册商标专用权人）在转让合同签订并履行完法定程序后将失去商标专用权，而受让人则依合同和依法定程序获得了原核准范围同样的注册商标专用权，成为新的商标权人。除了常见的协议转让外，注册商标专用权还可以通过继受方式转让（严格来说称为移转[1]），即新的商标注册人通过继承、遗赠、承接等形式受让商标专用权。

（一）商标权转让原则

（1）连同转让，即商标权必须连同该商标核准使用的商品或服务的生产者、提供者的经营资质及商誉一并转让；这一严格限制商标专用权自由转让的理由是，注册商标是商品或服务的最具代表性的标志，具有表明商品或服务来源及其品质特色等作用、是市场主体商誉的象征、也是消费者识别主体的稳定信息来源，商标与使用该商标的商品或服务的经营者是不可分的。换言之，商标与经营者的唯一指向关系使得公众将商标理解为相关商品或服务与某一特定主体之间的联系纽带。为了防止混淆、误认，美国、德国等少数国家采用连同转让原则，要求商标权转让不得脱离企业而单独进行。[2]

（2）单独转让，即商标权可以单独转让给其他市场主体，无须连同经营内容一起转让。允许商标权人自主决定注册商标连同或不连同经营一并转让，目前是包括我国在内的大多数国家采用的原则；TRIPs 第 21 条也规定，注册商标所有人，有权连同或者不连同该商标所属的经营一道转让。采用单独转让原则，是为了消除连同转让原则绑定经营实业这种过于严格的限制，保证作为知识产权的商标专用权之权利人能够通过转让充分实现其经济利益。不过，很多国家虽然立法上并不要求商标权必须连同企业一起转让，但也对转让规定了某种限制、以免对公众造成混淆或欺骗性后果；例如，我国《商标法》第 42 条第 1 款规定，商标受让人应当保证使用该注册商标的商品质量。

（二）转让的限制和条件

注册商标转让是对注册商标专用权的终极处分，尽管双方当事人达成合意签订合同即满足了转让的基本条件，但因为注册商标专用权是经过国家主管机关公信力背书的无形财产权，这一重大民事法律行为也并非完全自由不受任何限制，而必须满足一定条

---

〔1〕 参见《商标法实施条例》第 32 条。

〔2〕 参见乔晓阳主编：《〈中华人民共和国商标法〉释义及实用指南》，中国民主法制出版社 2013 年版，第 107 页。

件才能产生法律效力。我国《商标法》第42条对注册商标（实际应为注册商标专用权）的转让做出了规定，要求双方的这一法律行为必须以协议进行并以申请核准方式才能完成；也即，在转让人和受让人意思表示达成一致并依法办理转让注册商标的手续后转让才能发生法律效力。另外，尽管在我国转让注册商标既可以将注册商标单独转让，也可以连同使用注册商标的营业整体一并转让，但《商标法》第42条无论哪种转让都必须符合以下条件：

（1）签订书面转让合同。各国商标法都明确规定了转让须以书面合同方式，且因受让人将成为新的商标专用权人，其须具备商标注册申请人的资格；在转让烟草制品注册商标的特殊情况下，受让人还须提供主管机关出具的生产许可证。

（2）依法办理转让注册手续。双方向商标局提交转让注册商标申请书，并共同办理转让注册商标申请手续。商标局核准转让注册商标申请的，发给受让人相应证明，并予以公告。商标注册人对其在相同或类似商品上注册的近似的商标未一并转让的，由商标局通知其限期改正；期满未改正的，视为放弃转让该注册商标的申请，商标局应当书面通知申请人。〔1〕之所以要求这类联合或防御商标〔2〕一并转让，是因为分割转让会出现同一或近似商标在相同或类似商品上，有保留部分原注册商标的转让人和另外部分注册商标的受让人两个主体在同时使用，可能会造成混淆。

（3）受让人须保证商品或服务的质量。依照法律规定，若受让人不具备保证商品或服务质量的能力，就不应取得受让的注册商标专用权；但这一条件是难以贯彻实施的宣示性要求，因为在实践中监督管理需要大量的执法力量。

需要注意的是，关于注册商标的转让，《商标法》第42条第3款规定“对容易导致混淆或者有其他不良影响的转让，商标局不予核准，书面通知申请人并说明理由”，对此，立法上并未给予被拒绝核准的转让申请人某种救济措施。在1993年的《商标法实施细则》第23条中曾有规定，如果转让申请被商标局驳回，申请人可以在收到驳回通知之日起15天内向商标评审委员会申请复审，但2001年修改后的《商标法实施条例》取消了这一规定。实践中，商标转让可能涉及品牌收购等重大商业事件，与注册商标转让申请不予核准、商标许可合同等相关的纠纷，最为知名的是持续10年、以和解收场的“达娃之争”。〔3〕

四、商标合同备案与效力及实践中的难题

注册商标专用权的行使，除了注册人自己在生产经营中直接使用的方式外，广义上包括了许可、转让和质押。这一商标权运用领域的法律问题均属于合同法范畴，既是我国市场主体经营管理能力的“阿喀琉斯之踵”，也是我国立法、司法、法律服务以及理论研究中的薄弱环节，相关纠纷的解决常因分歧大、欠缺共识而陷入难以预期的困境。

---

〔1〕 参见《商标法实施细则》第31条第2款。

〔2〕 指注册使用在同一或类似商品或服务上的两个以上的近似商标，这是商标专用权人为了保护已具有较高知名度的本商标而注册的防御性系列商标。

〔3〕 参见向玲莉：《从娃哈哈与达能之争看商标权的流失》，载《当代经济》2008年第4期。

原则上说，已许可他人使用的注册商标不得随意转让。也即，商标注册人已经许可他人使用的，在许可合同有效期内如果要将其商标专用权转让给他人，应当征得被许可人的同意，以免在先被许可使用人的合法利益因在后的商标转让而受到损害；这样，在转让注册商标的申请被核准后，在先被许可人仍与新的注册商标专用权人（即受让人）维持许可使用的合同关系（可采取补充协议或另行签约等方式）。如果在先被许可人不同意转让，就应该先解除许可使用合同（许可人可能承担违约责任），再办理转让注册商标的手续。这种处理方式参照的是物权变动中的“买卖不破租赁”原则。〔1〕

不过，这里可能存在的问题是，在先许可使用合同可能没有备案，因此商标局并不清楚在先许可的存在，这时可能核准转让，而新的商标权人（若其不知晓有在先被许可人，属于许可使用未经备案不得对抗的善意第三人）不允许原被许可人继续使用，从而引起纠纷。为此，学界有观点认为“……商标权人将商标权转让给他人的，应当将商标与相关营业一起转让给受让人，不得单独转让商标权；在商标行政管理方面，采取商标权转让采取登记公告制，商标许可采取记备案制”。〔2〕不过，商标许可转让合同的备案登记与效力及其与其他许可、转让等合同的关系这个难题，至今未能从商标立法上解决。在司法中，关于《商标法》和《民法典》合同编的解释，〔3〕也未能明确相关规则。

至于商标专用权的质押问题，对于质押合同是否登记，我国《商标法》及其配套的《商标法实施条例》都未明确规定。但在《民法典》之前，《担保法》第 79 条对商标专用权出质做出了规定，要求出质人和质权人订书面合同并向主管部门办理出质登记，质押合同自登记之日起生效。负责具体办理商标专用权质押登记的原国家工商行政管理总局，曾于 1997 年发布《商标专用权质押登记程序》作为操作规程。2020 年 5 月通过的《民法典》第 440 条第 5 项，同样延续原《担保法》的规定，将可以转让的注册商标专用权等知识产权纳入“权利质权”的范围。同时，国家知识产权局也发布了新的《注册商标专用权质押登记程序规定》，〔4〕但并未提及如何处理质押与转让、许可的关系问题。

第六节　注册商标专用权的终止

注册商标专用权的终止，包括注销、撤销和无效三种情形。注册商标专用权虽然终止，但由于其可能在市场上仍有剩余商品或预留印象、消费者会将其与原注册人相混淆或联系，因此我国《商标法》第 50 条规定，自注册商标被注销、撤销、无效之日起 1 年内，商标局对与该商标相同或者近似的商标注册申请，不予核准。

---

〔1〕 参见《民法典》第 725 条：租赁物在承租人按照租赁合同占有期限内发生所有权变动的，不影响租赁合同的效力。

〔2〕 宋建宝：《论商标权的本质及其异化》，载《知识产权》2011 年第 1 期。

〔3〕 参见法释〔2002〕32 号（以法释〔2020〕19 号修订）；法释〔2023〕13 号。

〔4〕 参见国家知识产权局第 358 号公告，2020 年 4 月 22 日。

一、注册商标的注销

依据我国《商标法》第 40 条，注册商标有效期满，未按规定办理续展手续的，其注册商标将被注销。除了期满不续展被注销外，商标注册人因其他原因自主决定放弃注册商标的，也可申请注销。依据《商标法实施条例》第 73、74 条，商标注册人若想注销其注册商标或该商标在部分指定商品或服务类别上的注册，应当向商标局提交商标注销申请、并交回《商标注册证》；经商标局核准后，该注册商标专用权或其在指定的相应部分商品或服务上的注册效力自商标局收到其注销申请之日起终止；注册商标被注销后商标局应对原《商标注册证》作废予以公告，部分注销的则重新核发新的《商标注册证》并予以公告。

二、注册商标撤销制度

（一）我国的注册商标撤销制度概略

撤销注册商标是主管部门对商标使用进行主动监督管理的方式，是因注册商标权人使用不当或违反有关法律规定而废除其注册效力的行政行为。依据我国《商标法》第 49 条，注册商标应被撤销的理由主要有三种：（1）注册人擅自改变注册事项；（2）注册商标成为通用名称；（3）无正当理由连续三年不使用。

注册商标被撤销意味着商标专用权的终结，这事关注册人的切身利益，因此法律针对撤销这一行政行为，也为注册人设置了相应的救济措施。依据第 54、55 条规定，当事人若对商标局撤销或不予撤销（在有人提出撤销申请的情况下）注册商标的决定不服，可自收到决定的通知之日起 15 日内申请复审；负责复审的机构应当自收到申请之日起 9 个月内做出决定并书面通知当事人，特殊情况下经主管部门批准可延长 3 个月。当事人对复审决定不服的，在收到通知之日起 30 日内可向人民法院（北京知识产权法院）起诉。此类行政诉讼可能经过北京市高级人民法院二审终局，少数情况下可能还会提起再审，判决将最终判定注册商标是否被撤销。在相应的法定期限届满后，当事人对商标局做出的撤销注册商标的决定不申请复审或对复审决定不起诉的，则撤销注册商标的决定、复审决定生效并由商标局予以公告，该注册商标专用权自公告之日起终止。在注册商标被撤销之日起 1 年内，商标局对与该商标相同或近似的商标注册申请不予核准。

（二）擅自变更违反商标管理规定被撤销

如前文所述，我国《商标法》注重对商标使用的管理，注册人名义、地址或其他注册事项的变更应当履行向商标局提出申请等相应手续（第 41 条）；因此，自行变更这些事项即违反了这一规定，依据第 49 条将被撤销。当然，实际上是否会被撤销，除非建立了专门的举报制度，否则多半只有在执法检查监督中才有可能被发现。

事实上，第 49 条所规定的因擅自变更被撤销的，更多发生在“自行改变注册商标”的情形，这种变更使用的不当行为直接针对商标本身而非其注册事项。首先需要说明的是，在商标法上被许可人的使用也视为许可人的使用，因此被许可人自行变更使用注册商标的法律后果也将由许可人承担。所谓自行改变注册商标，是指商标注册人或被许可使用人在实际使用注册商标时，擅自改变该商标的文字、图形、立体形状、颜色组合等主要元素，导致原注册商标的主要部分和显著特征发生变化，且改变后的标志同原注册商标相比易被认为不具有同一性。[1]应该说，轻微的变更不应该影响注册商标专用权的保护，也没有撤销的必要性，但我国因抢注现象频出而商标审查质量相对不高，现实中不能排除两个注册商标（或注册商标与有一定影响的其他商业标识）具有某种相似性、经多方博弈达成共存、一旦某一方稍加改变使用就可能仿冒侵害另一方合法权益的现象；因此，在商标管理中必须严格限制各自的商业标识使用行为，将其局限在各自划定的使用范围，这在一定程度上可以制止攀附或变相侵权。

最高人民法院在关于注册商标、字号与在先权利冲突纠纷的司法解释中明确，“原告以他人使用在核定商品上的注册商标与其在先的注册商标相同或者近似为由提起诉讼的，人民法院应当根据民事诉讼法第一百二十四条第（三）项的规定，告知原告向有关行政主管机关申请解决。但原告以他人超出核定商品的范围或者以改变显著特征、拆分、组合等方式使用的注册商标，与其注册商标相同或者近似为由提起诉讼的，人民法院应当受理”。[2]据此可以推知，若不当变更使用注册商标的行为尚未导致其被撤销，那么在发生争议纠纷时可以直接诉至法院。不过，实践中注册商标是否应撤销，还需考察诸多因素。在“采乐（采樂）”案中，1993 年初在“人用局部抗菌剂”等药品上注册了手写繁体“采樂”文字商标的强生公司，与 1998 年在洗发香波等化妆品上注册“采乐 CAILE”商标的圣芳公司多次发生商标撤销争议，但由于当时的立法尚无驰名商标保护条款和行政裁决须接受司法审查的规定，商评委两次维持做出维持争议商标注册的终局裁定；在 2002 年《商标法》修改后强生公司第三次以恶意抄袭驰名商标申请撤销时，商评委裁定和一、二审法院判决都认为应撤销圣芳公司注册商标，但最终最高人民法院再审判决以“一事不再理”原则指出，2001 年新法不能溯及已受终局裁定约束的商标争议。[3]这种因历史原因发生的注册商标共存现象，在“市场格局论”[4]理念下要维持各方权利平衡状况，就要求必须严格按照注册时的标识使用，例如简繁体字不得互换、“汉字 + 拼音”必须连同使用不得单用等；注册商标与其他商业标识共存时也是如此，例如带圈“荣华”商标不得除圈、变繁体使用。

（三）成为通用名称而失去识别性被撤销

注册商标成为其核定使用商品的通用名称，是指原本具有识别性的注册商标，在市场实际使用过程中，丧失识别性（退化）为其核定使用品类的通用名称。根据《商标法》第 11 条第 1 项，仅有本商品的通用名称、图形、型号的标志不得作为商标注册；因此，若在申请时不属于此类情况且具备一定的识别性即可获取注册，但其后因使用中管理不当，注册商标变成了通用名称（包括通用图形、型号），就可能被任何人申请撤销。

---

〔1〕 参见《商标审查审理指南》（2021）下编第 17 章之三。

〔2〕 参见法释〔2008〕3 号（以法释〔2020〕19 号修订），第 1 条。

〔3〕 参见最高人民法院 (2008) 行监字第 40–1 号行政裁定书。

〔4〕 此论是针对我国特有的老字号、国内外商标因历史因素产生的冲突采取的对策，参见最高人民法院司法政策和解释：法发〔2009〕23 号第 9 条，法发〔2010〕12 号第 1 条，法发〔2011〕18 号第 19 条。

判定商标是否已成为商品的通用名称，首先需要明确时间点，一般应以提出撤销申请时的事实状态为准，案件审理时的事实状态可以作为参考。注册商标须是在获准注册之时尚未成为其核定使用的商品或服务的通用名称，否则应按第 44 条提出无效请求而非撤销申请；换言之，第 49 条指的是注册商标在实际使用过程中，逐渐丧失了其当初具有的识别来源功能，在被他人提出撤销申请时已成为其核定使用的商品或服务的通用名称。在判定时一般应从标志的整体上进行审查，看其是否已成为所指向具体商品或服务的通用名称；其中的关键是判定该商标的主要功能是区分不同商品或服务、还是区分不同商品或服务的具体来源，若是前者则可判定已经成为通用名称。判断是否为通用名称、图形、型号，还可以参考字典、工具书、国家或行业标准、行业组织相关材料、市场调查报告、市场宣传使用情况以及其他主体在同种商品或服务上使用该商标标志作为名称的证据等。

在关于商标授权确权案件审理的司法解释中，最高人民法院认为，判断诉争商标是否为通用名称时，应审查其是否属于法定或者约定俗成的商品名称，一般以商标申请日时的事实状态为准判断，若核准注册时事实状态发生变化则以核准时的事实状态判断；法定通用名称在法律、国家标准、行业标准中有直接认定，约定俗成的通用名称考量标准包括：（1）相关公众的通识或习惯，如将自行车称为“单车”；（2）因历史传统、风土人情、地理环境等因素形成的相关市场较为固定的商品，在该相关市场内的通用称谓可认定为通用名称，如柳州小吃“螺丝粉”；（3）被专业工具书、辞典等列为商品名称的，可以作参考。另外，申请人明知或应知其申请注册的商标为部分区域内约定俗成的商品名称的，应视其申请注册的商标为通用名称。〔1〕

实践中注册商标因通用名称化被撤销的情形不算罕见。有的商标在注册时本身就属于显著性不高的描述性标志，再加上注册人自己、被许可人和同业者的不规范使用行为，很容易退化为通用名称。例如，在“千页”案中，法院认为诉争商标在注册时与豆腐等豆制品已有关联，消费者已普遍认为“千页豆腐”指代一类豆腐产品，因此到国家知识产权局审查撤销申请时，该注册商标已经成为约定俗成的豆腐豆制品类产品通用名称。〔2〕不过，更多的情形是由注册人自身的使用不当或疏忽导致的，例如因自己宣传策略失当、或忽视他人及消费者的不当宣传或评价使用；例如在“优盘”案中，商标专用权人在宣传中将其“优盘”注册商标指代自己的发明专利“一种用于数据处理系统的快闪电子式外存储方法及其装置”，将专利名称简称为“优盘”以便呼叫，最终被认定为商品通用名称而申请撤销注册。〔3〕

随着市场主体知识产权意识和运用管理能力的提高，注册商标因退化为通用名称被撤销的情况应该越来越少；而且，这一复杂问题的应对方案也越来越灵活，例如在“鲁锦”案中，地域性通用名称因种种原因获得注册的，在被商标局撤销以前其商标权虽然

〔1〕参见法释〔2017〕2 号（以法释〔2020〕19 号修订），第 10 条。

〔2〕参见北京市高级人民法院（2022）京行终 51 号行政判决书。

〔3〕通用名称化观点参见商评字（2004）第 5569 号《关于撤销第 1509704 号“优盘”商标争议裁定书》；该案在裁定撤销后历时多年行政、司法程序，最终仍予以维持，但实践中已通用化趋势难以挽回。

仍合法有效，但效力范围应有所限制，不能禁止当地非遗产品对“鲁锦”的正当使用。[1]

（四）无正当理由连续三年不使用被撤销

1.“撤三”制度及其功能与治理意义

正如商标领域专家所言，“商标的生命在于使用而不在于注册”。[2]在法律层面，注册商标的使用既是商标专用权人的权利、也是其义务，即使是实行注册制的国家，商标立法中也对商标专用权人的使用义务作出了明确规定，其中最严格的就是连续一段时期内不使用即可撤销其注册。我国《商标法》要求商标使用不得连续中断的时期是3年，第49条规定的注册商标连续3年停止使用可由任何人申请撤销其注册的制度，在实务中常被称为“撤三”。

“撤三”制度是商标注册制下对“注而不用”问题的事后矫正机制。商标注册的目的在于对某一具体标记及其使用主体、使用商品类别等相关信息进行确认和公示，减少不同主体在相同或类似商品上使用相同或近似商标可能引起的冲突和风险，节约市场主体的投入和消费者的搜寻成本。简言之，注册制的价值在于“效率”；商标注册制度通过对实体权利进行确认和公示以便于执法和保护，符合现代法治的效率原则。但是，对效率的追求不能取代商标法应有的追求实质“公正”之旨趣，也即，不能任由“注而不用”现象滋生蔓延，甚至形成大量躺在纸面注册证上的“僵尸商标”，损伤破坏商标注册制的公信力。我国现行的商标注册程序与大多数国家一样，并不要求申请注册时提交商标已经实际使用的证据或即将投入商业使用的相关材料；不过，与大多数实行商标注册制度的国家不一样的是，现阶段我国出现了大量注而不用的“囤积”商标，甚至出现了恶意抢注、倒卖牟利等“非正常申请”现象。由于目前我国的商标注册申请量和累积量十分惊人，而与商标注册相关的异议、撤销、无效以及相互交叉的侵权等纠纷频发，既使得真诚使用商标的经营者疲于应付，也耗费了大量的行政和司法资源。非正常申请乱象屡禁不止无法根治，在一定程度上反映出在经济体量极大的情况下，我国为弥补商标注册漏洞在立法上设置的事后纠错的“撤三”制度失灵。在新一轮《商标法》修改中，曾有观点认为应借鉴美国做法，对我国商标注册制度进行改造，设置事先过滤机制根治以不以使用为目的的恶意注册乱象，使商标注册制度回归到为诚信真实的使用人提供专用权保护的法律本位；不过，这一将注册视为“预登记”之“程序性权利”，在核准前要求提供使用证明方可获得实质性的商标专用权，同时在续展中也要求提交相关使用证据的建议，[3]主管部门公布的《商标法》最新修改草案中虽然有所体现，[4]但因在实务中遭遇的阻力较大，最后是否能采纳以及以何种方式采纳还有待观察。

---

〔1〕参见最高人民法院指导案例46号。

〔2〕黄晖：《商标法》，法律出版社2004年版，第102页。

〔3〕参见管育鹰：《关于商标注册预登记制度的思考》，载国家知识产权局条法司编：《专利法研究》（2019），知识产权出版社2020年版。

〔4〕参见国家知识产权局：《中华人民共和国商标法修订草案（征求意见稿）》，2023年1月13日发布，新增第61条关于“说明商标使用情况”规定。

2. “撤三”制度在实践中的实施及问题

在申请人启动“撤三”程序时，商标注册人须提供商标使用证据以维持其注册。对此，负责商标复审的部门及之后可能进行行政案件审理的司法机关，需要判断是否构成“无正当理由连续三年不使用”。实践中，司法机关对实际使用的证明和正当理由的认定并不严苛。例如，商标权人自行使用、他人经许可使用、其他不违背商标权人意志的使用，以及与核准注册的商标标志有细微差别、但未改变其显著特征的使用均可认定为实际使用。不过，对于涉嫌弄虚作假的象征性使用，以及没有实际使用仅有转让或许可行为，或仅公布商标注册信息、声明的，则不认定为商标使用。对于在“撤三”个案纠纷中容易出现的“象征性使用”问题，审查和审理部门一般应结合注册人的市场主体类型、实际经营形式、商标注册情况，综合判断其是否真实、公开、合法地使用商标。由于商标注册人往往会提供资质类、实物类、合同类、票据类、广告类等证据，[1]商标使用主体的资质和能力、商业惯例等都可能成为法院考量因素；例如，在“碧桂园”案中，尽管注册人提交的发票显示有“碧桂園”商标和具体商品名称，但金额均很少（最多的仅298.7元，不符合规模化商品的交易惯例），法院结合其他查明的事实，最终判定其属于为维持商标注册而进行的象征性使用。[2]

我国《商标法》和司法解释中没有明确规定何种情形下注册商标的使用不能维持其注册，不过，主要管辖此类争议案件审判的北京市高级人民法院曾于2014年、2019年两次出台了相关判断指南，其中第19节第19.4—19.16条对《商标法》第49条第2款的适用作出了较详细的说明。[3]总的来说，要判断是否符合“使用”的要求，应以商标注册人的主观意图、目的以及实际行为作为判定重点，这与侵权使用的判定应以是否导致消费者或相关公众混淆不同。例如，将商品全部贴牌外销，若不视为商标使用，可能使经营者陷入困境，因为其注册商标可能因为在国内被视为连续3年没有使用而被撤销；[4]另一方面，若认定贴牌行为属于商标使用，则未经许可使用他人商标贴牌出口会被认定为侵权，[5]因此，前述北京市高级人民法院的指南有针对性地对贴牌加工使用作出的规定非常易于适用。[6]

另外，我国《商标法》第43条既然规定了“没有正当理由连续三年不使用”应撤销，那么反过来说，若有正当理由则可不撤销。对此，《商标法实施条例》除了在第66条对使用的证据材料做出规定外，在第67条还开放性列举了“正当理由”，如不可抗力、政

---

〔1〕参见董欣：《撤销三年不使用案件中“象征性使用”的判定》，载《中华商标》2018年第4期，第30—33页。

〔2〕参见北京市高级人民法院（2020）京行终4490号行政判决书。

〔3〕参见《北京市高级人民法院商标授权确权行政案件审理指南》，2019年4月24日。

〔4〕仅在撤销程序中，司法界对纯粹用于出口的贴牌行为是否构成可以维持注册商标专用权的商标使用行为也未达成一致意见，参见北京市高级人民法院（2016）京行终5003号行政判决书（“MANGO”案，不构成商标使用、应撤销）、北京市高级人民法院（2017）京行终5392号行政判决书（“VAN”案，构成商标使用、应维持不予撤销）。

〔5〕参见“HONGDAKIT”案，最高人民法院（2019）最高法民再138号民事判决书。

〔6〕参见《北京市高级人民法院商标授权确权行政案件审理指南》，第19.16条【单纯出口行为的认定】：使用诉争商标的商品未在中国境内流通且直接出口的，诉争商标注册人主张维持注册的，可以予以支持。

府政策性限制、破产清算，以及其他不可归责于商标注册人的正当事由。在司法实践中，若商标权人有真实使用商标的意图且作了必要准备、但因其他客观原因尚未实际使用的，也可以认定其有正当理由。〔1〕当然，此类证据要求严格，必须具有明显不可归责于注册人的客观性，如官方政策文件和生效法律文书、相关事件的公开官方报道等。

三、注册商标无效宣告制度

（一）注册商标无效制度概述

注册商标的无效宣告是“撤三”之外另一项弥补商标注册制漏洞的事后纠错制度。作为各国商标法中通行的制度，商标无效常见事由包括：（1）违反商标构成的绝对条件；（2）与在先权利（益）相冲突；（3）侵害驰名商标。可见，导致注册商标无效的原因，主要是商标本身注册不当、或与在先权利相冲突及损害驰名商标权利人利益等。我国的注册商标无效宣告程序由商标行政主管机关和法院依法执行，被裁决无效的注册商标的注册效力应视为自始无效。

依照我国《商标法》第 44、45 条的规定，对于不合法、有问题的注册商标，相关主体可以向商标主管部门请求宣告其无效，从而使该注册商标专用权归于消灭。在注册商标无效宣告案件中，依据第 44 条第 1 款规定的绝对理由提出请求的不受时限限制，而且既可以是商标局依职权主动宣告、也可以由任何组织和个人提出无效宣告请求；而依照第 45 条第 1 款规定的相对理由提出请求的，则申请人只能是在先权利人或利害关系人。所谓在先权利人，是指在先权利的所有人，在先权利包括但不限于在先商标权、字号权、著作权（包括商品化权益）、外观设计专利权、姓名权和肖像权等；利害关系人则是指系争商标的注册可能直接损害其利益的相关主体，包括但不限于被许可使用人、继承或受赠人和承接人、质权人等。

（二）商标无效宣告的绝对理由和相对理由

1. 绝对理由

（1）违反《商标法》中的禁注禁用条款。

依据《商标法》第 44 条第 1 款前半段，可请求宣告无效的违反禁注禁用规定的具体情形包括：第 4 条，不以使用为目的的恶意商标注册；第 10 条，不得作为商标标志；第 11 条，通用名称等缺乏显著性的标志；第 12 条，具有功能性的三维标志；第 19 条第 4 款，代理机构超范围注册的标志。

现实中，关于第 4 条不以使用为目的的恶意商标注册对我国商标法律制度造成的危害最明显。有很多注册人批量申请注册，并非为了自己商品或服务的实际使用需要、而是为了防止他人申请注册抢先占有甚至为了申请后倒卖相关标记信息资源。特别是由于我国商标注册门槛不断降低、费用不断减少，批量抢注囤积标记信息资源后转手倒卖获得的“商标注册证”，其牟利性质与一般倒卖票证的投机行为无异；但是，与其他领域中的倒卖票证行为招致公众反感并受到国家法律法规严厉治理的情况不同，在很长时期

〔1〕 参见法释〔2017〕2 号（以法释〔2020〕19 号修订），第 26 条。

里，我国商标领域的这种非正常申请十分普遍，除了撤销注册并无他他法律后果。由于我国现阶段不是为自己商品或服务使用而申请注册而产生的虚假“注册商标”，占用了大量公有领域的标记性信息资源，也减少了其他正当经营者的可选择空间，而且不以真实使用为目的批量注册还浪费大量的社会资源，加重了商标行政机关的负担，造成审查延迟，使得各地审查机构不断设立、扩员，同时还连锁引起司法资源的极大耗费，本来实行员额制工作已经超负荷的知识产权法官需要用大量精力应付这类几乎没有技术含量的商标争议案件。批量抢注囤积成为一种牟利产业，还迫使正常经营者为了防止自己的商标被抢注而全类注册，引起各界对商标注册制度的质疑。

关于其他绝对理由条款的无效及其审查判定标准，例如第 10、11、12 条，与商标异议程序中的审查标准并无差别，在前面关于“禁止注册和使用的标志”“禁止注册不禁止使用的标志”等章节中已有介绍，此处不再赘述。关于第 19 条第 4 款规定的代理机构超范围注册理由，须注意其与后述相对理由中的未经授权越权注册行为相区分；法律禁止代理机构超越经营范围注册，主要是为了防止其利用业务上的优势恶意抢注他人商标牟利。

（2）以欺骗或者其他不正当手段取得注册。

依据《商标法》第 44 条第 1 款后半段，可请求宣告无效的“欺骗或者其他不正当手段”主要表现为（不限于）这些情形：①虚构、隐瞒事实真相或伪造申请文件及有关文件进行注册；②其他不正当手段，在实践中包括扰乱商标注册秩序、损害公共利益、不正当占用公共资源造成较大不良社会影响，以及其他以不正当方式谋取不正当利益的行为等。

在实务中，“欺骗或者其他不正当手段”的具体表现形式，由负责商标无效复审的部门和法院根据事实证据进行认定。例如，申请人虚构或者隐瞒事实真相、提交伪造的申请书件或其他证明文件的行为即构成欺骗；具体说，伪造申请书件签章，伪造、涂改申请人的身份证明文件（包括虚假身份证、伪造涂改营业执照等），均属虚构、隐瞒事实真相。至于其他不正当手段，一般包括：①系争商标申请人申请注册多件商标，且与他人具有较强显著性的商标构成相同或者近似的；②系争商标申请人申请注册多件商标，且与他人字号、企业名称、社会组织及其他机构名称、有一定影响的商品名称、包装、装潢等构成相同或者近似的；③其他可以认定为以不正当手段取得注册的情形。[1]

2. 相对理由

以相对理由提起无效的，一般有时间限制，且请求人是合法权益因商标的注册和使用受到损害的在先权利人或利害关系人。依照《商标法》第 45 条第 1 款，已经注册的商标，违反第 13 条第 2、3 款（驰名商标保护）、第 15 条（代理人抢注）、第 16 条第 1 款（地理标志保护）、第 30 条（注册在先）、第 31 条（申请在先）、第 32 条（保护在先权利）规定的，自商标注册之日起 5 年内，在先权利人或利害关系人可以请求负责商标无效审查的部门宣告该注册商标无效。对恶意注册的，驰名商标所有人不受 5 年的时间

〔1〕 参见《商标审查审理指南》（2021）下编第十六章。

限制。

对比《商标法》第 33 条关于对初步审定公告的商标提出异议的规定，会发现异议理由与无效的理由重合，因此在异议部分对制度规范目的的阐述在此不再重复。不过，需要注意的是，因异议程序极短暂，大多数在先权利人或利害关系人只能依靠以相对理由提起无效宣告程序的事后救济方式。在我国商标实务中，违反第 13 条和第 32 条，即侵害驰名商标和与在先权利相冲突，是提起注册商标无效宣告请求最常见的相对理由。这是因为，自改革开放以来，我国社会经济整体上处于持续发展阶段，市场主体的商业活动相对活跃，但抢注他人使用但未及注册的驰名或有一定影响的商标，或抢注其他有商业价值的标识、符号、姓名、形象等现象一直比较突出。尽管 2001 年修法时增加了第 13 条对驰名商标保护，强化了第 32 条对他人在先权利和已经使用且有一定影响商标的保护，但实践中仍有许多诚信缺失的主体，利用商标、企业名称（字号）、域名等各种门类标识的注册登记和检索数据库未统一，消费者对商标概念以及商品和服务类别的划分不清晰等漏洞，抢注他人驰名商标、已经使用且有一定影响但未注册的商标，或侵害他人在先权利，并伺机寻求高价转卖给原主，其行为跟“碰瓷”一样恶劣。

事实上，早期因外企缺乏对中国市场的前瞻性认识，未及时在我国申请注册商标，但其在逐步试水进入中国市场后，会发现其在国外的驰名商标遭遇了抢注，从而引起纠纷。如“杜邦”“OLAY”商标被抢注为域名、[1]立时集团的“立邦漆”知名商品名称被一家涂料公司注册为字号[2]等。鉴于侵害他人在先权利、恶意抢注他人驰名商标或有一定影响商标的情形在 2001 年修法后未能遏制，我国 2013 年《商标法》修改时新增了第 7 条第 1 款的规定，即“申请注册和使用商标，应当遵循诚实信用原则”，并在第 15 条增加了禁止代理人或代表人抢注的条款；同时，增加了第 48 条专门对“商标使用”概念作了明确规定。2019 年《商标法》再次修订，在第 4 条后半段增加了“不以使用为目的的恶意商标注册申请，应当予以驳回”的规定，并将其纳入异议、无效的理由。尽管如此，未注册有一定影响的商标和驰名商标被抢注的问题，至今仍是我国商标法律制度实施中最为关注的议题，特别是在网络环境下，电子商务的普及更是为驰名商标保护带来困难，这也是世界各国共同面临的难题。

宣告无效的相对理由的适用中，禁止代理人或代表人抢注商标最有共识。我国《商标法》在 2001 年修订时增加了第 15 条第 1 款，既是为了履行《巴黎公约》第 6 条之七规定的要求，[3]也是为了应对恶意抢注商标现象在我国日益增多的实际情况。具体说，代理人或代表人未经其代为进行商标注册事务的委托人授权，以自己的名义将委托人

〔1〕 参见《中华人民共和国最高人民法院公报》2002 年第 3 期，第 98—100 页；北京市高级人民法院（2002）高民终字第 286 号民事判决书。

〔2〕 参见湖北省武汉市中级人民法院（2002）武知初字第 55 号民事判决书。

〔3〕 其条文是：“如果本联盟一个国家的商标所有人的代理人或者代表人，未经所有人授权而以自己名义向本联盟个或者一个以上的国家申请注册该商标，该所有人有权反对该项申请的注册或者要求予以撤销，并有权反对代理人或者代表人使用其商标。如果该国法律许可，还可要求将该项注册转让给自己，除非该代理人或代表人能提出其行为正当的证明。”

（被代理人或被代表人）的商标进行注册；在此情形下，抢注人和被抢注人之间本来已经存在委托合同关系，抢注人的行为显然违反了合同义务和基本的诚信原则，损害了委托人的信赖利益。这类抢注较典型的情形早期通常发生于国际商贸活动中，即外国主体在我国委托的代理人、进口商、加工方等，可能私自将委托方许可其在国内使用的商标以自己的名义申请注册，给委托方（即外国商标的所有人）的合法利益造成的损害；不过，在国内商业活动日益复杂的情形下，因合同关系得知他人商标而抢注的现象也不乏示例，而我国行政和司法机关对此类行为的规制意图是明显的。例如，在“头孢西林”案中，负责复审的商标主管部门和法院都认可了签订“专销协议书”的双方之间的代理关系，撤销（按争议发生时的 2001 年《商标法》）了“头包西灵 Toubaoxilin”商标。[1]随着共识的形成，最高人民法院在关于商标授权确权的司法解释中，对代理人抢注的判定标准作了解释，扩张了代理关系的范围，例如对“其他关系”作了详细的列举。[2]

（三）注册商标宣告无效的法律效力

依据我国《商标法》第 44—46 条，由当事人提出注册商标无效宣告请求的，主管机关应书面通知注册人并要求其在期限内答辩；审查部门应在法定期限内审查并作出维持注册商标或者宣告注册商标无效的裁定，并书面通知双方当事人，特殊情况下可以经主管机关批准后延长；当事人对审查部门的裁定不服的，可以自收到通知之日起 30 日内向人民法院起诉，人民法院应当通知商标无效程序的对方当事人作为第三人参加诉讼；审查部门在审查过程中若遇到所涉及的在先权利之确定必须以人民法院正在审理或行政机关正在处理的另一案件的结果为依据的，可以中止审查，中止原因消除后应恢复审查程序；法定期限届满而当事人对商标局宣告注册商标无效的决定不申请复审、或对商标审查部门的复审决定以及维持注册商标或宣告注册商标无效的裁定不向人民法院起诉的，商标局的决定或审查部门的复审决定和裁定生效。注册商标的无效具有绝对效力，即自该商标注册之日起无效。

我国《商标法》第 47 条第 2、3 款对注册商标宣告无效的法律效力作了规定，即无效决定或裁定对宣告无效前法院作出并已执行的商标侵权案件的判决、裁定、调解书，对行政执法部门做出并已执行的商标侵权案件的处理决定，以及对已经履行的商标转让或使用许可合同不具有追溯力。但是，若被宣告无效的商标注册人恶意给他人造成了损失，则应当给予赔偿；而且，如果按照不溯及既往原则不返还商标侵权赔偿金、商标转让费、商标使用费，明显违反公平原则的，应当全部或部分返还。近些年来，随着法院对恶意注册惩处力度的加大，对这一条款的适用尺度趋严。例如，在“纽巴伦”案中，原告新百伦公司（New Balance）是“N”牌运动鞋类商品的商标注册人，被告纽巴伦公司则是“”商标的持有人，同样核定使用在第 25 类商品上，但该商标于 2019 年 7 月 11 日被北京市高级人民法院终审判决宣告无效；新百伦公司因纽巴伦公司在运动鞋

〔1〕 参见最高人民法院 (2007) 行提字第 2 号行政判决书。

〔2〕 参见法释〔2017〕2 号（以法释〔2020〕19 号修订），第 15、16 条。

上使用“N”标识、侵害其“N”注册商标专用权且侵权时间长、范围广而诉至法院；纽巴伦公司以第 47 条第 2 款的不溯及既往原则抗辩，但一、二审法院均认为该款是指注册商标被宣告无效前以该商标为权利商标，法院作出并已执行的针对该商标侵权案件的判决、裁定、调解书和行政部门作出并已执行的针对该商标侵权案件的处理决定等，而本案系纽巴伦公司的注册商标作为被诉侵权标识被提起诉讼的商标侵权案件，故不适用该款。[1]另外，值得注意的是，如前所述，《商标法》的最新修改动向也表明了立法有意纳入恶意注册反赔的相关条款。

第七节　商标权保护

一、商标权保护概述

（一）商标权保护及其意义

在我国，商标权保护狭义上是指行政、司法部门依法制止侵犯注册商标专用权行为，令侵权人赔偿权利人因侵权及制止侵权所遭受的损失，以确保注册商标专用权人各项权利的享有和实现的制度；在广义上，商标权保护还包括在特殊情形下对驰名商标的保护，以及在知识产权“协同保护”[2]概念下需要行政和司法机关衔接的执法与授权确权活动。本节依据我国现行《商标法》第七章的规定，介绍“注册商标专用权保护”的内容，另外针对实践中各界关注度高的驰名商标保护问题，也专门加以讨论。

像所有的知识产权一样，商标权的财产价值主要在于通过产业上的运用为权利人带来经济利益回报，同时也通过客体信息的传播为社会带来福利和便利。商标权保护虽然体现在禁止使用标志的行为本身，但其实质是保护商标权人依法享有的财产权。“现代商标的一个基本特征是，它并不是一种用于表示物品或商品来源的纯粹标志，而是这一标志的使用者或拥有者的一种受法律保护的财产。”[3]不过，与有形财产不同，知识产权的特性有“诉讼中的物权”（Things in Action）[4]之说，故在整个制度中，司法是最为关键的环节；因为信息的无形性带来了权利范围边界的模糊性，产生纠纷时除了确认权利保护范围外，权利人的利益最终将落实在对侵权行为的认定和制裁以及对所受损害的弥补上。如前所述，商标专用权有“行”和“禁”两个方面，因此概括地说，商标权保护就是权利人依法从禁止权的角度排除未经许可使用的侵权行为，并通过国家公权力制止、处罚他人的非法侵权行为以保障自己的合法利益得以实现的制度。

---

〔1〕参见上海知识产权法院（2021）沪 73 民终 301 号民事判决书。

〔2〕参见《最高人民法院、国家知识产权局关于强化知识产权协同保护的意见》，国知发保字〔2023〕3 号。

〔3〕吴汉东等:《知识产权基本问题研究》，中国人民大学出版社 2005 年版，第 499 页。

〔4〕郑成思主编:《知识产权教程》，法律出版社 1993 年版，第 400 页。

（二）商标权保护的法律框架

我国对商标权的保护虽然以《商标法》中的规定为主，但依据《民法典》理解商标权保护的基本原则和规则是不言而喻的，同时我国《反不正当竞争法》和《刑法》中也有商标权保护的相关规定。《反不正当竞争法》所保护的经营者对诸多标识性使用产生一定影响后享有的合法利益，与未注册商标的保护异曲同工；例如，该法第 6 条与《商标法》第 13、32 条密切相关，而《商标法》第 58 条直接明文规定将他人注册商标、未注册的驰名商标作为企业名称中的字号使用，误导公众，构成不正当竞争行为的，依照《反不正当竞争法》处理。事实上，我国实践中因当事人难以确定依据哪一部立法保护自己的合法权益，在诸多案件都是同时寻求两部法律的救济；域外经验中，美国在立法上直接将注册商标与未注册商标的保护纳入同一部《拉纳姆法》。至于《刑法》对注册商标专用权的保护，则在我国知识产权领域的刑事保护中最为典型，因为假冒注册商标不仅仅是侵害权利人利益的行为，绝大多数情况下，商标侵权也伴随着制假贩假，严重损害消费者和社会公共利益的假冒伪劣产品生产销售同时也是犯罪行为；为此，我国《刑法》第 213—215 条以假冒注册商标罪、销售假冒注册商标的商品罪和非法制造、销售非法制造的注册商标标识罪三项罪名对与商标侵权有关的犯罪处罚作了规定。因商标权保护涉及民事、行政、刑事责任，发生纠纷时除了自行和解和第三方仲裁调解外，如何寻求公力救济，三大诉讼法也需要了解。

此外，自《商标法》实施以来，商标授权确权和商标专用权的司法保护，一直是知识产权审判工作中的核心任务；商标案件虽然不多，但社会关注度较高，尤其是那些与驰名商标、老字号相关的复杂案件。在考察商标权保护制度时，最高人民法院根据审判工作需要先后发布的一系列司法解释和意见，也是需要掌握的内容。

作为商标注册审查工作、商标行政执法工作的主管部门，相关行政机关对于自己业务范围内的事项制定配套法规等规范性文件以便实施时，也涉及商标权保护的内容；不过，我国在 2001 年修改《商标法》时对与商标权有关的行政决定都采取了“司法终局”模式，以履行 TRIPs 第 41 条第 4 项要求的义务，即对于行政性裁定“当事人应有机会提交司法当局复审”。因此，无论是《商标法实施条例》《商标审查审理指南》还是《商标侵权判断标准》等办法，在实施时都需要考虑与司法标准协同的问题。

二、商标侵权行为及其判定

（一）商标侵权的概念及其理解

1. 侵权行为构成要件与责任要件

商标侵权在我国主要指侵犯注册商标专用权行为，但在特殊情形下，也包括他人未经许可抢注或使用、侵犯驰名商标所有人合法权益的行为。因此，本书认为，商标侵权泛指一切违反法律规定损害他人合法商标权益应承担相应责任的行为。

关于何种条件下构成商标侵权，乃至整个知识产权侵权和民事侵权，在我国学界、尤其是民法学界，在 21 世纪之初曾有过一些争论，其中一个原因是民法学界长期以来对侵权行为要件和责任要件并未作严格的区分。因为商标权既然是民事权利的一种，其被侵害的情形当然也适用一般的民事侵权构成理论，除非立法上将其作为特殊侵权行为明确作出规定；而在我国，自从 1986 年《民法通则》实施以来，知识产权侵权都被涵盖在普通侵权形态的范畴，即使知识产权的单行法中“假设”性增加了特别法规范，但其只不过是为了“更易于在实践中执行和掌握”、并没有超出侵权普通法规范的内容。[1] 对于普通民事侵权，我国的主流观点是四要件说，即“基于过错责任原则所认定的侵权行为，其构成要件应为四个，即加害行为的违法性（侵害行为）、损害事实、加害行为与损害之间的因果关系以及行为人的过错”。[2]受此影响，我国立法者对商标侵权也持四要件理论，认为一个行为同时具备四个要件即构成侵权，包括：（1）客观性，即客观上存在损害他人注册商标权益的事实；（2）违法性，即行为人的行为违反法律规定；（3）过错性，即行为人在实施违法行为时，主观上具有故意或者过失的过错；（4）关联性，即损害事实与违法行为之间存在因果关系，损害事实是由违法行为造成的。[3]

事实上，对于知识产权侵权究竟应采用三要件说抑或四要件说，我国学界在 21 世纪初就有过充分讨论；[4]尽管当时《民法通则》没有明确侵害知识产权的无过错责任，但为了有效地保护权利人的合法权益，作为民事特别法的知识产权单行法几乎无一例外地未将行为人的主观过错作为侵权判定要件，而是承担损害赔偿责任的要件，例如将可以证明无过错的有合法授权、合法来源、合法取得并能说明提供者等情形，明文规定为不须承担赔偿责任。可见，行为人是否有主观过错仅是赔偿责任判定依据而非侵权判定依据。对此，郑成思教授仔细研究了国内外民事侵权行为法的相关规定，并注意到了民事侵权的“tort”概念与知识产权侵权的“infringement”概念之区别，指出不应将适用于“tort”的、强调主观过错的四要件适用于“infringement”；就知识产权侵权来说，有无过错并非侵权构成要件，而是判定是否应承担损害赔偿的要件。[5]

值得注意的是，知识产权领域区分侵权构成与责任构成的理念，实际上随着时间的推移也对一般民事侵权理论起到了反哺作用。无论是持三要件说还是四要件说，民法学界也逐渐不再将其作为侵权行为构成要件，而是侵权责任构成要件，例如，“我国侵权责任法上一般侵权责任的构成要件应为四个：加害行为的违法性（违法行为）、损害、加害行为与损害之间的因果关系、行为人的过错”。[6]

2. 商标权保护范围的界定与侵入

商标权保护的核心是对权利人禁止权的保障。关于禁止权的范围，可参照 TRIPs 协定第 16 条的规定，即（1）注册商标所有人应享有专有权，防止任何第三方未经许可而

---

〔1〕 参见杨立新：《侵权法论》（上册），吉林人民出版社 2000 年版，第 54 页。

〔2〕 王利明主编：《民法学》，复旦大学出版社 2004 年版，第 835 页。

〔3〕 参见乔晓阳主编：《〈中华人民共和国商标法〉释义及实用指南》对第 52 条（现行法为第 57 条）的释义，中国民主法制出版社 2013 年版，第 143—144 页。

〔4〕 三要件比四要件少一项“过错”，指是否构成侵权和承担侵权责任一般应考察三个要件：（1）存在客观的违法行为；（2）造成权利人损失；（3）损害事实与违法行为之间有因果关系。

〔5〕 郑成思：《侵权责任、损害赔偿责任与知识产权保护》，载《环球法律评论》2003 年第 4 期。

〔6〕 王利明主编：《民法学》（第二版），复旦大学出版社 2015 年版，第 649 页。

在贸易活动中使用与注册商标相同或近似的标记，用于相同或类似的商品或服务、以造成混淆的可能。如果确已将相同标记用于相同商品或服务，即应推定已有混淆可能性。上述权利不得损害任何已有的在先权，也不得影响成员依使用而确认权利效力的可能。（2）《巴黎公约》第6条之二原则上适用于服务。确认某商标是否驰名，应考虑相关公众对其知晓程度，包括在该成员地域内因宣传该商标而获得的公众知晓程度。（3）《巴黎公约》第6条之二原则上适用于与注册商标所核准使用的商品或服务不相类似的商品或服务，只要该商标在那些不相类似的商品或服务上使用时会暗示其与注册商标所有人存在某种联系、且注册商标所有人的利益可能因此受损。可见，依据TRIPs协议的规定，只要未经许可在商业活动中使用商标的行为具有“混淆可能性”或“暗示某种联系”使注册商标所有人的利益可能受损，即构成商标侵权。对照来看，《巴黎公约》强调商标独立性原则，即各成员国自行决定申请注册等程序条件，仅在第6条之二对驰名商标作了规定，但该条款禁止的是在同类商品上注册或使用他人驰名商标的行为，采用的词汇是“易于混淆”；而TRIPs协定第16条不仅明确规定了注册商标专用权的保护范围，还将《巴黎公约》对驰名商标的保护从禁止“混淆”情形扩张到禁止“暗示”。关于驰名商标保护，本章后面部分再详述。

总的来说，对于何为商标侵权的判定，因为立法上并不要求侵权行为人一定有主观过错，有无过错或过错严重程度，仅是判定赔偿责任高低或类型应考虑的问题。例如，销售不知道是侵犯注册商标专用权的商品，能证明该商品是自己合法取得并说明提供者的，不承担赔偿责任（第64条第2款），这意味着即使不知道侵权产品、如果不能提供合法来源证明和说明提供者也将承担赔偿责任；又如，恶意、严重的侵权行为人可能承担惩罚性赔偿责任（第63条）。因此，对商标侵权来说，无须考虑其他构成要件，只须判定被控侵权行为是否违反法律规定、未经许可“侵入”了商标权保护范围，产生混淆可能性或某种联系，从而损害商标权人的合法利益。

（二）商标侵权行为类型及混淆可能性判断标准

我国《商标法》第57条对侵害他人商标权的具体行为作了规定。包括：

1. 未经商标注册人的许可，在同一种商品上使用与其注册商标相同商标的行为

这是市场经济建设早期最为典型的侵犯注册商标专用权的行为，也就是通常所说的“假冒”行为，其后果是造成来源混淆、误导消费者，损害商标注册人的合法权益和消费者利益。因其容易判定且法律后果较为严重（例如容易被执法部门查处或追究刑事责任），随着社会经济发展和法律意识提高，这种完全假冒的行为逐渐被变相侵权的仿冒取代。

不过，因这一条款未将“容易导致混淆”明确作为侵权判断要件，关于这一类“双相同”的商标使用行为之侵权判定标准究竟为何，我国理论和实务界的观点存在分歧。例如，有观点认为第57条第1项是对商标权的绝对保护、即直接判定侵权不考虑其他因素，而第2项则要适用混淆可能性要件；[1]也有观点认为第57条第1项“双相同”情

〔1〕 参见孔祥俊：《新修订商标法适用的几个问题（下）》，载《人民法院报》2014年6月25日，第7版。

况下采取推定混淆可能性标准，第 57 条第 2 项则采取混淆可能性标准；另有观点认为商标侵权应统一适用混淆可能性标准，[1]也即“无论从商标保护的识别来源功能考虑，还是基于商标法律规范的逻辑结构，对于商标以及商品或者服务‘双相同’的侵权形态仍需坚持混淆可能性标准”。[2]理论的不清晰为侵权判定带来困难，例如定牌加工特殊问题若干年来反复争论，“充分体现了界定商标使用的疑难复杂，堪称研究商标使用界定的样本”；[3]定牌加工到底是否构成商标使用，同一行为性质认定却不同，引起了诸多困惑。[4]

事实上，对于贴牌加工这一特殊行为，将其认定为商标使用便可防注册人被“撤三”，只需在侵权判定时坚持混淆标准，即可合理地将法院从两难境地解脱，由其结合个案事实和证据灵活判定是否侵权；当然，这需要立法或司法解释对商标侵权判定明确统一的混淆标准（在驰名商标保护情形下可能适用联想或淡化标准）。同样，在平行进口这一特殊情形中，也不能一概认定进口商都侵权。造成平行进口的根本原因是各国经济、文化、科技水平的差异带来的知识产权商品成本和售价差异，从而导致在人员往来频繁的全球化时代，成本低国家之知识产权商品可能平行进口流向成本高的国家，灰色市场交易难以杜绝。发生纠纷时，如果进口商所进口的商品与国内作为外商代理注册了商标的权利人，在商品的商品质量、来源、包装等方面都保持同一性，则进口商品在国内销售并不会破坏商标的来源识别、质量保证等功能，不应构成商标侵权。[5]

2. 未经商标注册人的许可，在同一种商品上使用与其注册商标近似的商标，或者在类似商品上使用与其注册商标相同或近似的商标，容易导致混淆的行为

第 57 条第 2 项是目前实践中出现最多的侵权样态。这种侵权行为属于不完全与注册商标或其指定使用的商品相同，但容易导致混淆的仿冒，具体可分为几种：（1）“相同商品 + 近似商标”，即在同一种商品上使用与注册商标相近似的商标；（2）“类似商品 + 相同商标”，即在类似商品上使用与注册商标相同的商标；（3）“类似商品 + 近似商标”，即在类似商品上使用与注册商标相近似的商标。这里，商标也包括服务商标。这些近些年来较常见的侵犯注册商标专用权的仿冒行为，其后果若与“双相同”情形一样造成来源混淆、误导消费者，即构成损害商标注册人的合法权益和消费者利益的商标侵权，只不过因在判断时不像“双相同”的假冒那么简单，是否“容易导致混淆”时常成为纠纷焦点。

对于上述三种情况下发生的侵权纠纷，我国司法经验丰富，多年来形成了较为细致

---

〔1〕 王迁：《知识产权法教程》，中国人民大学出版社 2007 年版，第 480 页。

〔2〕 蒋华胜：《商标侵权判定标准的规范解释与司法适用研究》，载《电子知识产权》2022 年第 7 期。

〔3〕 孔祥俊：《商标使用行为法律构造的实质主义：基于涉外贴牌加工商标侵权案的展开》，载《中外法学》2020 年第 5 期。

〔4〕 参见张韬略、阴晓璐：《我国涉外定牌加工商标侵权司法认定之演进及反思》，载《国际商务研究》2020 年第 2 期。

〔5〕 芮文彪、凌宗亮：《商标侵权判断标准的理解与适用》，载《中华商标》2015 年第 5 期。

的判定标准。[1] 例如，所谓类似商品，是指在功能、用途、生产部门、销售渠道、消费对象等方面相同，或者相关公众一般认为其存在特定联系、容易造成混淆的商品；类似服务，是指在服务的目的、内容、方式、对象等方面相同，或者相关公众一般认为存在特定联系、容易造成混淆的服务；商品与服务类似，是指商品和服务之间存在特定联系，容易使相关公众混淆，认定商品或者服务是否类似应以相关公众对商品或者服务的一般认识综合判断，《商标注册用商品和服务国际分类表》《类似商品和服务区分表》可作参考。判定商标是否相同或近似时应以相关公众的一般注意力为标准，进行整体、要部、隔离对比，并考虑注册商标的显著性和知名度进行综合判断。所谓相关公众，是指与商标所标识的某类商品或者服务有关的消费者和与前述商品或者服务的营销有密切关系的其他经营者。

实践中，注册商标专用权保护范围的大小，与标识本身的显著性和知名度相关；一般来说显著性越强、知名度越高，可获得的保护范围越宽、力度越强，如果注册时显著性就不突出、注册后也未能经使用获得一定知名度甚至驰名，其保护范围就较窄。例如，在“青花椒”案中，法院指出，万翠堂公司将“青花椒”申请注册在饭店、餐厅服务上有一定的显著性，但由于青花椒作为广为人知的川菜调味料、在餐饮服务的菜品中都需用到，因此涉案商标的保护范围不宜过宽，不能妨碍其他市场主体的正当使用。[2]

3. 销售侵犯注册商标专用权商品的行为

不同于上述直接在生产制造环节使用商标的情形，这种通常发生在商品流通环节的商标侵权行为也较为常见，其后果也是混淆商品出处、侵犯注册商标专用权、损害消费者利益。在 1993 年的《商标法》第 38 条中，销售侵权行为的构成包含了行为人的“明知”要件且仅包括“假冒”商品，即第（2）项“销售明知是假冒注册商标的商品的”，该规定在 2001 年修法后变成现行法的条款及表述，商标权的保护得到了极大加强。在现实中，侵犯注册商标专用权的商品，有的是生产者自销，有的是代销或通过进货销售；由于我国的市场执法越来越严，制假产生的侵权商品进入正规流通渠道和终端销售环节并不容易，因此售假人与制假人通常合二为一或有密切的合作关系，故此类侵权构成不再要求主观上“明知”，即不论是否明知，只要销售了侵犯注册商标专用权的商品即为侵权。

不过，在责任判定方面，《商标法》仍采取过错责任原则，为销售侵权行为人提供了合法来源的抗辩理由；依据第 60 条第 2 款和第 64 条第 2 款，销售不知道是侵犯注册商标专用权的商品、能证明该商品是自己合法取得并说明提供者的，不承担赔偿责任也不受处罚，仅需承担停止销售的责任。合法来源抗辩是知识产权制度中的一项重要免责事由，其立法目的在于寻求保护知识产权与兼顾善意销售者利益、保障正常商业交易安全之间的平衡点，这为被控侵权的无过错销售者，尤其是无意惹上侵权官司的中小零售

〔1〕《最高人民法院关于审理商标民事纠纷案件适用法律若干问题的解释》（法释〔2002〕32 号）（法释〔2020〕19 号修订），第 8—12 条。

〔2〕 参见四川省高级人民法院（2021）川知民终 2152 号民事判决书。

商提供了有力的工具。为充分利用这一制度自我保护，经营者应树立品牌规范意识，在日常经营中要注意从正规渠道进货，注重保留重要证据；例如，在“纳益其尔”案中，法院从客观要件和主观要件两方面审查并进行责任分配，判决不承担赔偿责任，[1]相反，在天津市和平区市场监督管理局在执法检查中，个体商户因销售“耐克”等假冒商品而不能指认提供者受罚。[2]

4. 伪造、擅自制造他人注册商标标识或销售伪造、擅自制造的注册商标标识的行为

伪造和擅自制造，均是指未经许可的制造行为；前者主要是仿造他人注册商标的图样或实物作出与他人注册商标标识相同的标识，后者通常发生在加工承揽活动中承揽人私自在商标印制合同约定印数之外加印商标标识。销售伪造、擅自制造的注册商标标识的行为，是指采用零售、批发、内部销售等方式，出售伪造或擅自制造的他人注册商标标识，网上销售也是一种常见渠道。

这类假冒标识的制销侵权行为因不涉及商标使用，民事纠纷不断而更多的是行政、刑事处罚的案例。作为典型的知识产权类犯罪，司法部门对如何理解执行《刑法》第215条“非法制造、销售非法制造的注册商标标识罪”的适用工作比较重视；在“两高”联合发布的系列关于办理侵犯知识产权刑事案件的司法解释中，制定了较详细的量刑标准，[3]在“两高”与公安部联合印发的指导文件中，对销售行为定罪问题作了规定。[4]

5. 未经商标注册人同意，更换其注册商标并将该更换商标的商品又投入市场的行为

这类“反向假冒”行为一般发生在商品销售活动中，将商品上的他人商标消除后换上自己的商标、将他人商品冒充自己的商品进行销售，其目的是赚取差价（通常他人商品价廉物美而自己的商标知名度更高商品价格也更高）。反向假冒条款是2001年《商标法》修改时增加的，其显然是为了回应1994年发生的“枫叶”案；该案中，北京同益公司在百盛购物中心设立专柜销售“鳄鱼”牌商品，将购买的“枫叶”牌西裤商标撤换成“鳄鱼”商标以高于原价198%的价格出售，最终被法院认定为侵权。[5]

6. 故意为侵犯他人商标专用权行为提供便利条件，帮助他人实施侵犯商标专用权的行为

这类帮助侵权行为是《商标法》2013年修改时新增的，也有观点将其称为“间接侵权”，[6]主要是指故意为侵犯他人注册商标专用权的行为，提供诸如仓储、运输、邮寄、隐匿、印制、经营场所、网络交易平台等方面的条件，从而帮助他人完成实施侵犯商标专用权的行为。帮助侵权人既有主观上的明知故意，也有客观上的帮助行为，其行为成

〔1〕参见最高人民法院（2022）最高法民再275号民事判决书。

〔2〕参见津市监和罚〔2021〕205号行政处罚决定书。

〔3〕参见《最高人民法院、最高人民检察院关于办理侵犯知识产权刑事案件具体应用法律若干问题的解释》（法释〔2004〕第19号），第3条。

〔4〕参见《最高人民法院、最高人民检察院、公安部关于办理侵犯知识产权刑事案件适用法律若干问题的意见》，法发〔2011〕3号，第9条。

〔5〕参见北京市第一中级人民法院（1994）中经知初字第566号民事判决书。

〔6〕蔡元臻：《商标间接侵权制度论要》，载《环球法律评论》2023年第5期。

为直接侵权后果产生及其损害的扩大必不可少的因素，通常是规模化、产业化制假售假流水线上的关键点，因此也是国家加大打击侵权假冒工作的重点。

对于商标领域的帮助侵权问题，《商标法实施条例》第 75 条对此类行为作了列举，商标执法管理部门也据此出台了更具体的指导文件，[1]司法实践中也很早就明确了相关判定规则，因此理论上的争议点不多。例如，对于在北京有名的秀水街承租摊位的个体商户销售“CHANEL”包的行为，香奈儿公司向秀水街公司发出律师函后仍未能制止遂提出诉讼；北京市高级人民法院认为秀水街公司作为北京秀水街服装市场的经营管理者，应该知道、特别是收到律师函后仍为侵权人提供便利条件，属于侵犯他人注册商标专用权的行为。[2]

帮助侵权行为及责任判定中，最需要关注的是电商平台售假问题。实体的“秀水街”正在消失，但为假冒和仿冒提供帮助的问题仍然存在。将他人商标作为关键词搜索以及购买竞价排名设置广告等网络上的问题，也不时引起关注和讨论。近年来，关于涉网、涉电商领域知识产权和不正当竞争纠纷频发，司法部门也陆续出台相关解释予以指导，相关规则不断完善；例如，对电商平台完善“通知—删除”规则执行机制、权利人的保全申请、平台连带责任、恶意投诉惩罚性赔偿等问题如何处理进行了细化，对“及时”“必要措施”等作了具体规定等。[3]

7. 给他人的注册商标专用权造成其他损害的行为

这是一项兜底性规定，是指上述六类行为以外的行为。司法解释也很早对此做出了规定，列举了更多更详细的情形以作示范；[4]包括：（1）将与他人注册商标相同或近似的文字作为企业的字号在相同或类似商品上突出使用，容易使相关公众产生误认的；（2）复制、摹仿、翻译他人注册的驰名商标或其主要部分在不相同或不相类似商品上作为商标使用，误导公众，致使该驰名商标注册人的利益可能受到损害的；（3）将与他人注册商标相同或相近似的文字注册为域名，并且通过该域名进行相关商品交易的电子商务，容易使相关公众产生误认的。可见，司法者对“其他侵权行为”的判断标准，仍坚持了混淆误认要件，这是符合商标法基本原理的；因为“商标的权利无论是通过使用、注册或驰名产生，其保护的基本依据都是建立在避免混淆之上的。以混淆作为商标保护的评判标准，在传统商标法中具有至关重要的意义……认定‘混淆的可能’是商标保护的核心问题”。[5]

需注意的是，《商标法》第 58 条同时规定，若是将他人注册商标或者未注册驰名商标作为企业名称中字号使用，按不正当竞争行为处理；这样，实践中此类情形发生时，

---

〔1〕 参见《商标侵权判断标准》，国知发保字〔2020〕23 号，第 30 条。

〔2〕 参见北京市高级人民法院（2006）高民终字第 334 号民事判决书。

〔3〕 参见《最高人民法院关于审理涉电子商务平台知识产权民事案件的指导意见（法发〔2020〕32 号）；《最高人民法院关于涉网络知识产权侵权纠纷几个法律适用问题的批复（法释〔2020〕9 号）。

〔4〕《最高人民法院关于审理商标民事纠纷案件适用法律若干问题的解释》（法释〔2002〕32 号）（以法释〔2020〕19 号修订），第 1 条。

〔5〕 黄晖：《驰名商标和著名商标的法律保护——从识别到表彰》，法律出版社 2001 年版，第 61—62 页。

当事人同时寻求《反不正当竞争法》的救济、法院判决说理也有分歧就不奇怪了，为此学界有观点认为该条应予删除。[1]同样存在一定分歧的，还有对刮码销售行为的定性。例如，在“安利”案中，法院认为刮除二维码的经营者主观上有隐藏商品来源的目的，客观上影响商标的识别和查验功能、妨碍商标权利人进行产品质量追踪管理，构成商标侵权，同时也构成虚假宣传的不正当竞争行为；但在“玫凯琳”案中，法院认为刮码销售的是正品，依照权利用尽原则不构成商标侵权，也不构成不正当竞争；在“完美”案中，对刮除识别码销售的行为，两级法院则直接按原告起诉理由，判定构成不正当竞争。[2]事实上，混淆理论不仅在商标侵权判定中采用，在反不正当竞争领域与注册商标之外其他商业标识相关的侵权行为判断中也适用。正如学界所公认的，商标权禁止权落脚于避免混淆和误认，而消费者的混淆和误认是否成立需要结合商品类似和商标近似两个方面进行判定。显然，商标、商品是否类似和近似必然包含消费者的主观判断。这种类似和近似被学者归纳为混淆性近似，并认为混淆性近似是综合判断商品（服务）类似于商标近似的总体性结论。[3]

另外，随着商业模式的更新和对知识产权保护力度的强化，近些年司法者对其他侵权行为的解释有扩张趋势，例如分装销售行为。在涉及正品分装销售的“不二家”和“五芳斋”案中，虽然都判定构成侵权，但前者法院是从破坏商标品质保证功能角度、后者则从市场混淆角度进行认定；值得说明的是，当地负责行政监管的部门曾专门向上级请示，国家知识产权局于 2021 年 9 月 17 日作出批复，指出对正品分装礼盒虽不会导致混淆，但抢占权利人礼盒产品市场份额、有降低权利人商品品质风险，构成商标侵权。[4]从这些案例看，我国各界对“其他”商标侵权与不正当竞争的界限划分比较模糊。

（三）不视为商标侵权的正当使用

1. 权利限制原理与商标权限制

知识产权的保护客体都是满足某种特定条件的信息，对知识产权的“禁止权”范围解释如果过于宽泛，可能会排除他人的正当使用造成信息垄断，妨碍社会公众的知情权和竞争者的合理发展空间；因此，现代各国的知识产权法中一般都有“权利限制”的制度设计、且已经日渐系统化，以我国知识产权法为例，《专利法》《著作权法》《商标法实施条例》第 49 条，均属较成体系的权利限制条款。[5]我国对注册商标专用权的保护，同样适用“权利限制”原理。具体说，我国的商标权限制虽然不像版权、专利领域那样在立法上列举了诸多具体情形，但也在《商标法》第 59 条中规定了三类不视为侵权行

---

〔1〕朱冬、张玲:《〈商标法〉第 58 条规范路径之反思与重构》，载《知识产权》2023 年第 1 期。

〔2〕参见成都市中级人民法院（2018）川民初 574 号民事判决书，浙江省高级人民法院（2020）浙民终 479 号民事判决书，深圳市中级人民法院（2021）粤 03 民终 13900 号民事判决书。

〔3〕孔祥俊:《商标及不正当竞争法原理和判例》，法律出版社 2009 年版，第 252 页。

〔4〕参见杭州市余杭区人民法院（2015）杭余知初字第 416 号民事判决书；上海知识产权法院（2021）沪 73 民终 406 号民事判决书；国知办函保字〔2021〕850 号。

〔5〕参见郑成思主编:《知识产权——应用法学与基本理论》，人民出版社 2005 年版，第 289 页；原书中的“《商标法实施条例》第 49 条”，即现行《商标法》第 59 条的来源。

为的正当使用情形。其中，第 1、2 款在实务中常被称为“正当使用抗辩”，第 3 款则为“在先使用抗辩”，实务中也称“先用权”。

2. 商标侵权正当使用抗辩

第 59 条第 1 款直接引入了 2001 年《商标法实施条例》第 49 条的规定，即“注册商标中含有的本商品的通用名称、图形、型号，或者直接表示商品的质量、主要原料、功能、用途、重量、数量及其他特点，或者含有地名，注册商标专用权人无权禁止他人正当使用”。正当描述使用例外是理论和实务界共识，例如在“片仔癀”案中，法院认为被诉侵权商品中含有片仔癀成分，因此其出于说明或客观描述商品特点目的、以善意方式在必要的范围内予以标注，属于正当使用。[1]至于含地名商标的保护与权利限制问题，在与地理标志制度混杂的我国相对复杂，类似“金华火腿”的商标、地理标志纠葛长期存在；“潼关肉夹馍”事件之所以引起全国关注，就是因为注册人、使用人、执法者以及公众等各界对注册商标专用权保护范围及其与地理标志保护制度之间关系的理解混乱，亟须通过法律实施中规则的细化与立法的完善尽快协同解决。[2]

第 59 条第 2 款关于“三维标志注册商标中含有的商品自身的性质产生的形状、为获得技术效果而需有的商品形状或者使商品具有实质性价值的形状，注册商标专用权人无权禁止他人正当使用”的规定，显然是对 2001 年《商标法》增加对立体三维标志保护的一项制衡措施；在现实中，商品自身的三维形状以及包装或容器的三维形状即使是经过设计有独特性，但其视觉效果也可能与同类商品服务的技术和实用性功能特征难以分割，因此需要控制权利边界以免妨碍他人正常使用。

总的来说，上述含通用名称商标、含地名商标、直接描述性商标，都在某种程度上包含了不应注册为商标专用权的信息，这类商标本身显著性就比较弱，因此立法设定的侵权例外目标都非常清晰，即不应过度保护扩张其专用权范围，以免损害他人的合法权益和公共利益。

3. 商标侵权在先使用抗辩

第 59 条第 3 款关于在先使用人继续使用商标不侵权、但注册商标专用权人可以要求其附加适当区别标识的在先使用抗辩，在实践中有诸多适用案例；[3]《商标法》于 2013 年修改时新增该条款，目的是平衡商标在先使用人和注册商标专用权人之间的利益，保护已经在市场上产生了一定的影响但未注册的商标在先使用人。现实中，可能因为超过了第 45 条规定的 5 年期而在先使用人已经无法请求宣告无效，也可能因为其他原因在先使用人选择在原有范围继续使用，而不是去请求宣告注册商标无效；在注册商标有效的状态下，若无此项例外规定，在先使用人将可能承担侵权责任。

对于这项“消极的抗辩权利”，[4]理论界一般认为其不具有许可和转让的权能，司法实践中也将可以主张该抗辩的主体严格限定为在先使用人；例如，在“红星美凯龙”

---

〔1〕 参见最高人民法院（2009）民申字第 1310 号民事裁定书。

〔2〕 参见管育鹰：《地理标志保护：国际协调与国内制度完善》，载《贵州省党校学报》2023 年第 4 期。

〔3〕 参见张鹏：《〈商标法〉第 59 条第 3 款“在先商标的继续使用抗辩”评注》，载《知识产权》2019 年第 9 期。

〔4〕 参见李扬：《商标在先使用抗辩研究》，载《知识产权》2016 年第 10 期。

案[1]中，法院认为该抗辩事由仅应由在先使用人自行提出，其他人无论是否取得在先使用人的同意，均无权依据商标法第 59 条第 3 款提出不侵权抗辩。另外，在先使用抗辩成立的要件是在先使用行为发生在商标注册人申请商标注册前，且在先使用行为在申请注册时已具有一定的影响，即“双先”；在“深海”案中，法院认为有充分证据显示在涉案商标注册之前很早就已在其生产的紫菜产品的交易单据上、商品外包装图片上使用“深海紫菜”字样，其持续性使用行为已使“深海”文字成为有一定影响的标识。[2]

对于原有范围的理解，一是必须在与注册商标核定使用的商品或服务相同或类似的商品或服务上使用与注册商标相同或近似的标志，且要与被诉的商标和商品完全一致才能援引在先使用抗辩，对此法院在“启航考研”案中明确“不能延及未使用过的类似商品或服务上的近似商标”。[3]二是必须在原有地域范围使用，在“理想空间”案中，法院指出地域范围是考虑原有范围的重要因素。[4]不过，虽然总体上法院不倾向于认为无边界的互联网可以无限扩展原使用范围，但因在网络时代地域范围的界定比较复杂，需要结合个案论证；在前述“红星美凯龙”案[5]中，法院认为在原实体店铺影响范围之外增设新店或拓展互联网经营方式的，已经超出了原有范围，而在“悦跑”案中，法院在认定在先使用抗辩成立的同时，通过指明被告在网络环境中的“原使用范围”之具体使用方式解决争议。[6]

三、驰名商标的特殊保护问题

（一）驰名商标制度由来与国内外讨论

1. 制度由来与国际层面的指导性文件

“驰名商标”（well-known trademark）保护是现代商标制度的主要内容之一。在国际层面，最早由《巴黎公约》第 6 条之二确立了保护驰名商标的原则，即（1）本联盟各国承诺，如本国法律允许，应依职权，或依利害关系人的请求，对商标注册国或使用国主管机关认为在该国已经驰名，属于有权享受本公约利益的人所有、并且用于相同或类似商品的商标构成复制、仿制或翻译，易于产生混淆的商标，拒绝或撤销注册并禁止使用。这些规定，在商标的主要部分构成对上述驰名商标的复制或仿制，易于产生混淆时，也应适用。（2）自注册之日起至少 5 年的期间内，应允许提出撤销这种商标的请求。本联盟各国可以规定一个期间，在这期间内必须提出禁止使用的请求。（3）对于依恶意取得注册或使用的商标提出撤销注册或禁止使用的请求，不应规定时间限制。

1994 年的 TRIPs 协议确立了知识产权国际保护的最新标准，其中第 16 条第 2、3 款在确认《巴黎公约》第 6 条之二驰名商标保护制度的同时，做了两个方面的更新和扩张：

---

〔1〕参见最高人民法院（2018）最高法民再 43 号民事判决书。

〔2〕参见福建省高级人民法院（2021）闽民终 208 号民事判决书。

〔3〕北京知识产权法院（2015）京知民终字第 588 号民事判决书。

〔4〕参见最高人民法院（2018）最高法民再 43 号民事判决书。

〔5〕参见最高人民法院（2018）最高法民再 43 号民事判决书。

〔6〕深圳市中级人民法院（2017）粤 03 民初 977 号民事判决书。

其一,《巴黎公约》第 6 条之二对驰名商标的保护原则上适用于服务商标。确认某商标是否驰名，应考虑相关公众对其知晓程度，包括在该成员地域内因宣传该商标而获得的公众知晓程度；其二,《巴黎公约》第 6 条之二原则上适用于与注册商标所核准使用的商品或服务不相类似的商品或服务，只要该商标在那些不相类似的商品或服务上使用时会暗示其与注册商标所有人存在某种联系，且注册商标所有人的利益可能因此受损。

可见，在国际层面《巴黎公约》第 6 条之二最早明确了对驰名商标的特殊保护，但其保护限于禁止“用于相同或类似商品的商标”，而 TRIPs 协议第 16 条则将扩张驰名商标保护范围作为国际义务，通过 WTO 将贸易与知识产权挂钩的机制要求各国在国内法上实施。简言之，TRIPs 协议比《巴黎公约》更进了一步，将驰名商标的保护范围扩张，禁止使用于与已注册商标不相类似的商品或服务、暗示与该注册商标所有权人有某种联系、可能损害已注册商标所有权人利益的行为；这种基于“联想 / 淡化”法则〔1〕禁止以“暗示联系”方式削弱驰名商标识别功能的规则，无疑是对传统商标法“混淆”理论的重大突破，使得驰名商标所有人可能同时获得“跨境”和“跨类”保护，而且 TRIPs 协议还把保护范围扩大到服务商标，这对从事无形财产跨境交易和服务贸易的发达国家经营者来说尤为有利。

尽管如此，如何填补立法的理想目标与法律实施实效的差距是永恒的难题。事实上，基于对驰名商标跨境保护在不同发展阶段国家可能会产生差异的担忧，相关国家在 WIPO 平台上早就发起了讨论，力图制定具体的保护标准以便在各成员国强制推行；但其结果并不理想，最终只能以无强制性的倡导性文件作为指导，即 1999 年 9 月“保护工业产权巴黎联盟大会”和“世界知识产权组织大会”通过的《关于保护驰名商标的规定的联合建议》(以下简称联合建议)。〔2〕联合建议第 2 条对某商标是否成为驰名商标做出了规定，包括“需考虑的因素”和“相关公众”两个方面的条件，该建议还列举了若干驰名商标认定考虑因素，以便给成员国的国内立法和司法作出引导；例如我国《商标法》2001 年修改在明确驰名商标保护原则（第 13 条）的同时，也引入了认定因素的类似规定（第 14 条)。

不过，理论上可以对照这些因素准备证明材料，并不意味着实践中驰名商标保护的主张一定会得到支持，因为举证难题依然存在，各国对境外证据的要求和对行为及其后果的具体判定标准并不一致。而且，联合建议关于“相关公众”范围界定和“知晓程度”要件的规定是模糊的，仅要求若“熟知”就“应当”认定、而在“知晓”“不熟知或知晓”情况下是“可以”认定；显然,“可以”是一种价值导向而并非法律上的强制性义务，执法者是有一定自由裁量权的，因此“相关公众知晓程度”的判定有一定主观性。学界

〔1〕“淡化”理论来源于美国。按照英美法中的普通法原则，如果双方没有竞争关系，则“混淆”不会发生，但《拉纳姆法》第 43 条（c）以成文法创设了反淡化的例外规则；即如果未经许可的使用使得驰名商标的识别性被削弱，则无论双方是否有竞争关系或是否有混淆可能性均应禁止。相关介绍参见［美］谢尔登·W. 哈尔彭等:《美国知识产权法原理》，宋慧献译，商务印书馆 2013 年版，第 379 页。

〔2〕 参见 WIPO 文件，SCT/3/8, October 7, 1999。

也认为，各国在履行国际公约适用法律时，对境外驰名商标的保护应当是“适当”的；[1] 显然，“适当”与“善意”“恶意”以及“知道”“应当知道”等民法上侵权责任判定中的主观要件一样抽象，个案中裁量尺度如何准确理解和把握，是理论和实务界的永恒讨论话题。

2. 国内立法与实践

我国理论和实务界对驰名商标的保护问题很早就关注。在加入 WTO 的进程中，驰名商标的保护也是国内外谈判中的重要议题。事实上，我国商标实践中对驰名商标的保护要早于 2001 年《商标法》在立法层面的明确；主管商标工作的部门于 1996 年即颁布实施了《驰名商标认定和管理暂行规定》，而在此规章出台前后国内学界对驰名商标保护制度的必要性已做出研究论证。我国于 2001 年加入 WTO 之际，在《商标法》第 13 条第 1 款明确了对驰名商标的保护，并在第 2、3 款分别对应 TRIPs 协议规定了未注册驰名商标和已注册驰名商标两种情形的保护；不过，立法尽管对标《巴黎公约》作出了规定，但由于对何为驰名商标，无论是国际公约本身还是各国立法，都找不到具体而明确的定义，使得执法部门在理解和适用法律时缺乏相应的一致的规则，可能出现认识和执法后果的偏差。一段时期内，我国驰名商标制度还出现“异化”现象，即驰名商标被视为一种区别于普通商标的国家级、含金量高的“牌子”，对消费者具有比较明显的导购作用；于是企业千方百计地寻求“驰名商标”的认定（以下简称“认驰”），各种评比、宣传、甚至做假案[2] 以获得受保护记录作为今后证据。

我国司法实践中早在 2001 年就在关于域名纠纷案件审理的司法解释中，申明了对驰名商标保护的原则，[3] 在《商标法》修改后司法机关随即对驰名商标条款适用作了解释。[4] 但在法律实施中，驰名商标逐渐从一个法律概念变成了荣誉称号，“认驰”之风日盛。事实上，商标是否“驰名”是一种判定时的事实状态而不是永久或长期的荣誉称号，而只有当某一商标与其他商标发生冲突时才有判定的必要。为纠正驰名商标制度异化问题，司法机关专门就驰名商标保护纠纷案件的审理问题出台了司法解释作为指导；[5] 这一重要司法文件第 1 条就指出驰名商标是“在中国境内为相关公众所熟知的商标”，这一概念阐释虽然不是严格意义上的定义，但给出了判定构成驰名商标的“在中国境内”“相关公众所熟知”两个核心要件，该文件还包括认定情形、认定原则、认定因素、举证责任及驰名商标保护等内容。经过多年的纠偏和治理，2013 年《商标法》修改时，

---

〔1〕 See Robert C. Bird & Elizabeth Brown, *The Protection of Well-Known Foreign Marks in the United States: Potential Global Response to Domestic Ambivalence*, North Carolina Journal of International Law,Volume 38 (November, 2012), pp.495–530.

〔2〕 参见满庭芳：《“驰名商标”背后的一群枉法者》，载《民主与法制》2010 年第 13 期。

〔3〕 参见《最高人民法院关于审理涉及计算机网络域名民事纠纷案件适用法律若干问题的解释》（法释〔2001〕24 号）（以法释〔2020〕19 号修订），第 4、5 条。

〔4〕 参见《最高人民法院关于审理商标民事纠纷案件适用法律若干问题的解释》（法释〔2002〕32 号）（以法释〔2020〕19 号修订），第 1、2、22 条。

〔5〕《最高人民法院关于审理涉及驰名商标保护的民事纠纷案件应用法律若干问题的解释》（法释〔2009〕3 号）（以法释〔2020〕19 号修订）。

增加第 14 条对“认驰”原则和禁止做宣传做了规定，遏制了非正常“认驰”现象。不过，虽然驰名商标保护仅是一种在特殊情形下弥补注册制漏洞的制度，但因数字经济和全球化快速发展，商标信息传播的便捷和广泛前所未有，在此时代背景下如何理解和适用这一制度，既为驰名商标所有人合法权益提供适当保护又同时维护公平竞争，对于跨国商务和新业态经营者来说非常重要。在“认驰”一段时间内被滥用导致相关法律和司法政策紧急刹车后，我国的“认驰”从一个极端走向另一个极端，行政程序几乎停滞，司法中多数情况下、特别是请求跨类保护时，“认驰”证明责任相当高。例如，在审理涉及驰名商标保护的商标授权确权行政案件时，亦应遵循驰名商标的按需认定原则，如果被异议商标并未构成对引证商标的复制、摹仿或者翻译，或者被异议商标获准注册并不会导致误导公众并可能损害引证商标权利人利益的结果，即无须对引证商标是否构成驰名的问题作出审查和认定。[1]

（二）地域性与驰名商标认定问题

从上述联合建议的条文和讨论看，驰名商标保护中的一个争议较大是地域性原则的适用问题。地域性是工业产权的特点，[2]也即，按照一国法律获得确认和保护的知识产权只在该国有法律效力，不具有域外效力；《巴黎公约》和 TRIPs 也只明确了同等条件优先获得注册的权利，而非直接享有商标专用权，为尚未在本国注册的境外驰名商标提供保护，涉及地域性原则的突破，其具体尺度的把握由各国立法和司法确定。鉴于驰名商标保护联合建议仅是无强制力且措辞明显有弹性的指导性国际文件，并非设立强制性国际义务，各国在涉外法律纠纷应对时有较大灵活性。例如，在日本富士公司刚进入美国及发生纠纷时，法院认为其在国外的商标使用不在美国产生商标权，[3]坚持了商标使用和保护的地域性原则。随着国际旅游业发展，消费者全球流动、作为商誉符号的商标信息也可以在网上便捷地传播，若过于严守地域性原则、一概否认境外驰名商标的保护，可能产生混淆甚至欺诈的后果；因此，美国法院对境外驰名商标的保护态度有所调整，例如认定使用“布哈拉”餐厅名称和商业外观构成不正当竞争，并认为立法上应明确商标使用地域性原则的例外。[4]不过，由于个案中各种衡量因素差异大，实践中美国法院的裁判呈现摇摆不定的状态。在“戴比尔斯”案中，美国法院承认若国外驰名商标在美国已经广为知晓，他人使用可能造成混淆，但该案中原告的诉讼资格、实际使用和损失等未能证明因此不予支持；[5]在“关塔那摩”案中，法院认为，即使本国居民可能看到在欧洲期刊和网站上该品牌雪茄的宣传，但在没有国内实际销售证据的情况下，并不构成美国法上的商标使用。[6]

在我国，境外驰名商标的保护诉求也同样因地域性原则存在不确定性。在“金莎”

〔1〕参见最高人民法院（2014）知行字第 112 号行政判决书。

〔2〕参见郑成思：《知识产权法》（第二版），法律出版社 2003 年版，第 15—17 页。

〔3〕See Fuji Photo Film Co. *v.* Shinohara Shoji Kabushiki Kaisha, 754 F.2d 591, 599 (5th Cir. 1985).

〔4〕See ITC Ltd. *v.* Punchgini, Inc., 482 F.3d 135, 165 (2d Cir. 2007).

〔5〕See De Beers LV Trademark Ltd. *v.* DeBeers Diamond Syndicate, Inc., U.S. Dist. (2005).

〔6〕See Guantanamera Cigar co. *v.* Corporacion Habanos SA,U.S. Dist. LEXIS 1115127 (D.D.C.2009).

案中，法院认为商标权有地域性，原告提交的大部分是在我国香港特别行政区、我国台湾地区以及其他国家和地区的使用与宣传证据，不能当然视为在中国内地（大陆）有同等效力。〔1〕类似的案例还有一些，主要都因历史原因，不能证明在主张权利的中国内地（大陆）地域内、在当时已经构成驰名商标而不能获得保护。在"无印良品"系列案〔2〕中，日企于1999年11月17日开始陆续分别以"MUJI""無印良品 MUJI"在中国提交了11件商标注册申请（但不包括发生争议的第24类），不过，日企到2005年才在中国大陆设立第一家门店并实质性开展经营；在一、二审判决中，法院均认为日企未能提供可采信的证据，证明该11件注册商标在中国企业2001年4月申请注册第24类近似商标之前，在中国境内使用且已为相关公众所熟知。不过，对于境外使用证据中国法院也并非一概否认，而是根据案件事实适当采用。例如，在"欧树"案中，法院认为被异议商标在申请注册日之前，已经在欧美国家、我国香港地区经宣传使用，具有了较高知名度、商业价值和影响力；鉴于相关公众对化妆品的认知程度较高且客观上内地确实有大量中国内地相关消费者由境外购买并带回境内使用，能够认定该商标在中国内地已为相关公众所知晓。〔3〕在"星巴克"案中，法院同样采信了商标的境外注册、使用和知名度等证据。〔4〕总的来说，司法界倾向于"国内使用＋国内知名"双重地域限定原则。〔5〕

可见，正如联合建议所采用的"相关公众知晓程度"弹性标准所表明的，境外驰名商标在各国是否获得保护必然具有不确定性；在某种意义上，这一灵活标准是国内法根据商业竞争实况划定商标权保护范围的最佳方案。因此我国立法对驰名商标概念采用的"为相关公众所熟知"的表述，以及司法解释中对"中国境内"的限定，与国际指导性文件所规定的保护标准并不违背。当然，我国现行《商标法》第13条第3款对驰名商标跨类保护的规定，与"全面与进步跨太平洋伙伴关系协定"（CPTPP）第18.22条第2款中的"无论是否注册"要求有差异，为此新修改草案删除了"已经在中国注册"的条件，〔6〕以作为对标最新国际经贸规则的一种表态。不过，立法表述的修改仅是放宽了入口，不等于所有未注册境外驰名商标的跨类保护在商标审查及司法实践中必定得到回应，因为"为中国境内相关公众所熟知"的地域性标准仍在坚持，而"足以使相关公众认为……"〔7〕等跨类保护的范围究竟如何划定还是存在困难；目前我国的立法修改草案中，增加了驰名商标个案认定和保护强度与知名度相匹配原则，反映了今后法律适用中

---

〔1〕 北京市第一中级人民法院（2012）一中知行初字第108号行政判决书。

〔2〕 代表性案例参见最高人民法院行政判决书（2012）行提字第2号，北京市高级人民法院民事判决书（2018）京民终172号。

〔3〕 北京市第一中级人民法院（2012）一中知行初字第1053号行政判决书。

〔4〕 上海市高级人民法院（2006）沪高民三（知）终字第32号民事判决书。

〔5〕 杨静：《商标授权确权中地域性原则的重构——基于中美实践的比较》，载《知识产权》2020年第3期。

〔6〕 参见国家知识产权局：《中华人民共和国商标法修订草案（征求意见稿）》，2023年1月13日发布，第18条第2款。

〔7〕 参见法释〔2009〕3号（以法释〔2020〕19号修订），第9条。

这一难题的应对方向。[1]

（三）驰名商标保护的程序性及实体性保障

禁止抢注是保护驰名商标的首要目的。依据我国《商标法》第 33、45 条，遭遇抢注的驰名商标所有人在异议、无效阶段，均可请求保护，另外，在第 49 条的“撤三”程序中，也可以寻求救济。不过，如前所述，异议阶段极为短暂，权利人基本上无从追踪，因此多数驰名商标纠纷都是走事后的“撤三”和无效程序。但第 45 条无效程序的请求期间是 5 年，除非能证明抢注人的“恶意”；实践中，驰名商标认定在“商标使用地域性”“知名度”“相关公众”等方面，本身就存在诸多困难和不确定性，对于“恶意”这一主观因素的认定则更加困难。因此，对于被恶意抢注的驰名商标，程序上的救济力度应当增强。比如，目前被抢注人在对被抢注商标提起异议或宣告无效请求时，通常需要另行申请该商标，而根据我国现行《商标法》，商标局在收到申请后又启动一系列程序，有争议的还包括提起诉讼；可见，如果被抢注人重新申请，就一个实体争议问题要轮番启动和参与这些程序，耗费大量时间及经济成本，且越是驰名商标被抢注的数量越多，同时，这些循环不断的程序对于行政及司法机关来说也是重负。因此，如果在首轮争议程序中给予被恶意抢注的驰名商标所有人“选择受让”的机会、使其不必重新申请注册，则不仅有利于驰名商标保护，也有助于优化程序避免耗费。

另外，鉴于应付抢注过于不堪重负，驰名商标所有人常常采取防御性注册措施，但现实中不可能真正使用那么多注册商标，因此可能面对“撤三”困境。因此，如果仅仅在注册伊始默许防御性注册，但在后续阶段缺乏相应的配合措施，可能会使权利人为应对抢注不得已采取的这种防范措施落空。对此，可考虑作为防御商标注册的要件，将基础商标知名度的要求和考量因素与驰名商标的认定相匹配；在遭遇“撤三”程序时，允许商标注册人将防御性注册作为未实际使用的正当理由。[2]

从法理上说，第 13 条中的“不予注册并禁止使用”可理解为，即使未注册，驰名商标权利人也依法享有专有权，排除他人抢注和使用。从制度发展趋势看，随着诚信原则的具体化和营商环境的整体改善，未注册驰名商标所有人就恶意抢注的“注册商标专用权”在被宣告无效之前对自己合法权利造成的损害主张救济，在举证成功的前提下也会越来越多地得到支持。不过，目前驰名商标认定仍然实行“个案、被动”原则，仅是在例外情形下获得特殊保护，且实践中程序的冗长复杂使得权利人“要回”自己商标并获得注册并不容易。

目前，我国《商标法》已启动新一轮修改，草案中已经采用了驰名商标保护的淡化理论，基于“选择受让”原理的“移转”制度也拟建立，这无疑会强化对驰名商标保护。[3] 不过，这些制度最终如何在立法上落实还有待观察。

---

〔1〕 参见：《中华人民共和国商标法修订草案（征求意见稿）》，2023 年 1 月 13 日国家知识产权局发布，第 10 条第 2、3 款。

〔2〕 具体可在《商标法实施条例》第 67 条中体现。

〔3〕 参见《中华人民共和国商标法修订草案（征求意见稿）》，2023 年 1 月 13 日国家知识产权局发布，第 18 条第 2、3 款，第 45 条。

（四）驰名商标抢注与商标共存问题

对于遭受恶意抢注的驰名商标所有人，各国均依《巴黎公约》的规定不将主张救济的期限局限于5年内；但即使如此，境外先注册或使用人的商标是否在主张救济的地域内产生“相关公众所熟知”的商业影响、相应地域内的先注册或使用人是否具有“恶意”均不易证明和判断。这样，实践中不同主体同时在不同国家和地区使用相同或近似商标的情形就难以避免，尤其是在中、美、欧这种幅员辽阔的法域。而且，由于此类跨境商标发生冲突时纠纷解决很复杂、耗时长，境内外经营者在彼此权利义务关系不确定期间，并无法律禁止任何一方在争议发生地持续使用，可能造成同时使用（Concurrent Use）的事实。对同时使用超过5年的，是否适用“共存（Coexistence）”[1]原则处理，各国实践有所不同，不过理论和实务中倾向于采取这一路径。[2]

我国因历史悠久、幅员辽阔、社会经济发展不均衡，在调和商业标识和竞争关系方面有一定经验，即老字号相关商标纠纷。[3]在这类案例中，法院均认同因时代变迁或证据缺失等原因，不宜认定驰名商标并将其他竞争者完全排除市场，而是在非恶意使用者之间取得平衡；在可区分条件下，允许各自在原有范围继续正当使用，这也符合《商标法》第59条对在先使用例外的规定。除适用于解决老字号纠纷外，“市场格局论”[4]也不时用来解决境外驰名商标进入中国市场后遇到的冲突问题；也即，当无法证明他人注册和使用有“恶意”和自己的商标“在中国境内为相关公众所熟知”时，可适用共存原则处理。不过，对于“市场格局论”的具体适用标准，中国理论和实务界尚未形成共识；一方面其能反映实际使用者商誉范围与市场格局划分的对应关系、[5]避免只保护独占性商标专用权带来的冲突矛盾；另一方面执法者自由裁量幅度较高导致的不确定性需要解决，已有研究发现目前商标协议共存纠纷的裁判结果差异较大。[6]

例如，在国内引起高度关注的法国和新加坡“鳄鱼”系列案[7]。经长期争讼，法院最终明确了以不正当手段抢先注册他人在先使用并有一定影响的商标的判断标准，即（1）在先使用商标具有一定影响；（2）争议商标构成以不正当手段抢先注册（申请人具有主观故意）；（3）在先使用并有一定影响的商标保护限于相同或者类似商品或者服务；据此形成了法国鳄鱼 Lacoste、新加坡鳄鱼卡帝乐 Cartelo，以及若干我国带“鳄鱼”图案商标之共存的状态。事实上，采用有一定影响的商标之共存模式，是解决驰名商标因专

---

〔1〕 See Tamara Nanayakkara, *IP and Business: Trademark Coexistence*, WIPO Magazine, Issue 6, 2006, pp. 18–19.

〔2〕 See Peukert A., *The Coexistence of Trade Mark Laws and Rights on the Internet, and the Impact of Geolocation Technologies*, IIC 47, 60–86 (2016).

〔3〕 参见杜颖、李彧祺：《老字号商业标识保护的路径、法律判断与焦点问题》，载《中华商标》2023年第5期。

〔4〕 参见最高人民法院系列司法政策和司法解释：法发〔2009〕23号第9条，法发〔2010〕12号第1条，法发〔2011〕18号第19条。

〔5〕 参见孔祥俊：《商标法适用的基本问题》，中国法制出版社2012年版，第110—111页。

〔6〕 参见胡刚等：《商标共存问题研究（上）》，载《中华商标》2020年第10期。

〔7〕 参见最高人民法院（2009）民三终字第3号民事判决书，最高人民法院（2018）最高法行再100号行政判决书。

有性排他性无法实现平衡各自利益的一种协调方案，但这种协调仍余留了争议未决的隐患；例如，“鳄鱼”相斗最近的案件发生在2024年初，以新加坡鳄鱼败诉结案；[1]“無印良品”则因在涉及第24类商品时单独标注了“MUJI”标识、已注意了合理避让，故原告关于侵害涉案“无印良品”注册商标专用权的诉求被驳回。[2]

可以说，无论是驰名商标还是有一定影响的未注册商标，今后更多的纠纷和讨论在继续聚焦“知名度”“相关公众”传统要件判定的同时，需要对“共存”规则进行细化；目前关于驰名商标保护最为重要的司法解释[3]中，对何为“合理避让”等规则尚无规定。

四、商标侵权责任及其判定

毫无疑问，作为民事权利的一种，商标权的保护遵循一般的民法原理；也即，《民法典》中与侵权相关的规定，包括总则和一般原则，同样适用于对商标权的保护。为此，为准确理解商标权保护宗旨和判定侵权责任，《民法典》第120条“民事权益受到侵害的，被侵权人有权请求侵权人承担侵权责任”，还有第七编“侵权责任”中的大多数规定，都需要熟悉和了解，特别是与知识产权保护关系密切的帮助侵权、惩罚性赔偿等规定。不过，商标侵权有其特殊性，实践中需要不同于普通民事侵权的理论指导，而且行政、刑事保护方面的内容，也只能基于商标法上的侵权理论来界定相关权利人保护范围和责任范围。

根据我国《商标法》的有关规定（第60—67条），构成商标侵权、引起纠纷的，由当事人协商解决，不愿协商或者协商不成的，商标专用权人或者利害关系人可通过如下三种途径申请保护：其一，向人民法院起诉；其二，请求行政执法部门处理，当事人对处理决定不服的，可在收到通知之日起15日内，向人民法院提起行政诉讼；其三，对假冒注册商标的，可向行政执法部门或检查机关控告和检举，对情节严重构成犯罪的，司法机关可依法追究其刑事责任。《商标法》除了侵权责任外还对代理人、主管部门的相关责任做了规定，因不属于商标保护事项，本章不做详解。

（一）商标侵权责任概述

一般而言，侵权是指侵害他人合法权利或利益的行为。法学理论上，几乎所有关于侵权的讨论都是基于民法上的人身权和财产权保护理念展开的；相应地，关于侵权法、侵权行为、侵权责任的研究，也主要是基于《民法典》侵权责任编（2020年之前为《侵权责任法》）。但是，就知识产权而言，尽管其处于《民法典》的大框架下，但诸多的特殊性决定了其保护方式有别于其他普通民事权利，在侵权行为及侵权责任判定方面尤为明显。以商标领域为例，侵犯注册商标专用权除了将依法承担民事责任外，还可能有相应的行政、刑事责任；也即，同一行为可能兼具侵权、违法、犯罪三类不同的法律性质，触发民事、行政、刑事几类法律责任形式。因此，知识产权保护的特殊之处，决定

---

〔1〕 北京市高级人民法院（2022）京民终293号民事判决书。

〔2〕 参见江苏省高级人民法院（2020）苏知终6号民事判决书。

〔3〕 即《最高人民法院关于审理涉及驰名商标保护的民事纠纷案件应用法律若干问题的解释》（法释〔2009〕3号）（以法释〔2020〕19号修订）。

了其保护过程中需要协调更复杂的法律关系和设立特殊的程序规则。

本书认为，商标侵权泛指一切违反法律规定损害他人合法商标权益应承担相应责任的行为。对于商标侵权的法律责任，《巴黎公约》中并未做具体规定，因此法律如何实施由各国自行决定。随着知识产权与国际贸易的关系日益紧密，仅有国民待遇、优先权、驰名商标保护等原则性规定，难以有效保护无形信息的跨境流通和运用；因此，1994 年 TRIPs 协议在吸收《巴黎公约》《伯尔尼公约》两大国际条约确立的知识产权保护基本内容的同时，增设了大量执法规则作为各国需要落实到国内法中的义务。TRIPs 协议第三部分包含了一系列关于民事、行政、刑事程序，以及临时禁令、边境措施等救济方面的内容；总体来看，我国《商标法》在 2001 年修改后已经全面对标 TRIPs 协议建立了相应的法律有效实施机制。

《商标法》第 60 条第 1 款对如何处理因侵犯注册商标专用权行为，即第 57 条列举的行为引起的纠纷作了规定；具体方式包括：

（1）由当事人协商解决。以自行协商解决方式解决纠纷简便易行，有利于迅速解决问题、减少社会矛盾、节省行政和司法公共社会资源，这也是各国都倡导的、实际上当事人也愿意选择的大多数民事纠纷的解决方式；因注册商标专用权属于民事权利范畴，将协商解决作为首要方式作出规定，是对当事人依法享有的民事处分权的尊重。

（2）不愿协商或协商不成的，商标注册人或利害关系人可以向法院起诉。通过诉讼方式解决纠纷，是遭遇侵权、认为自己权利受到损害的民事主体的常见做法，也是国家制定法律制度以强制力保障商标权实施的应有之义。根据法律规定，商标侵权纠纷中可以起诉的原告是“商标注册人或者利害关系人”，司法解释指出利害关系人包括“注册商标使用许可合同的被许可人、注册商标财产权利的合法继承人等”。〔1〕虽然依法理实施侵权行为的一方当事人不能向法院起诉，但被控侵权本身并不必然意味着侵权构成，尤其在我国抢注现象仍未有效遏制的情况下，还有很多抢注人凭借官方颁发的权利证书、反过来起诉在先权利人和在先使用人的情况；因此，我国在司法实践中，允许可能被控侵权的一方通过提起“确认不侵权之诉”规避法律风险。在“强生”案中，曹某在第 17 类“汽车防爆膜、染色膜”等商品上申请注册“强生”商标并于 2013 年 5 月得到核准；2016 年 2 月曹某委托 A 律所向中材装备、中材国际二原告发送律师函，要求立即停止宣传及使用“强生”商标的侵权行为并消除影响，否则将立即启动法律程序追究二原告的侵权行为；2016 年 3 月二原告委托 B 律所向曹某发送催告函，要求其撤回对二原告的律师函和对二原告若干经销商的告知函，否则将追究其法律责任；二原告同时提出确认其在玻璃膜产品上使用“强生”标志不侵犯被告注册商标专用权的诉讼，一、二审均支持了其诉讼请求。〔2〕

（3）不愿协商或协商不成的，商标注册人或利害关系人可以请求主管部门处理。我

---

〔1〕 参见《最高人民法院关于审理商标民事纠纷案件适用法律若干问题的解释》（法释〔2002〕32 号）（以法释〔2020〕19 号修订），第 4 条。

〔2〕 参见北京知识产权法院（2016）京 73 民辖终 722 号民事判决书。

国对知识产权保护实行"双轨制"，即除了司法机关外行政执法机关也可以查处侵权案件，我国特有的这一行政执法制度与 TRIPs 中的行政程序救济仅指向海关边境措施不同。请求行政执法保护相对于司法程序来说更加便捷、成本低，相当于为权利人多设了一道保护程序，这对于现阶段侵权假冒仍较严重的我国具有一定必要性；通过行政执法查处、打击商标侵权行为，有利于权利人维护自身合法权益。不过需要注意，行政执法的结果本身没有终局性，理论上不服行政决定的当事人可依据《行政诉讼法》继续下一步程序，因此行政执法应与司法保持一致的标准。可以请求行政部门处理的主体，也是"商标注册人或者利害关系人"；行政执法部门在处理侵犯注册商标专用权行为时，应首先查明事实，再根据法律规定的条件和标准做出认定，若认定侵权行为成立，则依据第 60 条第 2 款的规定处理。

（二）商标侵权的民事责任

商标权是一项财产权，侵害商标权的本质是侵害财产权，因此停止侵权和损害赔偿的民事责任是商标侵权人承担的主要责任形式；当然，由于无形信息财产的特性，法律提供临时禁令救济对权利保护具有重要意义，TRIPs 也专门对此作了规定。作为对民事权利人最为基本的救济，基于行政执法也可能接受司法审查的现实，法院对商标侵权案件的审理不受行政执法程序及其结果的影响和干扰。商标侵权的民事责任包括：

1. 停止侵权

认定侵权构成或原告有胜诉可能性的，法院可责令侵权行为人停止侵权，包括以临时（中间）禁令和最终（永久）禁令的方式。我国《商标法》在 2001 年之前并未提供临时禁令救济方式，仅有关于在证据可能灭失或以后难以取得的情况下，由商标注册人或利害关系人依法在起诉前向法院申请保全证据的规定（第 66 条证据保全条款）。在加入 WTO 后为履行 TRIPs 规定的义务，《商标法》修改增加了临时禁令制度（第 65 条行为保全条款），允许权利人在救济情况下请求法院颁发临时禁令以及时得到救济；也即，"商标注册人或者利害关系人有证据证明他人正在实施或者即将实施侵犯其注册商标专用权的行为，如不及时制止将会使其合法权益受到难以弥补的损害的，可以依法在起诉前向人民法院申请采取责令停止有关行为和财产保全的措施"。关于临时禁令的颁发要件和程序的设置，是实践中最为疑难的问题，通过国家强制力对某种商业行为的禁止，需要有足够的证据和在可能发生错误时可以保证挽回损失的条件，以免这一杀伤力极强的法律武器可能被滥用造成对被控侵权人的不公平。

当然，这一问题在整个知识产权领域都存在，因此最高人民法院依据《民事诉讼法》第 100、101 条规定，出台了关于知识产权纠纷中行为保全问题的司法解释并于 2019 年起开始实施；[1]其中既包括行为保全的申请主体、管辖法院、申请书及载明事项、审查程序、复议等程序性规则，也包括颁发行为保全的必要性考量因素、行为保全措施的效力期限等实体性规则，以及错误申请的认定、纠纷管辖、措施解除、申请费等其他

〔1〕 参见《最高人民法院关于审查知识产权纠纷行为保全案件适用法律若干问题的研究》（法释〔2018〕21 号）（以法释〔2020〕19 号修订）。

问题。近些年来，专利纠纷中的临时禁令制度（包含诉前、诉中）不时引起关注，[1]与软件、视听作品、网络游戏相关的版权纠纷也是如此，[2]主要因为专利和版权侵权针对无形的信息本身，而商标侵权多与在相对日益控制的有形产品或服务上的使用为相关，临时禁令的紧急性必要性不如前两类。不过，商标侵权案件中也不乏案例。在早于司法解释发生的“红狮”案中，申请人和被申请人均是生产、销售油漆涂料的企业，被申请人在经营场所使用申请人的注册商标作为招牌招揽客户、同时也销售了与原告注册商标相近似标识的油漆涂料产品；法院经审理对申请主体、侵权是否初步成立、损害是否难以弥补、是否损害公共利益等问题作了分析，并在申请人提供了有效担保后，裁定责令被申请人停止侵权行为。[3]

近些年来，法院在一些复杂的知识产权及不正当竞争案件中，对于现有证据足以认定侵权成立的案件尝试采取“先行判决 + 行为保全”的救济模式，即对权利人停止侵权的诉讼请求作出先行判决、同时一并作出行为保全临时禁令，将复杂的侵权判定及赔偿额计算问题留到后面处理；[4]这样既可及时对权利人进行救济，也可保证行为保全禁令与停止侵权的最终判决在实体上保持一致，减少不确定性和争议，同时可以避免审理周期过长的问题甚至促使当事人和解。在商标领域，今后也不排除类似的裁判方式。

2. 赔偿损失

赔偿损失可以说是侵权人所承担的民事责任中最为重要的形式，其目的在于填补被侵权人所受的损害。在民法理论上，侵害财产权的赔偿范围，一般以填平财产受到的实际损失为原则；通常情况下损害赔偿体现为金钱赔偿，仅在侵权客体是特定物的情况下才可能根据当事人请求采用恢复原状的形式。关于商标侵权责任中的损害赔偿数额计算方式，一直是我国《商标法》修改中的主要内容之一，修改和增加的内容越来越多、条文越来越长；其原因是随着社会经济的发展和知识产权价值的提高，原先设定的赔偿额及其计算方式达不到制裁侵权行为的目的。例如，在 1982 年版和 1993 年版的立法中，没有规定详细的民事损害赔偿责任，仅在关于行政执法的规定（分别为第 38 条和第 39 条）中指出行政查处时可以责令侵权人赔偿、赔偿额为侵权人在侵权期间因侵权所获得的利润或者被侵权人在被侵权期间因被侵权所受到的损失。在 2001 年修法时则增加了专门的损害赔偿责任规定，即在第 56 条[5]确立了“侵权所得或所受损失 + 合理开支”或“法定赔偿”的方式。到了 2013 年修法时，原第 56 条变为第 63 条且将侵犯商标专用权的赔偿数额确定方式改为：（1）按“实际损失”“侵权所得”“商标许可使用费的倍数合

〔1〕 参见张玉蓉、李金城：《标准必要专利国际平行诉讼中禁诉令影响因素的实证研究》，载《中国科技论坛》2022 年第 4 期。

〔2〕 例如“网盘侵权行为禁令案”，参见北京互联网法院（2023）京 0491 民初 13901 号民事裁定书。

〔3〕 参见北京市第二中级人民法院（2005）二中民保字第 10508 号民事裁定书。

〔4〕 代表性案例参见最高人民法院（2019）最高法知民终 2 号民事判决书。

〔5〕 条文为：“侵犯商标专用权的赔偿数额，为侵权人在侵权期间因侵权所获得的利益，或者被侵权人在被侵权期间因被侵权所受到的损失，包括被侵权人为制止侵权行为所支付的合理开支”；“前款所称侵权人因侵权所得利益，或者被侵权人因被侵权所受损失难以确定的，由人民法院根据侵权行为的情节判决给予五十万元以下的赔偿”。

理确定”的顺序计算，并增设惩罚性赔偿制度，即对恶意侵权情节严重的，在按上述方法确定数额后可以在 1—3 倍判赔，另加合理开支；（2）增加举证妨碍制度，即在权利人已尽力举证，而与侵权行为相关的账簿、资料主要由侵权人掌握的情况下，可以责令侵权人提供，不提供或者提供虚假的账簿、资料的将承担不利后果，即法院可以参考权利人的主张和提供的证据判赔；（3）第 1 项各种方式都难以计赔的，采用法定赔偿方式，同时法定赔偿额从 2001 年的 50 万元提高到 300 万元以下。在 2019 年修法时，第 63 条又作修改，将惩罚性赔偿额提高到在 1—5 倍、法定赔偿额提高到 500 万元以下；另外还增加了两种新的民事责任承担方式，即应权利人请求：（1）责令销毁假冒注册商标的商品和主要用于制造假冒注册商标的商品的材料、工具，或在特殊情况下，责令禁止前述材料、工具进入商业渠道，且不予补偿；（2）禁止假冒注册商标的商品在仅去除假冒注册商标后再次进入商业渠道。

尽管立法越来越完备，但损害赔偿责任的判定从来都是最为困扰司法者的难题，为此最高院在司法解释中尽量作了详尽规定。〔1〕例如，对于损害赔偿额计算方式问题，由于第 63 条第 1 款的规定在文义上有按顺序判定之意、不符合实践中当事人和法院的需要，司法解释特意规定法院“可以根据权利人选择的计算方法计算赔偿数额”（第 13 条）；针对第 63 条第 3 款法定赔偿，可以“根据当事人的请求或者依职权适用”，且应考虑侵权行为的性质、期间、后果，侵权人的主观过错程度，商标的声誉及制止侵权行为的合理开支等因素综合确定并允许当事人就具体数额达成协议（第 16 条，这实际上是多数判决中采用的“酌定”方式）；合理开支包括权利人或委托代理人对侵权行为进行调查、取证的合理费用，可以将符合国家有关部门规定的律师费用计算在赔偿范围内（第 17 条）；侵犯注册商标专用权的诉讼时效为 3 年，自商标注册人或者利害权利人知道或者应当知道权利受到损害以及义务人之日起计算。商标注册人或者利害关系人超过 3 年起诉的，如果侵权行为在起诉时仍在持续，在该注册商标专用权有效期限内，人民法院应当判决被告停止侵权行为，侵权损害赔偿数额应当自权利人向人民法院起诉之日起向前推算 3 年计算（第 18 条）。此外，该司法解释还规定可以依据《民法典》第 179 条、《商标法》第 60 条和案件具体情况，判决侵权人承担停止侵害、排除妨碍、消除危险、赔偿损失、消除影响等民事责任，以及作出罚款，收缴侵权商品、伪造的商标标识和主要用于生产侵权商品的材料、工具、设备等财物的民事制裁决定。罚款数额可以参照《商标法》第 60 条第 2 款的有关规定确定。行政管理部门对同一侵犯注册商标专用权行为已经给予行政处罚的，法院不再予以民事制裁（第 21 条）。

从以上我国《商标法》及其配套司法解释对损害赔偿民事责任的相关规定看，对于这一事关商标权人核心经济利益的“司法定价”制度，权利人的依赖度和当事人对精细化裁判规则的需求都日趋增高，实践中相关判赔动向、特别是近些年来关于惩罚性赔偿的适用情况，也不时引起各界关注。事实上，我国法院因实际损失、侵权所得的判定困

---

〔1〕 参见《最高人民法院关于审理商标民事纠纷案件适用法律若干问题的解释》（法释〔2002〕32 号）（以法释〔2020〕19 号修订），因所涉条款众多，请参阅全文。

难，现实中多采用法定（酌定）赔偿方式；[1]在此情形下对“故意”“严重”侵权适用惩罚性赔偿，其计算基数和合理倍数都不太容易算清。对此，最高人民法院同样出台了司法解释，[2]不过个案差异极大，很难形成示范性规则，国外的许可费计算方式的可预期性则相对高，不过这有赖于知识产权许可交易市场的进一步成熟和规范。

另外，需要注意的是，《商标法》自 2013 年起，在第 64 条规定了被控侵权人可以提出注册商标未使用抗辩，而法院可以要求注册商标专用权人提供此前 3 年内的实际使用证据，不能证明实际使用，也不能证明因侵权行为受到其他损失的，被控侵权人将不承担赔偿责任。这一抗辩无疑对有利于规制那些“注而不用”的注册人滥用诉权扰乱实际使用人（可能是在先权利人）正常经营的情形。

（三）商标侵权的行政责任

商标侵权行为的行政责任在我国立法中特有的责任形式，是指行政执法机关对商标侵权行为依法所采取的制裁措施。根据《商标法》第 60 条第 1 款，商标注册人或利害关系人可以请求行政机关处理商标侵权纠纷，如此看权利人不请求行政机关似乎不应主动处理侵权纠纷；但实践中，对商标侵权行为，任何人均可以向侵权人所在地或侵权行为地的行政管理和执法机关投诉或举报，[3]即使注册人没有请求的执法机关也可以依职权查处（第 61 条）。依据第 60 条第 2 款，执法机关可采取下列措施制止侵权行为：（1）责令立即停止侵权行为；（2）没收并销毁侵权商品与工具；（3）罚款（5 年内两次以上侵权的从重）。另外，应当事人请求可以就侵权赔偿额调解（第 60 条第 3 款）。根据《商标法》第 62 条，商标行政执法部门有一系列执法权，如询问、调查、查阅、复制资料、现场检查、检查物品、查封或扣押等，有关当事人应当予以协助、配合，不得拒绝、阻挠。在查处过程中若对商标权属存在争议或权利人同时向法院起诉的，可中止查处、待原因消除后恢复或终结程序。

《商标法》第 61 条还对“行刑程序衔接”作了规定，即行政执法部门在依职权依法查处侵犯注册商标专用权行为时，发现行为人涉嫌犯罪的，应及时移送司法机关依法处理。为了保证行政执法机关依法及时移送涉嫌犯罪的案件，国务院曾于 2001 年 7 月 9 日专门发布了《行政执法机关移送涉嫌犯罪案件的规定》；据此商标行政执法机关对应当向公安机关移送的涉嫌犯罪案件，不得以行政处罚代替移送，否则将根据《刑法》第 402 条规定，行政执法人员徇私舞弊、对依法应当移交司法机关追究刑事责任的不移交、情节严重的，将处 3 年以下有期徒刑或者拘役，造成严重后果的，将处 3 年以上 7 年以下有期徒刑。

（四）商标侵权的刑事责任

《商标法》第 67 条对侵犯注册商标专用权行为的刑事责任作了规定，即商标侵权行为情节严重，构成犯罪的将依法追究其刑事责任；《刑法》（2020 年）第 213—215 条对

---

〔1〕参见管育鹰：《试析侵害知识产权惩罚性赔偿适用要件》，载《法律适用》2021 年第 1 期。

〔2〕参见《最高人民法院关于审理侵害知识产权民事案件适用惩罚性赔偿的解释》（法释〔2021〕4 号）。

〔3〕参见《商标法实施条例》第 77 条。

此作了相应的具体规定（顺序有所不同，将销售假冒商品行为置于伪造标识行为之前）。

1. 假冒注册商标罪

假冒他人注册商标的行为，不仅严重影响他人的商品信誉，侵犯商标注册人的合法权益，同时侵害了消费者的合法权益，破坏了社会主义市场经济秩序；如果情节严重、构成犯罪的，将按照《刑法》第 213 条的有关规定追究其刑事责任。

具体而言，未经注册商标所有人许可，在同一种商品、服务上使用与其注册商标相同的商标，情节严重的，处 3 年以下有期徒刑，并处或者单处罚金；情节特别严重的，处 3 年以上 10 年以下有期徒刑，并处罚金。这项罪行指向的是《商标法》第 57 条第 1 项规定的“双相同”商标侵权行为，情节严重主要是指非法获利数额较大，给商标注册人造成较大损失，侵权次数多、持续时间长或有其他严重情节。

2. 销售假冒注册商标的商品罪

构成此罪的要件包括：（1）行为人必须具备主观上的故意，即行为人明知是假冒他人注册商标的商品而仍然销售；如果行为人不知是假冒注册商标的商品而销售的，不构成犯罪，能提供合法来源和提供者信息的，可以不承担赔偿责任。（2）行为人在客观上实施了销售明知是假冒注册商标的商品的行为。（3）销售金额必须达到数额较大的程度。

根据《刑法》第 214 条的规定，销售明知是假冒注册商标的商品，违法所得数额较大或者有其他严重情节的，处 3 年以下有期徒刑，并处或者单处罚金；违法所得数额巨大或者有其他特别严重情节的，处 3 年以上 10 年以下有期徒刑，并处罚金。

3. 非法制造、销售非法制造的注册商标标识罪

这里包括两种行为类型：（1）非法制造注册商标标识的行为，即伪造、擅自制造他人注册商标标识的行为。伪造是指未经许可而按照商标注册人的商标标识样式制造，擅自制造是指商标印制人擅自超出商标印制合同规定数额印制商标标识。（2）销售非法制造的注册商标标识的行为，即销售伪造、擅自制造的注册商标标识的行为。销售行为应当是明知的，也即销售者知道或应当知道其所销售的是伪造、擅自制造的注册商标标识。

这两种行为须达到情节严重的程度才构成犯罪。情节严重一般包括：多次非法制造、销售他人注册商标标识；非法制造、销售的是用于烟草、药品等重要商品的商标标识；造成严重后果或者恶劣影响。根据《刑法》第 215 条的规定，伪造、擅自制造他人注册商标标识或者销售伪造、擅自制造的注册商标标识，情节严重的，处 3 年以下有期徒刑，并处或者单处罚金；情节特别严重的，处 3 年以上 10 年以下有期徒刑，并处罚金。

最后，需要注意的是，依法追究侵犯他人注册商标专用权行为的刑事责任，并不免除侵权人的民事责任。商标权人可以在追究侵权人刑事责任的诉讼中提起附带民事诉讼，也可以另外单独提起民事诉讼，要求侵权人赔偿自己的损失。此外，根据《刑法》的有关规定，侵犯注册商标专用权的违法行为人应当承担对被侵权人的民事赔偿责任，同时被判处

罚金；其财产不足以全部支付或被判处没收财产的，应当先承担民事赔偿责任。[1]

第八节　地理标志商标和其他特殊标志的法律保护

一、地理标志保护制度现状与问题

根据 TRIPs 第 22 条第 1 款，地理标志是识别产品来源于一成员领土或该领土内某地区或地方的标识，该产品的特定质量、声誉或其他特性主要归因于其地理来源。这一概念涵盖了《巴黎公约》第 10 条第 2 款关于“不得虚假标示”所规定的“原产地名称”或“原产地标识”。可见，地理标志保护制度的基础和核心作用是保障准确传递产品的原产地和质量信息，因此地理标志具有与商标一样的商品来源指示和识别功能是毋庸置疑的，故学界将地理标志权界定为“以地理标志为依托而设定的一项识别性权利”。[2] 地理标志的构成是“地名＋品名”——二者分别是商标法上不允许注册的元素，注册人是管理人，有权使用的主体是地域内的经营者集体；这些特点决定了地理标志保护制度设计和实施中问题的复杂性。

（一）地理标志保护制度概述

1. 地理标志保护是一种国际承认的知识产权制度

根据 TRIPs 第 22 条第 2、3、4 款的规定，成员国应当禁止在商品称谓或表达上明示或暗示其来源于非真实的来源地、足以使公众误认的不正当竞争行为；驳回或撤销未能表明商品真实原产地的地理标志的商标的注册；禁止字面真实但仍产生误导效果的地理标志使用或注册等。显然，TRIPs 采取这种防御性的保护方式仅是地理标志保护的最低标准，并不禁止成员国根据自己的需要制定地理标志的具体保护模式，比如允许适格的主体将地理标志按某种具体程序进行注册、以寻求类似注册商标专用权的主动性保护方式。作为例外，TRIPs 第 23 条对葡萄酒烈酒等产品，要求成员国实施更高的保护，即使在没有公众被误导的情况下保护也适用，例如不得在产品或配料上使用已经注册的地理标志名称，并同时加上“风格”“类型”“方法”“仿”“像”“风味”“类似”“产自”等表达；这种仅在个别产品上实行“禁止混淆＋禁止淡化”的保护要求，无疑是协调欧洲“旧大陆”国家利益（葡萄酒等产品是其在国际市场上的龙头产品）和美国等“新大陆”国家（由沿袭了欧洲传统习惯的移民建立和管理）利益的结果。

2. 地理标志保护的制度模式

目前，世界各国的地理标志保护模式主要包括“反不正当竞争法＋商标法”保护

---

〔1〕《刑法》第 36 条由于犯罪行为而使被害人遭受经济损失的，对犯罪分子除依法给予刑事处罚外，并应根据情况判处赔偿经济损失。承担民事赔偿责任的犯罪分子，同时被判处罚金，其财产不足以全部支付的，或者被判处没收财产的，应当先承担对被害人的民事赔偿责任。

〔2〕吴汉东、胡开忠：《无形财产权制度研究》，法律出版社 2001 年版，第 472 页。

和专门法保护两种。专门法保护模式是通过专门的立法，由专门的机构全方位负责地理标志的申请注册和使用管理，这主要是一种积极的保护方式。采用专门法对地理标志进行积极保护的国家一般历史上农业比较发达、地理标志保护意义比较重大的欧洲“旧大陆”国家，如法国，在其农业部下设国家原产地名称局（INAO），全面负责所有农产品和食品原产地名称的认定和治理工作。[1]反不正当竞争法保护模式一开始是按TRIPs最低要求设立的，即防御性的禁止假冒地理来源的假冒地理标志、虚假表示等行为；但由于地理标志蕴涵着较大的经济价值，采用反不正当竞争法模式的国家，如德国、日本等逐渐增加了积极性保护方式，将地理标志视为一种特殊商标，允许在商标法体系内主动申请注册以获得证明或集体商标专用权、并依法管理和让成员使用。[2]英美法系国家没有专门的反不正当竞争立法，在实践中通过普通法原则禁止使用虚假地理标志，但同时在商标法中也以团体商标和证明商标方式为符合条件的地理标志提供保护。[3]值得注意的是，与我国在国际竞争中面对新旧大陆利益冲突交织被动应对的日韩，对地理标志保护制度近些年来都作了调整：例如日本在原有的“反不正当竞争法+商标法”保护基础上，一方面利用商标法体系的积极保护模式拓展地域团体商标以振兴地域品牌，[4]除传统的农产品外允许工业产品、加工食品、水产品、传统工艺美术品，甚至包括中华街、祭坛和温泉等注册；另一方面在与欧盟的自由贸易谈判中引入了欧盟国家最为倚重的、以农林部门为主要监管实施者的地理标志专门立法模式。[5]

（二）我国地理标志保护制度沿革及存在的问题

1. 地理标志集证商标与地理标志产品及农产品地理标志

长期以来，在国家层面我国一直有三个机构在处理与地理标志相关的申请注册和使用管理事宜，它们是原国家工商行政管理总局商标局、原国家质量监督检验检疫总局和原国家农业部。三套保护体现的具体情况简介如下：

（1）我国1982年《商标法》通过并实施后，有一批地名商标获得了注册，如白酒类的“茅台”、啤酒类的“青岛”等；1985年3月我国加入《巴黎公约》后有了保护“原产地名称”的执法义务，随即不再核准容易与原产地名称（地理标志）发生冲突的县级以上的含地名商标的注册，但已注册的可继续使用；此规定之后写进了1993年修改的《商标法》中。受1994年TRIPs影响，1995年3月原工商总局开始实施《集体商标、证明商标注册和管理办法》，受理原产地证明商标的注册申请，并在2001年10月修改《商标法》时引入了与TRIPs一致的“地理标志”概念；2003年该集证商标管理办法修订，

---

〔1〕 参见王笑冰：《法国对地理标志的法律保护》，载《电子知识产权》2006年第4期。

〔2〕 参见德国反不正当竞争法第3条，商标法第8条（集体、证明商标）；日本不正当竞争防止法第2条第1款之十三，商标法第3条、第7条之二（地域团体商标）。

〔3〕 例如美国《联邦商标法》（《拉纳姆法》），Lanham Act，即《美国法典》第15篇15 U.S.C. 1054条。

〔4〕 参见日本特许厅编：《工业所有权法（产业财产权法）逐条解说〔第19版〕》，发明推进协会2012年版，第1310页。

〔5〕 保护对象和方式详细内容，参见日本农林水产省《特定农林水产品等审查指南》，http://www.maff.go.jp/j/shokusan/gi_act/process/attach/pdf/index-16.pdf。

于 2007 年开始此类商标使用“中国地理标志（GI）”专用标志。

（2）为落实《巴黎公约》对货源标记或原产地名称的保护，1992 年 3 月国家进出口检验检疫部门按照《出口货物原产地规则》（2005 年以《进出口货物原产地条例》取代），对符合原产地保真要求的出口产品颁发“原产地标志”。1993 年通过的三部重要法律——《产品质量法》《消费者权益保护法》《反不正当竞争法》，均明确规定了禁止伪造、假冒原产地的行为，实践中由原质检部门作为执法机构。1999 年 7 月，原质检部门制定了《原产地域产品保护规定》，设置了申报、审核、公布、实施等程序，建立了一套原产地域产品保护制度。受 TRIPs 影响，2005 年 6 月，原质检总局将“原产地域产品”的称谓改为“地理标志产品”，依据产品质量保护、标准化、进出口商品检验等法律正式施行《地理标志产品保护规定》，随后启用“中华人民共和国地理标志保护产品”专用标志。

（3）加入 WTO 之后，我国各界的知识产权意识极大提高。受 TRIPs 影响，2002 年 12 月《农业法》修改时增加了第 23 条，即“符合规定产地及生产规范要求的农产品可以依照有关法律或者行政法规的规定申请使用农产品地理标志”；之后，2007 年 12 月原农业部发布《农产品地理标志管理办法》，开始接受申请并颁发“农产品地理标志”专用标识。

多个部门参与、相关规范纷纷出台、地理标志的保护似乎相当完备，但同时各部门规章相互冲突重叠、执法活动中互不认可，使得我国地理标志产品市场混乱、侵权假冒屡禁不止，权利人和经营者不知道哪个有用感觉无所适从、有时候不得不到每个部门去分别申请。

2. 地理标志保护实践中存在的问题

2018 年国家机构改革时，为了解决分头管理带来的种种不利于地理标志制度完善的问题，原工商、质检部门关于地理标志注册和专用标识管理的职能整合到了国家知识产权局，但机构合并不等于地理标志保护制度的相关法理和规则设计已经完成、执法机构的相互关系已经理顺，三套体系长期并行产生的问题尚未得到解决。例如，同一地域范围的不同主体分头在不同体系下申请注册相同地理标志产品的情形也不时发生，还有一些因商标所含地名与行政区划名称不完全一致但实质指向同一、包含知名的地域性山川河流称谓以及少数民族语言文字差异等因素造成的混淆，使得各种体系下注册登记的地理标志产品在实践中难免发生冲突。即使目前商标、质检两套体系可共用标识，但实质性的已注册集证商标、地理标志产品的存量整合尚未开始，且原农业部门颁发的农产品地理标志还未纳入。

近些年来，随着食药同源传统营养观的回归和民间非遗文化旅游热的高涨，各级政府均致力于培育和壮大地方特色经济；其中，随着知识产权意识的不断普及，主要应用在农产品、食品、药材、手工艺品等传统地方特色产业上的地理标志，作为最接近当地政府部门管理者、基层生产经营者和广大消费者的知识产权概念，呈现出注册量日益增高的积极态势。但同时，我国地理标志制度及其运行本身存在前述诸多特殊之处，实践中不论是主管审查工作的部门，还是注册者、管理者、使用者，对实际上怎么运用和保护一筹莫展。例如，在《商标法》体系下以集证商标方式申请注册的地理标志涵盖的范围广，有时候不仅是“地名 + 品名”的纯文字、还可能包括了辅以图形等其他元素增强显著性以获得注册的商业标识；这样，理论上讲实质同一的“地名 + 品名”，可以附加任何其他区别标识形成若干个主体不一的、以注册商标形式并存的相同或近似地理标志，当“地名 + 品名”的地理标志本体已经淡化时，寻求专有权保护更容易在实践中引发纠纷。〔1〕

依据《商标法》第 10 条第 2 款，仅县级以上行政区划的地名或公众知晓的外国地名才不得作为商标，而地名具有其他含义或者作为集体商标、证明商标组成部分的除外，且已经注册的使用地名的商标继续有效。这样，仅在《商标法》体系下，含地名的商标之注册与使用就存在多种复杂情况。至于原质检、农业部门之前颁发的地理标志产品证书，主要依靠主管执法的部门抽检和查处，因此尽管称为“知识产权”，但因无立法层面的支持，前端申请注册时不能满足知识产权确权之“正当程序”要求（这也是国际条约中的要求〔2〕）、后端也缺乏必要的侵权救济措施，保护效果不佳。例如，最为典型的三套体系造成的争议，是历经几十年经多方努力才实现“三合一”的“金华火腿”；其他引人关注的纠纷还有“鲁锦”织品、“沁州黄”小米、“宜红”工夫茶等案件，另外还有产品、服务品名的通用名称化、植物新品种跨地域推广带来的地理标志产品同质化等问题。〔3〕

我国《民法典》第 123 条明确将地理标志列为知识产权客体，这为我国整合与地理标志保护相关的现行法律法规和规章，制定专门的单一立法加强地理标志保护提供了依据。目前国家主管机关采取了“两步走”路径，即先做好《商标法》中集体证明商标保护模式与原质检部门“地理标志产品”保护制定的衔接工作，〔4〕同时开展专门立法研究工作，农业工作主管部门则不再颁发新的农产品地理标志保护证书。

二、特殊标志的保护

（一）特殊标志保护制度目的

特殊标志是指经国务院批准举办的全国性和国际性的文化、体育、科学研究及其他社会公益活动所使用的，由文字、图形组成的名称及缩写、会徽、吉祥物等标志。从使用者的角度看，这些标志虽然具有专用性，但其使用目的、方式以及所得资金均须用于公益事业，因此不能被某个市场主体注册成为自己的注册商标专用权或擅自使用，否则

〔1〕 例如 2021 年发生的“潼关肉夹馍”含地名集体商标争议，尽管该集体商标有明显的潼关楼台的红色剪影图形，但注册人在维权时也针对其他并未使用整体商标而仅使用“潼关肉夹馍”几个字的肉夹馍经营者主张权利，从而引起广泛关注。

〔2〕 参见 TRIPs 第 42 条，CPTPP 第 18.31 条之（e）（f），第 18.33—18.34 条，第 18.36 条。

〔3〕 详见管育鹰：《我国地理标志保护中的疑难问题探讨》，载《知识产权》2022 年第 4 期。

〔4〕 近年来国家知识产权局陆续颁布了几个关于地理标志保护方面的规章，即 2020 年 4 月 3 日发布的《地理标志专用标志使用管理办法（试行）》，以及自 2024 年 2 月 1 日起施行的《集体商标、证明商标注册和管理规定》和《地理标志产品保护办法》。

可能造成混淆和不良影响。理论上，此类用于公益事业的标志，应属于《商标法》第10条禁止注册和使用的情形，但该条第1款第1—4项所列举的和“官方标志”相关的内容，没有指明具体类型、范围和认定办法。换言之，《商标法》虽然明确规定了官方标志不得作为商标使用和注册，但缺少对官方标志保护范围及要求的细化规定；因此，通过制定和实施配套法规和规章，可以促进和规范官方标志的注册与使用，切实追究擅自使用者的法律责任，保护社会公共利益，营造良好营商环境。

（二）《特殊标志保护条例》内容

我国很早就颁布了关于特殊标志保护的专门法规，即《特殊标志管理条例》。[1]该条例制定的目的是加强对特殊标志的管理，推动文化、体育、科学研究及其他社会公益活动的发展，保护特殊标志所有人、使用人和消费者的合法权益（第1条）。经国务院批准代表中国参加国际性文化、体育、科学研究等活动的组织所使用的名称、徽记、吉祥物等标志的保护，也参照该条例的规定施行（第21条）。

主管特殊标志注册和管理的是原国务院工商行政管理部门，现为国家知识产权局，经申请并由主管部门核准登记的特殊标志可依据该条例获得保护。该条例参照《商标法》规定了一些不予登记的特殊标志，如有损于国家或者国际组织的尊严或者形象的、有害于社会善良习俗和公共秩序、带有民族歧视性或不利于民族团结、缺乏显著性不便于识别以及法律、行政法规禁止的其他内容（第4条）。同时，因申请注册的特殊标志所有人并非一般的市场经营者，而是负责管理运营相关社会公共事业活动的代表，条例规定其使用或许可他人使用特殊标志所募集的资金，必须用于特殊标志所服务的社会公益事业，并接受国务院财政部门、审计部门的监督（第5条）。

该条例还规定了特殊标志的登记流程（第二章）。在关于特殊标志的使用与保护部分，条例对使用人在与公益活动相关的广告、纪念品及其他物品上使用，或签订书面合同许可依法成立的企业、事业单位、社会团体、个体工商户使用，以及许可使用合同备案或存查等问题做了规定（第13、14条），并规定了违法及相应的责令改正、罚款、撤销所有人的特殊标志登记等处罚措施（第15条）；这些违法行为包括：（1）擅自改变特殊标志文字、图形的；（2）许可他人使用特殊标志，未签订使用合同，或使用人在规定期限内未备案或存查的；（3）超出核准登记的商品或者服务范围使用的。对于更严重的违法行为，条例还规定了责令立即停止侵权、没收侵权商品、没收违法所得、并处违法所得5倍以下罚款、没有违法所得的处1万元以下罚款等处罚；这些严重的违法行为包括：（1）擅自使用与所有人的特殊标志相同或者近似的文字、图形或者其组合的；（2）未经特殊标志所有人许可，擅自制造、销售其特殊标志或者将其特殊标志用于商业活动的；（3）有给特殊标志所有人造成经济损失的其他行为的（第16条）。

最后，条例对执法和司法程序作了规定，即特殊标志所有人或使用人发现侵权行为时，可向侵权人所在地或侵权行为发生地县级以上人民政府主管部门投诉、也可直接向人民法院起诉；行政执法部门受理特殊标志侵权案件投诉的，应当依所有人的请求就侵

---

〔1〕参见《中华人民共和国国务院令（第202号）》，1996年7月13日。

权民事赔偿主持调解，调解不成的特殊标志所有人向人民法院起诉（第 17 条）。行政执法部门受理特殊标志侵权案件，在调查取证时，可以：（1）询问有关当事人，（2）检查与侵权活动有关的物品，（3）调查与侵权活动有关的行为，（4）查阅、复制与侵权活动有关的合同、账册等业务资料，有关当事人应当予以协助，不得拒绝（第 18 条）。

实践中，注册登记予以保护的示例如：2023 年第 31 届世界大学生夏季运动会执行委员依法会登记的“”“”和“CHENGDU2021”特殊标志，2022 年第 19 届亚运会组委会取得亚运会会徽“”和“潮涌”特殊标志，等等。

（三）其他特殊标志的保护

除了《特殊标志管理条例》作为总的官方标志保护规范外，我国还根据不同时期举办的大型国际性文体活动、公益事业的具体要求和需求，制定了相关标志的专门保护法规，包括《红十字标志使用办法》《世界博览会标志保护条例》《奥林匹克标志保护条例》（需要注意的是奥林匹克标志保护条例在我国于 2004 年制定、2018 年修订，对应的是在我国举行的 2008 年夏季奥运会和 2022 年冬季奥运会）。〔1〕这些特殊标志总的来说是针对具体重大官方活动，对《特殊标志管理条例》中的登记、管理和保护制定的更详细办法，具体内容不再赘述。实践中，由于这些针对重大活动执法部门都集中精力加强检查，执法效果都很明显，多数以接受行政执法中的处罚结案；例如，2022 年 3 月 30 日，陕西省西安市市场监管综合执法部门根据北京冬奥组委投诉，对西安某公司擅自使用“冬奥”名称发售数字商品并在微信中使用“冬奥”等奥林匹克标志宣传，获利 19.41 万元，遂依据《奥林匹克标志保护条例》第 12 条第 1 款作出罚款 9.7 万元的行政处罚。〔2〕在司法中，相关判决也体现了严格保护的态度，不敢民事案件少、多为刑事案件；例如，同样在西安，对于行政、公安等机关联合行动发现和侦破的严重侵犯“冰墩墩”版权的犯罪行为，经检察院起诉后由法院判决承担刑事责任。〔3〕

从以上于特殊标志保护相关的法规、规章看，其保护思路和救济途径都与《商标法》类似，不同之处在于申请注册和管理使用的主体、使用的目的具有特殊性。2020 年 9 月 28 日，国家市场监管总局官网曾公布了《官方标志保护办法（征求意见稿）》，指出为加强对官方标志的保护，规范官方标志保护程序，拟对使用与官方标志相同或近似的未注册商标违反《商标法》第 10 条规定的，由违法行为发生地县级以上市场监督管理部门予以制止，限期改正，并可以予以通报和罚款。不过，由于知识产权行政执法是我国独有的制度，涉及具体主管部门职能职权分工、地方与中央部门设置和管理关系等比较复杂的问题，涉及知识产权执法的单行法或其专门的配套实施办法，其制定或修订的推进周期都较长。

---

〔1〕 参见《中华人民共和国中央军事委员会令（第 194 号）》，1996 年 1 月 29 日；《中华人民共和国国务院令（第 422 号）》，2004 年 10 月 20 日；《中华人民共和国国务院令（第 699 号）》，2018 年 6 月 28 日。

〔2〕 参见西安市市场监督管理局行政处罚告知书西市监罚告〔2022〕0261 号。

〔3〕 参见拓玲：《市版权局公布 2022 年度打击侵犯版权典型案件》，载《西安日报》2023 年 4 月 21 日，第 4 版。

重要名词术语

识别性、注册商标专用权、第二含义、在先权利、商标撤销、商标使用、商标无效、驰名商标、商标侵权、地理标志

思考题

1. 什么是商标？商标有哪些功能？
2. 商标权的内容是什么、如何体现？
3. 商标获得法律保护的要件是什么？
4. 我国注册商标专用权如何取得？
5. 侵犯商标专用权的行为有哪些？
6. 哪些属于商标的“正当使用”情形？
7. 判定商标侵权的标准是什么？
8. 怎么理解注册商标的撤销和无效制度？
9. 怎么理解商标注册与使用的关系？
10. 驰名商标的特殊之处表现在哪些方面？

典型案例分析

案例一

2008 年华谊兄弟制作发行的电影《非诚勿扰》公映，同时于 2008 年 11 月 20 日在第 38 类和第 41 类上申请注册了商标“非诚勿扰 If you are the one”。温州市民金某于 2009 年 2 月 16 日在第 45 类上申请注册了商标“非诚勿扰”，并于 2010 年 9 月 7 日获准注册。江苏卫视“非诚勿扰”节目得到了华谊兄弟第 41 类上的商标使用授权许可，该节目 2010 年 1 月 15 日开播。可见，江苏卫视“非诚勿扰”节目开播时间处于国家商标局对金某申请的“非诚勿扰”商标进行审查期间。

之后金某起诉江苏卫视侵害商标权。该案一波三折，经过三级法院一审、二审、再审审理。一审未支持金某主张、认定江苏卫视不侵权；二审则认定江苏卫视构成侵权，判决江苏卫视立即停止使用“非诚勿扰”栏目名称（这也是 2016 年 1 月 15 日判决生效后“非诚勿扰”节目组被迫停止使用原栏目名称，次日播出时以“缘来非诚勿扰”为名的原因）；不过，再审法院推翻了二审判决，认定江苏卫视“非诚勿扰”栏目与金某注册在婚介等服务的商标虽然相同，但二者并不构成类似服务，最终判决江苏卫视不构成对金某注册商标的侵权。

一、二审法院对江苏卫视是否侵权作出不同判决，根源在于对“非诚勿扰”电视节目与金某注册的“非诚勿扰”商标是否属于相同或类似的服务类别认定不同。司法实践中，在认定为类似服务时，必须考虑注册商标的显著性与知名度以及公众对商标的混淆、误认可能性，来判断是否构成商标侵权。以相关公众的一般认知、能清晰区分电视

文娱节目的内容与现实中的婚介服务活动、两者不构成类似服务为由，认定在电视节目上使用不侵犯婚介服务上注册的商标专用权，也是在该注册商标已经无法无效的情况下最实际的合理方案。

案例二

A 公司于 1999 年在深圳成立，商号包含中文“歌力思”文字，其母公司名称为某市歌力思服饰设计有限公司（以下简称“A 母公司”），于 1996 年在深圳成立，主要经营女士服装。A 母公司于 1999 年 12 月 28 日在 25 类服装上注册了中文“歌力思”商标，后转让给 A 公司。A 公司另在 18 类手提包、钱包上注册了“ellassay”商标。2007 年，王某以个体工商户身份在广州成立皮具企业，2008 年 6 月 28 日，王某在 18 类手提包、钱包上注册了中文“歌力思”商标，并于 2011 年 6 月 21 日在手提袋、钱包上注册了含“歌力思”的图文商标。

A 公司在 B 公司设专柜销售“歌力思”品牌女装，并摆放女包作为摆设。王某公证购买了 A 公司销售的女士手提包若干，所购包款吊牌均显示“品牌中文名：歌力思，品牌英文名：ellassay”。后王某在其他不同的 A 公司专柜或专营店公证购买了若干有相同标识的商品，并向当地中级人民法院提起诉讼，请求法院判决 A 公司及 B 百货公司停止侵权、消除影响并刊登声明、赔偿王某损失 600 万元及维权支出 11 万元、承担诉讼费。一审判决 A 公司及 B 公司侵权。A 公司不服向当地高级人民法院提起上诉。二审维持原判。

A 公司不服二审判决提起再审。最高人民法院提审认为，A 公司及母公司最早将“歌力思”作为企业字号使用的时间为 1996 年、在服装等商品上取得“歌力思”注册商标专用权的时间是 1999 年，此后经过 A 公司长期使用及广泛宣传，“歌力思”品牌于 2008 年即已入选中国 500 最具价值品牌，作为企业字号的“歌力思”具有较高市场知名度，早于王某核准注册的“歌力思”商标。A 公司使用“歌力思”文字指代商品生产者做法并无明显不妥，不具有攀附王某商标的主观意图，不会造成消费者混淆。此外，王某取得和使用“歌力思”商标权的行为难谓正当，王某在广州地区经营皮具，对于深圳 A 公司的“歌力思”字号及商标完全不了解的可能性较低，但其仍在与服装关联程度较高的手提包、钱包商品上申请了“歌力思”商标；更为甚者，其对 A 公司的正当使用提出侵权之诉，构成权利滥用，相关诉讼请求不能得到法律的支持。最终再审法院撤销了一二审判决，驳回王某诉求。

本案中王某在 18 类上获得“歌力思”商标注册，违反诚实信用原则，难谓正当。而 A 公司在王某申请商标前，已将“歌力思”作为商号，并通过使用具有一定知名度，因此就王某 18 类上“歌力思”商标而言，A 公司具有在先权利。此外，A 公司均在其服装专柜及专门门店内销售作为配饰的皮包，其在皮包外包装等处均使用 18 类上的核准注册的“ellassay”商标，仅在皮包吊牌上使用“品牌中文名：歌力思”字样，其“歌力思”作为商标及字号在服装类具有极高知名度，而王某未能举证证明其“歌力思”商标在手提包上知名度，因此消费者在 A 公司专柜或门店购买上述皮包不会造成来源混淆。

王某以其非善意获得商标为基础，对A公司的正当经营活动主张侵权，并要求停止侵权、赔偿损失等行为，属于权利滥用，违反诚实信用原则，不应得到法律支持。

案例三

1994年12月7日B公司取得“华润”商标，核定服务项目为第36类，包括“资本投资”（该商标后来被曾商标评审委员会认定在2005年7月5日之前成为资本投资服务上的驰名商标）。1995年1月21日，B公司取得“华润”商标，2006年4月7日，B公司取得“华润万家”商标，两个商标核定服务项目都是第35类，包括“推销（替他人）”。

被申请人C经营部的企业名称中包含“华润”，注册于2006年10月18日，经营范围为灯具。C、D、E三个经营部的经营者为同一自然人刘某，均经营灯具。刘某之子取名华润，出生于2001年5月25日。公证人员接受B公司委托，对三营业部经营现场进行了公证，显示C经营部店铺招牌有突出显示的“华润灯饰”字样，在D经营部店铺招牌有“MISU米苏华润灯饰”字样，在E经营部店铺招牌有突出显示的“华润灯饰折扣店”字样，其中“华润灯饰”字体较大。在店铺入口、前台背景墙上均有“HR华润灯饰”字样。在所销售商品吊牌及工作人员名片显著位置，均有“HR华润灯饰”字样。此外，三个经营部还通过百度推广，并进行了大量宣传，如投放车身广告，在车身、促销海报上使用“华润灯饰”字样。

B公司向当地中级人民法院提起诉讼，认为三个经营部行为构成侵害商标权及不正当竞争，请求判令三被告立即停止侵权；停止使用带有“华润”文字的企业名称；刊登声明消除影响；赔偿损失及合理开支。该案件经过一审当地高级人民法院二审，后经最高人民法院再审提审；最终认定C、D、E构成商标侵权及不正当竞争，并判令停止侵权行为；停止使用带有“华润”文字的企业名称；赔偿损失及合理费用8万元。

《商标法》第57条第2项对商标侵权行为的制裁包括仿冒，其要素有三个：（1）与注册商标相同或近似；（2）在相同或近似商品上使用；（3）容易导致混淆。

本案中，三个经营部在其店铺招牌、店面装潢、商品吊牌及相关宣传材料上使用了“华润灯饰”字样，其中“灯饰”与三个经营部经营商品类别一样、缺乏显著性，因此显著特征其实是“华润”；该标识字体较大，位置显著突出，起到了指示商品及服务来源的作用，构成了商标性使用。本案的特殊之处在于，三个经营部负责人的儿子名为“华润”、C经营部的企业名称中包含“华润”。但一般认为，当经营者将字号在商品或服务中突出使用时，实际上具有了识别商品或服务来源的功效，因此C经营部在招牌等处突出使用“华润”是商标性使用；至于将姓名作为企业字号使用时，也应遵循诚实信用原则，不得侵害他人的在先权利。本案中将姓名作字号、而字号与涉案驰名商标“华润”字样相同，构成侵权。

关于如何判断商品或服务类别是否相同或近似，一般从功能、用途、生产部门、销售渠道、消费对象等方面考虑。本案中，三个经营部经销各种品牌的灯具、灯饰商品，经营范围为灯具批发、零售；从消费者的角度理解，三个经营部将自己代理或购进的各类品牌灯饰进行归类并统一销售，“华润灯饰”为销售上述灯饰产品所提供的服务标识，因此上述销售模式与涉案商标核准注册的第 35 类“推销（替他人）”存在交叉和重合，二者构成类似服务。

关于如何判断是否容易导致混淆，一般要考虑涉案商标的显著性、知名度等方面。本案中，“华润”系臆造词，具有较强显著性；现有证据证明在三个经营部申请注册之前，“华润”品牌已为消费者广为知晓，“华润”系列商标在超市行业亦具有较高知名度，自 1992 年开设超市以来，其经营超市已有 3000 多家，遍布全国多个省市、包括纠纷发生地，营业收入较高，广告投放巨大。因此三个经营部作为从事商品销售主体，在相近似服务类别上，突出使用“华润”标识，容易造成相关消费者的混淆，构成商标侵权。

另外，《反不正当竞争法》第 2 条规定，经营者在生产经营活动中，应当遵循诚信的原则，遵守法律和商业道德；同时根据第 6 条第 2 项的规定，经营者不得实施擅自使用他人有一定影响的企业名称（包括简称、字号等）的混淆行为，引人误认为是他人商品或者与他人存在特定联系。《商标法》第 58 条也规定，将他人注册商标作为企业名称中的字号使用，误导公众，构成不正当竞争行为的，依照《反不正当竞争法》处理。本案中，“华润”为 A 公司字号，自 1983 年以来在多个行业为社会公众广泛知晓；他人的企业名称中包含“华润”，会误导消费者认为与 A 公司有关，造成误导，构成不正当竞争行为。

第五章 反不正当竞争法

【内容提示】

反不正当竞争法旨在通过维护公平竞争实现对经营者、消费者及其他市场参与者以及公共利益的维护。反不正当竞争法最早作为民事侵权特别法而产生，保护企业对其经营成果的合法权益不受侵害。因此反不正当竞争法与知识产权法关系密切，其对于企业经营成果在知识产权法保护之外起到了一定补充作用，尤其是对于新型客体而言，反不正当竞争法通过行为法的方式渐进式地构建保护规则，可以起到新型权利“孵化器”的作用，故而《巴黎公约》将“制止不正当竞争”与专利、商标等共同纳入了“工业产权”范畴，此后1967年《建立世界知识产权组织公约》、1994年《与贸易有关的知识产权协定》（以下简称TRIPs协定）均将制止不正当竞争纳入了知识产权范围。伴随着消费者运动的兴起，消费者权益保护目标逐渐被纳入反不正当竞争法，反不正当竞争法的目标又转为保护竞争的过程，即通过对市场竞争的维护，为所有市场参与者提供公平交易机会，让消费者获得未受扭曲的商业选择。因此，反不正当竞争法与消费者权益保护法以及反垄断法关系日益密切，与消费者权益保护法不同之处在于，反不正当竞争法并非对消费者提供全面保护，而是保护其作为市场参与者的相关权益；反不正当竞争法与反垄断法的分工在于，反垄断法保障市场充分竞争的宏观结构，反不正当竞争法则主要保障微观交易的公平性。

从调整模式上来看，反不正当竞争法采取“一般条款 + 具体不正当竞争行为列举”的方式规制不正当竞争行为，即立法在对已有各类不正当竞争行为作明确列举的同时，一般性地对于不正当竞争行为作出界定，由司法通过自由裁量来规制各类不正当竞争行为。我国1993年制定的《反不正当竞争法》第2条规定，经营者在生产经营活动中，应当遵循自愿、平等、公平、诚信的原则，遵守法律和商业道德，明确了制止不正当竞争行为的一般条款。第二章具体列举了各类不正当竞争行为。按照《巴黎公约》内容，第二章规定了四种不正当竞争行为即仿冒行为、虚假宣传、商业诋毁和侵犯商业秘密行为。同时，由于历史原因，1993年《反不正当竞争法》还规定了一些其他内容，如第6条公用企业或其他具有独占地位的经营者限制他人公平竞争的行为、第7条政府及其所属行政部门滥用行政权力限制他人公平竞争的行为、第11条低价倾销行为、第12条不合理搭售行为，这些条款应当属于反垄断的内容，在2008年《反垄断法》实施之后被删除；如第13条规定了有奖销售，这应当属于消费者权益保护法的内容，第8条规定了制止商业贿赂，这属于刑法规范的范畴，并非属于传统制止不正当竞争的范围，这些条款至今仍然保留但较少适用，故本章不作重点介绍。除此之外，2017年《反不正当竞争法》修改还增设了第12条“互联网专条”，规定互联网领域的特殊不正当竞争行为。本章以下将对相关不正当竞争行为认定作具体介绍。

第一节 反不正当竞争的基本理论

通常情形下，市场竞争是资源配置的有效方式，从短期来看，不同竞争者就相关产品服务围绕价格、质量、规格、品种等进行竞争，可实现资源有效配置，使消费者获得质优价廉的商品服务；从长期来看，企业将围绕产品服务开展创新竞争，驱动产生熊彼特所称的“破坏式创新”或“产业突变”带来社会进步。因此，各国立法一般会维护竞争机制避免出现市场失灵。从经济学视角下，理想的市场竞争需要符合两个层面的条件：在微观交易中，交易双方信息充分、产权完整、决策自由，买受双方自愿作出价格评价；在宏观层面，市场上有大量的买者及卖者，资源自由流动，其围绕同质产品开展大规模交易，推动竞争产生均衡价格，实现资源配置的最优。立法对应地从两方面进行规制，宏观市场结构由反垄断法所保障，如通过禁止滥用市场支配地位、规制垄断协议、限制经营者集中，确保竞争的充分性；市场微观行为则由反不正当竞争法所调整，规制个体不择手段的竞争行为，例如，仿冒他人商业标识欺骗消费者进行交易、对他人的产品或服务进行诋毁、盗取他人的商业秘密和无形商业价值等，通过确保微观交易公平维护市场正常运行。不同于反垄断法聚焦于明显市场失灵的情形，由于市场竞争本质上就是此消彼长甚至是你死我活的较量，微观竞争行为正当与否的判断，高度取决于特定时空下的商业道德伦理以及各国对市场功能的定位，因此，对不正当竞争的定义，因所处时期、所在国家不同也有所不同。[1] 因此，以下将首先对反不正当竞争法的发展历史、国际规则进行介绍，进而介绍我国对不正当竞争行为的制度定位和规制体系。

一、反不正当竞争制度发展

从历史来看，反不正当竞争法起源于第一次工业革命之后，面对实践中创新成果仿冒、商业秘密盗用、商业诋毁等行为，反不正当竞争法作为保护经营者免受竞争者侵害的民事侵权特别法而产生。19世纪法国法院为规制企业竞争行为，根据《法国民法典》第1382条、第1383条的侵权责任一般条款发展出了“不正当竞争”的概念，早期不正当竞争的十分广泛几乎无从界定。到19世纪中叶，经由判例和理论的塑造，反不正当竞争法的两大理论基石才得以确立：一是工业产权概念，其不仅包括专门法明确创设的工业产权，如专利、商标等，还包括商人与客户之间整体关系的宽泛范围；另一并行观念是，法国大革命之后废除了传统经济管制体制，确立经济自由和竞争自由，但其仅限

---

〔1〕 李明德：《知识产权法》（第三版），法律出版社2023年版，第281页。

于通过劳动和贡献获得成果的自由，不能扩展到不正当夺取竞争者成果的自由。不能滥用竞争自由获取或利用竞争对手的商业成果，即被确立为基本原则，法院可依据《法国民法典》第 1382 条、第 1383 条禁止广泛的不正当竞争行为。[1] 至今，法国法上也不存在独立的“反不正当竞争法”，而是主要依靠侵权责任一般条款通过判例法发展出了“民法上的不正当竞争之诉”，对于混淆、模仿、贬损、寄生竞争等不正当商业行为加以调整。[2]

在德国，1869 年《营业条例》第 1 条确立了营业自由的基本原则之后，产生了对竞争进行法律规制的必要性。制止不正当竞争行为最初在德国也被认为是侵权法上的问题，但德国法院不太倾向于通过传统民法解决这一新问题。在理论界的影响下，德国采取了专门立法的模式，1896 年颁布了第一部《德国反不正当竞争法》，对于误导、贬低与诋毁商誉、模仿他人标志以及泄露企业秘密等行为作出了具体规制。但由于这种穷尽式的规定实践中却容易被规避，因此，1909 年德国颁布了新的《德国反不正当竞争法》，第 1 条规定：“凡在商业交易中以竞争为目的违背善良风俗者，得请求其不作为与损害赔偿。”开放性的一般条款赋予了极大的司法自由裁量权，历经近百年实施，法官在各个领域发展出了诸多案例群，学界对其进行体系化整理形成了《德国反不正当竞争法》的现代体系，一直到 2004 年，德国才颁布了新的《德国反不正当竞争法》，将原来的案例群以成文法的形式固化并进一步完善。

与大陆法系国家形成鲜明对比的是，普通法国家针对不正当竞争行为采取了完全不同的路径和态度。例如，英国法上没有专门的反不正当竞争制度，对于不正当竞争的理解也相对狭窄。在普通法侵权制度中可以通过对故意侵害经济利益行为的规制保护竞争者利益，包括欺诈、恶意诋毁、假冒、泄露秘密、妨害合同、胁迫、合谋、以非法手段妨害经营的行为。除了依据普遍认可的价值规制竞争行为，英国法上不存在反不正当竞争的一般规范，对于德国、法国上所禁止的价值盗用行为不予规范。因为在普通法上，自由竞争具有价值选择上的优先性，其担心在侵权法中引入模糊而宽泛的概念，会导致对自由市场的不当干预。竞争正当与否本质上属于依赖特定的政策考量，属于议会的特权，法院也不愿意在议会未能制定法律的领域创设规则。[3]

伴随着全球贸易的开展，反不正当竞争的制度需求不仅在国内法层面，在跨国贸易中同样不可或缺。19 世纪后期，英、法、德等率先完成工业化国家的企业迅速对外扩张，其企业在对外贸易中经常遇到不正当竞争，尤其是遭遇国内企业有限的歧视性待遇。因此，英、法、德等已经建立反不正当竞争保护的国家积极推动制定反不正当竞争的国际规则。

---

〔1〕 孔祥俊：《论反不正当竞争法的二元法益保护谱系——基于新业态新模式新成果的观察》，载《政法论丛》2021 年第 2 期。

〔2〕［德］弗诺克·亨宁·博德维希：《全球反不正当竞争法指引》，黄武双等译，法律出版社 2015 年版，第 256 页。

〔3〕［德］弗诺克·亨宁·博德维希：《全球反不正当竞争法指引》，黄武双等译，法律出版社 2015 年版，第 740 页。

《巴黎公约》1900年文本首次规定了反不正当竞争保护的国民待遇原则，1911年的华盛顿文本中，“制止不正当竞争”被纳入工业产权的范围，第10条之二规定，“本联盟国家有义务对各该国国民保证给予制止不正当竞争的有效保护”。由于各国之间就不正当竞争的范围存在很大差异，当时文本并未直接规定不正当竞争的定义和行为类型。通过1925年、1934年、1958年几次修改，《巴黎公约》对制止不正当竞争行为作出了完整定义和具体行为类型的列举。第10条之二规定了以下内容：“（1）本联盟国家有义务对各该国国民保证给予制止不正当竞争的有效保护。（2）凡在工商业事务中违反诚实的习惯做法的竞争行为构成不正当竞争的行为。（3）下列各项特别应予以禁止：（i）具有采用任何手段对竞争者的营业所、商品或工商业活动产生混淆性质的一切行为；（ii）在经营商业中，具有损害竞争者的营业所、商品或工商业活动的信用性质的虚伪说法；（iii）在经营商业中使用会使公众对商品的性质、制造方法、特点、用途或数量易于产生误解的表示或说法。”

该条文本内容至今未作改变，其包括三个层面的内容：第1项规定了巴黎公约成员国有义务为本国国民提供制止不正当竞争的保护，按照第2条的国民待遇原则，该保护同样应及于巴黎公约其他成员国的国民；第2项规定了不正当竞争的定义，即在工商业事务中违反诚实的习惯做法的竞争行为，均构成不正当竞争；第3项具体规定了3种达成共识应当加以制止的行为，即仿冒、商业诋毁和虚假宣传，此3种行为仅是不正当竞争行为最低限度的举例，依此各国无一例外均应对此3类行为加以规制，其他则依据第2项“违反诚实的习惯做法”加以认定。对于何为“违反诚实的习惯做法”，《巴黎公约》并未作出统一限定，而是将之作为国内法问题，交由成员国结合国内市场的法律制度和观念来判断应予禁止的不正当竞争行为。

在《巴黎公约》之后，全球知识产权保护进入由世界知识产权组织和世界贸易组织所主导的时代，作为全球影响最广泛的知识产权多边条约，TRIPs协定第2条第1款援引《巴黎公约》规定，在世贸组织成员中创设了依据TRIPs协定禁止不正当竞争的义务；[1]第22条就地理标志以及第39条就未披露信息专门规定了反不正当竞争保护。除此之外，在国际层面，世界知识产权组织为了推动反不正当竞争制度的一体化发展，在整理全球各国反不正当竞争立法的基础上，1996年发布了《关于反不正当竞争保护的示范规定》（以下简称《示范规定》），旨在帮助各国建立和完善反不正当竞争法律框架。类似于《巴黎公约》第10条之二，《示范规定》第1条对不正当竞争作出了界定，“凡在工商业活动中违反诚实的习惯做法的行为”将构成不正当竞争。除此之外，《示范规定》具体列举了对他人企业或其活动造成混淆（仿冒）、损害他人商誉或名声（淡化）、误导公众（虚假宣传）、损害他人企业或活动的信用（商业诋毁）、关于秘密信息的不正当竞争（商业秘密）等行为。对比《巴黎公约》第10条之二，其最大的不同在于规定了商标、企业名称、产品外观等广义上商业标识的淡化保护。从法律性质上来看，《示范规定》没有经过巴黎公约联盟大会或世界知识产权组织大会正式通过，其既不是国际条约

〔1〕 WTO Panels, Australia - Plain Packaging, para. 7.2630, 7.2631.

也不是“软法”，而仅旨在作为成员国立法的模板和司法裁判的参考。

二、反不正当竞争法的立法目的与调整对象

如何认定不正当竞争构成了反不正当竞争法的核心问题，如前所述，各国法律传统、竞争观念的不同决定了法律对市场介入程度的不同，对于不正当竞争行为的认定也存在很大差异。因此，必先明确反不正当竞争法的制度目标或保护原理，才能界定其调整方式和不正当竞争行为类型。

从历史发展来看，反不正当竞争法最早作为经营者权益保护法而存在，其核心目标在于，保护诚信企业主利益，防止其受到不诚信企业主的恶意竞争。这是各国规制不正当竞争行为的共同出发点和基本共识，在此期间消费者权益保护并非主要考虑对象，而只是作为制度的副产品。但伴随着消费者运动的兴起，消费者权益保护成为市场竞争法制面临的新问题，由于法律传统的不同，全球各国立法大致采取两种处理模式：

一是一元论模式，即将消费者利益纳入规制不正当竞争的既有法律制度。反不正当竞争法专门立法的国家，可以通过宽泛的一般条款将反不正当竞争制度扩张到对消费者权益的保护。例如，德国法即坚持一元论，《德国反不正当竞争法》同时保护经营者和消费者的利益，按照德国法的理解二者利益保护是分不开的。经营者公平竞争，在市场上向消费者提供低价质优的商品，消费者福利才会变为现实，同时，如果消费者的知情决策基础被侵害，通过消费者选择实现的经营者竞争机制也将被扭曲。[1] 由此也确立了其反不正当竞争法的“三元叠加”目的，即反不正当竞争法同时保护竞争者、消费者等其他市场参与者以及公平竞争中隐含的更为普遍的公共利益。例如，2004 年《德国反不正当竞争法》第 1 条规定：“本法旨在保护竞争者、消费者以及其他市场参与者免受不正当竞争行为，本法同时保护公众在未被扭曲的竞争中所享有的利益。”在此需要澄清的是，尽管公共利益范围广泛，但反不正当竞争法视野下的公共利益限定为市场良好运行的竞争利益，泛泛而谈的消费者健康、环境保护或者反对歧视都不是《德国反不正当竞争法》的目标。[2]

二是二元论模式，即将反不正当竞争与消费者权益保护分别交由专门立法处理。例如，法国法通过侵权法一般条款之下逐渐建立对不正当竞争行为类型的规制，不正当竞争之诉具有严格的个体视角，只保护经营者的特定利益，难以将消费者利益纳入其中，因此其通过侵权法一般条款规制模仿、寄生、混淆、贬损等不正当竞争行为保护经营者利益，同时 1993 年制定了专门的《消费者法》以及通过《商法典》规制对消费者的误导性商业行为以及压迫性商业行为。

然而，消费者是竞争者产品或服务的直接面向主体，市场竞争往往通过消费者的选择来实现。在反不正当竞争法中，难以将消费者利益与经营者利益实现绝对区分。首

---

〔1〕［德］弗诺克·亨宁·博德维希：《全球反不正当竞争法指引》，黄武双等译，法律出版社 2015 年版，第 6 页。

〔2〕［德］弗诺克·亨宁·博德维希：《全球反不正当竞争法指引》，黄武双等译，法律出版社 2015 年版，第 11 页。

先，二者在调整行为上存在着直接的重合。如果将反不正当竞争定位为竞争者权益保护法，通过不正当竞争行为侵害竞争权益的情形可分为两类：一是以经营者为对象的商业行为，直接侵害竞争者经营成果，如商业诋毁、侵害商业秘密等；二是以消费者为对象的商业行为，通过侵害消费者知情权、自主选择权的形式来侵夺竞争者交易机会、侵害其合法权益，如仿冒混淆、虚假宣传等。后一种情形下难以将二者绝对割裂开来，法律通过保护消费者权益来保护竞争者利益，在法律救济时，也应当赋予二者救济权利。例如，法国侵权法一般条款适用于直接侵害竞争者权益的情形，将直接面向消费者的误导性商业行为以及压迫性商业行为由《消费者法》调整，但对虚假宣传导致消费者混淆等同时侵害竞争者和消费者利益的情形，《消费者法》不仅保护消费者，同时保护竞争者的正当利益，享有合法权益的任何人皆可向法院提起诉讼。其次，消费者利益成为竞争行为正当性判断的直接标准。竞争者之间直接行为可能与消费者利益并不直接相关，但市场竞争是消费者福利实现的最主要手段。最初反不正当竞争法从传统民法的朴素正义观出发，禁止违背“良好的道德风尚”不当掠夺他人经营成果，但伴随着消费者运动的兴起以及对市场竞争规律的更加深刻理解，更为宏观的公共福利目标被提出，即反不正当竞争法并非专注于保护经营者等某个群体的利益，而是为所有市场参与者提供公平交易机会，让消费者获得未受扭曲的商业选择。〔1〕例如，受德国、比利时等影响，法国法也已接纳消费者利益作为反不正当竞争法的目标。〔2〕

因此，竞争者、消费者以及公共利益的“三元叠加”已并非一元论所独有，而成为现代反不正当竞争法共同的制度基础。从全球各国立法来看，无论通过大陆法系或普通法系都普遍地将消费者保护纳入反不正当竞争利益考量的范畴，将竞争者、消费者和社会公众作为保护目标。〔3〕在国际条约中，这也逐步成为国际共识。《巴黎公约》第 10 条之二第 2 款对不正当竞争行为作出了一般性界定，即“凡在工商业事务中违反诚实的习惯做法的竞争行为构成不正当竞争行为”。有学者即提出对一般条款可以从保护竞争者利益的目标进行解释，也可以从保护消费者的视角进行解释。〔4〕1958 年《巴黎公约》引入误导公众的行为，即突破了仅保护竞争者利益的限制，而为保护消费者利益提供了路径。由于《巴黎公约》关于反不正当竞争的保护同时纳入 TRIPs 协定，世界贸易组织专家组在烟草平装案中解释相关条款时提出“对不正当竞争的保护是为了保护竞争者和消费者以及公共利益”，“该条（TRIPs 第 7 条）反映了在其中提到的各种社会目标之间建立和保持平衡的意图。因此，在确定什么是违反商业诚信的行为时，可能需要视情况反

〔1〕［德］弗诺克·亨宁·博德维希：《全球反不正当竞争法指引》，黄武双等译，法律出版社 2015 年版，第 262 页，第 11 页。

〔2〕［德］弗诺克·亨宁·博德维希：《全球反不正当竞争法指引》，黄武双等译，法律出版社 2015 年版，第 262 页。

〔3〕 Martin Senftleben,*Status Report on Protection Against Unfair Competition in WIPO Member State* (Nov. 1, 222),WIPO/STRAD/INF/8 prov., p.173.

〔4〕 Reto M. Hilty, Frauke Henning-Bodewig, *Law Against Unfair Competition: Towards a New Paradigm in Europe?*, Springer 2007, p. 57.

映出这些利益之间的平衡”。[1]尽管在保护原理或制度目标层面一元论与二元论之间不存在差别，但在调整对象层面二者仍然存在立法逻辑上的不同，其主要体现为对消费者利益保护的方式不同：在一元论模式下，反不正当竞争法同时保护经营者和消费者的利益，虽然不直接影响经营者但侵害消费者利益的行为将构成不正当竞争，例如，德国法将不可忍受的骚扰行为作为不正当竞争，相应地也赋予消费者团体诉权，对侵害消费者利益的不正当竞争行为提出救济；在二元论模式下，反不正当竞争法的核心仍然在于调整竞争者之间的关系，对于消费者的利益体现为一种折射性保护，单纯侵害消费者利益的行为交由消费者权益保护法调整，而反不正当竞争法调整的行为要求对竞争产生影响，例如，在《巴黎公约》第 10 条之二规定的误导行为认定中，除了满足欺骗性行为误导消费者的要求，各国各地区法律通常要求达到损害竞争者的程度才满足起诉条件。[2]

在我国法上，《反不正当竞争法》第 1 条规定，反不正当竞争法的目的为“促进社会主义市场经济健康发展，鼓励和保护公平竞争，制止不正当竞争行为，保护经营者和消费者的合法权益”，第 2 条一般条款进一步将“扰乱竞争秩序”“损害其他经营者或消费者的合法权益”作为了认定不正当竞争行为的构成要素，这体现了我国反不正当竞争法保护经营者、消费者、公共利益“三元叠加”的保护立场。然而，反不正当竞争法的立法目标由一元转向三元，同时导致其调整边界模糊的问题。近年来，伴随着互联网等新领域新业态问题不断显现，司法以及市场监管部门也开始从反不正当竞争法的三元目标出发，由经营者权益保护法逐渐扩张其保护范围，将之适用到消费者利益的直接保护以及市场秩序的调整，体现为反不正当竞争法的消费者权益保护法走向和竞争法走向。对此，有必要对反不正当竞争法上的消费者权益保护以及竞争秩序维护的实现方式作澄清解释。

一是反不正当竞争法与消费者权益保护法的关系。伴随着消费者利益在反不正当竞争法上不断被强调以及互联网上诸多侵害消费者利益行为的产生，司法实践以及理论上都存在直接保护消费者利益的尝试。例如，在数据爬取纠纷中，有的法院将侵犯消费者权益作为不正当竞争行为认定的独立要素，提出所谓“用户授权 + 平台授权 + 用户授权”的“三重授权”原则，侵害消费者个人信息权益即构成不正当竞争（即使未侵害特定经营者利益）。[3]在理论上，有学者认为反不正当竞争法中的消费者利益具有独立性，不应囿于竞争关系理论、竞争秩序的反射利益、其他法律已提供保护等理由而拒绝保护，应当在反不正当竞争法上对压迫型和违法型行为加以规制并赋予消费者团体诉权直接保护。[4]

---

〔1〕 WTO Panels, Australia - Plain Packaging, para. 7.2680.

〔2〕 Martin Senftleben,*Status Report on Protection Against Unfair Competition in WIPO Member State* (Nov. 1, 222),WIPO/STRAD/INF/8 prov., p.7.

〔3〕 新浪微博诉脉脉非法抓取用户信息不正当竞争案，北京知识产权法院（2016）京 73 民终 588 号民事判决书。

〔4〕 参见刘维、陈鹏宇：《论数字时代反不正当竞争法中的消费者利益》，载《知识产权》2023 年第 7 期；陈耿华：《论竞争法保障消费者利益的模式重构》，载《法律科学》2020 年第 6 期；周樨平：《论我国〈反不正当竞争法〉的消费者保护功能》，载《竞争政策研究》2017 年第 2 期。

事实上,《反不正当竞争法》第一次修改时，国家工商总局起草的《反不正当竞争法（修订草案送审稿）》在第 2 条第 2 款不正当竞争行为定义中增加了消费者元素，同时赋予了消费者对不正当竞争行为的救济权，但此后国务院提请全国人大常委会审议时删除了消费者诉权。尽管反不正当竞争法第 1 条、第 2 条规定了消费者权益的保护，但从立法体例上来看，与德国法采取一元论立场不同，我国在制定《反不正当竞争法》的同时制定了《消费者权益保护法》，在立法上采取了二元论的立场，难以直接套用德国法模式。消费者利益虽然也是《反不正当竞争法》所保护的利益，但反不正当竞争法保护消费者利益的方式是通过保障经营者之间的有序竞争向消费者提供质优价廉的服务，对于消费者的权益实现间接保护。[1] 反不正当竞争法对于消费者的直接保护主要体现在维护其作为市场竞争“裁判者”的地位，只有在消费者自由决定的基础受到经营者行为的“实质性扭曲”，导致消费者因此作出了其在理性条件下不可能作出的决定，使得经营者不合理地获取竞争优势的情况下，这类行为才被纳入反不正当竞争法的规制范围。[2] 对于知情权、选择权、个人信息等单纯消费者权益的保护,《消费者权益保护法》以及《民法典》《个人信息保护法》等已经提供了专门保护，没有必要叠床架屋地将消费者所有权益再纳入反不正当竞争法进行保护。2017 年反不正当竞争法第一次修改删除消费者诉权的原因也在于消费者保护属于消费者权益保护法的范畴，反不正当竞争法并不直接保护消费者。[3] 在立法已经作出选择的情形下，直接侵害消费者权益的行为，除非同时构成对经营者利益的侵害，否则不应属于反不正当竞争法调整的对象。对此，由全国人大常委会法工委编写的反不正当竞争法释义也指出:“这里（第 2 条第 2 款）规定的‘损害消费者的合法权益’，明确了在判断相关行为是否构成不正当竞争行为时，是否损害消费者的合法权益也是一项重要因素。对此应理解为经营者实施不正当竞争行为，扰乱了公平竞争的市场秩序，增加了其他经营者的经营成本和消费者的选择成本，进而损害了消费者的福祉和权益。对于经营者实施的损害消费者的合法权益但不涉及竞争关系、竞争秩序的行为，不属于本法规定的不正当竞争行为。”[4]

二是反不正当竞争法与反垄断法的关系。伴随着现代反不正当竞争法的目标由保护诚信经营者权益上升为保护公共利益，随之而来的问题是，反不正当竞争法的调整对象是否有必要进行扩张，由制止侵害特定经营者利益的不正当竞争行为，扩张为一般性地调整市场运行秩序，如何厘定反不正当竞争法与反垄断法的职责分工即成为新的问题。域外立法对此存在着不同走向，如法国、英国从其经营者权益保护法出发，仍然仅调整侵害经营者具体权益的行为；有的国家反不正当竞争与反垄断关系日渐紧密，如美国、澳大利亚等反不正当竞争与反垄断合并立法，并由统一的执法机关实施。在我国，1993 年《反不正当竞争法》立法之初即明确了其“保障社会主义市场经济健康发展”“鼓励

〔1〕 李明德:《关于反不正当竞争法的几点思考》，载《知识产权》2015 年第 10 期。

〔2〕 张占江:《不正当竞争行为认定范式的嬗变——从“保护竞争者”到“保护竞争”》，载《中外法学》2019 年第 1 期。

〔3〕 孔祥俊:《论反不正当竞争法的现代化》，载《比较法研究》2017 年第 3 期。

〔4〕 王瑞贺主编:《中华人民共和国反不正当竞争法释义》，法律出版社 2017 年版，第 7 页。

和保护公平竞争”的立法目标，在当时我国没有进行反垄断专门立法，且经济活动中存在地方封锁、公用事业限制公平竞争、低价倾销等问题，[1] 1993 年《反不正当竞争法》涉及了部分反垄断内容，包括公用企业或其他具有独占地位的经营者限制他人公平竞争的行为（第 6 条）、政府及其所属行政部门滥用行政权力限制他人公平竞争的行为（第 7 条）、低价倾销行为（第 11 条）、经营者违背购买者意愿搭售或附加其他不合理条件的行为（第 12 条）。伴随着 2008 年《反垄断法》实施，2017 年《反不正当竞争法》修订删除了前述反垄断条款。同时，由于我国互联网行业多年来一直野蛮生长，出现了一系列竞争失序行为，反垄断执法需要严格界定相关市场、市场支配地位、行为对竞争影响等因素，存在成本高昂、程序复杂、周期冗长的特点，执法难度大，反不正当竞争则不受此类因素限制。因此，借由公共利益保护目的，近年来反不正当竞争立法以及执法实践开始发挥市场治理功能，大量垄断相关内容遁入反不正当竞争法。如 2017 年《反不正当竞争法》第一次修订在互联网专条中将“恶意不兼容”列为不正当竞争行为；在第二次修订中，2022 年市场监管总局公布的《反不正当竞争法（修订草案征求意见稿）》将第一次修改被删除的滥用相对优势地位条款再次引入（第 13 条），并且增加了利用技术平台规则影响用户选择扰乱市场公平秩序的行为（第 15 条）、利用技术手段平台规则排斥妨碍他人产品服务接入的行为（第 17 条）、利用算法进行差别待遇或不合理限制的行为（第 19 条）。在执法实践中，市场监督管理总局通过适用互联网专条的兜底性条款对平台“二选一”等行为进行查处。[2] 理想的市场竞争可以从微观和宏观层面进行观察：在微观层面，市场主体信息充分、产权完整、决策自由，供给方可自由发挥其经济能力在市场上不受阻碍地提供其经营成果，需求方基于真实意思自主决策选择商品服务，双方按照特定价格自主达成交易；在宏观层面，当市场上买方与卖方的规模足够大，通过大规模的竞争性交易将产生均衡价格，买方与卖方在内的每个人都是价格的接受者，不能单独影响价格。在此假定下，反不正当竞争法与反垄断法有着明确的分工，宏观市场结构由反垄断法所保障，确保市场上同类产品随时进入充分替代的可能性。反不正当竞争法则主要保障微观交易的公平性，在需求方或消费者层面，反不正当竞争法对消费者的保护主要是以消费者决策为中心的保护，旨在增加市场的透明度和提升消费者基于真实的意思表示进行自主决策的能力；在供给方或经营者层面，反不正当竞争法保护的主要是保护经营者自由发挥经济能力和在市场上不受阻碍地提供其成果，从而在消费者自主选择下，依靠商品或服务的优质、优价或经营活动的效率赢得市场、赢得客户。在市场宏观结构完善的情况下，法律一般不对经营者服务提供内容以及交易条件作出具体规制，因为如果有一方过高或不合理定价，消费者可以随时从一个使用者转向另一个使用者。因此，前述拒绝交易、强制搭售、差别定价、附加不合理条件等行为并不必然对特定经营者法益或者竞争秩序产生损害，具体需要通过其是否具有市场力量考察其对市场

---

〔1〕 李明德:《知识产权法（第三版）》，法律出版社 2023 年版，第 287 页。

〔2〕 唯品会强制“二选一”网络不正当竞争案，国家市场监督管理总局国市监处〔2021〕3 号行政处罚决定书。

竞争的影响，故通常属于《反垄断法》调整的内容。将之纳入反不正当竞争法抛开相关行为其对市场竞争实际影响的判断，而诉诸“恶意”“行业惯例”“商业伦理”“商业道德”等泛道德化的主观评价，容易造成国家权力对于市场运行的肆意干预，也模糊了反不正当竞争法与反垄断法的界限，极易造成法律适用的混乱。[1]因此，与《反垄断法》相区分，《反不正当竞争法》对公共利益的维护仍应当限于对具体交易行为的调整。

因此，反不正当竞争法对经营者、消费者以及公共利益保护不能割裂来看，在经营者权益保护之外将之延展作为消费者权益保护法或者市场竞争监管法，三者的保护方式具有一致性。反不正当竞争法的基本调整对象为经营者之间的竞争行为，其可能损害其他经营者的利益，但并非此类行为皆为不正当，因为竞争本身即损人利己的过程，竞争的目标最终在于社会总体福利的实现，故而消费者利益以及公共利益可以作为评判竞争行为正当与否的有效尺度，当具体经营行为阻碍他人在市场上提供其成果、阻碍消费者或其他市场参与者自由交易选择将损害市场本身的运行规律，因影响公共利益和消费者利益实现而被认定为不正当。通过市场竞争过程的维护将实现公共利益和消费者利益的保护，除此之外的消费者利益以及公共利益皆非反不正当竞争法调整的内容。

三、不正当竞争行为的认定模式

反不正当竞争法的目的在于保护经营者、消费者和公共利益，围绕此目标，如何认定实践中的各类不正当竞争行为成为反不正当竞争法的核心问题。其中，最直接的方式即对已有的反不正当竞争行为作出类型化提炼并加以规定，例如，德国 1896 年制定了世界上第一部《反不正当竞争法》，当时即对实践总结提炼了五种不正当竞争行为。但这种穷尽式列举的规定很容易被规避，面对实践中层出不穷的不正当竞争行为，法院只能诉诸《德国民法典》侵权法一般条款加以处理。因此，德国 1909 年制定新《反不正当竞争法》采取了“一般条款 + 具体不正当竞争行为列举”的方式，即立法在对已有各类不正当竞争行为作明确列举的同时，一般性地对于不正当竞争行为作出界定，由司法通过自由裁量来规制各类不正当竞争行为。从德国的发展经验来看，反不正当竞争法的一般条款成为制止不正当竞争行为的支柱，一般条款在上游连接起立法目的，在下游连接起各具体行为的认定以及补充保护，从而支撑起整部反不正当竞争法的规范适用体系。如果没有一个开放、灵活的监管工具，反不正当竞争法就可能无法跟上不断发展的商业模式和营销工具。[2]德国 1909 年《反不正当竞争法》的模式取得了巨大成功，很多国家都采取了这种“一般条款 + 具体列举”的模式，《巴黎公约》第 10 条之二也采取了这一模式，第 2 款对不正当竞争行为作出了一般性界定，第 3 款具体列举了仿冒、商业诋毁和虚假宣传三类行为。我国《反不正当竞争法》亦是如此，第 2 条对于不正当竞争行为认定作出了一般性规定，第二章则具体规定了各类不正当竞争行为体系。以下将对

---

〔1〕 刁芸芸：《商事领域中反不正当竞争法互联网专条的适用困境及出路》，载《法学杂志》2021 年第 1 期。

〔2〕 柴耀田：《反不正当竞争法一般条款的体系化功能——德国 2015 年〈反不正当竞争法〉改革对中国修法的启示》，载《电子知识产权》2016 年第 10 期。

不正当竞争行为的一般认定规则及类型化体系具体阐述。

一般条款被誉为反不正当竞争法的灵魂，其张力大小反映了反不正当竞争法对市场竞争自由的容忍限度，以及未知行为的调整模式。在国际层面，《巴黎公约》第 10 条之二第 2 款对于不正当竞争行为作出了定义："凡在工商业事务中违反诚实的习惯做法的竞争行为构成不正当竞争的行为。" TRIPs 协定也将此纳入作为条约义务，因此本条构成了不正当竞争认定或一般条款"国际共识"。传统上，"诚实的习惯做法"（honest practices）来自民法上的诚实信用原则，指的是违反了经验标准，即一个特定社会中发展起来的公平和正当行为规范。但同时这也是一个极为模糊的概念，可能因国家而异、因时间而异。世界知识产权组织在 1994 年报告中即提出这一认定标准存在高度的弹性："诚然，将不正当竞争描述为违反'诚实的习惯做法''诚实'等的行为，并不能形成明确的、普遍接受的行为标准，因为所用术语的含义相当不稳定。竞争中的'公平'或'诚信'标准不过是一个社会的社会学、经济、道德和伦理观念的反映，因此可能因国家而异（有时甚至在一个国家内也不同）。这一标准也有可能随着时间的推移而改变。"〔1〕从全球范围来看，对违反"诚实的习惯做法"的理解认定存在三种方式：〔2〕一是经验性标准，即按照相关领域习惯、贸易惯例以及对道德规范、公平、诚实、合理等伦理观念来认定不正当竞争行为，如东盟国家、非洲地区国家、独联体国家等；二是法律实证主义标准，即将违反法律的行为等同于不正当竞争行为，如东盟国家、独联体国家、中美洲国家；三是功能性标准，即市场上诚信和公平标准必须来自确保市场自由竞争所需的条件和内在需求，阻碍商业竞争或市场有效运作的行为为不正当竞争行为，如加拿大、美国、欧盟国家等。

事实上，关于不正当竞争的认定高度依赖于对反正当竞争法保护目标的理解，伴随着反不正当竞争法保护目标由保护经营者利益转变为保护经营者、消费者、公共利益的"三元叠加"，不正当竞争认定标准已由过去的经验性标准转变为功能性标准。早期，反不正当竞争法作为竞争者权益保护的特别法而存在，对于不正当竞争行为的界定来自传统民事财产法的基本伦理，经营者对其劳动成果享有权益，禁止不当利用他人成果的不劳而获行为。如 1909 年《德国反不正当竞争法》第 1 条规定："商业交易中以竞争为目的违背善良风俗者，得请求其不作为与损害赔偿。"如前所述，伴随着消费者运动的兴起，现代反不正当竞争法的目标由保护经营者利益，扩张至保护经营者、消费者在内的所有市场主体利益，以及公众在未被扭曲的竞争中所享有的利益。继续按照既有经验提炼的道德评判模式认定与维护市场竞争的公共利益难以充分契合：首先，将传统道德伦理适用于复杂的商业实践并非当然地符合公共利益。在传统有体财产保护中，彼此界限明晰，基于诚信原则禁止"食言而肥""不劳而获"；在商业竞争实践中，特定经营成果、商业机会的边界却是不明晰的，简单地将这种伦理类推其中禁止竞争对手的不诚信

---

〔1〕 WIPO, *Protection Against Unfair Competition: Analysis of the Present World Situation*, WIPO Publication No. 725, para. 28–29.

〔2〕 Martin Senftleben,*Status Report on Protection Against Unfair Competition in WIPO Member State* (Nov. 1, 222),WIPO/STRAD/INF/8 prov., pp.173–174.

干扰或者抄袭，不可避免地会导致为经营者的经营成果、商业模式、商业机会提供接近“权利化”的保护，然而并非某一竞争者提前涉足特定领域开展营业即垄断了所有经营的可能，如英国法院所指出“不存在抢夺他人市场或客户的侵权行为。市场和客户都不是原告所拥有的”，[1]这种类似于权利化的保护会不当压缩竞争者营业和创新空间，不利于公共利益的实现。典型如广告屏蔽行为，经营者在视频节目中插播广告盈利，竞争者开发特定装置屏蔽跳转广告。对此，经营者对其视频节目具有一定财产利益，竞争者广告屏蔽的行为无疑对其利益存在影响，但并不意味着经营者可以垄断所有与之相关的客户及利益，广告屏蔽本身丰富了消费者选择和体验，本身是一种有意义的创新，绝对禁止与市场竞争和公共利益的市场目标不符。又如比较广告，竞争者在比较过程中可能会涉及对他人商誉的利用，按照传统道德伦理出发，《德国反不正当竞争法》早期对比较广告持严格态度，但比较广告为消费者提供了更为充分的信息，有利于提升市场透明度和促进市场竞争，从保护消费者、公共利益出发，转而采取了更为宽容的态度。其次，从既有经验的道德伦理认定在适用中存在较强的局限性。在传统领域，以自身商业惯例作为诚信行为基础决定了法律标准，而这些标准又被用来评判自身的行为，存在循环论证的风险；在新兴领域，成熟的行业惯例、商业道德尚未形成，难以按照行业发展需求作出具体认定，往往依据的是“不劳而获”等高度抽象化的商业道德。

因此，现代反不正当竞争法已经逐渐抛弃道德评判模式，转而来分析相关行为是否影响竞争者在公平、不扭曲的竞争环境中自由发展业务。例如，《德国反不正当竞争法》从 1909 年到 2016 年修改，一般条款一直处于不断精简的过程中，1909 年《德国反不正当竞争法》一般条款界定不正当竞争行为的核心标准为“违背善良风俗”，在 2000 年之前，德国联邦最高法院认为，如果竞争行为“让通情达理的普通商人感到没有面子，或者为一般公众所不齿或不容忍”，则该行为为不正当行为；[2]2001 年德国联邦最高法院提出了功能性评判标准：反不正当竞争法第 1 条的道德判断不应基于一般道德伦理概念，而必须以与竞争相关的方式进行解释。第 1 条并非竞争者受到直接损害即发挥作用，而是旨在防止竞争会显著损害公共利益。这也与反不正当竞争法侵权法的特质不冲突，因为其打击有害竞争或危及绩效竞争（Leistungswettbewerb）的过度竞争现象，在保护其他市场参与者和公众利益的同时也保护经营者自身的利益，因为经营者本身也不愿看到他人以侵略性方式在市场成功而导致其处于竞争劣势。[3]2004 年《德国反不正当竞争法》在明确了保护竞争者、消费者、公共利益“三元叠加”目标的基础上，其一般条款删除了其昔日帝王条款的核心概念“善良风俗”和法益侵害要件，[4]规定为“如果一种商业行为明显地妨害竞争者、消费者或者其他市场参与者之利益者，则此行为构成不法”。2016 年修改时，其一般条款进一步简化为“不正当商业行为应当被禁止”。该条

---

〔1〕 Hodgkinson & Corby Ltd *v.* Wards Mobility Ltd [1994] 1 WLR 1564,1569–1570 (Jacob J).

〔2〕 BGH, GRUR 1994, 220 (222)；BGH, GRUR 1995, 592 (593–594)；BGH, GRUR 2001, 1181 (1182).

〔3〕 BGH，GRUR 2002, 360.

〔4〕 柴耀田：《反不正当竞争法一般条款的体系化功能——德国 2015 年〈反不正当竞争法〉改革对中国修法的启示》，载《电子知识产权》2016 年第 10 期。

款并未明确对不正当竞争行为作进一步的定义，而是在明确立法目的的基础上由法院进行判断，法院从竞争功能的角度考量行为正当与否，总体性地考量其对竞争者、消费者以及其他市场参与者的影响，判断其是否影响所有市场参与者的行动和决定自由。类似地，在处理道德和经济考虑之间的优先问题时，西班牙最高法院认为，一般性质的道德考虑要服从于直接来自市场竞争的要求。援引道德界限来压制“被证明具有竞争效率的行为，以及在不造成竞争结构或市场正常运作改变的基础上促进个人或第三方的业绩”的行为是错误的。[1]

对反不正当竞争法一般条款的理解决定着市场自由竞争与商人利益保护之间平衡，上述立场仅仅是多数国家的立场选择，在制度谱系的另一端，有的国家将自由竞争作为优先价值，秉持反不正当竞争法规制的高度谦抑性，拒绝引入一般条款干预市场竞争行为。例如，英国法上既没有专门的反不正当竞争法，也没有一般的反不正当竞争条款，而主要通过普通法上的经济侵权尤其假冒侵权（passing off）来规制欺骗消费者等不正当竞争行为。20 世纪 60 年代以后，面对不断出现的“搭便车”行为，原告一直尝试将假冒的范围由虚假表示的侵权行为扩张到盗用在内的更广泛的不正当竞争侵权，英国法院对此的回答是“不存在抄袭的侵权行为。不存在抢夺他人市场或客户的侵权行为。市场和客户都不是原告所拥有的。不存在利用他人的商誉的侵权行为。没有不正当竞争的侵权行为……假冒的核心在于欺骗或欺骗可能性，特别是对最终消费者的欺骗……侵权行为从未显示出哪怕是轻微的偏离欺骗案例的趋势。如果侵权法这么发展，就会进入由于欺骗之外的某个原因而被宣布为非法的诚实竞争领域；为什么应该有这个原因，我无法想象；它只做会扼杀竞争”。[2]英国法反对确立反不正当竞争一般条款的原因主要包括两方面：一是在英国法传统上优先考虑自由竞争的价值，这些价值不同于其他欧洲法律重视的价值，“所有的发展，无论是在商业、艺术、专业或科学领域，都是在别人的想法上进行的：抄袭往往是进步的一个重要步骤”，反不正当竞争法要实现“两个相互冲突的目标之间的妥协：一方面是自由竞争中的公共利益，另一方面是保护商人免受他人的不正当竞争”。[3]“如果法院自行对个体商户的竞争自由施加任意的、可能是奇怪的限制，不管是为了满足特定的情况，还是以‘公平’等模糊的、所谓总体原则的名义，通常都是得不偿失的。”[4]二是司法与议会之间的分工，由于因为有效竞争总是会给某一方带来经济损失，法院不愿意直接制定公平竞争的规则，议会更加有条件来制定平衡的立法加以干预，如知识产权立法，普通法国家很大程度上让议会来规定这种规则。[5]

在我国法上，通常认为《反不正当竞争法》第 2 条系一般条款，在“海带配额”案

〔1〕 Spanish Supreme Court (Tribunal Supremo), 8 October 2007, ECLI:ES:TS:2007:6143, Schindler/Ascensores Pruertollano, 6 (séptimo) .

〔2〕 Hodgkinson & Corby Ltd *v.* Wards Mobility Ltd [1994] 1 WLR 1564,1569-1570 (Jacob J).

〔3〕 Starbucks (HK)Ltd & Anor *v.* British Sky Broadcasting Group Plc & Ors [2015] UKSC 31, [61] (Neuberger J).

〔4〕 Christopher Wadlow, *The Emergent European Law of. Unfair Competition and its Consumer Law Origins*, 1 Intellectual Property Quarterly 3 (2012).

〔5〕 OBG Ltd *v.* Allan [2007] UKHL 21, [56] (Hoffmann L).

中，最高人民法院明确法官可以根据第 2 条第 1 款和第 2 款在反不正当竞争法列举情形之外认定不正当竞争行为，系我国反不正当竞争法的一般条款。[1] 从规范构造来看，第 2 条第 1 款和第 2 款分别从正反两方面对不正当竞争行为进行认定：第 1 款从应然层面明确了经营者正当竞争应当遵循的原则，即“经营者在生产经营活动中，应当遵循自愿、平等、公平、诚信的原则，遵守法律和商业道德”。[2] 第 2 款则从违反前款后果层面对不正当竞争行为作出了定义“指经营者在生产经营活动中，违反本法规定，扰乱市场竞争秩序，损害其他经营者或者消费者的合法权益的行为”。从规范文义来看，该条似乎对不正当竞争行为作出了周延界定，第 1 款指导经营者诚信经营，第 2 款则为判断不正当竞争行为从后果层面提供了指引，即如果经营者违背第 1 款所规定的基本原则和商业道德，进而扰乱市场竞争秩序，损害其他经营者或消费者权益的，将构成不正当竞争行为。[3] 然而，从全球制度发展经验来看，这两个条款来自不正当竞争行为认定的两种模式：第 1 款来源于《巴黎公约》第 10 条之二第 2 款的表述，系基于商业道德伦理或经验主义标准来认定竞争行为正当与否；第 2 款在规范构造上与 2004 年《德国反不正当竞争法》一般条款基本一致，似乎代表了功能主义的认定范式。如前所述，这两种标准很难实现统一，将传统道德伦理适用于复杂的商业实践并不能当然地符合公共利益，这种模棱两可的规定方式也导致就我国反不正当竞争法的价值取向很难达成共识，司法实践中就一般条款的适用也存在冲突标准。

从司法实践来看，由于我国反不正当竞争法第二章主要规定了仿冒、虚假宣传、商业秘密、商业诋毁等几类不正当竞争行为，除此之外的竞争行为都依靠一般条款加以判断，[4] 尤其对互联网环境下各类新领域新业态的竞争行为，需要发挥一般条款的灵活开放性作用。但恰恰由于其抽象、灵活的特点，同时也可能存在一般条款适用泛化、过度干预竞争的风险。为了避免反不正当竞争法一般条款适用的泛化，最高人民法院最早曾在司法解释中试图对一般条款的适用条件作出限定，2005 年 11 月 15 日公布的反不正当竞争法司法解释送审稿第 28 条规定：“在适用《反不正当竞争法》第 2 条第 1 款、第 2 款认定不正当竞争行为时，应当掌握以下条件：（1）该项行为的主体是经营者；（2）该项行为为市场交易行为；（3）该项行为违反了自愿、平等、公平、诚实信用的原则和公认的商业道德；（4）该项行为造成了损害其他经营者的合法权益；（5）该项行为在反不正当竞争法中没有具体规定，并且在其他法律、法规中也没有特别规定。”该内容嗣后

---

〔1〕 山东省食品进出口公司、山东山孚集团有限公司、山东山孚日水有限公司与马达庆、青岛圣克达成贸易有限公司不正当竞争纠纷案，最高人民法院（2009）民申字第 1065 号民事判决书。

〔2〕 王瑞贺主编：《中华人民共和国反不正当竞争法释义》，法律出版社 2017 年版，第 5 页。

〔3〕 王瑞贺主编：《中华人民共和国反不正当竞争法释义》，法律出版社 2017 年版，第 5 页。

〔4〕 根据相关学者检索，反不正当竞争案件中约有 1/3 适用一般条款进行裁判，如谢晓尧曾抽取 904 个不正当竞争案件样本进行统计，其中援引《反不正当竞争法》第 2 条裁判的案件数量为 323 个，约占到全部样本比例的 35.7%；周樨平教授利用某法律数据库进行的类似检索中，共得出的 2865 个不正当竞争纠纷裁判案例，其中适用第 2 条认定为不正当竞争的案件数量为 828 个，约占到全部样本比例的 29%。参见谢晓尧：《在经验与制度之间：不正当竞争司法案例类型化研究》，法律出版社 2010 年版，第 91 页；周樨平：《反不正当竞争法一般条款行政实施研究——以裁量权的建构为中心》，载《现代法学》2015 年第 1 期。

虽因听取全国人大常委会法律工作委员会的意见于正式定稿中予以删除，却体现了最高人民法院对于一般条款适用条件的理解。此后 2010 年最高人民法院在公报案例“海带配额案”中提出了一般条款的适用的三个条件：“（1）法律对该种竞争行为未作出特别规定；（2）其他经营者的合法权益确因该竞争行为而受到了实际损害；（3）该种竞争行为因确属违反诚实信用原则和公认的商业道德而具有不正当性。”[1] 在当前司法实践中，法院适用一般条款认定不正当竞争行为一般遵循如下判断要件：（1）被告实施了一种竞争行为；（2）原告存在受法律保护的法益而该行为损害了该法益；（3）行为具有不正当性。关于“竞争行为”，首先，要求其是一种商业行为，如经营者在商业活动之外发表言论可能仅属于言论自由的体现，不受反不正当竞争法的调整；其次，“竞争行为”概念来自《巴黎公约》第 10 条之二的规定，其包含的要求是原被告之间存在竞争关系，对此可存在两种理解，一种狭义上的解释，即同行业经营者之间为了争夺客户进行直接竞争；另一种是宽泛的解释，即除了同一细分市场的直接竞争外，不同行业领域之间的关系，只要存在以不正当手段谋取竞争优势或者破坏他人竞争优势的情形，即符合“竞争关系”要件。从全球范围来看，各国普遍地淡化“竞争关系”要件而采用宽泛解释，世界知识产权组织《示范规定》则没有再使用“竞争行为”概念，并且省略了竞争关系的要求。我国司法实践目前也倾向于对竞争关系作出宽泛认定，不仅包括同业竞争者之间，而将不正当谋取竞争优势、损害消费者权益、扰乱市场竞争秩序的行为纳入进来。因此，一般条款适用的焦点往往集中于后两者，即经营者是否对其数据集合拥有合法权益，以及竞争者是否采取不正当竞争行为损害他人权益。其中就竞争行为正当性的判断是最具争议性的话题，基于第 2 条第 1 款和第 2 款存在经验主义和功能主义两种标准。以实践中频繁发生的数据抓取纠纷为例，司法实践在认定行为正当与否时即存在两种标准：一是按照第 2 条第 1 款规定，基于抽象的商业道德伦理加以判断，这也是目前大多数案件的裁判路径。[2] 例如，在谷米公司诉元光公司不正当竞争纠纷案中，审理法院将他人行为正当与否立基于大数据集合的价值性，其认为“酷米客”存储的数据信息已经具备无形财产的属性，其对信息数据的占有、使用、收益及处分享有合法权益，被告违背权利人意志获取相关数据，实为一种“不劳而获”“食言而肥”的行为，且具有非法占用他人无形财产权益，破坏他人市场竞争优势，并为自己谋取竞争优势的主观故意，违反诚实信用原则，扰乱竞争秩序，应认定构成不正当竞争行为。[3] 二是基于第 2 条第 2 款规定，从市场竞争功能的角度考量行为正当与否。如大众点评诉百度不正当竞争案

---

〔1〕 山东省食品进出口公司、山东山孚集团有限公司、山东山孚日水有限公司与马达庆、青岛圣克达成贸易有限公司不正当竞争纠纷案，最高人民法院（2009）民申字第 1065 号民事判决书。

〔2〕 根据陈耿华对 1999—2019 年 913 份互联网不正当竞争案件判决书的统计发展，笼统适用第 2 条的占 71.8%，单独适用第 2 条第 1 款的占 22.6%，单独适用第 2 条第 2 款的占 5.6%。可见，仅有 5.6% 的法官从经济效果考量，而不是诉诸笼统的道德标准。参见陈耿华：《反不正当竞争法一般条款扩张适用的理论批判及规则改进》，载《法学》2023 年第 1 期。

〔3〕 深圳市谷米科技有限公司诉武汉元光科技有限公司等不正当竞争纠纷案，深圳市中级人民法院（2017）粤 03 民初 822 号民事判决书。

中，上海知识产权法院认为，互联网领域竞争行为是否正当的认定，既要考虑信息获取者的财产投入，还要考虑信息使用者自由竞争的权利，以及公众自由获取信息的利益。百度公司垂直搜索获取大众点评数据本身不具有当然违法性，但应遵循“最少、必要”的原则，但该案中百度抓取并大量全文展示来自大众点评网的信息，实质替代了大众点评网的相关服务而存在市场失灵的风险，进而认定涉案行为构成不正当竞争。[1]

如前所述，从全球反不正当竞争发展趋势来看，现代反不正当竞争法已经逐渐抛弃依靠道德评价的经验主义标准而转向功能主义标准，分析相关行为是否影响竞争者在公平、不扭曲的竞争环境中自由发展业务。最为根本的原因是从高度模糊、原则化的道德伦理出发会导致反不正当竞争法对市场竞争的干预过度以及竞争利益保护的“权利化”。受到传统财产法观念或者道德直觉的影响，法官在实践中往往倾向于将劳动或者投资作为企业对其经营成果享有财产权益的基础，而将“保护劳动所得和合法所得不受他人侵犯”作为一项公理性法律原则，[2]将“搭便车”“不劳而获”“食言而肥”等与违反诚实信用原则和公认的商业道德画上等号，作为评判竞争行为正当与否的基础。[3]由此往往会导致竞争利益的权利化，如在前述谷米公司诉元光公司不正当竞争纠纷案中，法院都是首先确认数据收集者大数据集合的财产性价值和合法利益，以“不劳而获”“食言而肥”等商业道德作为评判标准，将权利人同意与否作为竞争者数据获取行为正当与否的依据，这在事实上构建了数据收集者对其数据获取、利用的排他性权利。有学者评论，现行司法实践试图激活《反不正当竞争法》第 2 条的一般条款中的“合法权益”而确立事实上的“数据财产权”，[4]以抽象的不正当竞争行为名义，对于非法侵入、使用企业数据等行为加以排除和救济。这忽视了前述英国法上所强调的“所有的发展，无论是在商业、艺术、专业或科学领域，都是在别人的想法上进行的：抄袭往往是进步的一个重要步骤”，[5]“不存在抄袭的侵权行为。不存在抢夺他人市场或客户的侵权行为。市场和客户都不是原告所拥有的”，[6]“如果法院自行对个体商户的竞争自由施加任意的、可能是奇怪的限制，不管是为了满足特定的情况，还是以‘公平’等模糊的、所谓总体原则的名义，通常都是得不偿失的”。[7]对此，我国司法实践试图区分一般社会道德伦理和商业道德伦理相区分，适用更为具体的商业道德伦理解决这一矛盾。例如，在“海带配额”案中，最高人民法院即提出了“经济人的伦理标准”，即“商业道德要按照特定商业领域中市场交易参与者即经济人的伦理标准来加以评判，它既不同于个人品德，也不能等同于一般的社会公德，所体现的是一种商业伦理。经济人追名逐利符合商业道德的基本

---

〔1〕 上海汉涛信息咨询有限公司诉北京百度网讯科技有限公司不正当竞争纠纷案，上海市浦东新区法院（2015）浦民三（知）初字第 528 号民事判决书，上海知识产权法院（2016）沪 73 民终 242 号民事判决书。

〔2〕 崔国斌：《知识产权法官造法批判》，载《中国法学》2006 年第 1 期。

〔3〕 蒋舸：《关于竞争行为正当性评判泛道德化之反思》，载《现代法学》2013 年第 6 期。

〔4〕 龙卫球：《再论企业数据保护的财产权化路径》，载《东方法学》2018 年第 3 期。

〔5〕 Starbucks (HK)Ltd & Anor *v.* British Sky Broadcasting Group Plc & Ors [2015] UKSC 31, [61] (Neuberger J).

〔6〕 Hodgkinson & Corby Ltd *v.* Wards Mobility Ltd [1994] 1 WLR 1564,1569-1570 (Jacob J).

〔7〕 Christopher Wadlow, *The Emergent European Law of. Unfair Competition and its Consumer Law Origins*, 1 Intellectual Property Quarterly 3 (2012).

要求，但不一定合于个人品德的高尚标准；企业勤于慈善和公益合于社会公德，但怠于公益事业也并不违反商业道德。特别是，反不正当竞争法所要求的商业道德必须是公认的商业道德，是指特定商业领域普遍认知和接受的行为标准，具有公认性和一般性”。〔1〕最高人民法院在《关于充分发挥知识产权审判职能作用推动社会主义文化大发展大繁荣和促进经济自主协调发展若干问题的意见》（法发〔2011〕号文件）中进一步强调“正确把握诚实信用原则和公认的商业道德的评判标准，以特定商业领域普遍认同和接受的经济人伦理标准为尺度，避免把诚实信用原则和公认的商业道德简单等同于个人道德或者社会公德”。然而，所谓的商业道德伦理其实存在着循环论证的问题，商人的商业惯例作为诚信行为的认定基础决定了法律标准，而这些标准又被用来评判自身的行为，存在着价值虚无；从实践运行来看，所谓商业伦理仍然具有不可捉摸性，在诉讼过程中难以被准确发现，法官仍然更多的是通过自身“朴素的道德直觉”加以裁判。

因此，反不正当竞争法第 2 条第 1 款与第 2 款所确立的两种标准难以兼容，在《反不正当竞争法》第 1 条已经明确保护经营者、消费者、公共利益“三元叠加”立法目标的前提下，立法应当立场鲜明地抛弃过去经营者权益保护法定位下的道德伦理标准，将第 2 条第 2 款作为唯一标准，从功能主义视角出发，按照确保市场竞争有效运作来判断行为正当与否，将反不正当竞争法一般条款作为市场竞争规律法治化运行的规范基础。市场竞争有效运行在微观层面基本要求是，供给方即经营者可以凭借其经济能力在市场不受阻碍地提供其经营成果，通常作为消费者的需求方可以基于真实意思自主决策选择商品服务，经营者可以依靠自身产品质量、价格或者效率优势赢得客户，开展“效能竞争”。商业行为严重地违反这两个基本前提导致市场竞争机制扭曲而违反公共利益时将构成不正当竞争。按照行为对象可以分为与消费者关系（B2C）和与竞争者关系（B2B）来认定不正当竞争行为，在与消费者关系中，要求严重影响消费者决定的作出，如《德国反不正当竞争法》专门设立了消费者保护的“小一般条款”，第 3 条第 2 款规定：“如果交易行为不符合谨慎经营，并且能对消费者的经济行为产生显著的影响，则针对某一消费者或者联络消费者的交易行为是不正当的。”在与经营者关系中，反不正当竞争法主要保护经营者在市场上不受阻碍的提供其成果并以此争取竞争优势的利益，〔2〕但需要注意的是，并非竞争者阻碍或影响其产品价值实现即构成不正当竞争，而存在最低门槛标准，必须此类行为达到扭曲市场竞争机制危害公共利益时才构成不正当，对于竞争者造成轻微损害的行为一般不予干预。例如，反不正当竞争法规制对他人成果的不当模仿，但其并非对成果本身的保护，对成果本身保护是专利法、商标法或者著作权法等专门法的任务，其只有在成果模仿之外出现的其他情形如导致对不特定公众的欺骗，即只有存在侵害社会公共利益的情形时，对他人成果的模仿才构成不正当竞争行为。〔3〕在此

---

〔1〕山东省食品进出口公司、山东山孚集团有限公司、山东山孚日水有限公司与马达庆、青岛圣克达成贸易有限公司不正当竞争纠纷案，最高人民法院（2009）民申字第 1065 号民事判决书。

〔2〕张占江：《不正当竞争行为认定范式的嬗变：从“保护竞争者”到“保护竞争”》，载《中外法学》2019 年第 1 期。

〔3〕范长军：《德国反不正当竞争法研究》，法律出版社 2010 年版，第 112 页。

判断过程中，可能经营者利益与消费者利益、市场竞争不被扭曲的公共利益并不一致，需要从总体公共利益出发作出衡量，典型如比较广告，在比较过程中可能会涉及对相对知名品牌商誉的攀附，但同时其为消费者提供了更为充分的信息，有利于提升市场透明度和促进市场竞争，因此客观公允非误导性的比较广告一般不构成不正当竞争。此外，在判断过程中应当充分考虑竞争的动态性，在短期市场利益与长期市场利益之间作出平衡，[1] 如熊彼特指出，在经济重要发展时期，主要是通过创新的竞争，而不是通过静态价格或产出竞争，"产业突变"是经济发展的真正根源。[2] 例如广告屏蔽行为，经营者在视频节目中插播广告盈利，竞争者开发特定装置屏蔽跳转广告。对此，经营者对其视频节目具有一定财产利益，竞争者广告屏蔽的行为无疑对其利益存在影响，但并不意味着经营者可以垄断所有与之相关的客户及利益，广告屏蔽丰富了消费者选择和体验，本身是一种有意义的创新，绝对禁止可能会抑制市场的创新竞争发展。

反不正当竞争一般条款覆盖了复杂商业实践中的各类不正当竞争情形，其中，司法实践中相对常见的是对盗用他人经营成果行为的规制。在市场竞争中，当一个经营者获得成功之后，往往会有另一个经营者以相同或相似的方式利用其成功因素来获得竞争优势，免去其在创新、经营或推广方面的投入。这通常被称为"搭便车"（free-riding）或"盗用"（misappropriation）行为。对于一般智力成果的盗用，可以通过知识产权法进行保护，但伴随着技术和商业实践的发展涌现出诸多新型法益，难以在传统知识产权法中找到保护依据法院即通过适用一般条款来禁止盗用侵权，包括数据集合、体育赛事节目、游戏直播视频、游戏规则、游戏人物参数、知名商业标记等保护。按照保护利益不同，对应知识产权法对智力成果和商业标记的保护，可分为不当模仿他人经营成果和攀附他人商誉两类行为。不当模仿他人经营成果通常要求：（1）经营者因付出投资等原因对经营成果具有合法权益；（2）竞争者采取不正当利用他人经营成果损害了经营者利益；（3）行为具有不正当性。例如，在阿里巴巴公司等与南京码注公司不正当竞争纠纷案中，原告通过收集、加工、分析企业工商档案信息在网站上向用户提供，被告南京码注公司抓取原告公司信息建立自身数据库，在其网站上向用户提供数据查询服务。法院审理认为，原告通过近 20 年的经营积累了大量数据，具有极大的经济价值，已成为其竞争优势，被告爬取原告网站数据用于自身经营网站之上，替代了原告网站部分功能，导致原告网站流失而损害了其利益。就其行为正当性来看，原告通过网站声明禁止未经许可的数据爬取行为，其并非可以任意获取、使用的开放数据，码注公司应当本着善良、诚信的原则，在必要限度内使用涉案数据，但其将原告数据直接用于其网站替代了原告业务，超出必要限度，构成不正当竞争。[3] 对攀附商誉的行为，即商标法上称的淡化保护。根据淡化理论，将驰名商标使用在不相同不类似的产品服务上，虽然不会造成消费者混淆，但会降低驰名商标的区别特征、丑化驰名商标、损害驰名商标的商誉。这种淡化现

[1] 陈耿华：《反不正当竞争法一般条款扩张适用的理论批判及规则改进》，载《法学》2023 年第 1 期。

[2] [美]熊彼特：《熊彼特经济学全集》，李慧泉、刘霈译，台海出版社 2018 年版，第 379—380 页。

[3] 杭州阿里巴巴广告有限公司等与南京码注网络科技有限公司不正当竞争纠纷案，杭州市滨江区人民法院（2019）浙 0108 民初 5049 号民事判决书。

象不仅存在于商标之上，其他商业标志如商号、商品外观等也存在淡化的可能，《商标法》仅规定了驰名商标的保护，对于企业名称、商品名称等则未作规定，反不正当竞争法上主要通过一般条款为其提供反淡化保护。通常要求：（1）经营者通过在先使用对其商业标记积累了一定知名度或商誉；（2）竞争者利用他人商业标记进行了商业推广获得交易机会；（3）行为具有不正当性。例如，在北京掌阔公司诉天津云聚公司等不正当竞争纠纷案中，天津云聚公司在百度搜索引擎中设置了设置“安沃传媒”关键词，用户在搜索引擎中搜索“安沃传媒”时，同时会出现云聚公司内容。法院审理认为，掌阔公司对“安沃”一词在先使用并积累一定知名度和商誉，云聚公司将“安沃”设置为搜索其关键词，会导致搜索“安沃”的用户访问云聚公司网站，使原本属于掌阔公司的用户转而购买云聚公司服务，系明显有意剥夺掌阔公司潜在客户的行为，有悖诚实信用原则和公认的商业道德，违反反不正当竞争法第2条而构成不正当竞争。〔1〕

就企业经营成果而言，反不正当竞争法在知识产权法保护之外起到了一定补充作用，尤其是对于新型客体而言，反不正当竞争法通过行为法的方式渐进式地构建保护规则，可以起到新型权利“孵化器”的作用。尽管二者存在保护对象的重叠和转化关系，反不正当竞争法却并非知识产权法保护之外的“兜底”或附庸，知识产权法保护之外的客体都可以纳入反不正当竞争法保护，二者之间具有独立的制度目标和调整范式。知识产权法作为创新成果的私人财产保护制度，如果不受知识产权法保护，则属于公有领域，但若启动反不正当竞争法，这意味着进入公有领域的利益重新被列入私有领域，与知识产权法基本理念相悖。因此，必须具备特殊正当的理由，才能得到知识产权法的允许。由此，额外因素法被提出作为明确知识产权法与反不正当竞争法的边界。额外因素法在德国和美国司法实践中已受到一定程度认可，该方法要求一项不受知识产权保护的成果，只有在出现知识产权立法政策之外的新因素时，反不正当竞争法才可予以规制。额外因素法由三个步骤构成，首先，穷尽知识产权规范的适用，包括知识产权法的兜底性条款；其次，考察是否与知识产权政策相冲突，考虑知识产权法残留的空隙是立法政策有意设置还是疏漏，比如游戏规则，算法按照著作权法和专利法原理不能给予保护，那么反不正当竞争法不能违背知识产权的政策，用法益将之保护，因此并非所有穷尽知识产权条款不能保护，有投资和劳动投入的利益均可纳入反不正当竞争法；最后，如果是知识产权法的疏漏，进一步考量是否存在知识产权法之外的新因素，如造成消费者混淆、损害他人声誉、以不正当手段获得信息材料、造成知识产品市场供给不足等。〔2〕

〔1〕 北京掌阔移动传媒科技有限公司诉天津云聚科技有限公司等不正当竞争纠纷案，北京知识产权法院（2019）京73民终3773号民事判决书。

〔2〕 卢纯昕：《反不正当竞争法在知识产权保护中适用边界的确定》，载《法学》2019年第9期。

第二节　仿冒行为

所谓仿冒行为，是指生产者或经营者使用与他人相同或者相似的商业标识，从而导致消费者混淆，引人误认为是他人商品或者与他人存在特定联系作出购买决定，从而侵害竞争者合法权益的行为。在商业实践中，最为主要的商业标识是商标，我国《商标法》主要规定了对于注册商标的保护，他人对其商标可通过申请注册程序获得商标专用权，排除他人在相同或近似商品上使用相同近似标志导致消费者混淆的行为。由于我国实行依注册取得商标权的制度，除注册商标之外的大多数商业标识都无法通过《商标法》获得保护。但在市场竞争过程中，经营者通过持续地优质优价服务在其注册商标之外的企业名称、商品名称、包装装潢等商业标识之上积累了良好的商誉，该商业标识代表着消费者以及其他市场经营者对其产品服务的积极评价，会带来现实的销售力。他人使用相同商标标识导致消费者混淆而作出购买决定抢占他人市场份额，这些不仅损害了消费者和竞争对手的利益，还破坏了正常的竞争秩序。因此，仿冒行为是全球反不正当竞争法上最早规制和达成相对普遍共识的不正当竞争行为。

从历史上看，对仿冒行为的规制，可以追溯到16世纪普通法上的制止欺诈侵权之诉。普通法系通过制止欺诈之诉确立了任何人不得将自己的产品仿冒为他人产品进行销售的基本原则。19世纪以来，随着商业实践的发展，普通法系在制止欺诈原则基础之上发展出了侵犯商标权与仿冒之诉，由此奠定了现代商标法和反不正当竞争法的基本框架。在国际层面，《巴黎公约》第10条之二规定禁止“具有采用任何手段对竞争者的营业所、商品或工商业活动产生混淆性质的一切行为”。世界知识产权组织的《反不正当竞争示范条款》第2条作了进一步的阐述，“商标、商号和任何其他商业标志，在消费者眼里是与特定的商业来源和出处连在一起的，对来源和出处产生或者可能产生混淆的任何行为常常构成不正当竞争行为”。按照上述规定，凡是企业所使用的用于识别其经营活动的商业标识与其竞争者的商业标识相同或者近似，进而可能引起消费者混淆的，不论其商业标识的形态如何，均构成仿冒行为，仿冒者需要承担不正当竞争行为的责任。

在我国，《反不正当竞争法》将之称为混淆行为，第6条规定：“经营者不得实施下列混淆行为，引人误认为是他人商品或者与他人存在特定联系：（一）擅自使用与他人有一定影响的商品名称、包装、装潢等相同或者近似的标识；（二）擅自使用他人有一定影响的企业名称（包括简称、字号等）、社会组织名称（包括简称等）、姓名（包括笔名、艺名、译名等）；（三）擅自使用他人有一定影响的域名主体部分、网站名称、网页等；（四）其他足以引人误认为是他人商品或者与他人存在特定联系的混淆行为。”现就其构成要件及法律责任阐述如下。

一、构成要件

（一）仿冒的对象为有一定影响的商业标识

从保护对象来看，仿冒行为的对象为广义上的商业标识，按照反不正当竞争法第6

条的规定，其主要包括三类：一是商品名称、包装、装潢，所谓商品名称，即经营者对其产品的独特指代名称，应属未注册商标；商品包装，是指为识别商品以及方便携带、储运而使用在商品上的辅助物和容器；商品装潢，装潢，是指为识别与美化商品而在商品或者其包装上附加的文字、图案、色彩及其排列组合；此外，经营者营业场所的装饰、营业用具的式样、营业人员的服饰等构成的具有独特风格的整体营业形象在内的服务的外观，也可作为装潢保护。二是企业名称、社会组织名称、姓名，其中企业名称包括其简称、字号等；社会组织名称也包括其简称等能够起到区别作品的称谓；姓名，不仅包括在商品经营中使用的自然人的姓名，而且还应包括具有一定影响的自然人的笔名、艺名等。三是域名主体部分、网站名称、网页等。除了这三类明确列举的商业标志外，为了规制伴随经济发展引发的各种新型市场仿冒混淆行为，2017年反不正当竞争法修改还增加了兜底条款“其他足以引人误认为是他人商品或者与他人存在特定联系的混淆行为”，除了这三类标识，实践中还经常发生的是将他人注册驰名商标、未注册驰名商标作为企业字号使用，在其未将之作为商标使用的情况下，该行为不受商标法调整，《商标法》第58条规定，“将他人注册商标、未注册的驰名商标作为企业名称中的字号使用，误导公众，构成不正当竞争行为的，依照《中华人民共和国反不正当竞争法》处理”。在反不正当竞争法上，将他人注册商标、未注册的驰名商标作为企业名称中的字号使用误导公众的情形，可通过第6条第4项的其他情形加以保护。第6条规定的各类商业标识在市场经济活动中通常能够起到标识产品或者服务来源的作用，也是进行广告宣传、塑造企业形象、增强市场竞争的重要手段，是企业商誉的重要载体，故而反不正当竞争法对其提供保护而防止消费者混淆。同时，从保护消费者和经营者目的出发，这也意味着对于缺乏显著性的表示不在本条保护范畴之内，《最高人民法院关于适用〈中华人民共和国反不正当竞争法〉若干问题的解释》第5条规定：“反不正当竞争法第六条规定的标识有下列情形之一的，人民法院应当认定其不具有区别商品来源的显著特征：（一）商品的通用名称、图形、型号；（二）仅直接表示商品的质量、主要原料、功能、用途、重量、数量及其他特点的标识；（三）仅由商品自身的性质产生的形状，为获得技术效果而需有的商品形状以及使商品具有实质性价值的形状；（四）其他缺乏显著特征的标识。”

由于仿冒的本质是通过仿冒他人商业标识，利用或侵蚀他人商业标识背后所代表的商誉，由此获得相应的经济利益。因此《反不正当竞争法》第6条并非对所有的商业标识提供保护，除了具有区别商品来源的显著特征外，还需要满足一定的市场知名度要求，即只有通过不断使用累积一定商誉之后才具有保护的必要性，对于商业标识的知名度要求，从1993年《反不正当竞争法》制定之初到2017年修法经历了较大的转变。1993年反不正当竞争法第5条规定：“经营者不得采用下列不正当手段从事市场交易，损害竞争对手：……（二）擅自使用知名商品特有的名称、包装、装潢，或者使用与知名商品近似的名称、包装、装潢，造成和他人的知名商品相混淆，使购买者误认为是该知名商品”。对于“知名商品特有的名称、包装、装潢”的认定，《最高人民法院民事审判第三庭关于山西省永和化工有限公司与运城地区绿康实业总公司不正当竞争纠纷案的函》(〔1999〕知监字第4号函)中提出:"知名商品特有名称、包装、装潢权利的产生,以经营者在先合法使用该特有名称、包装、装潢且该商品在特定市场上知名为确认条件,除非违反法律或者行政法规的强制性规定,该商品是否经过登记不应成为确认权利产生的前提"。上述文件实际上明确了"知名商品特有名称、包装、装潢"需要满足"使用+商品知名+特有"三个要件。对1993年《反不正当竞争法》第5条的规定,行政机关也有着类似的解读。原国家工商行政管理总局颁布的《关于禁止仿冒知名商品特有的名称、包装、装潢的不正当竞争行为的若干规定》(国家工商行政管理总局令第33号,以下简称《禁止仿冒规定》)第3条第1款、第2款规定:"本规定所称知名商品,是指在市场上具有一定知名度,为相关公众所知悉的商品","本规定所称特有,是指商品名称、包装、装潢非为相关商品所通用,并具有显著的区别性特征"。这一认定方式存在着一定问题,有观点认为,1993年《反不正当竞争法》第5条第2项对知名商品特有名称、包装、装潢的保护是一种弥补《商标法》不足而对未注册商标的保护,是一种"附加的补充性保护",这种保护不应当与商标法保护相抵触,但该条存在"保护对象错置""构成要件扭曲"的问题:当知名商品和其上所使用的"名称、包装、装潢"等的产生或使用时间不一致时,要求"商品"知名而非"名称、包装、装潢"知名就会导致使用于老商品上的新名称、包装、装潢也成为"知名商品特有包装装潢",这就违背了保护来源识别标识的立法本意。"知名商品特有的名称"不是"知名商品+特有的名称"两个要件,而是该商品名称是"知名的"和"特有的"。[1]2017年《反不正当竞争法》修订时即改变了"知名商品"与"特有包装装潢"独立认定的模式,而是吸收了《商标法》第32条规定的"已经使用并有一定影响的商标"的概念,将保护对象限定为"有一定影响的"商品名称、包装、装潢、企业名称、社会组织、名称、姓名、域名、网站名称、网页等。要求商业标识本身而非商品具有一定影响。对"有一定影响"的认定也参照《商标法》的标准,《最高人民法院关于适用〈中华人民共和国反不正当竞争法〉若干问题的解释》第4条第2款规定"人民法院认定反不正当竞争法第六条规定的标识是否具有一定的市场知名度,应当综合考虑中国境内相关公众的知悉程度,商品销售的时间、区域、数额和对象,宣传的持续时间、程度和地域范围,标识受保护的情况等因素"。对有一定影响的商业标识,并不需要如驰名商标一样在"中国境内为相关公众广为知晓",其在一定地域范围内知名即已足够。

(二)仿冒行为表现为擅自使用相同或近似商业标识

仿冒行为的行为方式表现为未经所有者同意而擅自使用与他人的商业标识相同或者近似的商业标识。所以,"使用"是仿冒在客观行为方面的要件。值得注意的是,这里的"使用",与商标侵权意义上的"使用"的含义是一致的,须在广义的范围上加以理解,是指使用他人商业标识以识别商品来源的情形。在行为方式上,使用他人商业标识

---

〔1〕王太平:《我国知名商品特有名称法律保护制度之完善——基于我国反不正当竞争法第5条第2项之分析》,载《法商研究》2015年第6期;张伟君:《论"知名商品特有名称包装装潢"条款的修改和完善》,载《知识产权》2017年第6期。

不仅包括将与他人相同或者近似的商业标识用于自己的商品、商品包装以及商品交易文书上，而且还包括将上述商业标识用于自己的广告宣传、展览以及其他商业活动中。对于商业标识相同或近似的认定，可以参照商标相同或近似的判断原则和方法，根据主要部分和整体印象是否相近、一般购买者施以普通注意力是否会发生误认等综合分析认定。需要注意的是，并非在商业标识的含义上进行使用的，则不构成仿冒行为。例如，他人商品名称、包装、装潢中含有本商品的通用名称、图形、型号，或者直接表示商品的质量、主要原料、功能、用途、重量、数量以及其他特点，或者含有地名，他人因客观叙述商品而正当使用上述标识的，不构成不正当竞争行为。

（三）仿冒行为导致消费者混淆误认可能性

仿冒行为的本质在于利用商业标识导致消费者误认，进而对标识的所有者造成损害，因此，导致消费者混淆误认可能性是仿冒行为的结果要件。所谓导致消费者混淆误认，既包括对商品的来源产生的误认，也包括对与商业名称所有者具有许可使用、关联企业关系等特定联系的误认。可见，对于消费者混淆误认的认定，我国采取了较为宽泛的认定标准。一般来讲，混淆误认需要从普通消费者的视角进行认定。在相同商品上使用相同或者视觉上基本无差别的商业标识，应当视为足以造成和他人知名商品相混淆。而对于在相同商品上使用近似的标识、在类似商品上使用相同或者近似商业标识的，还需要结合商业标识的显著性强度、行为人的主观心态等因素认定是否足以造成混淆误认。从操作层面来看，判断被诉侵权人所使用的商业标识是否与他人商业标识相同或者近似，足以导致消费者混淆误认，可以参照商标侵权的判断原则和方法。此外，是否构成仿冒行为，并不要求行为人主观上具有仿冒他人商业标识损害竞争对手的故意或者过失，只要满足使用他人商业标识导致消费者混淆误认的条件即可构成仿冒行为。

二、法律救济

根据反不正当竞争法规定，仿冒行为的法律责任主要包括民事责任和行政责任两方面。

（一）民事责任

仿冒行为的民事责任主要表现为停止侵害和损害赔偿。《反不正当竞争法》规定，经营者给被侵害的经营者造成损害的，应当承担损害赔偿责任。因不正当竞争行为受到损害的经营者的赔偿数额，按照其因被侵权所受到的实际损失确定；被侵害的经营者的损失难以计算的，赔偿额为侵权人在侵权期间因侵权所获得的利润；实际损失、侵权人因侵权所获得的利益难以确定的，由法院根据侵权行为的情节判决给予权利人 500 万元以下的赔偿。此外，赔偿数额还应当包括被侵害的经营者因调查该经营者侵害其合法权益的不正当竞争行为所支付的合理开支费用。鉴于仿冒行为与商标侵权的同源性，司法解释规定，仿冒行为的损害赔偿责任可以参照确定侵犯注册商标专用权的损害赔偿额的方法进行。除此之外，受害人还可以依据《民法典》的相关规定要求行为人承担停止侵害、消除影响等民事责任。经营者登记的企业名称构成仿冒行为的，应当及时办理名称变更登记；名称变更前，由原企业登记机关以统一社会信用代码代替其名称。

（二）行政责任

经营者实施仿冒行为的还可处以行政处罚。由市场监管部门责令停止违法行为，没收违法商品。违法经营额 5 万元以上的，可以并处违法经营额 5 倍以下的罚款；没有违法经营额或者违法经营额不足 5 万元的，可以并处 25 万元以下的罚款。情节严重的，吊销营业执照。

第三节 虚假宣传

虚假宣传是指经营者对其商品的质量、性能、功能、销售状况、用户评价、曾获荣誉等作虚假或者引人误解的商业宣传，或者通过虚假交易等方式帮助其他经营者进行欺骗、误导消费者的行为。虚假宣传通过欺骗性方式影响了消费者作为市场竞争“裁判者”的选择自由，不当抢夺了其他经营者的交易机会，扰乱了市场经营秩序，属于典型的不正当竞争行为，应当予以禁止。因此，《巴黎公约》第 10 条之二第 3 款即将虚假宣传明确列举为不正当竞争行为。要求禁止“在经营商业中使用会使公众对商品的性质、制造方法、特点、用途或数量易于产生误解的表示或说法”。在《巴黎公约》的基础上，世界知识产权组织《关于不正当竞争保护的示范规定》第 4 条规定了“误导公众”的不正当竞争行为类型，即“凡在工商业活动中对企业或者其活动，尤其是该企业所提供的产品或服务，采取误导或有可能误导公众的行为或做法，应构成不正当竞争的行为。误导可因广告或促销引起，并尤其可对下列情况发生：（1）产品的制造方法；（2）产品或服务用于特定目的之用途；（3）产品或服务的质量或数量或其他特点；（4）产品或服务的地理来源；（5）提供或供给产品或服务的条件；（6）产品或服务的价格或者其他计算方式”。

在我国法上，1993 年《反不正当竞争法》第 9 条规定了虚假宣传行为，“经营者不得利用广告或者其他方法，对商品的质量、制作成分、性能、用途、生产者、有效期限、产地等作引人误解的虚假宣传。广告的经营者不得在明知或者应知的情况下，代理、设计、制作、发布虚假广告”。2017 年对于该条款又作了较大幅度的修改，现行《反不正当竞争法》第 8 条规定：“经营者不得对其商品的性能、功能、质量、销售状况、用户评价、曾获荣誉等作虚假或者引人误解的商业宣传，欺骗、误导消费者。经营者不得通过组织虚假交易等方式，帮助其他经营者进行虚假或者引人误解的商业宣传。”与修改前的《反不正当竞争法》第 9 条相比，第一，新法不再限定宣传方式是“利用广告或者其他方法”，意味着任何宣传方式都可以触及本条规定；第二，在宣传内容上，增加了对“销售状况”“用户评价”的虚假宣传，同时新增了第 2 款“组织虚假交易”的方式，主要是基于互联网业态下的“刷单”炒信现象；第三，删除第 2 款关于广告经营者发布虚假广告的情形，以免造成与《广告法》的交叉规定；第四，区分虚假宣传与引人误解的宣传，因为虚假宣传虽然是为了引人误解，但引人误解的宣传并非都是虚假的，也有可能是“对商品作片面的宣传或者对比”或者“将科学上未定论的观点、现象等当作定论的事实用于商品宣传”。

一、构成要件

从构成要件上来说，虚假宣传的不正当竞争行为成立应符合以下要件。

（1）经营者实施了欺骗性或引人误解的商业宣传行为。首先，该行为应限定为商业宣传行为，其应当与政府部门普法宣传、社会组织公益宣传等非商业宣传活动相区分，关于商业宣传行为的形式，可以包括商业广告、在营业场所内的产品展示、上门推销、宣传会、推介会等各种形式在所不限。值得一提的是，2017 年《反不正当竞争法》修改删除了“广告的经营者不得在明知或者应知的情况下，代理、设计、制作、发布虚假广告”的规定，仅仅是明确广告经营者受《广告法》专门调整，不再承担《反不正当竞争法》上的侵权责任，但经营者制作和委托发布虚假广告，仍应承担相应法律责任。其次，该商业行为应当具有欺骗性或者引人误解的可能性，其具体可分为欺骗性和引人误解两种情形：①欺骗性商业宣传，即经营者在商业宣传过程中，提供不真实的商品相关信息的情形，较为常见的是虚构业绩或虚构自身与某些知名企业具有某种关联，或者虚构产地、制作工艺，使人产生商品服务具有相应优良品质的误解；②引人误解的宣传，其指信息的每一部分并非捏造甚至是真实的，但经过行为人故意编排、组合之后带有欺骗性和误导性，易使接受者产生错误理解。《最高人民法院关于审理不正当竞争民事案件应用法律若干问题的解释》第 8 条列举了三种情形：对商品作片面的宣传或者对比的；把科学上未经定论的观点、现象等当作定论的事实用于商品宣传的；以歧义性语言或者其他引人误解的方式进行商品宣传的。

（2）虚假宣传造成了误导消费者的可能性。对于虚假宣传行为而言，虚假或引人误解的宣传行为仅是外在表现；是否误导消费者影响其交易选择，最终损害公平竞争和市场秩序的后果，才是法律规制的最根本目标。因此，对于虚假或误导性宣传行为，人民法院应当根据日常生活经验、相关公众的一般注意力、发生误解的事实和被宣传对象的实际情况等因素，对消费者误导可能性进行判断。同时，在判断过程中应当区分虚假宣传和夸大宣传，允许适度的商业言论自由。《最高人民法院关于审理不正当竞争民事案件应用法律若干问题的解释》第 8 条第 2 款规定：“人民法院应当根据日常生活经验、相关公众一般注意力、发生误解的事实和被宣传对象的实际情况等因素，对引人误解的商业宣传行为进行认定。”实践中，有些经营者使用的绝对化宣传用语，对商品的用户体验进行的主观性描述，而非对商品质量、制作成分等情况进行的虚假告知或隐瞒真实情况，虽然该主观性描述可能会使消费者产生关于商品的主观感受，比如有广告称食品有“初恋般的感觉”，但是一般消费者依据日常生活经验应能识别其为夸张宣传手法，并不能导致因此作出错误的意思表示，也不会导致误导消费者购买的情形，就不宜认定为虚假宣传。

除了通常的商业虚假宣传行为外，为了应对互联网业态下的“刷单”现象，第 8 条第 2 款专门规定了对“组织虚假交易”虚假宣传行为的禁止。如在腾讯公司诉杨某等不正当竞争纠纷案中，[1]杨某在“淘宝网”平台开设店铺，提供针对腾讯公司企鹅电竞产品增加用户观看人气、增加用户虚假粉丝数量的服务。腾讯公司主张，杨某的“刷量”行为打破了企鹅电竞公平公正的主播人气推荐机制，使得购买该服务的主播产生虚假的用户观看时长，破坏了企鹅电竞主播竞争的良好生态，损害了企鹅电竞及主播的合法权益，构成不正当竞争。法院审理认为，主播通过虚假增加人气、增加关注度来虚构其直播服务的关注度，会使得消费者误认为其直播服务质量较好，破坏了企鹅电竞直播平台的正常信息评价机制，扰乱了主播之间的正常市场竞争秩序，侵害了消费者的合法权益，构成虚假宣传的不正当竞争行为；杨某通过技术手段帮助主播刷粉、刷人气的行为属于帮助其他经营者进行虚假宣传的不正当竞争行为。

二、法律救济

对于虚假宣传行为，反不正当竞争法仅赋予了经营者诉权，普通消费者并非反不正当竞争诉讼的适格主体。因为尽管不正当竞争行为如仿冒和虚假宣传，都是既损害消费者利益又损害经营者利益，但是单个的消费者依据反不正当竞争法提起诉讼又有很多不便之处。例如，单个消费者所受到的侵害数额通常较少、诉讼成本又很高。因此，从保护弱者权益的角度，《消费者权益保护法》《产品质量法》《食品安全法》对消费者提供了特别保护，从而降低维权成本、提升维权积极性，消费者完全可以通过专门法维权，而不必通过反不正当竞争法。如针对欺诈行为，《消费者权益保护法》第55条规定：“经营者提供商品或者服务有欺诈行为的，应当按照消费者的要求增加赔偿其受到的损失，增加赔偿的金额为消费者购买商品的价款或者接受服务的费用的三倍；增加赔偿的金额不足五百元的，为五百元……”但仅依靠消费者自主维权，仍然会存在经营者的机会主义行为，反不正当竞争法的保护具有其独立意义，其主要功能在于，通过竞争者维护自身权益的方式，最终达到维持市场竞争秩序、保护消费者利益的目的。因为仿冒或虚假宣传案件通常都会导致竞争者市场交易机会和市场份额的减少，受自身利益的驱使，竞争者会不遗余力地打击“仿冒者”和“虚假宣传者”，其从维权积极性、维权能力层面都优于普通的消费者，从而成为市场竞争秩序和消费者权益的有力维护者。[2]

作为享有诉权的前提，经营者必须证明因虚假宣传行为导致其利益产生损害。关于损害结果的认定，实践中存在不同观点：一种是直接损害标准，如最高人民法院曾在黄金假日与携程虚假宣传纠纷案中提出，必须对经营者存在现实可证明的直接损害，而非间接损害也不是损害可能。[3]二是损害可能性标准，经营者通过虚假宣传行为获得了本不应获得的交易机会和市场份额，使得其他经营者减少了交易机会，并挤占了其市场份额，而这种交易机会的减少就是损失。这种损害的范围可以通过经营者之间的竞争关系

---

〔1〕 腾讯公司诉杨某等不正当竞争纠纷案，杭州市余杭区人民法院（2020）浙0110民初6257号民事判决书。

〔2〕 参见李明德:《知识产权法》(第三版)，法律出版社2023年版，第209页。

〔3〕 北京黄金假日旅行社有限公司诉携程计算机技术（上海）有限公司、上海携程商务有限公司、河北康辉国际航空服务有限公司、北京携程国际旅行社有限公司虚假宣传纠纷上诉案，最高人民法院（2007）民三终字第2号民事判决书。

加以认定。例如，在启航与中创虚假宣传纠纷案中，一、二审法院均认为：反不正当竞争法制止虚假宣传的目的，系为维护公平的市场竞争秩序，保护其他经营者和消费者的合法利益，禁止具有直接竞争关系的经营者之间，以不正当方式获取竞争优势，并不以被侵权人是否产生直接损害为起诉依据。中创针对考研行业的核心要素和卖点进行虚假宣传，进而取得竞争优势，会削弱作为同业经营者的启航的竞争优势，启航会因此受到直接或间接的损害，故启航有权就该虚假宣传的不正当竞争行为提起诉讼。[1] 基于市场经济繁荣发展，市场上同类商品或服务供应者众多，所谓直接的损害及因果关系极难证明，采直接损害标准，对于原告而言举证责任过重、胜诉概率渺茫，对虚假宣传行为的规制功能将大打折扣。反不正当竞争法作为规制市场竞争秩序的法律，其司法适用应以维护正常市场秩序为目的，在虚假宣传干扰正常竞争秩序的视角下，采取严格标准似乎并不符合市场实际，采取损害可能性标准更为合理，即作为原告的经营者由于被告的虚假宣传行为，其竞争优势可能被削弱、其交易机会可能受干扰、其市场份额可能被侵占，这也是实践中的多数立场。不过，对于经营者之间的竞争关系，一般应从严把握，即原被告之间应当具有较为直接的、此消彼长的市场竞争关系，否则在采“受损可能性”标准情况下可能使侵权认定门槛过低。

针对虚假宣传行为，受到损害的竞争者可以要求停止侵权和损害赔偿。只要认定虚假宣传成立，竞争者即可以要求停止侵害；但竞争者请求赔偿损失的，根据《最高人民法院关于审理不正当竞争民事案件应用法律若干问题的解释》第 18 条规定，其“应当举证证明其因虚假或者引人误解的商业宣传行为受到损失”，即对其受到的直接实际损失举证证明。除此之外，由于其侵害了消费者合法权益，市场监管部门还将对其处以行政责任，包括责令停止违法行为，处 20 万元以上 100 万元以下的罚款；情节严重的，处 100 万元以上 200 万元以下的罚款，并可吊销营业执照。

第四节　商业诋毁

在市场竞争中，产品生产者与消费者之间存在巨大的信息不对称，消费者在很多情况下难以直接获得产品或服务质量的充分信息，破除信息不对称困境的有效方式是消费者在不断消费学习的过程中建立对企业的信誉评价，代表企业信誉的简单符号可以发挥向消费者传递产品质量信息的功能，消除这种信息不对称，使得消费者可以选择质优价廉的产品。因此，良好的商誉可以带来现实销售力和市场优势，商誉保护是竞争者之间持续良性竞争的前提。前述仿冒行为系对于他人已经建立商誉的盗用，商业诋毁行为则是对他人已经建立商誉的直接破坏，即通过编造、传播虚假信息或者误导性信息，损害

---

〔1〕 启航考试学校与中创公司不正当竞争纠纷案，北京海淀法院（2019）京 0108 民初 12183 号一审民事判决书、北京知产法院（2019）京 73 民终 3643 号民事判决书。

竞争对手的商业信誉、商品声誉，使其在竞争中处于不利地位，长此以往将会扭曲市场评估机制，促使经营者采取不正当行为以次充好，发生“劣币驱逐良币”的逆向选择问题。因此，商业诋毁被作为不正当竞争行为加以禁止。《巴黎公约》第 10 条之二规定禁止“在经营商业中，具有损害竞争者的营业所、商品或工商业活动的信用性质的虚伪说法”，在此基础上世界知识产权组织《关于反不正当竞争保护的示范规定》第 5 条规定了“损害他人企业或其活动的信用”的不正当竞争行为：“在工商业活动中，任何虚假的或者不合理的说法，损害或者可能损害其他企业或者其活动的信誉，特别是损害此类企业提供的商品或者服务的信誉的，构成不正当竞争行为。”

在我国法上，1993 年制定的《反不正当竞争法》第 14 条规定，“经营者不得捏造、散布虚伪事实，损害竞争对手的商业信誉、商品声誉”，从而在我国法上规定了对商业诋毁行为的禁止，当时主要规制的是捏造、散布“虚伪事实”的行为，随着市场经济的发展，竞争主体行为日益多样化，引发商业诋毁的信息并不仅限于捏造的虚假事实，还包括其他不适当的言论或不当散布的具有一定事实基础的信息，都可能引起相关公众误解，从而损害竞争对手的商誉，旧法的规定可能过于狭隘。2017 年修订的《反不正当竞争法》对前述旧法第 14 条进行修改，将之调整为第 11 条，修订后的条文调整表述为：“经营者不得编造、传播虚假信息或者误导性信息，损害竞争对手的商业信誉、商品声誉。”与旧法条的对比，可以看出此次修改主要将侵权人的行为表现形式，由之前的“捏造、散布虚伪事实”修改为“编造、传播虚假信息或者误导性信息”。

在具体认定中，构成商业诋毁行为应当满足以下要件：

第一，行为主体限于竞争者之间，只有经营者实施的损害竞争对手商誉的行为才有可能构成商业诋毁行为。如果是非经营主体，比如消费者，所实施的虚假宣传损害其他经营者商誉的行为，由于该侵权主体与受害的经营者之间不存在竞争关系，所以其不可能成为商业诋毁的主体，相关行为只能被认定为属于侵害名誉权的一般侵权行为。

第二，要求经营者编造、传播虚假信息或者误导性信息，所谓虚假信息或误导性信息，既包括凭空捏造的信息，也包括建立在一定事实基础上，通过断章取义、夸大扭曲的方式作出的关于竞争对手商品、服务的诋毁性的不公正陈述，以及容易引人误解的信息；传播可以理解为使相关的虚假信息或误导性信息为第三人所知悉，既包括不特定公众，也包括向特定利害关系人的传播，如同行业经营者、经销商、代理商等。此外传播不仅包括自身编造之后传播，《最高人民法院关于审理不正当竞争民事案件应用法律若干问题的解释》第 20 条规定，“经营者传播他人编造的虚假信息或者误导性信息，损害竞争对手的商业信誉、商品声誉的”，同样认为构成商业诋毁行为。

第三，要求产生一定损害后果，即损害竞争对手的商业信誉、商品声誉，这要从行为是否带来相关受众认知的变化对经营者产生影响进行判断。从商业诋毁规制目的出发，认定误导性信息的重点并非在于相关言论真实与否的客观状态，而在于该等信息对于受众主观认知的影响。基于此，若信息的内容和表述方式不会造成受众的认知发生扭曲，则不构成商业诋毁。例如，在为你读诗（北京）科技有限公司（以下简称为你读诗公司）与尚客圈（北京）文化传播有限公司（以下简称尚客圈公司）不正当竞争纠纷案中，尚客圈公司拟针对为你读诗公司搬运、模仿其公众号的行为提起诉讼。尚客圈公司对外发布公开声明，称“已经正式向法院提起诉讼”。但事实上，尚客圈公司在前述声明发布2个月后，才正式向法院起诉。为你读诗公司认为尚客圈公司声明起诉在先，实际起诉在后，构成商业诋毁，遂诉至法院。该案中，法院审查尚客圈公司为提起诉讼准备的公证书、代理材料等，认定尚客圈公司准备诉讼属实。并认为尽管《声明》关于提起诉讼的时间并不完全客观，但考虑到被告确已准备诉讼，法院最终认定《声明》内容并未达到捏造、散布虚假事实，以致损害竞争对手商誉的后果，不构成商业诋毁。〔1〕

此外，在判断时应注意商业诋毁与虚假宣传行为的区别。虚假宣传是指经营者对自己经营的商品或者服务、营业活动等进行引人误解的虚假陈述，比如，对自己生产销售的商品的质量、成分、性能、用途、生产者、有效期限、产地等进行虚假宣传，以误导相关公众，从而达到不正当竞争的目的。如果经营者在对自己的商品质量等进行虚假宣传的同时，亦损害了竞争对手的商誉，此时可能构成虚假宣传和商业诋毁的竞合，进而可以一并适用《反不正当竞争法》第14条的规定。

对于经营者的商业诋毁行为，竞争者可以请求停止侵权、损害赔偿、赔礼道歉、消除影响等民事救济。除此之外，市场监管部门可处行政处罚，要求责令停止违法行为、消除影响，处10万元以上50万元以下的罚款；情节严重的，处50万元以上300万元以下的罚款。

第五节　侵犯商业秘密

一、概述

商业秘密，根据《反不正当竞争法》第9条定义，指的是“不为公众所知悉、具有商业价值并经权利人采取相应保密措施的技术信息、经营信息等商业信息”。关于商业秘密的概念可以从两方面理解：第一，商业秘密的客体为商业信息，其中既包括技术信息，也包括经营信息；第二，并非所有信息都是商业秘密，其要求相关的信息不为公众所知悉、具有价值，并且权利人对其采取了保密措施加以保护，这一类信息才能成为法律所保护的“商业秘密”。

在企业创新成果保护中，商业秘密占据着重要地位，根据欧盟知识产权局2017年统计，超过一半以上的企业使用商业秘密保护创新资产，据估测商业秘密价值占企业创新资产总价值的70%以上。广义上讲，商业秘密是知识产权的一种，如TRIPs协定将

〔1〕为你读诗（北京）科技有限公司与尚客圈（北京）文化传播有限公司不正当竞争纠纷案，参见北京知识产权法院（2016）京73民终76号民事判决书。

商业秘密作为七类知识产权之一加以规定（其他六类为：版权与邻接权、商标、地理标志、工业品外观设计、专利、集成电路的布图设计）。我国《民法典》第123条也将商业秘密作为一类知识产权加以规定："知识产权是权利人依法就下列客体享有的专有权利：（一）作品；（二）发明、实用新型、外观设计；（三）商标；（四）地理标志；（五）商业秘密；（六）集成电路布图设计；（七）植物新品种；（八）法律规定的其他客体。"

与一般知识产权相比，商业秘密具有一定的特殊性，体现在以下方面：第一，秘密性。一般知识产权，如专利权，其保护的基础是权利人发明了具有创造性高度的技术成果，因此赋予其排他性的权利保护，同时要求其对外公开其专利技术，以公开换保护；而商业秘密保护的基础在于其秘密性，相关信息因不为公众所知悉而具有价值地带来竞争优势，他人为维护这种秘密性采取保密措施，法律也因此提供保护，并不要求将秘密公开，并且一旦公开将意味着商业秘密丧失保护。第二，非独占性。专利权、商标权和版权等知识产权都具有很强的独占性，在权利人获得上述权利以后，他人即使通过自己的创造也无法获得同样的权利保护；商业秘密则相反，其专有性、排他性较弱，他人完全可以通过反向工程和独立开发等合法方式获得同样的信息，只要该信息符合商业秘密的构成要件，同样可以受到商业秘密形式的保护。第三，保护时间的不确定性。对于专利权、商标权和版权，法律都明文规定确定的保护期限，并在这个期限内给与较强的保护；商业秘密则没有确定的保护期限，只要该信息始终处于秘密状态，它就将得以权利的形式受到法律的长期保护。

商业秘密与专利、著作权等知识产权保护的客体均为信息，因此其保护的对象也存在一定重叠，但由于保护方式特点的不同，企业可以分别选择不同形式加以保护。首先，专利保护的技术方案要求具有新颖性、创造性，著作权保护的作品要求具有独创性，如果相关技术信息不具有新颖性、创造性，经营信息并不具有独创性，无法通过专利权、著作权加以保护的，企业可以采取保密措施加以保护。如对智能汽车、物联网等生成的大数据集合，虽然其难以满足著作权、专利等保护要求，但由于其非为公众所知悉且具有价值，企业可以采取保密措施将其作为商业秘密保护。其次，相关信息虽然可以满足专利权、著作权的保护要求，但通过商业秘密保护更具优势。对企业而言，如果某一技术方案或者信息具有重大创新，难以在短时间内被其他企业独立研发完成，并且也不容易被他人窥探或者反向工程获得，则采取商业秘密更具优势。一方面，专利权、著作权保护往往要求相关信息的公开，公开之后企业可能要付出较高的成本，将信息严格保密防止他人获得，其监督和维权成本相对较低；另一方面，专利权、著作权等有固定保护期限，商业秘密则没有确定的保护期限，只要该信息始终处于秘密状态则受到法律的长期保护。如可口可乐配方，在被公开或由他人独立研发之前，则将一直作为可口可乐公司的创新资产受到法律保护。相反，如果某一技术或者信息可以在短时间内被他人独立研发或者采取反向工程的方式获得，则更适合通过知识产权保护，如某一公开上市销售的计算机软件，其代码可以相对容易地被他人通过反编译的形式获得，则难以采用商业秘密的形式保护。

二、商业秘密保护的客体

《反不正当竞争法》第 9 条第 4 款规定："本法所称的商业秘密，是指不为公众所知悉、具有商业价值并经权利人采取相应保密措施的技术信息、经营信息等商业信息。"根据此规定：首先，商业秘密保护的适格客体为商业信息，其中既包括技术信息也包括经营信息；其次，并非所有信息都是商业秘密，根据此规定，构成商业秘密需要满足不为公众所知悉（以下简称"秘密性"）、具有商业价值（以下简称"价值性"）以及权利人采取相应保密措施（以下简称"保密性"）三个要件。现就构成商业秘密的条件阐释如下：

1. 商业秘密保护的适格客体是信息

商业秘密保护的适格客体是信息，在商业秘密制度发展过程中，最早仅保护技术信息，此后又进一步扩展到经营信息。"技术信息"的内容十分广泛，所有与技术有关的结构、原料、组分、配方、材料、样品、样式、植物新品种繁殖材料、工艺、方法或其步骤、算法、数据、计算机程序及其有关文档等信息都属于"技术信息"；与经营活动有关的创意、管理、销售、财务、计划、样本、招投标材料、客户信息、数据等信息，则可以认定为"经营信息"。

2. 秘密性

虽然商业秘密的客体为信息，但一般处于公有领域的信息难以被作为私人财产保护，秘密性即"不为公众所知悉"是商业秘密区别于其他信息的最本质特征，也是商业秘密构成中的最核心要件。根据《最高人民法院关于审理侵犯商业秘密民事案件适用法律若干问题的规定》第 3 条规定："权利人请求保护的信息在被诉侵权行为发生时不为所属领域的相关人员普遍知悉和容易获得的，人民法院应当认定为反不正当竞争法第九条第四款所称的不为公众所知悉。"秘密性应当从三个方面认定：第一，判断主体为所属领域相关人员，即"公众"并不要求是全体社会公众，只要所属行业领域人员"普遍知悉和容易获得"即构成为公众所知悉。第二，判断标准为非"普遍知悉和容易获得"，非"普遍知悉"要求并非所有领域相关人员普遍了解、掌握，非"容易获得"所述领域相关人员获得该信息要有一定难度，例如，那些相关人员不需要创造性劳动，仅仅是经过一定的联想即能获得的信息，就是容易获得的信息。但该标准也并非要求绝对的秘密，其可以允许在一定范围内让有必要知道商业秘密的人员知悉，只要在相关技术或者经营领域内不为相关人员普遍知悉即可。第三，判断时间点为侵权行为发生时，即使某一技术在发明创造之时不为公众所知悉，假如在侵权行为发生时已经为公众所知悉，企业不再受到法律保护。

3. 价值性

商业秘密保护的应有之义在于相关信息必须具有商业上的价值才有法律上调整的必要性。价值性，是指商业秘密具有现实的或者潜在的商业价值，而能为权利人带来经济利益或者竞争优势。商业秘密的价值通常由其在实际应用中体现出来，故价值性可以从实用性和价值性两方面来进行理解：首先，实用性要求该信息客观有用，可以应用到生产经营活动中；其次，信息具有秘密性，因此给权利人以机会相对于不知或未使用的竞争者获得竞争优势而获得经济上的利益。但这种价值性应当作广义上的理解，只要能为权利人带来竞争优势的即具有价值性，其既包括现实价值也包括潜在价值，既包括积极信息也包括消极信息。例如，权利人在研发过程中的试验失败的消极信息，如果被竞争对手获得，就可以少走弯路、减少损失，权利人保有该信息就可以维持竞争优势因而具有价值性；对于正处于研究、试制、开发等过程中的实验信息，本身凝聚了经营者付出的投资和劳动，将在未来有可能产生实践应用的价值而为经营者带来竞争优势，也具有价值性。

4. 保密性

如果相关信息仅仅具有秘密性和价值性，并不足以受到法律保护，而对他人产生不得获取、使用、披露该信息的义务。商业秘密持有人必须采取有效的保密措施去维持其商业秘密的秘密性和价值性，明确其商业秘密保护的主观意愿和商业秘密存在的客观范围，才产生法律上保护的必要性。因此，保密性要求权利人采取相应保密措施防止秘密泄露。《最高人民法院关于审理侵犯商业秘密民事案件适用法律若干问题的规定》第 5 条规定："权利人为防止商业秘密泄露，在被诉侵权行为发生以前所采取的合理保密措施，人民法院应当认定为反不正当竞争法第九条第四款所称的相应保密措施。人民法院应当根据商业秘密及其载体的性质、商业秘密的商业价值、保密措施的可识别程度、保密措施与商业秘密的对应程度以及权利人的保密意愿等因素，认定权利人是否采取了相应保密措施。"根据该规定，在认定权利人是否采取了保密措施时，应当从以下因素进行考虑：（1）保密措施应当是在侵权行为发生以前采取的措施；（2）保密措施应当由权利人采取，通过保密措施相对人可以明确地识别出权利人的保密意图和商业秘密的客观范围；（3）保密措施应当具有有效性，保密性并不要求权利人的保密措施绝对无懈可击，但要求在正常情况下足以防止商业秘密泄露。

三、商业秘密保护的主体

在商业秘密保护中，一个前提性问题是，谁有权提起商业秘密提出主张？现行《反不正当竞争法》第 9 条仅规定，商业秘密归属于其"权利人"，但并未对权利人作出具体界定。1995 年《国家工商行政管理局关于侵犯商业秘密行为的若干规定》第 2 条第 6 款规定："本规定所称权利人，是指依法对商业秘密享有所有权或者使用权的公民、法人或其他组织。"借鉴此规定，《刑法修正案（八）》在规定"侵犯商业秘密罪"时，基本吸收了 1995 年国家工商总局的规则，《刑法》第 219 条第 4 款规定："本条所称权利人，是指商业秘密的所有人和经商业秘密所有人许可的商业秘密使用人。"参照此规定进行解释，《反不正当竞争法》上商业秘密的权利人不仅包括其所有人，也包括其合法使用人。所有人，指的是技术秘密和经营秘密的开发者，或者受让人、继承人、权利义务的承继者等；使用人，一般指的是经过所有人许可授权具有合法使用权限的使用人。

在权利主体方面，商业秘密相对专利、著作权等知识产权有所不同，知识产权系权利人对其作品或技术方案的排他性权利，仅包括其所有人而不包括其许可使用人；商业秘密并非权利主体对相关信息的排他性权利，而是在相关主体对秘密信息采取保密措施的基础上，禁止他人私力侵害行为，任何信息的合法控制者都可以排除他人对商业秘密信息的不正当获取。因此，相关立法将商业秘密权利人界定为其所有者和合法使用者。由此出发，商业秘密权利人也不应当限于其所有者和合法使用者，应当包括任何合法获取并控制商业秘密的人。如在TRIPs协定中，商业秘密的保护主体为“信息的合法控制人”，据此，美国、欧盟均将商业秘密的合法控制者作为其权利人。我国作为TRIPs协定的成员国，就商业秘密的“权利人”也应当依此作出解释，实践中也有法院持此见解。如吉林省高级人民法院知识产权审判庭认为：“商业秘密的权利主体可以是包括法人、自然人、个体工商户、个人合伙等商业秘密的权利主体非常广泛，可以将通过合法手段获取了商业秘密并合法控制了它的人都是商业秘密的主体。”

在司法实践认定中，法院对商业秘密“权利人”举证责任要求相对较低，一般只要原告能够提供载有商业秘密的载体，提供署名的技术图纸、原始绘图记录、与客户签订的合同，即认为完成了举证义务而可认定为商业秘密的权利人。

四、侵犯商业秘密的行为

针对具有秘密性、价值性、保密性的商业秘密信息，我国《反不正当竞争法》第9条规定，经营者不得实施以下侵犯商业秘密的行为：“（一）以盗窃、贿赂、欺诈、胁迫、电子侵入或者其他不正当手段获取权利人的商业秘密；（二）披露、使用或者允许他人使用以前项手段获取的权利人的商业秘密；（三）违反保密义务或者违反权利人有关保守商业秘密的要求，披露、使用或者允许他人使用其所掌握的商业秘密；（四）教唆、引诱、帮助他人违反保密义务或者违反权利人有关保守商业秘密的要求，获取、披露、使用或者允许他人使用权利人的商业秘密。经营者以外的其他自然人、法人和非法人组织实施前款所列违法行为的，视为侵犯商业秘密。第三人明知或者应知商业秘密权利人的员工、前员工或者其他单位、个人实施本条第一款所列违法行为，仍获取、披露、使用或者允许他人使用该商业秘密的，视为侵犯商业秘密……”根据该规定，不当侵害商业秘密的行为类型可归纳为四类：第一，不正当获取他人商业秘密；第二，披露、使用、允许他人使用不正当获取的商业秘密；第三，不正当披露、使用、允许他人使用合法获悉的商业秘密；第四，第三人恶意获取、使用、披露商业秘密的行为。现就该四类侵犯商业秘密的行为阐释如下：

1. 以不正当手段获取商业秘密的行为

《反不正当竞争法》以列举的方式对于不正当获取商业秘密的行为作出了规定，包括盗窃、贿赂、欺诈、胁迫、电子侵入或者其他手段。盗窃一般指的是行为人以不易被权利人发觉的方法，秘密地获取他人的商业秘密据为已有。行为人对商业秘密的盗窃，既可以是将载有商业秘密的文件等据为已有；也可以是复制后还原原件、保留复制件；还可以是将商业秘密的内容记忆下来。贿赂则是以一定利益好处，例如丰厚的物质报酬、优厚的工作条件、高等的生活环境等，引诱知悉商业秘密的人向其透露商业秘密信息。欺诈则是通过不真实、不充分的陈述，使商业秘密权利人或者知悉商业秘密的人形成错误认识，而向其提供商业秘密信息。胁迫指的是行为人对商业秘密权利人或者知悉商业秘密的人采取威力逼迫恫吓的方式获取商业秘密的行为。现实中，行为人可能通过以危害他人生命、健康、名誉、财产等手段来形成对权利人或相关主体的精神强制，迫使其向其透露商业秘密的信息内容。针对信息网络环境下以电子侵入等新型手段获取商业秘密日益普遍，《反不正当竞争法》第二次修改增加规定了以“电子侵入”不正当获取商业秘密的情形。一般指行为人不具有对存储权利人商业秘密信息电子载体的访问权限，未经授权或超越其访问权限或授权范围，通过“黑客”“病毒植入”“爬虫”“端口监听”等相当的各种电子信息技术手段，非法获取权利人商业秘密的行为。由于不正当手段获取的情形难以穷尽列举，因此反不正当竞争法还规定了“其他手段”，《最高人民法院关于审理侵犯商业秘密民事案件适用法律若干问题的规定》第 8 条解释：“被诉侵权人以违反法律规定或者公认的商业道德的方式获取权利人的商业秘密的，人民法院应当认定属于反不正当竞争法第九条第一款所称的以其他不正当手段获取权利人的商业秘密。”即对法律列举以外的情形，人民法院可以综合考量商业惯例、商业道德、行业竞争秩序等因素作出综合判断。

2. 披露、使用或允许他人使用以不正当手段获取的商业秘密

侵权人在以不正当手段获取商业秘密后，一般会伴随着进一步的后续利用行为，从而对权利人的利益造成实际损害，主要包括披露、使用和允许他人使用的行为。披露，指侵权人在其自身以及权利人之外的第三方提供机密信息的任何行为，包括将商业秘密内容公布于众，也包括在被要求保密的条件下向特定人、少部分人透露商业秘密，如将商业秘密告知权利人的竞争对手或者其他人。使用，指将自己非法获取的商业秘密用于生产或者经营，既包括在生产经营活动中直接使用商业秘密，或者对商业秘密进行修改、改进后使用，或者根据商业秘密调整、优化、改进有关生产经营活动的，也属于使用。允许他人使用，则指的是将商业秘密披露给他人，由他人将商业秘密用于生产经营活动的情形。

3. 不正当披露、使用、允许他人使用合法获悉的商业秘密

此种情形主要针对的是，侵权人经权利人授权或者合法途径获取商业秘密，但超出授权范围披露、使用、允许他人使用的情形。如掌握一定秘密信息的员工离开雇主后向竞争者提供其商业秘密信息的情形，目前，商业秘密保护实践中也大多数是此类案件。此类侵权行为认定需满足两个要件：第一，行为人是以正当或者合法手段获取权利人的商业秘密；第二，行为人对权利人负有保密义务，其违反保密义务而对外披露、使用或者允许他人使用其掌握的商业秘密，即构成侵犯商业秘密的不正当竞争行为。关于披露、使用、允许他人使用的认定与前述不存在实质性差异，判断关键在于是否存在保密义务以及行为人是否违反了保密义务。关于保密义务的认定可分为两类：一是基于法律规定而产生的保密义务，国家机关执行公务以及某些公共服务提供者在履行职能之中获悉商业秘密的，应当承担保密义务。如《法律援助法》第 21 条规定：“法律援助机构、法律援助人员对提供法律援助过程中知悉的国家秘密、商业秘密和个人隐私应当予以保密。”二是基于合同而产生的保密义务，首先，当事人之间可能就保密义务作出明确约

定，如雇主与劳动者在劳动合同中明确保密条款；其次，即使当事人之间未作明确约定，依据诚实信用原则，在缔约过程中、合同履行过程中、合同终止之后，当事人知道或者应当知道其获取的信息属于权利人的商业秘密的，对其交易相对人的商业秘密负有保密义务。违反该保密义务而披露、使用、允许他人使用商业秘密的，将构成侵权。

4. 第三人恶意获取、使用、披露商业秘密

本项是关于第三人恶意侵犯商业秘密的规定，即第三人明知他人以不正当手段获取、披露、使用商业秘密或者违反保密义务使用、披露商业秘密，仍然通过他人获取、使用、披露商业秘密的，即构成对商业秘密的侵犯。其需要从以下方面认定：第一，他人以不正当手段获取、披露、使用商业秘密，或者权利人员工、前员工等违反保密义务使用、披露商业秘密；第二，第三人基于他人违法行为而获取商业秘密，以及进一步使用、披露商业秘密；第三，在主观要件上，第三人的主观状态限于“明知或应知”，“明知”要求第三人主观上明确知道违法侵害商业秘密的行为存在，仍然获取、使用和披露；“应知”是指第三人在主观状态上虽然不知道，但从客观情况来看，尽到合理注意义务的人都应当知道，其行为存在过失。

五、不侵犯商业秘密的行为

对他人商业秘密，任何人都不得以不正当手段获取、使用和披露，但对何为不正当手段现有立法并未作出穷尽式列举规定，需要结合商业道德或者诚实信用的商业习惯加以判断，这也导致了侵害商业秘密行为判断的模糊性和不确定性。为了促进信息自由利用和流通共享，司法解释专门明确了商业秘密的正当获取、使用和披露行为，2020 年《最高人民法院关于审理侵犯商业秘密民事案件适用法律若干问题的规定》第 14 条规定：“通过自行开发研制或者反向工程获得被诉侵权信息的，人民法院应当认定不属于反不正当竞争法第九条规定的侵犯商业秘密行为。”即通常所谓的独立研发和反向工程行为，针对权利人侵害商业秘密的主张，被控侵权人可以以此进行抗辩。现就二者认定阐释如下：

1. 独立研发

商业秘密保护的是权利人合法控制下的信息，如果经营者获取的信息并非通过权利人获得，而是通过自己的研发投入而获得了相同的信息，而进一步加以披露和使用，则认为不构成对于商业秘密的侵犯。司法实践中，独立研发是被控侵权人经常援引的抗辩事由，但被控侵权人应当对此负有较高的证明责任，如其要证明是依据哪些已知技术进行哪些研制、配比以及具体研制的时间、地点、仪器等证据，从而证明其技术或者信息的合法来源。一般而言，独立研发并不要求其产生于原告商业秘密生成之前，即使是权利人在研发或者使用商业秘密很长一段时间后，他人基于自身研发努力而研制出了实质相同的信息，即不构成侵权。但是，如果被告接触或者有条件接触权利人商业秘密的情形下，一般应当举证证明其自行研制的信息形成于原告的秘密信息产生之前，将难以充分证明相关技术或信息由其独立研发。

2. 反向工程

反向工程，是指通过技术手段对从公开渠道取得的产品进行拆卸、测绘、分析等而获得该产品的有关技术信息。如前所述，商业秘密保护的是权利人合法控制下的信息，如果被控侵权人并非突破原告控制的保密措施，而是从公开渠道取得的产品拆解等方式获得的信息，则不认为是不正当获取行为。其可以从以下方面加以认定：第一，反向工程的对象应当是公开渠道可以获得到的产品；第二，在手段上，司法解释虽然仅仅列举了拆卸、测绘、分析等技术手段，但是法律难以实现对所有手段的列举，一般认为，反向工程不受技术手段的限制，在从公开渠道获取到相关产品的情况下，行为人可以采取任何技术手段，无论是否破坏其功能、是否根据通常利用方式等在所不问；第三，行为人在实施反向工程的过程中获取了他人的商业秘密，如果被诉侵权人以不正当手段获取权利人的商业秘密后，又以反向工程为由主张未侵犯商业秘密的，则不能被认定为正当获取。在此基础上获取的商业秘密信息，他人可以自由披露和使用，而并不构成侵权。

六、侵犯商业秘密的法律责任

针对侵犯商业秘密的行为，将可能产生民事责任、行政责任和刑事责任：

1. 民事责任

商业秘密本质上是一种民事财产权益，他人侵害商业秘密，首先应当承担民事责任，《反不正当竞争法》第 17 条规定："经营者违反本法规定，给他人造成损害的，应当依法承担民事责任。"《民法典》第 179 条规定了停止侵害、排除妨碍、消除危险、返还财产、恢复原状、修理重作更换、继续履行、赔偿损失、支付违约金、消除影响恢复名誉、赔礼道歉共 11 种民事责任承担方式，在商业秘密保护四要件中，最主要的民事责任承担方式主要包括停止侵害和赔偿损失两种：

（1）停止侵害。

针对商业秘密，单靠金钱救济可能难以充分衡量和弥补对权利人造成的损害，最有效的方式就是及时停止侵权，保障商业秘密不再继续对外披露，维持权利人在市场竞争中相对于其他竞争者的优势地位。因此，在商业秘密诉讼中，停止侵害可能是最为重要和有效的救济方式。在判定侵权成立的基础上，法院一般会判令被告停止侵权，具体体现为停止获取、使用和披露权利人的商业秘密，已经获取他人商业秘密的，要求被告销毁一切载有或存储商业秘密的载体，尽量恢复到商业秘密被盗用以前的状态，如果彻底销毁无法实现的，如相关信息已经存在于被告及其员工记忆中，则应当要求其不得进一步使用和披露商业秘密。如果因侵权行为而导致商业秘密为公众所知悉的，则该信息不再受法律保护，判令停止侵权已没有意义，法院将考虑商业秘密整体商业价值判定损害赔偿，而不再判令停止侵权。就其商业价值，人民法院应考虑研究开发成本、实施该项商业秘密的收益、可得利益、可保持竞争优势的时间等因素加以确定。

（2）赔偿损失。

针对侵权行为给商业秘密权利人造成的损害，侵权人应当承担损害赔偿责任，旨在填补权利人损失，使其回复到侵权行为未发生时的状态。《反不正当竞争法》第 17

条规定了侵害商业秘密损害赔偿的计算方式:“因不正当竞争行为受到损害的经营者的赔偿数额,按照其因被侵权所受到的实际损失确定;实际损失难以计算的,按照侵权人因侵权所获得的利益确定。经营者恶意实施侵犯商业秘密行为,情节严重的,可以在按照上述方法确定数额的一倍以上五倍以下确定赔偿数额。赔偿数额还应当包括经营者为制止侵权行为所支付的合理开支。经营者违反本法第六条、第九条规定,权利人因被侵权所受到的实际损失、侵权人因侵权所获得的利益难以确定的,由人民法院根据侵权行为的情节判决给予权利人五百万元以下的赔偿。”即商业秘密损害赔偿应当按照如下方式计算:①按照权利人因被侵权所受到的实际损失确定;②权利人实际损失无法确定的,按照侵权人因侵权所获得的利益确定;③如果权利人损失、侵权获利均难以确定的,则采取法定赔偿方式,由法院考虑商业秘密的性质、商业价值、研究开发成本、创新程度、能带来的竞争优势以及侵权人的主观过错、侵权行为的性质、情节、后果等因素酌情确定给予500万元以下的法定赔偿。为了发挥对侵权行为的威慑作用,经营者恶意实施侵犯商业秘密行为,情节严重的,人民法院可以依据权利人损失或侵权获利判决给予1倍以上5倍以下的惩罚性赔偿。

2. 行政责任

针对商业秘密侵权行为,除了通过民事救济方式填平权利人损失外,《反不正当竞争法》还规定了行政保护,加强对于侵犯商业秘密行为的打击和威慑。权利人认为其商业秘密受到侵害,可以向市场监管部门申请查处侵权行为,经认定侵权成立的,由监督检查部门责令停止违法行为,处10万元以上50万元以下的罚款;情节严重的,处50万元以上300万元以下的罚款。

3. 刑事责任

针对严重侵犯商业秘密的情形,我国《刑法》第219条规定了“侵犯商业秘密罪”:“有下列侵犯商业秘密行为之一,情节严重的,处三年以下有期徒刑,并处或者单处罚金;情节特别严重的,处三年以上十年以下有期徒刑,并处罚金:(一)以盗窃、贿赂、欺诈、胁迫、电子侵入或者其他不正当手段获取权利人的商业秘密的;(二)披露、使用或者允许他人使用以前项手段获取的权利人的商业秘密的;(三)违反保密义务或者违反权利人有关保守商业秘密的要求,披露、使用或者允许他人使用其所掌握的商业秘密的。明知前款所下列行为,获取、披露、使用或者允许他人使用该商业秘密的,以侵犯商业秘密论……”构成侵犯商业秘密罪应当符合两方面要件:第一,存在侵害商业秘密的行为;第二,情节严重或情节特别严重。所谓“情节严重”,最典型的情形就是“给商业秘密的权利人造成重大损失”,包括:造成权利人损失或侵权违法所得额在30万元以上的,直接导致权利人因重大经营困难而破产、倒闭的,以及其他重大损失。造成权利人损失或侵权违法所得额在250万元以上的,则属于“情节特别严重”。除了权利人损失之外,“情节严重”还可以结合侵权行为性质方法手段恶劣程度,以及其他危害后果等综合考量。

第六节 互联网不正当竞争行为

按照《巴黎公约》规定的主要义务，我国 1993 年《反不正当竞争法》规定了仿冒、虚假宣传、商业诋毁、侵犯商业秘密四种具体不正当竞争行为。然而，伴随着互联网环境下各类新的商业模式和经营成果产生，诸如软件干扰、流量劫持等利用技术手段开展的不正当竞争行为逐步显现，却又难以落入反不正当竞争法第二章明确列举的不正当竞争行为类型。因而在司法实践中法院大量适用反不正当竞争法一般条款调整互联网领域的不正当纠纷。在一般条款判断框架之下，首要判断因素是经营者是否享有值得保护的合法权益，进而判断竞争者行为是否损害了该合法权益，最后判断竞争者行为是否具有不正当性。[1] 为了避免一般条款适用泛化，同时也更具有针对性地规制互联网领域的不正当竞争行为，2017 年《反不正当竞争法》增加了第 12 条“互联网专条”，针对互联网领域的不正当竞争采取了二分的模式，对于传统不正当竞争行为在网络领域延伸的情形，继续按照反不正当竞争法第二章规定的仿冒、商业诋毁、虚假宣传等情形加以处理；对于网络领域特有的、利用技术手段实施的不正当竞争行为，则通过“互联网专条”加以调整。“互联网专条”采取了“概括 + 列举 + 兜底”的立法模式，在对已有案件进行类型化提炼的基础上，明确禁止“插入链接强制跳转”“干扰用户使用”“恶意不兼容”三类行为，同时对利用技术手段破坏、妨碍经营者网络产品或服务运行的行为作出兜底性规定。对于“互联网专条”的立法目的，根据国家工商行政管理总局局长在第十二届全国人民代表大会常务委员会第二十六次会议上所作的《关于〈中华人民共和国反不正当竞争法（修订草案）〉的说明》，系“根据互联网领域反不正当竞争的客观需要，增加互联网不正当竞争行为条款，规定经营者不得利用技术手段在互联网领域从事影响用户选择、干扰其他经营者正常经营的行为，并具体规定应予禁止的行为”。

现就相关行为具体认定介绍如下。

一、插入链接强制跳转

在 2017 年反不正当竞争法修改之前，插入链接、进行目标跳转的案件就已经多见于司法实践，如百度公司诉搜狗公司不正当竞争纠纷案中，当用户在原告开发的百度搜索引擎搜索框中使用搜狗输入法输入关键词搜索时，在搜索栏下方会弹出与搜索关键词相关词汇的下拉菜单，用户点击下拉菜单，会自动跳转到搜狗搜索结果页面。法院认为当用户在原告的搜索页面下进行搜索时，其心理预期是通过百度进行搜索，被告的行为系利用用户的使用习惯，诱使用户进入被告提供的搜索页面，不当争夺、减少了百度搜索的商业机会，构成不正当竞争。[2] 基于相关案例，修改后的反不正当竞争法第 12 条规

---

〔1〕 参见张钦坤：《反不正当竞争法一般条款适用的逻辑分析——以新型互联网不正当竞争案件为例》，载《知识产权》2015 年第 3 期。

〔2〕 北京百度网讯科技有限公司诉被告北京搜狗信息服务有限公司不正当竞争纠纷案，北京市海淀区法院（2015）海民（知）初字第 4135 号民事判决书。

定，“未经其他经营者同意，在其合法提供的网络产品或者服务中，插入链接、强制进行目标跳转”的行为构成不正当竞争，即插入链接行为。对于本条，全国人大常委会法工委参与立法者的解读是：“如用户在使用某款搜索引擎进行关键词搜索时，其他经营者在搜索结果页面出现前插入广告页面并持续数秒。期间，点击该广告页面即跳转至广告宣传网站新窗口，不点击则数秒钟后自行展现搜索结果页面。这种情况就属于未经同意插入链接的不正当竞争行为。”[1]然而，立法规制的到底是一种行为，即需要同时满足“插入链接、强制进行目标跳转”，还是两种行为，即“插入链接”和“强制进行目标跳转”，还是上述三种行为都包括，仅从文义来看具有一定模糊性。对此，反不正当竞争法司法解释第 21 条对此作出了澄清，即“未经其他经营者和用户同意而直接发生的目标跳转，人民法院应当认定为反不正当竞争法第十二条第二款第一项规定的强制进行目标跳转。仅插入链接，目标跳转由用户触发的，人民法院应当综合考虑插入链接的具体方式、是否具有合理理由以及对用户利益和其他经营者利益的影响等因素，认定该行为是否违反反不正当竞争法第十二条第二款第一项的规定”。根据该解释，第 12 条第 2 款第 1 项应当同时包括插入链接、强制进行跳转两种情形，但其判断标准不同，对于未经其他经营者和用户同意而直接发生的目标跳转的情形，其在对经营者搭便车利用他人流量的同时，还侵犯了消费者的选择权而直接获利，一般应当构成不正当竞争行为；对于仅插入链接由用户自主选择跳转与否的情形，其主要对经营者网站流量形成了“搭便车”，却并未直接侵害消费者利益，在有的情形下还丰富了消费者的选择，则无法一概而论，需要结合实践中的情形具体判断。

对仅插入链接而不强制跳转的情形，司法实践在判断中存在着较大的分歧。例如，在杭州迪火公司与北京三快公司不正当竞争纠纷案中，针对同一案情不同法院作出了不同的认定。该案基本案情为，原告杭州迪火公司基于 Android 系统开发出二维火“智能收银一体机”系统（二维火系统）用于餐饮店铺的点餐、收银管理，被告北京三快公司开发了“美团收款”插件。在用户将“美团收款”安装到二维火收银系统后获得相关权限监控系统程序运行，在收付款时，“美团收款”将以悬浮窗的形式依附于原告的二维火系统之上，用户在点击了美团悬浮窗或特定按键后，支付页面会自动跳转至美团支付的操作页面进行美团支付。对此，原告主张，被告在其合法提供的网络产品或者服务中，插入链接、强制进行目标跳转，妨碍、破坏原告合法提供的网络产品及服务正常运行的行为，违反《反不正当竞争法》第 12 条的规定。北京知识产权法院审理认为，[2]虽然被告的“美团收款”程序系经用户授权且自主选择而运行，但根据《反不正当竞争法》第 12 条第 2 款第 1 项规定，经营者在他人合法提供的网络产品或服务正在运行的过程中，如需插入或强制进行目标跳转，应经得该网络产品或服务经营者的同意，而在本案中，被告的行为均未经原告同意，构成不正当竞争行为。对相同案情，杭州市中级人民

---

〔1〕 王瑞贺：《中华人民共和国反不正当竞争法释义》，法律出版社 2018 年版，第 45 页。

〔2〕 杭州迪火公司与北京三快公司不正当竞争纠纷案，北京知识产权法院（2018）京 73 民初 960 号民事判决书。

法院认为：[1]首先，被告在安装“美团收款”应用时已获得用户关于“悬浮于其他应用至上”等多项权限，当用户点击该图标选择收款时，并不影响原告二维火收银系统的正常操作，所以，“美团收款”并未主动、强行在二维火收银系统中插入链接，强制进行目标跳转，去影响用户的选择；反之，其只是向用户提供了选项，由有相应需求的用户自行进行选择。其次，在案并无证据表明“美团收款”在安装或运行过程中存在“误导、欺骗、强迫”用户的行为，相反，根据在案证据，“美团收款”在安装与设置过程中均明确提示用户所需要获取的权限，是在用户自行选择授予相应权限之后方可完成上述功能。因此，被告不存在《反不正当竞争法》第 12 条第 2 款第 1 项、第 2 项所规制的不正当竞争行为。

笔者认为，反不正当竞争法的目的在于维护公平竞争的过程而特定非竞争者的利益，本条在适用时应当避免一种权利化倾向，即所有用户流量都归属于软件或网站开发者，以经营者单方意志限制第三方在其产品或服务中加入链接，等于赋予强势产品和企业以法律武器建立完全封闭的体系，这样的立法规定不利于互联网服务的多元化，削弱了用户的选择权，最终损害广大用户利益和互联网的创新与发展空间。与直接强制跳转的情形不同，单纯插入链接的行为一般并不构成对用户权益的直接侵害，相反还增加了用户的选择对比空间，对此最主要的是考察对经营者的影响。从维持竞争过程出发，在消费者可自主选择的前提下，关键看经营者可以凭借其经济能力在市场不受阻碍地提供其经营成果，如果插入链接行为影响到经营者自身成果向消费者的提供，例如，导致经营者原本网站无法正常显示、使消费者在经营者与插链方产品服务产生混淆等，则应当构成不正当竞争行为；在竞争者并未对经营者产品形成妨碍或破坏的前提下，反不正当竞争法应当保持干预的谦抑性，认定属于正当竞争行为，保护竞争过程而非个别竞争者的利益。

二、干扰用户使用

在反不正当竞争法修改之前即存在干扰用户选择权的不正当竞争案件，例如，在上海二三四五公司与北京金山公司不正当竞争纠纷案中，原告二三四五公司主要经营 2345 浏览器、2345 网址导航等互联网产品，被告金山公司金山毒霸杀毒软件及毒霸网址大全网址导航等产品。在二者竞争中，通过以下六类行为将终端用户设定的 2345 网址导航主页变更为由北京猎豹移动科技有限公司主办的毒霸网址大全：（1）通过金山毒霸的“垃圾清理”功能变更浏览器主页。（2）通过金山毒霸升级程序的“一键清理”弹窗，默认勾选“立即锁定毒霸网址大全为浏览器主页，保护浏览器主页不被篡改”。无论用户是否取消该勾选，浏览器主页均被变更。（3）通过金山毒霸的“一键云查杀”“版本升级”“浏览器保护”等功能变更浏览器主页，并针对不同浏览器进行区别对待。（4）通过金山毒霸的“安装完成”弹窗，默认勾选“设置毒霸导航为浏览器主页”。无论用户

〔1〕 杭州迪火公司与北京三快公司不正当竞争纠纷案，杭州市中级人民法院（2018）浙 01 民初 3166 号民事判决书。

是否取消该勾选，浏览器主页均被变更。（5）通过金山毒霸“开启安全网址导航，防止误入恶意网站”弹窗，诱导用户点击“一键开启”变更浏览器主页。（6）通过金山毒霸的卸载程序篡改用户计算机注册表数据以变更浏览器主页。对此，法院早期即通过反不正当竞争法一般条款加以规制，认为被告在未告知网络用户的前提下直接变更用户的浏览器主页设置以及误导用户变更浏览器主页设置，侵害了用户的知情权及选择权，既损害了原告的经营权益，亦使自己获取非法利益，显已违反了诚实信用原则及公认的商业道德，构成不正当竞争行为。[1] 2017 年修改后的《反不正当竞争法》第 12 条第 2 款第 2 项专门作出规定，“误导、欺骗、强迫用户修改、关闭、卸载其他经营者合法提供的网络产品或者服务”的行为构成不正当竞争。对此类行为，由于其影响或直接剥夺了用户的选择权，阻碍了市场公平竞争运行，其行为的不正当性相对互联网专条下的其他两类行为更加明显。在认定中，其需要满足两项构成要件：第一，经营者存在欺骗、误导或者直接强迫用户选择的行为，欺骗指提供虚假信息，如前述案件中将竞争对手网站虚假标注为“恶意网站”的情形；误导虽然提供部分真实信息，但提供信息完全或者具有误导性而引起用户误解，《反不正当竞争法》司法解释第 22 条专门明确，“经营者事前未明确提示并经用户同意”的情形，也属于本项规定的情形；强迫则是未经用户同意或者逼迫用户不得不同意，如前述案件中被告直接未经用户同意篡改浏览器主页，或者通过“安装完成”弹窗默认勾选“设置毒霸导航为浏览器主页”，而无论用户是否取消该勾选都变更浏览器主页。第二，该欺骗、误导、强迫行为使得用户改变了对经营者提供网络产品服务的行为，此改变应当是不利改变，包括卸载软件、关闭软件运行、限制软件的部分功能等。

值得一提的是，本项与对传统不正当竞争行为的规制存在一定重合，《反不正当竞争法》并未对强迫用户交易的行为规制，但仿冒行为、虚假宣传、商业诋毁类型下对于欺骗误导用户的行为均作出了规制，例如，将他人网站标注为恶意网站诱导用户变更网站主页的行为同时可能构成商业诋毁行为，[2] 通过自身“浏览器保护”服务变更网站主页可能构成对自身产品服务的虚假宣传。实施上，除了规制误导、欺骗消费者的行为外，影响消费者选择强迫交易的行为无论是否在互联网环境下都有必要进行规制，例如，《德国反不正当竞争法》在对消费者的保护中，第 5 条、第 5a 条规定了误导性的交易行为的同时，第 4a 条还规定了“侵略性交易行为”：“行为人采取侵略性的交易行为，并足以导致消费者和其他市场参与者做出一个在其他情况下本不会做出的交易决定，其行为即为不正当。如果交易行为在具体的情况下，且考虑到所有的情形，并通过以下方式足以显著损害消费者或其他市场参与者的决策自由，即为侵略性的交易行为：（一）骚扰，（二）胁迫包括使用肢体暴力，或（三）非经许可的影响。即使不使用或者不威胁使用肢体暴力，如果企业主利用其市场地位对消费者或者其他市场参与者施加压力，

---

〔1〕 北京金山安全软件有限公司与上海二三四五网络科技有限公司不正当竞争案，上海知识产权法院（2018）沪 73 民终 5 号民事判决书。

〔2〕 腾讯科技（深圳）有限公司、深圳市腾讯计算机系统有限公司与北京奇虎科技有限公司、奇智软件（北京）有限公司不正当竞争纠纷上诉案，最高人民法院（2013）民三终字第 5 号民事判决书。

并利用这样一个方式明显限制了消费者或其他市场参与者做出明智决定的能力，非经许可的影响即告成立。”对选择自由的保护是我国《反不正当竞争法》对消费者保护的短板，可以通过增加类似规定，配合虚假宣传、商业诋毁条款，即可实现对干扰用户使用的规制，而不必通过互联网专条的形式。

三、恶意不兼容

在我国互联网发展过程中，另一典型问题即恶意不兼容问题。例如，在 2010 年“3Q”大战中，奇虎针对腾讯 QQ 先后发布了 360 隐私保护器和 360 扣扣保镖，并称其可以保护 QQ 用户的隐私和网络安全；腾讯则宣布在装有 360 软件的计算机上将不能运行 QQ 软件。为处理此类纠纷，2011 年工信部发布了《规范互联网信息服务市场秩序若干规定》，第 5 条专门规定，互联网信息服务提供者不得实施“恶意对其他互联网信息服务提供者的服务或者产品实施不兼容”的行为侵犯其他互联网信息服务提供者合法权益。2017 年反不正当竞争法修改则将其作为了一类不正当竞争行为，第 12 条第 2 款第 3 项规定，“恶意对其他经营者合法提供的网络产品或者服务实施不兼容”构成不正当竞争。根据全国人大常委会法工委立法参与者解释：“互联网以互联互通为基础，强调共享、共治、开放、包容。经营者恶意对他人的网络产品或者服务实施不兼容，不仅违法互联网开放、包容的精神，也构成对他人网络产品或者服务的妨碍、破坏，使其不能正常运行，属于不正当竞争行为。在对经营者是否存在恶意的判断上，可以从该经营者实施的不兼容行为是否符合诚信原则和商业道德等要求进行综合考量。”〔1〕但该条引入之后备受争议，因为通常而言，是否与他人产品实现兼容属于自由竞争的范畴，由经营者根据市场竞争状况而作出判断与选择，非每一个参与竞争的经营者之“义务”，其可以选择与他人产品进行兼容共同构建一个生态系统，也可以拒绝兼容构建独立的生态系统，不兼容彼此争夺用户“损人利己”才是竞争的常态，很难从主观上判断恶意与否。只有在特殊情形下，拒绝交易兼容会影响整个市场竞争的过程，法律才加以调整，具体需要通过其是否具有市场力量考察其对市场竞争的影响，这通常属于《反垄断法》调整的内容。将之纳入反不正当竞争法抛开相关行为对市场竞争实际影响的判断，而诉诸“恶意”“行业惯例”“商业伦理”“商业道德”等泛道德化的主观评价，容易造成国家权力对于市场运行的肆意干预，也模糊了反不正当竞争法与反垄断法的界限，极易造成法律适用的混乱。〔2〕司法实践中也倾向于通过反垄断法处理不兼容问题，如在北京聪明狗网络技术有限公司诉淘宝（中国）软件有限公司等不正当竞争纠纷案中，〔3〕原告认为其推出的购物党比价插件无法通过淘宝浏览器在天猫网上运行，系因两公司对其实施的技术屏蔽行为所致。由于诉争的技术屏蔽所达到的效果是使比价插件在特定网站上无法运行，使得原告想要向用户传达的比价信息在天猫网上处于不可见状态，造成屏蔽行为与

---

〔1〕王瑞贺：《中华人民共和国反不正当竞争法释义》，法律出版社 2018 年版，第 45 页。

〔2〕刁芸芸：《商事领域中反不正当竞争法互联网专条的适用困境及出路》，载《法学杂志》2021 年第 1 期。

〔3〕北京聪明狗网络技术有限公司诉淘宝（中国）软件有限公司等不正当竞争纠纷案，北京知识产权法院（2019）京 73 民终 1105 号民事判决书。

“不兼容”在行为结果上产生了重合，二者之间发生关联。需注意的是，法官在裁判时并未适用第 2 款第 3 项，而是认为仅凭现有事实无法说明软件公司实施了妨碍、破坏行为，并强调“技术、资金、市场定位等多种因素均会影响经营者的选择及兼容的效果”，原告未提供证据证明软件公司具有市场支配地位，基于恶意不兼容条款位于反不正当竞争法与反垄断法规制的模糊地带，适用不当必将降低反垄断法的适用门槛，从而不当干预市场竞争行为，故而通过恶意不兼容条款对屏蔽行为予以规制也是不可行的。

笔者认为，在市场竞争法律保障中反不正当竞争法与反垄断法有着其内在职能分工，故反不正当竞争法上对于恶意不兼容的适用应当严格限定，一般情况下，经营者按照其营业自由可以自由地选择兼容与否，只有在其明显阻碍市场竞争过程的前提下才加以规制。市场竞争的过程即经营者不受阻碍地在市场上提供其产品，消费者根据其自由意志作出自主选择。不正当的恶意不兼容应当在这两个方面产生影响，其可以从“恶意”和“不兼容”两个方面加以认定：首先，在计算机网络意义上，兼容通常指的是不同的计算机网络之间相互通信，按照兼容性程度不同，包括数据可携带、数据互操作、协议互操作等不同层面，不兼容则指的是不同网络系统间的不能相互数据通信和操作；而我国法上关于不兼容的定义则是基于对已有典型个案裁判的归纳提炼，具有独特时代含义，多指的是不同产品或服务之间不能在同一客户端上同时正常运行的情形，如“屏蔽”“封禁”“封杀”“封锁”“二选一”等现象大多可以归入不兼容的范围。在认定时不应将二者混同，对于前者即是否与其他网络系统数据通信操作属于经营自由的范畴，反不正当竞争法所规制的是阻碍竞争的情形，即无理由地排斥其他软件在同一终端上正常运行。其次，关于“恶意”的主观状态难以认定，应当根据客观行为考察其是否影响消费者选择自由，例如，某一软件仅仅宣称其拒绝与另一软件共存，这在事实上并不会对市场竞争造成影响，关键要看其是否阻碍消费者对另一软件的选择使用行为，如其不经消费者同意直接屏蔽卸载其他软件、阻止消费者下载或不胜其烦地通知消费者屏蔽卸载等，其正当与否可通过对消费者自由选择意志影响加以判断。这与第 2 项规定的干扰用户使用情形即“误导、欺骗、强迫用户修改、关闭、卸载其他经营者合法提供的网络产品或者服务”存在高度重合，可并入该情形一并加以规制。

四、其他行为

由于互联网领域的新业态层出不穷，为了将更多互联网竞争行为纳入该条予以规范，立法上又规定了第 4 项，作为规制互联网不正当竞争行为的兜底条款。2017 年修订的《反不正当竞争法》第 12 条第 2 款规定：“经营者不得利用技术手段，通过影响用户选择或者其他方式，实施下列妨碍、破坏其他经营者合法提供的网络产品或者服务正常运行的行为：……（四）其他妨碍、破坏其他经营者合法提供的网络产品或者服务正常运行的行为。”事实上，由于互联网领域具有快速迭代更新的特点，列举的三类行为在法律出台后即较少发生，立法面临着“一出台就落后”的困境，绝大多数案件适用兜底条款。[1]但兜底条款内容又过于模糊，只是描述性地规定行为与互联网技术手段有关，意图囊括一系列利用技术手段影响网络生产经营的不正当竞争行为，未明确其保护法益或规制行为核心特征。因为市场竞争本身就具有损人利己的特性，妨害和破坏行为往往是常态，第 4 项的规定范围过宽，[2]并未真正给法官提供有价值的操作方法和衡量标准。如果直接依据现有的“利用技术手段”“妨碍、破坏其他经营者合法提供的网络产品或者服务正常运行”加以认定，会赋予经营者对于其网络产品不可干涉的财产权，使互联网巨头以破坏其合法提供的网络产品或服务“正常运行”为杀手锏，限制中小网络企业和初创网络企业的公平竞争。[3]目前来看，在常见的屏蔽广告、外挂软件、网络爬虫等互联网领域案件中，法院仍然以论证经营者对其商业模式或网络产品的利益为起点，以商业道德作为评判行为正当与否的依据，与一般条款适用没有实质性差别，仍然在“以互联网专条之名，行一般条款之实”。

重要名词术语

一般条款、仿冒、虚假宣传、商业诋毁、商业秘密、秘密性、价值性、保密性

思考题

1. 反不正当竞争法的立法目的是什么？
2. 反不正当竞争法与反垄断法的关系是什么？
3. 反不正当竞争法与知识产权保护的关系是什么？
4. 仿冒行为的构成要件包括哪些？
5. 虚假宣传的构成要件包括哪些？
6. 商业诋毁的构成要件包括哪些？
7. 商业秘密的构成要件包括哪些？
8. 商业秘密的权利人如何认定？
9. 商业秘密的正当获取行为包括哪些？

典型案例分析

案例一　抄袭网络游戏参数的不正当竞争行为认定

原告 A 公司开发了一款名为《拳皇 98 终极之战 OL》集卡牌、角色扮演、人物成长

---

〔1〕 根据北京海淀法院统计，原告主张适用原则条款的案件占比近 100%，法院适用第 4 项兜底条款的比例高达 93%。参见北京市海淀区人民法院课题组：《涉网络不正当竞争纠纷的法律适用问题研究——以知识产权司法保护推动营商环境优化为视角》，载《中国应用法学》2020 年第 2 期。

〔2〕 孔祥俊：《反不正当竞争法新原理：分论》，法律出版社 2019 年版，第 545 页。

〔3〕 郑友德、王活涛：《新修订反不正当竞争法的顶层设计与实施中的疑难问题探讨》，载《知识产权》2018 年第 1 期。

为一体的综合类手机游戏，发现被告 B 制作了游戏系统功能和人物设置等均非常类似的《数码宝贝大冒险》游戏，因此起诉 A 公司构成不正当竞争。

关于抄袭游戏人物参数是否构成不正当竞争方面，法院认为适用《反不正当竞争法》第 2 条应当同时具备三个条件：一是法律对该种竞争行为未作出特别规定；二是其他经营者的合法权益确因该竞争行为而受到了实际损害；三是该种竞争行为因违反诚信原则和公认商业道德而具有不正当性或可责性。而本案的情形足以适用该条款，首先，游戏内人物设置参数是经过开发者付出一定人力物力，并反复调试形成的，属于反不正当竞争法中未特别规定的合法权益。其次，B 公司抄袭人物设置参数的行为一定程度上夺取了 A 公司的游戏用户数量，损害了 A 公司的商业机会和竞争优势。最后，B 公司通过不正当的抄袭手段将 A 公司的智力劳动成果占为己有，超出了游戏行业竞争者之间正当的借鉴和模仿，被告行为构成不正当竞争。

案例二　网络侵权恶意通知的不正当竞争行为认定

原告 A 公司在天猫平台开设店铺进行地毯销售。被告 B 公司法定代表人赵某，委托知识产权代理人邓某，在徐某不知情的情况下对非其创作的“灰色格子拼地毯图形”等三幅美术作品以其名义进行了著作权登记，由 A 公司等以被许可人的身份，在阿里巴巴知识产权保护平台对 B 公司经营地毯产品发起 5 次著作权侵权投诉，导致原告经营两种产品的三个链接被删除。因此，原告依据《反不正当竞争法》第 2 条，主张 B 公司、赵某、邓某等行为构成不正当竞争为由向法院起诉。

本案中，对于此类行为，反不正当竞争法并未作出专门规定，因此需要通过第 2 条一般条款加以调整。依据《反不正当竞争法》第 2 条，投诉行为是否构成不正当竞争，应结合原告是否具有《反不正当竞争法》保护的权益、原被告是否存在竞争关系、投诉行为是否正当以及被诉行为的损害后果加以考量。本案中：（1）原告 A 公司具有不受干扰、正常经营的合法权益；（2）原告与被告等存在直接竞争关系；（3）被告赵某、B 公司明知其不具有投诉资格、不能证明存在侵权的情况下，以虚假的版权登记利用阿里巴巴知识产权保护平台规则进行投诉致原告商品链接被删除，意图通过打击对手而获取自身优势的主观恶意明显，属于典型的“恶意”投诉；（4）涉案投诉行为实际损害了原告的利益，并扰乱了平台竞争秩序，故构成不正当竞争。

案例三　第三人恶意获取、使用商业秘密的认定

A 公司是一家化学试剂生产公司，B 是 A 公司招聘员工，在职期间双方约定了商业秘密保护义务，B 到岗后负责与 42 家客户接洽，掌握每笔业务的销售日期、送货单号、物资名称及规格、销售数量、单价、销售金额和客户名称、联系方式等业务明细。后 B 从 A 公司离职，生产化学试剂的 C 公司与 A 公司存在一定业务往来，知晓 B 系 A 公司的优秀销售员，掌握大批优质客户资源，遂高薪聘请 B 担任其销售员。此后，C 公司与其中 41 家企业发生了业务交易，成交价格低于 A 公司提供给这些客户的产品价格。A 公司向法院起诉 B、C 公司共同侵犯其商业秘密。法院审理后支持了 A 公司的诉讼请求，判定 B、C 公司承担侵权责任。

法院在判定商业秘密侵权时，一般遵循以下思路：第一，在原告明确其商业秘密内容的前提下，审查认定该内容是否构成商业秘密，原告是否有权就该内容主张权利；第二，审查认定侵权是否成立，包括被告获取、使用、披露信息与原告商业秘密是否相同或实质相同，以及其行为是否有不正当性；第三，在被告侵权成立的情况下，认定被告应当承担的民事责任。在本案中，原告主张商业秘密为其 42 家客户信息，包括客户名称、联系方式以及每笔业务的产品名称、数量、金额、单价等信息，相关信息“不为公众所知悉”，并且能为原告带来经济利益具有商业价值，其通过签订保密协议的方式采取了保密措施，故应当属于商业秘密。被告 B 曾经接触到 A 公司的客户名单，跳槽到 C 公司工作后与其中 41 家企业发生了业务交易，应当推定其使用了与 A 公司商业秘密相同的信息，B 违反保密义务向他人披露、允许他人使用商业秘密，C 公司明知或应知 B 公司违反保密义务，仍然是使用该商业秘密信息，故二者行为均构成对 A 公司商业秘密的侵害，应当承担侵权责任。

第六章　植物新品种保护制度

【内容提示】

植物新品种保护制度是一种为植物品种创新提供知识产权保护的专门制度，与为工业领域发明创造提供专门保护的专利制度有着本质的区别。植物新品种保护制度起源于比利时、法国、联邦德国、荷兰和意大利等六国于 1961 年缔结《国际植物新品种保护联盟公约》。目前全球有 79 个国家或地区加入该公约。植物新品种权，简称品种权，在国际上又称育种者权（Breeder's Right）[1]，是指育种者就其培育的植物新品种所享有的专有权利。我国于 1997 年颁布《植物新品种保护条例》，正式确立植物新品种保护制度；1999 年加入《国际植物新品种保护联盟公约》（1978 年文本）。经过二十余年发展，我国目前已经形成由《种子法》《植物新品种保护条例》及其配套规章，以及最高人民法院发布的相关司法解释等组成的植物新品种保护法律规则体系。根据规定，品种权不是自动获得，须由育种者向国家植物新品种审批机关提出品种权申请，经审查批准后才能获得。农业农村部和国家林业草原局分别负责农业植物新品种权和林业植物新品种品种权申请的受理和审查工作，对不符合授权条件的品种权申请，作出驳回决定；对符合授权条件的品种权申请，作出授予品种权的决定，颁发品种权证书，并予以登记和公告。品种权申请人对驳回决定不服的，可以向植物新品种复审委员会请求复审。自授予品种权之日起，植物新品种复审委员会可以依据职权或者依据任何单位或者个人的书面请求，对不符合授权条件的品种权，宣告品种权无效；对不符合品种命名要求的授权品种，予以更名。对植物新品种复审委员会的决定不服的，可以向人民法院提起诉讼。对于侵害品种权的行为，品种权人或者利害关系人可以请求县级以上人民政府农业农村、林业草原主管部门进行处理，也可以直接向人民法院提起诉讼。本章首先讨论了品种权保护与育种技术发展、植物新品种保护制度起源、《国际植物新品种保护联盟公约》修订以及我国植物新品种保护制度的建立与发展，还根据《种子法》《植物新品种保护条例》及其配套规章和最高人民法院颁布的相关司法解释，结合实践中的典型案例，系统阐述了品种权保护客体、品种权的申请与获得、植物新品种复审、品种权与品种权例外、品种权的侵权与救济等问题。

---

〔1〕“育种者权”和“品种权”实际上为同一用语。前者通常是指《国际植物新品种保护联盟公约》所保护育种者就其培育的植物新品种所享有的各项权利之总称。后者是我国法律赋予育种者就其培育的植物新品种所享有的各项权利之总称。因此，两者在权利的性质上所指一致，但在具体权利内容方面有所不同。本部分根据问题描述的不同语境来使用“育种者权”和“品种权”的说法。

第一节　品种权概述

一、品种权保护与育种技术发展

植物育种与野生植物的驯化和农业的起源关系密切，伴随着人类社会漫长的改造和利用自然的发展历史，为人类消除饥饿、保障粮食安全和营养健康发挥着不可替代的作用。早期的植物育种主要采用选择育种的方法，利用现有品种在生产繁殖过程中出现的自然变异，进行优中选优、连续选优，进而将野生植物驯化为栽培作物。选择育种形成的新的植物品种主要是“自然产物”，不是人干预育种过程所形成的智力活动成果，无法纳入传统专利保护的客体范围。尽管1883年签订的《巴黎公约》强调，“工业产权应做最广义的理解，不仅适用于工商业本身，而且也应同样适用于农业和采掘工业以及一切制成品或天然产品，例如酒类、谷物、烟叶、水果、牲畜、矿产品、矿泉水、啤酒、花卉和面粉等”[1]，但并未对植物品种的创新提供保护。孟德尔遗传规律的发现、接受与普遍认可，是植物育种家“创造”植物新品种的开始。杂交育种技术的出现，使得通过不同品种间杂交创造新变异，并对杂种后代进行培育、选择，培育出新的植物品种成为可能。“随着遗传学、进化论及有关基础理论的发展，植物育种从20世纪二三十年代开始摆脱主要凭经验和技巧的初级状态，逐渐发展为具有系统理论和科学方法的一门应用科学”[2]，育种家所从事的植物新品种“创造”活动才能为科学证实并获得社会承认，随后逐步纳入知识产权保护的范畴。

美国是最早将植物新品种纳入知识产权保护的国家。早期，在美国主要通过农民个人通过传统方法选择和保存具有优良品性的作物品种，以及农民内部的种子交换活动促成一批适合大规模种植的优良品种。为了更好地发展农业，美国联邦政府在19世纪早期就开始从世界各地收集种子，协助农民获得更多的种子和植物品种。向农民收集和分配植物新品种是美国专利商标局（the U.S. Patent and Trademark Office，USPTO）成立的第一项工作。免费种子分配项目直到20世纪20年代才真正终止，成为影响美国种子产业发展的重要因素，也间接地影响了美国对植物新品种保护的制度选择。1930年《植物专利法》是美国最早为植物提供知识产权保护的法律，也是世界上第一部专门保护有生命发明的知识产权法律。1930年植物专利法仅为无性繁殖的植物，不包括茎块繁殖的植物提供植物专利保护。

为什么1930年《植物专利法》仅为无性繁殖植物提供保护呢？这是因为，在当时无性繁殖是保持植物纯种的唯一办法。经营无性繁殖植物的苗圃产业，只能寻求法律的

---

〔1〕 参见 the Paris Convention（of March 20, 1883, as revised at Stockholm on July 14, 1967, and as amended on September 28, 1979）, Article 1(3).

〔2〕 胡延吉主编：《植物育种学》，高等教育出版社2003年版，第4页。

专门保护，才能有效避免因窃取或者其他不正当获取繁殖材料引起的品种流失和恶性商业竞争问题。对于种子产业来说，杂交技术的出现，为种子公司提供了一种控制育种成果的生物形式保护：只要控制好亲本，就可以阻止其他人利用杂交种。种子产业发展的瓶颈问题是废除免费种子分配项目，争取种子贸易的自由化，而不是种子的知识产权保护。因此，苗圃产业为植物专利立法不断努力，而种子产业选择放弃。1930 年，美国出台《植物专利法》，仅为“发明或发现并以无性方式繁殖任何显著而新颖的植物品种者，包括培育芽变、变异体、杂种，以及新发现秧苗者，但不包括茎块培育的植物和未培育状态下发现的植物”[1]，提供植物专利保护。同样地，欧洲国家也在不断探索，尝试通过不同的方式，包括私人财产权利、品种登记等形式为植物育种提供法律保护，最终决定在 1961 年缔结《国际植物新品种保护联盟公约》，选择在专利制度以外创建育种者权保护制度（也就是植物新品种保护制度）为育种创新成果提供专门保护。这一制度选择是相关国家对育种创新活动进行充分认识和实践之后所作的制度安排。随后，美国在 1970 年通过《植物品种保护法》为有性繁殖或茎块繁殖的植物新品种提供品种权保护，适应了美国当时种业发展以及农产品国际贸易的发展要求。2018 年 12 月 20 日，美国修订《农业法》规定无性繁殖的植物品种也可以申请品种权保护[2]，改变了其自 1970 年以来《植物品种保护法》仅为有性繁殖或者茎块繁殖的植物提供品种权保护的历史。

20 世纪 80 年代以来，生物技术在作物育种领域的应用，国际上对植物育种创新成果的专利保护发生重大变化。自 1980 年美国联邦最高法院在 Diamond v. Chakrabaty 案[3]中确认，由基因工程获得的细菌可以授予专利保护以来，美国专利保护奉行“阳光下任何人造之物均可获得专利保护”的原则，并不断通过相关案例确认种子、植株、培养组织、基因等，包括植物新品种，不管是有生命的发明还是没有生命的发明，均可以获得发明专利的保护。关于植物专利、植物新品种权和发明专利三者的关系，美国联邦最高法院 2001 年在 Pioneer Hi-Bred 案中作了经典表述：“这三部法律提供了重叠互不排斥的保护，植物新品种的发明者可以根据每一法律申请保护，同时从每一种保护中受益。”[4]在欧洲，品种权与发明专利的关系与美国略有不同。欧洲专利局通过 1983 年的 Ciba—Geigy 案[5]、1988 年的 Lubrizol 案[6]、1995 年的 Plant Genetic Systems 案[7]以及 1997 年和 1999 年的 In re Novartis AG 案[8]等经典案例，明确了欧洲专利局对于植物发明专利保护

〔1〕 35 USC 161 Patent for plants。

〔2〕 “Plant Variety ProtectionRegulatory Update”，https://www.ams.usda.gov/services/plant-variety-protection，2019 年 8 月 17 日最新访问。

〔3〕 Diamond v. Chakrabaty, 447U.S. 303, (1980).

〔4〕 J.E.M. AG Supply,inc. v. Pioneer Hi-Bred International, Inc，534 U.S. 124, 122 S. Ct.593, 151 L.Ed. 2d (2001).

〔5〕 Case T_0049/83 - 3.3.1 [1983.07.26] OJ EPO 112, Ciba—Geigy：Propagating material.

〔6〕 Case T_0320/87 - 3.3.2 [1988.11.10],1990 OJ EPO 71，Lubrizol: Hybrid plants, 21 IIC361（1990）: Hybrid Plants（1988）.

〔7〕 Case T_0356/93 - 3.3.4 [1995.02.21], Greenpeace Ltd v. Plant Genetic Systems N.V.,et al：Plant Cell（1995）.

〔8〕 T_1054/96 - 3.3.4 [1997.10.13], In re Novartis AG：Transgenic Plant（1997）,and Case G_0001/98 - EBA [1999.12.20]，Novartis AG Novartis Ⅱ /Transgenic Plant, (1999).

的态度，即植物基因、基因序列、植物、生产植物的方法、转基因植物以及含有两个植物品种以上的植物群均可以获得可以欧洲专利保护。只有符合特异性、一致性和稳定性的植物品种则不能授予专利保护，只能通过欧盟品种权或者相应国家的品种权予以保护。

二、《国际植物新品种保护联盟公约》

UPOV 公约是《国际植物新品种保护联盟公约》（the Convention Established the International Union for the Protection of New Varieties of Plants）的简称，意在要求各成员国通过专门保护或专利保护的方式，为植物新品种育种者的权利提供保护，并专门明确了育种者权（the breeder's right，也称为品种权）制度的基本内容。育种者权（品种权）保护制度是欧洲国家经过近 30 年的讨论和实践，在国际工业产权保护协会（AIPPI）和植物育种者协会（ASSINSEL）的推动下，专门考虑到植物育种创新的特殊性而确立的专门的知识产权保护制度，对世界各国的植物育种创新保护产生了深远的影响。为了应对国际社会经济和育种技术的不断发展变化，UPOV 公约自 1961 年成立以来，已经进行了三次修订，分别在 1972 年、1978 年和 1991 年，其中 1978 年和 1991 年的修订对植物新品种保护制度具有实质性的影响。目前，该公约已经成为知识产权领域一个重要的全球性公约。截至 2024 年 2 月 2 日，共有 79 个国家或地区加入，其中阿根廷、比利时、中国、玻利维亚、巴西、智利、哥伦比亚、厄瓜多尔、意大利、墨西哥、新西兰、尼加拉瓜、挪威、巴拉圭、葡萄牙、南非、特立尼达和多巴哥以及乌拉圭的 18 个国家为 1978 年文本成员，包括美国、韩国、日本、澳大利亚、德国以及欧盟和非洲知识产权组织等在内的 61 个国家或者地区为 1991 年文本成员。我国于 1999 年加入 UPOV1978 年文本。自 1997 年制定植物新品种保护条例后，经 2015 年和 2021 年两次种子法修改，我国植物新品种保护水平基本与 UPOV1991 年文本相当。

三、中国植物新品种保护制度的建立与发展

与欧美植物新品种保护制度的产生明显不同，中国植物新品种保护制度的产生不是产业推动的结果。中国最早提出要求为植物新品种提供保护的是农业科技人员，“1993 年 4 月朱镕基副总理在湖南视察期间，在听取了农业科技人员反映立法保护植物新品种的强烈愿望和建议后，对植物新品种保护问题作了批示，要求有关部门开展调研”[1]。在这之后，农业部、林业部和国家科委等联合成立植物新品种保护条例立法领导小组和工作小组，就植物新品种保护的相关问题展开调研、论证和修改。此外，WTO 乌拉圭回合谈判在 1994 年最终达成《与贸易有关的知识产权协议》（TRIPs 协议）也对中国的植物新品种保护制度的建立产生了积极的影响。

1997 年 3 月 20 日，国务院颁布《植物新品种保护条例》，10 月 1 日施行，正式确立植物新品种保护制度。1999 年 4 月 23 日，我国加入《国际植物新品种保护联盟公约》

〔1〕 吴立增、黄秀娟、刘伟平等：《基因资源知识产权理论》，科学出版社 2009 年版，第 53 页。

（1978 年文本）。农业部、国家林业局按照职责分工从 1999 年 4 月 23 日起受理国内外植物新品种权申请，并已对符合条件的申请授予了植物新品种权。此后，国务院农业、林业主管部门相继颁布《植物新品种保护条例实施细则》（农业部分）（1999 年）[1]和《植物新品种保护条例实施细则》（林业部分）（1999 年），《农业部植物新品种复审委员会审理规定》（2001 年）、《农业植物新品种权侵权案件处理规定》（2003 年）、《关于台湾地区申请人在大陆申请植物新品种权的暂行规定》（2010 年）、《农业植物品种命名规定》（2012 年）[2]、《林业植物新品种保护行政执法办法》（2014 年）等规章。2014 年 7 月 29 日，《植物新品种保护条例》[3]根据《国务院关于修改部分行政法规的决定》作了微小修订。我国实行植物新品种保护名录制度，只有纳入保护名录的植物新品种才能申请品种权保护。截至目前，我国已发布 11 批农业植物新品种保护名录，涵盖 191 个植物种属；8 批林业植物新品种保护名录，涵盖 293 种植物种属。

自 1997 年《植物新品种保护条例》颁布实施后，最高人民法院于 2001 年发布了《关于开展植物新品种纠纷案件审判工作的通知》[4]明确植物新品种纠纷案件属于知识产权纠纷案件，并相继发布系列司法解释，包括《最高人民法院关于审理植物品种纠纷案件若干问题的解释》（2003 年）[5]、《最高人民法院关于审理侵犯植物品种权纠纷案件具体应用法律问题的若干规定》（2007 年）[6]以及《最高人民法院关于审理侵害植物新品种权纠纷案件具体应用法律问题的若干规定（二）》（2021 年）[7]，分别就植物品种案件的审理范围、司法管辖、侵权认定、损害赔偿确定、侵权鉴定等关键问题作了解释。

为解决植物新品种保护立法层级相对较低、植物新品种权保护水平偏低和鼓励品种创新不足的问题，全国人大常务委员会于 2015 年修改了《种子法》，新设“植物新品种保护”专章对授权原则、品种命名、保护范围及例外、强制许可作了规定；强化了品种权侵权的民事赔偿责任，将法定赔偿的最高额由 50 万元提高到 300 万元，对情节严重的品种权侵权行为规定了 1 倍以上 3 倍以下的惩罚性赔偿；将品种权侵权和假冒授权品种的执法权由省级以上人民政府农业、林业主管部门下放到县级以上人民政府农业、林业主管部门行使，并提高了最低罚款额度。《种子法》没有规定的，仍适用《植物新品种保护条例》及有关部门规章的规定。

为激励育种原始创新、保障粮食安全，全国人大常务委员会于 2021 年再次对《种子法》关于植物新品种保护规定进行修改。一是扩大植物新品种权的保护范围及保护环节：品种权保护范围扩大到授权品种的繁殖材料，以及未经许可利用繁殖材料获得的收获材料，保护环节由生产、繁殖、销售扩展到生产、繁殖、为繁殖进行的处理、许诺销

---

〔1〕《植物新品种保护条例实施细则》（农业部分）于 2007 年进行了修订。

〔2〕《农业植物品种命名规定》于 2022 年进行了修订。

〔3〕 在没有特别注明的情况下，《植物新品种保护条例》均指经 2014 年修订后的文本。

〔4〕 法〔2001〕18 号。

〔5〕 法释〔2001〕5 号，后于 2020 年修正。

〔6〕 法释〔2007〕1 号，后于 2020 年修正。

〔7〕 法释〔2021〕14 号。

售、销售、进口、出口以及为上述目的的储存。二是建立实质性派生品种制度：明确实质性派生品种可以申请植物新品种权，并可以获得授权，但对其以商业为目的利用时，应当征得原始品种的植物新品种权所有人的同意。三是完善侵权赔偿制度：将惩罚性赔偿的上限倍数由 3 倍提高到 5 倍，将法定赔偿最高限额由 300 万元提高到 500 万元。经过此次修改后，我国植物新品种保护水平基本与 UPOV1991 文本相当。

四、植物新品种保护制度的作用

工业领域的创新保护早在 300 多年前就为人们所重视，而农业育种领域的创新保护直到 20 世纪二三十年代才被有所承认，20 世纪 80 年代才得到普遍承认。究其原因，农业育种创新所面对的是生命体的创新与创造，一方面涉及生命伦理禁忌问题，另一方面是由于人类对生命体领域的运行规律仍然知之甚少，人类对其所能干预的范围和作用仍然十分有限。但植物育种乃至动物育种领域的探索与创新是人类智力活动的重要领域，同样需要知识产权的保护与激励。首先，植物育种时间长而且花费大，培育植物新品种需大量的投资，包括人力、技术、资源、物资和资金，以及花费长期的时间（许多植物种类育种时间至少需要 10—15 年）[1]。其次，植物品种很容易被快速复制。虽然对于杂交品种来说，育种者在一定程度上可以通过控制亲本达到保护杂交品种的目的，但是对于大多数常规作物和无性繁殖植物来说，繁殖材料本身包含了所有的育种创新成果，一旦繁殖材料进入市场，就意味着育种创新成果进入公共领域，容易被繁殖复制。最后，育种者需要法律保护保障收回投资。世界种业的发展在经历政府主导时期，立法经营时期、垄断经营时期三个阶段后[2]，自 20 世纪 90 年代后开始进入种业全球化的发展阶段。由资本、技术、信息融合组成的规模化育种平台将在未来种业创新中发挥更大的作用。没有知识产权保护，育种产业就难以获得大规模投资。没有大量的资本投入，就难以开展体系化规模化的育种创新活动。植物新品种保护制度通过保护植物新品种，鼓励育种创新，促进优良作物品种的推广应用和国际优异种质资源的交流交换，从而推动全球农业的可持续发展。

第二节　品种权的客体

品种权的保护客体是植物新品种，相当专利法中的发明创造。植物品种是一个植物学上的概念，描述的是一个具有相同或近似特征属性具有生命的植物群。

一、植物新品种

植物是地球上生命的主要形态之一，种类繁多，彼此千差万别。植物学家们将整个

---

〔1〕 农业部植物新品种保护办公室编：《植物新品种保护基础知识》，蓝天出版社 1999 年版，第 11—12 页。

〔2〕 佟屏亚：《世界种业发展与跨国公司兴起》，载《种子世界》2002 年第 9 期。

植物界“分成许多阶层（等级）如门、纲、目、科、属、种等，有时在各个阶层之下分别加入亚门、亚纲、亚目、亚科、亚属、族、亚属、亚种等阶层”[1]。但植物新品种保护意义上的“植物品种（variety）是人工进化的、人工选择的，即育种的产物”[2]，“在一些国家立法或者国际公约、协定中 variety 一词或者其他语言中的对应词是一个法定术语或者其他方面的法律术语，用来称呼一个业经证实的特异、一致、稳定的变异体，该术语完全等同于本《法规》中所定义的 cultivar（栽培品种）一词”[3]。所以，植物新品种保护意义上的植物品种指的是栽培品种。

从植物新品种保护制度发展历史看，“植物品种”定义是随着育种技术的发展和育种实践的推进而逐步得到明确的。在 UPOV1961/1972 中，将“品种”定义为“任何用于繁殖并满足特异性、一致性以及适当命名的栽培品种，无性系，品系，类或杂交种”[4]，没有要求稳定性。UPOV1978 没有为“品种”提供定义。UPOV1991 规定的“植物品种”定义是目前国际公认的科学定义。“植物品种”系指已知植物最低分类单元中单一的植物群，不论授予品种权的条件是否充分满足，该植物群可以是：以某一特定基因型或基因型组合表达的特性来确定；至少表现出上述的一种特性，以区别于任何其他植物群，并且作为一个分类单元，其适用性经过繁殖不发生变化[5]。UPOV1991 对“植物品种”的定义着重于强调作为品种所应具有的特定基因型或基因型组合表达的特性，概念外延明显小于 UPOV1961/1972 中的“品种”。

UPOV1991 关于“植物品种”的概念，也为我国《植物新品种特异性、一致性和稳定性测试指南　总则》所接受[6]。从本质来说，植物品种是一个科学概念。《种子法》将“植物品种”定义为“经过人工选育或者发现并经过改良，形态特征和生物学特性一致，遗传性状相对稳定的植物群体”。这里的“植物品种”与 UPOV 公约中“植物品种”在概念的内涵与外延上都是等同的，只是描述方式和描述的侧重点有所不同。1997 年制定的《植物新品种保护条例》明确将“植物新品种”界定为“经过人工培育的或者对发现的野生植物加以开发，具备新颖性、特异性、一致性和稳定性并有适当命名的植物品种”。举个例子来说，“玉米”是一种植物分类上的一个大的“种或属”，在“玉米”这个种下，还有数以千计的各种玉米栽培品种，如“郑单 958”“先玉 335”“万糯 2000”等。“郑单 958”“先玉 335”“万糯 2000”等玉米品种就是植物新品种保护意义上所指的“植物品种”，是具有特异性、稳定性和一致性的玉米品种。

实践中，如何判定申请保护的植物群是一个植物品种呢？通行做法是，根据特定作物的《植物品种特异性、一致性和稳定性测试指南》，将申请品种与近似品种相邻种植，

---

〔1〕 吴国芳、冯志坚、马炜梁等编著：《植物学》（第二版下册），高等教育出版社 2011 年版，第 1—4 页。

〔2〕 胡延吉主编：《植物育种学》，高等教育出版社 2003 年版，第 5 页。

〔3〕 靳晓白、成仿云、张启翔译：《国际栽培植物命名法规》（第八版），中国林业出版社 2013 年版，第 5—6 页。

〔4〕 UPOV1961/1972 Art.2 (2).

〔5〕 UPOV1991 Art.1 (vi).

〔6〕 GB/T19557.1—2004. 3.1.

进行性状观测，判定申请品种的特异性、一致性与稳定性。这就是通常所说的特异性、一致性和稳定性测试，即 DUS 测试。根据《种子法》与《植物新品种保护条例》规定，申请植物新品种权保护的植物品种必须具备新颖性、特异性、一致性和稳定性，以及适当品种名称，经审查合格，才能授予育种者以植物新品种权。

二、新颖性

（一）新颖性含义

新颖性是判断申请品种能否获得品种权保护的法律要件，是植物新品种权申请、审查与无效程序中必须解决的基础问题。从理论上来说，设置植物品种的新颖性要件与专利法上的新颖性要件的作用相似，主要用于判断申请品种在申请日之前是新的，以保证申请品种权保护的植物品种是新培育的，或者说是前所未有的、未曾出现过的、不为公众所知悉的。由于专利所保护的是技术方案，其信息能够通过书面披露的方式进入公有领域，因此世界各国的专利法基本都从出版物公开和公知公用公开两种途径来审查发明的新颖性。而品种权保护的是植物新品种，其创新成果与繁殖材料无法相互分离。这意味着，所有脱离繁殖材料的描述与说明，都无法使植物新品种进入公有领域，繁殖材料的控制才是决定植物新品种是否进入公有领域的关键。基于上述考虑，UPOV 公约从其成立之初就确定将"经育种者及其授权的人许可销售申请品种"的行为作为判断该植物品种是否丧失新颖性的关键〔1〕。比如,UPOV1978 规定，申请品种在申请日尚未销售；或者经育种者同意在申请国销售不超过 1 年；藤本、林木、果树和观赏树木，包括其根茎，经育种者同意在其他国家销售不超过 6 年，其他植物不超过 4 年；同时明确，与提供出售或在市场销售无关的品种试种，或者以提供出售或市场销售以外的方式成为已知品种的事实，不影响育种者申请品种权保护的权利〔2〕。UPOV1991 规定"如果该品种的繁殖材料或收获材料在申请日尚未因利用品种之目的由育种者本人或者经育种者同意出售或转让他人:（i）在申请国内距申请日未超过 1 年;（ii）在其他国家距申请日未超过 4 年，木本或藤本植物未超过 6 年"，应被认为具有新颖性〔3〕。与 UPOV1978 相比，UPOV1991 对新颖性的规定要复杂一些。考虑到 UPOV1991 将收获材料纳入育种者权保护范围，也就增加了"收获材料"销售破坏植物品种新颖性的规定。如何理解"利用品种之目的"呢？需要结合欧盟关于新颖性规定的理解，"利用品种之目的"〔4〕实际含义是"商业开发利用品种的目的"，意在排除其他非商业开发利用品种的行为破坏新颖性的可能性。《欧盟植物品种保护条例》规定，如将品种提交给官方机构用于法定目的，或者根据合同或其他法律关系向其他人转让仅用于生产、复制、繁殖、处理或者存储，不应认为是破坏申请品种新颖性的销售或转让，只要育种者保持对这些或者其他品种的排他性权利，并

---

〔1〕 参见 UPOV 1961/1972 Art.6（1）（b）和 UPOV1991 Art.6（2）.

〔2〕 UPOV1978 Art.6（1）（b）.

〔3〕 UPOV1991 Art.6（2）.

〔4〕 "For purposes of exploitation of the variety".

且没有涉及进一步的转让。[1]也就是说，超过宽限期的经育种者许可的商业利用品种目的销售申请品种繁殖材料或者收获材料的行为将破坏植物品种的新颖性。

（二）我国植物新品种的新颖性判断规则

植物品种新颖性问题也是我国目前植物新品种保护实践中备受关注的问题。我国关于植物品种新颖性判断规则经历了两个发展阶段：第一阶段是以《植物新品种保护条例》为基础确立的规则，基本与UPOV1978规定相符；第二阶段是《种子法》2015年对《植物新品种保护条例》相关规定作的调整，形成了以种子法规定为基础、条例规定为补充的新颖性判断规则。

与发明的新颖性判断规则相比，我国关于植物品种的新颖性判断规则相对复杂，以下分三个层次进行描述[2]。第一个层次是新颖性的基本规则。申请品种在申请日前未销售，或者育种者自行或者同意销售、推广其种子，在中国境内未超过1年；在境外，木本或者藤本植物未超过6年，其他植物未超过4年的，具备新颖性。第二个层次是衔接规则。对于新列入国家植物品种保护名录的植物的属或者种，从名录公布之日起1年内提出植物新品种权申请的，在境内销售、推广该品种种子未超过4年的，具备新颖性。第三层次是视为丧失新颖性的情形。除销售、推广行为丧失新颖性外，下列情形视为已丧失新颖性：（1）品种经省、自治区、直辖市人民政府农业、林业主管部门依据播种面积确认已经形成事实扩散的；（2）农作物品种已审定或者登记2年以上未申请植物新品种权的。这里的“种子”含义等同于“繁殖材料”。《种子法》2021年修正后，应将“收获材料”也纳入新颖性考察对象。

考虑到杂交种与亲本之间的特殊关系，欧盟和美国均规定杂交种的销售行为将导致亲本品种新颖性的丧失，但规定的方式有所不同。《欧盟植物品种保护条例》规定经育种者许可销售杂交品种超过宽限期的，将导致其亲本品种丧失新颖性。[3]美国《植物品种保护法》则直接将杂交种视为亲本品种的收获材料，杂交种的销售会影响亲本品种的新颖性。[4]我国目前没有上述规定，这意味着杂交品种的销售不会导致亲本品种丧失新颖性。从实践来看，还有必要讨论新颖性丧失例外的情形。这些情形应包括：（1）申请品种繁殖材料或者收获材料提交给官方机构用于法定目的；（2）仅用于试验、实验、试种、育种目的的；（3）根据合同或者其他法律关系，转让仅用于生产、繁殖、处理或者存储，不涉及申请品种繁殖材料或者收获材料进一步转让的；(4) 他人未经育种者同意自行销售或转让的；（5）在中国政府主办或者承认的国际展览会上首次展示的；等等。尽管上述行为已经导致申请品种的繁殖材料或者收获材料扩散到市场了，仍不会导致申请品种新颖性的丧失，以明确保障育种者申请品种权保护的合法权利。

---

〔1〕（EC）NO 2100/94 Art.10.

〔2〕《种子法》（2021年修正）第90条第6页和《植物新品种保护条例》（2014年修订）第14条。

〔3〕（EC）NO 2100/94 Art.10.

〔4〕 United Kingdom Plant Varieties Act 1997 schedule 2 conditions for the grant of plant breeders' rights, Novelty（10）（11）.

三、特异性、一致性和稳定性

特异性、一致性和稳定性是判断一个植物群是否符合“植物品种”的技术性要件，通常由植物新品种测试机构根据特定植物种或属特异性、一致性和稳定性（DUS）测试指南进行的田间种植测试结果来判断。在 UPOV1961/1962 中，国际植物新品种保护联盟尚未形成对“植物品种”明确认识，仅描述了“特异性”和“一致性”要件的要求。UPOV1978 对“植物品种”认识更近一步，明确了“特异性”、“一致性”和“稳定性”要件的描述，但对“植物品种”没有给予定义。随着育种实践的深入，尤其是分子生物学的发展,UPOV1991 明确地揭示“育种者权”所保护的客体为“植物品种”。“植物品种”及其判断“植物品种”的要件才予以明确地描述。从本质来说看，UPOV1991 对特异性、一致性和稳定性的描述，与 UPOV1978 是一脉相承的。

（一）特异性

特异性是特定植物品种所具有区别于其他品种的客观特征特性。一个品种具有特异性，与该品种是否具备优良性状没有直接关系。根据 UPOV1991 规定，“特异性”（distinctness）是指“如果一个品种在提交申请之日起明显区别于已知品种的，则这个品种应被认为是特异的”[1]如何理解“明显区别”呢？UPOV1978 在解释“特异性”时，强调“具有一个或者数个重要特征区别于任何已知品种的”，即为具有“特异性”。我国《植物新品种保护条例》（2014 年修订）规定，“申请品种权的植物新品种应当明显区别于在递交申请以前已知的植物品种”，与 UPOV1991 表述基本一致。《种子法》（2015 年修订）规定，特异性是指一个植物品种有一个以上性状明显区别于已知品种。从上述规定可以看出，只要申请品种具备一个以上特征特性明显区别与已知品种的，就属于具备特异性。这里“性状”或者说是“特征特性”，既包括可以通过观察发现的表型特征特性，也包括难以通过植物表型表现出来的特性，如抗虫性、抗寒性或者是气味等。在申请植物新品种保护的过程中，申请人一定要在申请文件中明确申请品种与已知品种相比所具有的特别性状。

在判断特异性的过程中，“已知品种”是一个十分重要的概念，相当于专利法中的“现有技术”“现有设计”。“已知品种”的范围确定也是一个逐渐科学化的过程。UPOV1961/1972[2]和 UPOV1978[3]中规定的“已知品种”主要包括以下三类：（1）已经在进行栽培或销售；（2）已经或正在法定的注册处登记；（3）已登在参考文献中或已在刊物中准确描述过的品种。UPOV1991 则有明显不同的规定，即“在任何国家里，如果一其他品种的品种权申请或在法定的品种登记处登记的申请，当获得了品种权或者在法定的品种登记处登记，则应认为从申请之日起，该其他品种便是已知的品种”[4]。UPOV1991 仅规定“获得品种权保护”和“完成品种登记”的品种从其申请之日起为已

〔1〕UPOV1991 Art.7.

〔2〕UPOV1961/1972 Art. 6(1)a.

〔3〕UPOV1978 Art. 6(1)a.

〔4〕UPOV1991 Art. 7.

知品种，没有将“已经栽培、销售和文献准确描述的植物品种”列为已知品种。究其原因，就在于上述这几类品种难以有合适的法律上的证据证明相关品种存在的先后，因此仅将获得保护或者登记的品种作为“已知品种”。我国关于“已知品种”的界定，最早来自2007年修订的《植物新品种保护条例实施细则》(农业部分)，规定“已知的植物品种”包括品种权申请初审合格公告、通过品种审定或者已推广应用的品种[1]。《种子法》(2015年修订)在旧法的基础上作了略微修改，明确“已知品种是指已受理申请或者已通过品种审定、品种登记、新品种保护，或者已经销售、推广的植物品种”[2]。

从实践来看，“已知品种”的判定，也是一个科学问题，需要处理好两个时间节点。即一个品种何时成为已知品种，并且何时作为申请品种的已知品种。关于一个品种何时成为已知品种的问题，目前我国法律上没有明确规定。从国际实践来看，UPOV及其成员已经形成基本共识。UPOV1991规定，即“在任何国家里，如果一其他品种的品种权申请或在法定的品种登记处登记的申请，当获得了品种权或者在法定的品种登记处登记，则应认为从申请之日起，该其他品种便是已知的品种”[3]。结合我国目前的实践情形，上述含义可以表述为申请品种权保护、品种审定、品种登记的品种获得品种权保护、品种审定、品种登记后，从其申请日起成为已知品种。关于何时作为申请品种的已知品种，以在后申请品种的申请日为界限，申请日之前的已知品种作为该申请品种的“已知品种”。对于判断一个特定申请品种的已知品种，有两个时间节点。一种情况是，以该特定申请品种的申请日为节点，在该申请日以前已经获得品种权授权、通过品种审定和品种登记的品种，为该特定申请品种的已知品种。还有一种情况是，在该特定申请品种申请日之前申请但在该申请日后获得品种权、通过品种审定或者品种登记的品种，也是该特定申请品种的“已知品种”。如果上述情况涉及的已知品种导致申请品种缺乏特异性的，前述申请就构成了该特定品种申请的“抵触申请”。

在植物新品种审查实践中，如何具体判断申请品种的特异性呢？植物新品种审批机关通常会从已知品种中选择一组相关特征或者特性与申请品种最为相似的品种，进行比较，从中找出特异性。根据《植物新品种特异性、一致性和稳定性测试指南　总则》的描述，主要通过以下方法进行[4]：(1)通过比较记载的品种描述，能够准确区分申请品种的不再进行种植试验；(2)通过在两个不同的生长周期种植一年生和多年生品种分别进行观察，或者一次种植后对多年生品种进行两个不同生长季节的观察，以保证在种植试验中所观察到的性状差异是恒定的；(3)对于受环境影响较小的性状，如果种植环境始终一致，例如在可控制温度和光照的温室里，就没有必要观察两个生长周期。从目前实践看，主要通过DUS测试或者现场考察来判断申请品种的特异性，同时也考察一致性和稳定性。

---

〔1〕《植物新品种保护条例实施细则（农业部分）》(中华人民共和国农业部令2007年第5号)第16条。

〔2〕《种子法》(2015年修订)第90条第10项。

〔3〕 UPOV1991 Art. 7.

〔4〕《植物新品种特异性、一致性和稳定性测试指南　总则》(GB/T 19557.1—2004) 6.1.1。

（二）一致性

判断一个植物群是否具备一致性是一个科学问题。国际植物新品种保护实践中，关于一致性判断的表述是逐步完善的。UPOV1961 将其表述为“就该品种的有性或无性繁殖特性而言，必须充分均质或一致”[1]，UPOV1978 没有修改，UPOV1991 修改为“在繁殖特性中预期可能出现变异的情况下，有关性状表现得足够整齐一致”[2]。如果说特异性描述的是一个植物品种相对于其他品种所表现出的区别性，一致性则描述的是一个植物品种内的每一代植株间的特征特性的近似程度。《植物新品种保护条例》将一致性界定为，“申请品种权的植物新品种经过繁殖，除可以预见的变异外，其相关的特征或者特性一致”。《种子法》从更为客观的视角进行描述，一致性是指一个植物品种的特性除可预期的自然变异外，群体内个体间相关的特征或者特性表现一致。当然，这里的“表现一致”，是一个相对概念，强调的是在“可预期的自然变异”的基础上，相关特征特性一致。

（三）稳定性

UPOV1972 首先提出植物品种“稳定性”要件描述，“品种基本特性必须稳定，即经过重复繁殖，或在育种者规定的特定繁殖周期中的各个周期结束时，品种基本特性仍与原来所描述的一致”。UPOV1991 关于稳定性的描述显得更为科学和规范，但其实质含义没有变化，即“经反复繁殖相关性状保持不变，或者在每次特定繁殖周期末，有关性状保持不变”[3]。植物品种所要具备的稳定性要件，在于强调同一植物品种内不同代际之间的植株的基本特征特性不发生变化，理论上要求植物品种的每一代植株都要保持基本特征特性不变。在植物新品种审查实践中，审批机关通常通过种植至少两个生长周期的表现来判断。同样地，这里的“不变”也不是绝对意义上的不变，而是指基本特征特性不变或者是相关特征特性不变。

通过对植物品种的特异性、一致性和稳定性的科学描述，可以看出同一植物品种内各植株之间存在不同是绝对的，相同是相对的。界定不同的植株是否属于同一植物品种，关键要看植株之间的遗传相似度。如在植物品种鉴定 MNP 分子标记法[4]中，对于水稻、玉米、大豆等 13 种作物：当遗传相似度（GS）$< 96\%$，判定待测样本与对照样本为“不同品种”；当 $96\% \leqslant GS< 99\%$ 时，判定为“近似品种”；当 $GS \geqslant 99\%$ 时，判定为“极近似或者相同品种”。不同作物品种判定品种同一性的遗传系数数值有可能是不同的。比如，艾草、龙眼和荔枝，当 $GS< 91\%$ 时为“不同品种”；当 $91\% \leqslant GS< 99\%$ 时，判定为“近似品种”；当 $GS \geqslant 99\%$ 时，判定为“极近似或者相同品种”。

四、适当品种名称

品种名称是用以区别申请品种与其他品种的重要标志，UPOV 公约自成立时就将适

---

〔1〕 UPOV1961 Art. 6.

〔2〕 UPOV1991 Art. 8.

〔3〕 UPOV 1991 Art.9.

〔4〕 GB/T 38551—2020.

当品种名称作为育种者权利授予的条件。《植物新品种保护条例》规定，植物新品种应当具备适当的名称，并与相同或者相近的植物属或者种中已知品种的名称相区别。该名称经注册登记后即为该植物新品种的通用名称。该条例明确规定，下列名称不得用于品种命名：（1）仅以数字组成的；（2）违反社会公德的；（3）对植物新品种的特征、特性或者育种者的身份等容易引起误解的。[1] 从实践看，品种名称命名的管理是品种管理的重要内容。为规范农业植物品种命名，加强品种名称管理，农业部于 2012 年制定并发布《农业植物品种命名规定》，该规定后于 2022 年进行了修订[2]。其明确申请农作物品种审定、农业植物新品种权和农业转基因生物安全评价的农业植物品种及其直接应用的亲本的命名，应当遵守本规定；其他农业植物品种的命名，参照本规定执行。因此，上述规定是我国判定相关品种名称是否适当的主要法律依据。为解决实践中一品多名或者多品一名带来的不正当竞争及种子质量问题，《种子法》2015 年修订后明确要求，同一植物品种在申请新品种保护、品种审定、品种登记、推广、销售时只能使用同一个名称。生产推广、销售的种子应当与申请植物新品种保护、品种审定、品种登记时提供的样品相符。可见，品种名称的唯一性并且与其标准样本形成对应关系，是我国植物品种管理应遵守的基本原则。如果违反品种名称管理规定的，相关主体将根据《种子法》承担相应的法律责任，同时将可能影响品种权的正常行使。

第三节　品种权的申请与获得

品种权不是自动获得，须由育种者向国家植物新品种审批机关提出品种权申请，经审查批准后才能获得。未经植物新品种审批机关批准授予品种权保护的植物新品种，即使通过国家或者省级品种审定，通过品种登记，也不能获得排他性的专有权保护，除非育种者将其培育的植物新品种作为商业秘密予以保护。但是，通过商业秘密保护的植物新品种，只能获得反不正当竞争意义上的保护，无法阻止第三人通过合法手段获得植物新品种并加以应用。

本部分主要依据现行《植物新品种保护条例》及其实施细则相关规定，对品种权的申请、审查、授权与复审等问题进行说明。

一、品种权申请人

品种权申请人是指有权利或者有资格申请品种权的人。这里的“人”既包括自然人、法人也包括其他组织。通常来说，一个植物新品种是由一个或者多个自然人完成培育的。这些对新品种培育作出创造性贡献的自然人，称为培育人。仅负责组织管理工作、

---

〔1〕《植物新品种保护条例》（2014 年修订）第 18 条。

〔2〕 农业部令 2012 年第 2 号公布，2022 年 1 月 21 日农业农村部令 2022 年第 2 号修订。

为物质条件的利用提供方便或者从事其他辅助工作的人不是培育人。由于植物育种需要的时间长，投入大，并且存在各种育种失败的风险，很多植物新品种是由法人单位组织雇员完成的。法律上将开展植物新品种培育并承担相应法律责任的单位或者个人，称为完成新品种育种的人，简称育种者。从实践来看，育种者、培育人和品种权申请人是针对不同权利义务关系而作的表述，相互之间存在交叉的情形。

培育人通常在两种情况下可以成为育种者。第一种情况是，培育人完全以自己的物质条件和技术能力完成相关品种的培育，不隶属于任何单位或者法人。第二种情况是，培育人虽然隶属于某个单位或者法人，但他们是在本职工作之余完成培育植物新品种的。上述植物新品种都属于非职务育种成果。在这种情况下，培育人可以育种者申请植物新品种保护。如果获得了品种权，培育人就可以成为品种权人。

对于执行本单位的任务或者主要是利用本单位的物质条件所完成的职务育种，培育人是具体实施培育行为的个人，该单位为育种者，可以作为申请人申请品种权保护，并在获得品种权后成为品种权人。

职务育种主要涉及两种情形。第一种情形是执行本单位任务所完成的育种，包括下列三种情形：（1）在本职工作中完成的育种；（2）履行本单位交付的本职工作之外的任务所完成的育种；（3）退职、退休或者调动工作后，3 年内完成的与其在原单位承担的工作或者原单位分配的任务有关的育种。第二种情形是主要利用本单位的物质条件所完成的育种。这里所称的本单位的物质条件，是指本单位的资金、仪器设备、试验场地以及单位所有的尚未允许公开的育种材料和技术资料等。实践中，由于上述规定中“有关”“主要”的判定标准存在较大的模糊性，容易引起纠纷，因此，通过合同明确约定培育人与单位的利益，是相对合理的方式。

此外，实践中还会涉及共同育种和委托育种的情形，申请品种权的权利属于谁，通常由合同约定。没有合同约定的，申请权属于受委托完成或者共同完成育种的单位或者个人。授予品种权时，该申请人自然成为品种权人。

同时，考虑到申请品种权的权利依法可以转让，如果转让申请品种权的权利的，当事人之间应签订书面合同。受让人可以在申请品种权保护时，提交该合同，证明其享有申请品种权保护的权利。如果是在申请品种权的过程中转让申请权的，当事人双方应将转让书面合同向植物新品种审批机关登记，由审批机关予以公告，转让行为自公告之日生效。申请权的转让行为，如果品种权获得授权，改变的是该植物新品种权的归属，但不能改变由谁培育了该植物新品种的事实行为。因此，品种权证书上的培育人不会因植物新品种权属的改变而发生改变。如果中国的单位或者个人就其在国内培育的植物新品种向外国人转让申请权的，应当经审批机关批准。国有单位在国内转让申请权的，应当按照国家有关规定报经有关行政主管部门批准。

二、品种权申请

国务院农业农村、林业草原主管部门按照职责分工共同负责品种权申请的受理和审查，并对符合规定的植物新品种授予品种权。对涉及国家安全或者重大利益需要保密的植物新品种，按照国家有关规定办理。农业农村部植物新品种保护办公室负责粮食、棉花、油料、麻类、糖料、蔬菜（含西甜瓜）、烟草、桑树、茶树、果树（干果除外）、观赏植物（木本除外）、草类、绿肥、草本药材、食用菌、藻类和橡胶树等农业植物新品种的品种权申请的受理、审查等事务，负责植物新品种测试和繁殖材料保藏的组织工作。国家林业草原局植物新品种保护办公室负责林木、竹、木质藤木、木本观赏植物（包括木本花卉）、果树（干果部分）及木本油料、饮料、调料、木本药材等植物品种的品种权申请的受理、审查等事务负责植物新品种测试和繁殖材料保藏的组织工作。

根据植物新品种保护条例及实施细则规定，中国的单位和个人申请品种权的，可以直接或者委托代理机构向审批机关提出申请。在中国没有经常居所的外国人、外国企业或其他外国组织，向品种保护办公室提出品种权申请的，应当委托代理机构办理。代理机构在向品种保护办公室提交申请时，应当同时提交申请人委托书。品种保护办公室在上述申请的受理与审查程序中，直接与代理机构联系。申请品种权的，应当向品种办公室提交符合规定格式要求的请求书、说明书和该品种的照片。请求书、说明书按照品种保护办公室规定的统一格式填写。目前，植物新品种审批机关已全面开通在线品种权申请系统，申请人可以通过品种权申请系统完成品种权申请工作。

请求书是申请人向植物新品种审批机关提交的授予品种权的文件。请求书通常是品种权审批机关制作的格式文件，包括申请人的姓名、地址、联系方式、提出申请的年月日、品种暂定名称、培育人、品种的主要地、品种培育的起止日期等信息。如果申请人是法人的，写明法人的正式名称、地址和其法定代表人的姓名，并附上委托书。如果品种权申请是由代理人办理的，还应写明代理人的情况。如果申请人要求优先权的，还要写明优先权日，并提交相应的文件。

说明书是描述申请品种具体情况的文件，用以披露申请品种的具体信息。说明书应当对申请品种作出完整、清楚和具体的说明，使得在植物新品种审批机关公开品种权申请人件和说明书时，相关作物领域的育种人员能够理解和了解申请品种的情况。申请人提交的说明书应当包括下列内容：申请品种的暂定名称，该名称应当与请求书的名称一致；申请品种所属的属或者种的中文名称和拉丁文名称；育种过程和育种方法，包括系谱、培育过程和所使用的亲本或者其他繁殖材料来源与名称的详细说明；有关销售情况的说明；选择的近似品种及理由；申请品种特异性、一致性和稳定性的详细说明；适于生长的区域或者环境以及栽培技术的说明；申请品种与近似品种的性状对比表。这里所称的近似品种，是指在所有已知植物品种中，相关特征或者特性与申请品种最为相似的品种。说明书的内容应当真实准确，是植物新品种审批机关用于申请品种的重要依据，也是用以判定申请品种是否符合新颖性、特异性、稳定性和一致性的重要参考。如果对申请品种上述情况描述不准确，有可能影响审查员的正确审查，甚至影响审查结论。与专利申请中的说明书不同，品种权说明书的大部分内容是可以通过后续审查及与其他相关信息进行验证的，尽管目前相关法律法规尚未明确申请人不如实提供上述信息的法律责任，但如果有充分证据证明申请人故意不提供真实信息的，将可能对申请人的信用，以及未来授权品种的判定产生不良影响。

申请人还应根据要求提交有关申请品种的照片，便于审查员、测试员更全面审查申请品种的特异性、一致性和稳定性。为了更清楚地显示有关申请品种外观状态，要求申请人提供的照片应符合以下要求：有利于说明申请品种的特异性；要求申请品种与近似品种的同一种性状对比应在同一张照片上；照片应为彩色，必要时，品种保护办公室可以要求申请人提供黑白照片；照片规格为 8.5 厘米 ×12.5 厘米或者 10 厘米 ×15 厘米；同时附上关于照片的简要文字说明。申请人所提供的照片，有助于 DUS 测试人员在田间对比测试中更好地找到并判断申请品种的特异性。同样，如果照片提供的信息不准确或者难以反映申请品种特异性的，也将影响审查员、测试员对申请品种特异性的判定。

如果中国的单位或者个人将国内培育的植物新品种向国外申请品种权的，应当向审批机关申请登记。向国外申请品种权需要出口申请品种繁殖材料的，应按照《农作物种质资源管理办法》和《林木种质资源管理办法》规定的程序办理。

三、申请日与优先权

当申请人向植物新品种审批机关提出品种权申请文件后，就表明已经正式提出了品种权申请。根据《植物新品种保护条例》规定，审批机关收到品种权申请文件之日为申请日；申请文件是邮寄的，以寄出的戳日为申请日。审批机关会根据这个申请日，根据申请人的优先权申请，判断申请人是否享有优先权。

一个植物新品种只能被授予一项品种权。我国采取先申请原则，即两个以上的申请人分别就同一个植物新品种申请品种权的，品种权授予最先申请的人；同时申请的，品种权授予最先完成该植物新品种育种的人。审查实践中，如果两个以上申请人分别在同一日内就相同的植物新品种提出品种权申请的，由申请人自行协商确定申请权的归属。协商不能达成一致意见的，品种保护办公室可以要求申请人在指定期限内提供证据，证明自己是最先完成该新品种育种的人。逾期未提供证据的，视为撤回申请；所提供证据不足以作为判定依据的，品种保护办公室驳回申请。因此，在育成植物新品种后，尽早提出品种权申请是非常重要的。如果育种者在完成育种后，没有及时申请品种权，就有可能被在后完成育种的人抢先申请品种权，从而不能获得品种权保护。实行品种权先申请原则，意在鼓励育种者尽早提出品种权申请。

申请日的确定，对于品种权申请人和审查程序来说，都具有非常重要的意义。首先，如果申请品种能够获得品种权保护，该申请品种从申请日次日开始成为后续申请品种的已知品种，再有相同或者极近似品种申请品种权保护的，将因为缺乏特异性而无法获得品种权保护。其次，审批机关在审查申请品种的特异性和新颖性时，均以申请日为界，确定已知品种的范围来审查申请品种的特异性，以及计算新颖性的宽限期。最后，审批机关以申请日为界，判断申请品种是否享有国际优先权。

由于品种权申请实际只有一项权利要求，也不存在相同主题的植物新品种，因此植物新品种保护中不存在国内优先权的说法。根据 UPOV 公约的规定[1]，任何育种者在一

---

〔1〕 UPOV1978 Art.12.

个公约成员提出品种权申请，并打算向公约其他成员提出同一品种权申请的，应享有 12 个月的优先权。优先权期限应从首次申请之日起计算，申请日不应计算在优先权期限中。《植物新品种保护条例》明确规定，申请人自在外国第一次提出品种权申请之日起 12 个月内，又在中国就该植物新品种权申请的，依照该外国同中华人民共和国签订的协议或者共同参加的国际条约，或者根据相互承认优先权的原则，可以享有优先权。申请人要求优先权的，应当在申请时提出书面说明，并在 3 个月内提交经原受理机关确认的第一次提出的品种权申请文件的副本；未依照本条例规定提出书面说明或者提交申请文件副本的，视为未要求优先权。品种权申请所享有的国际优先权，不是自动产生的，申请人应在提出品种权申请时要求享有国际优先权。

四、品种权申请的审查与批准

审批机关收到品种权申请后，需要经过受理、初步审查、实质审查、异议处理等环节，最终判定品种权申请是否符合授权要件，予以批准。在上述程序中，品种权审查人实行回避制度，申请人或者其他利害关系人也可以要求其回避。

（一）品种权申请的受理

植物新品种审批机关在收到申请文件后，经审查发现有下列情形的，如未使用中文的，缺少请求书、说明书或者照片之一的，请求书、说明书和照片不符合规定格式的，缺少申请人和联系人姓名（名称）、地址、邮政编码的或者不详的，委托代理但缺少代理委托书的等，不予受理。如果发现一件植物品种权申请包括两个以上新品种的，审批机关应当要求申请人提出分案申请。申请人在指定期限内对其申请未进行分案修正或者期满未答复的，视为撤回申请。申请人按照要求提出的分案申请，可以保留原申请日；享有优先权的，可保留优先权日，但不得超出原申请文件已有内容的范围。分案申请的请求书中应当写明原申请的申请号和申请日。原申请享有优先权的，应当提交原申请的优先权文件副本。

（二）初步审查

如果申请文件齐全，内容填写符合要求的，应当予以受理，确定申请日、排好申请号，通知申请人。自受理品种权申请之日起 6 个月内，审批机关应当完成初步审查。初步审查主要审查品种权申请是否存在国际优先权的情况，以及品种权申请选择的近似品种是否适当，申请品种的亲本或其他繁殖材料来源是否公开。如果对申请文件有疑问的，审批机关可要求申请人在指定期限内陈述意见或者补正；申请人期满未答复的，视为撤回申请。申请人陈述意见或者补正后，审批机关认为仍然不符合规定的，应当驳回其申请。对经初步审查不合格的品种权申请，审批机关应当通知申请人在 3 个月内陈述意见或者予以修正；逾期未答复或者修正后仍然不合格的，驳回申请。经审查品种权申请符合要求的，审批机关应将审查意见通知申请人，对经初步审查合格的品种权申请予以公告。

（三）实质审查

实质性审查主要是通过对申请品种的新颖性、特异性、一致性和稳定性进行审查。

新颖性主要是通过对申请人提供的材料说明，以及可能从各种公开渠道获得的相关品种信息进行审查，也可能从品种权申请公开后异议人提供的材料进行审查。特异性、一致性和稳定性的审查，主要依据申请文件和其他有关书面材料进行实质审查，认为必要时，可以委托指定的测试机构进行测试或者考察业已完成的种植或者其他试验的结果。如何进行申请品种的 DUS 测试在前文“特异性、一致性和稳定性”已有说明。

因审查需要，申请人应当根据审批机关的要求，向提供必要的资料和该植物新品种的繁殖材料。申请人向植物新品种保藏中心或者指定测试机构送交的申请品种繁殖材料应当与品种权申请文件中所描述的繁殖材料相一致，且未遭受意外损害，未经过药物处理，无检疫性的有害生物的。如果送交的繁殖材料为籽粒或果实的，籽粒或果实应当是最近收获的。必要时，申请人应当送交申请品种和近似品种的繁殖材料，用于申请品种的审查和检测。申请品种属于转基因品种的，应当附具生产性试验阶段的《农业转基因生物安全审批书》或《农业转基因生物安全证书（生产应用）》复印件。保藏中心和测试机构对申请品种的繁殖材料负有保密的责任，应当防止繁殖材料丢失、被盗等事故的发生，任何人不得更换检验合格的繁殖材料。发生繁殖材料丢失、被盗、更换的，依法追究有关人员的责任。

（四）异议处理

品种权申请审查过程中，申请人可以在品种权授予前修改或者撤回品种权申请。未经品种保护办公室批准，申请人在品种权授予前不得修改申请文件的下列内容：申请品种的名称、申请品种的亲本或其他繁殖材料名称、来源以及申请品种的育种方法；申请品种的最早销售时间；申请品种的特异性、一致性和稳定性内容。由此可见，申请人提交品种权申请时，应非常慎重并如实填写上述内容，否则将对品种权的审查以及后续品种权保护产生不利影响。

自品种权申请之日起至授予品种权之日前，任何人发现申请品种不符合在先申请原则，不在国家植物品种保护目录范围，不符合特异性、一致性或者稳定性的，品种命名不符合规定，以及申请品种存在危害公共利益、生态环境情形的，可以向植物新品种保护办公室提出异议，并提供相关证据和说明理由。异议人仅提出异议申请，未提供相关证据的，品种保护办公室不予受理。

（五）批准

审批机关在实质审查过程中，根据审查的需要，可以要求申请人在指定期限内陈述意见或者补正。申请人期满未答复的，视为撤回申请。经审查，如果发现品种权申请存在下列情形的，包括不符合在先申请原则，申请品种不在国家植物品种保护名录内，不符合新颖性、一致性、稳定性的，以及存在危害公共利益、生态环境情形的，品种命名不符合规定，申请人又不按照要求修改品种名称的，以及申请人陈述意见或者补正后仍不符合规定的，应予以驳回，并通知申请人。对经实质审查符合规定的品种权申请，审批机关应当作出授予品种权的决定，颁发品种权证书，并予以登记和公告。

第四节　植物新品种复审

根据植物新品种保护条例的规定，审批机关设立植物新品种复审委员会。在我国，由于农业植物品种保护和林业草原植物品种保护分别由农业农村部和林业草原局作为审批机关负责植物新品种审查与品种权的授予工作，因此也分别设有两个植物品种复审委员会，即农业农村部植物新品种复审委员会和国家林业草原局植物新品种复审委员会，承担各自领域的复审工作。农业植物新品种复审委员会委员由农业农村部聘请有经验的技术、法律和行政管理人员组成。为了说明的方便，下文将上述两个复审委员会统称为植物新品种保护复审委员会。

按照 UPOV 大多数成员的植物品种保护法律，均在植物新品种审批机关内设立复审机构，但各成员的复审机构名称和职能有所不同。比如，欧盟品种保护保护办公室设有 5 个委员会分别处理欧盟品种权相关事宜，其中一个委员会专门负责审理品种权无效宣告请求。美国均由植物品种保护办公室负责复审事宜，虽然在法律上设有植物新品种委员会（The Plant Variety Protection Board），但其仅是一个咨询性机构，主要就相关法律的实施及机构运行、对品种权复审，以及基于公共利益强制许可等事宜的处理提供咨询。

根据植物新品种保护条例规定，植物新品种复审委员会主要由三项职能。第一项是对植物新品种保护办公室作出的驳回品种权申请的决定，经复审请求人的请求，进行复审并做出复审决定。第二项是依职权或者依请求对不符合新颖性、特异性、一致性、稳定性的植物新品种，宣告品种权无效。第三项是依职权或者依请求对不符合品种命名规定的植物新品种，做出予以更名复审决定。

一、对驳回品种权申请决定的复审

品种权申请经审批机关审查，会产生两个结果：或者授予品种权，或者驳回品种权申请。审批机关作出的驳回品种权申请的决定，无论是在初步审查之后作出的，还是在实质性审查之后作出的，如果申请人不服，都可以自收到通知之日起 3 个月内，向植物新品种复审委员会请求复审，同时提交符合格式要求的复审请求书并附上相关证明。

通常情况下，审批机关的植物新品种审查人员会认真从事植物新品种审查，并根据相关资料、测试报告以及相关证据的基础上，作出驳回申请的决定。但是，考虑到已知品种信息检索可能会存在遗漏、DUS 测试信息分析与审查人员判断的失误以及个别人的玩忽职守等原因，UPOV 成员的植物新品种保护法也与专利法一样，规定申请人如果对驳回品种权申请决定不服，可以向复审委员会要求复审。设立复审程序，一方面为申请人提供权利救济，保障自己的合法权益；另一方面也为植物新品种审批机关提供纠正可能发生失误的机会，确保品种权授予真正的植物新品种。

复审委员会收到复审请求后，经形式审查合格的，可以直接交由复审小组审理，也可以交由植物新品种保护办公室“前置审查”。由原来作出驳回品种权申请的植物新品种保护办公室，审查复审理由是否成立。如果其愿意撤销原来的驳回申请的决定，则复审委员会不再进行审查，直接作出撤销决定。如果植物新品种保护办公室坚持自己原来的驳回决定，则由复审委员会组成小组进行审理，作出撤销原驳回申请的决定，或者维持原来的驳回决定。通常来说，植物新品种复审委员会应当自收到复审请求书之日起 6 个月内作出决定，并通知申请人。但是，如果复审涉及进行植物新品种测试或者鉴定，其需要的时间，不应计算在上述期间中。申请人对植物新品种复审委员会的决定不服的，可以自接到通知之日起 15 日内向人民法院提起诉讼。目前受理此项诉讼的法院是北京知识产权法院。

二、宣告品种权无效的复审

尽管品种权是经审批机关实质性审查而获得的权利，但考虑到品种权审查过程中，会因申请人原因、审查员原因以及现有审查技术原因等，导致某些不应当授予品种权保护的植物新品种，获得了品种权保护。为了防止上述失误的发生，UPOV 公约规定了品种权宣告无效制度，即当授权品种在授予品种权时不具备新颖性、特异性、一致性、稳定性以及将品种权授予不具备资格的人，但转让给有资格的人除外，应宣布该品种权无效。从这一意义上来说，品种权与专利权一样，均属于法律上推定有效的权利。为了确保品种权授予真正具备授权要件的植物新品种，UPOV 成员均规定了品种权无效宣告制度。

《植物新品种保护条例》规定，自授予品种权之日起，植物新品种复审委员会可以依据职权或者依据任何单位或者个人的书面请求，对不符合新颖性、特异性、一致性和稳定性的授权品种，宣告品种权无效。根据上述规定，可以由植物新品种复审委员会依职权启动品种权无效宣告审理程序，也可以由任何单位或者个人的书面请求启动品种权无效宣告审理程序。《农业部植物新品种复审委员会审理规定》对农业植物新品种权的无效宣告程序作了规定。《植物新品种保护条例实施细则（林业部分）》对林业草原植物新品种权的无效宣告程序作了规定。

根据相关规定，在品种权无效宣告审理程序中，品种权人以书面形式放弃其品种权的，无效宣告审理程序不受影响。在复审委员会对无效宣告请求作出决定之前，请求人可以撤回其请求。请求人撤回无效宣告的，复审程序是否终止，由复审委员会决定。经审理，复审委员会针对无效宣告请求的复审决定有两种：一是品种权无效宣告理由成立，宣告品种权无效；二是品种权无效宣告理由不成立，驳回无效宣告请求，维持品种权有效。复审决定除通知当事人外，还应当予以公告，并在登记簿上登记。对植物新品种复审委员会的决定不服的，可以自收到复审决定通知之日起 3 个月内向人民法院提起诉讼。

根据植物新品种保护条例规定，被宣告无效的品种权视为自始不存在。因为对于不符合授权要件的品种权，实际是一种虚假的品种权，应该是从一开始就不能被授予品种权的。但为了稳定基于品种权所形成的特定法律关系，法律明确规定三种例外，即宣告品种权无效的决定，对在宣告前人民法院作出并已执行的植物新品种侵权的判决、裁定，省级以上人民政府农业、林业行政部门作出并已执行的植物新品种侵权处理决定，以及已经履行的植物新品种实施许可合同和植物新品种权转让合同，不具有追溯力。但对于上述情形，也有两种例外情况：因品种权人的恶意给他人造成损失的，应当给予合理赔偿；如果依照前款规定，品种权人或者品种权转让人不向被许可实施人或者受让人返还使用费或者转让费，明显违反公平原则的，品种权人或者品种权转让人应当向被许可实施人中者受让人返还全部或者部分使用费或者转让费。实践中，如何理解“恶意”，如何判定“明显违反公平原则”需要结合具体案例将确定。

三、品种更名的复审

申请人提交品种权申请文件时，应写明申请品种的名称。这个名称通常是暂定名。在品种权授权前，申请人可以提交申请变更申请品种的名称。品种权授权后，授权品种名称的变更程序就不同了。因为品种名称的管理必须遵循我国品种管理要求，与品种材料保持一一对应关系。根据植物新品种保护条例规定，自审批机关公告授予品种权之日起，植物新品种复审委员会可以依据职权或者依据任何单位或者个人的书面请求，对不符合品种命名规定的授权品种名称，予以更名。这里存在三种情况。第一种情况是复审委员会发现授权品种名称不合适的，可以依职权启动更名程序，要求品种权人变更授权品种名称。第二种情况是品种权人发现自己的授权品种名称需要变更的，可以请求复审委员会予以变更。第三种情况是其他人发现授权品种名称不符合规定，可以请求复审委员会予以变更。授权品种予以更名的前提是，授权品种名称存在不符合命名规定的情形。

实践中，除了授权品种名称不符合规定的情形外，品种权人还可能因授权品种名称与相同品种在品种登记、品种审定系统中使用不同名称而申请更名。《农业植物品种命名规定》规定，一个农业植物品种只能使用一个中文名称，在先使用的品种名称具有优先性，不能再使用其他的品种名称对同一品种进行命名。根据上述规定，请求人可以在提供证明相关品种为同一品种证据的基础上，可以请求将后使用的品种名称变更为在先使用的品种名称。在品种更名审理程序中，品种权人放弃其品种权的，品种更名审理程序不受影响。复审程序中，请求人撤回品种更名请求的，复审程序是否终止，由复审委员会决定。

经审理，复审委员会针对品种更名请求的复审决定有两种：一是更名理由成立，品种名称予以更名；二是更名理由不成立，驳回更名请求，维持现有品种名称。请求人对复审委员会的不予更名决定不服的，可以自收到复审决定通知之日起 3 个月内向人民法院提起诉讼。复审委员会作出的品种更名决定生效后，植物新品种保护办公室应当及时通知品种权人更换品种权证书。品种权人以及其他任何人不得再使用原品种名称。

第五节 品种权与品种权的例外

品种权是指品种权人就其培育的植物新品种所享有的专有权利。品种权不同于品种权人所享有的权利。品种权人所有享有的权利，除了品种权，还有其他权利，如转让品种权的权利、注明品种权标记的权利以及利用品种权进行担保、质押、入股、投资的权利等。品种权的内容仅指品种权人利用相关植物新品种的方式，如生产、销售、许诺销售、进口、出口等，不包括品种权人可以享有的其他权利。

品种权和专利权一样，是一项排他性的权利，但不是一项绝对的权利。品种权有一定的保护期限，并且可能因某种原因提前终止。此外，UPOV 公约及其成员都明确规定品种权的行使，要受到各种限制，如要遵守权利一次用尽原则，育种及科研、农民自繁自用利用授权品种的，可以不经品种权人许可，不向其支付使用费。

一、品种权内容

植物新品种保护制度源于 UPOV 公约。自 UPOV 公约于 1961 年成立以来，随着育种技术的发展，以及种子与农产品贸易的发展，品种权内容不断完善，形成以 UPOV1978 和 UPOV1991 为代表的品种权内容。我国于 1997 年制定的《植物新品种保护条例》所规定的品种权内容基本以 UPOV1978 相关规定为蓝本，2015 年修改的《种子法》对品种权内容做了一点微小的改动，2021 年修改的《种子法》所规定的品种权内容，则部分借鉴了 UPOV1991 的规定，处于接近 UPOV1991 规定的水平。

（一）《植物新品种保护条例》的品种权内容

《植物新品种保护条例》对于品种权内容的规定，与专利法对专利权规定的方式类似，采取的是排他性的方式。《植物新品种保护条例》规定，任何单位或者个人未经品种权所有人许可，不得为商业目的生产或者销售该授权品种的繁殖材料，不得为商业目的将该授权品种的繁殖材料重复使用于生产另一品种的繁殖材料；但是，本条例另有规定的除外。

首先，构成侵害品种权行为的前提是侵权行为必须具有商业目的。反言之，如果被控侵权行为的实施不具有商业目的，那就不构成侵权。

其次，品种权行使对象限于授权品种的繁殖材料。《植物新品种保护条例实施细则（农业部分）》（2007 年修订）规定，“《条例》所称繁殖材料是指可繁殖植物的种植材料或植物体的其他部分，包括籽粒、果实和根、茎、苗、芽、叶等”。《种子法》规定，种子是指农作物和林木的种植材料或者繁殖材料，包括籽粒、果实、根、茎、苗、芽、叶、花等。从概念上来说，《植物新品种保护条例》中的“繁殖材料”与《种子法》中的“种子”，实质上是等同的，只是在不同语境下的不同表述而已。但是，就具体某一作物而言，并不是该植物所有部分都视为繁殖材料，而只有该植物的“种植材料或者繁殖材料”才是特定作物的“繁殖材料”。正是出于这一理解，最高人民法院知识产权法庭在 2019 年的三红蜜柚侵权案中，提出判断相关植物材料是否为某一授权品种的繁殖材料的三项条件：包括（1）属于活体；（2）具有繁殖的能力；（3）并且繁殖出的新个体与该授权品种相同的特征特性。因此，植物的籽粒、果实、根、茎、苗、芽、叶、花等，到底哪一部分或者哪些属于繁殖材料，关键在于上述植物体到底哪些部分属于该特定品种的"种植材料"。

最后，品种权人对受保护品种的繁殖材料享有以下两项权利：一是未经品种权人许可，其他人不得生产、销售授权品种的繁殖材料；二是未经品种权人许可，其他人不得将该授权品种的繁殖材料重复使用于生产另一品种的繁殖材料。从实践来看，将授权品种的繁殖材料重复使用于生产另一品种的繁殖材料，通常是利用受保护的亲本品种生产其杂交种的繁殖材料行为，或者利用特定品种作为砧木用于特定作物的嫁接。采用排他性的品种权内容规定方式，原因在于品种权人自己能否生产、销售该授权品种，不仅取决于品种权人是否符合种子生产经营管理制度，还取决品种权生产销售该授权品种是否会涉及侵害他人的知识产权等问题。因此，品种权只能从排他性的角度明确生产、销售授权品种繁殖材料的，应经品种权人许可，否则构成侵权。

（二）《种子法》（2015 年）规定的品种权内容

2000 年颁布的《种子法》主要规范我国境内品种选育和种子生产、经营、使用、管理的国家法律，也是我国种子产业开始市场化运行的标志。2015 年种子法修订前，我国植物新品种保护的主要法律依据是 1997 年颁布实施的《植物新品种保护条例》。"随着种业快速发展，仅依靠该条例进行保护已经难以满足现实需要，侵权套牌等违法现象日益增多，侵害植物新品种权人的合法权益，挫伤了植物新品种权人的创新积极性，扰乱了公平竞争的市场秩序，阻碍了种业的健康发展"[1]，因此在《种子法》第三次修订时，增加"新品种保护"专章，"对植物新品种保护与种业发展密切相关的关键性制度进行规范"，"既利于衔接行政保护与民事保护手段，又为将来植物新品种保护单独立法留出了空间"[2]。从品种权内容来看，《种子法》2015 年修订主要体现在第 28 条规定上。

《种子法》（2015 年修订）第 28 条规定，完成育种的单位或者个人对其授权品种，享有排他的独占权。任何单位或者个人未经植物新品种权所有人许可，不得生产、繁殖或者销售该授权品种的繁殖材料，不得为商业目的将该授权品种的繁殖材料重复使用于生产另一品种的繁殖材料；但是本法、有关法律、行政法规另有规定的除外。这一规定与《植物新品种保护条例》相比，品种权人对未经许可生产、繁殖或者销售该授权品种的繁殖材料的控制，不再规定具有"商业目的"的要求。但是，考虑到"将授权品种的繁殖材料重复使用于生产另一品种的繁殖材料"行为的复杂性，没有删除品种权人对这一行为控制的"商业目的"要求。实践中利用亲本生产杂交种的情形，既可能出现在商业性的杂交种制种环节，也可能出现在杂交种的植物新品种审查和品种审定等非商业目的的生产环节。保留"商业目的"的要求，在于明确品种权人可以针对未经许可利用亲本进行杂交品种商业性制种行为主张权利，但不能针对非商业行为主张权利。从国际通

〔1〕刘振伟、张桃林主编：《植物新品种保护法律制度》，中国民主法制出版社 2022 年版，第 23 页。

〔2〕刘振伟、张桃林主编：《植物新品种保护法律制度》，中国民主法制出版社 2022 年版，第 24 页。

常的情况看，对于这种限制行为通常通过明确品种权例外的具体情形予以解决，但在品种权内容方面保持“非商目的”的统一表述。

《种子法》2015 年修订删除品种权侵权的“商业目的”要件，从植物新品种保护制度的发展来看，是具有非常重要的意义的。首先，这一修改减低了品种权人的侵权举证要求。“商业目的”看似含义明确，实则容易混淆。从 UPOV1978 文本规定的本义来看，其在于强调被控侵权的生产、销售行为是一种市场行为，而非是其他行为，如私人非商业性使用，以及农民为维持生存根据《生物多样性公约》而实施的留种种植行为等。但在实践中，容易将某些国家机关的民事采购行为认定为“非商业目的”，使得品种权人的侵权证明义务难以完成。其次，这一修改转移了侵权诉讼中用于证明品种权例外的证明责任，强化对品种权人的法律保护。根据条例的规定，品种权人应承担证明被控侵权行为具有“商业目的”的证明责任。《种子法》2015 年的修改，使得被诉侵权方如果认为其行为属于非“商业目的”的品种权例外情形的，应承担证明责任。此外，从实践看，2015 年修改的《种子法》于 2016 年 1 月 1 日正式实施后，植物新品种侵权诉讼的数量大幅度，甚至呈倍数提升。这表明，2015 年修改后的《种子法》切实强化了品种权的保护，降低了品种权人维权举证的难度，提升了品种权人维权的积极性。

（三）《种子法》（2021 年）规定的品种权内容

为激励育种原始创新、保障粮食安全，解决“国内主要粮食作物品种中修饰性品种比较多，一些品种繁育停留在对主要推广品种和核心亲本的修饰改良上，导致品种遗传基础窄，审定品种多但突破性品种少，同质化问题比较突出”[1]等问题，《种子法》于 2021 年进行第四次修改。此次修改的核心内容是《种子法》第 28 条关于品种权内容的规定。此次修改是在《种子法》2015 年修改的基础上，扩大植物新品种权的保护范围及保护环节，将保护范围由授权品种的繁殖材料延伸到繁殖材料和收获材料，将保护环节由生产、繁殖、销售扩展到生产、繁殖、为繁殖进行的处理、许诺销售、销售、进口、出口，以及为实施上述行为储存；建立实质性派生品种制度，明确对实质性派生品种的繁殖材料及收获材料实施上述行为的，应经获得原始品种的植物新品种权人的同意。《种子法》2021 年修改后的品种权内容，尽管在具体的语言表述上与 UPOV1991 第 14 条规定有所差别，但在表达逻辑上基本借用 UPOV1991 关于育种者权“人工瀑布”的权利描述方式。

考虑到《种子法》（2021 年）第 28 条关于品种权内容的规定，第 2 款、第 3 款和第 4 款之间存在层层递进的“套娃式”关系，并涉及三类不同植物品种的权利内容，包括通常情况下的授权品种、其繁殖材料可用于生产另一品种繁殖材料的授权品种以及作为实质性派生品种的授权品种，下面分三种情况进行依次说明。

---

〔1〕 全国人大农业与农村委员会副主任委员刘振伟：《关于〈中华人民共和国种子法（修正草案）〉的说明——2021 年 8 月 17 日在第十三届全国人民代表大会常务委员会第三十次会议上》，http://www.npc.gov.cn/c2/c30834/202112/t20211227_315636.html，2024 年 5 月 8 日最新访问。

1. 通常情况下的品种权内容

这里所称的品种权内容，指的是通常情况下、不涉及其繁殖材料可用于生产另一品种繁殖材料的品种以及实质性派生品种的一般意义上的品种权内容。通常来说，这里的授权品种就是典型意义上的植物新品种，即具备特异性、一致性和稳定性、属于植物学分类意义上的单一植物群。比如，通常所说的小麦常规种“郑麦 379”，或者杂交水果玉米“良玉 3 号”等。根据规定，品种权人对该授权品种享有的权利，应分别从繁殖材料、收获材料两个层面进行描述。

首先，品种权人对授权品种的繁殖材料享有以下 7 项权利：

（1）生产、繁殖权：防止他人未经许可生产、繁殖该授权品种繁殖材料的权利。这里的“生产”“繁殖”的表述，源于 UPOV 公约的表述“production or reproduction (multiplication)”，其本质上是相同的意思，用以表达授权品种繁殖材材料的生产行为，以育种者对有性繁殖植物和无性繁殖植物的繁殖材料生产行为的约定俗称表达来描述。

（2）为繁殖而进行处理权：防止他人未经许可为繁殖目的处理该授权品种繁殖材料，以便其适于种植的权利。“为繁殖而进行处理”源于 UPOV1991 关于“conditioning for the purpose of propagation”表述，是 UPOV1991 新增的品种权内容，包括如植物材料的清选、消毒、分选、包衣[1]，以及类似棉籽脱绒等行为。其所指行为部分与我国的种子加工行为是重叠的。通常来说，种子生产加工行为基本可以涵盖上述“为繁殖而进行处理”所指的行为，但是考虑到某些特殊情况下，农林作物的繁殖材料的处理行为是单独实施的。赋予品种权人就其植物新品种享有为繁殖而进行处理的权利，使其可以直接针对具体实施该处理的行为的主体主张权利，而不需要借助共同侵权行为来追究相关侵权责任。

（3）许诺销售权：防止他人未经许可以广告、展示等表达销售意思的方式，准备销售该授权品种繁殖材料的权利。

（4）销售权：防止他人销售该授权品种繁殖材料的权利。与许诺销售相对应，这里的销售是指真实的销售并支付繁殖材料的行为。

（5）进口权：防止他人未经许可进口该授权品种繁殖材料的权利。这里的进口，是指该授权品种的繁殖材料从国外输入中国。进口权与品种权的地域性密切相关。对于一项植物新品种而言，其有可能在全球若干国家或者地区获得品种权保护，但是难以在所有国家获得品种权保护，尤其是目前世界上有很多国家并未建立植物新品种保护制度。按照品种权保护的地域性原则，相关植物新品种在那些未获得品种权保护的国家或者地区，就处于公有领域，人人皆可利用该植物新品种进行大规模种植，只要气候地理环境适于该植物新品种生长，并且可以出口该植物品种的繁殖材料或者收获材料。这种情况下，在获得品种权保护的国家或者地区，如果品种权人不享有进口权，任由他人进口该植物品种的繁殖材料或者收获材料的话，就会严重损害该品种权人的利益。当然，品种

〔1〕 GertWürtenberger, Paul van der Kooij, Bart Kiewiet, Martin Ekvan, *European Union Plant Variety Protection* (Second Edition), Oxford University Press 2015, p.128.

权人享有进口权，并不意味着就要阻止该植物品种的进口行为，其也可以在获得许可费或者其他好处的情况下，允许该植物品种的进口。

（6）出口权：防止他人未经许可出口该授权品种繁殖材料的权利。出口权的设置也与品种权的地域性紧密相关，还与植物新品种属于有生命的发明有关。对于专利发明而言，要求申请人对授予专利的发明予以充分披露，使得相关领域的技术人员能够根据专利申请文件披露的技术方案实施该项发明。基于专利保护的地域性原则，相关发明在那些获得专利保护以外的国家就是处于公有领域的技术。但是对于品种权而言是不同的。即使品种权人在申请文件中公开了授权品种的育种方法和育种来源，如果其他人不能实际获得相关品种的繁殖材料，实践中仍无法培育出该植物新品种。考虑到植物新品种具有可繁殖性，一旦他人获得授权品种的繁殖材料，就可以非常容易地通过跨国种植方式实施侵权行为，严重侵害品种权人的利益。为了有效制止跨国侵权种植行为，UPOV1991 赋予育种者就其培育的植物新品种以出口权保护，以有效控制该授权品种繁殖材料的出口。也就是说，所有未经许可出口该授权品种繁殖材料的行为，均构成侵权。

（7）储存权：防止他人未经许可为生产、繁殖和为繁殖而进行处理、许诺销售、销售、进口、出口目的储存该授权品种繁殖材料的权利。这一权利也是 UPOV1991 增加的品种权内容，主要考虑到大部分植物品种的繁殖材料均需要专业化的储存设施和储存环境。赋予品种权人对未经许可为上述目的实施的储存该授权品种繁殖材料的行为主张权利，便利权利人维权取证，强化品种权保护的同时，也可通过合法来源抗辩规则要求被控侵权人提供侵权材料的真实来源，有效实现侵权溯源。从对储存权的描述也可以看出，品种权人对储存权的行使，需以该储存行为出于为生产、繁殖等前述描述的行为提供辅助为目的。反言之，如果被控侵权人能够证明其储存授权品种繁殖材料的行为，不是出于前述目的，而是为农民留种权利的行使，或者自身消费等目的实施的，则不应纳入储存权控制的范围。

其次，品种权人对授权品种的收获材料享有以下权利：

UPOV1991 将收获材料纳入品种权保护范围，主要出于两点考虑：一是随着作物育种技术的发展与应用，突破了必须利用植物品种繁殖材料生产植物品种的局限。比如，通过植物组织培养（plant tissue or cell culture）技术，可以将“植物体的各种结构（如细胞、原生质体、组织、器官以及幼小植株）放在离体的、无菌的人工环境中让其生长发育”，从而实现品种改良、种质保存、植物快速繁殖、植物体外受精、基因转移等目的[1]。二是防止通过跨国侵权种植的收获材料以合法形式进入品种权授予国家，损害品种权人的利益。在育种种植技术相对落后并且农产品国际贸易不发达的时代，一个国家或者地区的农产品供给主要依赖本国种植生产。随着育种技术和农产品国际贸易的普遍化，跨国侵权种植越来越影响相关国家育种创新保护水平。为避免通过跨国侵权种植获得收获材料的大规模进入，UPOV1991 将收获材料纳入品种权保护范围，赋予品种权人

〔1〕 胡延吉主编：《植物育种学》，高等教育出版社 2003 年版，第 200 页。

防止他人利用由未经许可使用繁殖材料获得的收获材料的权利。从具体来说，品种权人对利用由未经许可使用繁殖材料获得的收获材料的权利，具体包括：生产权、许诺销售权、销售权、进口权、出口权以及储存权。这些权利的含义与前述品种权人针对授权品种繁殖材料所享有权利含义是相对应的。

（1）生产权：防止他人未经许可生产该授权品种收获材料的权利。该权利与生产、繁殖权相对应。

（2）许诺销售权：防止他人未经许可以广告、展示等表达销售意思的方式，准备销售该授权品种收获材料的权利。

（3）销售权：防止他人销售该授权品种收获材料的权利。

（4）进口权：防止他人未经许可进口该授权品种收获材料的权利。

（5）出口权：防止他人未经许可出口该授权品种收获材料的权利。

（6）储存权：防止他人未经许可为生产、许诺销售、销售、进口、出口目的储存该授权品种收获材料的权利。

品种权人能够针对授权品种收获材料主张权利应满足两项条件，即该收获材料是由未经许可使用授权品种的繁殖材料而获得，且品种权人没有合理机会对该授权品种繁殖材料主张权利。为品种权人对收获材料主张权利设置条件的原因在于，品种权行使应适用权利一次用尽原则。如果品种权人已经从该授权品种繁殖材料的生产销售行为中获得了一定的经济回报，实现了自己的权利，就不能再向由该批繁殖材料获得的收获材料主张权利。当然，从 UPOV1991 公约关于品种权用尽的规定来看，品种权的权利用尽含义较为复杂。《最高人民法院关于审理侵害植物新品种权纠纷案件具体应用法律问题的若干规定（二）》对品种权的权利用尽也做了规定。为品种权人收获材料主张权利设置条件的另一个原因是，赋予品种权人能够对授权品种繁殖材料主张权利，主要是考虑到植物品种繁殖材料生产销售链条通常比较隐蔽，权利人难以发现侵权行为并获得侵权证据，而为品种权人主张权利提供的补充机会。知识产权保护的目的，是鼓励并督促权利人应尽快行使权利，而不是放任侵权行为的扩大，然后再行使权利。因此，如果品种人对收获材料主张权利，还应符合品种权人对繁殖材料没有合理机会行使权利这一条件。如果品种权人对繁殖材料已有合理机会行使其权利的，则不应对收获材料主张权利。

2. 繁殖材料可重复使用于生产另一品种繁殖材料的品种权内容

“繁殖材料可重复使用于生产另一品种繁殖材料的品种”，实践中常见的有两类，即亲本品种和砧木品种。亲本品种如玉米杂交品种“郑单 958”的母本为自选系“郑 58”，父本为自交系“昌 7-2”。杂交育种是指“通过不同品种间的杂交创造新变异，并对杂种后代进行培育、选择以育成新品种的方法”[1]。通过杂交育种方式培育的植物新品种为杂交品种。由于杂交后代会出现性状分离，导致杂交作物不适合留种，因此每一批次杂交种的繁殖材料（种子）都必须利用亲本品种进行生产。比如，“昌 7-2”和“郑 58”系“郑单 958”的父母本，每次生产“郑单 958”种子都需使用亲本“昌 7-2”和“郑 58”。

---

〔1〕 胡延吉主编：《植物育种学》，高等教育出版社 2003 年版，第 85 页。

“昌 7-2”和“郑 58”就是属于其“繁殖材料可重复使用于生产另一品种繁殖材料”品种。“昌 7-2”未申请品种权保护，“郑 58”为授权品种。因此，在“郑 58”品种权保护期内，品种权人对“郑 58”的繁殖材料和收获材料享有通常情况下的品种权保护外，还可以针对其他人未经许可利用“郑 58”商业目的生产“郑单 958”繁殖材料的行为主张权利。砧木是指嫁接繁殖时承受接穗的植株。适于用作砧木的植物品种通常具有与接穗具有较强亲和力，并且具有一定抗性，能有效提升接穗品种的抗寒、抗旱、抗盐碱、抗病虫害能力，或者酸甜口感等作用。砧木的使用在瓜果类植物品种的栽培中较为常见。比如，河南海棠、湖北海棠等可用作嫁接苹果常用的砧木。

涉及授权品种繁殖材料可用于生产另一品种繁殖材料的品种，其品种权人对该授权品种享有以下三个层次的权利。

（1）对授权品种的繁殖材料享有生产、繁殖权，为繁殖而进行处理权，许诺销售权，销售权，进口权，出口权以及为上述目的的储存权。

（2）对授权品种的收获材料享有生产权、许诺销售权、销售权、进口权、出口权以及为上述目的的储存权。

（3）商业目的生产另一品种繁殖材料权：防止他人未经许可为商业目的生产另一品种繁殖材料的权利。

同样地，上述（1）和（2）所指的权利行使应遵循权利一次用尽原则。权利（3）仅限于控制生产另一品种繁殖材料这一环节，尚未将另一品种繁殖材料以及收获材料的销售、进口、出口及储存等环节纳入保护范围。比如，在玉米“彩甜糯 6 号”亲本品种权侵权纠纷案[1]中，法院判决被控侵权人商业目的将授权品种“彩甜糯 6 号”两个亲本用于生产“彩甜糯 6 号”繁殖材料行为，构成侵权，应承担侵权责任；同时确认销售上述“彩甜糯 6 号”繁殖材料的行为主体，由于没有证据证明其知道或者应当知道销售的是侵权繁殖材料，不构成侵权，不承担侵权责任。从强化亲本品种权保护、激励亲本品种创新的角度来说，需要删除“商业目的”并将收获材料纳入保护范围，并将保护环节延长至通常情况下的品种权内容所涉及的所有保护环节。

3. 原始品种的品种权内容

《种子法》2021 年修订，增加了实质性派生品种制度。实质性派生品种制度源于 UPOV1991 规定，意在“建立原始品种权人与派生品种权人的利益分享机制，鼓励育种原始创新，减少修饰育种”[2]。实质性派生品种制度的含义是，实质性派生品种的商业化利用，应当征得原始品种权人的同意。实质性派生品种制度的出现，是现代生物育种技术与分子检测技术发展应用的结果。在传统育种技术背景下，育种者主要以杂交和选择育种为主培育植物新品种，并以植物表型特征判断植物品种的特异性、一致性和稳定性。随着生物技术在育种领域的应用，生物技术专家可以运用基因工程技术或者基因编

---

〔1〕“彩甜糯 6 号”亲本品种权侵权纠纷案，最高人民法院（2022）最高法知民终 13 号民事判决书、河南省郑州市中级人民法院（2021）豫 01 知民初 638 号民事判决书。

〔2〕刘振伟、张桃林、刘东生主编：《中华人民共和国种子法导读》（修订版），中国法制出版社 2022 年版，第 164 页。

辑技术定向改变或者优化现有品种的某些特征特性，通过较短时间将现有品种改造成一个新的植物品种。从植物特征特性看，经过改造的植物品种与被改造的植物品种相比，具有一定的特异性，符合植物新品种权的授权要件。从植物品种的基因或者基因型组合来看，经过改造的植物品种与被改造的植物品种相比，只有细微的基因型或者基因型组合上的差异。UPOV1978 主要考虑以选择和杂交为主的传统育种技术背景，认为能够满足授权条件的都是独立的植物新品种，可以获得独立的权利保护。在这种权利保护机制下，生物技术专家可以通过基因工程技术或者基因编辑技术等新型育种技术将传统育种者经过十余年选育而成的植物品种（遗传资源）免费占有并合法利用。UPOV1991 考虑到，如果不对这种“剽窃式”的实质性复制育种成果的行为予以制约，将大大打击所有传统育种者从事长时段的、基础性的种质资源的筛选、改良和创新活动的信心及其投资，于是规定了实质性派生品种制度，对不同创新程度的育种成果（原始品种和实质性派生品种）予以区别保护，将育种者对原始品种的权利延伸至由该原始品种产生的实质性派生品种。生物技术专家可以根据育种例外，免费利用原始品种培育实质性派生品种，并申请品种权保护。实质性派生品种在符合品种权授权条件的情况下，可以获得品种权保护。在原始品种为受保护品种的前提下，该实质性派生品种的商业化，即生产或者繁殖、加工、许诺销售、销售、出口、进口以及为上述目的的存储该实质性派生品种的繁殖材料或者收获材料的，应经原始品种权利人许可。

根据《种子法》（2021 年）规定，原始品种的品种权人享有以下四个层次权利。

（1）对原始品种的繁殖材料享有生产、繁殖权，为繁殖而进行处理权，许诺销售权，销售权，进口权，出口权以及为上述目的的储存权。

（2）对原始品种的收获材料享有生产权，许诺销售权，销售权，进口权，出口权以及为上述目的的储存权。

（3）对实质性派生品种的繁殖材料享有生产、繁殖权，为繁殖而进行处理权，许诺销售权，销售权，进口权，出口权以及为上述目的的储存权。

（4）对实质性派生品种的收获材料享有生产权，许诺销售权，销售权，进口权，出口权以及为上述目的的储存权。

《种子法》（2021 年）明确规定，实质性派生品种是指由原始品种实质性派生，或者由该原始品种的实质性派生品种派生出来的品种，与原始品种有明显区别，并且除派生引起的性状差异外，在表达由原始品种基因型或者基因型组合产生的基本性状方面与原始品种相同。上述规定与 UPOV1991 相关规定基本相同。由于《种子法》（2021 年）规定，实质性派生品种制度的实施步骤和办法由国务院规定，因此到目前为止，实质性派生品种制度实际上尚未正式实施。尽管目前尚未正式出台有关实质性派生品种制度的实施配套规定，但已在国家育种联合攻关小麦、玉米、大豆攻关组启动实施实质性派生品种制度试点，制定了 EDV 制度实施的相关规范，初步约定了 EDV 判定阈值、鉴定方法、收益分享比例、异议处理规则等。

（四）品种权人工瀑布保护规则

育种者权行使的“人工瀑布”保护规则，是指 UPOV1991 规定受保护品种[1]的育种者权控制范围从繁殖材料延伸至受保护品种的收获材料，以及直接从收获材料制造的产品。具体体现为 UPOV1991 第 14 条关于育种者权的保护范围的规定。通过这一规定，UPOV1991 将育种者权的保护范围从繁殖材料扩大到由未经许可利用受保护品种繁殖材料获得的收获材料，以及未经授权使用受保护品种的收获材料直接制作的产品，以确保育种者能从其培育的植物新品种的商业化中得到利益。其中育种者权的保护范围从繁殖材料扩大到由未经许可利用受保护品种繁殖材料获得的收获材料为 UPOV1991 成员的强制性义务，是否延伸到未经授权使用受保护品种的收获材料直接制作的产品，则由成员选择适用。宣传人工瀑布规则的真实意图是，“如果育种者未能对（受保护品种的）繁殖材料行使权利，他只能对（相关的）收获材料行使权利，如果他未能对收获材料行使权利，则他只能对直接由收获材料制造的新产品行使权利”[2]。这样,UPOV1991 中的“育种者权”对受保护品种的材料控制权，从“繁殖材料”扩大到了“收获材料”和“直接从收获材料制造的产品”。品种权内容的扩大也并不意味着，育种者可以对受保护品种多次行使权利，而是必须遵守权利用尽原则，并且权利延伸行使是有特定条件的。将育种者权利从繁殖材料延伸至收获材料的前提是他没有机会对该品种的繁殖材料行使权利，同样，将育种者权利延伸至直接由该品种收获材料制造的产品的前提是育种者没有适当机会对该品种的繁殖材料、收获材料行使权利。同时，UPOV1991 第 14 条第 4 款还赋予了各 UPOV1991 成员在上述第 1 款的基础上，为育种者权的控制行为进行增加的权利。这表明，育种者权是一项开放性的规定，UPOV 成员可以根据自身情况为育种者权提供尽可能全面的保护。

《种子法》（2021 年）的修改，部分借鉴了 UPOV1991 扩大育种者权保护范围的做法，同时也引进其关于实质性派生品种制度的规定，使得我国品种权保护范围呈现多层次化，权利内容更加丰富，为品种权人提供了更多的权利主张机会，有助于解决品种权维权取证难、成本高的问题，同时也有利于提升农业商业经营主体的品种权保护意识和保护责任。在具体实施中，品种权的行使仍应遵循权利一次用尽原则。对收获材料主张权的，还应符合特定条件。如果被控侵权人能够证明品种权人对相关繁殖材料已有合理机会行使其权利但未行使的，则品种权人不应对该收获材料主张权利。

二、品种权的例外

品种权是一种排他性的权利。根据这项权利，他人未经许可而利用受保护品种的，

---

〔1〕 授权品种和受保护品种属于含义相同的表述，均指经审查符合品种权授权条件并授予品种权保护的植物新品种。但两者表达的使用语境可能略有不同，授权品种侧重强调经审查获得品种权保护，受保护品种则侧重表达相关品种属于获得法律专门保护的植物新品种，但有时也可通用。UPOV 公约语境下，通常称为“受保护品种”。本部分根据不同的语境对上述表达选择适用。

〔2〕 Barry Greengrass:《国际植物新品种保护联盟 1991 年公约有关说明》，秦玉田译，载国家科学技术委员会农村科技司编：《国际植物新品种保护联盟地区研讨会》，中国农业科技出版社 1994 年版，第 555 页。

都会构成侵权。当然，在某些特殊情况下，他人虽然未经许可利用了受保护品种，却不会构成侵权。这就是品种权例外，或者称为品种权的限制。根据《种子法》(2021年)及相关法规及司法解释的规定，目前有以下三项例外。

（一）销售权用尽

销售权用尽，又称权利一次用尽原则，是知识产权行使的一项基本原则。品种权的权利用尽原则，来源于UPOV1991第16条规定。品种权的权利用尽与专利、商标、著作权领域相比，有相同的内容，也有不同的内容。相同的内容主要体现在，品种权人自己或者经其许可生产销售的授权品种繁殖材料、收获材料，在其上市销售以后，购买者可以进一步实施为繁殖而进行处理、许诺销售、销售、储存该繁殖材料，以及将该繁殖材料用于种植生产收获材料，许诺销售、销售、储存该收获材料和将收获材料用于加工，品种权人不得加以干预。但是，考虑到授权品种繁殖材料及收获材料具有的再繁殖特性，以及全球品种权保护制度建设的具体情况，品种权的销售权用尽还有其特有的含义，也就是UPOV1991第16条规定的两个例外情形。《最高人民法院关于审理侵害植物新品种权纠纷案件具体应用法律问题的若干规定（二）》[1]第10条也作了规定，但相关规定在《种子法》(2021年)修订之前制定，因此其仅限于对授权品种繁殖材料的品种用尽。《种子法》(2021年)修订后，品种权用尽应同时适用于授权品种的繁殖材料和收获材料。结合UPOV1991和司法解释相关规定，对品种权用尽的两个例外进行说明。

第一个例外是涉及授权品种进一步繁殖的，不属于品种权用尽范围。类似方法专利的权利用尽，其仅适用于依照方法专利直接获得的产品，但不得使用生产该产品的专利方法。同样地，品种权用尽的例外，仅适用于由授权品种繁殖材料产生的收获材料及其产品，但并不适用将由授权品种繁殖材料产生的收获材料再次当作繁殖材料利用。

第二个例外是涉及将授权品种具有繁殖能力的材料出口到一个不保护该品种所属植物属或种的国家，但出口材料用于最终消费的情况不在此例。由于特定植物品种的繁殖材料或者收获材料具有繁殖能力，有可能在任何适宜的环境中进行繁殖生长。即使品种权人或者经其许可的人将授权品种繁殖材料出口，如果出口材料是用于最终消费的，则适用品种权用尽。如果出口到不保护该植物种或者属的国家，不适用品种权用尽。品种权人在特定条件下仍可根据相关法律法规主张权利。相关司法解释将这类例外明确为“为生产、繁殖目的将该繁殖材料出口到不保护该品种所属植物属或者种的国家或者地区”。

品种权用尽是植物品种保护制度的重要组成部分，并且有其特定的含义，应在我国植物新品种保护的基本法律中予以明确。

（二）育种及科研例外

为培育植物新品种以及科学研究利用他人的授权品种，是UPOV成员植物新品种保护制度所公认的品种权例外。其本质与专利法上的“为了科学研究和实验而使用专利技术”的专利权例外是相同的。植物新品种保护条例第10条将其表述为“利用授权品种

[1] 法释〔2021〕14号。

进行育种及其他科研活动”。相关司法解释明确，对于利用授权品种培育新品种，以及利用授权品种培育形成新品种后，为品种权申请、品种审定、品种登记需要而重复利用授权品种的繁殖材料，如果被诉侵权人主张上述行为属于科研活动的，人民法院应予支持。

（三）农民自繁自用

农民自繁自用的权利，又称农民留种权利。该概念首先源于 UPOV 公约。UPOV1961/1972 和 UPOV1978 明确规定，商业目的利用受保护品种的繁殖材料需要经育种者许可，农民留种种植属于维持农民生计的非商业行为，不属于品种权控制范围。随着农业生产与商业经营环境的变化，世界各国农民进行大规模商业种植成为常态。UPOV1991 明确提出，各成员可以合理限制育种者合法利益，允许农民使用在其土地上种植受保护品种获得的收获材料，以繁殖为目的用于在自己土地上进行再次种植〔1〕。这属于 UPOV1991 规定的选择性例外，也称为非强制性例外，由各成员自行决定是否规定农民留种例外，以及农民留种例外的范围。从国际实践看，UPOV 公约成员大部分都没有取消这一例外，但有的成员根据本国需要对农民留种权利范围作了改造，如欧盟对特定作物品种规定了阶梯式的农民留种权利。

世界粮农组织于 2001 年通过的《粮食与农业植物遗传资源的国际条约》〔2〕也规定了“农民权利”（Farmers’ Rights）。该权利的基础在于“世界所有地区的农民，特别是原产地中心及多样性中心的农民过去、现在和将来在保护、改良及提供这些资源方面的贡献”，认为实现农民权利的根本，在于承认农民“保存、利用、交换机出售农场保存的种子和其他繁殖材料的权利和参与利用粮食和农业植物遗传资源的决策及参与公平合理分享这种利用所产生的利益的权利”〔3〕，并明确该公约的规定“不得解释为限制农民根据国家法律酌情保存、利用、交换和出售农场保存的种子和繁殖材料的任何权利”。

农民留种权利与农民权利两者在权利的渊源上有所关联，都是基于农民在保存、改进和取得植物遗传资源中的贡献，但在权利的内容和性质上是不同的。“农民留种权”作为育种者权的限制和例外，只是《粮食与农业植物遗传资源的国际条约》中“农民权利”中“公平参与分享因利用粮食和农业植物遗传资源而产生的利益的权利”的一个具体体现，不是完全等同的概念。

我国自 1997 年建立植物新品种保护制度开始，就将 UPOV 公约中的“农民留种权”表述为“农民自繁自用授权品种的繁殖材料”的权利。通过多年的司法实践，最高人民法院将农民自繁自用授权品种的范围限于“农民在其家庭农村土地承包经营合同约定的土地范围内自繁自用授权品种的繁殖材料”，超出上述范围的，应“综合考虑被诉侵权行为的目的、规模、是否营利等因素予以认定”。将农民自繁自用的范围限定为“家庭农村土地承包经营合同约定的土地范围”，主要是考虑到仅能将非商业目的的用于维持生计有关的生产种植行为作为品种权例外，扩大农民自繁自用范围将严重损害品种权人

〔1〕 UPOV1991 Art. 15（2）.

〔2〕 International Treaty on Plant Resources for Food and Agriculture.

〔3〕 参见《粮食和农业植物遗传资源国际条约》序言。

的合法利益。此外，考虑到我国目前尚未将“私人的非商业性活动”明确为品种权例外，超出“家庭农村土地承包经营合同约定的土地范围”的生产种植行为是否属于侵权，需要结合具体情形判定。将“私人的非商业性活动”“试验性活动”等非商业目的的利用受保护品种明确为品种权例外，属于国际上通行的做法，值得我国借鉴。

三、品种权的保护期限与终止

品种权保护期限的确定既是一个法律问题，也是一个科学问题。品种权保护期限的长短，涉及品种权人和社会公众利益的平衡，也涉及确定多长的保护期限才能确保育种者能收回育种成本的投资并赚回足够的利润，以激励育种者投入新的创新活动。

（一）保护期限

与专利保护期限从申请日起算不同，品种权的保护期限自授权之日起，藤本植物、林木、果树和观赏树木为20年，其他植物为15年。UPOV公约自1961年成立时就明确，从品种权授权之日起算保护计算品种权的保护期限。这主要与植物新品种审查的技术性特点有关。植物新品种特异性、一致性和稳定性的审查，通常需要进行田间种植测试，申请品种在某些特殊气候条件下，相关特征特性可能难以充分表达，需要种植更多生长期予以确定。品种权人应当自被授予品种权的当年开始缴纳年费，这是目前世界各国通行的做法。品种权人应在品种权保护期限内交纳一定数额的年费，以维持品种权保护的有效性，其目的在于鼓励品种权人放弃部分不值得维持的品种权，以便其保护的相关植物新品种尽早进入社会公有领域。为切实减轻企业与个人负担，鼓励育种创新，提升社会品种权保护意识，我国自2017年4月1日起停征植物新品种保护收费。从植物新品种保护制度的宗旨来说，交纳品种权年费是育种者维持品种权保护所应承担的成本，有助于促进其他放弃不具有市场价值的植物新品种，进入公有领域，成为育种创新的社会公有资源。此外，UPOV1991规定，品种权的保护期限知授权日之日起不低于20年，藤本和木本的保护期限不少于25年。

（二）品种权终止

品种权的终止，是指因保护期限届满或者因其他情况，品种权停止有效，不再具有法律效力的情形。品种权的终止，不影响该品种权此前的法律效力。《植物新品种保护条例实施细则》（林业部分）规定：除品种权人明确放弃品种权、未按时交纳年费外；品种权人未按照要求提供检测所需的该授权品种的繁殖材料或者送交的繁殖材料不符合要求的，国家林业局予以登记，其品种权自登记之日起终止；经检测该授权品种不再符合被授予品种权时的特征和特性的，自国家林业局登记之日起终止。UPOV公约也明确，授权品种不再符合一致性和稳定性时，各缔约成员可终止其授予的品种权，同时还规定育种者不提交保持品种权所需要的资料、文件或者材料，不交纳品种权维持年费，或者品种权名称被取消后未能提供合适品种名称的，可以终止品种权；除上述情形外，不得终止品种权[1]。

---

〔1〕 UPOV 1991 Art.22.

第六节　品种权的转让与许可

品种权是一项财产权利。品种权人可以通过商业化推广和应用自己培育的授权品种，也可以通过许可他人商业化推广和应用自己培育的授权品种，还可以通过转让品种权的方式，获取一定的经济利益。

一、品种权的转让

品种权的转让属于所有权的转让，即品种权从一个所有人手中转移到另一个所有人手里。专利权转让之后，原专利权所有人不再就该授权品种享有任何权利，由受让该品种权的主体成为该品种权的所有人。

（一）品种权转让的登记

根据植物新品种保护条例规定，转让品种权的，当事人应当订立书面合同，并向审批机关登记，由审批机关予以公告。品种权转让合同的标的是品种权，是一项无形财产权利。只有品种权审批机关登记公告后，品种权的转让才发生效力。如果品种权转让未经品种权审批机关登记、公告的，受让人以品种权人名义提起侵害品种权诉讼的，人民法院不予受理。同时根据规定，国有单位在国内转让申请权或者品种权的，应当按照国家有关规定报经有关行政主管部门批准；中国的单位或者个人就其在国内培育的植物新品种向外国人转让申请权或者品种权的，应当经审批机关批准。

（二）品种权转让合同

品种权转让合同必须是书面的，既表示对权利转让的正式和慎重，也可以载明转让的相关事项，以便日后查验。一般来说，品种权转让合同，应包括品种权人和受让人的名称、住址，品种权的申请日、申请号、品种权号和品种权剩余期限，授权品种名称及相关特征特性，转让的价金和支付方式，违约责任，争议解决方法等一般性条款，还要明确授权品种审定或者登记情况、品种权实施情况、权属保证及转让之前的许可情况，以及技术资料和基础种的交付等。

二、品种权的许可

品种权的许可是指品种权人允许或者同意他人商业性推广应用该授权品种，是关于品种权内容的许可，不是授权品种的许可。从实践看，品种权的许可，可以许可品种权的某一项或者多项权利内容，也可以一定期限内的许可，或者是一定地域范围内的许可。不管品种权许可的期限多长，地域范围多广，但品种权仍然属于权利人，被许可者仅能在被许可的范围内事事相关行为。超出许可范围的，构成侵权。

（一）独占许可、独家许可和普通许可

按照被许可人范围不同，品种权许可可以分为三类。

（1）独占许可：是指在约定的期限、地域范围内，以约定的方式，将品种权仅许可给一个被许可人使用。在此期限和地域范围内，品种权人不得以相同的方式实施该品种

权，也不得再许可第三方以相同的方式实施该品种权。这里的地域范围通常是指法律实施的地域范围。

（2）独家许可：是指在约定的期限、地域范围内，以约定的方式，将品种权仅许可给一个被许可人使用，同时品种权人保留了自己在相同期限和地域范围内，以相同方式实施该品种权的权利。独占许可与独家许可的区别在于，品种权人是否保留在相同地域和期限范围内，以相同方式实施该品种权的权利。

（3）普通许可：品种权人在约定的期限、地域范围内，以约定的方式，将品种权仅许可给他人使用，并且保留自己以相同方式实施该品种权以及许可第三人以相同方式实施该品种权。

上述不同类型的许可方式，除了许可双方的权利义务不同外，还与品种权侵权诉讼中被许可人是否可以提起诉讼有关。根据规定，品种权人或者利害关系人认为其品种权受到侵犯的，可以依法向人民法院提起诉讼。这里的利害关系人，包括植物新品种实施许可合同的被许可人、品种权财产权利的合法继承人等。其中独占实施许可合同的被许可人可以单独向人民法院提起诉讼；排他实施许可合同的被许可人可以和品种权人共同起诉，也可以在品种权人不起诉时，自行提起诉讼；普通实施许可合同的被许可人经品种权人明确授权，可以提起诉讼。从我国种业实践看，品种权人通常会划分区域进行品种权的独占授许可，区域性的独占许可本质是普通许可。被许可人必须经品种权人授权后，才有资格提起侵害品种权之诉。

（二）总许可和分许可

根据被许可人是否可以进一步许可他人实施相关品种权，可以分为基本许可和分许可。分许可是指，被许可人获得了一项基本许可后，可以在此基础上再向第三人发放许可，许可他人在约定期限和地域范围内，以约定方式实施该品种权。分许可依赖于基本许可。如果品种权人在许可合同中没有约定被许可人可以发放分许可，则被许可人不得发放分许可。

（三）交叉许可

交叉许可是指品种权人之间相互许可对方使用自己的品种权。在某些情况下，还会出现专利技术、技术秘密与品种权的交叉许可情形。这种情况在专利技术领域，尤其是通信领域常见。在杂交品种的推广应用中，如果两个亲本品种属于不同权利人，或者亲本品种和杂交品种的品种权属于不同权利人的，也会出现交叉许可的情形。比如，在水稻“9优418”父本和母本品种权侵权纠纷案[1]中，审理法院判定涉案品种为“9优418”水稻品种的父本和母本品种权人达成交叉许可。随着生物技术在作物育种领域的深入应用，在未来转基因作物或者基因编辑作物的推广应用中，也可能会出现专利技术与品种权的交叉许可。

〔1〕（2012）苏知民终字第0055号民事判决书，（2011）苏知民终字第0194号民事判决书，（2010）宁知民初字第69号民事判决书，（2009）宁民三初字第63号民事判决书。

三、强制许可

强制许可，又称非自愿许可，主要是为防止品种权人滥用自己的权利，损害国家利益或者公共利益的，而由审批机关可以作出实施植物新品种强制许可的决定。

（一）强制许可情形

根据规定，有下列情形之一的，审批机关可以作出实施品种权的强制许可决定：（1）为了国家利益或者公共利益的需要；（2）品种权人无正当理由自己不实施，又不许可他人以合理条件实施的；（3）对重要农作物品种，品种权人虽已实施，但明显不能满足国内市场需求，又不许可他人以合理条件实施的。其中第三种情形仅适用于农业植物新品种。

到目前为止，我国尚未发生品种权强制许可案例。强制许可的实施，根据知识产权领域的做法，通常应当是个案处理，需要结合具体实际，判断需要通过强制许可来维护国家利益或者公共利益，何种情况下构成“品种权人无正当理由自己不实施，又不许可他人以合理条件实施的”，以及“明显不能满足国内市场需求”情形。

（二）强制许可的限制

强制许可只是剥夺品种权人发放许可的决定权。取得实施强制许可的单位或者个人仍应当付给品种权人合理的使用费，其数额由双方商定。如双方不能达成协议的，由审批机关裁决。同时，取得实施强制许可的单位或者个人不享有独占的实施权，并且无权允许他人实施。

（三）强制许可的救济

强制许可的决定，包括对于品种权许可费用的裁决，是品种权审批机关作出的行政决定。品种权人对强制许可决定不服的，品种权人和取得强制许可者可以对强制许可使用费的裁决不服的，可以自收到通知之日起 3 个月内向人民法院提起诉讼。这种诉讼，是以作出品种权强制许可或者是作出品种权强制许可费用裁决的审批机关作为被告的行政诉讼。

第七节　品种权的侵权与救济

品种权是一项财产权。他人未经许可实施品种权，不属于品种权例外情形的，就构成品种权侵权行为。在发生侵害品种权行为后，品种权人或者利害关系人可以向法院提起诉讼，或者要求农林行政执法部门查处，也可以通过调解、仲裁解决。对于农林行政执法部门查处侵权行为的处理决定，当事人不服或者认为有错误的，可以提起行政诉讼。对于法院作出的判定侵权行为成立的生效判决，侵权人必须要承当相应侵权责任，包括停止侵权或者赔偿损失。

一、品种权的侵权

根据种子法及植物新品种保护条例的规定，品种权人对于授权品种享有排他性的生产、繁殖和为繁殖而进行处理、许诺销售、销售、进口、出口以及为实施上述行为储存该授权品种等权利。如果他人未经许可，针对授权品种及其实质性派生品种的繁殖材料、收获材料实施了上述行为；以及未经许可为商业目的将该授权品种的繁殖材料重复使用于生产另一品种的繁殖材料的，构成侵害品种权行为。

（一）品种权侵权的判定

判定品种权侵权行为的关键是被控侵权人是否针对授权品种或者授权品种的实质性派生品种实施了需经品种权许可才能实施的行为。实践中，通常需要从两个方面着手：首先要判断被控侵权材料是否属于授权品种或者是授权品种的实质性派生品种；其次要判断被控侵权行为是否属于品种权内容所规定的行为。其中被控侵权材料是否属于授权品种是品种权保护实践中的关键问题。

（二）通过鉴定确认被诉侵权材料是原则

与专利侵权认定不同，专利侵权与否通常以被控侵权方法或产品与专利申请文件所记载的技术方案对比进行判断。由于品种权所保护的植物新品种与该植物品种的植物材料难以分离，在品种权审查程序中，审查机关通常以申请人提交的用以 DUS 测试的申请品种的繁殖材料作为申请品种的标准样本进行审查并决定是否授权。品种权侵权与否通常以被控侵权品种（实践中体现为特定品种的繁殖材料或者收获材料）与申请品种权保护时向品种审查机关提交的标准样本进行对比来判断。如果是现场考察的植物新品种，则应以被控侵权品种与品种权审查文件记载的申请品种的母株作为标准样本进行对比。对比的鉴定手段可以是分子检测，也可以是进行 DUS 测试。也就是说，判断特定行为是否构成侵害品种权，关键在于对被控侵权材料与授权品种之间的关系进行鉴定。

对于侵害植物新品种权纠纷案件涉及的专门性问题可以采取田间观察检测、基因指纹图谱检测[1]等方法鉴定。目前通行的植物品种鉴定主要有田间测试和分子标记检测两种类型。田间测试是根据植物品种特异性、一致性和稳定性测试指南要求，将被控侵权品种的繁殖材料与授权品种标准样本选择在合适的测试地点相邻种植，进行品种的真实性验证鉴定。测试周期通常为一个独立的生长周期，也可能因其中某些性状不能充分表达的情况而增加测试周期。由于品种权的授予就是根据 DUS 田间测试结果作出的，法院通常可以根据田间测试结果判定被控侵权行为成立与否，除非侵权鉴定的证据链出现其

---

〔1〕 基因是控制生物性状的基本遗传单位，本质是一条长长的脱氧核糖核酸（deoxyribonucleic acid，DNA）链。从遗传学的角度来说，基因有狭义和广义之分。狭义的基因通常仅指被发现具有某种功能的基因，而广义的基因既包括已被发现的具有某种功能的基因，也包括那些尚未被发现功能的基因。分子标记（Molecular Markers，也称 DNA 标记）是以个体间遗传物质内核苷酸序列变异为基础的遗传标记。分子标记检测是利用那些能够将不同品种予以有效区别的 DNA 作为标记位点，以检测出不同的品种。除了利用分子标记检测外，实践中也存在全基因组测序。这里的基因指纹图谱检测是一种对基因检测方法的通行描述，包括分子标记检测、全基因组测序以及其他目前已存在或者未来可能出现的基因检测的方法。

他问题。

目前通行的植物品种分子标记鉴定方法主要有单重复序列（SSR），单核苷酸多态性（SNP）和多核苷酸多态性（MNP）三种方式，分别形成各自不同的鉴定标准。这些不同的鉴定标准有各自适用的作物范围，如植物品种鉴定 MNP 标记法[1]可适用于水稻、玉米、大豆、棉花、花生、谷子、西瓜、甜瓜、黄瓜、艾草、番茄、辣椒、白菜、龙眼、荔枝、猕猴桃 16 种作物的原始品种鉴定、实质性派生品种鉴定和品种真实性鉴定，其他作物品种鉴定也可参考。其中玉米、水稻等作物还可以根据上述 SSR 和 SNP 标记法进行鉴定。由于 SSP、SNP 和 MNP 这种分子标记检测所依据的检测原理、对特定植物品种所能检测的位点数是不同的，因此对于不同检测方法得到的检测结果的判定方法也有所不同。当然，针对相同检测样本和对比样本时，最终做出的检测结论，如两者属于“不同品种”、“近似品种”还是“极近似品种或者相同品种”，在理论上应该是完全一致的，但也不排除因检测样本材料和对照样本材料的来源不同以及因其他各种失误而导致的差异。

对于没有基因指纹图谱等分子标记检测方法进行鉴定的品种，可以采用行业通用方法对授权品种与被诉侵权物的特征、特性进行同一性判断。考虑到不同鉴定方法之间以及不同的分子鉴定方法之间，对特定植物品种的鉴定可能出现不同结论的情况。如果一方当事人对鉴定意见有异议的，可以向人民法院申请复检、补充鉴定或者重新鉴定，前提是当事人应提出合理理由和证据，对于未提出合理理由和证据的，人民法院不予准许申请复检、补充鉴定或者重新鉴定。如果对于分子鉴定的差异位点数小于临界值的情形，在被诉侵权方提出否定鉴定结论的证据的情况下，可以采取扩大检测位点进行加测或者提取授权品种标准样品进行测定等方法进行加测。如果出现田间观察检测的结论与基因指纹图谱等分子标记检测的结论不同的情形，人民法院应当以田间观察检测结论为准。

（三）品种名称相同推定为补充

考虑到植物品种遵守“一品一名一样本”的管理规则，要求“同一植物品种在申请新品种保护、品种审定、品种登记、推广、销售时只能使用同一个名称。生产、推广、销售的种子应当与申请植物新品种保护、品种审定、品种登记时提供的样品相符”[2]，表明使用相同的品种名称生产销售植物品种繁殖材料（种子）的，在法律上可以被认为是

---

〔1〕 GB/T 38551—2020。根据《标准化法》规定，标准（含标准样品），是指农业、工业、服务业以及社会事业等领域需要统一的技术要求。在我国，标准包括国家标准、行业标准、地方标准和团体标准、企业标准。国家标准包括强制性国家标准（GB）和推荐性国家标准（GB/T）。国家标准在全国范围内适用，其他各级标准不得与国家标准相抵触。国家标准已经发布，与其重复的行业标准、地方标准相应废止。行业标准代号 /T，是指没有推荐性国家标准，需要在全国某个行业范围内统一的技术要求，为推荐性标准。地方标准代号 DB，对没有国家标准和行业标准而又需要为满足地方自然条件、风俗习惯等特殊技术要求，可以制定地方标准，也是推荐性标准。团体标准编号为：T+ 社会团体代号 + 团体标准顺序号 + 年代号，由社会自愿采用的标准。企业标准由企业制定，其要求要求不得低于相应的国家标准或行业标准的要求。如果国标、行标和企标同时存在，需满足企标应高于行标，行标应高于国标的要求。

〔2〕《种子法》（2021 年修正）第 27 条第 2 款。

同一植物品种。因此，司法实践中存在一种推定品种相同的情形，即被诉侵权品种的材料是以授权品种名称进行生产、销售的，可以视为或者推定为被诉侵权人实施了侵害授权品种的行为。

判断品种名称是否为相同的标准，在种子管理和植物新品种保护中是一致的，不能随意将近似的品种名称判定为相同的品种名称。根据《农业植物品种命名规定》，除了品种名称完全相同外，如果有“（一）读音或者字义不同但文字相同的；（二）以中文数字、阿拉伯数字或罗马数字表示，但含义为同一数字的；（三）仅以名称中数字后有无‘号’字区别的；（四）其他视为品种名称相同的情形”的，也视为品种名称相同。除上述情况外，其他近似品种名称均认为不是相同的品种名称，如读音相同但文字不同的，玉米品种成单 13 和承单 13，两个名称所对应的植物材料在法律上属于不同的玉米品种，除非另有证据证明。

还要强调的是，品种名称推定侵权成立是附条件的。首先，这里的“品种名称相同”必须根据《农业植物品种命名规定》相关规定进行判断，司法机关不能随意扩大品种名称相同的范围。尽管《农业植物品种命名规定》中有“其他视为品种名称相同的情形”的规定，但这一规定解释权力在制定该命名规则的部门，而不是司法机关。在何种情况下可以将除上述三种情形之外的其他情形视为品种名称相同的情况，没有作出具体明确解释之前，司法机关不能作出扩大解释。其次，即使被控侵权材料使用与授权品种相同的名称的情况下，也不能直接判定被控侵权人实施了侵害品种权的行为，仍必须赋予被控侵权人以足够的抗辩权利，以确保使用相同品种名称的植物材料确实是相同的植物品种。如果被控侵权材料的品种名称与授权品种名称不同或者近似的，或者被控侵权人提出证据证明被控侵权材料不属于授权品种的，则仍然无法判定侵害品种权的行为成立。

（四）实质性派生品种的判定

尽管目前《种子法》规定的实质性派生品种制度尚未正式实施，但该制度的实施问题备受关注。由谁来判断实质性派生品种也是实施该项制度中一个重要问题。欧盟的做法是，欧盟品种保护办公室只负责判断申请品种是否符合品种权授权要件，不负责申请品种是否属于另一品种的实质性品种，但可以根据法院的判决以及当事人达成的协议，将相关品种登记为特定品种的实质性派生品种。澳大利亚的做法是，澳大利亚植物品种权保护办公室可以根据受保护的原始品种的权利人申请，对已经授权或者申请保护的植物品种进行审查，如符合实质性派生品种条件的，宣布该授权品种为实质性派生品种。通常来说，判定一个品种是否另一品种的实质性派生品种，只有在被诉侵权情况下才有判断的意义。如果在审查环节进行判断，将不可避免增加审查机关的工作量，并且容易陷入实质性派生品种的判定纠纷。

在实施实质性派生品种制度的过程中，如何判断一个品种是另一个品种的实质性派生品种是该项制度实施的关键和难点所在。UPOV1991 规定了三项原则性的判断标准，分别是（1）从原始品种实质性派生或者从其本身是该原始品种的实质性派生品种再次派生，同时保留了由原始品种基因型或基因型组合产生的基本性状表达；（2）与原始品种有明显区别；并且（3）除了派生引起的性状差别外，由原始品种基因型或基因型组合产生的基本性状表达方与原始品种保持一致。上述三项条件分别从基因型和基因型组合、特异性以及表达性状上强调实质性派生品种和原始品种之间的关联，并明确从原始品种直接派生或者从原始品种的实质性派生品种再次派生的实质性派生品种，都是原始品种的实质性派生品种。同时，UPOV1991 还列举了有可能产生实质性派生品种的育种方法，包括选择天然或诱变株、或体细胞无性变异株，从原始品种中选择选择变异体、进行回交或者经遗传工程转化获得。上述列举是一种不完全的列举，并且育种方法本身不足以判断相关品种即为实质性派生品种。国际种子联盟（International Seed Federation）和国际果树与观赏植物无性繁殖育种者联盟（International Community of Breeders of asexually reproduced ornamental and fruit-tree varieties）通常采用发布实质性派生品种判断指南，明确用以判断特定作物实质性派生品种的遗传相似度阈值，作为转移证明责任的依据，必要时辅以育种方法、育种记录、表型特征及性状重要性的考察等做法。通过分子标记技术测定的原始品种与被控实质性派生品种之间的遗传相似度是其中最为重要的指标，也是分配实质性派生品种证明责任的重要依据。目前已经发布涉及实质性派生品种判定的鉴定标准，比如植物品种鉴定 MNP 标记法（GB/T 38551—2020）。根据相关标准获得鉴定结论，可以用作确定当事人是否完成证明责任，以及转移证明责任的依据。因此，育种者应保存相关品种完整的育种记录并能够作出科学说明，包括育种方法、育种材料样本及来源等信息，以便用于佐证相关品种是否为授权品种的实质性派生品种。

二、品种权侵权救济

根据《种子法》及《植物新品种保护条例》的规定，发生侵害品种权行为的，由当事人协商解决，不愿协商或者协商不成的，品种权人或者利害关系人可以请求县级以上人民政府农业农村、林业草原主管部门进行处理，也可以直接向人民法院提起诉讼。前者属于行政程序，后者属于司法程序。

（一）行政救济

根据规定，县级以上人民政府农业农村、林业草原主管部门，可以根据当事人自愿的原则，对侵犯植物新品种权所造成的损害赔偿可以进行调解。调解达成协议的，当事人应当履行；当事人不履行协议或者调解未达成协议的，植物新品种权所有人或者利害关系人可以依法向人民法院提起诉讼。在处理侵犯植物新品种权案件时，为了维护社会公共利益，相关部门可以责令侵权人停止侵权行为，没收违法所得和种子，并根据违法种子涉及的货值金额实施罚款。货值金额不足 5 万元的，并处 1 万元以上 25 万元以下罚款。货值金额 5 万元以上的，并处货值金额 5 倍以上 10 倍以下罚款。

需要注意的是，县级以上农林主管部门处理品种权侵权案件，应以品种权人或者利害关系人请求为前提，遵循不告不理原则。实践中，品种权侵权行为通常与其他涉种违法行为存在竞合的情形。如果在执行常规执法检查工作中或者处理伪劣套牌种子案件时，发现侵权案件线索的，农林主管部门应及时告知品种权人或其利害关系人。品种权人或其利害关系人要求农林主管部门予以处理的，相关部门可以依法进行处理，包括对侵权行为是否成立做出判定，就损害赔偿问题进行调解，以及是否侵害社会公共利益作出处理。如果品种权人或其利害关系人未要求农林主管部门处理，相关部门不能就该侵权行为进行处理。这种情况下，涉及其他涉种违法行为的，相关部门只能处理相关主体的其他违法行为。

危害社会公共利益是行政机关实施罚款处罚的前提。什么情况下可以判定侵害品种权行为涉及危害社会公共利益，是品种权侵权行为行政处理中的一个重点问题。由于社会公共利益的体现比较笼统，可以适当比照惩罚性赔偿的处理来理解。根据《关于审理侵害知识产权民事案件适用惩罚性赔偿的解释》[1]相关规定，侵权故意和情节严重是适用惩罚性赔偿的前提，这与种子法相关规定是一致的。《最高人民法院关于审理侵害植物新品种权纠纷案件具体应用法律问题的若干规定（二）》结合品种权侵权的特殊情况，对构成情节严重的情形作了进一步明确。从行政处罚设置的初衷来说，危害社会公共利益的行为首先应该是故意侵权且情节严重的情形。当然，行为人对侵权行为的真诚态度，以及对侵权行为造成损害的积极补偿，将有利于消除侵权行为的社会危害性。

（二）司法救济

通过诉讼是解决品种权侵权纠纷的主要方式。因品种权侵权行为提起的诉讼，通常由侵权行为地或者被告住所地所属的各省、自治区、直辖市人民政府所在地和最高人民法院指定的中级人民法院作为第一审人民法院进行审理。北京、上海、广州则由设立的知识产权法院作为第一审人民法院进行审理。省、自治区、直辖市辖区范围内有重大影响的品种权侵权诉讼案件，由该辖区的高级人民法院作为第一审人民法院进行审理。全国范围内重大、复杂的品种权侵权案件，由最高人民法院知识产权法庭作为第一审人民法院进行审理。侵权行为地，是指未经品种权人许可，生产、繁殖或者销售该授权植物新品种的繁殖材料的行为地，或者以商业目的将该授权品种的繁殖材料重复使用于生产另一品种的繁殖材料的行为地。公民的住所地是指公民的户籍所在地，法人或者其他组织的住所地是指法人或者其他组织的主要办事机构所在地。法人或者其他组织的主要办事机构所在地不能确定的，法人或者其他组织的注册地或者登记地为住所地。同一诉讼的几个被告住所地、经常居住地在两个以上人民法院辖区的，各该人民法院都有管辖权。如果两个以上人民法院都有管辖权的诉讼，原告可以向其中一个人民法院起诉；原告向两个以上有管辖权的人民法院起诉的，由最先立案的人民法院管辖。目前，对侵权案件的一审判决不服的，当事人有权在判决书送达之日起 15 日内向最高人民法院知识产权法庭提起上诉。最高人民法院知识产权法庭作出的第二审判决、裁定，是终审生效判决、裁定。

根据《最高人民法院关于审理植物新品种纠纷案件若干问题的解释》规定，除了侵权纠纷外，人民法院还受理植物新品种申请驳回复审行政纠纷案件、品种权无效行政纠纷案件、植物新品种更名行政纠纷案件、品种权强制许可纠纷案件、品种权实施强制许可使用费纠纷案件、植物新品种申请权权属纠纷案件、品种权权属纠纷案件、申请权转

---

〔1〕 法释〔2021〕4 号。

让合同纠纷案件、品种权转让合同纠纷案件、假冒他人植物新品种权纠纷案件、植物新品种培育人署名权纠纷案件、植物新品种临时保护期使用费纠纷案件、植物新品种行政处罚纠纷案件、植物新品种行政复议纠纷案件、植物新品种行政赔偿纠纷案件、植物新品种行政奖励纠纷案件以及其他植物新品种权纠纷案件。从上述规定看，所有涉及植物新品种权的纠纷都可以通过诉讼解决。

（三）未侵权辩解

对于权利人及其利害关系人的侵权指控，被控侵权人可提出一系列的辩解表明自己没有侵权。比如，被控侵权人可以主张使用授权品种进行育种或者从事科研使用，还可以主张自己所生产或者销售的授权品种繁殖材料或者收获材料，已经过许可，属于权利用尽了。当然，被控侵权人提出上述抗辩理由时，应当提供相关证据及说明，便于法院或者行政执法机关进行判断。

品种权无效是一项十分重要的侵权抗辩理由。如果相应的品种权被宣告无效，基于该品种权提起的侵权诉讼也就失去了权利基础。品种权无效的理由主要包括授权品种缺乏新颖性、特异性、一致性和稳定性。在审理侵犯植物新品种权纠纷案件时，如果被控侵权人在答辩期间内向行政主管机关植物新品种复审委员会请求宣告该植物新品种权无效的，法院一般不中止诉讼。但如果发现被控侵权人有确实证据证明涉案品种权有可能被宣告无效的，法院也可以中止侵权诉讼程序，等待植物新品种复审委员会的复审结果。

（四）损害赔偿

损害赔偿是品种权侵权案件的处理的重点和难点问题。在侵权诉讼案件中，法院可以根据权利人的请求和当事人提供的在案证据进行判定。在品种权侵权案件的行政处理中，行政机关可以根据当事人的请求对侵权赔偿数额进行调解，达成赔偿协议。如果不能达成协议，但是人可以向法院起诉，请求判决赔偿。品种权侵权诉讼中，权利人应充分提供证明品种权侵权行为成立以及要求损害赔偿的证据，并注意要形成完整的证据链。

1. 损害赔偿计算规则

侵犯植物新品种权的赔偿数额按照权利人因被侵权所受到的实际损失确定；实际损失难以确定的，可以按照侵权人因侵权所获得的利益确定。权利人的损失或者侵权人获得的利益难以确定的，可以参照该植物新品种权许可使用费的倍数合理确定。权利人的损失、侵权人获得的利益和品种权许可使用费均难以确定的，人民法院可以根据品种权的类型、侵权行为的性质和情节等因素，确定给予 500 万元以下的赔偿。通常来说，品种权侵权损害赔偿数额计算的上述规则，在适用上是有顺序的：（1）按照权利人因被侵权所受到的实际损失确定；（2）按照侵权人因侵权所获得的利益确定；（3）参照该品种权许可使用费的倍数合理确定；（4）权利人损失、侵权人获益、品种权许可使用费均难以确定的，根据品种权的类型、侵权行为的性质和情节等因素，确定给予 500 万元以下的赔偿。对于故意侵犯植物新品种权，情节严重的，原告还可以主张在按照上述方法确定数额的 1 倍以上 5 倍以下确定赔偿数额。这属于惩罚性赔偿的内容。除上述赔偿之外，权利人还要求被告支付权利人为制止侵权行为所支付的合理开支。这些合理开支，需要原告提供理由以及相关证据进行证明。

2. 惩罚性赔偿

侵权赔偿通常是根据补偿原则，由侵权人对因侵权造成的损失，根据权利人的损失或者侵权人获益，以及根据许可费倍数予以确定。涉及特殊情况下，对于故意侵权且情节严重的，也会对侵权人施以超过实际损失范围的额外赔偿，作为对侵权行为的惩罚。"近年来，惩罚性赔偿制度在我国民商事立法上呈明显的扩张之势"，"惩罚性赔偿由产品责任扩大到知识产权侵权和生态环境侵权"〔1〕。从植物新品种保护实践看，请求适用并且被判惩罚性赔偿的侵权案件数量也明显增加。

根据《最高人民法院关于审理侵害知识产权民事案件适用惩罚性赔偿的解释》〔2〕规定，被控侵权人故意侵害知识产权且情节严重，请求判令其承担惩罚性赔偿责任的，人民法院应当依法审查处理。这里所说的"故意"也包括《商标法》第 63 条第 1 款和《反不正当竞争法》第 17 条第 3 款规定的恶意。可见，适用惩罚性赔偿时"故意"与"恶意"是等同的。根据规定，权利人请求惩罚性赔偿的，应在起诉时明确，如果没有字起诉书宋明确的，可以在一审法庭辩论终结前增加惩罚性赔偿请求。如果在二审中增加惩罚性赔偿请求的，人民法院可以根据当事人自愿的原则进行调解，调解不成的，告知当事人另行起诉。

对于故意侵权的认定，应综合考虑被侵害知识产权客体类型、权利状态和相关产品知名度、被控侵权人与权利人或者利害关系人之间的关系等因素进行判断。通常来说，就侵害品种权而言，出现下列情形的，可以初步认定被控侵权人具有侵害知识产权的故意。这些情形包括：经通知、警告后，被控侵权人仍继续实施侵权行为的；被控侵权人或其法定代表人、管理人是原告或者利害关系人的法定代表人、管理人、实际控制人的；被控侵权方与权利人或者利害关系人之间存在劳动、劳务、合作、许可、经销、代理、代表等关系，且接触过被侵害的知识产权的；被控侵权方与权利人或者利害关系人之间有业务往来或者为达成合同等进行过磋商，且接触过被侵害的知识产权的；以及其他可以认定为故意的情形。

对于侵权情节严重的认定，应当综合考虑侵权手段、次数，侵权行为的持续时间、地域范围、规模、后果，侵权人在诉讼中的行为等因素进行判断。根据相关司法解释，被控侵权人存在有下列情形的，可以认定为情节严重，包括伪造、毁坏或者隐匿侵权证据，拒不履行保全裁定，侵权获利或者权利人受损巨大，侵权行为可能危害国家安全、公共利益或者人身健康以及其他可以认定为情节严重的情形。其中存在因侵权被行政处罚或者法院裁判承担责任后，再次实施相同或者类似侵权行为，以侵害品种权为业，伪造品种权证书，以无标识、标签的包装销售授权品种，未取得种子生产经营许可证生产经营种子的，以欺骗、贿赂等不正当手段取得种子生产经营许可证的，伪造、变造、买

〔1〕 朱广新：《美国惩罚性赔偿制度探究》，载《比较法研究》2022 年第 3 期。

〔2〕 法释〔2021〕4 号。

卖、租借种子生产经营许可证的，以及拒不提供被诉侵权物的生产、繁殖、销售和储存地点的，可以按照计算基数的 2 倍以上确定惩罚性赔偿数额。比如，在“金粳 818”水稻植物新品种侵权案[1]中，被控侵权方因组织销售不标注任何产品信息的白皮袋侵权种子、未取得种子生产经营许可证生产经营种子，且销售的种子数量巨大，被判处以 2 倍以上惩罚性赔偿数额。在玉米“丹玉 405”品种权侵权纠纷案[2]中，因被控侵权人侵权时间长、地域广、规模大，多次实施套牌侵权、重复侵权，侵权行为屡禁不止，被判处以一倍惩罚性赔偿。在“登海 605”玉米植物新品种侵权案[3]中，被控侵权人成立公司，长时段持续以侵权为业，未办理农作物种子生产经营许可证，利用标有其他公司名称和不真实的品种名称包装销售侵权种子，并因种子标签与种子不符、混合销售不合格种子等行为被判生产、销售伪劣产品罪等严重的侵权情节，被判处 3 倍惩罚性赔偿。

确定惩罚性赔偿计算的基数时，应依法以权利人实际损失数额、被告违法所得数额或者因侵权所获得的利益作为计算基数。如果前述相关数额难以计算的，依法参照该权利许可使用费的倍数合理确定惩罚性赔偿数额的计算基数。该基数不包括原告为制止侵权所支付的合理开支；法律另有规定的，依照其规定。关于适用惩罚性赔偿是否一定要有精确的赔偿基数的计算为前提，最高人民法院在前述提及的玉米“丹玉 405”品种权侵权纠纷案中，强调虽然惩罚性赔偿需要以确定的赔偿基数为前提，但对于赔偿基数的计算精度无须作过于严苛的要求，可以根据现有证据和案情裁量确定合理的赔偿基数；同时强调对权利人的惩罚性赔偿请求的举证责任苛责过高，容易纵容侵权人逃避侵权赔偿责任，不利于保护权利人的合法权益，不利于有力打击侵权者。

此外，确定惩罚性赔偿的倍数时，应当综合考虑被告主观过错程度、侵权行为的情节严重程度等因素，如因同一侵权行为已经被处以行政罚款或者刑事罚金且执行完毕，被告主张减免惩罚性赔偿责任的，人民法院不予支持，但在确定前款所称倍数时可以综合考虑。

三、假冒授权品种

假冒授权品种可以分为假冒他人授权品种和冒充授权品种两种行为。假冒他人授权品种，是指以其他品种，包括授权品种和非授权品种假冒他人已经存在的授权品种名称及其品种权号等授权品种标志的行为。冒充授权品种的行为是指以其他品种，包括以授权品种和非授权品种冒充实际不存在的授权品种名称及其品种权号等授权品种标志的行为。这种行为有两种情形，一是以其他非授权品种冒充不存在的授权品种，二是以其他授权品种冒充不存在的授权品种。上述两种假冒行为均侵害了国家对品种权管理的社会

〔1〕 最高人民法院（2021）最高法知民终 816 号民事判决书、江苏省南京市中级人民法院 (2020) 苏 01 民初 773 号民事判决书。

〔2〕 最高人民法院（2022）最高法知民终 2907 号民事判决书、山东省青岛市中级人民法院（2021）鲁 02 知民初 233 号民事判决书。

〔3〕 最高人民法院（2022）最高法知民终 293 号民事判决书、河南省郑州市中级人民法院（2021）豫 01 知民初 1749 号民事判决书。

关系和国家对品种管理的社会关系，其中假冒他人授权品种还有可能侵害品种权人基于已经存在的授权品种名称所享有反不正当竞争的权利。如果出现法律行为竞合或者法律责任聚合的情形，要根据具体情形判定适用的法律责任。

根据《植物新品种保护条例实施细则》（农业部分）（2007 年修订）规定，下列情形之一可以认定为假冒授权品种，包括：（1）印制或者使用伪造的品种权证书、品种权申请号、品种权号或者其他品种权申请标记、品种权标记；（2）印制或者使用已经被驳回、视为撤回或者撤回的品种权申请的申请号或者其他品种权申请标记；（3）印制或者使用已经被终止或者被宣告无效的品种权的品种权证书、品种权号或者其他品种权标记；（4）生产或者销售本条第（1）项、第（2）项和第（3）项所标记的品种；（5）生产或销售冒充品种权申请或者授权品种名称的品种；（6）其他足以使他人将非品种权申请或者非授权品种误认为品种权申请或者授权品种的行为。

如果发现假冒授权品种的，县级以上人民政府农业、林业行政部门依职权处理或者根据举报信息进行处理，根据需要可以封存或者扣押与案件有关的植物品种的繁殖材料，查阅、复制或者封存与案件有关的合同、账册及有关文件，责令停止假冒行为，没收违法所得和植物品种繁殖材料；货值金额不足 5 万元的，并处 1 万元以上 25 万元以下罚款；货值金额 5 万元以上的，并处货值金额 5 倍以上 10 倍以下罚款。

重要名词术语

品种权、植物新品种、新颖性、品种权内容、实质性派生品种、销售权用尽、育种例外、农民自繁自用、强制许可

思考题

1. 什么是植物新品种？如何进行判定？
2. 如何理解品种权授权要件？
3. 如何理解品种权是一种推定有效的权利？
4. 如何理解品种权内容？
5. 如何理解实质性派生品种制度？
6. 如何理解品种权的销售权用尽原则？
7. 品种权侵权的含义是什么？
8. 如何理解假冒授权品种？

典型案例分析

案例一　玉米“金海 5 号”品种权侵权案

涉案品种为玉米杂交种“金海 5 号”，授权日为 2003 年 1 月 1 日，品种权人为莱州金某种业公司。张掖富某公司于 2011 年在张掖市甘州区沙井镇古城村八社、十一社进

行玉米制种，品种权人莱州金某种业公司向张掖市中级人民法院（以下简称一审法院）申请证据保全并起诉。2011 年 9 月 13 日，一审法院对被控侵权玉米随机提取玉米果穗，现场封存，并委托北京市农科院玉米种子检测中心进行对比鉴定，结论为“无明显差异”。经审理，一审法院认定张掖富某公司构成侵权，判令承担侵权责任。张掖富某公司不服，向甘肃省高级人民法院（以下简称二审法院）上诉。二审法院以原审判决认定事实不清，裁定发回张掖中院重审。案件发回重审后，一审法院复函北京市农科院玉米种子检测中心，要求对“JA2011-098-006”号结论为“无明显差异”的检测报告给予补充鉴定或说明。该中心答复：“待测样品与农业部品种保护的对照样品金海 5 号比较，在 40 个点位上，仅有 1 个差异位点，依据行业标准判定为近似，结论为待测样品与对照样品无明显差异。这一结论应解读为：依据 DNA 指纹检测标准，将差异至少两个位点作为判定两个样品不同的充分条件，而对差异位点在两个以下的，表明依据该标准判定两个样品不同的条件不充分，因此不能得出待测样品与对照样品不同的结论。”经质证，莱州金某种业公司对该检测报告不持异议。张掖富某公司认为检验报告载明差异位点数为“1”，说明被告并未侵权，故该检测报告不能作为本案证据予以采信。一审法院判令驳回诉讼请求。莱州金某种业公司不服，向二审法院提起上诉。

二审法院经审理认为，依据 DNA 指纹检测标准，将差异至少两个位点作为标准来判定两个品种是否不同。对差异位点数在两个以下的，应当综合其他因素进行判定，如可采取扩大检测位点进行加测，以及提交审定样品进行测定等，此时的举证责任应由被诉侵权方承担。张掖富某公司未能提供相反的证据，二审法院认定张掖富某公司的行为构成品种权侵权，根据查明的侵权品种种植亩数，综合考虑侵权行为的时间、性质、情节等因素，酌定赔偿 50 万元，并判令停止侵权行为。

本案为最高人民法院发布的 92 号指导案例，涉及品种权侵权鉴定结论的解释与品种权侵权证明责任的分配问题。DNA 指纹方法是目前品种权侵权案件中最常用的品种鉴定方法。依据《玉米品种鉴定 DNA 指纹方法》NY/T 1432—2007 检测及判定标准规定，品种间差异位点数等于 1，判定为近似品种；品种间差异位点数大于等于 2，判定为不同品种；品种间差异位点数等于 1，不足以认定不是同一品种。最高人民法院司法解释规定，通过基因指纹图谱等分子标记检测方法进行鉴定，待测样品与对照样品的差异位点小于但接近临界值，被诉侵权人主张二者特征、特性不同的，应当承担举证责任。人民法院也可以根据当事人的申请，采取扩大检测位点进行加测或者提取授权品种标准样品进行测定等方法，并结合其他相关因素作出认定。

案例二 玉米“先玉 335”品种权侵权案

涉案品种玉米“先玉 335”于 2010 年 1 月 1 日获得品种权保护，品种权人为某锋国际良种公司（系美国公司）。其授权山东某海种业公司作为被许可人对侵害品种权行为提起民事诉讼。另一涉案品种为“大丰 30”，系山西某丰公司选育的玉米新品种。2011 年，“大丰 30”申请品种审定，经 DNA 指纹鉴定认为其与“先玉 335”没有差异。后山西某丰公司公司异议，经农业部植物新品种测试中心 DUS 测试证明“大丰 30”具有特异性、一致性、稳定性，与“先玉 335”为不同品种。“大丰 30”于 2012 年在山西、陕西等通过品种审定。2013 年，经某锋国际良种公司授权，山东某海种业公司可以自己的名义单独对侵害“先玉 335”品种权行为进行诉讼。2013 年 4 月 17 日，扶风县农业执法部门发现陕西某丰公司扶风分公司门店涉嫌以“大丰 30”名义销售“先玉 335”，委托检测部门通过 DNA 指纹鉴定品种的真实性，检测结论为相同或极近似。2014 年 3 月 16 日，山东某海种业公司向西安市中级人民法院法院（以下简称一审法院）起诉请求判令陕西某丰公司、山西某丰公司立即停止侵权，赔偿损失 30 万元并承担本案诉讼费用。两被告均坚持销售的“大丰 30”为山西某丰公司选育的玉米新品种。山东某海种业公司对涉案被扣押的种子是否为“大丰 30”明确表示不申请司法鉴定。一审法院审理后认为，《农业植物新品种测试报告》真实有效合法，可以证明“大丰 30”和“先玉 335”不是同一个玉米品种，大丰公司生产、销售“大丰 30”的行为不成侵权，判决驳回原告诉讼请求。山东某海种业公司不服原审判决，向陕西省高级人民法院（以下简称二审法院）提起上诉。二审法院判决驳回上诉，维持原判。山东某海种业公司不服，向最高人民法院申请再审。最高人民法院经审查认为，品种权的授予和品种审定均以田间种植进行 DUS 测试所确定的性状特征为准，尽管 DNA 指纹技术在品种身份鉴定方面具有多种优点，但由于 DNA 检测所采取的核心引物（位点）与 DUS 测试的性状特征之间并不一定具有对应性，当 DNA 鉴定结论为相同或高度近似时，可进行田间 DUS 测试比较，通过田间表型确定身份。涉案 DUS 测试报告真实、合法，具有证明力，可判定“大丰 30”具有特异性，不存在侵害植物新品种权的行为，裁定驳回山东某海种业公司的再审申请。

本案为最高人民法院发布的指导案例 100 号，涉及品种权侵权不同鉴定方法法律效力的比较。本案原告提供了由北京玉米种子检测中心 DNA 做出的指纹鉴定结论，认为玉米品种“大丰 30”与“先玉 335”为相同或者极近似品种，支持品种权侵权行为的成立。被告则提供了由农业部植物新品种测试中心根据相应标准完成的 DUS 测试报告，证明“大丰 30”具有特异性、一致性和稳定性，与“先玉 335”为不同品种，主张不构成侵权。一审、二审法院均支持被告提供的 DUS 测试报告，判决不构成侵权。最高人民法院通过此案，明确品种权授权应以 DUS 测试确定的植物品种性状特征为准，尽管 DNA 指纹技术具备快速经济便捷等优点，但其所采取的核心引物（位点）与 DUS 测试的性状特征之间并不一定具有对应性，应以 DUS 测试结论作为品种权侵权的最终判定标准。这一案例为品种权侵权鉴定方法的法律效力明确规则。最高人民法院于 2021 年发布的《关于审理侵害植物新品种权纠纷案件具体应用法律问题的若干规定（二）》明确规定，田间观察检测与基因指纹图谱等分子标记检测的结论不同的，人民法院应当以田间观察检测结论为准。

案例三　玉米“YA8201”品种权侵权案

四川某玉公司因金某公司与瑞某公司未经许可利用玉米授权品种“YA8201”生产杂交品种“金禾 880”侵害植物新品种权纠纷，向云南省昆明市中级人民法院（以下简称一审法院）提起诉讼。涉案品种为玉米“YA8201”，品种权授权日为 2010 年 1 月 1 日，品种权人为四川某玉公司。

2021 年 4 月 23 日，四川某玉公司在中国种业大数据平台查到，金某公司为玉米“金禾 880”云南品种审定的申请者和育种者，于 2013 年在云南省用母本“LSC107”和授权品种父本“YA8201”配制杂交组合；自 2019 年 12 月 30 日至 2021 年 4 月 19 日，累计有 458 条生产经营备案信息，涉及种子数量为 76549.5 公斤；全国种子市场监测信息发布平台显示，规格为 1 公斤 / 袋的“金禾 880”种子价格为 55 元，四川省成都市律政公证处对上述过程进行了证据保全。2021 年 3 月 25 日，四川某玉公司向被告发告知函，要求协商涉案授权品种使用问题。2021 年 4 月 9 日，瑞某公司复函，称其与金某公司在 2020 年 11 月 12 日签订《杂交玉米新品种合作协议》，愿意配合调查取证。该协议规定金某公司对“金禾 880”、“金禾玉 618”（另案处理）享有知识产权，瑞某公司需协助其办理生产经营备案手续，并提供生产经营许可证复印件、营业执照复印件、委托书等备案资料，向瑞某公司支付 2020 年 11 月 2 日至 2021 年 11 月 2 日的品种管理费 60000 元。

一审庭审中，金某公司抗辩“金禾 880”的亲本“YA8201”与涉案授权品种“YA8201”系名称相同，品种不同。一审法院要求其承担证明二者不是同一品种的举证责任，金某公司申请法院对上述品种进行鉴定。四川某玉公司提交了从云南省种子管理站调取的“金禾 880”审定申请表。申请表记载，“金禾 880”的亲本“YA8201”由四川某玉公司选育，2011 年由金某公司引入。考虑到上述信息由金某公司填写，并承诺保证信息的真实，一审法院驳回金某公司的鉴定申请。瑞某公司申请追加“金禾 880”的实际生产者垦某公司为共同被告，四川某玉公司不同意追加。经审查，一审法院认为，金某公司以“YA8201”为亲本生产、销售“金禾 880”的行为侵害了四川某玉公司的植物新品种权；瑞某公司在金某公司生产、销售“金禾 880”的过程中，将《农作物种子生产经营许可证》出借给金某公司，构成帮助侵权；没有证据或理由表明垦丰公司属于必须参加诉讼的当事人，四川某玉公司有权选择不向垦某公司主张权利；综合考虑“金禾 880”原始批发价格与市场销售价格的差异，金某公司所支出的亲本种子、生产费用、运输成本、人工等费用，按照亲本“YA8201”对繁育“金禾 880”有 50% 的贡献率计算，确定侵权赔偿额为 228448.5 元；考虑金某公司借用瑞某公司的农作物种子生产经营许可证，持续、大量生产、销售“金禾 880”，并在诉讼过程中存在不诚信，对金某公司适用一倍惩罚性赔偿。一审法院判决金某公司、瑞某公司停止生产、销售“金禾 880”，支付侵权损失 456897 元，瑞某公司承担连带赔偿责任。

四川某玉公司认为损害赔偿数额计算有误，金某公司认为“金禾 880”使用的是“YA8201”的变异株作为亲本，与涉案授权品种为不同品种，不构成侵权，均向最高人民法院知识产权法庭（以下简称二审法院 ）提起上诉。二审中，四川某玉公司提交 2022 年 1 月 8 日“金禾 880”玉米种子销售凭证以及鼎某公司农作物种子生产经营许可证（副本），证明原审判决后，金某公司借用鼎某公司生产资质继续实施侵权行为。二审法院确认一审法院查明的事实基本属实。考虑到金某公司坚持其使用的是“YA8201”的变异株，要求进行 DNA 鉴定，二审法院向云南省农作物品种审定委员会办公室调查，确认金某公司在“金禾 880”品种审定时没有提交母、父本的 DNA 指纹信息或母、父本的种子标准样品，且在金某公司无法提交其他对照样品用于鉴定情况下，认为金某公司申请鉴定的事项不具备鉴定条件，同时确认金某公司一审时没有提出利用“YA8201”变异株选育“金禾 880”这一理由，且云南品种审定申请表已记载以四川某玉公司的“YA8201”作为亲本选育“金禾 880”的事实，一审法院不准许鉴定申请，无明显不当。

二审法院认为，本案被诉侵权行为应适用 2015 年修订的《中华人民共和国种子法》（以下简称《种子法》）等相关规定，争议焦点为侵权认定和损害赔偿数额确定等问题。金某公司为商业目的将“YA8201”重复使用于生产“金禾 880”，构成对涉案授权品种“YA8201”的品种权的侵害，瑞某公司出借其种子生产经营许可证，从中获利，构成帮助侵权。考虑到金某公司申请“金禾 880”云南品种审定时知道“YA8201”为四川某玉公司选育并获品种权保护，并借用瑞某公司种子生产经营许可证生产经营“金禾 880”，属于《最高人民法院关于审理侵害植物新品种权纠纷案件具体应用法律问题的若干规定（二）》（以下简称《司法解释（二）》）第 17 条第 1 款第 5 项规定的“租借种子生产经营许可证”情形，可以认定为侵权行为情节严重，支持四川某玉公司主张适用一倍惩罚性赔偿的请求。关于侵权损害赔偿的计算，由于金某公司不提供其财务账簿等证据证明获利情况，构成举证妨碍，应承担举证妨碍的相应后果。一审法院以中国种业大数据平台中“金禾 880”相关备案信息为依据，认定“金禾 880”的生产经营数量，并按照四川某玉公司主张的“金禾 880”利润为每公斤 20 元，且考虑“金禾 880”的母本“LSC107”也为受保护品种，确定“YA8201”对“金禾 880”玉米杂交品种的贡献率为 50%，确认金某公司截止到 2021 年 3 月 25 日因生产经营“金禾 880”而侵害四川某玉公司“YA8201”品种权的侵权获利为 761495 元，同时支付 1 倍惩罚性赔偿金，共计赔偿四川某玉公司 1522990 元。二审判定金某公司赔偿四川某玉公司经济损失 1522990 元，瑞某公司对上述赔偿数额承担连带责任。

本案是因租借农作物种子生产经营许可证故意侵犯植物新品种权被判承担惩罚性赔偿的典型案例，列入 2023 年最高人民法院发布的第三批人民法院种业知识产权司法保护典型案例。

关于品种权侵权的惩罚性赔偿问题。根据《种子法》第 72 条规定，对于故意侵犯植物新品种权，情节严重的，可以在适用计算基数的 1 倍以上 5 倍以下确定赔偿数额。《司法解释（二）》第 17 条规定，除有关法律和《司法解释（二）》规定的情形以外，涉及重复侵权，以侵权为业，伪造品种权证书，无标识标签销售，无证生产经营，不正当手段获得、伪造、变造、变卖、租借种子生产经营许可证等情形也可以认定为侵权行为情节严重，并可按照计算基数的 2 倍以上确定惩罚性赔偿数额。实践中名为“合作”，实为“租借农作物种子生产经营许可证”，从事侵害品种权的违法行为，属于上述情形之一，且涉案证据充分表明被控侵权人属于故意侵权的情形。被控侵权人抗辩租借其他公司农作物种子生产经营许可证是行业通行做法。审理法院对本案被控侵权人判定一倍惩罚性赔偿，共计 2 倍的赔偿数额，对上述所谓的“通行做法”提出了严重警示。

关于损害赔偿计算问题。根据规定，侵犯植物新品种权的赔偿数额按照权利人因被侵权所受到的实际损失确定；实际损失难以确定的，可以按照侵权人因侵权所获得的利益确定。权利人的损失或者侵权人获得的利益难以确定的，可以参照该植物新品种权许可使用费的倍数合理确定。本案权利人利用中国种业大数据平台所载生产经营备案信息，以及被控侵权人种子生产经营许可网上申报系统数据，提出侵权人可能的获利数额，作为损害赔偿计算的基础。在被控侵权人拒不提供生产经营数量及价格的情况下，审理法院依法参考权利人的主张和提供的证据，合理扣除相应的各类成本，并结合授权亲本品种在杂交品种生产经营中的贡献率，判定了赔偿数额，为参照侵权所获得利益判定损害赔偿数额提供了借鉴思路。